U0856252

2013 JINSHAN ALMANAC

《金山年鉴》编纂委员会 编

方志出版社

图书在版编目(CIP)数据

金山年鉴. 2013/《金山年鉴》编纂委员会编. —
北京:方志出版社,2013.12
ISBN 978-7-5144-1130-0

Ⅰ. ①金… Ⅱ. ①金… Ⅲ. ①金山区—2013—年鉴
Ⅳ. ①Z525.13

中国版本图书馆CIP数据核字(2013)第295902号

金山年鉴(2013)

编　　者:	《金山年鉴》编纂委员会
责任编辑:	张　昊　李　静
出 版 者:	方 志 出 版 社 (北京市东城区夕照寺14号院富瑞苑公寓6层) 邮编　100061 网址　http://www.fzph.org
发　　行:	方志出版社发行中心 (010)67110500
经　　销:	各地新华书店
法律顾问:	北京高文律师事务所
印　　刷:	上海江杨装订有限公司
开　　本:	890×1240　1/16
印　　张:	23.75
字　　数:	796千字
版　　次:	2013年12月第1版　2013年12月第1次印刷
印　　数:	0001~1500册

ISBN 978-7-5144-1130-0/K·918　　定价:200.00元

《金山年鉴》编纂委员会

《金山年鉴》编辑部

《金山年鉴（2013）》各单位组稿负责人

（按姓氏笔画为序）

干天生	马秀明	王　驰	王　玮	王　宙	王　斌
王　静	王正民	王红亮	毛巧观	方　萍	平安兴
史　为	史光平	包　红	朱　莉	朱　磊	乔　丽
华　峰	庄金贤	汤　强	许　刚	许艳红	孙明强
芦新辉	李　栋	李　珺	李　琴	李　燕	李小鹏
李秀芳	杨伟娟	杨纪花	杨宝良	杨健忠	肖辉英
吴　杰	吴　浩	吴玉君	吴慈丽	邱运理	汪友谊
沈　斐	沈建平	沈玲华	沈美娣	宋连青	张　军
张　迪	张　琼	张忠梁	张玲华	张家铭	陆　英
陆士杰	陆引娟	陆经东	陈　霞	陈弟弟	陈雪梅
陈戴军	范敏莉	杭　农	罗　荣	罗　毅	季育青
金志光	金惠华	周仁辉	项慰军	赵咏梅	胡　茗
胡永平	胡春燕	胡益红	俞丹群	俞建中	俞曙明
姜培新	胥　斌	姚军林	袁冬明	袁春艳	耿树岐
聂伟年	莫惠华	夏四祥	顾妙芳	顾忠强	顾炜锋
顾晓东	钱海东	徐　红	徐　佳	徐　卫	奚志强
翁争观	高益弟	高曙辉	郭建华	唐连君	唐连辉
陶　慧	陶冬梅	陶伟红	陶海英	陶海根	陶慧华
黄　镇	盛　辉	梁　婷	彭　云	彭　宏	彭喜军
蔡　力	潘伟萍	薛　静	薛晓虹		

4月11日，区委书记杨建荣通过东方网政务微博与网民沟通信息 （庄毅／摄）

8月5日，区长李跃旗为第六届上海金山蟠桃节开幕式金龙点睛
（吕巷镇／提供）

9月28日，金山铁路开通仪式 （区建交委／提供）

驶出金山铁路金山卫站的首趟列车 （庄毅／摄）

金山铁路金山卫站　　（庄毅／摄）

金山铁路亭林站
（亭林镇／提供）

金山铁路开通试运营，首批乘客兴高采烈　　（庄毅／摄）

12月5日，“金山卫—普陀山海上专线”开通（试运营）仪式

（庄毅／摄）

“金山卫—普陀山海上专线”客轮及船票

（庄毅／摄）

8月1日，区政府与中国建设银行股份有限公司上海市分行签订银政战略合作协议　　（建行金山石化支行／提供）

9月28日，中国农业银行上海金山支行乔迁揭牌　　（农行上海金山支行／提供）

11 月 2 日，上海和辉光电有限公司在金山工业区举行奠基典礼　　（金山工业区／提供）

高新技术企业中变集团上海变压器有限公司干式变压器装配　　（庄毅／摄）

丰收的喜悦

（枫泾镇／提供）

廊下爱索特种源组培基地

（廊下镇／提供）

田野百花节游客徜徉花海

（庄毅／摄）

星尚·热波音乐节（7月20～22日）场景

（庄毅／摄）

5月12日，新时期高中教育定位与发展研讨会 （区教育局／提供）

5月22日，区素质教育论坛暨校园文化建设推进大会 （区教育局／提供）

被金山农民画吸引的外宾 （庄毅／摄）

亮相第九届上海世界旅游资源博览会的金山特色旅游工艺产品

（庄毅／摄）

5 月 2 日，世界沙滩排球赛上海金山大满贯赛开赛仪式　　（庄毅 / 摄）

3 月 24 日，中超联赛上海申鑫队金山体育场主场首秀　　（庄毅 / 摄）

5 月 12 日，国际象棋世界冠军谢军到金山辅导小棋手　　（庄毅 / 摄）

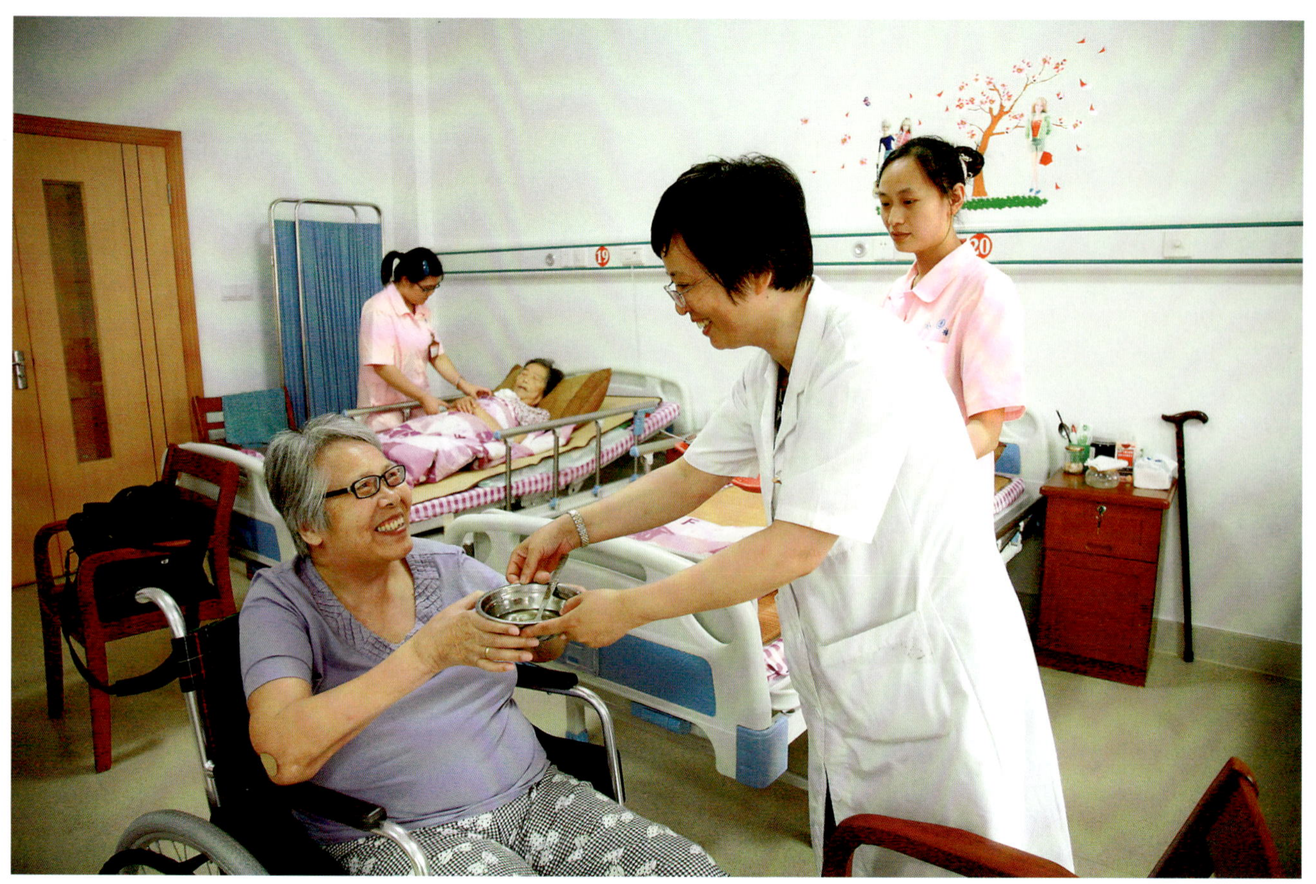

7月9日，区第一社会福利院老人感受护理快乐　（庄毅/摄）

来沪农民工子女享受免疫接种服务　（庄毅/摄）

7月3日，市社会主义新农村建设档案工作现场推进会在廊下镇召开　　（区档案局／提供）

区档案局工作硕果累累　　（区档案局／提供）

6月6日，上海枫泾特色镇镇区东片河道综合整治工程开工 （枫泾镇／提供）

3月1日，国际民防日“民防大讲坛”学习实践活动 （庄毅／摄）

金山嘴边防派出所官兵参与“海葵”台风来袭前树木固定行动　　（庄毅／摄）

金山区民警配备环保警用电瓶车上路执勤　　（庄毅／摄）

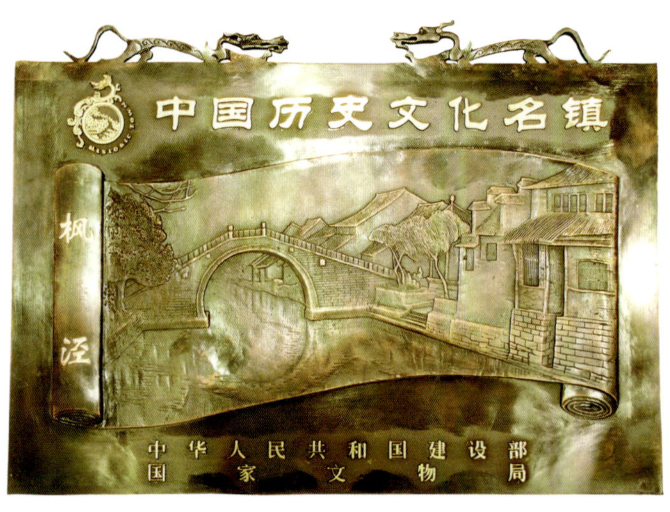

"中国历史文化名镇"彰显古镇历史文化底蕴
（资料照片）

枫泾，上海西南的一颗明珠，它历史悠久，地灵人杰，物产丰富，工商业发达，文化底蕴深厚，素有吴越名镇之称。2005年，建设部、国家文物局命名枫泾镇为上海首家"中国历史文化名镇"。2012年，枫泾古镇入选首届长三角十大古镇。

2012年5月28日，《金山区枫泾特色镇总体规划（修改）（2010～2020）》在上海国际会议中心发布，"规划"明确：经过10年发展，枫泾将建设成长三角地区综合性节点城郊区重要的先进制造业基地和商务产业集聚区。

枫泾四宝（黄酒、状元糕、豆腐干、丁蹄）　（资料照片）

古镇长廊　（资料照片）

上图：枫泾镇三百园　（资料照片）
下左：施王庙施王殿　（资料照片）
下右：枫泾状元坊　（资料照片）

上图：枫泾三桥　　　　　　　　　　　　　（庄毅／摄）
下图：枫泾生态湿地公园一瞥　　　　　　　（资料照片）

上图：长廊游客河道船　　　　　　（枫泾镇／提供）
下左：古镇枫泾魅力写生　　　　　　（庄毅／摄）
下右：“水乡婚典”新人们古镇巡游　　（庄毅／摄）

枫泾

古镇桨音　（庄毅／摄）

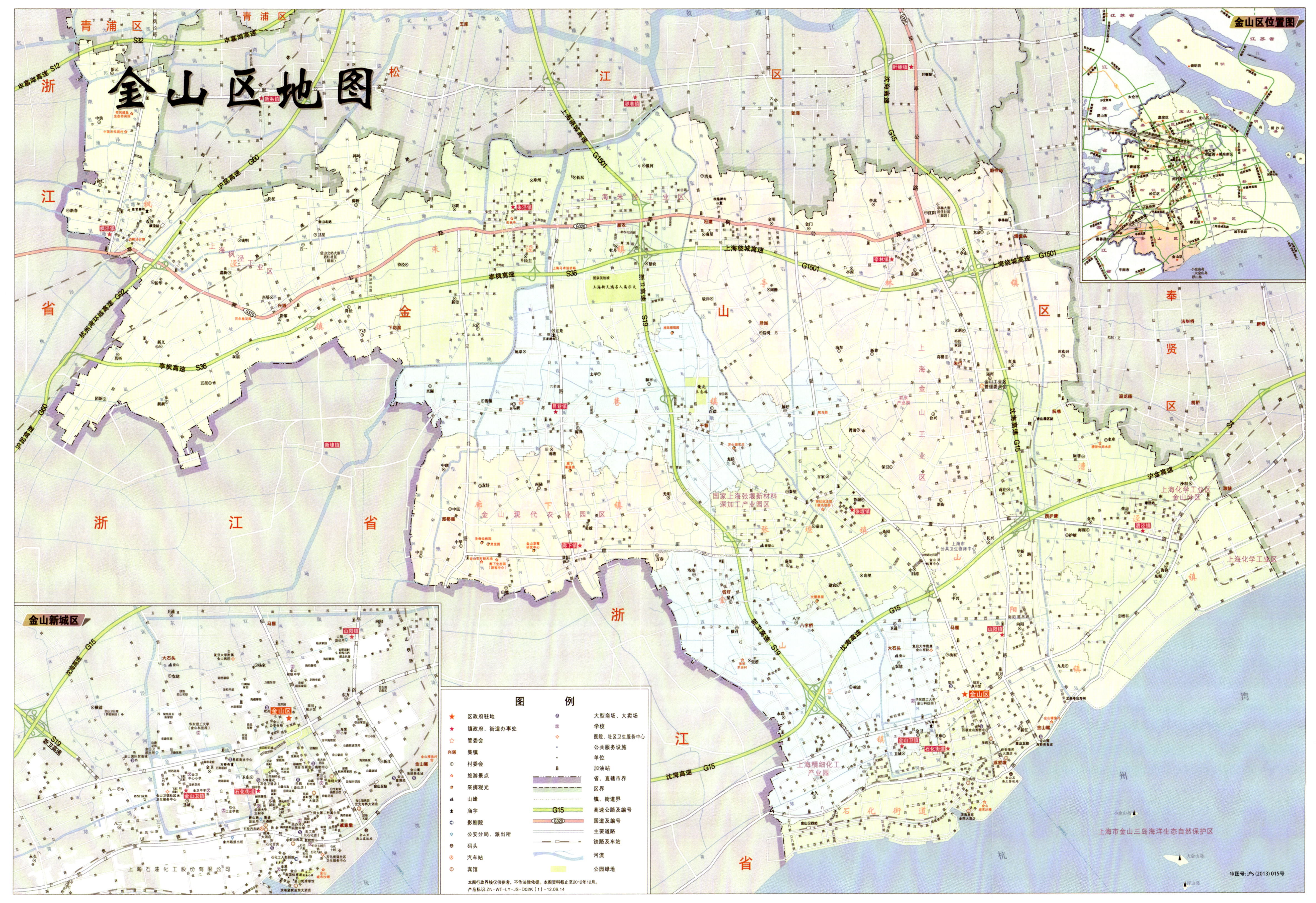
金山区地图
金山区位置图
金山新城区
青浦区
松江区
浙江省
奉贤区
杭州湾
上海市金山三岛海洋生态自然保护区
上海化学工业区金山分区
上海化学工业区
国家上海张堰新材料深加工产业园区
上海精细化工产业园
金山现代农业园区
上海枫泾工业区
上海朱泾工业区
上海金山工业区
上海石油化工股份有限公司
石化街道
金山卫镇
山阳镇
漕泾镇
亭林镇
张堰镇
吕巷镇
廊下镇
朱泾镇
枫泾镇
金山区
石化街道
金山卫镇
山阳镇
上海绕城高速 G1501
亭枫高速 S36
沈海高速 G15
新卫高速 S19
沪金高速 S4
沪昆高速 G60
申嘉湖高速 S12
杭州湾环线高速 G92
图例
区政府驻地
镇政府、街道办事处
管委会
集镇
村委会
旅游景点
采摘观光
山峰
庙宇
影剧院
公安分局、派出所
码头
汽车站
宾馆
大型商场、大卖场
学校
医院、社区卫生服务中心
公共服务设施
单位
加油站
省、直辖市界
区界
镇、街道界
高速公路及编号
国道及编号
主要道路
铁路及车站
河流
公园绿地
本图行政界线仅供参考，不作法律依据。本图资料截止至2012年12月。
产品标识：ZN-WT-LY-JS-D02K [1] -12.06.14
审图号：沪S (2013) 015号

编 辑 说 明

一、本年鉴是由中共金山区委主管，金山区人民政府主办，《金山年鉴》编纂委员会主持编纂。

二、本年鉴以马列主义、毛泽东思想、邓小平理论、“三个代表”重要思想和科学发展观为指导，坚持实事求是原则，全面、系统、翔实地记载金山行政区域内政治、经济、文化、社会事业和社会生活等方面情况。

三、本年鉴采用栏目、分目、条目三级层次，以条目为主要信息载体和基本撰稿形式。栏目、分目间内容难免交叉重复的，以分清主次、详略互见方式记述。

四、本年鉴各栏目、分目之首根据实际情况设“综述”“概况”，反映各行业、各类事物总体情况，记述基本要素，保持各年度间相关资料延续性。

五、本年鉴卷首设新闻照片、金山区地图，卷末附录有重要文件目录选编、综合统计资料和彩页特载。

六、本年鉴设栏目 36 个、分目 183 个、条目 736 个。有随文照 150 帧。收录各类表格 61 张。

七、本年鉴前有中文目录和英文目录，后置索引，以便于查找检索。索引为主题分析索引，按主题词首字汉语拼音字母顺序排列。另设图片索引。

八、本年鉴根据版面具体情况选择相关资料附于栏目后，力求丰富信息容量。

九、本年鉴记述时限为 2012 年 1 月 1 日至 12 月 31 日。

十、本年鉴附录中统计资料摘自《金山区统计年鉴(2012)》。其他数据由各单位提供。其中少量数据，由于各部门、单位统计时间、口径和单位取值不尽一致，酌情采用。

总　目

目　　录

上海市金山区人民代表大会

上海市金山区人民政府

政协上海市金山区委员会

中共上海市金山区纪律检查委员会

工　　业

中国石化上海石油化工股份有限公司

农　　业

邮政·通信

金融·保险

商 贸

旅 游

综合经济管理

城乡建设和交通管理

精神文明建设

科学技术·信息化

教 育

文化·广播电视

医疗卫生

体 育

党史·档案方志

民主党派和工商联地方组织

人民团体·群众团体

人民武装·民防

治安·司法

侨务·台湾事务

民族和宗教

民　政

社会生活

镇·街道

光荣榜

附　录

索　引

Contents

特　载

TEZAI

2013 JINSHAN ALMANAC

中共金山区委常委会2012年工作报告

2012年是贯彻落实党的十八大、市第十次党代会和区第四次党代会精神的重要一年,是国内外经济环境更加复杂多变的一年。一年来,面对严峻的宏观形势,区委常委会坚持以邓小平理论、"三个代表"重要思想和科学发展观为指导,学习贯彻党的十八大精神,在市委、市政府的坚强领导下,团结带领全区各级党政组织和广大党员干部群众,坚持稳中求进,坚持创新驱动、转型发展,坚持抓落实、求实效,坚持统筹兼顾,推动金山经济平稳健康持续发展,城乡建设步伐持续加快,社会建设水平持续提升,党的建设科学化水平持续提高,为"十二五"目标任务的顺利完成,为加快建设"创业金山、宜居金山、和谐金山"奠定了基础。

一 以集中精力抓落实、心无旁骛求发展为要求,加快金山发展的合力持续增强

常委会教育引导干部群众认清形势、把握机遇、迎接挑战,把智慧和力量凝聚到中央、市委的工作要求和区委、区政府的决策部署上来,凝聚到"两个倍增、两个同步"目标任务和全年各项重点工作上来,抓落实、求实效的氛围不断浓厚,干事创业的工作局面不断形成。

通过主题实践活动凝聚思想共识。围绕区第四次党代会明确的战略目标和发展思路,深入开展形势任务宣传教育活动,进一步巩固了全区干部群众加快"三个金山"建设的思想基础。认真组织开展"集中精力抓落实,心无旁骛求发展——加快推进'三个金山'建设"建功立业主题实践活动,引导干部群众把区委的战略决策和工作部署进一步转化为干事创业的自觉行动。

通过重点区域重点工作专题会细化工作路线图。开局伊始,常委会以坐不住、慢不得、等不起的紧迫感,聚焦枫泾特色镇、金山工业区、现代农业园区、金山新城、八个产业集群、国资国企改革等重点区域重点工作,先后召开6场专题会,形成工作路线图,切实做到抓开局促发展、抓落实促推进。把落实系列专题会精神作为区镇两级领导班子换届后迅速熟悉工作、推进工作的抓手,通过召开专题推进会、协调会等方式,加大协调推进力度,强化跟踪督办,保持了工作的连续性、稳定性、开创性。

通过项目制形式有效落实区委重点工作。坚持重点突破,强化对重点工作的领导和考核,引导各级领导干部进一步求真务实、真抓实干。继续按照项目制形式,将常委会2012年工作要点细化分解为六个方面63项重点工作,明确时间节点和工作要求,落实责任分工,并通过区委常委会及时通报工作进度,切实做到"一个项目、一套班子、一抓到底"。加强定期督查跟进,及时梳理分析问题、研究解决措施,推动各项重点工作得到落实。

二 以稳中求进为基调,推动全区经济平稳健康持续发展

常委会坚持发展是第一要务,围绕做大经济总量和促进转型发展的双重任务,坚持"工业强区"战略,推动二、三、一产业协调发展,促进经济在发展中转型、在转型中发展。

经济实现平稳增长。始终把"稳增长"放在首要位置,加强对经济形势的研判分析,积极应对、妥善化解经济运行中存在的困难和问题,不断巩固"稳"的基础、坚定"进"的信心、保持"增"的态势。开展重点企业、中小微企业专题调研系列活动,及时帮助企业解决困难和问题。建立全区服务体系,加强区、镇两级企业服务中心建设。积极推进"创业金山"引导基金建立,成立惠民村镇银行,搭建银企合作平台,帮助企业拓宽融资渠道。全年预计完成地区生产总值466亿元,同比增长9.5%;工业总产值1318亿元,同比增长2.3%,其中规模(产值500万)以上工业企业产值948亿元,同比增长2.4%;原体制财政总收入132.38亿元,同比增长10.04%,其中区级财政收入41.36亿元,同比增长5%(全口径财政总收入205.58亿元,同比下降5.29%,其中区级财政收入44.66亿元,同比下降5%);全社会固定资产投资160亿元,同比增长11%。

招商引资工作取得突破。始终把招商引资作为加快发展、转型发展的关键,聚焦重点产业、重点园区和重点项目,推动招商引资工作取得新突破。坚持产业链招商,对接八个产业集群在国际和国内的主导企业和领先企业,开展专题招商、专项招商,引进并落地上海和辉光电等一批发展潜力大、科技含量高、带动能力强的重大项目、骨干

项目,产业的空间集聚和规模优势进一步提高。推动政策、资源、项目向重点产业园区集中集聚,积极对接全市产业发展战略,不断优化产业布局,加快推进产业园区控规全覆盖,金山工业区等重点园区加快发展,生物医药产业基地、新材料产业基地、日本中小企业产业园等产业基地成效显现。突出重点项目带动,围绕“3 个 100”(新开工项目 100 个、竣工投产 100 个、内外资到位资金 100 亿元)工作目标,建立健全项目异地落户、重大项目联合会审和区领导定点跟踪联系等制度,加快推动项目早落地、早开工、早投产。

结构转型初见成效。始终把结构调整作为转型升级的主攻方向,努力提升经济发展的质量和效益,产业结构调整和经济发展转型初见成效。坚持“两业并举”产业发展定位,以加快八个产业集群发展为重点,推进产业集群集聚发展,先进制造业能级不断提升。严格项目准入标准,从源头推动产业结构优化升级,全区预审评估项目的亩均投资强度、产出密度均达历史最好水平,土地集约节约利用水平不断提高。加快淘汰落后产能,节能减排形势有所好转。积极推动现代物流等生产性服务业发展,探索总部经济发展新模式,加强商贸服务业规划布局和业态控制管理,确立并推广“闲是金山”闲乐旅游目的地品牌,综合服务型经济发展步伐不断加快。继续实施“聚焦廊下”战略,加快推进金山现代农业园区建设,推动农业休闲旅游集聚区和农业观光休闲园建设,加大农业品牌建设、整合和宣传推介力度,农业“接二连三”融合发展步伐不断加快。深化国资国企改革,国资布局结构进一步优化。

经济发展环境逐步优化。始终把优化发展环境摆在更加突出位置,增强服务意识,创新服务举措。不断优化创新创业环境,加强创新平台建设,加快构建以企业为主体、市场为导向、产学研相结合的技术创新体系,企业自主创新能力和核心竞争力进一步提高。不断优化审批服务环境,深入推进行政审批制度改革,推进企业设立并联审批试点,制定完善联合会审实施细则,优化一般工业项目审批流程,从土地储备到开工建设的承诺时限由原来的 223 个工作日缩短为 121 个工作日(不计土地挂牌时间),审批效率进一步提升。不断优化产业配套环境,加大与上海石化、上海化工区、临港集团、漕河泾出口加工区、张江高科技园区等大型集团、企业的合作,强化资源共享和产业联合,加快推动漕河泾综合保税区金山功能区、张江高新区金山园区等一批功能性项目、园区的申报和建设,联合发展力度进一步加大。

三 以“两翼驱动”为动力,城乡建设步伐持续加快

常委会聚焦金山新城和枫泾特色镇建设,实施“两翼驱动”战略,加快推动“1158”(1 个新城、1 个特色城镇、5 个新市镇、80 个左右中心村)城镇规划体系落地,努力推进产城融合发展,全面加快城乡一体化建设步伐。

金山新城功能不断完善。坚持产业结构调整与布局结构优化相结合,加快推进控制性详细规划的编制调整和城市沙滩二期的规划建设,金山港区规划方案编制完成,龙泉港西侧圈围工程、城市沙滩景观长廊周边区域开发等项目前期工作有序推进。加快推进功能性、基础性项目建设,蒙山路改扩建工程完工通行,G15 金山新城出入口拓宽改建及景观灯光工程基本完成,教师进修学院项目开工建设,新城综合服务配套功能进一步提升。金山铁路和金山卫至普陀山海上专线开通运营,带动金山旅游业和新城商贸服务业、房地产业进一步发展,新城的人气和商机进一步集聚。

枫泾特色镇建设不断加快。突出区位特色、产业特色、文化特色和宜居特色,在枫泾镇城镇总体规划获批的基础上,积极推进特色镇系列规划落地,特色镇建设的规划布局、功能定位和战略目标进一步明确。围绕特色制造、生态宜居、总部商务、休闲旅游、文创教育五大功能区建设,加快推进一批基础性重大工程建设,枫叶国际学校完成奠基,中西医结合医院正式挂牌,枫泾污水厂二期工程、南镇区域开发等项目加快推进,特色镇基础设施和综合服务配套进一步完善,辐射带动作用逐步显现。

新市镇建设水平不断提升。在重点推进金山新城和枫泾特色镇建设的同时,着力推动 5 个新市镇协调发展。坚持高起点规划,加快推进新市镇控规编制工作,全区集建区控规覆盖率达 90%。统筹安排重大项目建设,上海化工区 1 公里限制带环境综合整治、亭林大型居住社区建设、张堰南社管理和周边环境整顿等项目前期工作有序推进,朱泾城南菜市场、中侨学院等项目开工建设,区域对接道路建设全面推进,城镇建设水平和区域交通环境进一步提高改善。

城乡一体化进程不断提速。坚持统筹城乡发展,稳步推进 80 个左右中心村的村域规划,加强农村基础设施建设,开展农村土地综合整治,推动传

统特色民居建设，完成村庄改造3067户，农村面貌进一步改善。多渠道促进农民增收，加强农业“三支队伍”建设，实施“百千万”新型农民培训工程，支持引导农村富余劳动力向非农产业有序转移，农民生产和生活水平进一步提升。深化农村改革发展，稳步推进农民土地承包经营权登记试点工作，积极开展农村集体经济组织产权制度改革试点，全面完成农村集体“三资”管理网络化监管平台建设，组建村镇投资公司，提升农业专业合作社水平，村级集体经济进一步发展壮大。

四 以科学执政、民主执政、依法执政为目标，社会主义民主法治内涵持续深化

常委会坚持党的领导、人民当家作主和依法治区的有机统一，注重发挥总揽全局、协调各方的领导核心作用，充分调动全区各方面的积极性、主动性和创造性，领导能力和执政能力不断提升。

“三个党组”的作用进一步发挥。以区人大、区政府、区政协换届为契机，加强对三个党组的领导。支持和保障区人大及其常委会创新监督工作形式，加强与“一府两院”的工作联系，夯实代表工作基础，不断提高审议质量和执法检查水平。支持和保障区政府加强自身建设，进一步完善目标管理考核体系，推动区政府进一步转变职能，不断提高依法行政水平和政府行政效能。支持和保障区政协进一步加强制度建设，建立区党政有关部门与区政协专门委员会（咨询委员会）对口联系协商等制度，强化社情民意反映，积极履行政治协商、民主监督、参政议政职责。

统一战线和人民团体的力量进一步凝聚。加强党外代表人士队伍建设，深化党员领导干部与党外代表人士交友联系制度，深入开展“同向前行、同心献礼”系列活动，顺利完成区侨联等统战团体换届选举工作，充分发挥了统一战线的职能优势、资源优势和智力优势。切实加强对工会、共青团、妇联等人民团体的领导，支持其依法依章开展工作，引导其参与社会管理和公共服务。加强党对武装工作的领导，国防动员和后备力量建设不断推进，双拥共建工作格局进一步深化。

依法治区和基层民主建设进一步推进。加强法制建设，出台《关于进一步推进依法行政的实施意见》，建立“两法衔接”和法律顾问团制度，成立行政复议委员会，着力推进依法行政。加强政法干部队伍建设，支持区法院依法行使审判权、区检察院依法履行检察职能，扎实推进“六五”法制宣传教育工作。完善村（居）委会自治组织和企业民主管理机制，深入推进党务公开、政务公开、村（居）务公开和厂务公开，基层自治能力不断提升。

五 以打造金山特色文化为抓手，宣传思想文化工作持续繁荣

常委会加强思想引领和舆论引导，加强金山特色文化建设，努力推动金山文化发展和繁荣，为“三个金山”建设提供强大的思想保证和精神支撑。

思想理论武装进一步加强。深入学习贯彻党的十八大和市第十次党代会精神，认真开展学习讨论活动，广泛开展专家解读、座谈交流、成果展示等活动，将学习活动不断引向深入。充分发挥区内媒体宣传阵地作用，加强理论解读、实践思考及贯彻落实情况的全面报道，营造了贯彻落实党的十八大和市第十次党代会精神的浓厚氛围。深入推进学习型党组织建设，不断丰富区委中心组、基层党委中心组学习形式和内容，进一步完善“两部一校”报告会制度，通过领导干部带头学、带着学，切实加强全区干部群众思想理论武装。

舆论宣传工作进一步推进。切实加强社会正面舆论引导，积极营造健康向上的舆论氛围，不断提高对外宣传报道和舆情应对水平，进一步内聚人心、外树形象。不断提升对外宣传报道质量，策划制作金山城市形象宣传片，围绕区内重大活动邀请区外新闻媒体全方位报道金山发展成就，充分展示金山良好形象。不断拓宽新闻发布渠道，建立政府新闻发言人制度，健全政府新闻发布会、重大活动媒体恳谈会、重大主题媒体研讨会等新闻发布形式。完善突发事件应对和舆情处置制度，制定突发公共事件和公众性事件舆情应对工作办法，充分发挥官方微博“金山传播”的积极作用，切实提升舆情处置和危机应对能力。

公民道德素质和城市文明程度进一步提升。组织开展公民价值取向大讨论、“感动金山”人物和十佳好人好事评选等市民教育活动，筹建金山区先进典型资源库，市民文明素质不断提高。切实推进新一轮市文明城区创建，完善文明指数测评迎检工作机制，有效整合精神文明创建工作资源，城市文明程度不断提升。扎实推进未成年人学雷锋等主题道德实践活动，启用未成年人心理健康教育辅导中心，未成年人思想道德建设不断推进。推动志愿服务活动常态化，在大型文体活动积极发挥志愿服务保障作用，志愿服务文化内

涵不断丰富。

金山特色文化和群众文化事业进一步发展。加强对文化发展的领导，开展全区文化发展情况调研，出台《金山区加快推进文化大发展大繁荣的实施意见》。打造金山文化特色品牌，举办第二届"星尚·热波沙滩音乐节"、2012金山国际音乐烟花节等沙滩特色文化活动，举办田野百花节、草莓节、西甜瓜节、蟠桃节、海鲜文化节等农业节庆活动，开创"廊下大舞台"，不断扩大金山农民画特色文化品牌影响力。推动群众文化事业发展繁荣，开展"文化八进""村居文艺团队"交流活动，提升群众文化活动水平，启动第二轮"一镇一品"建设，加强村居文化品牌建设，形成镇镇有精品、村村有特色的文化局面。

文化产业发展取得新成效。探索文化体制改革新路径，成立文化资源管理配送中心，完善公共文化服务体系，积极释放文化发展活力。组建上海金山文化旅游传媒集团，提升文化旅游传媒资源市场化、产业化、规模化运营水平与效能。推进文化创意产业发展，完善文化创意产业发展规划，金山农民画、金山嘴海洋文化、绿色印刷等项目成功申报市文化创意产业扶持资金，推进金山农民画院与中国农民画村资源整合，乐农文化创意产业园区被列入第二批市级文化产业园区。

六 以深化用群众工作统揽信访工作试点为契机，社会建设水平持续提升

常委会紧紧抓住用群众工作统揽信访工作试点的契机，坚持群众路线与群众观点，努力创新社会管理模式，切实保障和改善民生，确保社会和谐稳定。

努力解决群众"三最"问题。坚持将财力向民生倾斜，涉及功能性重大基础设施、社会事业、环境整治等方面的54项重大工程和涉及居住、教育、养老、医疗等关系民生的10项实事项目扎实有效推进。全面开展公共就业服务，营造创新创业的良好环境，预计年内新增就业岗位21983个，净增就业岗位5242个，城镇登记失业人数控制在市政府下达的指标以内。着力提高农民医疗保障和养老保障水平，新农合人均筹资水平由950元/人提高至1330元/人，农保养老金由月人均400元提高到470元，老年农民养老金补贴由月人均300元提高到345元。顺利完成生态片林失地农民纳保工作，为4907名符合条件的失地农民落实社会保障。加快推进"四位一体"住房保障体系建设，完成19.4万平方米动迁安置房建设。积极优化人民群众生活环境，区文广中心、朱泾镇棚户简屋改造新汇街试点、朱泾体育中心等一批群众普遍关心的工程有序实施。努力改善居民饮用水水质，金山一水厂二期工程顺利竣工，石化地区居民生活用水转换工程稳步推进，全区集约化供水基本实现。认真做好"12345"市民服务热线工作，及时回应、解决群众诉求。在全市率先探索开展"大大方方晒价格"活动，努力做到为民惠民。

社会事业加快发展。完成与上海石化、华东师大、上海师大、复旦大学新一轮联合共建签约。积极推动华师大三附中迁建、朱泾城南幼儿园新建等教育设施项目，加强学校内涵建设发展，推进校舍安全工程建设，公共教育水平不断提升。继续深化医药卫生体制改革，落实国家基本药物制度，探索公立医院改革试点，推行家庭医生制试点工作，成功创建全国慢性非传染性疾病综合防控示范区，完成金山医院迁建，通过国家卫生区复审，公共卫生服务水平不断提升。制定关于加快推进体育强区建设的意见，实施百姓健身设施工程，成功举办多场大型体育赛事，体育服务体系不断健全。

社会管理不断创新。深化用群众工作统揽信访工作试点，建立健全群众工作网络与工作机制，召开新形势下加强群众工作研讨会，用群众工作统揽信访工作试点的经验和成效得到中央领导同志的关注。全面推广村级群众(综治)工作服务站建设，推行"一门式"窗口受理，稳步开展"民警兼任村官"双融入工作，创新农村社会管理模式。探索推进社区建设，制定《关于加强新形势下社区建设的若干意见》，逐步理顺社区建设的体制框架，探索"镇管社区"模式，加大行业性、公益性社会组织的培育、扶持力度，引导社会力量参与社会管理。

社会保持安定和谐。将维护社会稳定作为首要任务，扎实开展隐患排查、矛盾纠纷调解、突出问题整治和重点人员稳控工作，确保了党的十八大等重要节点期间的社会稳定。扎实推进新一轮平安金山创建，积极争创上海市平安示范城区，继续开展平安城区、平安社区、平安小区(单位)、平安家庭"四级联创"，认真推进平安建设实事项目，建设社会治安防控体系"六张网"，广泛开展"零发案"创建活动，深化"综治进企业"工作，综治基层基础不断夯实。认真开展"安全生产月"活动和安全生产大排查、大整治等专项行动，深化区镇村三级监管责任体系建设、委办局责任体系建设、企业

七级责任体系建设，有效应对突发性公共安全事件，城市运行安全和生产安全工作不断加强。

七　以干部作风建设为重点，党的建设科学化水平持续提高

常委会牢牢把握加强党的执政能力建设和先进性建设这条主线，以新一届领导班子和干部队伍建设为重点，狠抓干部作风建设，为加快经济社会发展提供坚强的组织保证。

干部作风建设不断加强。将作风建设作为党的建设的重点，通过四届区委四次全会专题部署，召开全区工作讲评会专题剖析，对领导干部作风、机关干部作风和基层干部作风转变提出明确改进方向和要求。积极探索开展区管干部和机关工作人员有错与无为行为问责，加大奖勤罚懒、治庸治散的力度，着力解决干部作风中制约发展的突出问题。针对“6·3”水污染事件和“6·14”亚南安全生产事故，启动问责程序，并在全区深入开展“共担社会责任、同创美好家园”学习讨论活动，引导干部、企业和公民忠实履行职责，坚守社会责任。

领导班子和干部队伍建设不断加强。加强常委会自身建设，制定完善《中共金山区委关于进一步加强全委会自身建设的若干意见》《中共金山区委常委会议事决策规则》和《中共金山区委常委会关于进一步加强自身建设的若干意见》，进一步发挥领导核心作用，提高议事决策水平。深入调查研究，区四套班子领导牵头开展10项重点课题调研，为加快推动经济社会发展和党的建设提供了理论和实践基础。加强干部队伍建设，深化干部人事制度改革，探索干部竞争性选拔机制，建立健全科级领导职务竞争上岗及跨单位竞岗交流机制。制订了《关于进一步加强调研员、副调研员队伍建设的实施意见(试行)》，激励调研员、副调研员保持工作热情。重视年轻干部培养选拔，探索开展“我在基层”一线工作法，选派年轻干部深入基层、企业挂职锻炼。加强党管人才工作，制定人才工作配套政策，继续实施高层次人才引进工程，筹措首批人才公寓，部分高层次人才顺利入住。

党的基层组织建设不断加强。以实施班长工程、登高工程、民心工程等六大工程为重点，认真落实基层组织建设年各项工作。圆满完成村(居)“两委”班子换届工作，强化对“两委”班子成员的教育培训，基层干部队伍的战斗力进一步增强。推广完善“三访四步工作法”，健全组团式服务联动机制，党群、干群关系进一步密切。认真落实市、区党代表联系社区活动，探索开展党代表联组活动，做好党代表提案办理，党内民主建设进一步推进。扎实开展基层党组织分类定级、晋位升级工作，基层组织活力进一步增强。深化城乡结对帮扶，全区124个村级党组织与市级机关、兄弟区县以及大型国有企业的107个基层党组织建立了共建关系，城乡基层党建一体化进一步发展。

党风廉政和反腐倡廉工作不断加强。继续巩固深化“4+3”专项治理工作成果，深入推进工程建设领域突出问题专项治理，认真做好违规收送礼金礼券购物卡专项治理“回头看”工作，顺利完成公务用车制度改革。严格落实党风廉政建设责任制，修订《金山区落实党风廉政建设责任制实施意见》，切实抓好责任分解、考核、追究三个关键环节。不断深化党风廉政宣传教育工作，重点加强农村廉洁文化建设，开展“一村一品牌”廉洁文化创建活动，培育清廉乡风民俗。积极推进廉政风险预警防控机制建设，以项目制形式整体推进惩防体系建设，不断加大防腐工作力度。不断加大办信查案力度，始终保持惩治腐败的高压态势。

常委会感到，2012年的成绩来之不易。成绩的取得，是市委、市政府积极关心、大力支持的结果，是常委会总揽全局、协调各方的结果，是各级领导干部负重奋进、奋勇拼搏的结果，是全区党员群众团结一心、奋发有为的结果。回顾一年来的工作，常委会深深地体会到：一是必须凝聚人心，筑牢全区人民共同奋斗的思想基础。一年来，常委会坚持以目标凝聚人心、鼓舞士气，明确了建设“三个金山”战略目标，明确了“十二五”“两个倍增、两个同步”目标任务，明确了推进工业强区、加快城镇建设、提高“三农”工作水平等工作重点和工作路径，干部群众做到了思想统一、步调一致。二是必须坚持创新驱动，努力为持续发展增添动力。一年来，常委会在千方百计稳增长的基础上，全力以赴促转型，加快推动战略性新兴产业发展，努力引进了一批具有较强产业带动力的重大骨干项目，全区创新驱动、转型发展的势头持续向好，产业结构调整、经济发展转型初见成效。三是必须牢记宗旨意识，切实保障和改善民生。一年来，常委会坚持以人为本，把保障和改善民生作为经济发展的根本目的，将有限的财力最大限度地用在解决人民群众“三最”问题上，努力让发展成果更好地惠及广大人民群众，从而不断改善人民群众的生活，不断形成了人和业兴的良好局面。四是必须加强队伍建设，为经济社会发展提供组织

保证。一年来,常委会狠抓干部队伍作风建设,努力营造集中精力抓落实、心无旁骛求发展的工作氛围,全区上下干事创业、尽职奉献的工作局面不断形成。

在肯定成绩的同时,常委会也清醒地认识到,对照科学发展观的要求,对照市委、市政府的希望,对照金山人民的期望,工作中还存在一些不足,需要引起重视并切实加以改进。一是结构调整的步伐有待进一步加快。面对宏观经济形势严峻和经济下行压力较大的挑战,推动金山加快发展、转型发展,需要我们加快调整产业结构,提升先进制造业发展能级,着力形成具有较强竞争力的产业集群,进一步提升经济发展后劲。二是民生工作的力度有待进一步加大。虽然我区在财政压力较大情况下,不断加大了民生工作投入,但改善民生、创新社会管理的任务依然艰巨,需要我们进一步完善保障体系,优化生产生活环境,加强社会管理,让人民群众过上更好生活。三是干部队伍建设有待进一步加强。当前,全区干部的作风总体上是好的,但面对新形势、新任务和新要求,需要我们进一步加强干部队伍建设,教育引导各级领导干部进一步优化工作作风,不断提高把握大局大势的能力、突破困难瓶颈的能力和狠抓工作落实的能力。

当前金山发展处于关键时期,既面临难得机遇,又面对严峻挑战。常委会决心在党的十八大精神指引下,在市委、市政府的坚强领导下,在全委会和全区干部群众的大力支持下,深入贯彻落实科学发展观,进一步解放思想、开拓创新,坚定信心、真抓实干,凝心聚力、攻坚克难,努力推动金山经济社会发展再上新台阶,为顺利实现"十二五"期间"两个倍增、两个同步"目标任务,为加快建设"三个金山"作出新的更大贡献!

政府工作报告

——2013年1月5日在金山区第五届人民代表大会第三次会议上

金山区人民政府区长　李跃旗

各位代表：

现在，我代表金山区人民政府，向大会作政府工作报告，请予审议，并请区政协委员和其他列席人员提出意见。

一　2012年工作回顾

刚刚过去的2012年，是本届政府全面履行职能的第一年，也是贯彻落实党的十八大精神、市第十次党代会和区第四次党代会精神的重要一年。面对宏观环境复杂多变、区域竞争日益加剧、自身改革发展稳定任务繁重等压力和考验，我们在市委、市政府和区委的坚强领导下，高举中国特色社会主义伟大旗帜，以邓小平理论、"三个代表"重要思想和科学发展观为指导，按照区委全会部署，坚持"创新驱动、转型发展"的总方针，把握"稳中求进"的总基调，突出"解放思想、聚焦发展"的主旋律，落实"稳增长、调结构、惠民生、促和谐"的工作要求，主动谋划抓发展、聚焦重点抓突破、优化作风抓落实，扎实开展各项工作，经济社会发展呈现稳中有进的良好态势，基本完成了区五届人大一次会议确定的各项任务。

全年预计[①]实现地区生产总值467.5亿元，同比增长9.8%。工业总产值1339.1亿元，增长3.9%。全口径财政总收入[②] 204.5亿元，下降5.8%；区级地方财政收入44.7亿元，下降4.9%（原体制财政总收入132.5亿元，增长10.1%；区级地方财政收入41.4亿元，增长5.2%）。全社会固定资产投资160.4亿元，增长11.2%；其中工业性投资100.5亿元，增长11.4%。合同利用外资3.5亿美元，增长12.2%；外资到位资金1.78亿美元，增长15.3%。社会消费品零售总额288.5亿元，增长15.0%。城镇和农村居民家庭人均可支配收入分别达到30082元、15760元，增长10.0%和11.0%。

（一）经济结构调整初见成效。一、二、三产业协同发展，三次产业比重由3.2∶61.0∶35.8调整为3.0∶59.6∶37.4。工业产业集群发展的规模效应与引领作用更加明显，规模（500万元）以上[③]工业企业实现产值960.0亿元，增长3.6%，占工业总产值的71.7%；八个产业集群实现产值727.4亿元，增长4.4%，占规模以上工业企业产值的75.8%；通过预审评估的78个项目中，属于八个产业集群的54个，占总数的69.2%。高新技术企业实现产值322.1亿元，同比增长12.5%。加快推进企业技术改造，9个项目列入国家重点产业振兴和技术改造资助计划，其中4个为国家产业振兴项目，占全市总数的36.4%。首次认定市技术先进服务型企业1家，新认定市级企业技术中心3家，新列入市科技小巨人（培育）工程企业7家。颁发了首届区长质量奖，新增上海市著名商标5件、上海名牌15件。规模（2000万元）以上工业企业能耗总量减少6.1%（1～11月），淘汰落后产能49项，削减能耗1.9万吨标煤。列入市产业结构调整重点项目9项，其中关闭涉铅企业3家、危化企业1家。实施清洁能源替代工作，完成锅炉改造21台。第三产业增加值占地区生产总值比重提高1.6个百分点。完成一批服务业重点项目建设，商贸业业态布局得到完善，社会消费对经济增长的带动作用明显增强。总部经济发展新模式逐步显现，枫泾现代服务业集聚区建设加快推进，金石湾、联东U谷等生产性服务业功能区加快发展。农业产业结构继续优化，绿色蔬菜、名优瓜果等

① 2012年数据均为初步统计数据，其中，地区生产总值、工业总产值、全社会固定资产投资均按原体制统计，未包括上海石化和上海化工区数据。

② 市区财税体制改革后，原体制财政收入与上海石化、上海化工区体制下放企业税收收入的合计数。

③ 2012年统计口径为产值500万元及以上，2013年统计口径调整为产值2000万元及以上。

四大主导产业基本确立，“田妞”蔬菜、“施泉”葡萄等农产品的竞争力进一步提升。舜地食用菌加工项目投产，鑫博海中央厨房二期启动建设，农业经济“接二连三”融合发展步伐加快。金山区被农业部评为全国粮食生产先进县，皇母蟠桃合作社被评为全国农民专业合作社示范社，金山蟠桃获批国家地理标志保护产品，枫泾农民包永华被评为全国种粮大户。农产品追溯和监管体系得到完善，“三品”认证率达60%，高出全市平均水平20个百分点。

（二）对外开放合作发展继续深化。加强区级统筹和协调，加大“走出去”和“请进来”力度，招商引资取得突破性进展。和辉光电、花王等一批大项目成功落地，“新开工项目100个、新竣工项目100个、工业到位资金完成100亿元”目标全面实现，32个重点产业项目顺利推进，19个产业项目列入市战略性新兴产业绿色通道项目。内外资签约项目181个，计划总投资230.6亿元。新批外资项目106个，外资投资总额（含增资）完成8.5亿美元、增长25.6%。与两大化工基地的沟通对接、应急联动机制继续完善。联合建设专业园区工作取得新进展，漕河泾综合保税区金山功能区项目已上报国务院审批；张江高新区金山园已通过市政府审批；国家绿色创意印刷示范园区科研服务平台初步建立，项目签约落地工作有序推进；上海日本中小企业产业园核心区完成规划编制，招商工作已全面启动。与中检集团的合作取得阶段性成果，与临港集团、张江集团在联动招商、联合开发上取得积极进展，与市经济团体联合会等机构的合作继续深化。与浙江省舟山市缔结友好区市，双方旅游合作进展顺利。紧紧围绕产业项目招商开展因公出国（境）活动，外事、对台、侨务等工作呈现新局面。援藏援滇工作取得新进展。

（三）改革创新为发展注入新动力。国资国企改革全面实施，国有资产出资人监管模式初步建立，国资布局结构调整逐步优化，国企战略管理与法制建设取得积极成效，金滨海文旅控股集团正式组建，151户二、三级企业清理工作顺利完成。加快发展新型金融业态，建立“创业金山”引导基金，设立了第一个子基金—天颐投资基金。争取到15亿元市地方债转贷，城投公司9亿元企业债券通过审批。积极开展银企、银政合作，与4家金融机构签订了合作框架协议。建立企业信用贷款推荐机制，全区小额贷款公司增加到6家（含今年新增1家）、累计发放贷款85.7亿元。吸引上海创投公司政府扶持基金8000万元，使金开担保公司的担保能力得到提升。探索实施科技金融模式，21家科技型中小企业共获得无抵押贷款8760万元。服务企业工作在创新中加强，区镇两级企业服务中心创建全面完成，中小企业改制上市工作有序推进。新型工业化专项改革试点列入全市年度改革重点工作，改革总体方案获得市政府批准。行政审批通过流程优化进一步提速，一般工业项目行政审批时限比法定时限压缩了45.7%；完善联合会审机制，推进企业设立并联审批试点，企业网上并联审批数量位居全市前列。国库集中支付制度改革在面上推进，区级预算单位公务卡制度改革基本完成，镇级财政性资金信息管理平台建设进展顺利。公务用车制度改革圆满完成。企业统计“一套表”联网直报制度全面实施。有序推进“营改增”试点工作，涉改纳税人1.3万余户，减轻企业税负2.65亿元。加强对重大项目的稽查力度，推进财政、经济责任和政府投资审计创新，内部审计工作进一步深化。完成124个村农村集体经济组织成员界定和农龄统计工作，开展农村集体经济组织产权制度改革试点，建成农村集体“三资”管理网络化监管平台，农村改革继续深化。

（四）文体旅农商融合发展路径更加清晰。抓住金山铁路运营契机，优化服务环境，加强市场营销，推进产业发展，提升社会影响。铁路开通以来发送旅客总数超过100万人次，日均发送1.2万人次。成功举办沙滩音乐节、音乐烟花节，承办世界沙排大满贯赛、承接中超联赛等文化体育活动，带动区内商贸、旅游、酒店、餐饮等业态加快发展。活动赛事期间新城区主要旅游饭店入住率达80%以上，金山嘴渔村接待人次成倍增长，区内其他景区接待人次均大幅增加。精心举办蟠桃节、百花节等农业节庆活动，特色涉农节庆品牌影响力进一步提升，带动农产品销售总额1.3亿元。成功推出“闲是金山”闲乐旅游目的地品牌和“金周末”七大系列旅游产品，成功创建为上海首家全国休闲农业与乡村旅游示范县（区）；东林寺景区被评为国家AAAA级景区，成为上海首个AAAA级佛教旅游景区；枫泾古镇入选长三角十大古镇，“水乡婚典”荣获上海旅游节最佳人气奖。全年共接待游客527.4万人次，增长23.2%；旅游综合收入30.5亿元，增长19.2%。

（五）“1158”城镇体系建设扎实推进。全区土地利用总体规划以及金山新城、枫泾特色镇总体规划（修改）获市政府批准。城镇部分区域规划进一步优化，工业园区、镇区与社区控规修编、农村村民居住点规划编制进展顺利，全区集建区控规覆盖率达85.0%。以功能性、基础性项目为重点，全年共安排重大工程54项，开工率89.1%，竣工率72.7%（以年初计划竣工数计算），累计完成投资38.7亿元。蒙山路（金山大道——沪杭公路）改建、金山一水厂二期等

24个项目已竣工;供水管网改造工程、区文广中心等23个项目正在施工。金山铁路顺利开通并成功实现公交化运营,金山卫至普陀山海上专线启动试运行。石化地区居民生活用水、天然气转换顺利推进,金山生活垃圾综合处理项目进入试运行。农村集体土地征收和补偿标准进一步规范。廊下市级土地综合整治项目完成方案审批,获得市财政支持7.1亿元。完成村庄改造3067户、总投资8877.6万元,整治、轮疏河道184条段、175.3公里,农村生产生活环境进一步改善。农田水利建设能力继续提升,被评为全国农田水利基本建设先进单位。加快"智慧城市"信息基础设施建设,建设无线覆盖热点375个,城镇地区城市光网达到全覆盖。

(六)民生保障和社会建设协调发展。全年民生支出达到74.3亿元,增长30.0%,占财政总支出的68.9%。城镇和农村居民家庭人均可支配收入增幅均高于地区生产总值和区级财政收入的增幅。养老机构消防安全达标工程、居民健康档案信息化建设等10项实事项目全部完成,累计完成投资13.5亿元。新增和净增就业岗位分别为21983个、5242个,城镇登记失业人数控制在市下达指标以内。以创业带动就业取得新成效,被列入首批市级创业型城区创建单位,累计帮助358家创业组织成功创业。社会救助服务有序开展,实施生活救助11万人次、4129.8万元,医疗救助4.7万人次、1742.0万元,困难群众基本生活得到保障。区第一社会福利院投入运行,养老服务工作成效明显,被民政部命名为第四批全国养老服务示范活动示范单位。全面完成市下达的"四位一体"保障房建设任务,新增租金配租58户,50套实物配租房源已完成筹措,77户家庭通过首批共有产权保障房(经济适用房)审核,动迁安置房竣工面积20.69万平方米,其中9.6万平方米动迁安置房交付使用。实施优秀人才安居工程,筹措首批人才公寓99套,目前有56人入住。市义务教育均衡发展专项督政检查顺利通过。中侨学院金山校区、枫叶国际学校项目正式启动。积极推进学生健康促进工程,1.4万名农村籍学生享受免费营养午餐。扎实推进科普"六进"工作,石化街道山鑫阳光城居委会被命名为全国科普示范社区,上海农业科普馆金山馆被评为全国科普教育基地。中国农民画研究中心挂牌成立,长三角农民画联展活动成功举办。"一村一队"文化交流展示活动全面推进。廊下乡村大舞台的高端文化资源配送受到群众欢迎。推进社区卫生综合服务改革,家庭医生制服务共签约19.22万人,覆盖36.8万人。提高农民医疗保障水平,新农合人均筹资增长40%,全年累计补偿额最高可达16.5万元/人,提高6万元。新农合投保率达99.9%,低保五保户、残疾人应保尽保率达100%。顺利通过国家卫生区复审,成功创建为全国慢性非传染性疾病综合防控示范区。复旦大学附属金山医院新院启用,中心医院改扩建工程正式启动。完成"两卫"单位实施绩效工资工作,其他事业单位绩效工资改革稳妥实施。公共服务窗口延长服务时间工作被列为市级试点,"12345"市民服务热线正式运行,档案便民服务窗口延伸至社区。在全市率先完成市政府实事项目免费孕前优生健康检查工作,全国"生育关怀行动"试点区创建取得新进展。第十次村(居)委会换届选举圆满完成。社区管理力量得到加强。朱泾镇被列入市"镇管社区"试点。征兵工作被评为市先进,民兵后备力量建设和国防动员工作取得新成绩。

(七)社会总体保持和谐稳定。严格落实安全生产政府监管主体和企业责任主体职责,扎实推进政府行政首长负责制和企业法定代表人负责制,严肃查处安全生产事故责任人40人(其中诫勉谈话36人,刑事处罚4人)、行政处罚企业37家。实施安全生产"打非治违"专项行动和大排查大整治活动,检查生产经营单位24832家,责令改正、限期整改、停止违法行为11377起,责令停产、停业、停止生产经营单位369家,罚款684万元。上海化工区1公里限制带环境综合整治准备工作基本完成。全面推行消防安全"网格化"管理和重点单位消防安全"户籍化"管理,"防火墙"工程建设得到深化。12幢20年以上房龄高层住宅消防设施增设工作全面完成。加大交通执法管理力度,非法客运和"两类车"专项整治深入开展,社会治安防控"135"工程有序推进,平安实事项目建设顺利完成。石化街道"大联动"管理工作正式启动。保持严打严管严控态势,强化社会面治安巡逻防控,公众安全感位居全市前列,连续6年保持重要时间节点进京非法上访零记录。用群众工作统揽信访工作试点成效初显,一些做法得到中央和市委的肯定。区领导联系信访人、领导接访下访走访活动、包案和积案化解工作深入开展,57件区领导联系信访人案件和11件市重信重访交办件全部化解(终结),化解(终结)率位列全市第一。应急管理工作进一步加强,组建区级应急管理机构,多部门联动处置机制逐步完善,"6·3"水污染、"6·14"安全生产等事故得以妥善处置。加大食品药品安全专项整治力度,全区饮食用药总体安全可控。成功应对"海葵"强台风和大暴雨的严峻考验,灾后处置和恢复生产工作快速有序。

(八)政府自身建设得到加强。强化发展第一要务和稳定第一责任意识,保持振奋昂扬的精神状态,高标准、严要求推动各项工作,加快发展的紧迫感和责任感进一步增强。修订完善区政府工作规则，制定常务会议、办公会议议事决策规则，在工作决策、项目推进、合同管理、文件出台等环节，加强法律专业部门的参与，决策科学化、制度化和规范化水平进一步提高。建立行政复议委员会、行政执法与刑事司法相衔接等制度，完善政府法律顾问团、依法行政评估考核等工作，加强行政规范性文件备案审查和政府合同法律审核，大力推进政府信息公开，依法行政的制度保障进一步强化。按照“细化为项目、责任到领导、落实在部门”的要求，加强政府工作项目化管理，重视流程优化、过程掌控和结果检查，建立健全考核、督查、问责等制度，推动有效落实的工作机制进一步完善。自觉接受区人大、区政协的法律监督、民主监督，建立与区人大常委会、区政协常态性沟通联系制度，创新区人大代表书面意见和政协提案办理，主动接受各方面监督的能力进一步提升。以处理涉及城市运行安全的突发事件、回应人民群众的民生诉求和社会关切为重点，突出对新媒体的运用和管理，加强舆论引导和新闻应对工作，舆情信息发现研判与引导机制进一步健全。注重深入基层、一线和企业调查研究，落实联系社区、群众等制度，重视重大工程实事项目的推进落实以及群众反映热点、难点问题的解决，严格落实党风廉政建设责任制，执政为民、廉洁自律的意识进一步强化。

各位代表！2012 年的经历令人难忘，探索弥足珍贵，成绩来之不易。这是区委坚强领导的结果，是区人大、区政协监督支持的结果，是全区干部群众共同奋斗的结果。在此，我代表区人民政府，向全区各行各业的劳动者、建设者，向各民主党派、工商联、人民团体、无党派人士、企业界人士和离退休老同志，向驻金部队、武警官兵，以及所有关心和支持金山发展的各界人士、海内外朋友，表示衷心的感谢和崇高的敬意！

我们也清醒地看到，全区经济社会发展仍面临不少困难。受宏观经济环境的影响，经济下行压力依然较大，资金、土地等要素供求矛盾突出，部分企业尤其是中小微企业经营困难，保持经济追赶式增长任务艰巨；产业结构调整的问题还没有得到根本解决，节能减排、环境保护和城市运行安全的压力仍然存在，转变经济发展方式任重道远；人民群众对教育、卫生、居住、保障等方面的诉求日益增长，改善民生的任务依然繁重；有的政府组成部门职能转变相对滞后，公共服务与管理水平、工作执行力需要加快提高；政府工作人员不主动作为、相互推诿的情况还时有发生，形式主义、做表面文章的现象在某些方面还较为明显，加强和改进作风还需要加倍努力。对此，我们要切实增强直面问题的意识，努力提高攻坚克难的能力，有针对性地采取措施，逐步加以解决。

二 2013 年工作安排

2013 年是全面深入贯彻落实党的十八大精神的开局之年，也是实施“十二五”规划承前启后的关键一年，做好今年的工作，对于实现“两个倍增、两个同步”的总体目标，具有极其重要的意义。我们要认真贯彻中央经济工作会议、十届市委三次全会精神，落实四届区委五次全会的决策部署，坚持“创新驱动、转型发展”的总方针，把握“稳中求进”的总基调，落实“稳增长、调结构、抓改革、惠民生、促和谐”的总要求，以提高经济增长质量和效益为中心，深入谋划产业结构优化的路线图、城镇体系建设的布局图和“三农”工作新蓝图，解放思想、聚焦发展，真抓实干、务求实效，确保全区经济持续健康发展、社会和谐稳定，努力为实现“十二五”经济发展走势图，奋力开创“创业金山、宜居金山、和谐金山”建设新局面奠定坚实基础。

综合考虑各种因素，今年全区经济社会发展的主要预期目标是：地区生产总值增长 9% 左右；规模(2000 万元)以上工业企业产值增长 5% 左右；财政总收入增长 9% 左右，区级地方财政收入增长 8% 左右；固定资产投资完成 180 亿元；合同利用外资 3.8 亿美元，外资到位资金 1.95 亿美元；社会消费品零售总额增长 12%；新增就业岗位 20000 个，净增就业岗位 4500 个，城镇登记失业人数控制在市下达指标以内；城镇和农村居民家庭人均可支配收入分别增长 10% 以上。

实现上述目标，我们必须从实际出发，以转观念促转型，以转方式促发展，坚持“聚焦、突破、转型、提升”的工作要求：

——聚焦。集中资源、资金、资本投入重点地区、重点领域和重点项目，通过聚焦重点发挥整体带动效应，在更高层次上推动全区工作实现均衡发展。

——突破。打破观念束缚、体制障碍和机制限制，进行系统决策、资源整合和流程再造，激发市场主体活力，提高经济社会活动效率。

——转型。推动经济结构、发展动力和资源配置方式转型，提高经济增长的结构性效益，推动经济增长向依靠科技进步、劳动者素质提高和管理创新转变。

——提升。提高产业发展能级、政府推动科学发展能力和干部干事创业的能动性，通过主动外引内联、上争下促，提供服务发展的强劲动力。

（一）着力产业提质增效，保持经济持续健康发展

按照建立现代产业体系的要求，加快结构调整和发展方式转变，努力促进产业优化升级，把推动发展的立足点转到提升经济质量和效益上来。

加快调整产业结构。聚焦八个产业集群发展，推进和辉光电等重大产业项目建设，积极培育光电、智能装备等战略性新兴产业。提升招商引资质量，重点关注单位产出、税收等效益指标和能耗、污染物排放等约束指标。确保工业性投资110亿元，工业项目到位资金115亿元。加强项目后评估成果的运用，强化项目全过程管理和监控。深化“腾笼换鸟”工作，推动产业用地“二次开发”。

支持企业加快科技创新。加强重点产业技术改造，通过引导资金鼓励企业加快推进技改，提高原始创新、集成创新和引进消化吸收再创新能力，并积极开展协同创新。扎实推进工业节能技改和清洁能源替代，加快淘汰劣势企业和落后产能，加强对重点耗能企业的管理，确保规模以上万元产值能耗率下降5%。新增市级企业技术中心2家、市级小巨人（培育）企业4～5家、高新技术企业28家。

提高现代服务业发展水平。加快综合型商业项目开发建设，规划开发金山铁路金山卫站周边商贸项目。提高物流产业园的产业集聚度和发展能级。重点发展总部经济、服务平台，开发建设枫泾现代服务业集聚区，推动金石湾化工品交易市场建设。加快发展电子商务、研发设计、信息咨询等生产性服务业。推动经济小区持续健康发展。提升“闲是金山”品牌内涵，丰富“金周末”系列产品。基本完成朱泾历史风貌区二期工程，深化廊下乡村休闲旅游目的地建设，推动金山嘴渔村创建国家AAA级旅游景区。

深化对外开放合作发展。建立和完善与大企业、大集团联合招商、产业发展联动机制。深度对接张江高新区、漕河泾开发区和临港集团，深化漕河泾综合保税区金山功能区、国家绿色创意印刷示范园区等重点园区开发建设；推动张江、枫泾、平湖三方共建杭州湾科技园。完善与两大化工基地的沟通机制，促进资源共享和项目合作。扩大对外合作交流，利用外资综合优势，提高外资总体效益；加快“走出去”步伐，增强开放型经济发展能力。

加强服务企业稳增长工作。深入开展全区经济普查，加强对重点产业和企业的运行监测，提高经济调控水平。完善服务企业体系，强化区镇两级企业服务中心功能。加强银政企三方对接，搭建中小微企业融资服务平台，多渠道帮助企业解决融资难题。发挥“创业金山”引导基金的放大作用和杠杆效应，进一步吸引社会资本集聚，助推产业发展。加强中小企业改制上市服务，支持企业借助资本市场发展壮大。

（二）实施农业转型发展，加快推进新农村建设

按照“保供增收惠民生、改革创新添活力”要求，加大统筹城乡发展力度，加快发展现代农业，确保重要农产品再获丰收、农民收入稳步增长、生产生活条件继续改善，进一步增强农村发展活力。

加快转变农业发展方式。提高农业科技化水平，培育优势特色主导产业，扩大草莓种植规模，启动亭林雪瓜、枫泾猪的市场开发。发挥农业龙头企业作用，发展家庭农场、农民专业合作社等新型农业经营主体，培育扶持本地种植能手和职业农民。确保完成市下达的粮食生产和绿叶菜供应任务。加快葡萄、草莓采摘休闲园配套设施建设，大力发展休闲农业。加快建设高水平粮田、标准化水产养殖场等农业基础设施项目，实施小型农田水利重点县、圩区达标改造等工程，增强农业综合生产能力和抵御自然灾害能力。争创国家级现代农业示范区。

加强农产品质量监管和市场营销。加快实施农产品“三品”认证，确保认证率达到70%以上。推进农业标准化示范项目，完善农业标准化生产体系。加大农产品质量安全宣传培训，提升村级监管能力和农业企业、农民专业合作社自检能力。充分发挥农超对接销售主渠道作用，积极拓展专卖店、网络销售、大联展等销售渠道，加快农产品营销服务平台建设。

深化农村集体“三资”管理。稳步推进农村集体经济组织产权制度改革试点，全面开展村级集体经济组织清产核资工作，鼓励村级集体经济组织盘活闲置资产，发挥自身优势，增强自我发展能力，确保农村集体资产保值增值。充分保障农民土地承包经营权，切实规范土地流转行为，维护农民合法权益，多渠道增加农民收入。

（三）加强城乡建设管理，持续改善生态环境

坚持城乡并举、建管并重，推进环境优化和生态改善，加快形成互促共进、协调发展的“1158”城镇化格局，打造更加宜居和谐的美丽金山。

深化“1158”城镇体系建设。突出金山新城滨海特色，加强城市生活岸线规划研究，明确海岸线及腹地的功能、定位和布局，完成金山港区控制性详细规划的编制和审批；建设金涛路以西保滩工程，加快推进龙泉港西侧圈围工程前期准备，促进万达广场和红星美凯龙等商业综合体项目尽早开工建设。突出枫泾镇文化宜居特色，完成镇区东片河道综合整治工

程，加快枫叶国际学校、中西医结合医院建设步伐，实质性启动枫泾交通枢纽、五星级宾馆等项目建设。加强新市镇总体规划研究，探索新市镇建设新路径。稳步实施朱泾棚户简屋改造试点，积极推进亭林大型居住社区和廊下特色民居建设。加快80个左右中心村规划落地，推进中心村建设试点，加强农民个人建房管理。完成城区光网全覆盖，提高"智慧城市"建设水平。提升土地储备质量，推进土地挂牌出让，加快已出让地块开发。

持续改善城乡人居环境。将生态文明建设融入产业经济发展、城乡建设管理、环境保护和安全生产等各方面和全过程，提升生态环境质量。深入实施"批项目、核总量"制度，加强源头治理、严格执法，加大对"三高一低"企业的监管和整治力度，消除环境污染隐患。继续实施第五轮环保三年行动计划，推进上海化工区1公里限制带环境综合整治，深化金山卫化工集中区域环境综合整治。落实最严格的水资源管理制度，推进污染源截污纳管，加快朱泾、枫泾等污水处理厂二期建设，提高城镇污水处理率。完成金山一水厂饮用水深度处理工程，实现全区集约化供水。加强对金山环境再生能源公司的运行监管，建设全区生活垃圾收运系统。完成3006户村庄改造任务。加强河道保洁、河道轮疏。

推动城乡管理精细化。强化规范管理理念，健全城镇管理考核评价发布制度。推进城管执法向镇、工业区延伸，切实提高城管执法信息化水平。推进生活垃圾分类、减量和处置。深化石化街道"大联动"管理工作，探索城市综合管理精细化、长效化机制，拓展城市网格化覆盖范围，提升网格化管理内涵。完善"12345"市民服务热线平台。实施地下空间属地化管理模式，落实三级监管责任机制。

（四）加强保障和改善民生，使发展成果更好地惠及人民

把保障和改善民生作为一切工作的出发点和落脚点，办好直接关系民生需求的实事项目，推动各项社会事业繁荣发展，使改革发展成果更多更公平地惠及人民。

加强就业和社会保障。完善政府主导的促进就业责任体系，继续实施青年就业"启航计划"，全面推进创业型城区创建工作。适应八个产业集群发展需求，加强人才队伍建设。注重群体性劳动纠纷的预防和调处，推进互利双赢的和谐劳动关系建设。稳妥抓好"万人就业项目"队伍整合管理。健全帮困送温暖"一口上下"运作机制，加大农村新农合困难群体医疗保障力度。加快推进"四位一体"住房保障体系建设，力争用3年时间基本解决在外过渡动迁居民的住房安置问题。

统筹发展各项社会事业。大力推进科学普及工作，提高公民科学素养。深化小学生综合素养评价改革，积极落实义务教育学业绿色指标体系。推动华师大三附中、青少年活动实践基地等项目建设，优化教育资源布局。加快推进体育强区和体教结合工作。完成区文广中心建设，加强区体育中心和朱泾体育中心运营管理，提升公共文体设施服务水平。备战第十五届市运动会，举办第四届区运动会，办好世界沙排大满贯赛、沙滩音乐节、音乐烟花节等特色文化体育品牌活动。开展第二轮"一镇一品"展示活动。进一步推进公立医院改革。提高新农合人均筹资水平。深化第三轮公共卫生行动计划。开展创建全国幸福家庭活动试点工作。完善"9073"养老服务体系。

创新社区建设和管理。进一步理顺新城社区管理体制，提升社区管理水平。完善公共服务窗口延长服务时间工作，健全社区事务受理服务中心"一口受理、一头管理"运作模式，推进公共服务信息发布平台建设。实施枫泾镇"智慧社区"项目建设。加快推动朱泾镇"镇管社区"试点工作，推进基层社区自治和共治。加强对实有人口的综合服务和管理。

（五）强化平安金山建设，构建和谐稳定社会环境

坚持制度建设先行、源头预防与过程监管并重，落实标本兼治和综合治理，狠抓基层基础工作，提高平安金山建设水平，实现区域总体和谐稳定。

确保城市运行安全。完善突发公共事件应急机制，提高应急管理能力。严厉惩处违规排污行为，强化对危化品运输的安全监管。加大对建设工地的监督检查，确保工程建设质量安全。加快推进全区统一的追溯系统和放心早餐工程建设，确保食品药品生产安全总体受控。加强基层基础防汛能力建设，严格落实隐患风险排查制度，确保防汛设施始终处于良好状态。加强与两大化工基地及周边省市环保联动，预防和妥善处置跨界污染矛盾纠纷。

强化生产安全管理。按照"五个最严"的要求，切实加强安全生产管理，坚决杜绝重特大安全生产事故的发生。加强企业安全生产标准化和诚信体系建设。严格落实区镇村三级监管责任和企业主体责任，强化对村域出租厂房的管理，规范企业的生产安全、环保安全和消防安全。建立多部门联合执法机制，深化区域内安全生产联合整治行动。持续开展安全教育培训，切实提高干部群众的安全防范意识和突发事件处置能力。

加强治安防控和矛盾化解。深入开展社会治安突出问题和治安复杂地区整治工作。有序推进治安防范科技设施"135"工程。充分发挥治安防控体系作

用,依法防范和打击违法犯罪活动。组织实施平安建设项目,提升平安建设水平。积极推进大调解工作体系建设。加强基层基础建设,强化村居一线化解信访矛盾作用,提高街镇“窗口”就地化解率。深入推进以群众工作统揽信访工作,着力解决人民群众反映强烈的突出问题,提高做好新形势下群众工作的能力。

(六)深化重点领域改革创新,破解制约发展的瓶颈

加强统筹协调和系统规划,整合各类资源要素,以更大的决心、勇气与智慧推进重点领域改革创新工作,坚决破除妨碍发展的思想观念和体制机制弊端。

实施新型工业化改革。根据改革试点总体方案,制定并落实年度实施计划,推动有关改革事项在金山先行先试,尽快形成示范效应。建立市、区两级联席会议制度,形成统筹协调和综合推进机制。着眼于增强活力、提高效率、持续发展,在现代产业体系建设等六大体制机制领域创新探索。积极争取市政府在财税、土地规划、产业集聚、人才和服务配套等方面的政策支持。

深化国资国企改革发展。探索推进国资国企改革发展与监督管理的系统设计,切实提高市场竞争、保障服务和资本增值能力。优化国资国企布局结构,推进规模企业整合组建和老企业老品牌转型发展。实施竞争性领域国企改革改制,加强国企战略、预算和绩效管理,完善出资人监管体系与机制,有序推进管办分离和政企分开,实现国资监管全覆盖。

推进财政金融制度改革。完成区级预算单位财政国库集中支付制度改革,推进镇级预算单位国库集中支付制度改革和公务卡制度改革试点。加强预算管理,完善预算执行动态监控机制。探索建立多元化、市场化投融资体制,加强政府性债务管理和风险防控。深化与银行等金融机构的战略合作。围绕重大决策开展经济责任审计,落实监督问责机制,加强对项目招投标、专项资金使用等重点领域的审计监督。

加快行政审批制度改革。深化完善“两集中、三到位”工作,抓住制度创新和职能转变等关键环节,全面落实工业项目行政审批流程优化方案,健全告知承诺运行制度。继续清理规范行政审批事项,重点开展投资领域、社会事业领域审批专项清理和“第三方”评估评审专项清理,实行统一监管。推进区行政服务中心规范化建设,抓好“两重一特”项目联合会审,加强会审项目全过程监督,进一步提高审批效率。

各位代表!完成今年各项任务,必须把加强政府自身建设贯穿政府工作的始终,建设人民满意的服务型政府。政府组成人员要增强大局观念,自觉把思想和行动统一到十八大精神上来,以只争朝夕、昂扬向上的紧迫感和责任感,夙夜在公、勤勉工作,巩固金山经济追赶式增长势头。要坚持依法行政,注重运用法治思维和法治方式深化改革、推动发展、化解矛盾和维护稳定,切实做到科学民主依法决策,严格规范公正文明执法。要自觉接受人大和政协的监督、社会舆论的监督和人民群众的监督,使各项工作经得起实践、人民和历史的检验。要注重资源整合,对外争取要素资源,对内盘活存量资源,高度重视发挥人才第一资源的作用,使资源更好更快地转化为加快发展的现实优势,实现资源配置效益最大化。要强化市场意识,尊重市场规律,引导各种社会资本参与到运作管理中来,在政府主导的同时更加注重发挥市场作用。要抓好队伍建设,适应新的形势要求,提高队伍的政治和业务素质,努力做到任务面前敢于担当、发展面前善于创新、困难面前勇于进取,为经济社会发展提供坚强的组织保障和有效的智力支持。

政府全体工作人员要按照中央关于改进工作作风、密切联系群众的规定要求,深刻认识转变作风的极端重要性,不断增强忧患意识和使命意识,自觉发扬党的优良传统和作风,以良好的作风推动工作的有效落实。要切实坚持群众路线,把为民服务贯穿于政府工作全过程,始终把群众的切身利益摆在首位,时刻把群众的安危冷暖挂在心上,提高做好新形势下群众工作的能力,创造条件让人民群众顺畅地向政府反映诉求,耐心细致回应人民群众关切,多干让人民群众满意的好事实事,以突出的实绩服务于民。要扎实改进工作作风,规范调查研究工作,精简会议和文件,改进会风和文风,减少事务性活动,少讲形式、多抓实质问题,少想面子、多解决实际问题,少浮在表面、多深入基层,把时间花在了解民情上,把功夫下在狠抓落实上,把本领用在促进发展上,坚持艰苦奋斗、勤俭节约,为民务实清廉,以良好的作风取信于民。

各位代表!目标就是方向,信心就是力量。让我们紧密团结在以习近平同志为总书记的党中央周围,高举中国特色社会主义伟大旗帜,以邓小平理论、“三个代表”重要思想和科学发展观为指导,在市委、市政府和区委的坚强领导下,团结带领全区干部群众,围绕四届区委五次全会确定的各项目标任务,坚定信心不动摇,鼓足干劲不懈怠,抓紧落实不放松,在抢抓机遇中赢得主动,在破解难题中奋勇前进,为实现“两个倍增、两个同步”的目标,为加快建设“三个金山”做出更大贡献!

大事记

DASHIJI

2013 JINSHAN ALMANAC

大事记

1 月

4～7 日 区政协五届一次会议在区会议中心召开。

5～9 日 区五届人大一次会议在区会议中心召开。

8 日 首届金山草莓节在金山草莓研发中心开幕。区委书记杨建荣宣布开幕,市农委主任孙雷和区委副书记、区长李跃旗为金山草莓研发中心揭牌。

18 日 市委常委、浦东新区区委书记徐麟到吕巷镇走访慰问困难群众。

20 日 区召开各界人士春节团拜会,区四套班子领导向各界人士致以新春问候。

31 日 中国共产党金山区第四届纪律检查委员会第二次全体会议在区会议中心召开。

2 月

2 日 经区五届人大一次会议审议通过,2012 年度安排实事项目 10 个、重大工程 54 个。

6 日 复旦大学附属金山医院新院启用。

7 日 区委书记杨建荣、区委副书记祝学军出席中共中央组织部在"创先争优"活动中开展基层组织建设年视频会议金山分会场会议。

9 日 "集中精力抓落实、心无旁骛求发展"区重点区域重点工作系列专题会——"八个产业集群"发展专题会在区公共服务中心召开。

14 日 市委常委、常务副市长杨雄,副市长艾宝俊到金山调研。

15 日 区政府召开上海化工区 1 公里限制带环境综合整治专题推进会。

16 日 区城乡党组织结对帮扶工作座谈会在金山草莓研发中心召开。与金山结对的市委工作机构、大口工作党委及长宁区委、闸北区委等负责同志交流城乡党组织结对帮扶工作新思路、新举措。

20 日 2012 年区招商引资工作推进会在区会议中心召开,表彰 2011 年度区招商引资工作优胜单位和先进个人,部署年内招商引资工作。

22 日 区第五轮环保三年(2012 年至 2014 年)行动计划启动实施。

23 日 区社区党建研究会会员大会召开,产生新一届研究会领导:区委书记杨建荣、上海石化股份有限公司党委书记戎光道、上海化学工业区发展有限公司党委书记张耀伦任名誉会长,区委副书记祝学军、上海石化股份有限公司党委副书记高金平、上海化学工业区发展有限公司党委副书记严国基任会长,区委常委、组织部部长陈正安任秘书长。

27 日 中国共产党上海市金山区第四届委员会第二次全体(扩大)会议在区会议中心召开。

3 月

6 日 区纪念"三八"国际劳动妇女节 102 周年暨先进表彰大会在区会议中心召开。

7 日 2012 年区宣传思想文化工作会议召开,学习传达全国宣传部长会议、市宣传思想文化工作会议精神,贯彻落实区第四次党代会精神,总结 2011 年主要工作,研究部署 2012 年工作重点。

9 日 区委中心组暨"两部一校"专题学习报告会举行。市政府法制办副主任、市行政法研究中心主任刘平就新实施的《中华人民共和国行政强制法》作解读与辅导。

同日 2012 年区平安建设推进大会在区会议中心召开,贯彻落实 2012 年市"平安上海"建设推进大会精神,部署年内区"平安金山"建设工作。

20 日 中国机械工业集团有限公司董事长任洪斌、党委书记徐念沙一行到金山考察。

22 日 凤凰卫视副总裁梁云波到金山考察,区委书记杨建荣接待并商讨有关项目开发事宜。

23 日 中国共产党上海市金山区第四届委员会第三次全体会议在区会议中心召开。

同日 2012 年区委党建工作领导小组(扩大)会议暨在"创先争优"活动中开展基层组织建设年推进会在区会议中心召开,审议并原则通过《金山区委党建工作领导小组 2012 年工作要点》和《关于在创先争优活动中开展基层组织建设年的实施意见》。

28 日 市委副书记、市长韩正一行到金山调研新城建设及现代服务业发展情况。

同日 2012 年区"三农"工作会议召开,传达中央、市农村工作会议精神,表彰十佳优秀农业科技创新人才和十佳优秀创业农民。

29 日 党风廉政建设责任制暨惩防体系建设工作推进会在区会议中心召开。

4 月

5 日 市政协副主席钱景林率市政协区县联络指导组一行到区政协指导工作。

6 日 区第一季度经济形势分析会召开,总结一季度经济运行情况,分析研判二季度和全年经济走势,并部署下阶段工作。

同日 市青年联合会和市青年企业家协会主办的“对话·同行”——青年才俊对话金山发展座谈会及考察活动在金山工业区举行。

8 日 2012 年金山田野百花节开幕式在廊下生态园举行。市人大常委会副主任胡延照宣布开幕。

9 日 区政协常委会开展金山新城建设情况视察活动。

10 日 中国共产党上海市金山区代表会议召开,选举产生金山区出席市第十次党代会代表 15 人:王志标、李跃旗、杨建荣、时建英(女)、沈思(女)、沈培英(女)、张弘(女)、陈正安、周永超、钟孝铭、施芬芬(女)、祝学军、曹月芳(女)、葛永东、戴建军(按姓氏笔画为序)。

11 日 “科学发展在上海——东方网区县行”大型报道活动启动暨上海市金山区与东方新闻网站战略合作签约仪式举行。

同日 区委书记杨建荣作客“金山传播”政务微博,围绕“滨海新区,创业金山”话题与网友谈发展、论民生。

12 日 市政府副秘书长尹弘一行到金山调研轨道交通 22 号线改建工程。

17~25 日 区委书记杨建荣率区经贸考察团赴台湾开展招商引资及经贸考察活动。

22 日 全国政协副主席、台盟中央主席林文漪一行到金山考察。

25 日 区委中心组(扩大)学习报告会在区会议中心举行。市规土局党组书记、局长冯经明作新形势下规划土地管理政策、制度和工作要求报告。

28 日 2012 年区精神文明建设大会暨“感动金山”2011 年度十佳好人好事颁奖典礼举行,怀明富、张道余、阮跃其、陈礼、孙丽娟、沈志英、蔡葵荞、曹秀文、薛亚华、宋海明入选“感动金山”2011 年度十佳好人好事。

5 月

2~6 日 世界沙滩排球巡回赛“金山新城杯”中国上海金山大满贯赛在城市沙滩举行。

9 日 “团聚金山青春启航”区纪念中国共青团成立 90 周年主题集会在城市沙滩举行。

10 日 区人大常委会组织部分人大代表视察区蔬菜生产基地建设情况。

15 日 副市长艾宝俊到金山检查安全生产“打非治违”专项行动开展情况。

同日 区人大常委会主任杜治中、区政协主席王美新一行考察大金山岛海洋生态环境,听取生态自然保护工作情况介绍,并对有关工作提出要求。

18 日 杨建荣、李跃旗等 15 位金山区代表参加中共上海市第十次党代会。

23 日 市“三夏”(夏收、夏种、夏管)工作现场会在廊下镇召开,副市长姜平讲话。

24 日 苏、浙、沪相邻区(市、县)反腐倡廉协作联席会议第三次会议在金山召开。

25 日 区传达学习市第十次党代会精神大会召开,区委书记杨建荣传达俞正声十届市委一次全会讲话精神,区委副书记、区长李跃旗传达市第十次党代会精神。

28 日 《金山区枫泾特色镇总体规划(修改)(2010—2020)》在上海国际会议中心发布。市人大常委会副主任胡延照,市政协副主席王新奎、周汉民及区领导杨建荣、李跃旗等出席发布会。枫泾特色镇建设专家咨询委员会同时成立,“醉·美·枫泾”成为特色镇建设宣传口号。

6 月

5 日 区政协主席王美新率区政协常委会调研枫泾特色镇建设情况,听取枫泾镇主要领导工作汇报并讲话。

8 日 市文化广播影视管理局主办,市非物质文化遗产保护中心、区文化局、廊下镇承办的 2012 年“文化遗产日”上海非物质文化遗产系列活动启动仪式暨第六届廊下莲湘文化节开幕式在廊下生态园举行。

12~19 日 区委书记杨建荣率区党政代表团赴西藏开展对口支援活动。

26 日 市公安系统英模先进事迹报告团到金山作报告。区委书记杨建荣接见报告团一行。

28 日 上海广播电视台台长裘新带队到金山开展“走转改”(走基层、转作风、改文风)新闻采访活动。区委书记杨建荣会晤裘新一行。

同日 台湾桃园县参访团到金山考察。区人大常委会主任杜治中、副主任殷金荣陪同。

7月

1日 区庆祝中国共产党成立91周年暨创先争优活动表彰大会在区会议中心召开。表彰2010~2012年区创先争优先进基层党组织和优秀共产党员。

2日 副市长沈骏一行到金山调研供水工作情况。

10日 区上半年经济形势分析会召开。区委书记杨建荣主持并分析上半年全区经济运行主要特点,区委副书记、区长李跃旗部署下半年经济工作。

11日 区社区建设工作会议在区公共服务中心召开。

同日 区政府与市电力公司签署《"十二五"期间共同促进金山区经济社会发展的战略合作协议》。

12日 区群众工作领导小组(扩大)会议召开,分析上半年信访维稳情况,解读年内群众工作要点,研究部署进一步做好群众工作措施。

15日 山阳镇、区旅游局和文化广播影视局主办的"印象渔村、欢乐美食"2012年金山海鲜文化节在山阳镇金山嘴海鲜美食城开幕。

18日 中国共产党上海市金山区第四届委员会第四次全体会议在区公共服务中心召开。

26日 区举行庆祝中国人民解放军建军85周年军政座谈会。

31日 区干部工作讲评会召开,贯彻落实四届区委四次全会精神,总结弘扬干部队伍所呈现的良好精神状态和工作作风,寻找分析问题和不足。

同日 区人大常委会组织部分区人大代表视察区2011年村(居)委会换届工作情况。

是月 全区广泛开展"共担社会责任,同创美好家园"学习讨论活动。

8月

1日 金山区与建设银行上海分行战略合作协议签约仪式举行。

2~6日 "品牌农业、安全优质"2012年金山盛夏农产品大联展在区轮滑球馆举行,全区60家农民专业合作社、农业龙头企业、食品加工企业设摊参展。

5日 区政府主办,区农委、吕巷镇承办的第六届金山蟠桃节在吕巷蟠桃广场开幕。

6~9日 区连续召开7次防御台风"海葵"视频会议。

11日 副市长姜平一行到金山调研台风后农业生产情况。

13日 东林寺景区被全国旅游景区质量等级评定委员会评定为国家AAAA级旅游景区。

16~18日 区委书记杨建荣和区委副书记、区长李跃旗参加市委2012年区县"创新驱动、转型发展"调研活动。

18日 中共中央政治局委员、中共上海市委书记俞正声率各区县党政负责人和市相关部门负责人到金山调研经济社会发展情况。

28日 市政府副秘书长肖贵玉到金山调研安全生产工作。

30日 2012年金山工业区项目集中开工仪式举行。新材料、绿色创意印刷、生物医药、先进机械制造等产业20个优质项目集中开工,总投资逾60亿元。市委常委、副市长艾宝俊宣布项目开工。

同日 中国国民党原副主席、妇女工作会主任林澄枝率代表团到金山考察。区委书记杨建荣会晤代表团一行。

同日 区人大常委会组织部分区人大代表视察区"校安工程"建设情况。

31日 区人才公寓入驻仪式举行。首批人才公寓位于卫零北路金悦华庭小区195号,为全装修普通商品住宅,共99套。

9月

3日 区政协常委会调研金山工业区产业集聚发展情况。

5日 "创新融资模式突破融资瓶颈"区深化银企合作工作推进会暨签约仪式举行。

6~14日 区委书记杨建荣率金山经贸考察团赴瑞士、德国开展经贸学习考察交流活动。

6日 国家信访局副局长王耀东到金山督导、调研信访工作。

12日 区质量工作暨首届区长质量奖表彰大会召开。上海石库门酿酒有限公司、汉钟精机股份有限公司董事长兼总经理余昱暄分获2011年度区长质量奖组织奖、个人奖。

14日 区在全市率先形成覆盖全区"1+11"(1个区级企业服务中心、11个镇级企业服务中心）中小企业服务体系。

16日 新华社主办的“首届长三角十大古镇”评选活动在枫泾镇举行颁奖典礼，枫泾古镇入围“长三角十大古镇”。副市长赵雯、新华社副总编辑慎海雄为获奖代表颁发证书。

17日～10月7日 金山旅游节组委会主办的“畅享金周末，欢乐健康游”——2012年金山旅游节举行，举办金山海鲜文化节、枫泾水乡婚典等系列活动11项，各旅游景区（点）接待游客70.2万人次。

25日 区召开“集中精力抓落实，心无旁骛求发展——加快推进‘三个金山’建设建功立业主题实践活动”动员大会。

27日 区委中心组暨“两部一校”（扩大）专题学习报告会举行，中国军事科学院国际战略和国家安全学专家罗援作“周边安全环境和软实力建设”专题报告。

28日 上海首条市域铁路——金山铁路正式通车运营，副市长沈骏出席开通仪式。金山铁路自上海南站至金山卫站，全长56公里，途经徐汇、闵行、松江、金山区，沿途9个站，最短行车时间为32分钟。

29日 区政协和区委统战部在石化工人影剧院举行区各界人士“欢度中秋佳节共襄国庆盛典喜迎党的十八大”红色经典电影交响音乐会。社会各界人士600余人参加。

10月

9日 “新形势下加强群众工作研讨会”在金山召开。全市各区县信访干部及有关专家研讨金山区深化“三访四步工作法”，推进用群众工作统揽信访工作试点的实践与探索。市委常委、市委秘书长尹弘讲话。

同日 市委常委、常务副市长杨雄率市有关部门负责同志到金山视察金山新城建设推进情况。

11日 市委常委、市纪委书记杨晓渡率市纪委有关负责同志到金山调研经济社会发展和党风廉政建设情况。

12日 区召开第三季度经济形势分析会，回顾总结前三季度全区经济运行情况，分析研究经济发展面临形势，安排部署第四季度经济工作。

15日 全国创先争优活动总结交流视频会议召开，区委书记杨建荣和区委常委、宣传部部长张权权出席金山区分会场会议。

16日 区委书记杨建荣和区委副书记、区长李跃旗率区党政代表团赴舟山市学习考察，并与舟山市签订缔结友好区市协议。浙江省副省长、舟山市委书记梁黎明，舟山市委副书记、市长周国辉等出席签约仪式。

22～28日 区委副书记、区长李跃旗和区委常委、副区长沈华棣率区经贸考察团到台湾考察，并与海基会董事长江丙坤座谈交流。

28日 “永达之夜”2012年上海金山国际沙滩音乐烟花节首场演出举行。市委常委、宣传部部长杨振武，市人大常委会副主任王培生，区委书记杨建荣和上海永达控股（集团）公司总裁张德安等出席开幕式。

30日 上海政协之友社联谊交流会在金山举行，全国政协常委、市政协之友社理事长蒋以任出席。区政协主席王美新介绍金山政协有关情况，区委副书记祝学军致欢迎辞。

31日 2012年区村（居）书记（主任）培训班开班。

是月 金山区率先试点工资集体协商前置职工听证制度。

11月

1日 市委常委、统战部部长沙海林一行到金山调研统战工作。

同日 副市长沈骏到金山调研永久生活垃圾综合处理厂项目建设进展情况。

6日 区委书记杨建荣出席党的十八大。

8日 2013年区文化体育旅游活动推介专题会召开。

13日 区人大常委会组织部分人大代表开展年终集中视察。

15日 区政府与中国检验认证集团就在金山建立中检集团华东检测基地事宜签署战略合作意向书。

16日 区委中心组（扩大）学习会召开，区委书记杨建荣传达党的十八大会议精神。

同日 区政协常委会视察区2012年重大工程和实事项目建设情况。

19日 区干部大会召开，区委书记杨建荣传达党的十八大、习近平参加上海代表团审议时重要讲话和全市干部大会主要精神。

26日 区委、区政府、区政协在区会议中心召开区政协提案办理工作会议。

28日 区政府与上海石化股份有限公司、复旦大学、华东师范大学、上海师范大学新一轮联合共建签约仪式在区会议中心举行。副市长沈晓明、市政府副秘书长翁铁慧出席。

12 月

4 日 《全国爱卫会关于2012年国家卫生城市(区)、乡镇(县城)复审结果的通报》发布,金山区被重新确认为国家卫生区,金山卫镇、山阳镇被重新确认为国家卫生镇。

5 日 "金山卫——普陀山海上专线"开通(试运营)。专线客轮往返金山卫海上客运站和普陀山码头,试运营期间每天1班。

6~8 日 区五届人大二次会议召开,选举由金山区产生的市第十四届人民代表大会代表34人。

9 日 区青年联合会第四届委员会第一次全体会议在区会议中心召开,推荐产生青联委员207人和团体会员21个,选举产生区青年联合会第四届委员会主席、副主席、常务委员会委员。

10 日 全国政协常委、市经济团体联合会会长蒋以任率34家行业协会代表到金山考察投资环境,并召开上海行业协会与金山产业对接会。

12 日 区创业型城区创建工作推进大会召开,区政府与创业园区、创业功能区等单位签订以创业带动就业项目书。

13 日 区2012年度新兵入伍欢送大会举行。

同日 上海赛科石油化工责任公司总经理博翰荣(Henri Braun)、副总经理吴海君等到金山访问。

14~15 日 区发展务虚会暨2013年经济工作座谈会在江苏省南通市召开。

15 日 台湾海基会原董事长、三三企业交流会会长江丙坤等60余人到金山参访。

20 日 金山区与上海银行战略合作签约仪式举行。

25 日 中国共产党上海市金山区第四届委员会第五次全体会议在区会议中心召开。

26 日 区双拥模范创建暨市拥军优属基金会金山区分会成立大会召开。

同日 "金山党务网"(http://dw.jinshan.gov.cn/)开通。

同日 上海金滨海文旅投资控股集团成立揭牌仪式在区会议中心举行。

28 日 区政协、区委统战部联合举行2013年区各界人士迎新酒会。各界人士约170人出席。

31 日 "蓝天下的至爱"——区慈善联合募捐义演活动举行。区四套班子领导和市慈善基金会副理事长郭开荣出席并募捐。

金山概貌

JINSHAN GAIMAO

2013 JINSHAN ALMANAC

地 域

金山区地处北纬30°40′～30°58′,东经121°～121°25′,位于长江三角洲南翼,上海西南部。东邻奉贤区,西与浙江省平湖市、嘉善县交界,南濒杭州湾,北与松江区、青浦区接壤。区域东西长44公里,南北宽26公里,总面积586.05平方公里。金山6400年前成陆,全境地势低平,地面高程自北西至东南略有升高,西临杭嘉湖浙水下游,受浙江客水和黄浦江潮水之利,河渠交织成网。区内有上海地区仅存的古海岸遗址漕泾古冈身沙冈,戚家墩、查山、亭林、招贤浜、南阳港等古文化遗址。有23.3公里"黄金"海岸线。东南距陆地6.2公里海面上有大金山、小金山、浮山三岛。大金山海拔103.4米(吴淞高程),是上海市地面最高点,长有上海地区陆上已绝迹的原始植被和珍稀植物,是区境内待开发重要旅游资源之一。金山三岛至陆地为广阔深水区,是天然良港。区境东南部有全国特大型化工企业上海石油化工股份有限公司和上海化学工业区。沪杭铁路、沪杭高铁、金山铁路(上海南站⇆金山卫站)支线等穿越区境。沪昆高速(G60)金山段、同三国道港新段、沪金高速(S4)金山段、亭枫高速(S36)、同三国道新卫段、沈海高速(G15)等高速公路及320国道(亭枫段)、亭卫公路、松卫南路等主干道路形成"八纵六横"区域高等级主要公路网架。境内有枫泾古镇(国家AAAA级旅游景区、"新沪上八景"之一)、城市沙滩(国家AAAA级旅游景区)、松隐禅寺、五龙禅寺、枫泾性觉寺、万寿寺、东林禅寺(国家AAAA级旅游景区)、华严塔、施王庙、丁聪漫画馆、程十发祖居、中国农民画村(国家AAA级旅游景区、首批市文化产业园区之一)、全国农业旅游示范点——上海金山现代农业园区中华村"农家乐"和"金山农村新天地"、漕泾休闲水庄、廊下生态园(国家AAA级旅游景区)等古今人文景观及李一谔烈士墓、陆龙飞烈士墓、金山卫城南门侵华日军登陆处遗址、十字街侵华日军杀人塘、南社纪念馆等爱国主义教育基地。 (顾逸萍)

行政区划

今金山地区,秦置海盐县。南北朝时置前京、胥浦两县,县治均设于今金山境内。隋曾一度并入盐官县。唐天宝十载(751年),境内属华亭县。清顺治十三年(1656年)属娄县。雍正四年(1726年)析娄县部分地区建金山县,县治设于金山卫城。乾隆二十五年(1760年)县治迁至朱泾镇。后几经搬迁,自嘉庆元年(1796年)起,县治定驻朱泾镇。1949年5月13日,金山解放。同月15日,金山县人民政府成立,隶属江苏省苏南行政区松江专区。1958年3月,金山县改隶属江苏省苏州专区。同年11月划归上海市。1997年4月29日,经国务院批准,撤销金山县,设立金山区,5月16日正式挂牌。区人民政府驻金山大道2000号。后经市人民政府批准,撤销、合并部分镇,至2005年3月28日,全区辖朱泾、枫泾、张堰、亭林、吕巷、廊下、漕泾、山阳、金山卫9个镇和石化街道、金山工业区(代行原朱行镇区域行政职能)。2012年,成立金来、红叶、恒顺、恒康居民委员会。至年底,全区辖87个居民委员会、124个村民委员会。 (顾逸萍)

人 口

至2012年底,全区户籍人口517032人,其中城镇345988人、农村171044人;男性256490人、女性260542人;总户籍数178824户,平均每户近3人。全年户籍人口出生3451人,出生人口性别比106,出生率6.68‰;死亡3774人,死亡率7.69‰。人口自然增长率-1.01‰。全区有常住流动人口281851人(区人口办数据)。

(杨桃华)

国家AAAA级景区——城市沙滩

水 文

2012年，金山地区平均降水量1237.8毫米。各水文测站年降水量监测值1139.5～1326.0毫米，其中亭林水文测站降水量监测值最大、金山嘴站降水量监测值最小。6月降水量最大，月降水量241.3毫米。10月降水量异常偏小，全区平均降水量19.1毫米。汛期降水总量511.3毫米，暴雨日3天，其中6月17日全区普降暴雨，各水文测站日雨量均超50.0毫米，全区面平均降雨量106.8毫米，其中张堰、金山嘴水文测站雨量超130毫米。杭州湾金山嘴海域平均高潮位4.32米，高出常年平均值。内河年平均水位2.68米，高于常年。汛期金山嘴水文测站、掘石港朱泾站水位均超警戒水位15次。“海葵”台风期间，全区各水文测站雨量点均达暴雨标准，其中枫泾、亭林、马家宅水文测站雨量点达大暴雨标准。掘石港朱泾水文测站、六里塘马家宅水文测站水位连续3天超警戒水位。区域全年径流量约2.41亿立方米，净泄水量约32.62亿立方米。金山潮水量约38.60亿立方米。全区区域地表水资源总量约73.63亿立方米。根据《地表水环境质量标准》(GB3838－2002)，掘石港、胥浦塘、龙泉港、张泾河、紫石泾、蒲泽塘、黄良甫、秀州塘、小泖港、七仙泾、面杖港、六里塘、惠高泾和黄姑塘河道全年水质综合类别属Ⅳ～劣Ⅴ类，其中Ⅳ类水断面占7.5%、Ⅴ类水占14.4%、劣Ⅴ类水占78.1%，河道水质污染以氨氮、总磷和溶解氧指数超标为主。 (胡 巍)

气 候

2012年，全年气温偏高，平均气温16.5℃，比常年高0.8℃，其中4月平均气温16.5℃，较常年偏高2.3℃，为历史次高年，4月平均最低气温13.3℃，为近30年来同期最高纪录。全年≥35℃高温日7天，未出现≤－5℃的低温日，极端最高气温36.1℃、最低气温－4.9℃。全年各季节均出现连阴雨天气，共计11段，春季最为显著，其中2月下旬至3月初连续阴雨寡照(光照少)19天(历史罕见)，累计雨日16天，降水136.9毫米，日照仅6.7小时。全年受1209号台风“苏拉”、1211号强台风“海葵”和1215号超强台风“布拉万”影响，其中1211号强台风“海葵”影响最为明显，8月7日夜里至8日夜间普降大暴雨，全区过程降水量110～170毫米(亭林降水量最大为170.6毫米)，8日上午多个站点出现短时强降水(亭林10时～11时雨量38.6毫米)，8日白天全区普遍出现9～10级阵风(北部9级、中部10级)，杭州湾沿岸阵风11级(极值出现在城市沙滩为29.4米/秒)。全年降水量1539.7毫米，比常年偏多3成多，其中11月降水量136.5毫米，为历史次高年。雷暴雨21次，与常年相当，其中7月13～15日连续雷暴雨。暴雨4次(5月30日、6月18日、6月23日、8月8日)，较常年偏多，雨量达大暴雨量级2次。6月17日入梅，7月4日出梅，梅雨期17天，较常年异常偏少(常年梅雨期28天)。梅雨期雨日12天，较常年偏少近4成，梅雨总量323.2毫米，较常年偏多40%以上，其中6月23日、26日暴雨，18日降水强度达大暴雨，历年罕见。 (杜启倩)

国民经济和社会发展计划执行情况(选载)

2012年，在市委、市政府和区委的坚强领导下，在区人大、区政协的监督支持下，全区上下高举中国特色社会主义伟大旗帜，深入学习贯彻落实党的十八大、市第十次党代会、区第四次党代会精神，牢牢把握“稳中求进”的工作总基调，紧紧围绕“创新驱动，转型发展”的总方针，突出“解放思想，聚焦发展”的主旋律，坚持“十二五”目标任务不动摇，积极应对复杂严峻外部环境冲击，抓住发展机遇，破解发展难题，扎实推进“稳增长、调结构、惠民生、促和谐”各项工作，经济保持平稳增长，结构调整成效初显，城乡面貌不断改善，人民生活水平稳步提高，经济社会发展呈现稳中有进的良好态势。(见表1)。

2012年国民经济和社会发展计划主要目标完成情况

表1

指标名称	2012年预期目标	2012年完成	比上年增长(%)
地区生产总值(亿元)	增长13%	467.5	9.8
工业总产值(亿元)	增长15%	1339.1	3.9
其中规模(500万元)以上工业企业产值(亿元)	增长17%	960.0	3.6

续表1

指标名称	2012年预期目标	2012年完成	比上年增长(%)
全口径财政总收入(亿元)	增长10.5%左右	204.5	-5.8
其中区级地方财政收入(亿元)	增长13.4%左右	44.7	-4.9
原体制财政总收入(亿元)	增长15%左右	132.5	10.1
其中区级地方财政收入(亿元)	增长15%左右	41.4	5.2
全社会固定资产投资(亿元)	160	160.4	11.2
其中工业性投资(亿元)	95	100.5	11.4
合同利用外资(亿美元)	3.3	3.5	12.2
工业项目到位资金(亿元)	100	102.5	7.3
社会消费品零售总额(亿元)	增长15%	288.5	15.0
城镇登记失业人数	6790人以内	6439	—
新增就业岗位(个)	20000	21983	—
城镇居民家庭人均可支配收入(元)	增长10%	30082	10.0
农村居民家庭人均可支配收入(元)	增长10%	15760	11.0
环保投入占地区生产总值比例	3%左右	4.2%	—
万元生产总值综合能耗	进一步下降	待公布	—
二氧化硫排放量削减(吨)	市下达指标	待公布	—
化学需氧量排放量削减(吨)	市下达指标	待公布	—

注:1. 报告中有关2012年完成数据均为初步统计数据;
2. 地区生产总值、工业总产值、全社会固定资产投资统计口径均为原口径;
3. 经区五届人大常委会第七次会议决定,全口径区级地方财政收入、原体制区级地方财政收入预期目标分别调整为-5%和增长5%;
4. 根据规定,万元生产总值综合能耗和主要污染物排放量削减完成情况待市核定后统一公布。

(一)突出稳中求进,发展质量不断提高

经济运行总体平稳有序。地区生产总值实现稳定增长,达到467.5亿元,一季度、上半年、三季度、全年地区生产总值分别同比增长8.9%、10.1%、9.8%和9.8%,增速在全市郊区县中位居前列,显现经济筑底企稳态势。三次产业比重为3.0:59.6:37.4,三次产业协调拉动经济增长的局面进一步稳固。全口径财政总收入和区级地方财政收入同比降幅在逐季收窄,原体制财政总收入和区级地方财政收入增幅分别为10.1%和5.2%,综合服务型经济完成税收收入61.2亿元,同比增长4.5%。

投资、消费“双轮驱动”效应明显。在国家一系列促投资、稳增长的政策带动下,全区固定资产投资继续保持平稳较快增长,全年全社会固定资产投资完成160.4亿元,同比增长11.2%,其中基础设施投资29.3亿元,同比增长3.2%;工业性投资100.5亿元,同比增长11.4%;房地产投资30.6亿元,同比增长19.3%。在金山铁路开通运营以及一系列旅游节庆活动等利好因素的影响下,全区消费市场持续旺盛,全年社会消费品零售总额完成288.5亿元,同比增长15.0%。外贸总体保持平稳,1~11月全区进出口总额完成47.9亿美元,同比增长4.7%,其中出口完成22.4亿美元,同比增长7.4%。

招商选资质量显著提升。全年内外资签约项目共计181个,计划投资总额约230.6亿元,计划产出约438亿元,其中投资总额超过5亿元或5000万美元的项目有12个,19个产业项目通过战略性新兴产业绿色通道获得市统筹土地指标1597亩,在全市名列前茅。积极对接瑞士GF、朗盛、巴斯夫等国际知名制造业企业集团,和辉光电、西门子、中远关西、花王化工等大项目或世界500强企业相继落户金山,引进项目质量明显提升。总部经济招商成效明显,中国软包装集团总部、西门子低压研发营销中心等总部经济签约

落户金山工业区。"新开工项目100个、新竣工项目100个、工业到位资金完成100亿元"目标任务全面实现,全年32个重点项目中,已有16个项目开工建设,其中8个项目已结构封顶。

企业帮扶力度不断加大。贯彻国家和上海支持小微企业健康发展各项政策,多管齐下加大对企业帮扶力度,促进实体经济健康发展(见表2)。

企业帮扶力度不断加大

表2

	主要内容
减轻税费负担	◆ 有序推进"营改增"试点工作,涉改纳税人1.3万余户,减轻企业税负2.65亿元
拓宽融资渠道	◆ 全年已有4家银行向区内76户小微企业发放了2.2亿元贷款 ◆ 全区共获批设立小额贷款公司6家,累计为2200余户中小企业发放85.7亿元小额贷款 ◆ 2家融资担保公司累计为90余户中小企业提供17.6亿元贷款担保(1~11月) ◆ 帮助21家科技型中小企业获得科技贷款8760万元
优化发展环境	◆ 出台服务区域经济发展十二条措施 ◆ 率先在全市形成了覆盖全区的"1+11"中小企业服务网络

(二)突出转型发展,产业结构不断优化

制造业转型升级步伐加快。全区8个产业集群实现产值727.4亿元,同比增长4.4%,产值占规模以上企业产值的比重达到75.8%,产业集群的集聚效应和规模效应日益显现,其中绿色创意印刷和食品加工产业产值增幅明显,分别同比增长22.4%和19.3%。加快淘汰高污染、高能耗、低效益的企业与生产线,完成淘汰落后产能49项,削减能源消耗1.9万吨标煤。强化技术改造支持力度,全区备案(核准)的技术改造项目48个,总投资13.38亿元。全区192家高新技术企业实现工业产值322.1亿元,同比增长12.5%,高出全区工业总产值增速8.6个百分点。新增上海市著名商标5件、上海市名牌15件。聚焦重点园区建设成效显著,金山工业区各项经济指标增幅均远高于全区平均水平。

服务业继续保持较快增长。第三产业增加值同比增长14.7%,增幅高出地区生产总值增幅4.9个百分点,第三产业增加值占地区生产总值的比重较去年同期上升1.6个百分点,三产继续保持较快的增长速度。"闲是金山""金周末"旅游品牌效应明显,全区实现旅游收入30.51亿元,同比增长19.2%。接待游客总数527.38万人,同比增长23.2%。东林寺被评为国家AAAA级景区,是上海市首个佛教旅游景区。枫泾古镇入选"长三角十大古镇"。生产性服务业集聚效应初显,金石湾功能区产业发展方向和功能定位进一步明确,全年功能区共签约项目101个,新入驻企业45户;联东集团"南上海国际企业港"项目正式启动。完善文化创意产业园区布局,形成"1+2+3"的点状分布框架①。枫泾现代服务业集聚区成为上海市"十二五"期间25家现代服务业集聚区之一。

现代农业加快发展。农业总产值完成36.1亿元,同比增长1.6%。稳步推进5140亩高水平设施粮田和1100亩高标准设施菜田建设,粮食总产量和地产蔬菜上市量均超额完成市下达的生产任务,农业发展质量不断提高(见表3)。

① 1个"国家绿色创意印刷示范园区";枫泾、廊下乐农2个市级文化产业园区;金山嘴、城市沙滩、东林老街3个文化产业园区。

表3

现代农业发展情况

领域	主要进展
品牌建设	◆ “珠丰”西甜瓜和“田妞”蔬菜被评为上海市著名商标 ◆ 枫泾猪、金山蟠桃地理标志保护申报成功
科技兴农	◆ 成功申报农业部农业标准化实施示范项目、4项市农委科技兴农项目 ◆ 15位专家开展“专家服务基层行动”,共达成18个服务项目
产业融合	◆ 成功举办金山草莓节、金山田野百花节等节庆活动 ◆ 金山区成功申报为全国休闲农业和乡村旅游示范县
农产品质量监管	◆ 全面建立镇级农产品质量监管站 ◆ “无公害农产品、绿色食品、有机食品”认证率达到60% ◆ 在飞行检测和例行监测中,蔬菜受检样品合格率均达100%

节能减排工作有序推进。严格实施“批项目,核总量”“批项目,核能耗”制度。编制完成《金山区主要污染物总量控制“十二五”工作方案》《金山区燃煤(重油)锅炉清洁能源替代工作方案》和《金山区燃煤(重油)锅炉清洁能源替代扶持办法》。列入市产业结构调整重点项目9项,其中关闭涉铅企业3家、危化企业1家。实施清洁能源替代工作,完成锅炉改造21台。开展市重点工程减排项目2项,开展清洁审核工业企业148家。大力推进秸秆综合利用,完成1个农作物秸秆综合利用示范工程。截止到11月底,全区规模以上工业企业总能耗83.26万吨标煤,同比减少6.1%;前三季度,全区单位增加值能耗同比下降6.6%,好于年初预期目标。

(三)突出建管并举,城乡面貌不断改善

重大工程稳步推进。重大基础性、功能性、公益性项目亮点突出,连接金山与中心城区的首条市域快速铁路——金山铁路正式通车运营,石化三泵房完成清水切换,杭州湾大道以东区域居民用上黄浦江水源,石化地区生活用水切换工程取得重大进展;金山永久生活垃圾综合处理厂顺利完工,区与区对接道路、枫泾地区供水工程等一大批功能性项目加快建设;金山区文广中心、朱泾体育中心、枫泾中学新建体育馆(食堂)综合楼工程、朱泾镇城南菜市场等一大批重大公益性项目进展顺利。编制完成《金山区重大工程实事项目考核办法(试行)》,全年54项重大工程中,金山一水厂二期工程、蒙山路(金山大道——沪杭公路)改建工程、G15金山新城出入口拓宽改建工程、朱平公路南延伸段(省界——漕廊公路)等24项工程已完工,项目开工率为89.1%,竣工率为72.7%(以年初计划竣工数计算),好于去年同期水平。

城镇体系建设不断完善。金山新城和枫泾特色镇总体规划(修改)获市政府批准。城镇部分区域规划进一步优化,工业园区、镇区与社区控规修编、农村村民居住点等规划编制进展顺利,全区集建区控规覆盖率达85%。积极推进重点区域建设,推进城市岸线二期工程规划建设,开辟金山卫——普陀山海上专线。明确枫泾特色镇规划布局,以20项重大工程建设为抓手,着力加快枫泾特色镇功能性、基础性设施建设。朱泾镇加快推进棚户简屋改造项目建设;亭林大居动迁工作加快推进;张堰镇中侨职业技术学院金山新校区项目正式启动;推进廊下特色民居建设,编制完成《上海金山区农村特色风貌民居规划建设导则》。加快推进信息基础设施建设,区内主干道路通信管道建设基本实现全覆盖,城镇地区实现光网全覆盖。

生态环境建设力度不断加大。加大环保投入力度,实施环境工程建设,区域环境质量不断改善。加快推进第五轮环保三年行动计划,规划实施环保项目47个,总投资约30.8亿元,已有39个项目启动,启动率达83%,总体开局良好。实现河道保洁覆盖率100%,中小河道轮疏项目已完成整治184条段、175.3公里。完成金山三岛海洋生态自然保护区岛上视频监视系统建设。正式通过“国家园林城区”第二次复审,保护发展森林资源工作被国家林业总局评为优秀等级,全区绿化覆盖率达37.0%。巩固国家卫生区工作通过全国爱卫会复审。

城市运行平稳有序。进一步强化城市运行安全、生产安全和质量安全监管,妥善处理各类突发事件。继续完善区、镇、村三级

监管责任体系，落实安全生产责任。全面开展“打非治违”专项行动和安全生产大排查、大整治工作。开展危化企业特种设备安全和食品生产安全专项执法检查，对危化企业、特种设备安全、食品生产安全的风险监管得到加强。推行消防安全“网格化”管理和重点单位消防安全“户籍化”管理，深化了“防火墙”工程建设。药品生产流通领域集中整治工作积极开展，餐厨废弃油脂质量监管体系不断完善。强化恶劣天气防范、防汛抗台、运输安全保障等应急演练，应对灾害性天气和突发事件的处置能力进一步增强。制定并完善《金山区处置水务行业突发事件应急预案》，严厉打击企业违法排污行为，有效应对卫城河水体泛黄、“6·3”“10·25”水污染等突发事件。健全重点风险源档案，环境风险防范体系得到强化。

(四)突出改革创新，发展动力不断增强

体制机制不断创新。针对经济发展中存在的各种体制机制约束，不断创新工作机制，积极推进各项改革(见表4)。

重要改革推进情况

表4

主要领域	主要进展
新型工业化改革	“金山新型工业化专项改革试点”被列为全市年度重点改革工作之一，形成《金山区新型工业化专项改革试点总体方案》
行政审批制度	一般工业项目行政审批时限比法定时限压缩了45.7%；推进企业设立并联审批试点，企业网上并联审批数量位居全市前列
国资国企	制定并实施《金山区国资国企改革发展总体方案》；完成区供销社和粮油总公司、新城区和金沙滩公司整合；积极稳妥推进红双喜集团改制；推动金山区和中检集团战略合作；顺利组建金滨海文旅控股集团；推进国企战略、绩效和法制管理
医药卫生	巩固新型农村合作医疗制度，提高住院和大病减负救助(含门诊)年最高补偿限额至16.5万元/人；开展社区卫生服务综合改革，健全以家庭医生为基础基层医疗卫生服务运行新机制；深化卫生人事制度改革，建立卫生引进人才激励机制，完成“两卫”事业单位绩效工资改革
农村改革	稳步推进农村土地承包经营权登记试点工作，9个村完成农业部农村土地承包经营权登记试点工作；制定《金山区农村集体经济组织产权制度改革试点方案》，全面完成农村集体“三资”管理网络化监管平台建设

科技创新能力不断增强。高新技术成果转化不断加快，已获得国家创新基金立项共17个，市高新技术成果转化项目26个。全区共有6家市科技小巨人企业，36家科技小巨人培育企业。沃迪自动化装备等13家企业被授予“2012年上海市创新型企业”称号。建立首家院士企业专家工作站，“抗菌功能针织面料开发”和“针织面料PASCU功能整理”两个项目已在工作站研发成功。继续推进首席技师选拔工作，累计19名高技能人才被列入上海市首席技师千人计划。建立以石库门酿酒公司职工万全林命名的区内首家市级技能大师工作室，万全林获得“全国技术能手”荣誉称号。依托石化工业学校培训资源，建立区内第二家市级高技能人才培养基地。金山工业区被成功列为上海市新一轮知识产权试点园区。强化“品牌强区”意识，成功推荐枫泾工业区成为首批“上海市知名品牌示范区”创建区域。质量意识进一步增强，首届“区长质量奖”评审顺利完成。

金融服务不断完善。创新政府融资模式，城投公司债券发行成功获批。完善金融机构布局，平安银行、民生银行先后设立金山支行，上海银行、中国银行等增设部分二级支行，金山惠民村镇银行正式开业。不断创新融资产品，积极开展银企合作、银政合作，建立小微企业信用贷款推荐机制，解决中小企业融资难题。吸引各类风险投资机构入驻金山，成立“创业金山”引导基金。鼓励中小企业改制上市，加大上市培育力度，润达、普丽盛轻工2家企业已向证监会申报材料。

(五)突出改善民生，人民生活水平不断提高

就业和保障制度不断完善。涉及民生社会事业的10个实事项目全部完成。全区新增就业岗

位、净增就业岗位、职业技能培训均超额完成市下达指标任务，城镇登记失业人数控制在市政府下达的指标以内；落实各项就业补贴政策，优化全区创业环境，累计扶持和帮助358家创业组织成功创业。新农合人均筹资水平由950元提高至1330元，新农保月基础养老金加过渡性养老金由每人每月380元提高到450元；原制度前老年农民月基础养老金加过渡性养老金补贴由每人每月300元提高到345元，其中年满85周岁人员每人每月再增加50元。完成生态片林等项目失地农民纳保工作，为5901名失地农民落实社会保障。社会救助服务有序开展，实施生活救助11万人次、4129.8万元，医疗救助4.7万人次、1742万元，困难群众基本生活得到保障。扎实推进社区居家养老服务，全年净增服务对象400名、累计服务困难老人达到7700名，被民政部命名为“第四批全国养老服务示范活动示范单位”。城镇居民家庭人均可支配收入达到30082元，同比增长10.0%；农村居民家庭人均可支配收入达到15760元，同比增长11.0%，城乡居民收入水平持续提高。

保障房建设有序推进。廉租受益家庭不断扩大，全区累计在册享受廉租住房家庭251户，其中全年新增家庭为63户，退出15户，已发放租金补贴88万元。2011年共有产权房（经济适用房）已经完成两级审核、两次公示，并全部完成登录，第一批符合共有产权房购房条件的有77户家庭。2012年度共有产权房已全面推开申请受理和审核工作。动迁安置房建设顺利推进，已经完成市、区责任目标任务（新开工980套、竣工1900套、供应2000套、竣工18万平方米）。公共租赁房全面完成市政府下达的全年住房保障工作目标责任书的各项指标任务。

社会管理水平稳步提高。社会保持和谐稳定，连续4年创建成为市平安城区，公众社会治安满意率居全市前列。完善实有人口、实有房屋“两个实有”长效管理机制，人口管理机制建设继续深化。完善人民调解工作机制，用群众工作统揽信访工作试点获得中央肯定，区领导联系信访人、接访下访、积案化解工作成效明显。22个居委会创建成为市社区建设示范居委会。第十次村（居）委会换届选举工作圆满完成。探索市场物价监管新机制，“大大方方晒价格”工作机制初显成效，并在全市各区县物价系统中推广。

社会事业全面发展。坚持以人为本、民生优先的理念，以群众满意和社会和谐为根本目标，以解决人民群众最关心、最直接、最现实的利益问题为重点，不断完善社会事业，提升公共服务均衡化水平，推进和谐金山建设（见表5）。

各项社会事业推进情况

表5

领域	重点工作
教育	启动中高职五年一贯制专业招生；启动金山区学习型社会建设村居学习点达标三年行动计划；金山区学生体质健康监测中心通过市政府实事项目验收；14294名农村籍学生享受免费营养午餐；连续第八次被评为“上海市规范教育收费优秀区县”称号；廊下镇成功创建为“全国社区教育示范街镇”；第一轮中小学校舍安全工程顺利完成
医疗	家庭医生制服务试点区域签约率达53.4%；创建全国慢性非传染性疾病综合防控示范区；完成基于居民电子健康档案的区域卫生信息化建设；成立区中西医结合医院，顺利启用复旦大学附属金山医院新址，建立社区卫生服务集中检测中心、区域影像诊断中心和预约分诊服务中心；探索与单病种付费、新农合、医保相结合的临床路径管理模式，试点病种的住院费用平均下降11.9%
科普	石化街道山鑫阳光城居委会被命名为“全国科普示范社区”，上海农业科普馆金山馆被评为“全国科普教育基地”，吕巷镇被评为上海市“科研成果推广应用示范社区”，枫泾镇获上海市“科学生活社区”称号，枫泾酒事馆、金山城市规划馆、廊下生态园被授予上海市“科普教育基地”称号
计划生育	落实计划生育基本国策，及时发放一次性计划生育奖励补助经费1749.1万元，农村部分计划生育家庭奖励费1180.8万元，计划生育家庭特别扶助经费172.2万元。被市人口计生委推荐为全国人口计生阳光计生统计示范单位。朱泾镇被评为全国人口计生依法行政示范单位。成立区人口和家庭计划指导服务中心，开展“健康宝贝”等六大项目服务2万多人次
文化体育	成功举办第二届“星尚·热波沙滩音乐节”“2012金山国际音乐烟花节”、世界沙滩排球巡回赛等活动

区领导班子和各镇(街道)、各部委办局、区属企业、人民团体负责人
(2012年1月1日~12月31日)

一 中共金山区委、区纪委、区委工作部门及直属机构、各系统党组及直属党组织、各镇(社区)党组织

1. 中共金山区委员会

书　　记　杨建荣
副 书 记　李跃旗　闵卫星　祝学军
常　　委　杨建荣　李跃旗　闵卫星　祝学军
　　　　　葛永东　刘其龙　陈正安　程家驹
　　　　　李华桂(女)　沈华棣　姬兆亮
　　　　　张权权

2. 中共金山区纪律检查委员会

书　　记　葛永东
副 书 记　陆水平　朱巷滨

3. 中共金山区委工作部门及直属机构

区委办主任　杨宝良
组织部部长　陈正安
宣传部部长　张权权
统战部部长　李华桂(女)
政法委书记　刘其龙
政研室主任　刘光明
信访办主任　唐卫星
档案局局长　徐建昌
老干部局局长　史　为(女)
综治办主任　杨华明(10月免)
　李秀芳(11月任)
机关党工委书记　祝学军(兼,3月任)
　常务副书记　刘旭辉
社会工作党委书记　薛木良
防范和处理邪教问题领导小组办公室主任
　唐永军
农办主任　张亚军
党校校长　祝学军(兼)
　常务副校长　张汉为
社会主义学院院长　李华桂(女,兼)
　常务副院长　朱元东
文明办主任　陆引娟(女)
外宣办主任　蒋维林
机要局局长　孙　宣

4. 金山区政权系统党组

区人大常委会党组书记　杜治中
区人民政府党组书记　李跃旗
区政协党组书记　王美新(女)
区人民法院党组书记　黎淑兰(女)
区人民检察院党组书记　龚培华

5. 中共金山区委直属党组织

教育局党委书记　孙秀强
公安金山分局党委书记　马淮海
民政局党委书记　陈惠良(10月免)
　黎仕忠(11月任)
司法局党委书记　瞿龙平(10月免)
　王国强(11月任)
人力资源社会保障局党委书记
　于小粮
建设交通委党工委书记　时德根(10月免)
　周惟钢(10月任)
规划土地局党委书记　孙雨兴(11月免)
　张明观(11月任)
文广影视局党委书记　诸连标(10月免)
　王杰岐(11月任)
卫生局党委书记　鲁桂根
国资委党委书记　王国强(11月免)
　孙雨兴(11月任)
绿化市容局党委书记　叶成章
农委党工委书记　黄辉云(11月免)
　孙美华(女,11月任)
水务局党委书记　吴勇前
国安金山分局党委书记　章　雷
工商金山分局党委书记　金关明
金山工业区党工委书记　周永超
新城区建设发展公司党委书记
　顾仁忠

6. 委办局及人民团体党组

发展改革委党组书记　李士权
经委党组书记　顾志雄
财政局党组书记　盛宗耀
环保局党组书记　罗学明
人口计生委党组书记　张　琼(女)

审计局党组书记　　杜莉芳(女)
体育局党组书记　　杨　伟
住房保障房屋管理局党组书记
　　张士杰
安全生产监管局党组书记
　　孙引良
民防办党组书记　　邵　丰
统计局党组书记　　李永革
旅游局党组书记　　柳　霞(女)
经济协作办党组书记　　杨　震(1月任)
总工会党组书记　　张希泽(10月免)
团区委党组书记　　钱立英(女)
妇联党组书记　　陆　英(女)
工商联党组书记　　过维义
残联党组书记　　陈延东

7. 各镇、社区(街道)党委(党工委)

枫泾镇党委书记　　张　斌
朱泾镇党委书记　　蒋永华
亭林镇党委书记　　周　俭
漕泾镇党委书记　　朱喜林
山阳镇党委书记　　时建英(女)
金山卫镇党委书记　　于永琴
张堰镇党委书记　　钟美龙
廊下镇党委书记　　陈国忠
吕巷镇党委书记　　施芬芬(女)
石化社区(街道)党工委书记
　　张　恂(女)

8. 区属企业党组织

红双喜(集团)公司党委书记
　　黄勇武
玩具进出口公司党委书记　　魏昌建
金山开发股份公司党委书记
　　潘国范(3月免)
　　周卫中(8月任)
新金山投资控股集团党委书记
　　陈广林
工业总公司党委书记　　朱仁忠(3月免)
　　盛秀林(3月任)
供销合作社党委书记　　张仁良(3月任)
粮油总公司党委书记　　张仁良(3月任)
金山市场公司党委书记　　俞小龙

二　金山区人民代表大会常务委员会、各镇人民代表大会

1. 金山区人民代表大会常务委员会

主　　任　　杜治中(1月任)
副 主 任　　刘跃俊　施黄飞(1月免)
　　殷金荣　张俊宏
　　袁晓英(女,1月任,不驻会)
办公室主任　　薛晓虹
研究室主任　　蔡又新
人事工作委员会主任　　陈士康(1月免,不驻会)
　　李金龙(2月任,不驻会)
内务司法工作委员会主任
　　严　杰
财政经济工作委员会主任
　　杨召章
城市建设环境保护工作委员会主任
　　冯毛龙
教育科学文化卫生工作委员会主任
　　陈大进
华侨民族宗教事务工作委员会主任
　　汤美娣(女)
农业和农村工作委员会主任
　　刘小弟
代表工作委员会主任　　戴园英(女)

2. 各镇人民代表大会

枫泾镇人大主席　　王照荣
朱泾镇人大主席　　杨伯良
亭林镇人大主席　　陈建平
漕泾镇人大主席　　胡世辉
山阳镇人大主席　　时建英(女)
金山卫镇人大主席　　张仁观
张堰镇人大主席　　江海平
廊下镇人大主席　　周建新
吕巷镇人大主席　　周　宏

三　金山区人民政府、区政府工作部门及直属机构、各镇(街道)人民政府(办事处)

1. 金山区人民政府

区　　长　李跃旗(1月任)

副 区 长　李华桂(女,1月免)　沈华棣
　　　　　姬兆亮(1月任)　许复新　马淮海
　　　　　贾　炜　陆　瑾(女)　沈金龙(1月任)

2. 金山区人民政府工作部门及直属机构

区府办主任　邱运理
监察局局长　陆水平
发展改革委主任　李士权
经委主任　倪向军(女)
教育局局长　顾宏伟
科委主任　曹　婕(女)
公安金山分局局长　马淮海
民政局局长　金丽勤(女,12月任)
司法局局长　平安兴
财政局局长　盛宗耀
人力资源社会保障局局长　冯　波
建设交通委主任　周惟钢(11月免)
　　张友伟(11月任)
环保局局长　吴克源
规划土地局局长　张　弘(女)
文广影视局局长　刘　杰
卫生局局长　倪军杰
人口计生委主任　张　琼(女)
审计局局长　杜莉芳(女)
国资委主任　李建伟
体育局局长　杨　伟
绿化市容局局长　吴铭忠
住房保障房屋管理局局长　张士杰
安全生产监管局局长　孙引良
民防办主任　邵　丰
农委主任　张亚军
水务局局长　蔡雷英(女)
统计局局长　石新一
旅游局局长　柳　霞(女)
经济协作办主任　戴　平
国安金山分局局长　章　雷
新闻办主任　蒋维林(9月任)
民族宗教办主任　曹幼松
侨办主任　黄明星
台办主任　黄明星
法制办主任　黄杰国
外办主任　邱运理
合作交流办主任　侯晓峰
社区办主任　薛木良(3月任)
　常务副主任　秦　骞(12月任)
机管局局长　吴　珺
物价局局长　庞旭峰
商务委主任　倪向军(女)
粮食局局长　倪向军(女)
社团局局长　陈代英(女)
信息委主任　曹婕(女)
公务员局局长　李金龙
集资委主任　李建伟
城管执法局局长　钱益基
海洋局局长　蔡雷英(女)
行政服务中心主任　戴　平
联合发展办公室主任　戴　平
保密局局长　陈弟弟
广播电视台台长　蔡红梅(女,4月任)
土储中心主任　胡海荣
新城管委会主任　沈金龙(兼,3月任)
　常务副主任　顾仁忠(3月任)
金山工业区管委会主任　沈华棣(兼)
现代农业园区管委会主任　陈国忠

3. 各镇(街道)人民政府(办事处)

枫泾镇镇长　朱建国
朱泾镇镇长　王明辉(12月免)
　　施文权(12月任)
亭林镇镇长　陈　莽
漕泾镇镇长　金丽勤(女)
山阳镇镇长　黎连忠
金山卫镇镇长　沈国忠
张堰镇镇长　吴丙章
廊下镇镇长　沈　文
吕巷镇镇长　庄　健
石化街道办事处主任　黄翔洲

4. 区属企业

红双喜(集团)公司董事长　黄勇武
玩具进出口公司董事长　魏昌建
金山开发公司董事长　夏　杰(8月免)
　　周卫中(8月任)

新金山投资控股集团董事长　陈广林
工业总公司总经理　朱仁忠(4月免)
供销合作社主任　张仁良
粮油总公司总经理　张仁良
市场公司董事长　俞小龙

5. 人民团体

总工会主席　刘跃俊
团区委书记　钱立英(女)
妇联主席　陆　英(女)
工商联主席　陶励强
残联理事长　陈延东
红十字会会长　贾　炜(兼,2月任)
常务副会长　李美玲(女)
科协主席　曹　婕(女)
侨联主席　陶　寅(兼,11月免)
黄　振(不驻会,11月任)

四　中国人民政治协商会议金山区委员会

主　　席　沈文弟(1月免)
王美新(女,1月任)
副 主 席　刘其龙(1月免)
李华桂(女,1月任)　曹云辉
徐　虹(女,不驻会,1月免)
杨延辉(不驻会)
倪向军(女,不驻会)
任家华(不驻会,1月任)
秘 书 长　陈永超(1月任)
副秘书长　缪雪琴(女,11月任)　高　斌
陶　寅(11月免)　邹福松
黄雪君　孙玉莲(女)
办公室主任　高　斌(11月免)
缪雪琴(女,11月任)
专门委员会办公室主任
陶　寅(11月免)
高　斌(11月任)
学习委员会主任　张汉为(不驻会)
经济委员会主任　李新强
提案委员会主任　陈永超
教科文卫体委员会主任　周　康
祖国统一民族宗教委员会主任
金汉林
社会法制委员会主任　张毅军(不驻会)
人口资源环境建设委员会主任
陶　寅(不驻会,11月免)
唐伟明(11月任)
化工产业发展咨询委员会主任
屈永鹿(不驻会)
社会主义新农村建设咨询委员会主任
黄辉云(不驻会)

五　中国人民解放军上海市金山区人民武装部

部　　长　宋　飞
政治委员　程家驹

六　金山区人民法院

院　　长　张　斌(1月免)　黎淑兰(女,1月任)

七　金山区人民检察院

检 察 长　龚培华

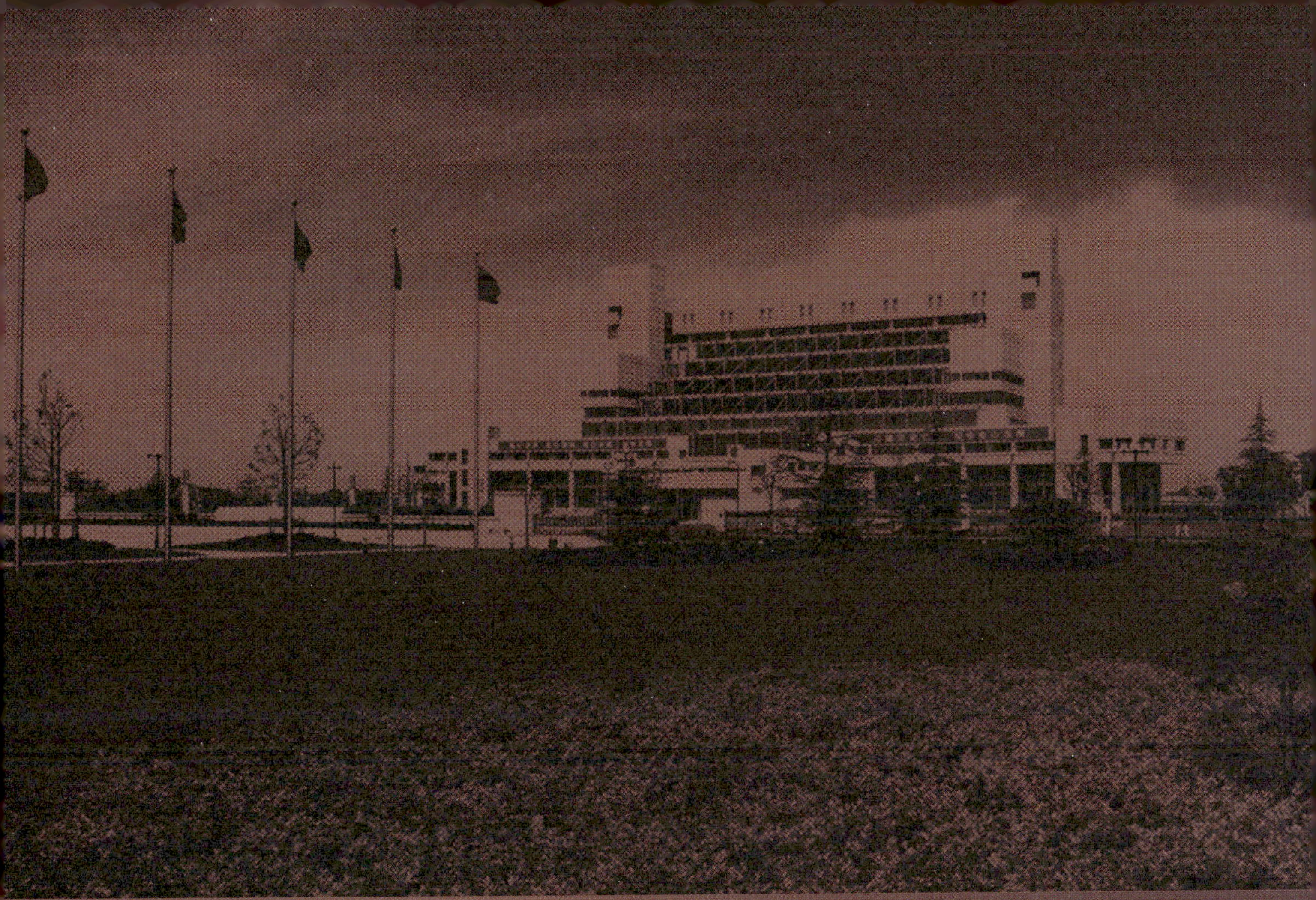

中共上海市金山区委员会

ZHONGGONG SHANGHAISHI JINSHANQU WEIYUANHUI

综 述

2012 年，中共金山区委以邓小平理论和“三个代表”重要思想为指导，深入贯彻落实科学发展观，坚持稳中求进，坚持创新驱动、转型发展，坚持抓落实、求实效，坚持统筹兼顾，推动金山经济平稳健康发展，加快城乡建设步伐，提升社会建设水平，提高党的建设科学化水平，为“十二五”目标任务顺利完成和加快建设“创业金山、宜居金山、和谐金山”奠定基础。

承办中超联赛申鑫队主场比赛

推进经济平稳健康发展。围绕“集中精力抓落实，心无旁骛求发展”工作主题，聚焦重点区域、重点产业、重点项目、重点工作，召开专题会议、深入调研走访、强化落实督查等，破解发展难题，克服经济下行压力加大不利影响，主要经济指标基本实现年初确定目标任务。坚持“二三一”产业发展方针，调整产业结构，8 个产业集群（新材料、新能源、绿色创意印刷、生物医药、重大装备制造、汽车及关键零部件、食品加工、精细化工）发展优势显现，产业集群支撑作用与集聚效应稳步提升。招商引资取得突破，和辉光电、日铭电脑等一批大项目落地。实现全年“新开工项目 100 个、新竣工项目 100 个、工业到位资金完成 100 亿元”目标，推进 32 个重点产业项目，19 个产业项目列入市战略性新兴产业绿色通道项目。第三产业发展势头良好。投资 36 亿元金山铁路建成通车。依托金山铁路，坚持主打“城市沙滩”牌，沙滩音乐节、音乐烟花节和世界沙排大满贯赛、中超联赛等文化体育活动在金山新城举行，带动区内商贸、旅游、酒店、餐饮等业态加快发展。推出“闲是金山”闲乐旅游目的地品牌和“金周末”七大系列旅游产品（金篮子乡村游、金沙滩浪漫游、金画笔文化游、金鱼钩休闲游、金木鱼祈福游、金勺子美食游、金枕头度假游）。深化农业“接二连三”（三业融合发展格局：农业衔接工业，推进食品加工业发展，提高农产品附加值，实现增效增收；农业连接第三产业，推进现代农业休闲生态旅游业）融合发展。草莓节、田野百花节、西甜瓜节、蟠桃节等农业节庆活动助推农业品牌化建设，促进农产品销售和农民增收。

金山铁路开通试运营

加快城乡建设步伐。实施“两翼驱动”（围绕“1158”城镇规划体系，重点建设金山新城和枫泾特色镇，以带动整个金山区城镇联动）战略，加快推动“1158”城镇规划体系落地，推进产城融合和城乡一体化建设。金山新城总体规划（修改）、枫泾镇总体规划（修改）获市政府批准。围绕“五区两轴三带”（核心城区、都市型工业区、商务休闲度假区、石化硅谷区、商贸物流区，沿金山大道形成东西向城市功能主轴、沿杭州湾大道形成南北向城市生活主轴，龙泉港生态绿化通廊、卫城河和张泾河生态绿化建设带、莘奉金高速公路生态防护林带）布局，提升城市服务功能和产业能级，打造滨海新城。枫泾特色镇规划布局体现中国历史文化名镇和千年古镇底蕴，打造荟萃中外风采和被历史记住、为群众认可江南名镇。5个新市镇联系实际，体现特色，协调发展。全区围绕城市功能提升，推进重大工程实事项目。全年安排重大工程54项，开工率89.1%，竣工率72.7%（以年初计划竣工数计算），累计完成投资38.7亿元。金山一水厂二期工程实现除枫泾镇以外全区供水一体化。金山铁路开通运行、金山卫至普陀山海上专线开通试运行，构建发挥“两个扇面”（利用金山区位优势，推动金山从单纯依赖中心城区辐射的一个扇面向承接市区辐射、对接浙江的两个扇面转变）优势新载体。枫泾特色镇高星级宾馆土地摘牌，枫叶国际学校正式开工。朱泾体育中心结构封顶。重视重大工程项目建设质量与高水平管理，逐步凸显和完善城市功能，带动旅游业和商贸服务业、房地产业同步发展，聚集金山发展人气和商机。

提升社会建设水平。聚焦民生新期待、服务民生新需求是区委区政府为民发展理念着力点和“两个倍增”（“十二五”期间，国内生产总值倍增、地方财政收入倍增）核心思想。全年围绕民生“三最”（最关心、最直接、最现实）问题、社会管理、社会安全等工作，加大工作和投入力度，促进各项工作。创业带动就业取得新成效，区被列入首批市级创业型城区创建单位，累计帮助358家创业组织成功创业。区第一社会福利院投入运行，并被民政部命名为第四批全国养老服务示范活动示范单位。完成市下达廉租房、共有产权保障房、公共租赁房和动迁房等“四位一体”保障房建设任务。实施优秀人才安居工程，筹措首批人才公寓99套。推进社区卫生综合服务改革。区通过国家卫生区复审，创建成全国慢性非传染性疾病综合防控示范区。复旦大学附属金山医院新院开诊。中心医院改扩建工程启动。公共服务窗口延长服务时间工作被列为市级试点，“12345”市民服务热线正式运行，档案便民服务窗口延伸至社区。探索社会管理体制创新，全面推广村级群众（综治）工作服务站建设，推行“一门式”窗口受理，开展“民警兼任村官”双融入工作。探索“镇管社区”模式，加大社会组织培育和扶持力度，引导社会力量参与社会管理。促进社会安全稳定和谐，落实安全生产政府监管主体和企业责任主体职责，推进政府行政首长负责制和企业法定代表人负责制。上海化工区1公里限制带环境综合整治准备工作基本完成。石化街道“大联动”管理工作启动。保持严打严管严控态势，强化社会面治安巡逻防控，连续4年被评为市平安城区，公众安全感位居全市前列。

深化民主法治内涵。支持和保障区人大及其常委会依法履行重大事项决定权、人事任免权、监督权，支持人大围绕事关人民群众切身利益和金山经济社会发展中重大问题开展法律及工作监督。支持区政府围绕转变政府职能，完善政府运行体制机制，推进依法行政，提高政府行政效能，增强政府公信力。发挥人民政协作用，推进政协履行职能制度建设，支持政协围绕全区经济社会发展重大问题开展调查研究，提高参政议政实效。巩固和壮大最广泛的爱国统一战线，发挥统一战线优势和作用。加强对人民团体领导，支持其依法依章开展工作，引导其参与社会管理和公共服务。加强党对武装工作领导，推进国防动员和后备力量建设，深化双拥共建工作格局。加强法制建设，建立“两法衔接”（行政执法与刑事司法衔接）和法律顾问团制度，推进依法行政。支持区人民法院依法行使审判权、区人民检察院依法履行检察职能，推进“六五”法制宣传教育工作。完善村（居）委会自治组织和企业民主管理机制，推进党务公开、政务公开、村（居）务公开和厂务公开，提升基层自治能力。

繁荣文化建设工作。加强思想理论武装，开展专家解读、座谈交流、成果展示等活动。推进学习型党组织建设，完善“两部一校”（区委组织部、宣传部、党校）

星尚·热波音乐节

田野百花节

报告会制度。拓宽新闻发布渠道，建立政府新闻发言人制度，健全政府新闻发布会、重大活动媒体恳谈会、重大主题媒体研讨会等新闻发布形式。完善突发事件应对和舆情处置制度，制订突发公共事件和公众性事件舆情应对工作办法。组织开展公民价值取向大讨论、“感动金山”十佳好人好事评选等市民教育活动，筹建区先进典型资源库。推进新一轮市文明城区创建，完善文明指数测评迎检工作机制。推动志愿服务活动常态化，丰富志愿服务文化内涵。打造金山文化特色品牌，举办第二届“星尚·热波音乐节”、金山国际音乐烟花节等沙滩特色文化活动，举办田野百花节、草莓节、西甜瓜节等农业节庆活动，开创“廊下大舞台”，扩大金山农民画特色文化品牌影响力。推动群众文化事业发展繁荣，开展“文化八进”（文化进社区、工地、小区、机关、企业、校园、军营、广场）、“村居文艺团队”交流活动，启动第二轮“一镇一品”建设。探索文化体制改革新路径，成立文化资源管理配送中心，完善公共文化服务体系。组建上海金滨海文旅投资控股集团，提升文化旅游传媒资源市场化、产业化、规模化运营水平与效能。推进文化创意产业发展，完善文化创意产业发展规划。

提高党的建设水平。以领导班子和干部队伍建设为重点，狠抓干部作风建设，为经济社会发展提供组织保证。探索开展区管干部和机关工作人员有错与无为行为问责，着力解决干部作风中制约发展突出问题。针对“6·3”水污染事件和“6·14”亚南安全生产事故，启动问责程序，并在全区开展“共担社会责任、同创美好家园”学习讨论活动。加强干部队伍建设，深化干部人事制度改革，探索干部竞争性选拔机制，建立健全科级领导职务竞争上岗及跨单位竞岗交流机制。重视年轻干部培养选拔，探索开展“我在基层”一线工作法，选派年轻干部深入基层、企业挂职锻炼。加强党管人才工作，制定人才工作配套政策，继续实施高层次人才引进工程，筹措首批人才公寓，部分高层次人才入住。以实施班长工程、登高工程、民心工程等六大工程为重点，落实基层组织建设年各项工作。完成村（居）“两委”班子换届工作，强化“两委”班子成员教育培训。推广完善“三访四步工作法”（领导干部联系走访、党员干部上门家访、基层党员就地察访，健全完善收集意见、分析梳理、研究解决、信息反馈4个步骤），健全组团式服务联动机制。落实市、区党代表联系社区活动，探索开展党代表联组活动，做好党代表提案办理，推进党内民主建设。开展基层党组织分类定级、晋位升级工作，增强基层组织活力。推进廉政风险预警防控机制建设，以项目制形式整体推进惩防体系建设，加大防腐工作力度。 （舒加敏）

党代会和委员会会议

【四届区委二次全会】 会议于2

四届区委二次全会

月27日在区会议中心召开，区委书记杨建荣主持。区委委员37人、候补委员7人出席。会议审议表决市各区、县出席党的十八大代表候选人初步人选名单，推荐第十届市委委员、候补委员和第十届市纪委委员候选人初步人选。区委副书记、区长李跃旗，区人大常委会主任杜治中，区政协主席王美新，区委副书记祝学军，区委常委葛永东、刘其龙、陈正安、程家驹、李华桂、沈华棣、姬兆亮、张权权等出席。 （舒加敏）

【四届区委三次全会】 会议于3月23日在区会议中心召开，区委书记杨建荣主持。区委委员36人、候补委员7人出席。区委副书记祝学军宣读《关于召开中国共产党上海市金山区代表会议的决定（草案）》，并作《关于召开中国共产党上海市金山区代表会议的说明》；区委常委、组织部部长陈正安作《关于推荐提名本区出席上海市第十次党代表大会代表候选人初步人选的情况报告》。会议表决王庆华等19位同志为区出席市第十次党代表大会代表候选人预备人选；审议决定4月10日召开中国共产党上海市金山区代表会议，会议主要议题是选举产生区出席上海市第十次党代表大会代表。区委副书记、区长李跃旗，区政协主席王美新，区委常委葛永东、刘其龙、李华桂、沈华棣、姬兆亮、张权权出席。 （舒加敏）

【四届区委四次全会】 会议于7月18日在区公共服务中心召开，区委常委会主持。区委委员37人、候补委员7人出席。区委书记杨建荣讲话。区委副书记、区长李跃旗作区上半年经济社会发展情况和下半年经济社会发展工作安排报告。全会审议并通过《中国共产党金山区第四届委员会第四次全体会议决议》，民主推荐有关干部。区委副书记祝学军，区委常委葛永东、刘其龙、陈正安、程家驹、李华桂、沈华棣、姬兆亮、张权权等出席。 （舒加敏）

【四届区委五次全会】 会议于12月25日在区会议中心召开，区委常委会主持。区委委员37人、候补委员7人出席。全会审议并通过《中国共产党金山区第四届委员会第五次全体会议决议》。区委书记杨建荣，区委副书记、区长李跃旗，区委副书记祝学军，区委常委葛永东、刘其龙、陈正安、程家驹、李华桂、沈华棣、姬兆亮、张权权等出席。 （舒加敏）

重要活动

【杨雄到金山调研】 2月14日，市委常委、常务副市长杨雄，副市长艾宝俊一行到金山调研，察看上海蓝滨石化设备有限责任公司三期工地，参观区工业规划展示馆，并召开现场办公会。杨雄肯定金山近年所取得成绩，要求在未来发展中坚持高标准、严要求原则，将发展质量始终放在第一位，走出一条“创新驱动、转型发展”路子。区委书记杨建荣，区委副书记、区长李跃旗等陪同。 （舒加敏）

【韩正到金山调研】 3月28日，市委副书记、市长韩正，市政府秘书长洪浩，市政府副秘书长、市发展改革委主任周波一行到金山调研新城建设及现代服务业发展情况，察看金山卫镇上海新跃物流企业管理有限公司“物流企业公共服务平台”——物流汇项目、城市岸线游艇建设项目、金山港区总体规划建设项目及轨道交通22号线金山终点站建设情况并召开座谈会。韩正要求围绕全市创新驱动、转型发展目标任务，抓住产业结构调整机遇，推动工业和生产性服务业发展。区领导杨建荣、李跃旗、沈华棣、姬兆亮、沈金龙陪同调研。 （舒加敏）

【俞正声到金山调研】 8月18日，中共中央政治局委员、市委书记俞正声率各区县党政负责人和市相关部门负责人到金山调研经济社会发展情况，察看金山工业区“联东U谷·南上海国际企业港”产业综合体项目情况，并听取区推进“创新驱动、转型发展”情况汇报。俞正声强调，要坚定不移地贯彻落实科学发展观，按照中央稳中求进工作总基调，坚持创新驱动、转型发展方针，力争实现结构调整有新进展、新兴产业有新态势、创新驱动有新亮点、体制机制有新突破，确保实现年初确定的各项目标，为迎接党的十八大胜利召开作出新贡献。市领导殷一璀、徐麟、艾宝俊、尹弘、杨雄、沈晓明、姜梁等参加调研。区领导杨建荣、李跃旗陪同。 （舒加敏）

【杨雄调研金山新城建设推进情况】 10月9日，市委常委、常务副市长杨雄调研金山新城建设推进情况，视察金山医院、金石湾、龙泉港西侧圈围工程，听取金山总体规划、金山港区建设、游艇产业规划等汇报，并主持召开现场汇报会，听取金山新城、枫泾特色镇建设情况及开发建设过程中困难和问题。杨雄指出，新城建设作为市“十二五”期间重点工作，对解决城乡统筹问题，加快郊区发展等意义重大。市级相关部门要及时总结中心城区经验，加强对郊区新城建设指导，用新方式、新技术、新概念促进金山新城发展。市政府副秘书长周波和市发改委、经信委、建交委等有关负责人参加调研，区领导杨建荣、李跃旗、沈华棣、贾炜、沈

金龙等陪同。（舒加敏）

政策研究

【概况】 2012年，加强政策研究，牵头起草《关于〈金山区人民政府关于加快推进生物医药产业发展的若干意见〉的补充意见》《关于〈金山区人民政府关于加快推进新材料高新技术产业发展的若干意见〉的补充意见》；牵头起草和完善《关于进一步完善产业发展政策的若干意见》（金府发〔2012〕19号）；牵头起草《上海日本中小企业产业园产业发展配套扶持办法》及操作细则。会同相关部门梳理、分析全区已有关于8个产业集群发展政策文件情况，并就政策制订提出相关建议。完善推进绩效考核，聚焦区委、区政府重点工作，坚持分类考核，制订2012年度街镇（工业区）和区级机关领导班子绩效考核实施意见，并落实绩效考核工作。加强年轻干部培养，试点推进“我在基层”一线工作法，50名年轻干部赴基层和区属企业挂职。加强课题调研，研究起草《中共金山区委2012年度重点调研课题安排》（金委办〔2012〕24号）；完成《金山区外资企业在八个产业集群中的地位与作用分析报告》《关于农村产权制度改革的几点思考》《鑫博海中央厨房运作模式调研报告》《新跃物流发展的成功模式及其启示》《村级财政转移支付情况调查报告》《关于规范完善金山区各街镇（工业区）用工制度和用工人员报酬的分析报告》等调研报告，其中《关于农村产权制度改革的几点思考——基于农村集体经济组织成员界定及农龄统计工作》《村级财政转移支付调研报告》分获2012年度（区县）委政研室调研成果一、三等奖。完成2011、2012年度区委重点课题调研报告汇编。提升信息服务能级，联合区委办、区统计局等整合改版相关刊物，保留《金山通讯》，整合《新思路新观点新名词》《情况专报》及原《金山情况》《金山调查研究》等刊物，形成新《金山情况》。（陈雪梅）

【起草各镇（街道）、金山工业区及区级机关领导班子绩效考核意见】 年内，起草下发《关于2012年度各镇、石化社区（街道）、金山工业区党政机关领导班子绩效考核工作的意见》《关于2012年度区级机关领导班子绩效考核工作的意见》，说明各街镇（工业区）和区级机关领导班子绩效考核基本原则、机构设置与考核对象、考核内容、考核程序、考核结果运用等内容等规定。（焦秀玲）

【信息整合与集成】 年内，遴选来自互联网、内部资料和各类符合金山发展需求的相关信息，整合集成信息产品，满足领导需要和社会需求。全年编辑出版区委、区政府机关刊物《金山通讯》6期，采编聚焦全区经济社会发展重点、热点和焦点问题文稿达26万字、图片200余幅，内容涉及聚焦“两会”、聚焦“亭林镇”、聚焦“朱泾镇”、聚焦“依法治区工作”、聚焦“张堰镇”、聚焦“青年工作”。会同区委办出版新《金山情况》19期。（马骁琳）

【实施“我在基层”一线工作法】 年内，转变机关工作作风，加强年轻干部教育培养，提升政研干部能力素质，实施“我在基层”一线工作法（科级干部全部以半脱产形式到基层挂职。挂职干部每周在基层单位工作不少于2天，时间固定；3年为一个周期，每年挂职1个街镇或工业区），要求明确领导制度、带教制度、联系走访制度、例会制度、学习交流制度、汇报制度、考勤制度、考核制度等。挂职干部服务基层的同时，要求围绕区委、区政府工作重点开展工作性、务实性调研并通过《工作专报》提交区委、区政府及各部门参考。全年“我在基层”挂职机关干部22名，累计完成调研报告10余篇。（徐　瑾）

组织工作

【概况】 2012年，全区有中共党组织1685个，其中党委（党工委）76个、党总支184个、党支部1425个。全年发展党员373人，至年底累计有党员44261人，其中正式党员43662人、预备党员599人；男性党员32263人、女性党员11998人；少数民族党员108人。年内，提任区管党政机关处级干部64人（正处级20人），平均年龄47.2岁，大学本科及以上学历49人；区管党政机关干部跨单位交流40人次；因到任职年龄界限等退出领导岗位16人。开展干部选拔任用开放式提名工作，区委集中推出空缺区管领导岗位14个，通过群众推荐、组织推荐、领导干部个人推荐和干部自荐等方式提名推荐。完善干部竞争性选拔机制，研究制定《关于加强干部竞争性选拔工作的实施意见（试行）》，拓宽干部选拔任用渠道。探索建立调研员、副调研员竞争性选拔机制，研究制定“晋升工作方案”，采用全程差额提任程序晋升调研员4人、副调研员15人。坚持从基层一线选拔培养干部，注重提升机关干部综合素质能力水平，探索开展“我在基层”一线工作法，并在试点基础上研究制定挂职工作方案，选派50名机关干部到基层一线挂职。举办处级干部轮训班、新提任干部培训班各1期，各选派20名干部分赴新加坡、德国参加“社会管理创新”和“国际化工园区建设与综合环境保护”培训。推进干部自主选学、在职自学等工作，参加上海干部在线学习城学习1380人。全年办理各级领导干部因公出国(境)政审108批306人次、特定身份人员因私出国(境)审批70人次，组织区管干部体检640人次。建立党委联系优秀人才制度，畅通各级党委政府与优秀人才沟通渠道，协调解决实际问题。建立人才工作目标责任制，发挥激励导向作用，促进工作落实。健全区人才工作协调小组工作职能，调整、充实人才工作联络员队伍。联合区人力资源和社会保障局、统计局调查队、农委等，分别开展区非公领域人才及区农业实用人才资源统计工作。研究制订《金山区人才公寓入住暂行办法》，明确人才公寓入住标准、审批流程和补贴形式。利用区人才联谊会，开展“和谐金山”系列讲座。落实基层组织建设年工作要求，全面推进“六大工程”建设。一是推进“民心工程”。建立健全“三访四步工作法”组团式联系服务群众联动机制，落实“三亮”(亮牌子、亮身份、亮手机)举措，推行“三访”(领导干部联系走访、党员干部上门家访、基层党员就地察访)覆盖，构成服务发展、构建和谐的“民心网”“发展网”。全区党员干部走访205个村(居)21.83万户家庭，收集问题3330件，解决率93.7%。在全市率先试点“用群众工作统揽信访工作”，连续3年创建成市平安城区，近5年保持重要时间节点进京非访“零”记录，群众越级到市政府上访数量保持全市最低水平，全区公众安全感测评排名连续2年全市第一。二是推进“活力工程”。健全完善党代表任期制，推进党务公开工作试点，落实市、区党代表联系社区活动，探索开展党代表联组活动，拓宽党代表发挥作用渠道。深化完善基层党代会常任制工作，在吕巷镇党代会常任制试点基础上，各镇全面试行党代会常任制，推行党代表述职、党代表增补、党代表接待日、党代表联系社区，探索开展代表约见、代表质询等，解决党员群众普遍关心的热点难点问题。三是推进“登高工程”。探索区委、基层党委(党工委)、党支部三级联动和“必修课+选修课+自修课”三课融合的“三三制”模式，提升基层组织生活有效性。选派25名机关干部分赴非公企业挂职，加强对非公企业党建工作指导。四是推进“班长工程”。完成村(居)党组织换届“公推直选”和村(居)委换届选举工作，选出村级党组织班子成员440人和居民区党组织班子成员322人。加强换届选举后的村(居)班子建设，采用大班集中授课与小班分类教学结合方法和专题报告、现场教学、学员论坛等方式，集中培训村(居)书记、主任293人。五是推进“共建工程”。全区124个村级党组织与市委相关工作党委、长宁区、闸北区及宝钢金属等单位共107个基层党组织开展城乡结对帮扶活动，累计帮扶资金逾千万元。六是推进“示范工程”。加强党员服务中心、党员远教站点和村(居)组织活动场所阵地建设，建立街镇、工业区党员服务中心流动党员支部，加强处频繁流动状态在职党员教育管理。专项调研基层党建工作经费收支情况，强化基层党建支撑保障体系。召开区入党答辩现场会，推广枫泾镇党委开展“入党答辩”做法和经验，把好党员“入口关”。通过开展验收、加强督查等形式抓好党员干部现代远程教育终端站点规范管理等工作。（王术静）

【推行机关干部有错与无为行为问责制度】 4月，出台《金山区区管干部和机关工作人员有错与无为行为问责试行办法》，成立区问责处理工作领导小组，区委副书记任组长，区纪委书记和区委组织部部长任副组长。成立区问责办，抽调配备政治素质过硬、公道正派、经验丰富同志，负责区管干部问责工作。各基层单位建立问责机构，负责对各自单位工作人员问责处理。全区基本形成整体联动、分级负责、归口管理问责工作网络体系。年内，区问责办对4家单位的4名区管干部问责处理。区属单位按问责工作要求和相关办法，对23名存在有错和无为行为干部问责处理。（王术静）

【分类定级、晋位升级工作】 4月，按市委统一部署和要求，全区基层党组织以“找准定位、明确目标”为重点，通过自评明家底、考评定等次、公示强监督等方法，开展分类定级工作。7月，按巩固先进、推动一般、整顿后进要求，坚持“抓两头、带中间”，以对分类定级中评为“较差”的党组织整顿转化为重点，开展党组织晋位升级工作。各基层党组织按“一支部一方案”要求，制定整改方案实施整改，并建立长效管理机制。11月，区委组织部联合相关部门组成3个党建督导组开展工作督查，通过听汇报、看现场、发放测评表等，重点督查指导分类定级中被评为“一般”的38个支部、“较差”的165个支部，确保按期晋级。（王术静）

【全面推行“民警兼任村官”双融入工作】 年内，区委召开现场推进会，出台《关于开展“民警兼任村官”工作的实施意见》，在全区推行“民警兼任村官”双融入工作，由区委组织部、公安金山分局组织实施。按“一民警对应一村(居)委”“成熟一个发展一个”原则，选派符合条件派出所社区民警兼任辖区内部分村(居)党组织副书记或村(居)主任助理等，融入社区管理、融入社区党建。原则上党员民警兼任村(居)党组织副书记、非党员民警兼任村(居)委主任助理。全年67位兼职民警结合本职工作,参与社区事务,解决群众生活困难。 (王术静)

【重点领域人才工程】 年内,实施人才队伍工程,开展高层次人才招聘工作,签约派遣制研究生27人(其中博士1人)、区属企业经营管理人才9人。实施“1151”(1000名专业技术人才和高技能人才、500名党政管理和企业管理人才、50名高级专家和高级管理人才、10名领军人才)人才培训工程,全年培训教育、卫生等领域专业技术人才和高技能人才800人、领军人才19人。实施海外人才拓展工程,开展海外人才摸底及高层次人才服务调研,了解在金山工作海外归来产业人才及目前在海外留学工作的金山籍人才信息,并制定高层次人才专窗建设方案。 (王术静)

【行政管理体制改革】 年内,在全市率先成立区委群众工作部,原与区政府办公室合署的社区建设和管理办公室调整为与区社会工作党委合署。成立区突发公共事件应急管理委员会办公室、政府投资项目稽查办公室。成立区文化资源配送管理中心、区建设工程质量安全监督站等,完善社会管理和公共服务运行机制。深化行政执法体制改革,明确相关领域执法主体,增设区人民法院、区人民检察院内设机构。区城市管理行政执法局执法大队、档案馆、农业委员会执法大队等8家列入参照公务员法管理事业单位实施机构“三定”(定职能、定机构、定编制)。加强事业单位登记管理,组织实施事业单位法定代表人培训,规范事业单位登记行为。推进机构编制信息化管理,督促各部门维护机构编制信息。 (王术静)

党员基本情况

表6 （截止日期:2012年12月31日） 单位:人

项目			总数	预备党员	女	少数民族	台湾地区	年龄 35岁及以下	36岁至45岁	46岁至54岁	55岁至59岁	60岁及以上
甲			A	B	C	D	E	F	G	H	I	J
总计		1	44261	599	11998	108		6258	6278	7489	5722	18514
在岗职工		2	17827	508	6113	69		5011	5063	5056	2697	
公有经济单位	合计	3	12059	267	4415	49		3330	3651	3277	1801	
	党政机关工作人员	4	2921	48	734	13		819	830	878	394	
	事业单位专业技术人员(管理人员)	5	5177	147	2665	25		1714	1717	1140	606	
	企业管理人员	6	1281	17	341	4		210	323	431	317	
	企业专业技术人员	7	409	17	142	2		142	121	97	49	
	工人(营业员、服务员)	8	2271	38	533	5		445	660	731	435	
非公有经济单位	合计	9	5768	241	1698	20		1681	1412	1779	896	
	企业管理人员	10	2285	108	647	7		551	554	702	478	
	企业专业技术人员	11	927	61	355	4		436	202	204	85	
	民办非企业单位专业技术人员(管理人员)	12	132	11	56	3		81	26	16	9	
	工人(营业员、服务员)	13	2424	61	640	6		613	630	857	324	
农牧渔民		14	8283	30	1392	1		634	861	1712	1655	3421
军人、武警		15										
学生		16										
离退休人员		17	16681		3876	31				328	1260	15093
其他		18	1470	61	617	7		613	354	393	110	

发展党员情况

表 7　（截止日期:2012 年 12 月 31 日）　单位:人

项目			总数	女	少数民族	年龄			学历					
						35 岁及以下	36 岁至 59 岁	60 岁及以上	研究生	大学本科	大学专科	中专	高中中技	初中及以下
甲			A	B	C	D	E	F	G	H	I	J	K	L
总计		1	373	185	1	239	133	1	7	152	97	26	39	52
在岗职工		2	322	156	1	202	120		7	140	82	23	32	38
公有经济单位	合计	3	167	89	1	109	58		6	105	35	7	6	8
	党政机关工作人员	4	24	7		19	5		4	17	2	1		
	事业单位专业技术人员（管理人员）	5	98	57	1	62	36		2	70	20	1	4	1
	企业管理人员	6	8	6		4	4			5	2			1
	企业专业技术人员	7	12	6		10	2			6	5	1		
	工人（营业员、服务员）	8	25	13		14	11			7	6	4	2	6
非公有经济单位	合计	9	155	67		93	62		1	35	47	16	26	30
	企业管理人员	10	74	29		44	30		1	21	17	7	13	15
	企业专业技术人员	11	38	18		22	16			6	15	3	8	6
	民办非企业单位专业技术人员（管理人员）	12	2	1		2				2				
	工人（营业员、服务员）	13	41	19		25	16			6	15	6	5	9
农牧渔民		14	26	14		18	7	1		4	9	3	3	7
军人、武警		15												
学生		16	5	3		5								5
其他		17	20	12		14	6			8	6		4	2

宣传工作

【**概况**】　2012 年，全区宣传思想文化工作按照“高举旗帜、围绕大局、服务人民、改革创新”总要求，推进理论学习宣传教育、营造和谐舆论氛围、开展精神文明建设、推动文化发展繁荣，为实现“两个倍增、两个同步”（“十二五”期间，国内生产总值、地方财政收入倍增，社会事业与国民经济同步发展、城乡居民生活水平与经济发展水平同步提高）目标任务及加快推进“创业金山、宜居金山、和谐金山”建设提供思想保证、舆论支持、精神动力和文化氛围。（1）深入推进学习型党组织建设，加强干部群众思想理论武装，进一步统一思想、凝聚力量。制订区委中心组学习计划，加强党的十八大精神、市十次党代会精神、文化建设与管理、社会主义核心价值体系、经济转型发展等内容学习。坚持讲座报告、学习讨论、课题调研相结合，举办区委中心组学习报告会 8 场，形成课题调研报告 40 篇。区委中心组学习创新成果《学习型领导班子引领干群共绘“三个金山”新蓝图》获市委中心组学习实践创新项目优秀成果奖。召开 2012 年基层党委中心组学习交流会。编写《学习参考资料》13 篇，新辟“新视听”“经济视点”“热点观察”等栏目。根据“按专题、分层次、有针对性适当扩大听众面”原则，全年举办“两部一校”（区委组织部、宣传部和党校）学习报告会 12 场。通过形势任务主题教育、区形势任务宣讲团、社区东方讲坛和东方宣教中心平台，加强重要时间节点群众性理论普及宣传。加强党的十八大、市第十次党代会和区第四次党代会及区人大、政协“两会”精神学习宣传，下发《区委关于认真学习宣传贯彻党的十八大精神的通知》，制订《学习宣传十八大精神工作方案》，组织区委学习宣传十八大精神宣讲团赴基层宣讲。《金山报》、金山广播电视台加强全区学习宣传贯彻十八大精神情况报道。依托区思想政治工作研究会，推进全区思想政治工作理论研究，发布2012年调研课题指南，组织课题申报、推进工作，撰写调研报告、论文44篇，其中在《党政论坛》《党委中心组学习》《新视界》等期刊发表4篇。开展“中国特色社会主义理论体系与科学发展”理论研讨征文活动，征集文章54篇，其中《国有企业的企业文化建设》等4篇获优秀奖。区思想政治工作研究会获2012年区“十佳社会组织”称号。(2)加强社会正面舆论引导，营造健康向上舆论氛围，进一步振奋人心、鼓舞士气。组织开展“集中精力抓落实，心无旁骛求发展——加快推进‘三个金山’建设”建功立业主题实践活动。组织《金山报》、金山广播电视台集中宣传报道“三个金山”建设初步成果和典型经验。围绕创业金山建设，组织报道华峰超纤、新跃物流等创新型企业管理经验，报道创业农民张忠种树、顾金华养蟹等先进典型。围绕宜居金山建设，组织报道城市沙滩、中华村农家乐、中洪村、水库村在文化培育、生态保护和环境治理等方面做法。围绕和谐金山建设，组织报道区内塘园、柳城、海棠、合浦等居委会及大茫村(全国文明村)等基层单位社区治理经验。把握“稳中求进”总基调和“创新驱动、转型发展”总方针，为全区“加快发展”和“转型发展”鼓劲。围绕全区32个重点产业项目落地投产，组织区内外媒体宣传报道区“创新发展、转型发展”做法。上海电视台的《金山：转型新型产业20个制造业项目集中开工》、《新华每日电讯》的《创新创业，不是推倒重来凭空而来》、《解放日报》头版《金山新产业集群发挥稳增长作用》、《文汇报》头版《让“煮熟的鸭子”落到金山》等报道，展现区加快发展、转型发展的阶段性成果。利用金山铁路开通契机，组织策划报道金山铁路开通对优化城镇布局、提高城市开发强度、催生新型服务业态、提升制造业能级等方面拉动作用，增强全区人民“加快发展、转型发展”信心和决心。围绕“集中精力抓落实、心无旁骛求发展”工作要求营造氛围，整合形势任务主题教育和区内外媒体等宣传教育资源，宣传区第三次党代会以来金山经济社会发展和党的建设成绩，宣传区第四次党代会明确的今后5年发展思路和目标任务，宣传全区各级领导干部雷厉风行、一抓到底的工作作风和“抓铁留痕、踩石留印”的精神风貌。开展“共担社会责任，同创美好家园”学习讨论，组织全区围绕《金山报》署名“鉴容”评论员文章，通过座谈会、报告会、企业家论坛、微博互动、报台专栏等形式，开展学习讨论活动，引导全区广大干部群众强化责任意识，立足岗位认真履职。区委宣传部、区文明办将2006～2011年“感动金山”人物事迹汇编成册，区委书记杨建荣作序。(3)提升对外宣传报道质量，加强舆情处置，进一步内聚人心、外树形象。全年区外媒体刊发宣传金山新闻报道1607篇(含专版报道29次)，比上年增377篇。其中《解放日报》《文汇报》等重要媒体头版刊发稿件40篇，中央电视台报道56次，上海电视台新闻综合频道《新闻报道》栏目(6时30分档)报道37次。《解放日报》头版《还原整洁美丽“江南水乡”——记金山新农村建设中的生态努力》《市域铁路激活金山“同城效应”》获市委宣传部新闻阅评督查组肯定。围绕田野百花节、草莓节、海鲜文化节、蟠桃节、旅游节、张桥羊肉节等节庆活动和城市沙滩热波音乐节、国际烟花节、世界沙排赛金山大满贯赛等大型文体活动，全方位报道金山经济社会文化发展成就。全年组织30余家区外媒体、400余人次到金山采访报道。根据区委、区政府关于“制作金山城市名片，对外开展招商引资，对内搞好服务接待”指示精神，组织开展区形象宣传片《上海·金山》拍摄制作工作，组织制作外宣画册《赏心悦目·金山行》。区新闻办承办“和谐发展看申城——金山铁路开通”市政府专题新闻发布会，获市新闻办肯定。新浪网、腾讯网、东方网、新民网、人民网的金山政务微博“金山传播”Fans(关注者)达97901人，列全市各区县政务微博前三名并被评为市政务微博工作先进单位。区委书记杨建荣通过“金山传播”与网友互动交流，成为全市各区县中第一位通过政务微博开展“微访谈”的区(县)委领导。完成《金山报》扩大发放规模等工作，优化整合各镇、金山工业区社区报，统一各社区版报头，10家社区报全年出版63期270版。做好“手机报”编发工作。金山广播电视台全面改版，确立“互动的社区电视”定位和“温暖无限”频道口号，节目收视率进一步提高。加强有线电视网络管理和安全播出工作，制订并启动下一代广播电视网络(NGB)改造和数字电视整体转换发展规划。完善突发事件应对和舆情处置制度，改版舆情信息日报、周报、月报，优化舆情监测、搜集、研判和报送工作。建立舆情信息回复情况通报制度，加强每月网络舆情信息及回复情况通报。制订《金山区突发公共事件和公众性事件舆情应对工作办法》，规范突发事件媒体应对、信息发布、舆情监测、舆论引导等新闻危机处置工作流程。开展突发事件和网络舆情应对培训和宣传。参与处置“6·3”水污染、“10·25”水污染、抗击“海葵”台风等重大突发公共事件或自然灾害事件；及时跟进8月30日城市沙滩一男子游泳溺亡事故、9月4日锦山客运两车相撞事故、9月15日上海绕城高速(G1501)亭林段一槽罐车侧翻致部分浓硫酸泄漏事故等10多起一般性突发事件舆情信息工作；按市、区政府要求，组织开展上海化学工业区1公里环境限制带项目、生活垃圾综合处理项目舆情监测、研判和应对预案工作；有效回应复旦大学附属金山医院搬迁并整体投入运营后出现的共性问题等民众诉求事件。(4)加强文化工作组织领导，推进文化事业和文化产业发展，进一步增强活力，满足需求。开展全区文化发展情况调研，完成《发挥文化对“三个金山”建设引领支撑作用——金山区文化发展调研报告》，出台《金山区加快推进文化大发展大繁荣的实施意见》，下发《金山区加快推进文化建设工作要点》，区委、区政府召开区加快推进文化建设大会，动员部署区今后一个时期文化发展工作。细化、分解文化发展目标任务，明确责任单位和部门，全面督查各单位文化建设项目、人才引进、舆情信息、文化队伍建设、规划设施、评价体系等工作。区电影发行放映管理站整体职能转换，成立区文化资源管理配送中心。电影站部分资产并入新筹建的上海金滨海文旅投资控股集团，公益性资产转变为经营性资产。举办第二届“星尚·热波金山沙滩音乐节”“2012金山国际沙滩音乐烟花节”，培育金山沙滩特色文化品牌；举办2012金山·石化文化艺术节，培育群众特色文化活动品牌；开设“廊下新农村大舞台”，培育乡村特色文化活动品牌；参与举办田野百花节。举办长三角农民画联展、金山农民画家代表赴法国个展，组织金山农民画赴吉林和上海兄弟区县参加比赛及展览等。开发远销国内外的金山农民画衍生产品，形成特色系列精品，扩大金山农民画特色文化品牌影响力。启动第二轮“一镇一品”建设，重点扶持亭林腰鼓、吕巷小白龙、山阳民乐、廊下莲湘等项目。注重村居文化建设，在文化交流展评活动中展示“一村一队”“一居一品”成果，逐渐形成镇镇有精品、村村有特色局面。举办“建设‘三个金山’，共创美好未来”区大型文化交流展评和“文化八进”(文化进社区、工地、小区、机关、企业、校园、军营、广场)活动。组织文化辅导员对群众文艺团队开展专业化辅导与培育。举行“数码摄影万人行”活动，开办摄影培训班。开展区文化、科技、卫生“三下乡”活动。围绕推进农村文化建设目标，全年举行文艺演出698场，演出节目5157个，演职人员3万余人次参与，观众54.49万人次；开展读书活动141次，7069人次参与；16.83万人次借阅图书113.45万册次；组织培训活动262期，1.18万人次参与；举办展览194场，展出版面2923块，观众17.41万人次。

(张忠梁)

“身边的感动”廊下巡讲报告会

【“身边的感动”主题巡讲】 区“身边的感动”主题报告会暨首讲仪式于6月12日在区会议中心举行，分别宣讲区先进模范人物怀明富、张道余、阮跃其、陈礼、孙丽娟、沈志英、蔡葵荞、曹秀文、薛亚华、宋海明助人为乐、见义勇为、诚实守信、孝老爱亲等方面先进事迹，听众500多人，区委常委、宣传部部长张权权出席。至8月21日，20位演讲者在区级层面和各镇(街道)、金山工业区巡讲12场，听众2万余人。

(张忠梁)

【加快发展区文化创意产业】 年内，全区有市级文化创意产业示范园区、特色示范园区4个，其中国家绿色创意印刷示范园区引进项目8个（内资22.8亿元人民币、外资4950万美元），枫泾文化创意产业园区、廊下乐农文化创意产业园区、金山嘴海洋文化创意产业园区建设有序推进。争取文化创意产业扶持政策，指导企业申报市文化创意扶持资金，全区4家平台类和高科技型企业获市级资助950万元。聚焦重点园区发展，推进金山农民画院与中国农民画村资源整合，丰富枫泾文化创意产业园区内涵，提升产业能级。至年底，区文化创意产业增加值49.78亿元，增幅5.82%。

（张忠梁）

【建立政府新闻发言人制度】 年内，区新闻办公室建立政府新闻发言人制度，推进政务公开、提高突发事件应对处置能力，深化政府新闻发布工作。全区60家单位新闻发言人、新闻发言人联络员组成新闻发言人队伍。区、镇、委办局通过新闻发布会、重大活动媒体恳谈会、重大主题媒体研讨会等新闻发布形式，集中展示全区特色、亮点工作，树立公开、公正、透明政府形象。至年底，区农委、新城区管委会和相关街镇共举行新闻发布会20余场。

（张忠梁）

政法工作

【概况】 2012年，区政法工作围绕维护社会稳定首要政治任务和争创市平安示范城区工作目标，推进社会矛盾化解、社会管理创新、公正廉洁执法工作，维护社会公平正义，践行政法干警核心价值观。区公众安全感测评数据位列上海第一，非正常访零记录，用群众工作统揽信访工作做法获党和国家领导人周永康批示肯定。召开区综治委全会4次、区委政法委全会4次。开展平安（示范）“四级联创”（创建平安城区、平安社区、平安小区或单位、平安家庭）活动，创建平安示范小区（单位）246个，创建率比上年增16.5%；创建平安小区（单位）1188个，比上年增16.6%。推进加强城乡社区农村防控网建设、开展“平安医院”创建活动、开展防范和打击扒窃拎包违法犯罪活动、继续开展防范和打击骗取医保药品贩卖违法活动、继续规范各类保安服务和管理、继续开展“平安市场”创建活动、继续开展防范和打击无证行医活动、继续加强学前儿童看护点安全防范等10项平安建设实事项目。公众安全感和满意度测评数据连续第三年名列全市前茅。区连续第五年创建成市“平安城区”。区连续第六年保持重要节点进京非正常访零记录。开展A（近期可以化解）、B（涉及政策因素）、C（目前不具备化解条件）三类矛盾集中排查化解专项行动3轮次，排查矛盾335件，化解239件，化解率71.34%。组织“双欠”（企业欠薪、建筑工地拖欠农民工工资）矛盾集中排查清欠，排查欠薪隐患197件，清欠174件，清欠率88.32%。全年化解（终结）区领导包案案件48件，化解（终结）率94.12%，化解（终结）区领导“联系信访人”案件57件、市交办重信重访案件11件，化解（终结）率均为100%。有序处置“3·26”“6·3”“6·14”“7·25”“7·26”“8·24”等突发性重大不稳定事件和义乌小商品城投资户集访等涉众型突出矛盾。全年建成并运行村级综治（群众）工作服务站村60个，受理事项6887件，提供来沪人口登记、计划生育、就业推荐、生活帮困、宣传解释等服务10246人次，处理群众待办事项2409件，化解矛盾纠纷854起。开展基层单位（各村委会、居委会和治安重点单位及规模以上企业）刑事案件“零发案”创建活动，参与单位850多家，其中村（居）委会200多个、治安重点单位80家、规模型企业560多家，创建成功率94%，石化社区（街道）从刑事案件发案大户转为降案大户。深化“综治进企业”工作，全年982家企业创建成平安单位，176家企业创建成平安示范单位。市综治社保工作暨队伍建设现场会在区会议中心召开，区社保办、漕泾镇社保办和两名综治社保队员作交流发言。开展禁

综治社保队员业务知识竞赛考试

毒、铁路护路联防、学校周边治安综合治理等综治专项工作。区护路办获市铁路护路优秀单位称号并被市护路办推荐为全国铁路护路联防工作先进单位。区和枫泾、朱泾、亭林、漕泾、山阳、金山卫镇等8个铁路沿线街镇再次获平安铁路示范区、示范街镇称号。区禁毒办被市禁毒办推荐为全国吸毒人员排查管控专项行动先进集体。开展"忠诚、为民、公正、廉洁"政法干警核心价值观教育实践活动、区政法系统第七届"双十佳"评选活动、综治社保队员业务技能竞赛活动(山阳镇综治社保队获团体第一名,石化街道和朱泾镇综治社保队获团体第二名,漕泾镇、枫泾镇、廊下镇综治社保队获团体第三名)、禁毒社工主题教育活动和"双迎双比"百日志愿服务活动等,参与第四届市"平安英雄"评选宣传活动。

(潘淑红 谢芳勤)

【区平安建设推进大会】 会议于3月9日下午在区会议中心召开。区委副书记、区长李跃旗主持。区人大常委会副主任、总工会主席刘跃俊宣读综合治理和平安创建工作命名表彰决定,区委、区政府与各镇(街道)、金山工业区及综治委成员单位签订2012~2013年度社会治安综合治理目标责任书,区委常委、区委政法委书记刘其龙部署工作。区委书记杨建荣提出要求:要围绕目标,把握关键,全力推动"平安金山"建设深化发展;要完善机制、落实措施,切实保障"平安金山"建设落到实处。区委常委、区人民武装部政委程家驹,区政协副主席曹云辉,区人民法院院长黎淑兰,区人民检察院检察长龚培华出席。区各部、委、办、局主要领导,各镇(街道)、金山工业区党政主要领导、分管领导、综治办专职副主任、信访办主任,政法部门中层以上干部、基层派出所长、司法所长和各村(居)委党支部(党总支)书记约320人参加。(范华雷 干永飞)

区平安建设推进大会

【区综治委主任会议暨五部委联席会议】 会议分别于2月7日上午、12月27日下午在区会议中心召开,分别审议并通过区综治委《关于命名金山区2011年平安小区、平安单位的决定》《关于表彰金山区2010~2011年度社会治安综合治理先进集体、先进工作者的决定》《金山区2012年综治、平安建设工作要点》和《关于命名金山区2012年度平安社区、平安小区、平安单位(学校、医院、市场、建筑工地)和平安示范社区、平安示范小区、平安示范单位及平安家庭示范户的决定》《关于表彰2012年度平安金山建设创先争优竞赛活动优胜单位的决定》。区委常委、区委政法委书记、区综治委主任、区综治委五部委联席会议召集人刘其龙主持。

(范华雷 干永飞)

【区加强街镇(工业区)综治工作中心效能建设推进工作现场会】 现场会于6月28日上午在朱泾镇召开。区司法局、信访办、综治办结合各自工作职能开展指导、部署工作;朱泾、漕泾、廊下镇交流综治工作中心效能建设推进情况。区委常委、政法委书记、区综治委主任刘其龙讲话。区信访办、区综治办和各街镇(工业区)党(工)分管领导、综治办专职副主任、信访办主任、司法所所长50余人参加。会前,与会人员观摩朱泾镇综治工作中心和民主村综治(群众)工作服务站建设运转情况。

(范华雷 干永飞)

【区"综治进企业"工作现场会】 现场会于8月29日下午在金山工业区召开。金山工业区、上海新益电力线路器材有限公司等作经验交流。区委常委、政法委书记、区综治委主任刘其龙讲话。区综治办、公安、司法、经委、工商联分管领导,各镇(街道)、金山工业区党(工)委分管领导、综治办专职副主任、企业主管部门负责人和规模以上企业综治工作室负责人代表及金山工业区规模以上企业、"两新"组织和工商联会员单位负责人、综治社保队员共120余人参加。会前,与会人员观摩上海新益电力线路器材有限公司综治工作室。

（范华雷　干永飞）

【社会治安科技防范设施“135”工程建设】　年内，推进社会治安科技防范设施“135”（在全区建设1个治安巡防GPS定位管理系统，在3个老式封闭式小区安装“电子围栏”，在“十二五”期间再安装5万套多户联防报警器）工程建设，区综治办投资398万元建成区综治信息、治安巡防管理系统；牵头由区、镇两级财政投资，安装3个老式封闭小区电子围栏5套。安装农村家庭多户联防报警器12054套。至年底，累计安装农村家庭多户联防报警器36964户，占区农户46%，构建多户联防组3711个。（范华雷　干永飞）

【区联席会议工作会议暨重信重访问题专项治理会议】　会议于3月21日下午在区会议中心召开。区联席办、信访办主任唐卫星总结2011年区重信重访专项治理、区领导“联系信访人”工作完成情况，明确年内工作目标和重点。区委常委、政法委书记刘其龙讲话。区联席会议各专项工作小组副组长、联络员，区联席会议办公室主任、副主任出席。信访目标责任考核单位街镇、金山工业区、委办局分管领导和信访办主任、信访干部参加。（吴池亮）

【区涉法涉诉信访工作暨化解突出疑难信访问题专题会议】　会议于4月5日下午在区会议中心召开，传达全国集中化解涉法涉诉信访案件电视电话会议、市涉法涉诉信访工作会议精神。区维稳办、信访办通报相关工作情况。区委常委、政法委书记刘其龙讲话。副区长、区委政法委副书记、公安金山分局局长马淮海主持。区信访维稳工作例会成员单位分管领导、区涉法涉诉工作领导小组成员单位分管领导，区经委、卫生局、科委、房管局、工业总公司、供销社、烟糖公司分管领导及各镇（街道）、金山工业区党（工）委分管领导参加。

（吴池亮　陈　倩）

【区处置大规模暴力犯罪事件专项应急预案培训班】　培训班于9月19日下午在区会议中心举行。区委常委、区委政法委书记、区应急处置指挥部副总指挥刘其龙主持。市维稳办指导联络处处长许忠伟作专题辅导报告。区委副书记、区长、区应急处置指挥部总指挥李跃旗要求着眼于提高综合能力，切实办好专题培训班；着眼于把握预案精髓，弄懂弄通重要原则和程序；着眼于顺利开展处置，确保工作职责落到实处；着眼于强化保障体系，周密做好应对准备。区应急处置指挥部成员单位主要领导、分管领导，相关单位分管领导及各镇（街道）、金山工业区党（工）委主要负责人和分管负责人参加。（吴池亮）

【区政法工作会议】　会议于1月10日上午在区会议中心召开。副区长、区委政法委副书记、公安金山分局局长马淮海主持并传达全国、全市政法工作会议精神，区委常委、区委政法委书记刘其龙作区政法工作报告，区人民法院、人力资源和社会保障局和金山工业区交流发言，区政法各部门、各镇（街道）、金山工业区书面交流。区委书记杨建荣要求：要肯定成绩、认清形势，进一步增强做好政法工作责任感、紧迫感；要立足职能、服务大局，进一步发挥政法工作在建设“三个金山”中重要作用；要明确责任、落实措施，进一步营造春节期间平安祥和社会氛围。区政法各部门领导班子全体成员、中层干部代表，区各部、委、办、局党政主要负责人，各镇（街道）、金山工业区党政主要负责人及分管负责人、综治办专职副主任、信访办主任、司法所所长、派出所所长共230人参加。

（马蓓蕾　潘淑红）

【区2012年政法综治维稳干部培训班】　培训班于3月22～23日在区会议中心举行。区委书记杨建荣作开班动员。市信访办主任张示明、市综治办副主任乐伟中、市委政法委指导联络处处长许忠伟分别作“信访工作形势和任务”“综治、平安建设和社会管理创新形势与任务”“维稳工作形势和任务”专题讲座。区综治办、司法局、信访办和区防范和处理邪教问题领导小组办公室分管领导作综治、平安建设、社会管理创新，司法行政，信访，反邪教，社会稳定工作辅导。区人民法院、朱泾镇、廊下镇作交流发言。区委常委、区委政法委书记刘其龙主持开班仪式并作培训班总结。区政法各部门班子成员、政治部主任，区信访办班子成员，区信访维稳工作例会领导小组成员，各镇（街道）、金山工业区党政分管领导和社会稳定办主任、信访办主任、司法所所长及两村一居党组织书记等150余人参加培训。

（潘淑红　谢芳勤）

【区政法干警核心价值观教育活动辅导报告会】　报告会于5月24日下午在区会议中心举行。副区长、区公安分局局长马淮海主持。杨浦区检察院公诉科科长寿志坚作《全情投入，追求公正，用忠诚书写人生》宣讲。区委常委、政法委书记刘其龙讲话。市委政法委政治部主任汤慧要求充分认识开展政法干警核心价值观教育活动背景、内涵；全面了解全市各级政法机关开展政法干警核心价值观教育活动情况；明确方法和步骤，抓好当前政法干警核心价值观教育活动。区委政法委全体委员、区政法各部门分管领导及中层以上干部约110人参加。

（马蓓蕾）

政法干警核心价值观教育活动辅导报告会

【区禁毒委全会】 3月15日下午，区禁毒委全体（扩大）会议在区会议中心召开，宣读区委关于调整金山区禁毒委员会组成人员通知，并由公安金山分局、区文广局、枫泾镇和石化社区（街道）作交流发言。区委常委、政法委书记、区禁毒委主任刘其龙要求加强学习，进一步明确禁毒工作目标要求；认清形势，进一步增强做好禁毒工作责任感和紧迫感；加强宣传，千方百计营造禁毒人民战争良好氛围；夯实基础，千方百计把吸毒人员管控到位；落实措施，千方百计提高戒毒康复工作成效；严厉打击，千方百计遏制毒品来源和危害。副区长、区委政法委副书记、区禁毒委副主任、公安金山分局局长马淮海主持。区禁毒委全体委员，各镇（街道）、金山工业区党（工）委分管领导和社会稳定办主任及市自强社会服务总社金山工作站负责人参加。6月25日下午，“参与禁毒斗争，构建和谐金山”——金山区禁毒委员会全体会议暨纪念“6·26国际禁毒日”大会在市禁毒科普教育馆金山分馆召开，举行区妇联“关爱生命、呵护家庭——妈妈禁毒联盟行动”启动仪式和山阳镇“禁毒图书角”图书赠送仪式。公安金山分局、区卫生局、枫泾镇作交流发言，区教育局、人保局和团区委作书面交流。市禁毒办主任王军和区委常委、政法委书记、禁毒委主任刘其龙讲话。区综治办、禁毒办和公安金山分局分管领导，各镇（街道）、金山工业区党委（党工委）分管领导、稳定办主任、妇联主席、禁毒专职干部、联络员，区禁毒委成员单位分管领导、联络员，市自强总社金山工作站全体社工等140余人参加。

（吴池亮　秦万年）

纪念“6·26国际禁毒日”活动

【《金山区中学生毒品预防教育读本》发行】 11月7日下午，区禁毒办与区教育局、团区委联合编撰“让青春远离毒品危害”——《金山区中学生毒品预防教育读本》发行仪式在区教育局举行。区委政法委调研员杨华明主持。区委常委、政法委书记、区禁毒委主任刘其龙讲话。市社区青少年事务办公室综合处处长李子、市教委青保处处长杨永明、市禁毒办综合处处长郑雨清肯定区青少年毒品预防教育工作并提出下阶段工作要求。区教育局党委书记孙秀强作《金山区中学生毒品预防教育读本》编撰工作介绍。发行仪式上并举行赠送《金山区中学生毒品预防教育读本》、“2012年金山区青少年禁毒漫画绘画大赛”作品点评及颁奖活动。各镇（街道）、金山工业区团委书记、禁毒专职干部，区各中学校长、德育主任、任课老师，16名“2012年金山区青少年禁毒漫画绘画大赛”获奖学生等140余人参加。

（李　宸　秦万年）

【区政法综治宣传工作会议】 4月16日下午，区政法综治宣传工作会议在区会议中心召开，传达全国政法宣传工作会议、市政法综治宣传工作会议精神，总结2011年工作，部署2012年工作。区委宣传部分管领导讲话。区委常委、政法委书记刘其龙提出工作要求。市委政法委副书记王教生要求准确把握舆论态势，进一步增强政治意识；始终坚持服务中心工作理念，不断增强大局意识；始终坚持党管宣传，不断增强责任意识。区政法各部门分管领导、办公室主任、通讯员，各镇（街道）、金山工业区党委分管领导、综治办专职副主任、通讯员，区委宣传部相关科室负责人，金山电视台、金山报社分管领导等60余人参加。10月19日上午，区2012年第二次政法综治宣传工作会议在区会议中心召开，总结2012年区政法综治宣传工作，部署下阶段工作任务。区委常委、政法委书记刘其龙要求认清形势任务，增强政法综治宣传工作大责任；深化阵地建设，构建政法综治宣传工作大平台；提升宣传水平，服务政法综治中心工作大发展；加强组织领导，优化政法综治宣传工作大环境。市委政法委宣传处处长陈英武提出要充分认清政法综治宣传舆论形势，牢固树立全方位媒体、网络舆情意识和做好宣传工作责任意识，切实抓好当前政法宣传和舆论引导工作。公安金山分局、石化社区（街道）作交流发言。区政法各部门分管领导、办公室主任、通讯员，各镇（街道）、金山工业区党（工）委分管领导、综治办专职副主任、通讯员50余人参加。

（潘淑红 谢芳勤）

【区综治、平安建设主题宣传活动】 3月18日下午，"构建社区治安防控网络，深化平安示范社区建设"——纪念《上海市社会治安综合治理条例》颁布实施一周年暨石化社区（街道）成功创建平安示范社区主题宣传活动在石化街道电信广场举行。区委政法委副书记、区综治办主任杨华明主持。区委常委、政法委书记、区综治委主任刘其龙讲话。石化社区（街道）党工委书记、综治委主任张恂，办事处主任黄翔洲，区综治办副主任顾勤辉，各镇（街道）、金山工业区党委分管领导参加。4月28日下午，"提升群防群治水平、争创平安示范城区"——金山区连续4年成功创建上海市平安城区慰问礼包赠送仪式暨广泛开展刑事案件"零发案"创建主题宣传活动在枫泾镇文化广场举行。区人大常委会副主任、总工会主席、综治委副主任刘跃俊主持。区委政法委副书记、区综治办主任杨华明宣读《平安家书》，市民代表发起"零发案"倡议，枫泾镇党委书记张斌作主题发言。区委常委、政法委书记刘其龙讲话。市综治办副主任乐伟中提出平安建设工作要求：要把握"平安"这个工作目标，结合社会管理创新，再接再厉，在高起点上继续奋进；要抓住"创建"这个工作载体，切实有效解决当前影响社区和谐稳定突出问题，提升社会管理科学化水平、治安防控水平和人民群众安全感、满意度；要及时总结，勇于创新，发挥平安创建示范效应。与会领导向各镇（街道）、金山工业区和市民群众赠送平安创建慰问礼包。市综治办基层指导处处长朱黎明出席。各镇（街道）、金山工业区党委（党工委）分管领导、综治办专职副主任、派出所所长，枫泾镇各村（居）委党总支（支部）书记、治保主任，规模以上企业、"两新"组织综治工作站站长和综治社保、平安志愿者150余人参加。6月26日上午，区禁毒办、团区委联合公安、工商、妇联、司法、民政、卫生、文化、药监等15家区禁毒委成员单位和山阳镇及10余名"禁毒侠"青年志愿者在金山百联广场开展"远离合成毒品，共享健康人生"——"6·26国际禁毒日"主题宣传活动。活动形式包括悬挂横幅、发放资料、展出宣传展板、设摊咨询、张贴禁毒漫画、展示毒品实样及播放禁毒影片等。区委常委、政法委书记、区禁毒委主任刘其龙作指导检查并提出工作要求。《金山报》《新金山报》、金山电视台、石化电

创建平安示范社区主题宣传活动

视台及上海政法综治网等区内外新闻媒体报道。10月30日下午，区2012年治安防范积极分子表彰会暨争创上海市平安示范城区主题宣传活动在廊下镇举行，表彰2012年区治安防范积极分子163名。区委政法委副书记、区综治办主任杨华明主持。区委常委、政法委书记、区综治委主任刘其龙讲话。廊下镇党委书记陈国忠作主题发言。3位获奖代表作交流发言。区综治办、人武部和公安金山分局及各镇(街道)、金山工业区党(工)委分管领导、综治办专职副主任和廊下镇治安巡防队员120余人参加。12月21日下午，"平安进万家、欢乐迎新年"平安年画赠送仪式在山阳镇文体中心举行，表彰"双迎双比"百日志愿服务活动先进集体、个人。山阳镇作主题发言。区政协副主席、区综治委副主任曹云辉主持。区委常委、政法委书记、区综治委主任刘其龙讲话。区综治委副主任、区人民法院院长黎淑兰出席。各镇(街道)、金山工业区党(工)委分管领导、综治办专职副主任，山阳镇村(居)委干部和平安志愿者代表近200人参加。

(范华雷 干永飞)

【区政法综治工作新闻发布会】 10月19日下午，区政法综治工作新闻发布会在区委政法委召开。市委政法委宣传处处长陈英武主持。区委政法委副书记、区综治办主任杨华明通报区政法、综治工作整体情况，介绍区综治、社会管理创新等5项特色工作并答记者问。《上海法治报》《新闻晚报》《文汇报》《解放日报》《法制日报》《劳动报》《东方早报》、新华社、中新社、上海政法综治网等十多家媒体参加。区人民检察院、人民法院、司法局和公安金山分局相关负责人出席并介绍相关情况。

(潘淑红 谢芳勤)

平安年画赠送仪式

【市委政法委有关领导到金山调研】 2月21日下午，市委政法委副书记王教生到金山调研指导政法综治宣传工作，考察区见义勇为教育基地。区委常委、政法委书记刘其龙作工作汇报。9月28日下午，市委政法委副书记、市维稳办主任何品伟到金山调研指导党的十八大期间安保维稳工作。区委常委、政法委书记刘其龙作工作汇报。8月30日下午，市委政法委副书记林国平到金山督查指导案件评查工作。市纪委驻市委政法委纪检组组长、市涉法涉诉问题工作小组副组长陆定芳陪同指导。区委常委、政法委书记刘其龙作工作汇报。区维稳办、人民法院、人民检察院和公安金山分局分管领导参加会议。11月27日下午，市禁毒办主任王军到金山检查指导禁毒工作，查看社区禁毒图书角和金山少年军校。区委常委、政法委书记、区禁毒委主任刘其龙陪同调研。

(吴池亮 潘淑红 谢芳勤 陈倩 秦万年)

【区委政法委与兄弟单位交流】 5月10日上午，金山、崇明政法委在区委政法委举行两地综治、平安建设工作座谈会，交流综合治理、平安建设和综治社保队伍建设工作并察看山阳镇"多户联防"(以一个治安联防组为单位，在每户村民家中安装一台多户联防报警器，其中一户发生失窃或意外事件并按下"呼叫"按钮，其他各户村民家中报警器在显示编号同时发出提示音，村民按照约定前来救助)科技防范设施建设。两地综治办主要领导参加。7月5日，金山政法委与浙江平湖政法委开展综治、平安建设和社会管理创新工作交流，考察平湖市广陈镇三兴村便民服务中心、平湖市社会矛盾联合调解中心并学习平湖市"网格化管理、组团式服务"工作模式。平湖市委常委、纪委书记徐春华，金山区委常委、政法委书记刘其龙等出席座谈。10月25日下午，奉贤、金山政法委在区委政法委两地综治、平安建设工作座谈会，交流综治、平安建设、信访维稳、社会管理创新等工作。奉贤、金山区政法委机关班子成员和各室主任参加。11月13日上午，金山与浙江湖州两地禁毒系统工作座谈会在上海市禁毒科普教育馆金山分馆召开，讨论、交流关于加强金山、湖州两地禁毒工作联动协作及禁毒教育基地内容、方式、载体等。两地禁毒办主要领导参加。

（潘淑红　干永飞　谢芳勤　秦万年）

统战工作

【概况】 2012年，根据区委“集中精力抓落实，心无旁骛求发展”工作要求开展统战工作。组织收看中央统战部学习贯彻《关于加强新形势下党外代表人士队伍建设的意见》电视电话会议等。开展“金山区党外人士寄语中共十八大”活动，召开部中心组学习（扩大）会、党派自身建设例会、“同心·共学·相交流”——学习十八大精神交流会（2次），举办“学习贯彻十八大同心同行聚力量”主题活动、“创学习型机关、当五型干部”——统战部机关干部谈统战主题活动等，撰写调研报告57篇，选送市委统战部6篇。《金山中小企业用工情况抽样调查报告》被市工商联上报市政府并获韩正批示。策划“同向前行、同心献礼”同心同行系列主题活动（“同心育才——《青少年统战知识读本》发行仪式暨统战知识进校园”活动、“同心强基——区党外中青年干部‘立足本职、同心奋进’演讲活动”“喜迎中共十八大，同心聚力——金山区各民主党派服务社会联合行动”及同心汇智——“联智而谋发展、合璧而促共赢”统战系统话金山发展论坛）。协助区委召开党外人士座谈会5次，撰写会议纪要5篇，接受党外人士有益金山发展意见建议100余条。召开区委统战部中心组会议10次和区委统战部、石化股份公司党委统战部、上海化工区有限公司党委统战工作联席会议1次及区委组织部、统战部联席会议1次。组织党派知情活动4次。杨建荣等17位中共党员领导干部走访59位党外代表人士。协助7个民主党派市委和市工商联换届工作，区党外代表人士当选党派全国代表5人，入选党派市委常委4人，当选市工商联执委12人，其中当选市商会副会长1人、市工商联常委4人。撰写区党外代表人士队伍建设调研报告，起草区贯彻落实中央4号文件和市委17号文件实施意见。举办各民主党派、工商联负责人、无党派人士培训班、统战工作分管领导培训班及民族、宗教、侨台、非公经济各类培训班共14期，报告会、讲座4次。开展区各民主党派、工商联、无党派人士“共担社会责任、同创美好家园”大讨论。举办民族宗教法制宣传周、侨法宣传月活动。协助区委召开民族宗教领导小组会议和对台工作领导会议。全年编印《金山统战》12期、《金山社区统战园地》4期。年内，区民族联、佛教协会、道教协会、天主教爱国会班子换届。完善“四方”（区民族宗教办、区教育局、金山中学和上海博海餐饮有限公司）信息例会制度，每半年沟通、协调金山中学新疆班管理工作。启动“上海水利平安健康保障基金——金山·天山一家亲”项目，提供金山中学新疆班学生医疗等生活保障。组织神父参加天主教上海教区培训活动。组织赴台经贸交流7批76人次，举办台商沙龙活动3次，接待台湾制药发展协会等商业参访团8批266人、其他台湾参访团17批128人次。召开“明目标、强服务、凝侨力、促发展”——贯彻落实上海侨务工作会议及“两个意见”（《关于加强新时期上海侨务工作的意见》《关于加强和改进新时期侨联工作的意见》）工作会议。成立区归国华侨联合会党组。区侨联、台联换届。举办“相约海滨，畅叙友情，共谋发展”上海台商看金山活动、“月是故乡明，相约海滨”——区“三胞”眷属中秋国庆酒会。坚持开展“冬送温暖夏送凉”活动，策划组织“社区为侨服务好、侨为社区贡献多”主题活动，接待“寻根华夏共筑未来”海外华裔青年学生到金山参观考察。举办“相约海滨·共谋发展”金山与闵行友好商会对接暨招商引资推介会，组织“凝聚共识、博采众长、共谋发展”区食品加工企业首届“行业文化沙龙”，向区食品加工企业发出“诚信做

区各民主党派服务社会联合行动

产品、文化创品牌、创新谋发展”倡议。举办“提高科技创新效率、加快创造新价值实现”区科技企业沙龙。完成新一轮非公有制经济综合评价、第三届优秀中国特色社会主义建设者评选。组织有劳动用工需求会员企业参加地区集中劳动用工招聘活动。继续坚持在区非公有制经济人士中弘扬“光彩精神”“感恩文化”。开展“创新融资模式、突破融资瓶颈”活动，召开深化银企合作工作推进会暨签约仪式。举办“法律服务基层行”系列活动——“走进金山卫镇”法律咨询沙龙、“融入大局谋发展、加快转型求突破”区民营经济发展论坛。民革金山区委会、区工商联和徐虹、朱建国、樊汉彬、林真意、黄瑜文分获市统一战线(工作)先进集体、先进个人称号。 (吴　瑶)

【台情报告会】 2月3日下午，区委统战部、区台办、区社会主义学院台情报告会在区教育局召开，区社会主义学院常务副院长朱元东主持。上海国际问题研究院台港澳研究所所长严安林作报告。区委统战部副部长、区工商联党组书记过维义，区委统战部副部长、区民宗办主任曹幼松，区委统战部副部长杨桦，区委统战部调研员沈保泉出席。区政协之友社理事，区各民主党派、工商联、侨联、知联会、新联会、台联会负责人，各镇(街道)、金山工业区统战干部，各统战口全体机关干部逾150人参加。 (吴　瑶)

【区涉侨部门联席会议】 2月8日上午，区委统战部牵头，区侨办、区侨联、致公党区委会、区人大侨民宗工委、区政协祖国统一委员会在区委统战部召开联席会议，讨论“侨法宣传月”工作方案并形成共识，各涉侨部门负责人交流发挥侨务资源优势为建设“三个金山”服务想法、2012年度工作计划。区委常委、统战部部长李华桂主持。区涉侨部门负责人出席。 (吴　瑶)

【辽宁省盘锦市统战系统代表团到金山交流考察】 3月5日，辽宁省盘锦市政协副主席张权华带领盘锦市统战系统代表团到金山交流党派工作、党外代表人士队伍建设等，参观上海华普汽车有限公司、枫泾酒事馆、中国农民画村和枫泾古镇。两地民建组织签订《缔结为民建组织友好对子意向书》。中共金山区委常委、区政协副主席、区委统战部部长李华桂接待代表团一行并出席座谈会。 (吴　瑶)

【区统战工作会议】 会议于3月21日在区会议中心召开。区委常委、统战部部长李华桂主持会议并作工作部署。区教育局党委、石化社区(街道)党工委、朱泾镇党委作交流发言。区民宗办与各镇(街道)、金山工业区签署基层宗教事务委托管理协议。区委书记杨建荣讲话。副区长陆瑾、上海化工区发展有限公司党委副书记严国基、上海石化股份公司党委统战部部长屈永鹿出席。区委统战部副部长、区台侨办主任黄明星，区委统战部副部长、区工商联党组书记过维义，区委统战部副部长、区民宗办主任曹幼松，区委统战部副部长杨桦，区工商联主席陶励强，区委统战部调研员沈保泉及各镇(街道)、金山工业区，有关委、办、局党(工)委书记等150余人参加。 (吴　瑶)

【南社纪念馆入选市社会主义学院首批实践教学基地】 5月9日上午，市社会主义学院举行首批实践教学基地(6个)揭牌授牌仪式，南社纪念馆位列其中。南社纪念馆位于金山区张堰镇新华中路139号，是国家AAA级旅游景区、市爱国主义教育基地、区爱国主义教育基地、金山统一战线教育基地。馆内设“青史垂功、烈士流芳、舆论开先、教育兴邦、绩学扬辉、德艺双馨、学贯中西、家学传承、巾帼英才、海外蜚声”陈列板块，综合反映20世纪初至20世纪40年代中国先进知识分子参与社会革命及各种社会文化活动史实。 (吴　瑶)

【区统战调研工作会议暨统研会二届三次理事(扩大)会议】 会议于4月12日下午在区会议中心召开，宣读统研会理事会名单，表彰2011年度区统战调查研究和理论研究优秀成果。区委统战部副部长杨桦回顾总结2011年统战调研工作并提出2012年统战调研工作要求。张堰镇党委和民革区委会作交流发言。区委副书记祝学军、市委统战部秘书长徐力讲话。区委常委、统战部部长李华桂主持。区委统战部副部长、区台侨办主任黄明星，区委统战部副部长、区工商联党组书记过维义，区委统战部副部长杨桦，区委统战部调研员沈保泉，区统研会全体成员及各镇(街道)、金山工业区党(工)委组统委员和统战员，有关委办局党(工)委分管领导、统战干部，各民主党派、工商联、统战团体分管领导、课题组成员及统战口全体机关干部100余人参加。 (吴　瑶)

【2012年半年度工作研讨会】 研讨会于7月12日在宁波召开。区委常委、统战部部长李华桂主持并讲话。枫泾、朱泾、金山卫镇党委和区教育局党委分别就《积极协调创新举措认真做好民族宗

教工作》《真诚服务聚侨心汇聚侨智促发展》《引领融入凝心聚力不断夯实金山卫镇非公经济服务基石》《同心奋进，共创未来》作交流；各统战口分管副部长回顾上半年工作并部署下半年工作。区委统战部副部长、区台侨办主任黄明星，区委统战部副部长、区工商联党组书记过维义，区委统战部副部长、区民宗办主任曹幼松，区委统战部副部长杨桦，区工商联主席陶励强，区工商联调研员陆惠明出席。各镇（街道）、金山工业区组织（统战）委员，有关委办局分管领导，统战口全体机关干部50余人参加。

（吴　瑶）

《青少年统战知识读本》首发式

【区党外中青年干部培训班】 6月27～28日，区委组织部、区委统战部、区社会主义学院2012年金山区党外中青年干部培训班在区委统战部举办。市社会主义学院副院长姚俭建、市党史研究室征编处处长袁志平、民进区委主委樊汉彬分别作《学习"同心"思想，凝聚政治共识》《发展的时代使命——学习贯彻市第十次党代会精神》《传续历史、同心同行》辅导报告等；举办"同心强基——金山区党外中青年干部'立足本职、同心奋进'主题演讲活动"。区委统战部副部长杨桦作开班动员。区委常委、统战部部长李华桂作结业讲话。区各民主党派、知联会及各镇（街道）、金山工业区、各委办局择优推荐的党外中青年干部60余人参加。

（吴　瑶）

【《青少年统战知识读本》首发式暨"同心育才——统战知识进校园"主题活动启动仪式】 8月31日下午，《青少年统战知识读本》首发式暨"统战知识进校园"主题活动启动仪式在区教育局举行。区教育局党委书记孙秀强主持。活动播放宣传片《薪火·同心》，介绍《青少年统战知识读本》内容和编写过程，校长、老师及学生代表就如何做好统战知识系统教学工作及学习统战知识收获和意义作交流发言；区教育局德育工作分管领导作《金山区"统战知识进校园"活动实施意见》解读。区委常委、统战部部长李华桂，市委统战部综合处处长王建敏讲话。区委统战部副部长黄明星、过维义、曹幼松、杨桦，区教育党委副书记韩亚弟，区教育局副局长黄萍等出席。金山中学、华东师大三附中、山阳中学、干巷学校、金山小学、海棠小学领导参加"读本"赠送仪式；各中小学（中专）党组织书记、德育教导及政治（品社）学科教师代表共180多人参加。

（吴　瑶）

区各界人士红色经典交响音乐会

【区各界人士红色经典交响音乐会】 9月29日下午，区政协、区委统战部主办的区各界人士"欢度中秋佳节，共襄国庆盛典，喜迎党的十八大"红色经典交响音乐会在石化工人影剧院举行。区委书记杨建荣向各界人士、全区人民祝贺佳节。区委副书记、区长李跃旗，区人大常委会主任杜治

中，区政协主席王美新，区委副书记祝学军等与各界人士800余人出席。（吴　瑶）

【区各民主党派服务社会联合行动】　10月27日下午，“喜迎中共十八大同心聚力”——金山区各民主党派服务社会联合行动在区百联购物中心广场举行，播放《同心聚力有思有行——各民主党派区委主委谈社会服务工作》《区各民主党派社会服务工作剪影》短片，演出文艺节目，开展咨询服务。区委常委、统战部部长李华桂致辞。各民主党派区委负责人出席。民主党派成员和市民共1000余人参与。（吴　瑶）

【区社区统战工作会议】　会议于11月16日上午在区会议中心召开，传达市委常委、统战部部长沙海林到金山调研讲话精神；各镇（街道）、金山工业区就如何推进社区统战工作作交流。区委常委、统战部部长李华桂主持并讲话。区委统战部副部长、区台侨办主任、区侨联党组书记黄明星，区委统战部副部长、区工商联党组书记过维义，区委统战部副部长、区民宗办主任曹幼松，区委统战部副部长杨桦，区工商联主席陶励强出席。各镇（街道）、金山工业区组织（统战）委员，统战员，统战社工及区委统战口全体机关干部60余人参加。（吴　瑶）

【学习贯彻中共十八大精神辅导报告会】　报告会于11月23日上午在区会议中心举行。市委党校、上海行政学院科学社会主义教研部主任、教授，当代社会主义研究所所长袁秉达主讲。区委常委、统战部部长李华桂主持。各民主党派区委班子，区工商联执（常）委成员，区知联会正、副会长、理事，民族联等民族宗教界人士，侨联等台侨界人士，新联会等统战团体，各镇（街道）、金山工业区分管领导、组织（统战）委员、统战员、统战社工，有关委办局分管领导、统战干部和区委统战部全体机关干部共500余人参加。（吴　瑶）

【区统战工作发展论坛】　12月4日下午，“集思广益谋良策，群策群力促发展”2012年金山区统战工作发展论坛在区会议中心举行。8家单位就各自调研课题目的、主要内容和成果转化设想作交流，相关领导与发言者作互动研讨。区委常委、统战部部长李华桂主持并讲话。区委统战部副部长、区台侨办主任、区侨联党组书记黄明星，区委统战部副部长、区工商联党组书记过维义，区委统战部副部长、区民宗办主任曹幼松，区委统战部副部长杨桦，区工商联主席陶励强等出席。各镇（街道）、金山工业区组织（统战）委员、统战员、统战社工，有关委办局分管负责人和统战干部，区委统战口全体机关干部参加。（吴　瑶）

【区统战工作务虚会】　12月19日，“学习贯彻中共十八大精神，扎实推进统一战线事业发展”2013年金山区统战工作务虚会在松江召开。区委常委、统战部部长李华桂主持并介绍区委统战部创建“三五”（争创“学习型、思考型、民主型、创新型、实干型”五型先锋活动，树立“去粗、堵漏、求高、防拖、避虚”五种意识，争当“讲政治、讲纪律、讲学习、讲艺术、讲效率”五讲干部）品牌机关文化。区委统战部副部长、区台侨办主任、区侨联党组书记黄明星，区委统战部副部长、区工商联党组书记过维义，区委统战部副部长、区民宗办主任曹幼松，区委统战部副部长杨桦，区工商联主席陶励强就各自分管工作提出2013年工作思路。统战部其余各条线分管领导作工作交流。各镇（街道）、金山工业区组统委员，有关委办局分管领导，区委统战口全体机关干部60余人参加。（吴　瑶）

【沙海林等到金山调研】　4月12日上午，市委统战部副部长丁志坚等到区委统战部调研。区委常委、统战部部长李华桂汇报区委统战部一季度工作开展情况和2012年工作思路。区委统战部副部长、区台侨办主任黄明星，区委统战部副部长、区工商联党组书记过维义，区委统战部副部长杨桦，区委统战部调研员沈保泉等参加调研。11月1日，市委常委、统战部部长沙海林等到金山调研，察看张堰百家天主堂并与各民主党派区委、工商联负责人和无党派人士等座谈。区委书记杨建荣汇报区经济社会发展情况，李华桂汇报区统战工作开展情况。市委统战部副部长丁志坚，市统战系统纪检组组长严军，市委统战部秘书长李群策，区委副书记、区长李跃旗，区委副书记祝学军，区委常委、统战部部长李华桂等陪同。（吴　瑶）

“两新”组织党建和社区建设管理

【概况】　2012年，根据区委《关于调整金山区社区建设和管理办公室机构设置的通知》（金委〔2012〕29号），区社区建设和管理办公室由与区政府办公室合署调整为与中共金山区社会工作委员会（下称区社工委）合署，实行一套班子、两块牌子运作模式。调整后，区社工委（区社区建设和管理办公室）行政编制13个，内设办公室、宣传调研科、基层工作科和社区管理科；部门领导职数5个，内设机构领导职数4个。年内，区社工委围绕品牌建设目标，在营造氛围、做细做精、干而有效上下功夫，推动全区“两新”组织（非公有制经济组织和新社会组织）党建。全年新建“两新”组织党组织41个，党组织覆盖率47.1%；新建“党员之家”35个，累计234个；发展中共党员307人、入党积极分子595人，递交入党申请935人。举办“两新”组织党务干部培训班和“信仰导航理想”入党启蒙培训班，分别有100多人、350多人参加。加强党建工作指导员（联络员）队伍培养，全区有“两新”组织党建工作指导员（联络员）257人。以“两新”组织党的基层组织带动其他各类基层组织建设，完善“党群工作一体化”机制，实现组建联动、活动联动、队伍联动。会同团区委推进“党建带团建，团建促党建”工作，动员非公企业参与区妇联2012年爱心义卖活动等。引导和推动“两新”组织党组织健全党组织与业主、管理层工作沟通机制和党建联席会议、联组学习会、党政沟通会制度等。下拨“两新”组织党建工作经费100多万元。整合各级党员服务中心、各类社区文化活动场所等资源，提供“两新”组织党建工作支持。做到“两新”组织党建工作“有活动场所、有学习资料、有工作台账、有支部网页、有宣传阵地”。开展党的十八大精神学习辅导活动。通过党员示范岗、党员责任区、“我为企业转型发展献一计”“我为推动科学发展献一策”等载体，开展建功“十二五”主题实践活动。开展“创先争优”活动（已4年），全区“两新”组织党员、职工累计提出合理化建议3154条，开展技术革新项目606项，完成急难险重任务1031项，做好事实事3625件。廉洁文化建设融入非公企业党建，引领企业践行社会主义核心价值观，提升企业内在竞争力。全区获市创先争优先进基层党组织称号1个、市“两新”组织创先争优优秀共产党员称号2人、市“两新”组织创先争优先进基层党组织称号4个，获区创先争优先进基层党组织、优秀共产党员称号各2个。81家非公企业创建成2011～2012年度市、区文明单位，其中24家创建成市文明单位。分别授予6家单位2011年区“两新”组织党建工作优秀组织奖、优秀创新奖、优秀活力奖。“金山区社区建设和管理调研报告”“非公有制企业党组织在企业发展中发挥政治引领作用研究”获市社工委年度评选二等奖。区社工委获市社会建设和“两新”组织党建调研工作优秀组织单位。“非公有制企业党组织在企业发展中发挥政治引领作用研究”获区统战调研课题一等奖、区思想政治工作研究会优秀课题成果三等奖。“界定范围、创新方法，切实促进非公企业党组织政治引领作用的发挥”获区基层党委（党组）中心组学习优秀创新成果奖。区社区建设和管理办公室负责牵头、协调、统筹全区社区建设和管理。制订并下发《关于加强新形势下社区建设的实施意见》（金委办发〔2012〕5号）。召开区社区建设和管理工作会议，明确社区建设工作原则、目标和重点。完善组织架构和工作网络，开展“镇管社区”工作试点，创新社区管理模式。枫泾等5个镇成立镇社区办，亭林等4个镇明确镇社区办与镇社会事业发展办公室合署办公，朱泾镇、石化社区（街道）分别由镇社区服务中心、民政福利科负责社区建设和管理工作。各街镇（工业区）加强社区管理队伍建设。建立43人社情民意信息员队伍。（朱俊英）

“两新”组织党务干部培训班

【“两新”组织党建工作责任制】 年内，“两新”组织党建工作纳入领导班子绩效考核，完善各街镇（工业区）党委书记亲自抓、分管领导具体抓、班子其他成员合力抓，一级抓一级、层层抓落实工作格局。完善区社工委领导联系基层制度，加强督查指导，确保基层“两新”组织党建工作落到

实处。（朱俊英）

【契约化推进“两新”组织党建工作】 年内，采用“一镇一指标，一镇一契约”方式，推进“两新”组织党建工作。与各街镇（工业区）签订年度“两新”组织党建工作目标责任书，明确工作重点、任务、措施。针对“两新”组织变化大、党员少、流动快特点，按行业相近、地域相邻原则，采取单独组建、区域联建、行业统建、党群共建等方式组建党组织。全年新建党组织41家，累计856家，党员8560人。至年底，全区有“两新”组织2909家（不含8人以下非公有制经济组织），党组织组建率29.4%。（朱俊英）

【分类定级、晋位升级工作】 年内，开展“两新”组织党组织分类定级、晋位升级工作。采用“一支部一方案”，推进党组织整改提高。以分类定级“较差”党组织整顿转化为重点，针对不同领域、行业党组织特点，确定整改措施，实现“一类支部创品牌，二类支部争先进，三类支部进位次，四类支部换新貌”目标。至年底，“两新”组织党组织分类定级“好”“较好”比例分别提升5.4个、5.95个百分点，“一般”比例下降9.27个百分点，“较差”减至零。（朱俊英）

【“一街镇一品牌，一支部一特色”党建品牌创建】 年内，推进“一街镇一品牌，一支部一特色”党建工作，培育打造具金山特色“两新”组织党建工作品牌，形成“新跃物流”等一批党建工作示范点。注重党建工作标准化、规范化建设，坚持“八有”（有场所、有党旗、有电教、有书报、有园地、有展板、有制度、有管理）标准推进“党员之家”规范化建设，以“五优五强”（班子建设优、政治引领强，学习氛围优、创新活力强，服务企业优、推动发展强，互为添彩优、党群联动强，服务群众优、团结凝聚强）推进党组织班子建设，以“四优四闪光”（政治素质优、岗位技能优、工作业绩优、群众评价优；担当示范岗，在本职岗位上闪光；担当责任岗，在日常工作中闪光；担当攻坚岗，在攻坚克难中闪光；担当志愿岗，在服务社会中闪光）加强党员队伍建设，以“五种能手”（思想工作的能手、管理团队的能手、善于沟通的能手、谋划布局的能手、协调各方的能手）加强党务干部队伍建设，以“五个积极”（做党的方针政策的积极拥护者、依法诚信的自觉践行者、党建工作的积极支持者、光彩事业的积极参与者、和谐发展的自觉推动者）推进“党建之友”建设。（朱俊英）

【“两新”组织党建信息与信息化工作】 年内，报送市、区有关部门和新闻媒体“两新”组织党建报道100余篇，其中《解放日报》录用9篇（在《解放日报》“两新”专版发布信息量列全市第二）、市社会工作党委《凝聚》杂志录用12篇。“两新”组织综合服务平台发布信息5036条。开通支部网站70个，累计282个，支部网站建站率32.9%，其中有信息更新网站241个。（朱俊英）

【探索非公企业内部调解工作机制】 年内，探索非公企业内部调解工作机制，构建和谐劳动关系。建立非公企业人民调解委员会，企业党支部书记、党务干部任调解员，调处企业纠纷和矛盾，做到“把矛盾调处在现场、冲突化解在车间、问题解决在企业”，筑起维护企业稳定“第一道防线”。至年底，全区建立非公企业人民调解委员会228个，纠纷调解成功率99%。做法被《解放日报》及金山电视台报道。（朱俊英）

【“两新”组织反腐倡廉建设】 10月，成立区社会纪律检查工作委员会，明确职责任务，落实工作人员，加强全区“两新”组织反腐倡廉建设工作指导协调。依托各街镇（工业区）综合工作党委，加强辖区内“两新”组织指导，“两新”组织反腐倡廉建设纳入基层党建重要组成部分，加强制度建设，创新教育载体。树立和推广一批廉洁文化示范企业，在全区非公企业中营造风清气正工作环境。上海创列实业公司、上海嘉乐股份有限公司被评为市“两新”组织廉洁文化示范点。（朱俊英）

【选派机关干部赴非公企业挂职服务】 10月，区委组织部、区社工委下发《关于选派机关干部赴非公企业挂职服务的通知》，选派24位机关干部到24家非公企业挂职服务，协助企业开展党的组织建设有关工作。挂职干部完成“拟定一份挂职服务工作计划、为挂职单位培育一个党建工作亮点”等规定任务11项。（朱俊英）

【明确区社区办工作职责】 年内，修订《社区建设和管理办公室职责》，明确区社区办是统筹协调全区社区建设和管理工作的职能部门，主要职责为：贯彻执行上级有关社区建设和管理的路线、方针和政策，研究起草区社区建设和管理工作的意见、实施办法和有关要求，并组织实施；按照区经济和社会发展总体规划，研究提出区社区建设和管理整体目标、工作思路、阶段目标和主要任务；统筹协调区社区建设和管理中出现的突出问题和矛盾，指导协调街镇（工业区）及有关职能部门开展社区建设和管理工作，并提供服务；开展调查研究，掌握各街镇（工业区）及相关职能部门社区工作开展情况，收集梳理社区工作各类信息，及时反映社情民意，针对全区社区建设和管理中出现的问题，提出对策、意见和建议；会同有关部门，加强社区工作者队伍建设，定期开展培训，提升全区社区工作者综合素质及社区建设和管理专业水平；探索区社区建设和管理方法，建立健全社区建设和管理相关制度，总结推广社区建设和管理成功经验，表彰先进，树立典型；会同有关部门，督促检查各街镇（工业区）及相关职能部门社区建设和管理工作落实情况，做好考核工作；承办区委、区政府交办的其他事项。

（朱俊英）

【制订下发“责任分解方案”】 10月，制订下发《〈关于加强新形势下社区建设的实施意见〉责任分解方案》（金委办发〔2012〕64号）（下称《方案》）。《方案》将《关于加强新形势下社区建设的实施意见》（下称《实施意见》）中29条工作内容分解成48项工作任务，并落实到45家职能部门、相关单位和各街镇（工业区）。根据工作内容和性质确定职能部门和单位，根据涉及任务权责确定牵头单位和责任单位。每项工作任务确定1～2家牵头单位和若干家责任单位，形成推进区社区建设工作合力。相关职能部门和街镇（工业区）制定各自关于加强新形势下社区建设工作实施方案，落实《实施意见》各项目标任务。

（朱俊英）

党校工作

【概况】 2012年，区委党校围绕“创新驱动、转型发展”目标，发挥党校干部教育培训主渠道、主阵地作用和地方党委政府“思想库”作用，全年举办干部教育培训班38班次，培训3596人。其中区第二十二期处级领导干部轮训班，区第二、三、四期科级干部轮训班，区青年干部培训班等主体班15班次1580人次；会同区各部、委、办、局、镇、街道等单位办班和委托办班23班次2016人次。年内，组织申报上海市委党校系统2012年课题11项，立项9项，名列全市24家区县、大口党校第一名；组织申报上海市司法局民主法治课题，立项、结题7项；先后承接市委、区委、区政府、各委办局、乡镇等课题10余项。科研成果获市委党校系统2010～2011年度课题项目中标奖，郜工农、张锋分获优秀科研成果奖一等奖、二等奖；学校教师在各类期刊发表论文20余篇，负责起草《2012年金山区形势任务报告》，分获2012年上海市监察学会理论研讨征文活动三等奖和2012年度区纪检监察学会理论研讨活动一等奖；连续3年（2009～2011）获区思研会优秀课题成果一等奖。全年接待中国浦东干部学院和市委党校学员到金山教学18批次790人。区反腐倡廉教育展示室全年接待参观者36批次1259人次。继续开展与朱泾镇大茫村和金龙居委会结对共建工作，根据结对共建年度协约规划活动内容，形成结对共建工作制度化、常态化。年内，学校被评为2011年市A类财务会计信用单位、市无烟单位和区“双百结对”活动先进单位并获市健康单位先进称号等；张汉为获2012年区园丁奖，曹建新被评为朱泾镇优秀教师，刘娥苹获第五届金山区十大杰出青年称号，张益民被评为区治安保卫先进个人和2011～2012年度区优秀志愿者，汪建祥被评为区第五届全民学习节优秀推进员。

（陆倩莲）

村（居）党组织书记、村（居）委会主任培训

【学习宣传贯彻党的十八大精神系列活动】 年内，区委党校部署开展学习宣传贯彻党的十八大精神系列活动。成立学习宣传贯彻党的十八大精神领导小组，制订下发《中共金山区委党校学习、宣传、贯彻党的十八大精神工作计划》；召开中心组（扩大）会议，专题学习贯彻党的十八大精神；会同区委组织部、区委老干部局举办区老干部学习十八大精神专题研修班，区原四套班子老领导、部分退休干部及离休干部中心组老同志共240多人参加；会同区委

组织部、区委宣传部举办区学习宣传贯彻党的十八大精神宣讲培训班；组建区委党校学习宣传十八大精神宣讲团并赴各委办局、乡镇、企事业单位、村（居）、学校等宣讲。（陆倩莲）

【科研课题获姜平重要批示】 12月，区委党校科研课题“上海地产蔬菜质量安全面临的困境与对策”由市委党校《内参专报》第十一期（总第七十期）刊发并获副市长姜平重要批示：“请组织蔬菜办有关同志认真研究，着力推动蔬菜专业合作社，探索蔬菜为主的家庭农场的组织形式，培养新一代职业菜农，控制和规范外地农民来沪种菜和生产、生活方式。”（陆倩莲）

【“推进农村社区文明建设与管理”研讨会】 市委党校党史党建教研部、区文明办、区委党校举办的“学习贯彻党的十八大精神，推进农村社区文明建设与管理”研讨会于11月27日在区委党校举行。区委党校常务副校长张汉为主持。副区长、区行政学院院长贾炜致欢迎词。区委宣传部副部长、区文明办主任陆引娟作“金山农村社区精神文明建设的实践与探索”主题报告。全国文明村——朱泾镇大茫村，全国文明镇——山阳、枫泾镇作交流发言。区委党校副校长部工农博士、浙江海盐县委党校常务副校长褚其法、市委党校党史党建部主任刘宗洪教授对交流发言作点评。市文明办巡视员陈振民，市委党校副校长郭庆松，区委常委、宣传部部长张权权讲话。市委党校党史党建部、市郊区县党校、部分江浙党校领导专家，区委组织部、区委宣传部、区文明办、区社区办领导，各镇（街道）、金山工业区党委副书记、宣传委员，区委党校全体教师及区有关新闻媒体记者等80多人参加。（陆倩莲）

“推进农村社区文明建设与管理”研讨会

【区委党校获全市党校系统办学评估“优秀”】 9月，市委组织部、市公务员局、市委党校组成上海市区县党校办学评估领导小组到区委党校就领导体制、教学培训、科研咨询、队伍建设、基础设施和办学条件开展综合评估。区委副书记、区委党校校长祝学军，区委组织部副部长、区公务员局局长李金龙，区委党校常务副校长张汉为等出席。11月，经办学评估领导小组综合评定，区委党校获评办学评估“优秀”（沪委校评〔2012〕15号）。（陆倩莲）

老干部工作

【概况】 2012年，全区有离休干部162人（含市属代管和易地安置17人），其中享受副市长级医疗待遇1人、原副局级离休干部2人、享局级4人、参局级（含单项医疗待遇）29人、处级及享处级51人、其他干部58人，平均年龄84.73岁（90岁以上15人、80～89岁118人、70～79岁12人）。处级以上退休干部698人（其中正处正职以上362人，包含原四套班子退休老领导29人），其他区管干部43人。年内，落实老干部工作领导责任制，坚持工作通报、定期听取老干部工作汇报和领导走访慰问制度。组织春节团拜会、全区离退休干部通报会，通报区经济建设、社会各项事业发展等情况；区委常委会听取老干部工作专题汇报，研究工作难点，保证工作、活动经费。完成区老干部活动室装修改造。履行对处级退休干部管理服务工作宏观指导和督促检查职能。组织老干部中心组学习会、报告会、研讨班、离退休干部党支部书记例会，学习市委、区委有关会议精神，通报时事形势任务。组织全区离退休干部“三看”（看改革成果、看经济发展、看社会进步）活动。编印《金山老干部工作》9期、《学习资料摘编》8期。完成《提高新形势下老干部思想政治工作有效性的思考》调研课题。完成社区老干部工作经费收缴、下拨，全区社区老干部工作经费14.34万元，人均747元。召开社区老干部工作会议，开展朱泾镇、石化街道社区老干部工作调研和半年度工作考核。召开社区居家养老个性化服务座谈会,听取老同志关于社区志愿者配备和个性化服务菜单情况建议和意见。召开专业应急维修服务进离休干部家庭工作专题会议,并与区住房保障和房屋管理局、物业管理事务中心签约。区委调整区关心下一代工作委员会成员(金委〔2012〕221号),设办公室于老干部局;会同区关心下一代工作委员会、团区委举办"话发展、叙团缘、展未来"老青干部结对共建活动;组织老干部和团区委机关青年干部结对交流活动;组织老干部参与社会回归人员未成年子女关爱行动,走访慰问、帮扶帮教"特殊关爱"结对学生。下拨区离休干部所在社区人均500元工作经费补贴;落实192名高龄离休干部居家养老服务;为9名年内满80周岁离休干部申请享受社保发放护理费;督促区47位85周岁以上离休干部护工费落实到位;发放165位离休干部和30位退休老领导健康休养费24.1万元。提供老干部法律服务6人次。处理老干部信访件9件。走访离休干部、退休老领导及老干部遗属185人次,发放慰问金1万元。慰问住院老干部191人次、发放慰问金2.23万元,支付老干部特殊医疗费25.06万元。举办21位80周岁、90周岁老干部集体祝寿活动;办理9位老干部享受区社会保险事业管理中心护理费手续;协调处理12位过世老干部善后事宜。成立区老干部大学,开设政治理论、中医养生保健、绘画班,学员132人。征订《上海老干部工作》《学习与参考》《大江南北》等杂志并免费赠送全区离休干部。朱泾、石化、枫泾老干部活动室组织播放国内外形势任务等内部录音(录像)9场次,500人次收听(看);朱泾、石化老干部活动室分别征订报刊杂志60多种。组织老干部联谊、采风活动,举办书画摄影作品展和象棋、桥牌友谊赛等;成立区老干部门球队,组织参加门球友谊赛等;组织区老干部合唱团参加区离退休干部迎春团拜会。组织老干部参加浦东区域活动室联合体"喜迎十八大,共创新辉煌"2012年浦东区域老干部风采展、"学雷锋、心向党、讲品德、见行动"老少牵手吟诵会和"回眸三十年,展示新风采"市老干部活动成果展。（陆一枝）

【第十六期老干部研讨班】 研讨班于4月24~25日在区委党校举办。区委副书记祝学军、上海师范大学教授苏智良、市委党校教授王志平分别作《金山形势任务》《上海城市发展的历史与现状》《从"两会"看中国经济社会形势》报告。处级以上离休干部、离休干部党支部书记及支委和退休老领导、退休干部党支部书记及活动小组组长共95人参加。（陆一枝）

【退休干部研修班】 研修班(又名"区老干部学习十八大精神专题研修班")于11月28~30日在区委老干部局举办。副区长贾炜和市委党校教授周东华、卢肖文、唐珏岚分别作《金山区社会民生事业发展情况通报》《弘扬中华优秀传统文化》《高举中国特色社会主义伟大旗帜》《加快经济体制改革和转变发展方式》报告。组织观看内部录像片。原区(县)四套班子领导、退休干部及离休干部中心组老同志共240多人参加。（陆一枝）

【离退休干部党支部建设】 年内,坚持离退休干部党支部书记例会制度,开展"创先争优"(创建先进基层党组织、争做优秀共产党员)活动,下发《关于组织离退休干部党支部认真学习中央组织部老干部局〈关于认真学习贯彻李源潮同志重要批示精神推进离退休干部创先争优活动深入开展的通知〉的通知》(金委老〔2012〕6号),召开全区离退休干部创先争优活动总结交流会。组织区老干部学习十八大精神征文活动。引导离休干部过"双重"(参加原单位或入住社区)组织生活,每月参与上海离休干部联合党支部组织生活并通报有关工作情况。朱泾镇离休干部党支部、石化街道退休一支部书记吴永江分别被评为区创先争优先进基层党组织、优秀共产党员。（陆一枝）

【老干部通报会】 10月17日,全区离退休干部通报会召开。区委副书记、区长李跃旗通报全区经济运行和社会事业发展情况。区委常委、组织部部长陈正安主持。离休干部和处级以上退休干部近300人参加。（陆一枝）

【纪念干部离退休制度建立30周年】 年内,举办"纪念干部离退休制度建立30周年"区老干部、老干部工作者元宵联欢会,离退休干部代表和老干部工作者代表共120多人参加。区委组织部副部长陈士康以从事老干部工作28年以上工作者身份,接受市委常委、组织部部长李希颁发纪念章,并代表全市老干部工作者发言。2011年市老干部工作先进集体、先进工作者朱泾镇党委和区委组织部副部长陈士康、老干部局沈彩平、教育局陆静芳、建设交通委孙美华在上海展览中心友谊会堂接受市委书记俞正声,市委副书记、市长韩正等市委领导会见并合影。开辟《金山报》“老干部工作”专栏，宣传老干部工作部门和工作者的历史责任及30年来老干部工作成就。

（陆一枝）

信访工作

【概况】 2012年，区委区政府信访办公室受理群众来信（含电子邮件）2368件、来访（含来电）5567人次。区委、区政府主要领导阅批群众来信190件，阅批率100%。收到复查复核申请及上年结转复查案件共95件（其中复核申请件1件），办结86件（出具复查复核文书47件、协调处理39件）。终结疑难信访事项5件。提交信访稳定工作例会研究矛盾88件，化解73件，成功化解金山大众汽车出租有限公司司机109人集体上访矛盾、亭林镇有关动迁安置6年积案、原公路署300多名管养分开分流人员信访问题等可能影响社会稳定重大矛盾；成功处置义乌小商品城投资户集体上访、金轩商业广场投资户集体上访、润旅投资有限公司包租纠纷等一批涉众型经济纠纷突出矛盾；预防和化解“3·26”非法拆房事件、“6·3”水污染事件、“6·14”重大安全生产事故、城市沙滩游乐场投资纠纷等突发性重大不稳定事件引发的矛盾。全年上报市政府、区领导各类信息、材料、摘报400余条（件），转送区相关职能部门各类意见、建议和情况反映200多条，编印《信访情况》12期、《信访动态》17期、《信访维稳信息》32期。举办全区信访业务专题培训班，24个信访工作责任目标考核签约单位、37个群众工作成员单位信访干部及相关人员参加。区信访工作目标责任制接受市委市政府信访办年终考核评估。唐卫星被评为全国信访系统优秀工作者；区委区政府信访办被评为市信访系统先进集体，枫泾镇信访办和金山工业区综治信访部被评为市文明信访室，张军等8人被评为市信访系统先进工作者；金山卫镇信访办等5个单位被评为区先进信访办，黄建国等20人被评为区先进信访工作者。区委区政府信访办研究课题“用群众工作统揽信访工作的探索与实践”获区思想政治工作研究会优秀课题成果一等奖。

（颜　佩）

【全面推进用群众工作统揽信访工作试点】 年内，区委、区政府印发《2012年金山区用群众工作统揽信访工作要点》，部署增强群众观念、推进机制建设、夯实基层基础、加强组织领导和加大工作保障方面16项具体工作。确定组织区委中心组学习，开展区镇村三级干部培训，推进村居群众工作室建设，召开述职报告会、理论研讨会、经验交流会，拍摄宣传专题片为重点工作，分别由区委常委以上领导牵头负责推进。邀请市人大领导为区委中心组学习作《认真贯彻群众路线努力促进社会和谐》报告，分别举办处级干部、科级干部、村（居）书记群众工作专题培训班，征集汇编优秀群众工作案例45个，拍摄《和谐春风沐民心》专题片。推进村（居）群众工作室规范化建设，做到有1个中心、1台电脑、1本台账、1套制度、1个意见箱、1支信息员队伍；推行亭林镇亭东村群众工作中心做法，整合综治、司法、信访、助残、就业援助、安全管理、来沪人员服务等部门，建立“一门式”服务大厅，全区55个村（居）建成群众工作中心。推动“一站一特色、一室一亮点”品牌创建，显现廊下镇“群众工作会诊法”、山阳镇华新村“帮大妈”队伍等一批亮点。召开新形势下加强群众工作研讨会，邀请市委常委、秘书长尹弘和

新形势下加强群众工作研讨会

市委组织部、宣传部、市信访办、市妇联、浦东干部学院、各区(县)信访办等领导研讨、点评,《东方网》全程直播研讨会实况。召开群众工作领导小组(扩大)会议,区委分管领导分析上半年信访突出问题,点评“6·3”水污染事件、荣禄苑居民集访、中运河镇保矛盾等信访问题,区委书记杨建荣要求责任单位及时、有效化解。邀请“市民巡访团”明察暗访信访工作,由群众评价、监督政府部门服务态度、工作作风、处理效率、处理结果等。组织述职报告会,37家群众工作成员单位汇报交流用群众工作梳理统揽信访工作做法,区委领导作点评、总结。新华社《国内动态清样》刊发《上海金山区以群众统揽信访工作显成效》文章予以介绍。中共中央政治局常委、政法委书记周永康批示:“上海市金山区群众安全感上海第一,非正常访零记录,进京访最少区县,成绩来之不易,关键在用群众工作统揽信访工作,工作态度重于工作方法,不仅立足解决问题,还在于密切了党群干群关系。”区用群众工作统揽信访工作试点做法得到俞正声、王学军、丁薛祥等领导批示和肯定。东方网、上海电视台、《解放日报》《文汇报》、上海人民广播电台、人民网、新华网等媒体报道试点工作经验和做法。 (颜 佩)

【落实领导干部“一岗双责”制度】 年内,落实领导干部“一岗双责”(领导干部负有业务工作职责和信访工作职责)制度。召开区信访工作会议,区委、区政府主要领导与各街镇(工业区)、14个政府职能部门签订信访工作目标责任书,落实信访工作领导责任。召开重信重访专项治理工作会议,布置推进区领导联系重点信访人、重信重访专项治理和区领导包案工作。区委书记杨建荣2次批示,要求努力务实做好信访积案化解和其他相关工作。组织开展区领导接访下访活动2次,接待群众37批52人次。区领导联系信访人57件案件化解(终结)率100%,市交办11件重信重访化解(终结)率100%,均列全市第一。51件区领导包案信访件化解率94%,为历年最高。区领导周四信访接待到岗率100%,接待来访群众125批1056人次,其中集访48批923人次,化解77件,办结14件。 (颜 佩)

市领导联系区县推进突出信访矛盾化解工作

【加强初次信访工作】 年内,加强初次信访工作。建立分类督办制度,初信初访件分成一类、二类、三类、四类件,明确初信初访全部当天转送,并督办一类、二类信访件。坚持开门办信制度,凡由市信访办转交初次信访事项,包括重要交办件一律实行开门办信,落实“三见面”(承办人、承办单位领导、信访人见面)制度。建立抽查回访制度,随机抽查街镇初信(邮),全面审查从办理程序到处理意见落实情况、从调查取证到法律法规和政策适用情况。建立通报考核制度,每月初通报初信初访受理、办理和超期情况,将初信初访按时转送率、按时告知率、按时办结率列入目标责任考核内容。全年受理初次信访1912件,全部按时转送、告知、办结。网上信访回复公开率83.54%,办结率99.50%。 (颜 佩)

【重要时间节点信访稳定工作】 年内,做好党的十八大、市第十次党代会期间信访矛盾预防和稳控工作。联合区问责办、区委办、区政府办、区纪委、区委组织部、政法委成立督查小组,到各街镇(工业区)督查重点稳控人员、群体性事件、其他突出矛盾及街镇领导值班到岗等情况。至年底,全区无群众进京非正常上访事件,到市政府集体上访数保持在全市较低水平,区内无影响全局重大群体性事件。 (颜 佩)

【建立健全信访工作制度】 年内,健全社会稳定风险评估机制,开展可能引发信访矛盾的上海化工区1公里限制带居民搬迁、朱泾镇棚户简屋改造项目、金山工业区动迁安置房分配工作等30个项目社会稳定风险评估工作。健全矛盾纠纷排查机制，下发《关于深入开展“两个排查”的通知》《关于汇总上半年ABC三类矛盾化解情况并开展新一轮排查工作的通知》《关于进一步开展拖欠职工、民工工资矛盾纠纷排查和清欠工作的通知》等文件，提出矛盾排查分析工作要求，共排查矛盾116件。建立初访、代理、预约优先制，在信访接待大厅实行“三个优先”（初访优先、代理优先、预约优先）接待，引导群众有序、规范信访。建立信访事项办理督查制，规定信访联合接待信访事项办结期限，区联席办派督查员跟踪督办周四区领导接待信访事项，每月滚动通报办结、化解情况。

（颜　佩）

【内设机构编制调整】 年内，成立区委群众工作部（与区信访办合署办公），区委下发《关于中共金山区委群众工作部主要职责内设机构人员编制配置的通知》（金编〔2012〕第21号），增加行政编制5个；增配部门副职领导职数、内设机构领导职数各1个。提任2名科级干部到副处级岗位。招录政法专业公务员3人。配备3名处级干部担任信访督查员，负责督查区领导联系信访人、领导包案、周四领导接待案件等推进情况。（颜　佩）

机关党工委工作

【概况】 2012年，区级机关党工委（下称党工委）以邓小平理论、“三个代表”重要思想、科学发展观为指导，学习贯彻党的十八大、市第十次党代会、区第四次党代会及全会精神，落实《中共共产党党和国家机关基层组织工作条例》，推动区级机关党建工作。年内，下发《党工委关于认真学习宣传贯彻党的十八大精神的通知》，分阶段、分专题、分重点组织区级机关党员群众学习党的十八大精神，举办学习十八大精神专题辅导报告会。开展机关干部思想状况问卷调查，形成《区级机关干部职工思想状况调查报告》并发表于《金山情况》（2012年第十四期）。举行形势任务集中宣讲教育，下发《党工委关于开展2012年度形势任务集中教育活动的通知》，举办区级机关形势任务报告会，区委书记杨建荣作报告，区级机关党员干部近500人参加；各区级机关党组织举办形势任务教育报告会25场，2500多人次参加。举行机关党员干部教育培训，下发《党工委关于举办2012年金山区区级机关党员干部“社会主义核心价值体系”主题系列教育报告会的通知》，采用双月报告会形式，举行形势任务教育、社会主义核心价值体系建设、机关作风建设、普法教育、机关文化建设、党的十八大精神宣讲等讲座，拍摄每期讲座实况并刻录光盘下发各直属党组织。开展“城市新印象”主题宣传，发动区级机关干部职工网络投票，并组织100名干部职工到市展览中心现场参观和投票。分别举行区级机关直属党组织书记和纪检、宣传、组织委员培训。全年培训入党积极分子63人，预审42人；发展预备党员43人，转正54人；组织42名新党员集体宣誓；专题检查5家机关党委党员发展工作流程、审批程序、材料规范等。开展市第十次党代会代表推荐工作，在44家直属党组织民主推荐82名党员领导干部、129名生产和工作一线党员基础上，会同区委组织部确定15名代表候选人初步提名人选，征求直属党组织意见后上报区委。下发《党工委关于开展“集中精力抓落实，心无旁骛求发展——加快推进‘三个金山’建设”建功立业主题实践活动的意见》，围绕“争创学习型党支部、争当学习型党员”评选展示、最佳组织生活优秀实例征集评选和优秀机关党务干部评选，开展建功立业主题实践活动。专题调研区级机关40多家直属党组织机关作风建设情况，形成《关于加强机关作风建设的专题调研报告》，获区监察学会2012年度论文评审二等奖。推进党务公开工作，会同区委党务公开领导小组办公室走访调研、检查指导区级机关40多家直属党组织，并形成调研报告《区级机关党务公开工作实践与思考》。开展廉政文化进机关创建活动，制订《党工委关于2012年度开展廉政文化进机关创建活动的实施方案》，年初启动，年中督促检查，年底总结。开展结对共建情况摸底统计，2011年3月至2012年2月，区级机关开展活动338次、5686人参加，捐款捐物合计122.56万元。分别有12家、39家单位申报创建市级、区级文明单位。全年参与交通文明志愿服务活动机关干部1000余人次、参加造血干细胞集中入库活动团员青年20人，区级机关团工委与石化逢春福利院建立“双月活动”机制，定点定期开展活动。开展“面对面、心贴心、实打实服务职工在基层”主题实践活动，走访基层工会10家，召开座谈会16次。开展立功竞赛活动，3000人次参与。举行公文写作、摄影、第九套广播操、剪纸、桥牌、道路交通安全、智慧城市、防灾自救培训等机关文化沙龙，2500人次参与。组织参加区第七届读书节征文、摄影比赛和主题论坛，获二等奖2人、三等奖4人、优胜奖2人。组织参加区元旦迎新体育大联欢、区第十七届全民健身节千人健步走活动，举行区级机关“凝心聚力展风采”广播操展示暨徒步活动，开办女职工周末学校，开展“金山万名女职工健康教育”主题教育活动，举办“女性保健养生”专题讲座。开展青年文明岗（号）创建和先进评选，区人民检察院公诉科被评为市级青年文明号、区人民法院谢荣华获市五四青年奖章、17个集体被评为区青年文明号。9人入选区青年讲师团，承办青年讲坛3场。组织机关青年开展“我心目中的机关青年”主题征文、“我眼中的机关青年”摄影作品征集等，参加区职业青年技能竞赛、多媒体制作大赛、业余主持人大赛等活动。开展党建目标管理考核，修订并下发2012年区级机关党组织党建目标管理考核细则。

（李小鹏）

【基层组织建设年活动】 年内，围绕“强组织、增活力，创先争优迎十八大，加快建设‘三个金山’”主题，以“五个二”工作项目［深化学习型党组织（机关）建设、“五好”（领导班子好、党员队伍好、工作机制好、工作业绩好、群众反映好）党组织建设，开展“争创学习型党支部、争当学习型党员”活动，征集创先争优实例、最佳组织生活实例，实施机关党员干部培训、机关党务干部培训，强化机关党建责任、目标管理考核］为抓手，按“抓落实、全覆盖、求实效、受欢迎”要求，开展基层组织建设年活动。经定性、自评、上报、考评、公示环节，对129个机关党支部分类定级，确定120个党支部定性为好、9个党支部定性为较好。开展“五好”党支部考核，成立考核验收小组，考核验收申报第三批“五好”党支部9个党组织，召开区级机关“五好”党组织建设推进会命名表彰并授牌。（李小鹏）

【“创先争优”活动】 年内，召开区级机关纪念中国共产党成立91周年暨创先争优活动专项表彰大会，评选表彰2010～2012年区级机关创先争优先进基层党组织10个、优秀共产党员13人，2家基层党组织、1名党员代表交流发言。开展创先争优实例征集，征集实例61篇，评选优秀实例、入围实例各12篇和优秀组织奖2个，形成《金山区区级机关创先争优实例汇编》，并参加市、区创先争优评选，其中《创先争优活动中在职党员进社区发挥作用的现状与对策——以上海金山区为例》被评为市创先争优理论研讨会入选论文，《结对共建求实效、创先争优促发展》入选区创先争优典型经验十大优秀案例。（李小鹏）

【学习型党组织（机关）建设】 年内，制作“2009～2011年学习型党组织（机关）创建工作回眸”展板和汇编，展示创建工作成果。启动“争创学习型党支部、争当学习型党员”活动。开展2012年度学习型党支部展示评选，28家单位43个党支部参加，评选学习型党支部16个、学习型党员5人。6家单位申报市学习型党组织（机关）、8家单位申报市学习型党组织（机关）创建工作先进单位、2名党员申报市学习型党员。（李小鹏）

上海市金山区人民代表大会

SHANGHAISHI JINSHANQU RENMINDAIBIAODAHUI

2013 JINSHAN ALMANAC

综 述

2012年,区人大常委会坚持以邓小平理论、"三个代表"重要思想、科学发展观为指导,坚持党的领导、人民当家作主和依法治国有机统一,凝心聚力,依法履职,为推进"创业金山、宜居金山、和谐金山"建设作贡献。全年召开代表大会2次、常委会会议7次,听取、审议"一府两院"(区人民政府、人民法院、人民检察院)专项工作报告21项,开展执法检查、视察活动5项,完成课题调研28项,作出决议、决定7项。

(俞 斓)

区人民代表大会

【区五届人大一次会议】 会议于1月5~9日在区会议中心召开。会议应到代表228人,实到225人。5日上午预备会议后大会开幕,9日上午大会闭幕。会议听取和审议区人民政府工作报告;审查和批准区2011年国民经济和社会发展计划执行情况与2012年国民经济和社会发展计划草案报告,批准区2012年国民经济和社会发展计划;审查和批准区2011年预算执行情况及2012年预算草案报告,批准区2012年预算;听取和审议区人民代表大会常务委员会工作报告;听取和审议区人民法院工作报告;听取和审议区人民检察院工作报告;选举杜治中为区人大常委会主任,刘跃俊、殷金荣、张俊宏、袁晓英为副主任,冯毛龙等21人为委员;选举李跃旗为区人民政府区长,沈华棣、姬兆亮、许复新、马淮海、贾炜、陆瑾、沈金龙为副区长;选举黎淑兰为区人民法院院长;选举龚培华为区人民检察院检察长。会议期间,收到代表议案10件(经大会主席团审议,决定作为书面意见处理)、代表书面意见122件。

(俞 斓)

【区五届人大二次会议】 会议于12月6~8日在区会议中心召开。会议应到代表228人,实到219人。6日下午预备会议后大会开幕,8日上午大会闭幕。会议选举由金山区产生的市第十四届人民代表大会代表34人。

(俞 斓)

区五届人大一次会议

区人民代表大会常务委员会

【区五届人大常委会第一次会议】 会议于2月10日在区会议中心召开。审议并通过《金山区人大常委会2012年度工作要点》;审议决定有关人事任免事项。

(俞 斓)

【区五届人大常委会第二次会议】 会议于4月27日在区会议中心召开。听取和审议区食品安全委员会副主任、办公室主任黄生红受区人民政府委托所作《金山区食品安全工作情况报告》和区人民法院院长黎淑兰所作《金山区人民法院关于优化诉调对接,促进社会矛盾化解情况的报告》;审议、决定有关人事任免事项。

(俞 斓)

【区五届人大常委会第三次会议】 会议于6月29日在区会议中心召开。听取和审议区环保局局长吴克源受区人民政府委托所作《关于本区第五轮环保三年行动计划编制和实施情况的报告》,听取和审议区人民政府副区长姬兆亮所作《关于区五届人大一次会议代表书面意见办理情况的报告》;审议并通过关于修改《金山区人民代表大会议事规则》《金山区人民代表大会常务委员会组成人员守则》的决定;通过《金山区人民代表大会常务委员会关于加强与区人民政府、区人民法院、区人民检察院工作联系的意见》。(俞 斓)

【区五届人大常委会第四次会议】 会议于8月2日在区会议中心召开。听取和审议区财政局局长盛宗耀受区人民政府委托所作《关于金山区2011年区本级决算及2012年上半年预算执行情况的报告》和区审计局局长杜莉芳受区人民政府委托所作《关于金山区2011年度预算执行和其他财政收支的审计工作报告》;表决通过《金山区人民代表大会常务委员会关于金山区2011年区本级决算的决议》;听取和审议区发改委主任李士权受区人民政府委托所作《关于金山区2012年上半年国民经济和社会发展计划执行情况的报告》;审议、决定有关人事事项。

(俞　斓)

【区五届人大常委会第五次会议】 会议于10月31日在区会议中心召开。听取和审议区经委主任倪向军受区人民政府委托所作《关于本区推进八个产业集群发展情况的报告》,听取和审议区医改办常务副主任、区卫生局局长倪军杰受区人民政府委托所作《关于本区深化医药卫生体制改革情况的报告》。表决通过《金山区人民代表大会常务委员会关于召开金山区第五届人民代表大会第二次会议的决定》;审议、决定有关人事任免事项。

(俞　斓)

【区五届人大常委会第六次会议】 会议于11月15日在区会议中心召开。审议和决定区五届人大二次会议有关事项;审议、决定有关人事任免事项。

(俞　斓)

【区五届人大常委会第七次会议】 会议于12月13日在区会议中心召开。审议通过《金山区人民代表大会常务委员会关于调整金山区2012年财政预算的决议》;表决通过《金山区人民代表大会常务委员会关于召开金山区第五届人民代表大会第三次会议的决定》;审议、决定有关人事任免事项。

(俞　斓)

【区重大事项实施情况监督】 年内,开展区重大事项实施情况监督检查:围绕8个产业集群发展、产业用地"二次开发"、台资企业投资发展、现代农业发展等重点加强工作监督;围绕区经济发展和城乡建设中重要问题,确定重点调研课题,并加强调研意见落实情况跟踪;加强对国民经济和社会发展计划、财政预算执行情况等工作监督。(俞　斓)

【民生工作情况监督】 年内,开展民生工作情况监督:听取和审议区第五轮环保三年行动计划编制和实施情况报告;调研和视察区生活垃圾分类和源头减量工作开展情况;听取区社会保险法贯彻实施情况专项汇报,提出意见和建议;围绕新一轮医药卫生体制改革、食品安全、重大工程和实事项目建设、"1158"城镇体系建设、"校安工程"建设、社区文化活动中心管理及朱泾城南菜市场建设和推进情况等热点问题,开展工作监督。(俞　斓)

【司法公正监督】 年内,召开与区人民法院、人民检察院工作对接交流会3次,探索常委会与"两院"工作支持、协调和配合的新机制;加强对区优化诉调对接、人民调解法贯彻实施和社区检察室工作监督;调研和视察区村(居)委会换届工作,关注区基层民主建设。(俞　斓)

【依法履行决定权、任免权】 年内,依法审议或审查2011年区本级决算报告、2012年财政预算调整情况及召开区五届人大二次、三次会议等事项,并分别作出决定;通过关于修改《金山区人民代表大会议事规则》《金山区人民代表大会常务委员会组成人员守则》决定,通过《加强与区人民政府、区人民法院、区人民检察院工作联系的意见》;全年任免常委会工作人员86人次、区人民政府组成人员31人次、区人民法院副庭长以上职务人员和审判员10人次、区人民检察院副检察长和检察员6人次。(俞　斓)

【代表工作】 年内,依法选举由金山区产生的市十四届人大代表34人、区人大代表1人;组织近300人次代表参加常委会视察、执法检查、调研活动和列席常委会会议;组织区镇两级人大代表等各类培训13期,1300多人次参加;完善新一届区人大代表联系工作机制,完善新一届区人大常委会主任(副主任)联系委员、常委会组成人员联系代表和代表联系选区选民"三联系"活动制度;加强代表书面意见办理工作监督;密切与区、镇人大间工作联动和联系,重视和加强石化社区(街道)、金山工业区人大代表联络室建设;全年受理人民群众来信来访(电)161件次。

(俞　斓)

【自身建设】 年内,学习贯彻全国人大和市人大会议精神;梳理和修改已有人大工作制度,制订常委会学习、调研、培训工作计划,常委会与"一府两院"工作通报机制等;开展2013年常委会重点工作议题公开征集活动;探索常委会各部门间互动联动机制;在区人大代表和常委会机关两个层面开展加快推进"三个金山"建设建功立业主题实践活动;开展市学习型机关和区级机关学习型党支部创建活动。(俞　斓)

历史遗迹记录沧桑

6000多年前，当上海的大部分地区还是茫茫大海之时，金山就已成陆。在金山境内，留下了冈身遗址以及亭林、招贤浜、查山、戚家墩古文化遗址等诸多历史遗迹，记录了金山丰富的历史文化遗产。

上海市最早的海岸线是由6000多年前长江南沙嘴逐渐向东南伸展而形成，依次称沙冈、紫冈和竹冈。今金山区漕泾镇东北约1.5公里处沙积村7组尚存沙墩，经碳14测定距今已有6000—7000年，是上海西部仅存的古海岸线遗迹。20世纪70年代末和80年代初，当地群众大量挖沙建房，海沙地（沙冈）被挖成累累深潭，变成如今的养鱼塘，唯沙积村高宅基下冈身因上建民房得以保存。经鉴定，沙冈为南北走向断续沙带遗存，由海浪作用下的死亡海生贝类生物壳体和沙积聚而成。冈身遗址高约2米，面积约3万余平方米，是研究上海乃至长江三角洲海陆变迁的佐证"化石"，是上海地区沧海变桑田的历史见证。由此，金山地区成陆于6000多年前也得到了印证。

亭林古文化遗址主要以良渚文化为主要遗存，标志碑立于上海市金山区亭林镇西、祝家港东岸的亭林公园内，以标志碑为中心、200米半径为保护范围。1966年，因建造自来水厂机房而发现。70年代中期，为配合基建工程，清理挖掘5层125平方米。其中，第一层遗存为东周和西周时代，出土有灰陶三足盘、细高把豆等，是太湖地区西周几何印纹陶文化典型文物；第四层出土物属早期马桥类型印纹陶文化，年代相当于商代；第五层出土遗物为典型良渚文化（距今约4200—5300年）。1988年2月，亭林镇建亭林公园开挖荷花池，又发现文化遗址，并挖掘探方7个，面积668平方米。其中，东部3个探方上层有少量商周时期印纹陶片与唐、宋时代陶瓷片。下层为黄锈斑土，是良渚文化基地；西部2个探方有大量唐、宋时期陶瓷片玉璧、玉琮及良渚文化印纹陶文化时期陶片和石器。表土层石叠压一层早期印纹陶遗迹，下层为良渚文化遗存。遗址出土物以陶器、石器和玉器为主，有的陶器为国内同类遗址罕见。玉器中有九节玉琮，为上海地区出土的节数最多的玉琮。

招贤浜古文化遗址位于上海市金山区亭林镇，发现于1973年，原名张堰口遗址，确认为新石器时代和商周时期文化遗址，后因遗址附近新开河招贤浜而更名招贤浜遗址，1984年被公布为上海市文物保护地点。2003年3月，为配合上海郊环高速公路南段工程，由上海博物馆考古部进行遗址调查和试掘。试掘按照坐标法布方，将遗址划分为*I*、*II*、*III*、*IV*四个发掘区，共开4米4米探方5个，4米5米探方2个，1米5米探沟16个，发掘面积共200平方米。发掘出土大量马桥文化遗存和少量西周至唐宋时期遗物。

查山古文化遗址位于金山卫镇查山（松金公路东侧）山脚，是以马家浜文化、早期马桥类型印纹陶文化遗存为主的古文化遗址。保护范围为以标志碑作中心，南北长250米、东西宽60米，包括附近山坡和耕地。遗物分布在查山东南山坡上和东山坡下耕地。其中，东南山坡第一层出土为西周和商代遗物，第二层为马家浜文化堆积物层；坡下耕地第一层出土有唐、宋陶瓷片，第二层出土有南北朝至唐、宋时期遗物，第三层出土为春秋战国时代遗物和早期印纹陶文化马桥类型（商代）遗存。至今累计出土各时期文物20件，其中东南山坡出土腰檐釜口沿及小方把手、夹砂陶罐的牛鼻形器耳等马家浜文化遗存，距今有5985±140年。

1935年发现的戚家墩古文化遗址，位于上海市金山区山阳镇戚家墩村（今石化临潮三村），是上海地区最早发现的古文化遗址。遗址分布海塘内外两侧，戚家墩一侧发掘遗物及古井，经专家鉴定属春秋战国时期遗存。戚家墩西约600米海滩为西汉时期文化遗址（第一土层）和春秋战国至西汉时期遗存（第二、第三土层）。1962年2月、1964年5月考古发掘发现灰坑4座、古井2口，墓葬8座。出土文物有陶器与釉陶等，器形有鼎、鬲、釜、甑、碗、杯、豆、盘、坛、罐、瓮、盆、钵、盒等。此外还有西汉陶器、铜镜、五铢钱、铁器、漆器、石器等。其中西汉的水井，用绳纹陶井圈垒成，残存9圈半，深1.98米。井内上部发现西汉时期绳纹筒瓦数块、鹿角1支及瓜子、核桃和杏梅核等；下部有铁釜2件、灰陶圜底罐2件、绳纹板瓦和筒瓦碎片以及窗格纹、米字纹、米筛纹等印纹硬陶。西汉墓均为土坑竖穴墓，2座单葬，1座合葬。合葬墓坑长3米，宽1.70米，深0.5米，椁与棺已朽烂却留有痕迹。遗址或墓葬出土的其他春秋战国时代器物，因首次发现于戚家墩，而由考古学界命名"吴越文化戚家墩类型"。1977年12月7日，遗址被公布为上海市古文化遗址保护地点。

上海市金山区人民政府

SHANGHAISHI JINSHANQU RENMINZHENGFU

2013 JINSHAN ALMANAC

综 述

2012年,区人民政府坚持"创新驱动、转型发展"总方针,把握"稳中求进"总基调,突出"解放思想、聚焦发展"主旋律,落实"稳增长、调结构、惠民生、促和谐"工作要求,主动谋划抓发展、聚焦重点抓突破、优化作风抓落实,经济社会发展呈现稳中有进良好态势。

全年地区生产总值467.5亿元,比上年增9.8%;工业总产值1339.1亿元,比上年增3.9%。全口径财政总收入204.5亿元,比上年减5.8%;区级地方财政收入44.7亿元,比上年减4.9%(原体制财政总收入132.5亿元,比上年增10.1%;区级地方财政收入41.4亿元,比上年增5.2%)。全社会固定资产投资160.4亿元,比上年增11.2%;其中工业性投资100.5亿元,比上年增11.4%。合同利用外资3.5亿美元,比上年增12.2%;外资到位资金1.78亿美元,比上年增15.3%。社会消费品零售总额288.5亿元,比上年增15.0%。城镇、农村居民家庭人均可支配收入30083元、15832元,分别比上年增10.3%、11.5%。

经济结构调整初见成效。一、二、三产业协同发展,三次产业比重由3.2:61.0:35.8调整为3.0:59.6:37.4。规模(500万元)以上工业企业实现产值960.0亿元,比上年增3.6%,占工业总产值71.7%;8个产业集群(新材料、绿色创意印刷、新能源、生物医药、重大装备制造、汽车及关键零部件、食品加工、精细化工产业集群)实现产值727.4亿元,比上年增4.4%,占规模以上工业企业产值75.8%;通过预审评估项目78个,其中8个产业集群项目54个。高新技术企业实现产值322.1亿元,比上年增12.5%。推进企业技术改造,9个项目列入国家重点产业振兴和技术改造资助计划,其中4个为国家产业振兴项目,占全市36.4%。首次认定市技术先进服务型企业1家,认定市级企业技术中心3家,列入市科技小巨人(培育)工程企业7家。颁发首届区长质量奖,新增市著名商标5件、上海名牌15件。规模(2000万元)以上工业企业能耗总量减少6.1%,淘汰落后产能49项,削减能耗1.9万吨标煤。列入市产业结构调整重点项目9项,其中关闭涉铅企业3家、危化企业1家。实施清洁能源替代工作,改造锅炉21台。第三产业增加值占地区生产总值比重提高1.6个百分点。完善商贸业业态布局,社会消费对经济增长带动作用明显增强。总部经济发展新模式逐步显现,推进枫泾现代服务业集聚区建设和金石湾、联东U谷等生产性服务业功能区发展。优化农业产业结构,基本确立绿色蔬菜、名优瓜果等四大主导产业,提升"田妞"蔬菜、"施泉"葡萄等农产品竞争力。舜地食用菌加工项目投产,启动建设鑫博海中央厨房(二期),加快农业经济"接二连三"(三业融合发展格局:农业衔接工业,推进食品加工业发展,提高农产品附加值,实现增效增收;农业连接第三产业,推进现代农业休闲生态旅游业)融合发展步伐。区被农业部评为全国粮食生产先进县,皇母蟠桃合作社被评为全国农民专业合作社示范社,金山蟠桃获批国家地理标志保护产品,枫泾农民包永华被评为全国种粮大户。完善农产品追溯和监管体系,"三品"(无公害农产品、绿色食品、有机食品)认证率60%,高出全市平均水平20个百分点。

深化对外开放合作发展。加强区级统筹和协调,加大"走出去"和"请进来"力度,招商引资取得突破性进展。和辉光电、花王等一批大项目落地,实现"新开工项目100个、新竣工项目100个、工业到位资金完成100亿元"目标,推进32个重点产业项目,19个产业项目列入市战略性新兴产业绿色通道项目。内外资签约项目181个,计划总投资230.6亿元。新批外资项目106个,外资投资总额(含增资)8.5亿美元,比上年增25.6%。完善与两大化工基地沟通对接、应急联动

银政合作

机制。联合建设专业园区，漕河泾综合保税区金山功能区项目上报国务院审批；张江高新区金山园通过市政府审批；国家绿色创意印刷示范园区科研服务平台初步建立并推进项目签约落地工作；上海日本中小企业产业园核心区完成规划编制并启动招商工作。与中检集团合作取得阶段性成果，与临港集团、张江集团在联动招商、联合开发上取得进展，深化与市经济团体联合会等机构合作。与浙江省舟山市缔结友好区市，双方旅游合作进展顺利。围绕产业项目招商开展因公出国（境）活动，外事、对台、侨务等工作呈现新局面。援藏援滇工作取得新进展。

改革创新为发展注入新动力。全面实施国资国企改革，初步建立国有资产出资人监管模式，国资布局结构调整逐步优化，国企战略管理与法制建设取得成效，组建金滨海文旅投资控股集团，清理二、三级企业151户。加快新型金融业态发展，建立“创业金山”引导基金，设立首个子基金——天颐投资基金。争取到15亿元市地方债转贷，城投公司9亿元企业债券通过审批。开展银企、银政合作，与4家金融机构签订合作框架协议。建立企业信用贷款推荐机制，全区小额贷款公司增至6家、累计发放贷款85.7亿元。吸引上海创投公司政府扶持基金8000万元，金开担保公司担保能力得到提升。探索实施科技金融模式，21家科技型中小企业获无抵押贷款8760万元。完成区、镇两级企业服务中心创建，推进中小企业改制上市。新型工业化专项改革试点列入全市年度改革重点工作，改革总体方案获市政府批准。优化行政审批流程，一般工业项目行政审批时限比法定时限压缩45.7%；完善联合会审机制，推进企业设立并联审批试点，企业网上并联审批数量居全市前列。推进国库集中支付制度改革，基本完成区级预算单位公务卡制度改革，加快镇级财政性资金信息管理平台建设。完成公务用车制度改革。实施企业统计“一套表”联网直报制度[将对企业（单位）分散实施的各项调查进行整合，统一布置报表，统一采集原生性指标数据，统一不同专业报表中相同指标的涵义、计算方法、分类标准和统计编码，推进统计调查业务一体化的制度]。推进“营改增”试点，涉改纳税人1.3万余户，减轻企业税负2.65亿元。加强重大项目稽察，创新财政、经济责任和政府投资审计，深化内部审计工作。完成124个村农村集体经济组织成员界定和农龄统计工作，开展农村集体经济组织产权制度改革试点，建成农村集体“三资”管理网络化监管平台，深化农村改革。

文体旅农商融合发展。抓住金山铁路运营契机，优化服务环境，加强市场营销，推进产业发展，提升社会影响。金山铁路累计发送旅客逾百万人次，日均发送1.2万人次。举办沙滩音乐节、音乐烟花节，承办世界沙滩排球大满贯赛、中国足球协会超级联赛等文体活动，带动商贸、旅游、酒店、餐饮等业态发展。活动（赛事）期间新城区主要旅游饭店入住率80%以上，金山嘴渔村接待人次成倍增长，区内其他景区接待人次均大幅增加。举办蟠桃节、百花节等农业节庆活动，提升特色涉农节庆品牌影响力，带动农产品销售1.3亿元。推出“闲是金山”闲乐旅游目的地品牌和“金周末”七大系列旅游产品，创建成全市首家全国休闲农业与乡村旅游示范县（区）；东林寺景区被评为国家AAAA级景区（全市首个AAAA级佛教旅游景区）；枫泾古镇入选首届长三角十大古镇，“水乡婚典”获上海旅游节最佳人气奖。全年接待游客527.4万人次，比上年增23.2%；旅游综合收入30.5亿元，比上年增19.2%。

推进“1158”（1个新城、1个特色城镇、5个新市镇、80个左右中心村）城镇体系建设。全区土地利用总体规划及金山新城、枫泾特色镇总体规划（修改）获市政府批准。

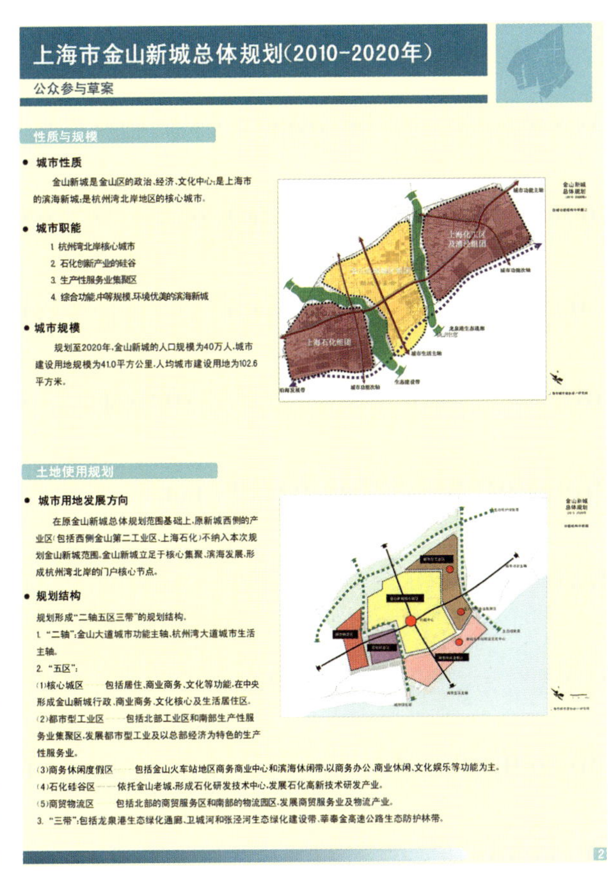

金山新城总体规划（功能规划、结构规划）

优化城镇部分区域规划，推进工业园区、镇区与社区控规修编、农村村民居住点规划编制，全区集建区控规覆盖率85.0%。以功能性、基础性项目为重点，全年安排重大工程54项，开工率89.1%，竣工率72.7%（以年初计划竣工数计），累计投资38.7亿元。蒙山路（金山大道——沪杭公路）改建、金山一水厂二期等24个项目竣工；推进供水管网改造工程、区文广中心等23个项目。金山铁路开通并实现公交化运营，金山卫至普陀山海上专线启动试运行。推进石化地区居民生活用水、天然气转换和金山生活垃圾综合处理项目试运行。规范农村集体土地征收和补偿标准。廊下市级土地综合整治项目完成方案审批，获市财政支持7.1亿元。完成村庄改造3067户、总投资8877.6万元，整治、轮疏河道184条段、175.3公里。提升农田水利建设能力，区被评为全国农田水利基本建设先进单位。加快"智慧城市"信息基础设施建设，建设无线覆盖热点375个，实现城镇地区城市光网全覆盖。

民生保障和社会建设协调发展。全年民生支出74.3亿元，比上年增30.0%，占财政总支出68.9%。城镇和农村居民家庭人均可支配收入增幅高于地区生产总值和区级财政收入增幅。完成养老机构消防安全达标工程、居民健康档案信息化建设等10项实事项目，累计投资13.5亿元。新增、净增就业岗位分别为21983个、5242个，城镇登记失业人数控制在市下达指标以内。累计帮助358家创业组织创业，区被列入首批市级创业型城区创建单位。开展社会救助服务，实施生活救助11万人次、4129.8万元，医疗救助4.7万人次、1742.0万元。区第一社会福利院投入运行。区被民政部命名为第四批全国养老服务示范活动示范单位。完成市下达"四位一体"保障房[为不同住房保障对象提供廉租住房、共有产权保障房（经济适用房）、公共租赁房和动迁安置房]建设任务，新增租金配租58户，筹措实物配租房源50套，77户家庭通过首批共有产权保障房（经济适用房）审核，动迁安置房竣工20.69万平方米，其中交付使用9.6万平方米。实施优秀人才安居工程，筹措首批人才公寓99套，年内56人入住。通过市义务教育均衡发展专项督政检查。启动中侨学院金山校区、枫叶国际学校项目。推进学生健康促进工程，1.4万名农村籍学生享受免费营养午餐。推进科普"六进"（进社区、农村、学校、军营、企业、机关）工作，石化街道山鑫阳光城居委会、上海农业科普馆金山馆分别被命名为全国科普示范社区、全国科普教育基地。中国农民画研究中心挂牌成立，举办长三角农民画联展活动。推进"一村一队"文化交流展示活动。廊下新农村大舞台的高端文化资源配送受到群众欢迎。提高农民医疗保障水平，新型农村合作医疗人均筹资增40%，全年累计补偿额最高16.5万元/人，提高6万元。新农合投保率99.9%，低保五保户、残疾人应保尽保率100%。通过国家卫生区复审，创建成全国慢性非传染性疾病综合防控示范区。启用复旦大学附属金山医院新院，启动中心医院改扩建工程。完成"两卫"单位（公共卫生与基层医疗卫生事业单位）实施绩效工资工作，实施其他事业单位绩效工资改革。公共服务窗口延长服务时间工作被列为市级试点，"12345"市民服务热线正式运行，档案便民服务窗口延伸至社区。在全市率先完成市政府实事项目免费孕前优生健康检查工作，推进全国"生育关怀行动"试点区创建。完成第十次村（居）委会换届选举。朱泾镇被列入市"镇管社区"试点。区人武部被评为市征兵工作先进单位。

社会总体保持和谐稳定。落实安全生产政府监管主体和企业责任主体职责，推进政府行政首长负责制和企业法定代表人负责制，查处安全生产事故责任人40人（其中诫勉谈话36人、刑事处罚4人）、行政处罚企业37家。实施安全生产"打非治违"专项行动和大排查大整治活动，检查生产经营单位24832家，责令改正、限期整改、停止违法行为11377起，责令停产、停业、停止生产经营单位369家，罚款684万元。基本完成上海化工区1公里限制带环境综合整治准备工作。推行消防安全"网格化"和重点单位消防安全"户籍化"管理，深化"防火墙"工程建设。增设12幢20年以上房龄高层住宅消防设施。开展非法客运和"两类车"（残疾人机动轮椅车、电动三轮车）专项整治，推进社会治安防控"135"工程，完成平安实事项目建设。启动石化街道"大联动"管理工作。保持严打严管严控态势，强化社会面治安巡逻防控，公众安全感位居全市前列，连续6年保持重要时间节点进京非法上访零记录。用群众工作统揽信访工作试点成效初显，做法得到中央和市委肯定。开展区领导联系信访人、领导接访下访走访活动、包案和积案化解工作，57件区领导联系信访人案件和11件市重信重访交办件全部化解（终结），化解（终结）率列全市第一。加强应急管理工作，组建区级应急管理机构，完善多部门联动处置机制，妥善处置"6·3"水污染、"6·14"安全生产等事故。加大食品药品安全专项整治力度，全区饮食用药总体安全可控。成功应对"海葵"强台风和大

暴雨考验，灾后处置和恢复生产工作快速有序。（陈昌智）

行政法制

【概况】 2012年，区政府法制办贯彻落实国务院《全面推进依法行政实施纲要》《关于加强市县政府依法行政的决定》要求，依法行政，建设法治政府。建立全区行政机关领导干部学法制度。加强行政规范性文件备案、审查、清理和公开工作，规范抽象行政行为，建设透明政府。建立新一届区政府法律顾问团，发挥律师作用，服务法治政府建设。通报政府性合同签订、履行过程中的问题，加强政府性合同法律审核和备案管理。注重行政执法监督指导，加强行政执法机构和人员管理。组织110名拟从事行政执法工作人员开展基础法律知识培训，发放执法证104张。开展依法行政考核评议工作并纳入区政府各部门领导班子绩效考核内容。成立区政府行政复议委员会，吸纳行政机关外部人员，探索案件审理新模式。与区依法治区办、区法院联合举办“法治实践”论坛，探讨行政强制法对依法行政意义。注重与司法机关间互动，加强行政执法与刑事司法间衔接。编印《上海市金山区人民政府公报》8期，刊登法律法规14件、区政府文件24件、区政府办公室文件33件。选派人员参加各类法制培训和交流活动，加强法制干部队伍建设。办理市政府及市有关部门关于城市建设、食品安全、公共卫生、水务等法规文件意见征求19件，立足金山实际提出意见建议。参与基层部门听证会、案件分析会、信访协调会等40余次。办理区政府领导法律意见咨询及批办的涉及国资、拆迁、拆违、三轮车、土地权属争议、涉法涉访等共16件次；解答相关部门、群众法律咨询50余件次。（康少君）

【依法办理行政复议和应诉案件】 年内，收到行政复议书面申请10件，经审查，案前注销1件，依法受理9件（其中维持5件、申请人主动撤销而终止审理4件）。接待来人或来电咨询复议事项10余人次。全年发生行政诉讼案件1件。（刘　昱）

【行政规范性文件及政府性合同审查】 年内，发布《金山区人民政府办公室关于加强行政规范性文件法律审核和备案审查工作的通知》，全年审核行政规范性文件及其他文件30件次并提出相关修改建议，报送市政府备案规范性文件5件并获备案通过。发布《金山区人民政府办公室关于加强政府性合同法律审查工作的通知》，审查行政合同、合作协议12件。（甘喆辰）

【执法检查与考核评议】 年内，根据《关于启用新版〈上海市行政机关具体行政行为统计系统〉的通知》（沪府法〔2012〕22号），统计区、镇两级政府年度具体行政行为，区、镇两级政府全年作出具体行政行为397件，其中行政许可134件、行政强制42件、行政确认220件、其他具体行政行为1件。开展行政执法案卷评查工作，制定行政执法案卷评查方案及行政处罚案卷评查标准，在全区范围内组织执法案卷自查（42家单位开展自查）。（康少君）

外事及港澳事务

【概况】 2012年，全区因公出访欧洲、美洲、大洋洲、亚洲及中国香港等团组96批235人次。接待以色列英菲尼迪集团总裁、爱德蒙罗斯柴尔德集团亚洲私人投资有限公司首席执行官、美国贝雅集团亚洲区高管、法国外交部地方政府对外行动委员会代表团等团组20批176人次。在美国、瑞典、西班牙、日本等地举办4次投资环境推介会和产业园区招商会。（李育侃）

合作交流

【概况】 2012年，区党政代表团赴外省市和对口支援地区学习、考察18批252人次，接待外省市和对口支援地区代表团20批286人次。区委书记杨建荣和区委副书记、区长李跃旗率区党政代表团赴浙江省舟山市学习考察，并与舟山市政府签订《浙江省舟山市、上海市金山区缔结友好市区协议书》。根据协议，两地相互提供市场开拓、信息共享、区域旅游、科技合作、产业对接、贸易物流、人才交流等方面服务。协调24名各地在金山投资企业中层以上管理人员子女参加上海市高考、中考。组织邀请奥康集团等3家企业参加上海市“集聚总部经济、助推转型发展——企业家看上海”主题活动。组织有意向到云南投资的新跃物流等2家企业随团到云南投资考察。推荐上海佳田药用包装有限公司等3家有投资合作意向企业赴云南开展“桥头堡”建设专题考察。为泰胜风能、帅帅服饰等2家到外地投资并符合条件企业办理专项补助申报。（沈　斌）

【对口支援】 年内，投入1150万元，援助云南省普洱市江城、宁洱县农村道路建设、沟渠改造、饮水工程、民房改造、科技培训、村卫生室、村民活动室改建等“整村推进”建设项目22个和产业项目4个。投入100万元，援助宁洱镇第一中学标准化建设项目（上海市级项目）。捐助都江堰市紫坪铺镇20万元，添置行政便民服务中心办公设施。金山区政府被云南省政府授予“‘十一五’沪滇合作扶贫攻坚集体”称号。区委书记杨建荣率区党政代表团赴西藏日喀则地区考察对口支援工作，参加日喀则反腐倡廉教育基地（区出资700万元援建）开工奠基仪式；捐赠日喀则地委行署200万元、扎什民族管理委员会10万元，慰问上海市援藏干部59人。区委常委、组织部部长陈正安率区党政代表团赴云南普洱市学习考察，签署对口帮扶项目协议。投入专项资金48万元，培训对口支援地区复合型管理干部38人次，对口支援地区基层乡镇党政领导2批16人到金山接受3个月挂职培训。金山区委党校、农委讲师团一行12人，分赴江城、宁洱县举行“干部能力素质提高”“两地农业产业发展交流”专题授课交流活动，培训党政干部及农业技术人员共430人次。促成金山区枫泾镇、亭林镇、石化街道分别与宁洱县磨黑镇、德安乡、德化乡结为友好乡镇，促成金山区朱泾镇与江城县整董镇建立挂钩友好乡镇关系。各镇（街道）帮助结对镇出资编制旅游发展策划方案、捐赠物资和资助扶持贫困小学生等，累计捐助折合人民币88万元。

（沈 斌）

机关事务管理

【概况】 2012年，区政府机关事务管理局坚持管理科学化、保障法制化、服务社会化，履行管理、服务和保障职能，强化科学管理、创新服务模式，拓展服务外延。年内，完成区出入境办公室等业务用房装修、机关大院等设备更新改造及防雷设备检测，实施经费口单位采购项目合同63个，预算金额525430元，实际采购金额484373元，节约财政资金41057元。安装区公共服务中心大楼、规划展示馆、公安金山分局大楼、城投公司大楼能耗分项计量装置（与市能耗监测系统联网），建设区公共机构能耗在线监测平台。配合区相关职能部门，完成2011年度市公共机构节能工作检查和区公共服务中心大楼、区政府大院1号楼楼宇能源审计。开展公共机构节能宣传周活动。统一办理经费口单位公务卡，规范政府内部财务制度。制订《金山区政府机管局贯彻落实金山区巩固国家卫生区迎全国爱卫办复审工作方案》。落实老同志日常服务工作，定期开展组织生活，采取“公推直选”，完成局党总支及其所属党支部换届选举。

（徐蓓蕾）

【全区公务用车制度改革】 年内，根据区委、区政府部署，开展区公务用车制度改革。按照公开、规范、透明原则，处置涉改公务用车，完成涉改车辆按时封存、集中停放、统一评估、分批拍卖。公开招投标确定上海大众拍卖有限公司、上海国际商品拍卖有限公司、上海安吉机动车拍卖有限公司为委托拍卖公司，共委托拍卖车辆833辆（总计涉及改革车辆904辆，其中71辆为保留用车），累计成交821辆，成交金额9288.43万元，溢价率13.65%。经区公车改革领导小组讨论决定，保留执法执勤及特殊用途车320辆。交通补贴根据涉改人员职级按季发放。分流安置涉改驾驶员621人，其中事业编制驾驶员166人。组建金勤实业有限公司，与专业汽车服务公司合作，保障车改之后各涉改单位公务活动用车。

（徐蓓蕾）

政协上海市金山区委员会

ZHENGXIE SHANGHAISHI JINSHANQU WEIYUANHUI

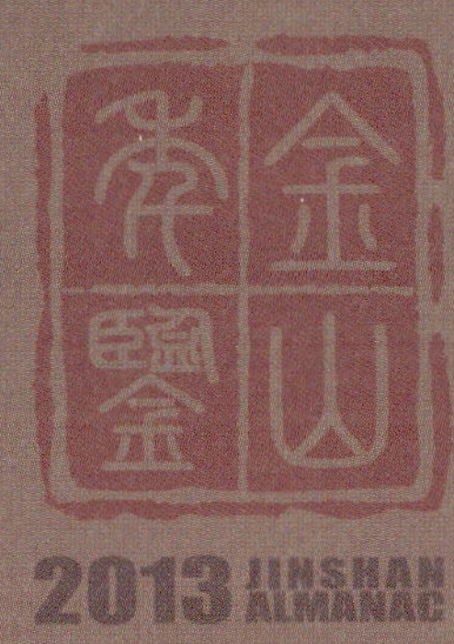

综　述

2012年，政协上海市金山区委员会坚持以邓小平理论、“三个代表”重要思想、科学发展观为指导，学习贯彻党的十八大、市第十次党代会和区第四次党代会精神，把握团结、民主主题，开展“双彩”（“五届政协因我而精彩、‘三个金山’由我来添彩”）主题实践活动，履行政治协商、民主监督、参政议政职能。

坚持学习知识理论，夯实思想政治基础。学习贯彻党的十八大精神，用社会主义理论体系武装头脑；学习党和国家领导人关于人民政协重要论述和中央及市、区重要会议与文件精神，提高政协工作理论水平；学习履职所需经济、社会、文化知识，提高综合素质。召开政协常委会议、主席会议、政协机关专题学习会，开展专门委员会、咨询委员会和界别、政协委员地区联络组学习活动，举办委员学习日活动，组织专题研读、辅导讲座、考察调研，全年组织各种形式学习活动20余次。

坚持履行三大职能，推动金山经济社会科学发展。以“双彩”活动为抓手，探索履职渠道，拓展工作平台。邀请区委、区政府领导和有关职能部门领导参加区政协五届一次会议并作专题发言，共商区政大事。推进对口联系协商工作，区委办、区政府办、区政协办召开对口联系协商工作会议，总结部署相关工作，区水务局、档案局等单位与相关专委会签署对口联系协商工作备忘录。讨论区政府上半年工作，提出加大招商引资力度、加强城市运行安全等工作建议。形成《推进我区“村村通公交”发展，加快城乡一体化步伐》《金山重要文化资源的保护与开发利用》常委会建议案。主席及主席会议成员到区有关部门单位调研，形成调研纪要23期。常委会和有关专委会全年开展金山新城建设、年度重大工程、实事项目建设及区卫生医疗机构建设和运作、看守所工作等情况视察活动近10次，形成《情况专报》6期。各专委会围绕加快枫泾文化创意园区建设、突破区小微企业融资瓶颈、加强人才队伍建设等课题开展调查研究，形成调研报告22篇。重视提案工作，推进重点提案办理，与区委、区政府召开区政协提案办理工作会议，区政协五届一次会议以来立案的177件提案全部办复，提案人对办理结果和办理态度满意率均为100%。收集和反映社情民意426件，编辑《社情民意》简报51期，6篇信息被全国政协采用、1篇得到市政府分管领导批示、1篇被评为十一届市政协优秀社情民意信息，反映社情民意信息工作综合成绩列全市各区县第二。

界别座谈会

加强与各民主党派和社会各界人士联系。会同区委统战部举办区各界人士“欢度中秋佳节，共襄国庆盛典，喜迎党的十八大”红色经典交响音乐会和各界人士迎新酒会。举行“笔走龙舞写政协”迎新书法创作交流笔会等活动。加强日常联系走访，召开“发挥独特作用，展现界别风采”政协参加单位主要负责人联谊座谈会，引导各界别进一步支持和参与政协工作。召开政协之友社三届四次社员大会，加强理事会建设，为社员老有所学、老有所乐、老有所养、老有所为提供保障。筹办政协书画摄影联谊会，提供书画摄影爱好者交流平台。密切与各地政协友好往来。接待全国政协领导和上海市及外省市政协领导20余批次到金山指导、考察工作；筹办在金山召开的市、区（县）政协之友社负责人联谊会和市政协区县联络指导组专题考察活动；组织各专委会结合自身工作和调研课题，赴有关地区学习取经，交流工作经验。

坚持加强自身建设，提高政协工作科学化水平。推进“双彩”活动，加强队伍建设，完善组织框架，形成常委会、专委会、地区联络组、界别、委员和政协机关“六位一体”工作模式。加强制度建设，完善常委会、主席会议、界别等工作制度，制定对口联系协商、委组工作制度和有关工作先进评选表彰办法等。加大政协宣传力度，编辑刊物《金山政协》6期，反映区政协各项工作；《政协委员风采录》电视专题栏目每月展示2位委员优秀事迹；在《联合时报》刊登信息40余篇。改版区政协网站，增强信息交互性和可读性。开展“五型”（学习型、服务型、创新型、智慧型、和谐型）机关创建活动，细化机关工作制度，规范“办文、办会、办事”流程，组织举办周末学习沙龙、机关干部读书和“我为政协献一计”活动。

（闫家深）

政协全体会议

【区政协五届一次会议】 会议于1月4～7日在区会议中心召开，应出席委员229人，实到228人。区政协五届一次会议主席团召集并主持。市政协副主席钱景林、区委书记杨建荣出席开幕大会并讲话。会议听取并审议区政协副主席曹云辉、倪向军代表四届区政协常务委员会所作工作报告、提案工作情况报告；选举王美新为区政协第五届委员会主席，李华桂、曹云辉、杨延辉、倪向军、任家华为副主席，陈永超为秘书长，选举产生五届区政协常务委员；通过区政协五届一次会议决议。会议期间收到提案180件。区政协主席王美新致闭幕词。区委副书记祝学军出席闭幕大会并讲话。区领导李跃旗、杜治中和区党政部门负责人、在金山市政协委员等共200多人应邀列席开、闭幕大会。

（闫家深）

政协常务委员会会议

【五届区政协常委会第一次会议】

会议于1月18日在区会议中心召开。区委书记杨建荣介绍区当前发展形势，对政协常委会组成人员提出“五个表率”（做知情明政、凝智聚力、建言献策、履行职能、清正廉洁的表率）要求。区政协副主席杨延辉就做好政协工作发表意见。会议审议通过区政协2012年工作要点、设置专门委员会（咨询委员会）及任命正副主任决定、任命政协委员地区联络组正副组长决定、常务委员会工作规则和主席会议工作规则、加强各专门委员会（咨询委员会）工作指导试行意见。区政协主席王美新主持并讲话。

（闫家深）

【五届区政协常委会第二次会议】

会议于4月5日在区会议中心召开，邀请全国政协常委、上海市原副市长、市政协原副主席左焕琛作全国政协十一届五次会议精神专题报告。会议审议通过区政协2012年重要会议和活动预安排、《关于进一步加强政协委员地区联络组工作的意见（试行）》《关于进一步发挥政协界别作用的意见（试行）》和区政协界别召集人名单、优秀提案评选办法、2012年反映社情民意信息工作评选表彰办法及有关人事任免。区政协主席王美新主持。

（闫家深）

【五届区政协常委会第三次会议】

会议于6月5日在枫泾镇政府会议室召开，传达市第十次党代会精神，审议通过《关于推进我区“村村通公交”发展，加快城乡一体化步伐的建议案》。区政协主席王美新主持并讲话。

（闫家深）

【五届区政协常委会第四次会议】

会议于8月3日在金山体育场南区会议室召开，听取副区长许复新关于金山新农村建设情况专题报告和区政府办公室关于提案办理情况报告及区政协提案委员会关于提案工作情况汇报，讨论

区政协五届一次会议

区政府上半年工作。区政协主席王美新主持并讲话。（闫家深）

【五届区政协常委会第五次会议】

会议于11月16日在区会议中心召开，审议通过《抓住机遇，推进文化强区战略，构建金山精神家园——关于加快金山区重要文化资源保护与开发利用的建议案》及有关人事任免。区政协主席王美新主持并讲话。（闫家深）

【五届区政协常委会第六次会议】

会议于12月26日在区会议中心召开，决定区政协五届二次会议会期，听取区纪委关于党风廉政建设情况通报、区人民法院关于司法服务和保障工作情况通报和区人民检察院关于反腐败工作情况通报，讨论修改五届区政协常委会工作报告、提案工作情况报告，协商通过有关政协委员调整决定，审议通过区政协五届二次会议议程（草案）、日程（草案）、邀请列席人员范围、各讨论组召集人名单、秘书长副秘书长名单、秘书处各组组长副组长名单等。区政协主席王美新主持并讲话。（闫家深）

【政协专门委员会和咨询委员会】

年内，各专门委员会和咨询委员会分别召开全体成员会议，通报全年工作计划。学习委员会组织委员旁听区处级领导干部轮训班课程，组织调研区地产蔬菜质量安全监管、枫泾文化创意产业园建设等课题。经济委员会围绕区小微企业融资瓶颈问题、区发展新型（材料）涂料产业、亭林镇产业集群转型发展等课题开展调研，视察上海日铭电脑配件有限公司，赴成都等地学习考察。提案委员会组织委员赴江苏省昆山市政协和河南省焦作市政协学习考察提案工作，组织开展重点提案督办工作，修订《金山区政协优秀提案评选办法》，评选优秀提案15件。人口资源环境建设委员会围绕“宜居金山”目标，开展专题调研活动4项；与新农村建设咨询委员会联合开展“金山三岛”专项考察；赴河南省郑州市金水区学习考察。社会法制委员会围绕区动拆迁所存在问题及对策等课题开展调研，组织委员视察区公安分局看守所，赴南京市雨花台区、福建省等地考察。教科文卫体委员会围绕区重要文化资源保护和开发利用等课题开展调研，视察金山特色企业、枫泾特色镇卫生医疗机构、蒙山中学、工业区有关科技企业，赴浙江东阳、磐安考察。祖国统一民族宗教委员会开展经济建设、文化建设和社会管理课题调研，视察区内台资企业，赴浙江、山东等地考察。化工产业发展咨询委员会组织委员调研精细化工园区产业链、化工企业与环境保护等课题，视察污水处理厂、嘉宝莉、汇得化工等企业，赴浙江丽水、山东青岛、辽宁大连等地考察。新农村建设咨询委员会开展完善村级规划、培育新型经营主体等课题调研，视察区首届田野百花节、区蟠桃节情况，赴浙江省奉化市滕头村考察新农村建设工作。（闫家深）

中共上海市金山区纪律检查委员会

ZHONGGONG SHANGHAISHI JINSHANQU JILVWEIYUANHUI

2013 JINSHAN ALMANAC

综 述

2012年，区纪委、监察局履行纪律检查和行政监察职责，推进党风廉政建设和反腐败工作。监督检查决策部署执行情况，开展节能减排、服务企业、安全生产、节约集约用地、农村水利设施建设、保障性住房建设等政策措施落实情况专项监督检查。参与监督全区年内54个重大工程和10个实事项目建设进展情况。参与48个工程建设项目及相关政府采购招评标，专项检查清理工程建设项目68个。督促职能部门公开工程建设领域信息2800余条。查处违规用地案件并督促整改。参与9起安全事故调查，配合做好“6·14”安全事故调查和责任追究。参与“6·3”水污染事件调查处理。暗访督查全区18个部门33类窗口延时服务工作情况。选聘16名新一届区政府特邀监察员并到区水务（海洋）局等开展工作监察。落实党风廉政建设责任制，协助区委修订《金山区落实党风廉政建设责任制实施意见》，采用项目制形式分解推进党风廉政建设和反腐败工作年度重点任务。开展“讲党性、重品行、作表率”主题教育活动和保持党的纯洁性专题教育。推进廉洁文化进农村工作，组织开展“一村一品牌”廉洁文化创建活动。开展正面典型和反面警示教育，全区36批1259人次到区反腐倡廉教育展示室参观。深化网络反腐舆情发现、处置和引导机制，核实处理舆情线索6件。完成区建设交通委、规划土地局、农委和廊下镇廉政风险预警防控机制建设试点，并在全区推进廉政风险预警防控工作。全面推进党的基层组织和区委党务公开工作，开通“金山党务”网站。加强政府信息公开、政务公开、村（居）务、厂务公开等工作监督检查。巡察11家单位领导班子及其成员执行“三重一大”（重大决策、重要干部任免、重要项目安排、大额度资金使用）事项决策、廉洁自律、作风建设等情况。全程监督村（居）换届纪律执行情况。推进镇管社区、区属国有企业和“两新”组织反腐倡廉建设。全年纪检监察系统受理群众信访383件（次），其中检举控告类299件（次），涉及处级干部37人、科级干部95人；初核违纪线索63件，立案48件，涉及处级干部4人、科级干部14人。开展基层纪委查办案件工作季度情况通报，加强与区问责办、上海石化股份公司监察部门等沟通协调，发挥区执纪办案联席会议成员单位作用，承办苏浙沪8个相邻区（市、县）反腐倡廉协作配合联席会议第三次会议，增强办信查案工作合力。推进作风建设，监督检查区工作讲评会后各单位各部门改进作风情况。推进区政风行风网上常态化测评和全市网上测评工作。暗访56个政府部门和窗口单位工作情况，通报问题并督促整改。重点评议6个部门行业政风行风情况。指导镇社区文化活动中心、派出所等开展基层站所民主评议工作。督促市政风行风夏令热线群众诉求整改落实工作。调整补充区政风行风监督员8人，组织开展政风行风监督检查。巩固深化专项治理，协助推进全区公务用车制度改革，组织公车改革纪律执行情况专项检查2次。做好违规收送礼金、礼券、购物卡专项治理“回头看”工作并加强长效管理。加强纪检监察干部理论学习和业务培训，组织预防职务犯罪专题调研，参观市反腐倡廉教育基地，举行行政监察、纠风、查案、审理等专项业务培训，开展纪检监察学会理论研讨征文。加强对镇级纪委工作领导和业务指导，完善区纪委常委联系指导街镇、金山工业区党风廉政建设工作机制，试行区纪委常委指导镇级纪委办信查案联席会议制度，实行街镇工业区纪检监察工作目标管理考核。（吴　浩）

苏浙沪反腐倡廉协作联席会议第三次会议

【中共金山区第四届纪律检查委员会第二次全体会议】 会议于1月31日在区会议中心召开，区纪委常委会主持。全会传达学习十七届中央纪委七次全会和九届市纪委七次全会精神，总结2011年党风廉政建设和反腐败工作，部署2012年任务。区委书记杨建荣强调加强党的纯洁性建设和反腐倡廉建设，以坚强党性、良好作风和崭新形象，推动金山实现追赶式发展。区委副书记、区长李跃旗传达胡锦涛总书记重要讲话和中央纪委书记贺国强所作工作报告主要精神。区委副书记祝学军传达市委书记俞正声重要讲话和市纪委书记董君舒所作工作报告主要精神。全会审议通过区委常委、区纪委书记葛永东代表区纪委常委会所作工作报告和全会决议。区纪委委员、区四套班子全体领导、市纪委三室有关领导和各单位党政主要负责人、纪检监察组织负责人出席。（朱玲妹）

区纪委四届二次全会

【杨晓渡到金山调研】 10月11日，市委常委、市纪委书记杨晓渡及市纪委常委、秘书长黄建平，市纪委常委、市监察局副局长施涛，市纪委常委章克勤，市纪委研究室、三室、办公厅有关负责人到金山调研经济社会发展和党风廉政建设工作，察看金山工业区上海沃迪自动化装备股份有限公司，参观区规划展示馆，听取金山经济社会发展和党风廉政建设情况汇报。杨晓渡赞同金山近年转方式、稳增长工作措施，肯定金山经济社会发展和干部队伍建设工作，强调在当前经济发展形势较严峻情况下，要保持发展坚定性，推动发展方式转变，加强对全区重点企业、重点领域安全生产管理和社会面稳控。要坚持经济社会发展和党风廉政建设"两手抓、两手硬"，高度关注经济加快发展时期可能出现的权力寻租现象和乡镇集体资产资金资源监管，提升政府公信力和人民群众对反腐倡廉建设满意度。全区纪检监察机关要围绕中心、服务大局，履行职能，同步抓好监督检查重大决策部署贯彻落实和惩治预防腐败工作。区委书记杨建荣围绕转方式、稳增长、加快新型城镇建设、加强和创新社会管理、干部队伍建设等汇报年内全区经济社会发展情况，围绕落实党风廉政建设责任制、推进作风效能建设、加强惩治预防腐败等汇报全区党风廉政建设和反腐败工作。区委副书记、区长李跃旗和区委常委、区纪委书记葛永东分别汇报有关工作。区纪委监察局领导班子成员，区委办、区府办负责人参加。

（朱玲妹）

【市纪委领导到金山调研】 7月5日，市预防腐败局副局长林云存到金山调研预防腐败工作，走访了解金山卫镇星火村民主理财工作情况，肯定星火村在村级民主理财工作中的示范引领作用，强调结合运用"制度加科技"方法，前移关口、预警防控，齐抓共管、形成合力，推进预防腐败工作。7月6日，市纪委副书记温新华一行到金山调研指导乡镇纪检组织建设工作，听取区纪委监察局和张堰镇党委关于加强纪检组织建设工作汇报。要求完善办信查案片区协作工作机制，加强镇纪委委员与村纪检委员工作联结，规范乡镇纪检监察组织工作制度，深化落实和推进乡镇纪检监察组织建设。区委副书记、区长李跃旗会见温新华一行。11月12日，市纪委常委王永伟到金山调研区委党务公开工作，肯定区前期准备工作，提出下阶段工作要求。

（朱玲妹）

【苏浙沪反腐倡廉协作联席会议第三次会议】 5月24日，区纪委承办的苏浙沪反腐倡廉协作联席会议第三次会议在海鸥大厦举行。会议以交流纪检监察机关办信查案工作经验为主题，围绕《上海江苏浙江安徽四省市纪检监察机关关于建立案件查处和预防协作配合机制的意见》并从案件线索信息共享、案件跟踪管理、提升协作效能、整合办案资源等角度作探讨，达成健全联席会议信息网络、深化沟通交流机制、互派挂职干部等共识。市纪委副书记胡敏致辞，肯定苏浙沪相邻8个区(市、县)反腐倡廉协作配合机制对于增强查办违纪案件工作合力的作用，希望8个区(市、县)纪检监察机关更新协作理念，拓展协作领域，形成资源共享、信息共用、平台共建的紧密型合作关系，提升跨省市邻近地区办信查案能力，共同谱写反腐倡廉建设新篇章。区委常委、区纪委书记葛永东主持。市纪委三室负责人和上海市金山、松江、青浦区，江苏

省吴江、昆山、太仓市，浙江省平湖市、嘉善县纪检监察机关负责人出席。 （朱玲妹）

【区领导调研区纪委、监察局工作】 2月8日，区委书记杨建荣及区委办、区府办、区政研室负责人到区纪委调研。杨建荣肯定区纪检监察工作，要求总结全区党风廉政建设和反腐败工作经验做法，加强制度性预防，全面落实区委关于惩治和预防腐败体系建设5年工作安排所确定各项任务。区委常委、区纪委书记葛永东出席调研汇报会，区纪委监察局领导班子成员参加。2月27日，区委常委、副区长姬兆亮到区监察局调研，听取区监察局当前工作开展情况和年内主要工作安排。区委常委、区纪委书记葛永东出席调研会，区府办有关领导和区监察局班子成员参加。

（朱玲妹）

【区委巡察工作】 4月5日，2012年区委巡察工作动员会在区会议中心召开。区委常委、区纪委书记、区委巡察工作领导小组副组长葛永东强调巡察人员要处理好巡察工作政策性与艺术性、规范性与创造性、效果与效率关系，实事求是、客观公正反映情况和问题；被巡察单位要自觉接受巡察监督，做好统筹，用巡察工作推动全局工作。区委组织部作巡察工作动员，区委巡察办布置具体工作。4～9月，区委巡察组通过召开巡察工作动员会、听取工作汇报、个别访谈、召开座谈会、列席班子会议、查阅资料、实地考察、问卷调查、接待信访、参阅领导班子成员个人述职述廉报告、征求市级条线领导和区委区政府分管领导意见等形式，分别巡察区级机关党工委、社会工作党委、教育局、科委、司法局、国资委、建设交通委、文广影视局、审计局、农委、旅游局。个别访谈506人，召开座谈会26次（242人参加），察看基层单位（部门、项目）18个，发放领导班子和领导干部民主测评表561份。10月30日，召开2012年巡察工作总结会，区委巡察办和2个巡察组回顾总结年度巡察工作，探讨交流2013年工作打算。区委常委、区纪委书记、区委巡察工作领导小组副组长葛永东和区委常委、区委组织部部长、区委巡察工作领导小组副组长陈正安讲话。区纪委副书记、区委巡察办主任朱巷滨主持。区委巡察办及巡察组全体人员参加。 （朱玲妹）

【廉政风险预警防控】 2月10日，区纪委、监察局联合区人民检察院在区会议中心举办党员干部违纪违法和职务犯罪预警信息员培训会，邀请市检察机关讲师团成员李国仕作专题讲座。全区预警信息员及区廉政风险预警防控试点单位区建设交通委中层干部共70余人参加。6月29日，区廉政风险预警防控机制建设推进会在区会议中心召开，总结试点工作经验，部署在全区推进廉政风险预警防控工作。区委常委、区纪委书记葛永东强调推广试点工作经验成效，准确把握廉政风险预警防控机制建设要求，推动工作落实。区人民检察院检察长龚培华表示全力配合各单位各部门全面推进廉政风险预警防控机制建设工作。区纪委副书记、监察局局长陆水平出席，区纪委副书记朱巷滨解读《金山区关于全面推进廉政风险预警防控机制建设的实施意见》。区检察院副检察长、反贪局局长吴杰锋总结试点工作做法并交流下一步打算。试点单位区建设交通委、规划土地局、农委和廊下镇交流发言。全区各级纪检监察组织负责人和43名预警信息员等参加。8月22日，区纪委、监察局和区人民检察院联合举行区廉政风险预警防控机制建设工作培训会，围绕如何排查廉政风险点、评定等级、制定防控措施等开展培训辅导。区纪委副书记朱巷滨出席。

（朱玲妹）

【党风廉政建设责任制检查】 11月1日，区党风廉政建设责任制专项检查工作培训会在区规划展示馆举行。区纪委副书记、监察局局长陆水平讲话，17家被抽查单位分管领导及各检查组全体成员接受培训。11月5～28日，区四套班子主要领导、区委常委和区政府副区长带队，组成17个专项检查组，通过查阅资料、个别访谈、民意调查等，专项检查枫泾镇等17家单位落实责任制、党务公开、执行车改纪律情况等7方面内容，共访谈领导干部、人大代表、退休干部等各方代表380余人，发放民意调查表360余份，查阅台账近700份。检查结束后，各检查组总结经验，梳理汇总问题并督促整改。

（朱玲妹）

【基层纪检组织建设】 1月10日，区纪委下发《关于金山区纪委常委联系基层单位的通知》，明确4位区纪委常委分别联系2～3个街镇和金山工业区，负责全面参与指导基层党风廉政建设和反腐败工作。1月，区监察局细化区监察局副局长工作分工，明确4位兼职副局长和1位专职副局长分别参与年内区委区政府确定的实事项目重大工程建设等重点工作推进落实情况监督检查。2月10日，区纪委制定下发《2012年度金山区街镇工业区纪检监察工作考核办法（试行）》，坚持定性与定量相结合、平时与定期相结合，紧扣年度重点任务，试行全区街镇和金山工业区纪检监察整体业务工作全面考核。3月9日，区委常委、区纪委书记葛永东主持召开专题座谈会，总结全区纪检监察组织建设经验并部署工作。各镇、石化社区(街道)、金山工业区纪委(纪工委)书记交流贯彻落实纪检监察工作考核办法。8月29日,区纪委制订下发《金山区纪委关于建立常委指导镇级纪委办信查案联席会议制度的实施意见(试行)》,成立由纪委常委牵头召集的联席会议,代表区纪委指导镇级纪委办信查案。11月8日,区、镇两级纪委举行挂牌仪式。区委常委、区纪委书记葛永东出席区纪委挂牌仪式并揭牌,强调坚定反腐倡廉决心和信心,强化监督保障和惩防腐败职能,做党的忠诚卫士,当群众的贴心人,为全面提高党的建设科学化水平作出新贡献。区纪委领导班子成员参加仪式。各镇、石化社区(街道)、金山工业区党委(党工委)、纪委(纪工委)领导班子成员分别参加各自纪委(纪工委)揭牌仪式。11月,各镇、石化社区(街道)、金山工业区纪委工作经费纳入镇级财政预算单独列支,镇监察室主任参加镇长办公会。12月3日,区纪委监察局召开纪检监察工作考核专题会议,讨论细化考核办法,明确考核标准、评分、时间安排等事项。区委常委、区纪委书记葛永东提出公平公正、科学合理、分工负责、拉开分差、区纪委常委会决定考核结果、总结长效机制等考核工作原则。12月,区纪委监察局分别到各镇、石化社区(街道)、金山工业区纪委(纪工委)开展考核。　(朱玲妹)

【案件质量检查】　3月31日,区案件质量检查工作动员会在区纪委监察局会议室召开,通报区纪检监察系统2010年优质案件考评情况,部署2012年案件质量检查工作,并为获评优质案件的6家单位颁发荣誉证书。区纪委副书记、监察局局长陆水平出席。区纪委常委、监察局副局长黄礼勇主持。区纪委审理法规室、案件检查室,各镇、石化社区(街道)、金山工业区,区工业总公司、建设交通委、教育局、绿化市容局和公安金山分局等纪检监察干部参加。3月下旬至4月25日,各办案单位开展案件质量自查。4月26日至5月15日,区纪委监察局开展案件质量抽查。7月9～10日,市纪委常委王永伟及案件质量检查小组到金山检查案件质量工作,王永伟肯定区案件质量并提出有关问题改进要求。

(朱玲妹)

【区政府第四届特邀监察员工作】　5月9日,第四届区政府特邀监察员考察新江污水处理厂和区防汛视频系统,听取区水务局工作汇报,与区水务局领导班子成员交流做好全区水务海洋工作并提出意见建议。区委常委、区纪委书记葛永东要求区水务局继续围绕区委区政府中心工作,巩固深化水环境治理和管理,推进农村水利设施建设,加强班子自身建设,为"三个金山"建设作出更大贡献。区水务(海洋)局、监察局有关同志参加。6月21日,特邀监察员到食品药品监管金山分局开展工作监察,交流加强食品药品安全监管工作并提出建议。区委常委、区纪委书记葛永东要求履行监管职责,发动社会力量参与监管,提高与媒体沟通能力,加强政风行建设。食品药品监管金山分局和区监察局有关同志参加。9月20日,特邀监察员到新城区开展工作监察,听取新城区近年工作情况汇报,围绕新城区规划发展、水系建设、城区配套建设、城区整体管理等方面提出建议。区委常委、区纪委书记葛永东强调重点抓好工作落实、二期重点工程建设、新城区管理和干部队伍建设。区纪委副书记、区监察局局长陆水平,区监察局副局长钱益明及相关室人员参加。12月13日,特邀监察员到亭林镇开展工作监察,考察亭林镇后岗村社区老年人日间服务中心和上海嘉麟杰纺织品股份有限公司,听取亭林镇经济发展、城镇建设、保障民生、文化宣传等情况汇报,与镇党政班子成员交流推动亭林镇各项事业发展等工作并提出意见建议。区纪委副书记、监察局局长陆水平出席。

(朱玲妹)

【执法监察】　11～12月,区监察局专项检查全区政府投资200万元以下中小型建设工程项目管理情况,重点抽查16家单位2012年度中小型项目立项、招投标、质量安全监管、结算、审计等工作,提出发现问题整改建议并督促落实。11月17～30日,区监察局专项检查全区土地补偿费拨付和管理使用情况,查实被查单位专户账目管理核算基本清晰,收支基本平衡。

(朱玲妹)

【区反腐倡廉网络舆情工作领导小组第二次(扩大)会议】　会议于2月28日在区纪委监察局会议室召开,总结2011年全区网络反腐工作,交流部署2012年主要任务。区纪委副书记、区反腐倡廉网络舆情工作领导小组组长朱巷滨强调充分认识做好网络舆情工作对反腐倡廉建设意义,发挥区反腐倡廉网络舆情工作领导小组各成员单位和网络信息员作用,提高反腐倡廉网上舆论宣传引导水平。区纪委常委、监察局副局长、领导小组副组长韩琼及区纪委监察局、区外宣办、公安金山分局、区信访办等成员单位有关领导参加。　(朱玲妹)

【区执纪办案联席会议】　会议于3月20日在区纪委监察局会议室召开,传达学习市纪检监察查办案件工作会议精神,通报2011年全区执纪办案工作情况和2012年工作

区纪检监察工作会议

能部门负责人，区政风行风监督员等140余人参加。（朱玲妹）

安排。区委常委、区纪委书记葛永东，区人民检察院检察长龚培华出席。区纪委副书记朱巷滨，区纪委常委、监察局副局长王凯凯及区人民法院、区人民检察院、公安金山分局、工商金山分局和区国资委、财政局、审计局、税务局、纪委监察局案件检查室等单位和部门负责人参加。（朱玲妹）

【区行政监察和审计工作会议】 会议于4月11日在区会议中心召开，传达国务院第五次廉政工作会议和上海分会场会议主要精神，总结回顾2011年行政监察和审计工作，安排部署2012年重点任务。区监察局和审计局分别作工作报告。区委常委、副区长姬兆亮主持。区委副书记、区长李跃旗要求增强做好监察审计工作紧迫感，发挥监察审计监督保障作用，增强监察审计工作实效，提高监察审计干部履职能力。市监察局副局长王永伟、市审计局副局长江小民作工作指导。区委常委、区纪委书记葛永东出席。区政府各部门主要负责人，各镇（街道）、金山工业区行政主要负责人和分管副镇长，区属公司主要负责人，纪检监察组织、财务内审机构、财经事务中心负责人和区政府特邀监察员等参加。（朱玲妹）

【区纠风工作推进会】 会议于5月8日在区会议中心召开，传达全国纠风工作电视电话会议和市纠风工作会议主要精神，分析总结全区2011年纠风工作，通报2011年政风行风实例调查情况，部署2012年纠风任务，并宣读2012～2013年度区政风行风监督员聘任名单，通报2011年政风行风实例调查情况。区委常委、副区长姬兆亮肯定全区2011年纠风工作成效，要求全区各部门、行业总结经验，坚持问题导向，完善机制，提升纠风工作科学化水平。区府办副主任罗华品主持并传达有关会议精神。区纪委副书记、监察局局长、纠风办主任陆水平作纠风工作报告。区纪委常委、监察局副局长、纠风办副主任、区纪委监察局纠风室主任马志明出席。区民政局、财政局、安监局和金山供电公司交流发言。区纠风工作联席会议成员，各街镇（工业区）、委、办、局和公共服务行业分管负责人及职能部门负责人，区政风行风监督员等140余人参加。（朱玲妹）

【新提任领导干部廉政谈话会】 5月23日，区纪委举行新提任领导干部廉政谈话会，发放廉洁从政学习资料，组织签订《廉洁从政承诺书》，观看警示教育片。区纪委副书记朱巷滨对20名新提任处级领导干部开展集体廉政谈话。区政研室主任刘光明等作交流发言。（朱玲妹）

【区纪检监察工作会议】 会议于7月27日在区会议中心召开，传达学习贯彻四届区委四次全会和市纪检监察工作会议精神，总结上半年工作并部署下半年任务。区委常委、区纪委书记葛永东要求贯彻落实四届区委四次全会精神，按照市纪检监察工作会议部署，对照重点任务，狠抓工作推进和落实。区纪委、监察局班子成员，各镇、石化社区（街道）、金山工业区、各委办局纪检监察组织负责人参加。（朱玲妹）

【纪检监察业务培训】 8月10～11日，区纪委监察局举办审理业务培训班，市纪委监察局案件审理室主任王洪青和区纪委副书记、监察局局长陆水平讲话，区纪委常委、监察局副局长黄礼勇主持，区纪委监察局审理法规室解读上海纪检监察《模拟案卷（审理）暨常用文书样式》，全区30多名纪检监察干部参加。12月14日，区纪委监察局组织30余名基层纪检组织办案工作网络小组成员开展业务培训，讲解办案实用软件，分析2009～2012年全区基层违纪案件情况，报告2012年案件检查和管理工作。（朱玲妹）

工 业

GONGYE

综 述

2012年,全区工业总产值1339.1亿元,比上年增3.9%,其中规模以上企业总产值960亿元,比上年增3.62%;工业性投入100.5亿元,比上年增11.4%,其中8个产业集群(新材料、绿色创意印刷、新能源、生物医药、重大装备制造、汽车及关键零部件、食品加工、精细化工)投资70.95亿元占比70.6%;外资投资总额(含增资)84771.31万美元,比上年增25.62%。外资到位资金19201万美元,比上年增24.4%。合同外资3.52亿美元,比上年增12.2%;经济小区税收61.2亿元,比上年增4.5%。年内,加强全区月度、季度、半年度经济运行分析,五个重点支柱产业(精细化工、汽车及零部件、机械电子、食品加工、新型轻纺)产值763.98亿元,比上年增4.7%,占规模产值比重79.6%;四个战略性新兴产业(新能源、新材料、生物医药、海洋工程装备)产值239亿元,比上年增5.5%,占规模产值比重25%;八个产业集群产值727.36亿元,占规模产值比重75.76%。全区203家亿元以上产值企业累计产值674.2亿元,占规模产值比重70%以上。全年工业园区产值781.13亿元,占全区规模产值81.35%。加强区级招商引资资源统筹和协调,建立健全考评和项目评价体系,强化项目用地、项目评估管理,完善招商引资项目资源库和平台。全年全区内外资签约项目181个,计划投资总额约230.6亿元,计划产出约438亿元,项目平均投资强度约476万元/亩。加强项目评估,着力推动项目和资源向重点区域、重点园区集聚,全年工业项目通过预审评估78个,投资额累计约137亿元,申请用地逾288.09公顷。通过预审项目亩均投资强度达317万元,比上年增8.2%;亩均产出密度达812万元,比上年增6.8%。预审通过项目属区重点发展八个产业项目54个,占总数69.2%。金山工业区、枫泾、金山第二工业区项目45个,占总数57.7%。19个战略性新兴产业项目获市土地统筹指标近106.47公顷。制订并下发《关于加快推进重点产业项目建设的实施意见》,建立区级层面的项目库,新开工项目103个,竣工项目116个。工业项目到位资金102.5亿元,完成年度目标102.5%。全年备案(核准)技术改造项目51个,总投资136645.59万元。30个项目列入国家或市相关技改资助项目,获各类资助17983万元。其中4个国家产业振兴项目(全市11个)获国家、市财政资助10272万元。全年16家企业被认定为区级企业技术中心,获奖励240万元;被认定为2011年市企业技术中心的3家企业获配套奖励60万元、市级专项资助180万元。发放11家企业品牌奖励300万元。加强节能减排和产业结构调整,全区规模以上工业企业(年销售2000万元以上)能源消费总量91.7万吨标煤,比上年减5.54%;万元产值能耗率0.114吨标煤,比上年降2.04%;9个项目列入市级重点节能技术改造项目(年节约标煤500吨),总投资7692.2万元,项目竣工可节标煤1.51万吨,获市财政补贴750万元。淘汰落后产能49项,削减能源消耗1.92万吨;完成市产业结构调整重点项目3户涉铅企业行业调整;制订《金山区燃煤(重油)锅炉清洁能源替代工作方案》和《金山区燃煤(重油)锅炉清洁能源替代扶持办法》,改用清洁能源锅炉(含工业窑炉)21台,合计126.22蒸吨(指锅炉的供热水平,即每小时所产生的蒸汽量)。审核36户重点行业企业清洁生产工作,全区累计审核开展清洁工作企业148家。完成15户重点用电企业电能平衡工作。服务中小企业发展,加大走访力度,利用走访调研、座谈调研和专题研讨等形式,解决企业生产经营和项目推进所遇困难与问题。制订《关于加快全区中小企业服务中心建设的指导意见》,成立街镇和金山工业区企业服务中心。搭建银企沟通平台,帮助71家小微企业获信用贷款2.1亿元。召开区改制上市推进大会,并上报证监会有关上海润达医疗科技股份有限公司、上海普丽盛包装股份有限公司等企业上市申报材料。 (徐卫民)

金山工业区

【概况】 金山工业区(下称工业区)位于金山区东北部,东至沈海高速(G15),西至松卫南路,南至廊漕公路,北至亭枫高速(S36),总面积58平方公里。受区人民政府委托,管辖原朱行镇区域(43.37平方公里)9个村民委员会和3个居民委员会。总户籍8695户,人口26558人,来沪常住人口191人。非农业人口17192人,城镇化率64.73%,比上年提高0.72个百分点。亭卫、亭朱、朱漕、朱吕、松金、廊漕公路及沈海高速(G15)贯穿境内,金山铁路穿越辖区东部。中运河、新泾塘、牛桥港为区级河道,上横泾、下横泾、招贤泾、长楼港、西新泾、白马泾、洞泾为工业区主干河道。工业区管委会驻金山大道100号。

2012年，工业区生产总值26.38亿元，比上年增11.21%；工业总产值132.84亿元，比上年增12.54%；税收8.67亿元，比上年增22.08%；财政总收入2.14亿元，比上年增19.89%；工业利润1.95亿元，比上年减28.4%；外贸出口拨交值19.67亿元，比上年增32%。全年固定资产投入27.29亿元，比上年增32.98%，其中工业性投入26.32亿元，比上年增42.2%。全年引进项目22个，总投资181亿元。其中，外资项目11个，总投资额4.44亿美元；内资项目11个，总投资额153亿元。项目亩均投资强度提高111%，容积率平均提高23%。工业项目到位资金26.86亿元、外资到位资金5880万美元，合同利用外资12078万美元。全年新开工项目45个，建筑面积达122万平方米；竣工或部分竣工项目36个，竣工建筑面积95万平方米；在建项目35个，规模以上企业（销售额500万元以上）138家，规模产值107.35亿元，占工业区工业总产值80.81%；私营企业工业总产值25.49亿元（含私营测算数），占工业区工业总产值19.19%；三资企业工业总产值40.90亿元，占工业区工业总产值30.79%；产值超亿元企业35家，总产值78.14亿元，占工业区工业总产值58.82%。全年新招注册型企业2045户，比上年增213.2%；实现税收3.33亿元，比上年增15.7%。园区全年新获土地指标项目26个，土地指标110.73余公顷（其中取得市点供土地指标58.6公顷）。全年有7家企业获市、区相关技改补贴5599万元，2家企业获市科技创新扶持资金50万元，1家企业获国家科技创新扶持资金60万元，2家企业获得上海市小巨人培育企业称号，扶持资金400万元。至年底，工业区高新技术企业增至32家。全年淘汰劣势企业（流水线）8条，腾出污染物排放总量COD1.73吨、氨氮0.15吨，节约标煤4300吨。农业总产值2.23亿元，比上年增1.4%。种植粮食2194.09公顷，比上年增2.23公顷，总产量14562.7吨，比上年增309.6吨；油菜24.6公顷，比上年减34.64公顷，油菜籽总产54.2吨，比上年减99.5吨；蔬菜产量33543.9吨，比上年减2221.2吨；西、甜瓜946.8吨，比上年增567.9吨。生产水果1785.4吨，比上年减457.7吨。出栏生猪15935头，比上年减1074头。上市肉禽86.09万羽，比上年增43.15万羽；鲜蛋416.1吨，比上年减22.6吨。生产鲜奶990吨，比上年增128.7吨；水产品896.1吨，比上年减62.5吨。工业区农民享受国家种粮直接补贴项目2个，惠及1671户，补贴总额468.75万元。投入245.24万元新购收割机9台、中型拖拉机4台、插秧机4台。新建专业合作社4家，累计27家。培训各类农民120余人，其中“科技入户”项目40人。春秋畜禽免疫419.38万只（头），免疫率100%。全年检测蔬菜样品6687个，合格率100%。减少耕地73公顷。农村居民年人均纯收入16165元，比上年增3865元。全年社会消费品零售总额13.52亿元，比上年增5.5%。投入250多万元，建成金山区东部农机服务体系项目；组建金山工业区食用农产品安全监管站；红光村丰产方获2012年金山区水稻高产创建一等奖。全年投入2911万元新建金飞路南段、广业路、金业路、金轩北路、亭朱公路、金展路北段等道路共3.2公里。投入1125万元敷设茂业路、金山工业区大道、金飞路、豪业路、林慧路、香樟会所、中粮企业等上水管线8.15公里。投入2122万元铺设九工路、亭卫公路、立新街等天然气管道3.8公里。投入1500万元完成11万平方米时代大道道路绿化，配合企业开工提前落实园区内重要区域茂业路（金百路—金舸路）、豪业路（金舸路—青龙港）、东富龙企业段等道路绿化建设。投入355万元安装天工路西段、夏宁路路灯190盏。投入176万元新划金流路、林慧路等交通标志标线。投入113万元开挖马家浜、程水港、阮家港等部分段河道。投入218万元维修镇区人行道731平方米、车行道1014平方米，新砌窨井38座、调换井盖117套，维修雨污水管854米，新建恒信小区停车场1500平方米。投入773万元实施欢兴村村庄改造，惠及农户350户。投入160万元修缮朱漕路。妥善处置7个工地工程款、民工工资突发性矛盾纠纷，涉及金额近1800万元。建立运河等7个村综治（群众）工作服务站和立新、高楼和保卫村“反邪教工作站”。安装立新村和桥湾、朱行居民区1200套“多户联防报警器”及职工公寓“智慧社区管理系统”。建立开展重要时间节点应急执勤民兵应急小分队，成立239人组成的园区社会治安巡防中队并设治安巡防分队14支。投入200余万元改造民办金工幼儿园和敬老院消防设施。投入6.5万元翻建、维修家庭危房3户。成立“新园区人”计划生育协会和园区食品安全委员会。投入100余万元改造丧事服务点硬件并完成搬迁。工业区位列市“市容环境卫生市民满意度测评”全区第二名。全年举办各类艺术类培训班18期，培训600多人。依托“文艺三下乡”“街镇文艺交流”“文体资源配送”等组织演出100多场，观众达3.5万多人（次）。新建工会组织20家，覆盖企业450家。社区卫生服务中心全年门、急诊103097人次,比上年增5.55%,住院病人465人次,比上年减17%。建全科服务团队5支,接种脊灰疫苗1786人次、麻疹疫苗预防接种2158人次,接种率100%。追踪管理区域内肺结核病患7人。下乡义诊、上门服务等活动测量血压3.28万人次,建立高血压管理登记卡2568张。随访糖尿病患者862人次、监控3428人次。组织2214名中小学生体检,其中龋齿1058人、营养不良11人、肥胖389人。工业区管委会与各村(居)、企事业单位签订人口和计划生育目标管理责任书80份。户籍人口育龄妇女6248人实施计划生育率99.45%、流动人口育龄妇女6774人实施计划生育率92.93%。办理独生子女光荣证172张,审批再生育10例。参加"幸福人生"保险2059人、独生子女保险194人。发放计划生育家庭特殊补助金9.36万元、农村计划生育奖励扶助63.4万元、独生子女父母退休一次性奖励189人101.8万元,独生子女父母奖励费23.33万元。召开各类招聘会11场,累计参会企业253家,提供就业岗位1459个,求职人数6543人,意向录用720人;全年新增就业岗位1480个,完成区计划指标134.55%;净增就业岗位279个,完成区计划指标114.81%;职业技能培训421人,完成区计划指标105.3%。办理户籍人口实际用工手续291人,培训来沪民工243人。参加农村合作医疗保险5331人,参保率99%。筹集个人投保金74.97万元,减免2413名60岁以上老人、238名残疾人、38名低保户和11名五保户个人投保金67.5万元。居家养老服务人员156人(其中日托工作人员3人),服务对象627人(其中日托老人30人)。全年发放城乡低保家庭生活救助金102户161人54.96万元、城乡重残人员生活救助金164人123.96万元、城乡低保家庭帮困卡1656张(价值约9万余元)、农村"五保户"生活救助金21人6.54万元、重点优抚对象抚恤补助金2人次0.9万元、三峡移民后期扶持人员补助金76人4.62万元、支内回沪人员补助金12人3.24万元、城乡困难重点优抚对象及退休军人生活救助金162人次79.8万元,走访慰问重点优抚对象14人次,发放慰问金0.84万元。发放现役或退伍军人立功、学文化、学技术奖励金15人1.65万元、贫困家庭生活救助44人次3.14万元。享受白内障免费手术24人。发放贫困生学生助学券76人次9.95万元、综合帮扶城乡重病大病患者653人次119.37万元、城乡优抚贫困家庭医疗救助金82人次7.8万元。资助贫困家庭危房改建3户6.5万元。发放农村60岁以上老人洗浴、理发券3164人11.3万元。扶贫济困联合募捐活动募集捐款73.18万元。司法所组织法制培训班8期、讲座4次、法律咨询活动8次,发放宣传资料16期,巡回展示普法知识图片48幅,举办领导干部和机关工作人员法制讲座4场次,培训党员干部300人次。3名司法人员受聘担任中小学法制教育副校长,到校开展法制宣讲活动4次。全年工业区区域内发生交通事故825起,受伤171人,无死亡,物资损失182.39万元;发案224起,破案113起;抓获各类违法犯罪嫌疑人180人次,其中处刑事拘留以上50人次。办理家犬准养证715张,捕捉无证犬12条。全年落实153名党员干部与困难家庭"结对帮困"。组织9个村与14家单位党组织开展共建联建活动;14家单位党组织走访慰问9个村困难家庭180户。9个村与区级机关9个单位开展"双百结对"活动,48家企业与村(居)、事业单位结对。坚持用群众工作统揽信访工作,收到人民群众来信、电子邮件等437件(次),比上年增16.5%。成功创建市平安示范小区4个、市平安示范单位13家。 (王理亚)

【外宾、领导、专家、企业家及团体机构到工业区考察调研】 2月14日下午,市委常委、常务副市长杨雄,副市长艾宝俊一行到工业区召开座谈会。4月16日上午,市委巡视组副组长丁海椒由市新闻出版局巡视员李新立陪同到金山绿色创意印刷示范园区调研。5月4日,市委宣传部副部长宗明由市新闻出版局局长方世忠,区委常委、副区长沈华栋,副区长陆瑾陪同到工业区调研文化产业发展情况。5月29日上午,中国医药生物技术协会秘书长吴朝晖到工业区考察。7月13日,意大利利雅路集团总裁利雅路到工业区视察利雅路(上海)热能设备制造有限公司。8月14日上午,全国政协常委、市经济团体联合会会长蒋以任到工业区调研。9月12日上午,市工商局党委书记、局长吴振国到工业区调研。10月10日下午,可口可乐瓶装投资集团中国区项目总经理付志刚到工业区考察。10月11日下午,市委常委、市纪委书记杨晓渡到工业区视察上海沃迪自动化装备股份有限公司。10月17日下午,方正集团高级副总裁、方正信息产业集团首席执行官方中华到工业区考察。10月17日下午,南侨集团总经理陈正文到工业区访问。10月19日上午,瑞士史丹利蒙集团总经理MaxRUTZ到工业区考察。10月27日,美国印第安纳州哥伦布市副市长侯俊杰到工业区考察。

(王理亚)

【福达(上海)食品有限公司升级工程开工】 2月13日上午，亨氏—福达下属福达(上海)食品有限公司举行亨氏—福达上海工厂升级工程开工仪式。工业区党工委书记、管委会副主任、上海新金山工业投资发展有限公司(下称发展公司)董事长周永超和亨氏大中华区总裁司马瀚等出席。区委常委、副区长沈华棣会见亨氏大中华区总裁司马瀚。福达(上海)食品有限公司是集酱油等调味品研发、生产、包装、物流功能于一体的大型综合生产基地，占地约8.7万平方米，总投资超3亿元。 (王理亚)

【俞正声视察工业区】 2月21日下午，中共中央政治局委员、中共上海市委书记俞正声到工业区视察，听取金山区工作汇报，走访沃迪自动化装备公司，观看企业自主研发自动化产品演示。市委常委、市委秘书长丁薛祥，市委副秘书长李逸平，区委书记杨建荣，副书记、区长李跃旗，区委常委、副区长沈华棣等陪同。 (王理亚)

【国家绿色创意印刷示范园区获批成立上海第八家版权服务工作站】 2月23日，金山国家绿色创意印刷示范园区参加上海新闻出版(版权)工作会议并获批成立上海第八家版权服务工作站。工作站办公机构设于工业区招商大楼，旨在为中小企业开展版权管理、版权市场经营和版权维权提供服务，并定期举办版权、知识产权、专利保护等宣传活动。 (王理亚)

【中粮融氏年产10万吨F55果葡糖浆项目开工】 2月27日上午，中粮融氏年产10万吨F55果葡糖浆项目开工。工业区党工委书记、发展公司董事长周永超致贺词。项目位于公司西侧，占地2公顷，总投资19749.14万元。 (王理亚)

【朱行幼儿园升级为市一级幼儿园】 6月1日，朱行幼儿园举行市一级幼儿园揭牌仪式，区教育局副局长郑瑛，工业区党工委副书记、纪工委书记陆文君等出席。朱行幼儿园升级评估申请于2011年12月6日递交，3月通过上海教育评估院专家组评估，升级为市一级幼儿园。 (王理亚)

【印刷示范园区参与主办“2012年上海国际印刷周”】 7月11日，国家新闻出版总署印刷发行管理司、市新闻出版局和金山国家绿色创意印刷示范园区联合主办的“2012年上海国际印刷周”在浦东新国际博览中心举行。国家新闻出版总署印刷发行管理司司长王岩镔和区委常委、副区长沈华棣等为“2012年上海国际印刷周”活动开幕式剪彩，并为获全国印刷出版物金奖企业颁奖。沈华棣参加“2012年上海国际印刷周”主论坛并作“‘抢抓机遇，共赢发展’全力打造绿色创意印刷新高地”主题演讲。“2012年上海国际印刷周”共吸引全国16个省市191家印刷企业参展，其中落户园区的复旦四维、康得新、金山纸业、永豐馀、瑞时创展等8家印刷企业参加产品博览展示。 (王理亚)

【瑞邦杯秧歌展演】 8月28日晚，“舞动秧歌活力园区”——金

瑞邦杯秧歌展演

山工业区“一镇一品”瑞邦杯秧歌展演在工业区文化广场举行，园区村（居）、学校15支秧歌队240多人参加展演，观众达3000多人。区文化局局长刘杰、区体育局局长杨伟、工业区党工委副书记、管委会副主任，社区管理中心党委书记、主任沈继祥，海派秧歌创始人、国家级评委董宝琨等出席。朱行小学获展演第一名。

（王理亚）

【20个制造业项目集中开工】 8月30日上午，“聚焦发展、创新创业”——2012年金山工业区项目集中开工仪式举行。市委常委、副市长艾宝俊，市经济和信息化委员会主任戴海波，区委书记杨建荣，区委副书记、区长李跃旗，区人大常委会主任杜治中，区政协主席王美新，市工商联副主席金亮，市发改委副主任周亚，市商务委副秘书长俞建明，市科委秘书长马兴发，区委常委、副区长、工业区管委会主任沈华棣，区委常委、副区长姬兆亮，副区长沈金龙等出席。集中开工的20个项目包括上海悦得软包装有限公司、上海铁美机械有限公司等企业，覆盖生物医药、绿色印刷、先进装备等产业领域。20个项目总建筑面积超87万平方米，总投资超60亿元。

（王理亚）

【英格索兰安防技术（中国）有限公司落户工业区】 11月9日，英格索兰（中国）投资有限公司安防技术部与区人民政府投资合作协议签约仪式在工业区举行，英格索兰安防技术（中国）有限公司落户工业区。市经济和信息化委员会主任戴海波，区委副书记、区长李跃旗，英格索兰全球高级副总裁兼安防技术部全球总裁约翰·康诺弗（John Conover），英格索兰全球副总裁兼中国区总裁宋振宁博士出席。英格索兰安防技术（中国）有限公司集研发、制造于一体，总投资5000万美元。

（王理亚）

上海化学工业区金山分区

【概况】 2012年，上海化学工业区金山分区（下称分区）税收1.5977亿元，规模以上企业工业总产值43.8063亿元，工业性投入7.2266亿元。全年工业项目到位资金7.4295亿元，实地型招商签约项目7个，计划总投资11.7亿元，协议征地20.2公顷；标准厂房招商签约项目11个，租赁面积25646平方米；注册型招商签约项目30个。年内，12家企业申报技术改造、品牌产品等各类项目13个，获各级财政补贴1576万元，其中上海巴士化工物流有限公司获物流业中央预算资金860万元、上海庆豪塑料托盘制造有限公司获国家中小企业专项资金补贴246万元。辅导上海合全药业股份有限公司改制上市备案工作并帮助企业获区政府企业改制上市资助资金50万元。上海宝莱纳企业发展股份有限公司“年产8000万平方米不干胶产品”、上海和宇实业有限公司“化工仓储物流”、上海同程仓储有限公司“上海化学工业区化学品仓储、集装罐（箱）装卸物流基地”项目建设启动，总投资5.585亿元。上海化学工业区物流产业园获2012年度“上海市品牌园区”称号。

（沈建平）

【上海化学工业区金山分区管理委员会更名】 2月23日，区机构编制委员会《关于同意上海化学工业区金山分区管理委员会调整机构设置的批复》（金编〔2012〕第8号）批准上海化学工业区金山分区管理委员会更名上海金山化工物流产业园管理委员会（相当于副处级），为区政府直属事业单位，归口漕泾镇人民政府管理，核定事业编制9名。

（陈佳美）

【成立10周年庆典座谈会】 5月18日，上海化学工业区金山分区发展有限公司成立10周年庆典座谈会在分区办公大楼召开，漕泾镇副镇长、分区发展公司董事长朱筷顺作分区开发建设10周年回顾。分区发展公司

金山工业区项目集中开工仪式

总经理徐宏杰主持。区委常委、政法委书记刘其龙，区委常委、统战部部长李华桂讲话。分区发展公司历届领导及上海化学工业区管委会副巡视员谈学良、漕泾镇党委书记朱喜林、漕泾镇党委副书记、镇长金丽勤等出席。

（沈建平）

成立10周年庆典座谈会

【区化工物流协会换届】　7月20日，区化工物流协会换届选举暨二届一次会员大会在上海化学工业区金山分区发展公司召开，选举新一届协会领导集体，聘请朱筷顺为协会名誉会长。区化工物流协会一届会长张士康主持。分区发展公司总经理徐宏杰及协会各会员单位代表参加。

（沈建平）

【阮青等到上海化学工业区物流产业园调研】　10月29日下午，市委研究室副主任阮青等到上海化学工业区物流产业园调研，听取产业发展情况、化工区周边环境综合整治、产业转型升级和劣势企业淘汰、园区发展空间和潜力等汇报，走访上海金山石化物流有限公司、上海华谊天原化工物流有限公司。镇、区有关部门和分区发展公司领导金丽勤、葛钧、朱筷顺、徐宏杰陪同。

（吴丽娜）

【化学品仓库消防应急演练】　11月30日，漕泾镇人民政府主办，漕泾镇安全委员会办公室、上海华谊天原化工物流有限公司承办的2012年上海华谊天原化工物流有限公司化学品仓库消防应急演练在上海华谊天原化工物流有限公司漕泾仓储一部3号库区举行。镇领导王明辉、朱筷顺，上海化学工业区消防支队长沈亦斌、应急响应中心副主任尹军及区安监局、应急办相关领导出席演练。分区发展公司、镇安委办、分区应急响应中心各联动单位，上海化学工业区物流园区18家联动单位及分区西部工业区重点危险化学品企业主要负责人、安全生产负责人等观摩。

（张　震）

化学品仓库消防应急演练

金山第二工业区

【概况】　2012年，金山第二工业区（下称工业区）工业总产值88.27亿元，比上年增32.4%；税收4.68亿元，比上年增62.4%；工业性投入15.04亿元，比上年增49%；工业项目到位资金14.05亿元，比上年增27.3%；合同利用外资1.01亿美元，比上年增81.5%，占全区30%；外资到位资金5493万美元，比上年增82%。签约项目11个（其中世界500强企业4家），总投资15.44亿元，用地

24.87公顷,亩均投资414万元;开工项目10个,总投资11.82亿元;竣工项目18个,总投资20.36亿元;投产项目10个,总投资14.37亿元,新增产值17.5亿元。年内调整产业结构企业7家,腾出土地4.42公顷、厂房1.72万平方米。至年底,累计引进东邦、竹本油脂、巴斯夫、立邦等外资企业28家,总投资51亿元人民币。工业区获市优秀招商团队、区平安单位称号。

(顾访君)

【金卫消防站启用】 1月9日,位于工业区春华路以西、金山大道以南的金卫消防站建成启用并举行上海消防总队金山支队金卫消防中队进驻仪式。副区长、公安金山分局局长马淮海和市消防局副局长孙勤致辞。市消防局副政委张月明和区消防委副主任、公安金山分局副局长潘洛一为“金卫消防中队”揭牌。消防站于2010年10月开工,2011年底竣工,总投资2938万元,占地4800平方米,建筑面积2316平方米,建有消防站主楼(3层)、训练塔、训练场地等,承担工业区及附近商业、居民区消防任务。

(顾访君)

【亨斯迈热塑性聚氨酯橡胶项目奠基】 9月26日,精细化工孵化加速器项目(A区)——亨斯迈热塑性聚氨酯橡胶项目奠基仪式在工业区举行。区委书记杨建荣宣布仪式启动,区委副书记祝学军出席,区委常委、副区长沈华棣讲话,亨斯迈公司聚氨酯事业部亚太区副总裁王顺生致辞,镇党委书记干永琴主持,镇长、工业区管委会主任沈国忠致欢迎词。区有关职能部门、镇、工业区管委会领导和施工单位代表等100多人参加。区、镇领导与亨斯迈公司领导为项目奠基培土。项目总投资人民币1.28亿元,其中土建工程由工业区投资建设,建成后整体租赁给亨斯迈公司,计划年产热塑性聚氨酯橡胶2.1万吨。总部位于美国犹他州盐湖城的亨斯迈公司是全球最大特殊化学品及染料制造商、营销商之一,为多种全球性产业提供化学品、塑料、汽车、航空、纺织品、鞋类、油漆与涂料、建筑、农业、家具、包装等产品。2011年,公司营业收入逾110亿美元。

(顾访君)

【工业区道路网形成】 至年底,工业区累计建成道路25.55公里,其中建有春华、夏盛、秋实、冬隆路(4纵)和海金、华通、华创、金瓯路(4横),全长20.45公里;区建道路5.1公里。

(陈 薇)

金山区工业总公司

【概况】 2012年,区工业总公司工业总产值15.8亿元,比上年降13.29%,为年计划98.84%;销售收入24.5亿元,与上年基本持平,为年计划91.42%;利润9000万元,比上年降2.17%,为年计划77.72%;实缴税金12000万元,比上年增41.18%,为年计划93.75%。三新经济小区税收1.62亿元,比上年增8%,为年计划105%,实得财力1200万元,实现利润960万元。全年招引企业40户,参加年检企业414户,工商年检率87.9%。年内,编制《金山区工业总公司2013~2017年发展战略规划》。走访慰问困难职工计505人次182405元。“一日捐”活动募集捐款245885元。区工业总公司机构设置调整为办公室、安全生产管理办公室、党群工作部、财务部、资产和投资管理部、企业发展部。

(王 静)

中国石化上海石油化工股份有限公司

ZHONGGUO SHIHUA SHANGHAI SHIYOUHUAGONG GUFENYOUXIANGONGSI

2013 JINSHAN ALMANAC

【概况】 中国石化上海石油化工股份有限公司(下称上海石化)是上海石油化工行业主要生产企业。至2012年底,在册员工15007人,年末总资产368.06亿元。全年工业总产值818.95亿元,比上年降4.63%;营业收入930.72亿元,比上年降2.65%;进出口总额90.16亿美元,比上年增18.40%。全年加工原油1119.35万吨,比上年增3.01%;生产成品油587.88万吨,增2.32%;乙烯91.47万吨、丙烯50.44万吨,分别增0.51%、4.71%;对二甲苯86.62万吨,降6.16%;塑料树脂及共聚物108.75万吨,降0.95%;合纤原料101.56万吨,增7.33%;合纤聚合物63.61万吨,降4.23%;合成纤维25.16万吨,增0.64%;累计发电28.75亿千瓦时,降6.14%。年内,上海石化完成固定资产投资38.11亿元。炼油改造工程投产运行。1500吨/年碳纤维装置一阶段项目打通全流程,投入试生产。推进热收缩膜用高结晶速率聚乙烯专用料、吸湿快干聚酯、超细旦抗起球腈纶等一批新产品技术开发。调整产品结构,增产高新技术水平三元无规共聚聚丙烯、丙丁无规聚丙烯等产品。高性能PBO纤维项目、大型生物流化床处理乙二醇污水工业试验等通过集团公司鉴定。YS-8810银催化剂工业应用取得成效。全年生产新产品40.09万吨,产品总差别化率59.26%。重点科研项目计划完成率100%。申请专利44件,获专利授权10件。上海石化位列2012年度《财富》(中文版)企业社会责任排行榜第三十二位。上海石化"三人"牌工业用丁二烯、"朝阳"牌涤纶工业长丝等被评为上海市用户满意产品,工业用环氧乙烷和腈纶丝束被评为全国用户满意产品。 (耿树岐)

【超纤革用聚乙烯专用料工业化试生产成功】 4月5日,上海石化超纤革用聚乙烯专用料工业化试生产成功。该专用料应用于汽车、医疗、军事和电子产品等行业。

(耿树岐)

【上海石化成立40周年系列纪念活动】 5~7月,上海石化举办成立40周年系列纪念活动。围绕"爱我石化,共建家园"主题,组织开展"我心中的上海石化"征文短信寄语、"我眼中的上海石化"摄影大赛等活动;举办上海市第一届职工艺博汇暨上海石化职工文化艺术展,展示职工书画摄影作品300余幅和集邮、手工艺品、微雕、麦秆画等作品2000余件,近5000名职工和市民参观。举办上海石化展示馆开馆仪式,第九届全国政协副主席陈锦华为展示馆剪彩。

(耿树岐)

【8万吨/年食品级二氧化碳装置开车】 9月28日,岩谷气体开发有限公司8万吨/年食品级二氧化碳装置开车,上海石化二氧化碳产品年产量达15.5万吨,成为华东地区最大食品级二氧化碳生产基地之一。该装置以乙二醇装置所产生废气为原料,实现能源综合利用和环保效益。 (耿树岐)

【"高性能PBO纤维中试装置建设及产品开发"项目通过鉴定】 9月6日,上海石化"高性能PBO纤维中试装置建设及产品开发"项目通过中国石化股份公司鉴定。项目于2009年9月立项,由上海石化与东华大学合作开展。项目以原有PBO纤维研究成果为基础,建设一套7.5吨/年工业化PBO纤维中试装置,通过研究聚合纺丝等关键工艺,形成高分子量PBO聚合体和高强度PBO纤维生产技术,产品指标达到国外同类水平,整体技术达到国际先进水平。PBO纤维主要应用于航空航天业等特殊纺织品工业及汽车工业的复合材料等领域。 (耿树岐)

【组织参加第十四届高新技术交易会主题展】 11月16~21日,上海石化组团参加第十四届中国国际高新技术成果交易会,提供合成工程中心情况介绍及生物可降解聚酯、高性能PBO纤维、无重金属聚酯切片、阻燃工业丝等展品及相关图片介绍。上海石化获国家发改委颁发优秀展示奖。 (耿树岐)

【1500吨/年碳纤维装置一阶段项目打通全流程】 9月1日,1500吨/年碳纤维装置一阶段项目打通从原丝到碳纤维生产全流程,产品性能基本达到日本东丽T-300水平。该项目于2010年6月立项,采用自主开发的千吨级碳纤维产业化装置成套技术。至年底,碳纤维装置共生产原丝300吨、碳纤维29.99吨,首单销售碳纤维18.51吨。 (耿树岐)

【炼油改造项目11套主体装置实现中间交接并投产】 8月20日,390万吨/年渣油加氢装置、350万吨/年重油催化裂化装置、150万吨/年催化汽油吸附脱硫装置(S-zorb)等11套主体装置全部实现中间交接并投产。至年底,各装置均实现投料开车一次成功,上海石化原油综合加工能力达到1600万吨/年,汽柴油产品可达国Ⅳ、国Ⅴ标准,产品覆盖从上海扩展至浙江、江苏。 (耿树岐)

农 业
NONGYE

2013 JINSHAN ALMANAC

综　述

2012年，全区农业总产值36.37亿元，比上年增2.4%；农村居民家庭人均年可支配收入15760元，比上年增11%。粮食作物播种面积近3.31万公顷，其中种植水稻近1.77万公顷、大小麦近1.49万公顷；稻麦平均单产453.90公斤，粮食（小麦、大麦、蚕豆、单季稻、后季稻、大豆、杂粮）总产量21.93万吨。金山万亩水稻丰产方获市水稻丰产方评比一等奖。金山被农业部评为2012年度全国粮食生产先进县。播种蔬菜近1.34万公顷次，平均在田面积稳定在0.33万公顷以上，总产量44.68万吨、上市量38.85万吨（绿叶菜类上市量22.03万吨）。出栏生猪30.16万头、山羊9.47万只、家禽903.72万羽、特种畜禽190.46万羽（只）。存栏蛋鸡43.72万羽、鲜蛋产量813.96万公斤；奶牛4102头（全区11家奶牛场）、鲜奶产量1510.95万公斤。水产品总产量18129吨，比上年增6.17%。内陆淡水养殖面积约1671.93公顷。新建公益林约33.33公顷并完成原160公顷公益林基础设施建设。年内，投入5250万元购置新农机具2589台（套），机械化育插秧近2071.07公顷，比上年提高22.69%。完成14个行政村3067户农户村庄改造。落实"百千万新型农民培训工程"（"十二五"期间，培养百名杰出青年农民、培育千名新型专业农民、培训万名现代农业产业工人），培训杰出青年农民39名、专业农民1428名、农业产业工人1.2万余人次。编辑《金山优质农产品集锦》。编制《万亩草莓产业发展规划》。整合"施泉"品牌葡萄面积约67.33公顷、"金山小皇冠"品牌西瓜面积26公顷、"鑫品美"品牌草莓面积约33.33公顷、"金山岛"品牌大米面积50公顷。举办草莓节、西甜瓜节、蟠桃节、黄桃节、首届田野百花节等。全区"三品"（无公害农产品、绿色食品、有机农产品）认证率81.47%。

（梁　婷　庄飞龙）

种植业

【**概况**】　2012年，全区种植业总产值19.62亿元，比上年减0.9%。全年粮食作物播种面积33075.30公顷，比上年增203.95公顷，粮食总产量21.93万吨，比上年减0.44万吨。其中水稻播种面积17676.85公顷，比上年减678.68公顷，总产15.16万吨，比上年减0.39万吨，平均亩产571.90公斤，比上年增6.90公斤；二麦（大、小麦）播种面积14888.16公顷，比上年增886.26公顷，总产64327.67吨，比上年增31.02吨，平均亩产288.05公斤，比上年减18.09公斤。种植西瓜799.87公顷，比上年减194.61公顷，总产量20974.23吨，比上年减8683.91吨，总产值9259.41万元，比上年减1666.68万元；种植甜瓜221.76公顷，比上年减6.07公顷，总产量4991.73吨，比上年减207.42吨，总产值2662.59万元，比上年减110.64万元；种植草莓118.85公顷，比上年增5.02公顷，总产量1998.78吨，比上年增15.18吨，总产值3078.12万元，比上年增558.95万元；种植油菜1404.73公顷，比上年减295.88公顷，总产量3460.38吨，比上年减1028.17吨，亩产164.20公斤，比上年减6.7%；种植绿肥2341.50公顷，比上年减664公顷。食用菌总产量5070.28吨，比上年减450.58吨，总产值2692.65万元，比上年减511.90万元。全区有稻麦高产创建示范方229个5852.10公顷；有水稻高产创建示范点188个（万亩丰产带2个，千亩丰产片9个，百亩丰产方177个）4399.20公顷，占全区水稻种植面积的24.9%，平均亩产652.20公斤，平均每亩增产80.30公斤。有麦子高产示范方41个（万亩带1个，千亩片5个，百亩方35个）。经市专家组实割产核定（专家组在现场监督收割、核定产量），区现代农业园区万亩示范带平均亩产752.75公斤，获

西甜瓜节表演

全市水稻高产创建竞赛一等奖。年内,组织区西甜瓜企业和科技示范户参加市“评优、推优”活动,获西甜瓜品牌金奖5个、示范户金奖5个、银奖3个。

（杨忠弟 李志余 马润泽）

【金山获全国粮食生产先进县称号】 12月21日,农业部公布《农业部关于表扬2012年全国粮食生产先进单位和先进个人的决定》(农农发〔2012〕6号),金山获全国粮食生产先进县称号。2012年全区种植水稻26.52万亩、大小麦22.33万亩,粮食总产量21.93万吨(含豆类等杂粮)。全年粮食商品量17.60万吨,人均占有量424.80公斤。作为产粮大区,2009年起全区实行种粮农民财政扶持政策,水稻种植补贴80元/亩、农资综合110元/亩,其中30亩以上粮食专业户另补100元/亩(区、镇各半);另外实行大小麦、绿肥良种补贴,绿肥增加种植补贴。

（梁 婷 庄飞龙）

蔬菜生产

【概况】 2012年,全年蔬菜播种面积近1.34万公顷次,其中绿叶菜类播种面积近0.81万公顷次。蔬菜平均在田面积稳定在0.34万公顷以上,其中绿叶菜稳定在0.18万公顷以上。全年蔬菜总产量44.68万吨,总上市量38.85万吨,其中绿叶菜类上市量22.03万吨;蔬菜总产值8.04亿元,比上年减11.4%。上海丰欲果蔬种植专业合作社通过农业部验收,成为区第二家农业部蔬菜标准园。市鑫和果蔬种植专业合作社等6家合作社和园艺场创建成市级蔬菜标准园,上海龙坤蔬菜种植专业合作社、上海银龙农业发展有限公司三场创建成区级蔬菜标准园。全区有核心绿叶菜基地17个约233.33公顷。根据《金山区加快推进“三品一标”工作实施意见》,发展无公害产品、制订蔬菜无公害认证计划,全年蔬菜无公害产品认证率72.8%。

（冯春欢 胡 辉）

畜牧业

【概况】 2012年,全区畜牧业总产值10.6亿元,比上年增2.9%。主要畜产品最低保有量达标率100%。全年出栏生猪30.16万头,比上年增5.1%;山羊9.47万只,比上年减5.96%;家禽903.72万羽,比上年增11.06%;特种畜禽190.46万羽(只),比上年增27.64%。存栏蛋鸡43.72万羽,比上年增10.41%;蛋鸭29.98万羽,比上年增2.95%;鲜蛋产量813.96万公斤,比上年增5%;鲜奶产量1510.9474万公斤,比上年减7.89%。年内,40家畜禽规模场(出栏生猪1000头以上、存栏奶牛100头以上、出栏肉鸡10万羽以上、存栏蛋鸡1万羽以上、出栏肉鸭1万羽以上、存栏蛋鸭5000羽养殖场、养殖户)、畜禽专业合作社完成畜禽产品无公害认证上报,认证产品4.20万吨,占年产量74%,完成年初制订认证计划,达到“十二五”期间认证率60%目标。上海农和家禽养殖专业合作社标准化生态养殖基地建设项目获批市畜牧标准化生态养殖基地建设项目,总投资277.70万元。制订《金山区畜牧标准化生态养殖基地建设项目管理办法》、“枫泾猪”保种场项目初步方案。制订完善《金山区重大动物疫情控制应急预案》,调整区重大动物疫病指挥部成员。全年未发生重大动物疫病爆发和流行。重大动物疫病免疫率100%,口蹄疫、猪瘟、蓝耳病、禽流感、新城疫免疫结果合格率均超70%。春、秋季重大动物疫病防控工作获市督查组肯定。（孙勇跃 邹伟红）

水产业

【概况】 2012年,水产品总产量18129吨,比上年增6.17%,其中远洋捕捞产量3984吨,比上年增54.72%;近海捕捞产量470吨,与上年基本持平;淡水养殖产量12944吨,比上年减2.25%;内陆捕捞产量731吨,比上年减7.86%。内陆淡水养殖面积近1671.93公顷,比上年减5.82%。南美白对虾养殖面积1083公顷,产量6677吨,亩产比上年增6.48%。淡水常规鱼育苗4500万尾,罗氏沼虾育苗9.60亿尾。上海秦皇山渔业公司生产翡翠鱼300吨,渔业产值4500万元,比上年翻一番。全区休闲垂钓面积40.8公顷,全年垂钓人数35920人次,垂钓服务总收入698.70万元,总收入是上年3倍。渔业总产值49903.67万元,比上年增10.62%。获批标准化水产养殖场建设项目9个,总面积107.10公顷,总投资2115.68万元,其中市级财政投入1095.59万元、区级财政投入340万元、养殖企业自筹680.09万元。金山丰泽淡水鱼种场等5个标准化项目通过市专家组验收。年内,区首家水产合作联社——上海申联水产养殖专业合作联社在漕泾镇水库村成立。

（孙勇跃 邹伟红）

林 业

【概况】 2012年,全区建成四类公益林(沿海防护林、通道防护林、水源涵养林、防污染隔离林)

13.33公顷、经济果林39.19公顷。区果树生产总面积2062.01公顷，其中已投产1978.42公顷，果品总产量3.52万吨，总产值2.83亿元。全区林业有害生物成灾率1‰、无公害防治率85%以上、测报准确率85%以上、种苗产地检疫率100%。年内，区林业站组织12家果园参加“安全优质信得过果园”创建，敏蓝蓝莓园、老马蟠桃园、施泉葡萄园获上海市安全优质信得过果园创建活动示范园称号。金山获2012年市优质桃评比活动金奖2个、银奖3个、优秀奖10个，其中上海鼎鲜果蔬专业合作社及上海老马水果专业合作社玉露蟠桃获金奖；心怡园及陆军果园玉露蟠桃、上海枫景黄桃种植合作联社锦绣黄桃获银奖。（陆佳洁）

农业机械化

【概况】 2012年，全区新增大中型拖拉机147台、各类联合收割机111台、耕整地机械（旋耕机、水田驱动耙、开沟机、浅耕灭茬复式作业机）438套、秸秆捡拾压捆机10台、粮食烘干机11台、植保机械84台、水产养殖机械270套、畜牧养殖机械1289套、简易保鲜冷藏设备11台套。“三夏”期间，各类收割机543台（其中跨区作业收割机160余台）收割二麦（大、小麦）近1.49万公顷，机械化程度100%；各类插秧机102台育插秧近0.21万公顷，比上年提高33.05%；大中型拖拉机635台耕作单、后季水稻田1.78万公顷。“三秋”期间，各类收割机646台（其中跨入收割机240台）收割水稻近1.77万公顷，机械化程度99.91%；各类开沟机633台作业面积近1.34万公顷（小麦、油菜田），机械化程度93.96%。全年机械化秸秆还田面积近2.95万公顷次（包括小麦、油菜、水稻）。（蒋爱飞）

农业执法

【概况】 2012年，区农业行政综合执法大队出动执法人员2728人次，检查各类管理相对人1832家次，发放告知书233份、宣传资料4386份；检查市境道口车辆64899辆，比上年增19%；检验农机具1229台次，比上年减15%；无害化处理动物及动物产品863.78吨，比上年增53%；内陆水域增殖放流鱼种13926公斤，比上年增17%；查处种子、肥料、农药、渔业、兽药饲料、动物卫生等各类涉农违法案件246件，比上年增21%，罚没款30.19万元，比上年增24%。开展“电捕鱼”（用电捕鱼的毁灭性捕鱼方式）整治“天鹰”专项行动13次，配合市渔政处开展“天网”专项执法5次，累计查获“电捕鱼”案件19件，罚款1.43万元，没收渔获物80公斤、渔具42件。全年无涉及区农业行政综合执法大队行政复议、行政诉讼。（朱槐根）

机械收割

金山现代农业园区

【概况】 2012年，金山现代农业园区（下称园区）建成GSW8428型（连栋大棚型号，跨度8米、间距4米、肩高2.8米）连栋塑料薄膜温室4032平方米；新建冷库8569立方米；建成漕廊公路与金石路牌楼1座；完成“2010年上海市金山区6191吨鲜切果蔬产品加工扩建项目”（2011年启动，总投资1845.88万元）；完成“2010年上海市金山区300吨冻干蘑菇深加工新建项目”（2011年启动，总投资2103.9万元）。海亮集团有限公司海亮长三角有机食品加工基地项目签约落户园区。举行“十二五”现代农业发展规划专家评审会。

（许　可　杨立平）

【鑫博海中央大厨房扩建项目开工】 8月28日，上海鑫博海中央大厨房扩建项目开工仪式在园区农产品加工区举行。副区长许复新宣布上海鑫博海中央大厨房年产1.73万吨农副产品加工生产基地扩建项目开工。上海博海餐饮有限公司董事长王志标介绍项目由上海博海、中国大连亚惠餐饮集团、日本三菱商事株式会社出资建设，总投资1亿元。项目建成后，鑫博海将继续利用廊下农产品资源，生产生鲜预制半成品、即食果蔬、速冻调理食品、冷链食品、热链食品、中西面点制品、烘焙食品等，日生产加工销售总量60吨。中国石化上海石油化工股份有限公司副总经理张建平、市农业委员会蔬菜办主任陈德明、区农委主任张亚军等出席。

（何 洁 杨立平）

海亮长三角有机食品加工基地项目落户

【水利部农村水利司领导视察】 9月7日，水利部农村水利司副司长倪文进到金山现代农业园区视察，考察万亩粮田、爱索特植物园艺有限公司、廊下生态园、中华村农家乐等基地景点，强调要高瞻远瞩系统规划水利建设，高度重视，全面谋划好万亩良田水利建设和管理工作，高标准、严要求做好廊下农田水利设施现代化建设。市水务局副局长刘晓涛、副区长许复新等陪同。

（何 洁 杨立平）

【祝学军、李华桂调研园区发展规划】 10月24日，区委副书记祝学军，区委常委、统战部部长李华桂到廊下调研园区“十二五”发展规划，听取现代农业园区管委会常务副主任、廊下镇党委副书记、镇长沈文有关园区“十二五”发展规划汇报。祝学军指出，各职能部门要进一步聚焦廊下发展，加强科学规划、统筹推进；要积极主动对接好工作，明确职责，严格按照工作规划，做好原则分工；要加强阶段性考核，讲质量、求实效，实现农业增效、农民增收，打造“上海有示范，全国有影响”的社会主义新农村建设的先行区和现代农业示范区。李华桂肯定园区“十二五”期间重点工作目标任务分解方案，强调廊下是金山的名片、上海的示范，各职能部门一定要形成思想共识，集全区之力，全力抓好落实。区各相关委办局对相关问题提出建设性意见和建议。

（何 洁 杨立平）

【姬兆亮、陆瑾到廊下调研园区项目推进工作】 10月24日上午，区委常委、副区长姬兆亮，副区长陆瑾到廊下调研园区项目推进工作，听取园区管委会主任、廊下镇党委书记陈国忠有关漕廊公路10公里观光带建设工作和金山农村新天地经营管理方案汇报。姬兆亮要求，廊下要统一意见，优化方案，形成合力，积极推进落实各项工作。陆瑾表示，漕廊公路10公里观光带建设要充分考虑经济性、可行性，进一步优化方案，分块逐一推进。区府办、区财政局、区发展改革委、区国资委、区建交委、区绿化市容局、现代农业园区管委会及廊下镇相关领导参加。

（俞凤仙 杨立平）

【国内外代表团考察园区】 3月8日，河南省舞钢市市委书记高永华率舞钢市党政代表团到园区考察，听取园区管委会主任、廊下镇党委书记陈国忠有关园区建设和廊下现代农业、食品加工业及乡村休闲旅游业发展情况介绍，参观园区规划展示馆、爱索特植物园艺有限公司、廊下生态园等。4月16下午，驻沪外国领事夫人一行参观园区“鑫品美”草莓基地、廊下生态园农耕馆、土布服饰展示中心等。市妇联联络部部长李艳玲、区妇联主席陆英陪同。4月21日，云南省梁河县党政代表团到园区考察，听取园区管委会常务副主任、廊下镇镇长沈文有关廊下概况、近几年来建设成就及十二五发展规划介绍，参观园区规划展示馆、廊下生态园、金山“鑫品美”草莓基地。4月24日下午，特立尼达和多巴哥国家安全部长桑迪及夫人、国家安全部常务秘书布考德·布莱克、国防军参谋长双哈拉吉等到园区参观园区规划展示馆、廊下生态园，了解廊下概况和近年发展历程，体验廊下特色民俗文化，肯定廊下土布文化、莲湘文化及特色民居，并希望将廊下特色民俗文化带入特立尼达和多巴哥作跨国文化交流。区委常委、区人武部政委程家驹等陪同。7月6日上午，阿根廷国防部部长阿尔杜罗·普里塞利等到园区考察新农村建设情况，听取园区管委会主任、廊下镇党委书记陈国忠有关廊下新农村建设情况介绍，参观园区规划展示馆、爱索特植物园艺有限公司、廊下生态园和廊下果蔬园艺有限公司，考察EP公司各式凤梨、果蔬园艺黑色番茄和南瓜，了解廊下特色民俗文化，肯定廊下现代农业成就。总参外事办副主任、海军少将李际，警备区相关领导，区委常委、区人武部政委程家驹，区人武部部长宋飞等陪同。7月7日下午，美国夏洛特华美协会会长李勐等到廊下考察园区建设情况，参观园区规划展示馆，了解园区规划；参观廊下生态园，了解廊下旅游事业发展情况，肯定廊下旅游成绩。7月14日，浙江省农业厅党组书记、厅长史济锡率考察团到园区了解鑫博海农副产品加工厂发展情况，参观中央厨房净菜加工流水线。市委农办、市农委主任孙雷，副区长许复新陪同。8月15日下午，绍兴市人大常委会副主任徐挺富率绍兴市人大常委会考察团到园区参观廊下鑫博海净菜加工有限公司、爱索特植物园艺有限公司和廊下生态园，了解鑫博海和爱索特生产车间生产经营、项目投产情况和廊下风土人情、民俗文化。区人大常委会副主任张俊宏等陪同。9月20日，云南省砚山县委副书记、县长李红一行到园区考察新农村建设情况，听取园区管委会副主任、廊下镇副镇长盛邱根有关廊下现代农业、旅游业、文化事业介绍，参观考察园区规划展示馆、上海鑫博海农副产品加工基地、爱索特植物园艺有限公司、廊下生态园等，肯定廊下现代农业成就。11月30日上午，以色列英菲尼迪(Infinity)私募股权基金集团创始合伙人高哲铭(Amir)、总经理赵丽梅等到园区开展投资项目考察，听取区农委主任张亚军、廊下镇镇长沈文关于区及廊下镇农业发展情况介绍，考察爱索特植物园艺有限公司、亚太国际蔬菜有限公司。区委常委、副区长姬兆亮及区发展改革委、区农委、区中小企业服务中心相关负责人会晤接待。 （杨立平）

【市有关部门及兄弟区县领导考察园区】 6月14日下午，闵行区政协副主席夏根福等到园区学习考察廊下生态园文化硬件设施，区政协副主席曹云辉等陪同。6月13日，杨浦区委副书记于秀芬，区人大常委会副主任、总工会主席麦碧莲等到园区参观爱索特植物园艺有限公司、盛姆桃园、金山农村新天地。7月3日上午，市政协经济委员会主任许培星等到廊下考察园区建设情况，听取园区管委会常务副主任、廊下镇镇长沈文有关上海光明荷斯坦金山种奶牛场情况汇报，考察上海光明荷斯坦金山种奶牛场，观看奶牛场宣传片，了解奶牛场养殖规模、营运、管理等情况。区政协主席王美新，副主席曹云辉、倪向军等陪同。8月24日，奉贤区委常委、宣传部部长蒋震波等到廊下生态园考察，参观招婿楼、乡村大舞台、土布馆、莲湘馆、莲湘广场、江南农具馆和水上集市，了解廊下土布、莲湘等地方特色民俗文化，肯定廊下新农村建设成就。区委常委、宣传部部长张权权等陪同。9月6日，市农委主任孙雷等到园区考察，了解舜地食品有限公司和亚太国际蔬菜有限公司发展情况，参观生产加工车间。表示，廊下近年来发展现代农业为促进农民增收、提高农业综合生产能力，积极探索加快发展现代农业的有效途径，转变农村经济发展方式，积极发展绿色农业。要在发展壮大农业龙头企业、绿色生态农业上下功夫，并希望今后能深入合作、优势互补、相互促进，共同推动现代农业发展。

（杨立平）

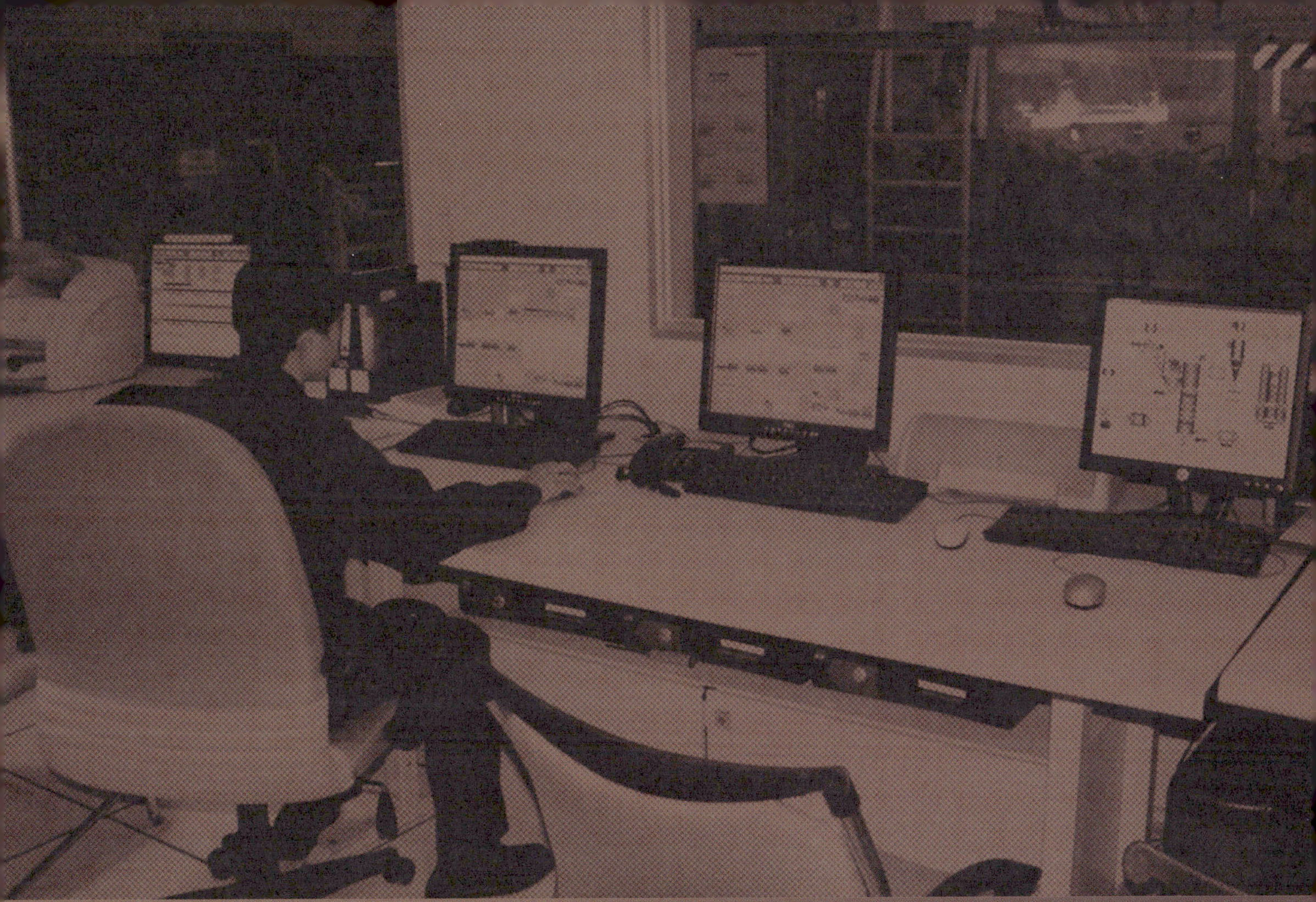

邮政·通信

YOUZHENG TONGXIN

金山年鉴

2013 JINSHAN ALMANAC

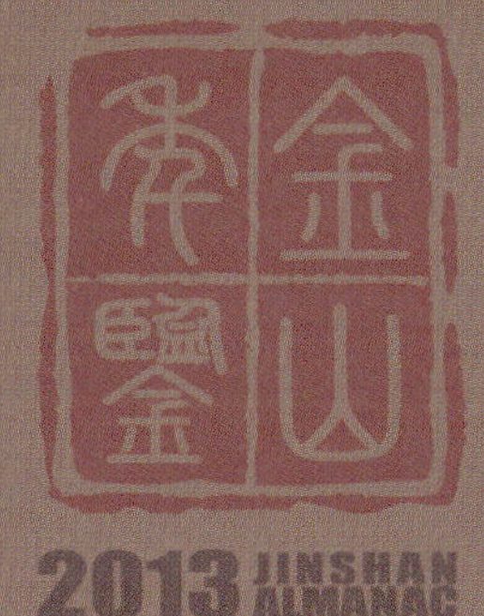

邮 政

【概况】 2012 年,上海市邮政公司金山区邮政局(下称区局)辖支局 18 个、邮政所 1 个、邮政服务处 1 个、邮政储蓄银行二级二类支行 5 个。有投递线路 107 条 3323 千米(汽车投递线路 7 条 504 千米、摩托车投递线路 36 条 2039 千米、自行车投递线路 64 条 780 千米),开箱线路 6 条 29 千米,区内邮件转运邮路 4 条 256 千米,信箱、信筒 105 个,ATM 机 22 台。全年业务收入 10550.71 万元,比上年增 26.32%,其中函件收入 1781.82 万元,比上年增 8.93%;包件收入 796.66 万元,比上年增 246.68%;速递收入 55.51 万元,比上年减 20.42%;代理金融收入 3304.06 万元,比上年增 5.49%;发行收入 1545.39 万元,比上年增 54.73%;集邮收入 2660.59 万元,比上年增 23.68%;机要收入 10.02 万元,比上年增 0.2%;其他收入 191.31 万元,比上年增 62.51%。年末邮政储蓄余额 209964 万元。年内,区局根据市邮政公司关于开展代理金融网点“建设进档、管理晋级、服务进优、经营进位”要求,完成东门、万安、金卫、朱行、松隐、山阳等网点改造。市公司副总经理余叶俊和纪委书记、工会主席史金虎分别督察、指导东门邮政网点改造期间施工及资金使用情况等。成立区局新一届领导班子,陆应琪任局长兼党委书记,顾益锋任副局长兼纪委书记,王仁卫任副局长兼工会主席,徐晓红任局长助理。建立后备干部培养机制,选拔推荐区局后备干部 26 人。区局 4 名青年志愿者参加造血干细胞集中捐献入库。各支局与各镇(街道)、金山工业区文明办签署“邮政服务文明进社区”同创共建协议。会同区文明办、妇联、公安金山分局治安支队承办“同创文明城市,共建和谐社区——上海邮政在你身边”金山专场路演巡展,并与区妇联联合发出捐赠“母亲包裹”倡议,现场募集“母亲包裹”捐赠款 3200 元。组织“观生态美景、游枫泾古镇”——“自邮一族”(中国邮政集团公司依托邮政电子商务信息平台,采用会员制形式,为车主等客户群体提供车辆代办、商旅、机票、礼仪服务等综合服务品牌)会员自驾游活动,42 人参加。举行区邮政“关爱老人”行动,各支局成立“爱心服务分队”、创建“亲人邮路”(爱心洒邮路“用户是亲人”、做留守老人的“亲人”、做残障老人的“子女”、做军烈属的“家属”、做特殊群体的“兄弟姐妹”)等。邮政储蓄银行二级二类支行中国邮政储蓄银行有限责任公司上海金山区山阳支行、松隐支行变更代理营业机构。联合邮政储蓄银行金山支行召开邮政金融案件防控警示教育大会。邮政用户意见征询综合满意度 94.38 分。亭林支局联合党支部、金卫支局高峰分别被评为上海邮政创先争优活动先进基层党支部、优秀共产党员;朱泾支局、廊下支局王君洁分别被评为市公司安全生产先进集体、先进个人;漕泾、东门支局和朱泾支局赵欢欢、枫泾支局袁丹华、金卫支局陈敏分别被评为市公司服务工作先进集体、先进个人;计划财务部李勤、漕泾支局李华被评为市公司三八红旗手;亭林支局营销团队被评为上海邮政优秀营销团队,朱泾支局沈彬、亭林支局沈纯、东门支局陈海英、金卫支局王叶和朱童华被评为综合优秀营销员,“相约枫泾,相拥一生”水乡婚典个性化邮册项目被评为市邮政公司优秀营销项目。 (沈 斐)

区集邮协会第二次代表大会

【区集邮协会第二次代表大会】 大会于 3 月 30 日在区局会议室召开,审议并通过《金山区集邮协会章程》和第一届理事会工作报告,选举产生新一届理事会。大会期间召开第二次理事会会议,聘请区政协主席王美新、上海石化股份公司董事长戎光道为名誉会长,刘金鸣、沈志远、蒋明明为顾问;选举黄国忠为会长,刘永鑫、黄萍、顾益锋为副会长,金春华为秘书长。黄国忠作《与时俱进,开拓创新,推动金山区集邮事业持续健康发展》工作报告。区部分委办局领导、上海石化股份公司有关领导和市集邮协会副秘书长沈丽华、松江区集邮协会会长徐进出席，各邮政支局、集邮协会代表和新闻媒体记者等60余人参加。（沈 斐）

【区局第一届职工代表大会第二次会议】 会议于4月25日在区局会议室召开，审议并通过区局局长黄国忠所作《狠抓高效业务、促进结构调整、提升企业效益，积极开拓金山邮政创新转型发展新局面》行政工作报告、局长助理徐晓红所作《2011年度职工社会保险等“六金”缴纳情况的报告》等，并部署年内主要工作。51名职工代表和3名特邀代表参加。（沈 斐）

【沈金龙到区局调研】 9月13日，副区长沈金龙到区局调研，指出金山邮政要发挥邮政特有资源和渠道优势，邮政发展结合服务民生，提升服务水平和能力；邮政发展结合产业发展，提升经营效益；邮政发展融入区域经济建设，在融入中谋求发展机遇。区局局长黄国忠汇报经营管理工作。区局领导顾益锋、王仁卫陪同调研。（沈 斐）

【开发定向型邮品】 年内，集邮公司加强与各支局协作，落实主动营销，个性策划，项目跟进举措，开发“画里金山”旅游宣传、田野百花节、吕巷蟠桃节、《别无选择》纪录片、金山铁路通车、中国银行成立100周年、“相约枫泾，相拥一生”吴根越角枫泾水乡婚典、上海国防教育等题材定向型邮品项目36个，实现业务收入690万元，列市公司第一名，定向型邮品收入占集邮收入25.94%。（沈 斐）

【营销体系建设】 年内，按“贴近市场、服务客户、支撑专业、推动发展”思路，推动营销体系建设。完善专业公司及专职营销人员配置，形成代理业务局、集邮公司、函件广告局、发投局、电子商务局专业体系；完善营销机制，制定营销员、金融客户经理、理财经理管理考核办法；组织开展劳动竞赛，制定代理金融、定向集邮、商务期刊、电商分销、数据库商函等竞赛办法；加强信息传递，通过经营QQ群、企业短信、网络E盘推广业务经验。（沈 斐）

【依托地方发展邮政业务】 年内，区局坚持“服务地方经济、服务客户需求”，依托地方政府，推进邮政业务发展。建立服务地方经济长效机制，建立“三对接”（区局班子对接区委区政府及区重点局，职能部室、专业局和公司对接区相关委办局，支局对接各镇、石化街道、金山工业区）制度，定期向区、镇领导汇报工作，取得地方支持。与枫泾镇签署《加强政邮合作、促进地方经济社会发展》长期合作框架协议，开展农产品分销、特色旅游项目等方面合作，实现业务收入80万元。分别与区委宣传部、团区委开展报刊收订、图书销售、重大活动宣传、同创共建、志愿者服务等方面合作。（沈 斐）

电 信

【概况】 2012年，全区净增宽带用户5778户，至年底累计135631户；净增IPTV（网络电视）用户9042户，至年底累计56781户；净增CDMA（Code Division Multiple Access，即码分多址）移动后付费用户23097户，至年底累计170822户。固定电话用户195443户、小灵通用户1584户。城市光网FTTH（Fiber To The Home，光纤到家）覆盖小区351个154916户；FTTO（Fiber To The Office，光纤到办公室）覆盖机关、企事业单位2600家。全区有Wi－Fi（Wireless Fidelity，无线相容认证，一种无线联网技术）热点覆盖区域303个，AP（Access Point，无线访问节点、会话点或存取桥接器）数1164个。落实中国电信上海公司第四次宽带大提速计划各项措施。全年纳税1308万元。（王翠萍）

【物流企业信息化应用】 年内，金山电信局与上海新跃物流企业管理有限公司签订信息化合作协议。双方结合新跃物流“中小型物流企业公共服务与管理平台”和中国电信“翼机通”（中国电信专利产品，利用射频手机卡实现门禁系统、车库管理、考勤系统、消费系统等应用），合作开发、推广“加油站会员消费系统”和“停车场空车签到系统”，提供物流企业“专业化管理、个性化服务”。至年底，实现基于“翼机通”物流应用近1000线。（王翠萍）

【推广“无线数字医疗”项目“金山模式”】 年内，推广“无线数字医疗”（支持医疗卫生服务及管理全过程信息化整体解决方案，具有健康档案、移动随访、信息查询等功能）项目“金山模式”（采用“无线数字医疗＋翼机通”组合方式），全年复旦大学附属金山医院、市公共卫生中心、区疾病预防控制中心实现“无线数字医疗”应用600多线。（王翠萍）

移动通信

【概况】 2012年，中国移动通信集团上海有限公司金山分公司（下

金山地区宽带合作项目签约仪式

称分公司)新增中国移动客户19万户,累计运营收入4.23亿元,比上年增1.93%。至年底,全区有营业网点13个、移动网络标准化基站437座、WLAN(无线局域网)热点144处、WLANAP(无线局域网接入点)2042个。年内,分公司完成金山区域中国移动3G(第三代移动通信技术)网络第五期建设工程,并启动第六期工程,计划实现全区3G网络全覆盖。落实《中国石化上海石油化工股份有限公司与中国移动通信集团上海有限公司战略合作框架协议》,完成上海石化股份有限公司固定电话功能升级工程(第二期),实现手机和固定电话短号免费互拨、所有分机可拨打国内和国际长途。根据《东方有线网络有限公司、上海金山东方有线网络有限公司、中国移动通信集团上海有限公司业务合作协议》,启动金山地区宽带合作项目,通过有线电视改造,居民可用有线方式接入宽带网络。开通全区规模以上生产经营单位安全生产短信子平台,并与区安监局平台实现信息无缝对接,形成安全生产信息综合平台。召开党的十八大精神专题学习会,开展"当先锋、强服务、创佳绩"主题实践活动,组织"迎七一创双佳"演讲交流活动。组织志愿者参与金山青年造血干细胞捐献集中入库志愿活动。多次到亭林镇民办红扬小学开展"共享阳光"关爱农民工子女志愿服务行动。　（袁　颖）

【助力"智慧金山"建设】　年内,加快区域内无线网络建设,分公司投入2290.7万元、中国移动上海公司投入5634.8万元,建成2G(第二代移动通信技术)站点39个、3G站点45个、WLAN热点81个,助力"智慧金山"建设。　（袁　颖）

【保障重大活动(赛事)期间通信畅通】　年内,保障中国足协超级联赛上海申鑫队主场(金山体育场)赛事期间网络通信,制订《中超赛事重要通信保障方案》,先期扩容金山体育场周边基站,现场安排专人负责通信保障工作。世界沙滩排球巡回赛上海金山公开赛和星尚·热波沙滩音乐节期间,制订通信应急预案,先期扩容城市沙滩周边基站,开通室外无线上网热点,配备应急通信车负责现场通信保障。　（袁　颖）

【保障台风"海葵"登陆期间通信稳定】　8月,强台风"海葵"袭击金山,分公司启动抗击台风应急预案,安排人员察看各移动通信基站及营业厅运行情况,维护人员及时投入抢修工作。"海葵"登陆期间全区发生移动通信故障66起,解决率100%,确保区域内通信稳定。　（袁　颖）

【金山铁路金山段通信配套设施建设】　9月24日,完成金山铁路金山卫站、金山园区站、亭林站及沿线通信配套设施建设和无线网络覆盖,并开通WLAN热点1个(预计下载速度400KB/S),确保车站及沿线通信网络质量。　（袁　颖）

"共享阳光"志愿服务行动

金融·保险

JINRONG BAOXIAN

中国工商银行股份有限公司上海市金山支行

【概况】 至2012年底,中国工商银行股份有限公司上海市金山支行(下称支行),本外币各项存款余额111.98亿元,比上年增11.0%;各项贷款余额147.07亿元,比上年增32.6%,中间业务及各项贷款等余额、个人贷款增量均列区域同业第一。全年新增贸易融资业务量列分行第二。推出多种贷款、融资产品,服务区内中型(300人以上,单户融资金额3000万元以上)、小型(20~300人,单户融资金额500~3000万元)、微型(20人以下,单户融资金额不超过500万元)企业。小微企业贷款平均增速连续3年超20%,比全部人民币贷款增速高16个百分点。举办区财政预算单位银企座谈会,22家财政预算单位负责人及财务主管出席。会同公安金山分局举行社区防电信诈骗反假币宣传咨询会,受众约600人。阻止涉案金额116万电信诈骗案件发生,被东方电视台、上海金融报、人民网和金山电视台等播报。支行获分行"中间业务进步十强"第二名、国际业务综合贡献二等奖、机构业务综合贡献奖、同业存款优胜奖、柜面分流优胜奖、分行第五届员工运动会入场队列展示比赛团体第二名。

(唐连君)

中国农业银行上海金山支行

【概况】 至2012年底,中国农业银行上海金山支行(下称支行)本外币各项存款余额209.15亿元,其中本外币个人存款余额113.17亿元、人民币对公存款余额95.97亿元;本外币各项贷款余额105.43亿元,其中个人贷款余额14.79亿元、对公贷款余额86.84亿元。不良资产占比0.18%,实现不良资产"双降"(不良资产余额下降、不良资产占比下降)。全年拨备后利润首次超5亿元。参与区财政单一账户改革,完成124家区机关事业单位账户改革。支行被市人民政府评为"2011~2012年度上海市文明单位"(已连续6次)。年内,迁址金山新城蒙源路99号。 (胡建兵)

农行金山支行开展金融服务"三进"活动

中国建设银行股份有限公司上海金山石化支行

【概况】 至2012年底,中国建设银行股份有限公司上海金山石化支行(下称支行)辖网点12个,员工329人。拨备前利润2.6亿元,比上年增32%;全口径存款时点(截至12月31日)余额143.83亿元,比上年增24.37亿元,其中企业存款时点余额60.83亿元,比上年增9.84亿元;个人存款时点余额82.99亿元,比上年增14.52亿元。新增对公贷款额列四行(工商银行、农业银行、中国银行、建设银行)第一、份额列第二;个人贷款市场份额保持四行第一。全年中间业务净收入1.16亿元,比上年增20%,增幅列分行第四,其中对公中间业务收入增幅列分行第二。签订传统造价咨询业务合同16个,业务收入1386万元。个人贵金属收入计划完成率列分行第一。营销"学生惠"(针对全日制大学生)套餐列分行第二。净增收单商户列分行第二、分期商户列分行第三。私行(私人银行)信托业务收入列分行第三。完成养老金客户、电子银行客户、贷记卡客户、自助设备账务性交易量比、支付密码加载数等新增计划。回收公司类不良贷款331万元,处置不良个贷616万元,收回已核销不良贷款2479万元,处置抵债资产611万元。贷款不良率0.14%。服务"1158"城镇体系建设,综合金融服务方案实现全覆盖。发挥小企业业务和个人助业贷款业务品牌效应,小企业贷款余额突破10亿元,"助保金"(针对中小企业特色信贷产品)余额1.31亿元。新增个人助业贷款额列分行第二。与金山区政府签订《战略合作协议》,扩大对金山区信贷支持;增加各委办局、乡镇、消防支队、医院、教育机构等财政单一预算账户22个。参与上海金山卫村镇投资有限公司股权投资基金创设并成为基金托管行。增加网银缴存、委托扣款等公积金缴存方式,新增公积金审核性网点5个。推进个人客户增长,全年净增财富客户(金融资产在300万元~500万元)与私行客户(金融资产在500万元以上)56户,增速列分行第一,累计154户。支行获市分行2012年度先进单位称号、重点中间业务竞赛综合三等奖。全年未发生案件和重大风险,无信访,无安全事故,年度安全保卫目标管理等级为A级。 (黄晓琴)

中国银行股份有限公司上海市金山支行

【概况】 2012年,中国银行股份有限公司上海市金山支行(下称支行)各项存款约39.53亿元,各项贷款约51.26亿元。年内,支行分别与山阳镇中兴村、朱泾镇待泾村签订帮困结对协议,与枫泾镇机关党支部等4个基层党组织签订结对共建协议。参与市政府"百万家庭低碳行,垃圾分类要先行"公益活动,定期组织员工到街道、居委会普及环保知识、开展环保知识培训;到居民小区回收废电池、宣传生活垃圾分类减量、协助居民分类生活垃圾。支行获市分行"综合绩效管理"一等奖和2011~2012年度上海市文明单位、中国银行上海市分行文明单位等称号;支行统计管理信息系统获市分行2012年度中银运营与管理创新奖三等奖;支行业务部获市分行中银优秀集体称号。朱泾支行获市银监局2012年度上海市银行业"送金融知识下乡"宣传服务站授牌。 (杨纪花)

交通银行股份有限公司上海金山支行

【概况】 至2012年底,交通银行股份有限公司上海金山支行(下称支行)存贷款余额39.01亿元,其中人民币存款时点(截至12月31日)余额8.66亿元,比年初增164.54%;人民币贷款余额30.35亿元(其中社会融资3.99亿元),比年初增132.15%。中间业务收入累计1455万元,比上年末增214.03%。管理个人资产(AUM)4.15亿元。支持金山经济建设和社会发展,投放信贷资金超20亿元。 (芦新辉)

【普及金融知识、推广品牌形象、服务百姓民生】 年内,开展普及金融知识、推广品牌形象、服务百姓民生"金融万里行""金融知识进社区"活动,赴石化街道和山阳、金山卫镇30余个居委会开设金融知识宣传讲座近20场,听众近2000人次,发放各类宣传资料10000多份;设立支行官方微博、微信交流平台和《金山报》交通银行"顾家理财"专栏,推广交行品牌形象,提供居民专业化、全方位财富管理金融服务。 (芦新辉)

上海浦东发展银行金山支行

【概况】 至2012年底,上海浦东发展银行金山支行有网点4个,员工71人。本外币余额54亿元,比年初增4%,其中对公存款余额42亿元,与年初持平;对私存款余额12亿元,比年初增20%。各项贷款余额30亿元,比年初增36%。全年国际结算量8亿美元,比上年增33%。发放个人贷款1.5亿元。销售理财产品20亿元,比上年增300%。 (姜培新)

上海银行股份有限公司金山支行

【概况】 至2012年底,上海银行股份有限公司金山支行(下称支行)有网点6个,员工82人。全年本外币存款余额30.92亿元、本外币贷款余额33.11亿元;不良贷款余额156万元,不良贷款率0.05%;中间业务收入1275万元,比上年增230万元;外汇业务国际结算量7867万元,比上年增138.39%;结售汇7566万元,比上年增367.03%。支行住宅专项维修基金市场份额占全区54%。 (计旭华)

中国农业发展银行上海市金山区支行

【概况】 至2012年底,中国农业发展银行上海市金山区支行各项贷款总额142515万元,比上年增24196万元,增幅20.45%;存款日平均余额16091万元,比上年增370万元,增幅2.35%;全年账面利润3106万元,比上年增389万元,增幅14.32%;人均利润178.70万元,比上年增27.81万元,增幅18.43%;中间业务收入20.55万元,比上年增9.68万元,增幅89.05%。不良贷款比上年减300万元,不良贷款余额归零,不良贷款比例比年初减0.25个百分点。 (方 萍)

上海农村商业银行金山支行

【概况】 至2012年底，上海农村商业银行金山支行（下称支行）本外币存款余额183.93亿元，比年初增18.83亿元，增幅11.41%；各项存款日均余额168亿元，比上年增15亿元，增幅9.65%。存款市场份额占在金金融机构市场份额22.43%，居第二。本外币贷款余额126.74亿元，比年初增15.21亿元，增幅13.64%；贷款日均余额118.62亿元，比年初增11.24亿元，增幅10.47%。贷款市场份额占在金金融机构市场份额19.57%，居第二。中间业务收入7623.53万元，比上年增600.34万元，增幅8.55%；中间业务收入占比11.38%，超三年规划9%占比目标。年内，支行第二家金融便利店——朱泾支行金融便利店（朱泾镇金龙新街518号）开业。

（王李兵）

中国光大银行股份有限公司上海金山支行

【概况】 至2012年底，中国光大银行股份有限公司上海金山支行人民币存款时点（截止12月31日）余额81538万元，其中对公存款时点余额58017万元。储蓄存款时点余额23521万元，比上年增46.8%；人民币贷款余额92001万元，比上年增26.1%。其中对公贷款余额75573万元、个人贷款余额16428万元。全年理财产品年度销售量32252万元。

（胡玲丽）

广发银行股份有限公司上海金山支行

【概况】 至2012年底，广发银行股份有限公司上海金山支行（下称支行）各项存款余额103051万元，比年初增15616万元，增幅17.86%。其中各项对公存款余额76311万元，比年初增11132万元，增幅17.08%；各项储蓄存款余额26740万元，比年初增4484万元，增幅20.15%。各项贷款余额67148万元，其中人民币对公贷款59710万元、人民币对私贷款7438万元。全年利润2199万元。支行被上海市银行同业公会评定为“2012年度上海银行业文明规范服务百佳示范单位”。

（夏四祥）

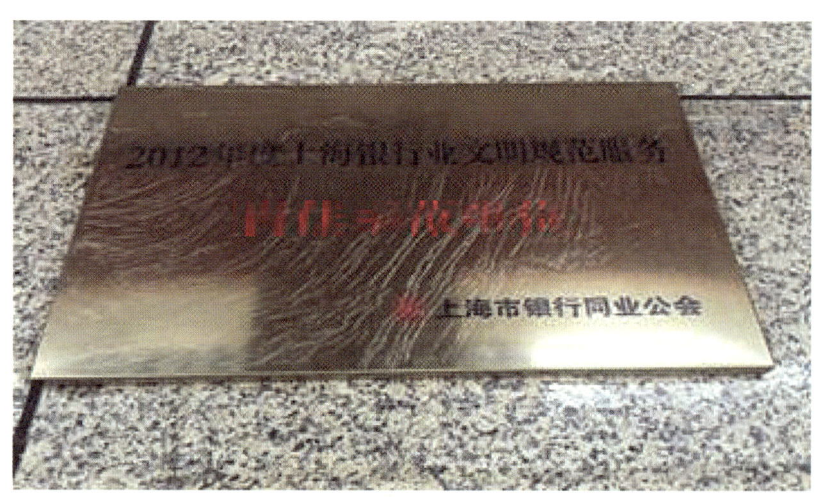

广发银行金山支行获文明规范服务百佳示范单位称号

中国邮政储蓄银行股份有限公司上海金山区支行

【概况】 至2012年底，中国邮政储蓄银行股份有限公司上海金山区支行居民存款余额32.57亿元，比上年增4.94亿元，增幅17.88%；存款余额9.97亿元，比上年增6.87亿元，增幅221.61%。各项贷款结余8.96亿元，比上年增5.56亿元，增幅163.53%。 （蒋建平）

华鑫证券有限责任公司上海金山证券营业部

【概况】 2012年，华鑫证券有限责任公司上海金山证券营业部新增客户近400户，累计成交（股基权）近百亿元，利润下降逾四成。

（陈晓凤）

中国人民财产保险股份有限公司上海市金山支公司

【概况】 2012年，中国人民财产保险股份有限公司上海市金山支公司（下称支公司）保费收入12372万元，其中涉外产品责任险保费1000万元。至年底总保额100.76亿元。支公司获分公司文明单位称号，支公司营业厅获总公司年度“满意在人保”活动金牌服务示范窗口称号。 （徐　花）

中国人寿保险股份有限公司上海市金山支公司

【概况】 2012年，中国人寿保险股份有限公司上海市金山支公司有营业部1个、营销服务部5个，员工31人、销售人员200余人。

主营人寿保险、养老保险、健康医疗保险及人身意外伤害保险4大类数10个险种。全年保费收入24059万元,其中团体险2870万元、银行代理保险18322万元、个人险2867万元。 （吴玉君）

天安保险股份有限公司上海金山支公司

【概况】 2012年,天安保险股份有限公司上海金山支公司承保保费1100.81万元,其中车辆险755.25万元、财产险245.43万元、人身险100.13万元。理赔605.44万元,赔付率55%。承保利润64万元。

（娄如珍）

中国太平洋财产保险股份有限公司上海市金山支公司

【概况】 2012年,中国太平洋财产保险股份有限公司上海市金山支公司全险种保费收入11161万元,比上年增19.2%。其中车险保费收入9698万元,比上年增15.4%;工程险、责任险、意外险等保费收入1463万元,比上年增52.7%。全险种简单赔付率(赔款支出除以保费收入)69.6%。 （翁争观）

中华联合财产保险股份有限公司上海市金山支公司

【概况】 2012年,中华联合财产保险股份有限公司上海市金山支公司保费收入7232万元,比上年增12.25%。其中非车险占39.33%。

（包 红）

中国平安财产保险股份有限公司金山支公司

【概况】 2012年,中国平安财产保险股份有限公司金山支公司(下称支公司)经营车险、财产险、人身意外伤害和健康险业务,险种300多个。全年保费收入2778万元,综合赔付率54%。年内,支公司落实车险“快易免”升级工作,提高各理赔环节服务质量,提升“主动、快速、优质”专业理赔服务功能。其中“快”指简单快赔服务,先赔付,再修车;“易”指对人伤案件向客户和第三者提供24小时专家电话咨询服务、理赔指引服务、医疗建议服务、法律咨询服务;“免”指提供24小时百公里免费道路救援。推出财产险理赔一证快赔服务,实施“万元以下、沟通一致、填写一证、一天赔付”举措。 （顾晓东）

安信农业保险股份有限公司上海金山支公司

【概况】 2012年,安信农业保险股份有限公司上海金山支公司(下称支公司)保费收入4524万元,比上年增0.94%。其中农业保险3353万元,比上年增2.4%。支付赔款6531.78万元,赔付率144.38%,其中农业保险赔付5584万元、商业保险赔付947.78万元,赔付率分别为166.54%和80.94%。 （郭小林）

【赔付“海葵”台风袭击损失】 年内,“海葵”台风袭击金山,被袭区域农业设施和农业生产遭受经济损失,支公司共受理报案250多起,赔款5000余万元。其中大棚设施赔付2243万元、水果赔付953万元、蔬菜赔付96万元、企业财产赔付390万元、林木赔付1243.72万元、家庭财险赔付100万元。 （郭小林）

【成立上海首个镇级推进农业保险委员会】 4月20日,支公司在枫泾镇成立作为镇级常设议事协调机构的上海首个镇级推进农业保险委员会(下称委员会),配合支公司开展各项农业保险相关宣传发动、组织承保等工作,负责枫泾镇农业保险推进服务工作,落实“惠农政策公开、承保情况公开、理赔结果公开、服务标准公开、监管要求公开和承保到户、定损到户和理赔到户”管理要求,探索建立适应区农业保险发展需要基层服务网络体系。委员会有职工54人,其中协保员24人、推委会人员30人。

（郭小林）

舞棹吟诗的船子和尚

《五灯会元》《景德传灯录》《续高僧传》等我国记录佛门流派渊源的佛教典籍都有船子和尚(因驾舟吟唱得名)传。船子和尚,原名德诚,四川武信人,唐朝高僧、词人。自幼出家为僧,受法于唐朝高僧澧州(今湖南澧县)药山惟俨禅师(佛教禅宗六祖慧能的高徒青原行思一系的第三世传人),为惟俨嫡传弟子。德诚十二三岁时初参药山,与师父惟俨有一段绝妙对话。惟俨问:“你叫什么名字?”答:“我名德诚。”问:“德诚又得个什么?”答:“家园丧尽挥无路。”俨说:“德诚啊!”德诚准备回答,俨用手掩住德诚嘴,德诚就说“哑”。俨问:“你准备干什么?”答:“我质陋,不堪红粉施。”俨说:“你以后上无片瓦,下无锥地,大阐吾宗。”“大阐吾宗”为好好弘扬佛法、立药山宗旨的意思。可以这样说,这是惟俨禅师对德诚的一番嘱托、一腔希望。从此,德诚与道吾、云岩为伯仲,一同研修佛理参禅30年,尽得禅宗之真传,并身体力行;他神心廓悟,不入俗流,悟道精微,在佛理研究上有独特的贡献。

惟俨仙逝后,约在公元834年,德诚离开药山,渡洞庭、鄱阳,涉长江、钱塘江,行程四五千里,直至朱泾而停歇,并留住建兴寺10多年。时朱泾水域苍茫、沟汊纵横、湾泊连片,三泖烟波浩渺、波光粼粼,其间芦滩成网、芦苇成墙。宽阔水面,野鸭觅食,渔船撒网,静谧中显现生机,好一派“水”外桃源。水域一河道横贯东西,北岸集镇因河得名朱泾,商贸发达,万商云集,肆铺连片,舟楫往来频繁。

唐会昌五年(845年),唐武宗下诏灭毁天下佛寺,江南寺院无一幸存,建兴寺也不例外。此后,德诚终日驾一叶扁舟,往返于朱泾、华亭、吴江之间,泊驻“钓滩”,随缘度日,有人时舞棹渡客,无人时挥丝垂钓,日与渔人为友,并创作了大量反映渔人生活的诗、词,为渔人传唱,留世作品有著名的《拨棹歌》39首。船子三泖舞棹纶钓,其目的乃是寻找可度之人,以传其所得之道,完成惟俨嘱托。“觅取一个半个接续,毋令断绝。”德行高超的船子和尚,一边垂钓一边寻找传人20多年,竟未遇知音。在几乎绝望之时,师兄道吾指引夹山和尚善会到朱泾参见船子。德诚打量夹山,提问连串,见其颖悟,遂授以毕生所学佛理,然后毅然覆舟涅槃。元代幻住禅师《推蓬室记》谓之“踏破虚空,有谁敢拟,为人痛快,未有如是之作者”,以赞船子殉道。

船子在朱泾近30年,泛舟烟波,或吟或歌,为后人留下了许多既闪烁佛性禅理又脍炙人口的诗歌。尽管这些诗歌没有落下一纸一笔,却被民间广为传诵,普及程度被形容为“虽乳儿、灶妇能歌之”(宋朝释北硐《西亭兰若记》)。现存的船子和尚诗歌39首,最早由宋人吕益柔收集,统称《拨棹歌》。吕益柔认为船子诗歌“寄意脱然,出尘网之外,篇篇可观,绝非庸常学道辈所能乱真”,遂于北宋大观四年(1110年)3月刻石于枫泾海惠(海会)寺,得以流传于世。《拨棹歌》融合佛理和钓趣,从佛教传人角度而言,为禅宗度“法难”作出贡献;从词学角度说,为日后宋词的兴起奠定基础,难怪宋代著名词人黄庭坚为此唱和。唐诗宋词闻名于世,而词在唐代已有发端,但留传下来极少。迄今全国仅有两部唐代词集,除敦煌发现的《云谣集杂曲子》外,另一部就是朱泾船子和尚的《拨棹歌》。这两部早期词集为研究我国词学的产生和发展提供了实物依据。

船子覆舟涅槃后,唐懿宗重新崇奉佛教。全国名山大刹的高僧及各地文人学士陆续前来朱泾寻访船子遗迹,自唐迄清,千年间没有间断。唐咸通十年(869年),僧藏晖在建兴寺旧址重建建兴寺,山门前新建七级石幢一座。北宋治平元年(1064年),建兴寺更名法忍寺。当时大书法家米芾(元章)书额,寺内设船子道场、推蓬宝和船子和尚、夹山善会禅师像。寺南原船子和尚垂钓处建钓滩奄,并在其系舟处建送泽西亭等胜景。

舞棹“钓锦鳞”与吟诗《拨棹歌》是船子和尚一生的两大功绩,并因此名闻天下,引来历代僧俗名士纷纷到朱泾拜谒凭吊,自唐至清,绵延不绝,留下大量胜迹和诗文,成为朱泾古镇一份厚重的文化遗产。元至治二年(1322年),朱泾法忍寺首座坦法师将投子青等67名禅师僧人和黄庭坚、张商英、赵子固、钱万里等10名居士文人留下的诗作,连同《拨棹歌》辑为《机缘集》两卷。元刻本已成海内孤本,现藏于上海图书馆。由于海慧寺石刻早已损毁,此书更为珍贵。明万历四年(1576年)及崇祯十年(1637年)又有元本重刻者。清嘉庆九年(1804年)法忍寺僧漪云除将《拨棹歌》全文收录外,又把明以后及唐宗咏赞诗作142首辑为《续机缘集》上下卷。1987年,上海市上海文献丛书编辑委员会将船子和尚《拨棹歌》及历代诗人的赞颂诗和有关船子和尚的文章汇辑,作为《上海文献丛书》第一种出版,赵朴初为《机缘集》题签,陆定一题词,施蛰存作序。

商 贸
SHANGMAO

2013 JINSHAN ALMANAC

综　述

2012年,商务工作围绕"稳中求进"工作总基调,坚持"创新驱动、转型发展"总方针,着力惠民生、稳增长、抓创新。全区社会消费品零售总额288.5亿元,比上年增15%;第三产业增加值174.8亿元,比上年增14.7%;新批外商和港澳台商投资项目106个、增资项目50个,投资总额(含增资)84771万美元,比上年增25.62%;合同外资和港澳台资(含增资)35212万美元,比上年增12.2%;实到外资和港澳台资19201万美元,比上年增24.4%;外贸进出口总值52.3亿美元,比上年增5.5%。其中出口24.2亿美元,增长6.7%;进口28.1亿美元,增长4.5%,贸易逆差3.9亿美元。年内,聚焦重点区域服务业项目建设,研究金山新城生产性服务业发展问题,明确金山新城商业总量及未来发展突破点。加强对上海化学工业区物流产业园、金石湾生产性服务业功能区及新跃物流等新型物流企业的扶持和服务。组织开展生产性服务业功能区年度评估。加强枫泾国际商务区、金石湾功能区、漕泾物流园区跟踪服务,推进现代服务业特别是生产性服务业发展,促进与化工物流平台、物流信息平台、化工交易平台交流互通。推进消费网络建设,新建和改造便民店42家,建设商品配送中心1家,至年底全区建有便民店315家,实现行政村全覆盖,惠及人口40万以上,60%以上店内商品和100%店内食品实行统一配送。开展农贸市场检查并督促整改。专项检查区内大型零售企业,根据单用途预付卡摸排情况并结合商务部《单用途商业预付卡管理办法(试行)》走访发卡企业,指导重点规模发卡企业备案工作。保障元旦、春节、五一、国庆假期商品供应,24家抽样商业企业销售额2.2亿元,比上年4个假期增15.8%。新批外商投资企业中中外合资企业19家、独资企业87家。全区吸引第二产业项目31个,占新批项目29%。投资总额53452万美元,占新批项目投资总额94%。合同外资19808万美元,占新批项目合同外资总额89%;第三产业外资项目75个,占新批项目71%。投资总额3378万美元,占新批项目投资总额6%。合同外资2459万美元,占新批项目合同外资总额11%。新批项目资金主要来源地是中国香港和日本、欧美、第三地注册(资金主要来自中国台湾)等,其中中国香港以7938美元占据合同外资第一位。机电产品出口比重逐步提升,纺织制品类等劳动密集型产品出口增速放缓。全区对主要传统市场(除东盟、韩国外)出口额均保持一定增长,增速均有放缓。商品主要销往日本、美国、欧盟、东盟和中国台湾、香港等30多个国家和地区。全年外资企业销售总额351.6亿元,比上年增5%。三资企业出口17.1亿美元,比上年增9.7%,占全区出口总额70.7%。全年累计利润14.8亿元,比上年降27.4%。全年外资企业税收累计32.7亿元,比上年增21.9%。全区境外投资项目3个,投资区域涉及美国、越南和瑞士,投资总额282万美元,其中中方投资额229.6美元,涉及通用设备制造业、建筑业、纺织品及服装服饰产品。对外输出劳务(研修)人员100余名,主要输往日本等国家,以缝纫、电子等工种为主。　(徐卫民)

2012年吸引外资及港澳台资情况

表8

吸引外资方式	批准外资企业				合同外资			实到外资	
	项目数(个)	总投资(万美元)		比上年增长(%)	金　额(万美元)		比上年增长(%)	金额(万美元)	比上年增长(%)
		新批	增资		新批	增资			
合计	106	56830	27942	25.62	22267	12945	12.2	19201	24.4
合资	19	10168	5213	-2	2152	691	-63.5	—	—
合作	0	0	0	—	0	0	—	—	—
独资	87	46662	22729	61.86	20115	12254	65.48	—	—

2012 年外商及港澳台商投资行业(或产业)分布情况表(新批项目)

表 9

产 业	项目数		投资总额(万美元)		合同外资及港澳台资(万美元)		实到外资及港澳台资(万美元)	
	个数	占比(%)	金额	占比(%)	金额	占比(%)	金额	占比(%)
合计	106	100	56830	100	22267	100	19201	100
第一产业	0	0	0	0	0	0	—	—
第二产业	31	29	53452	94	19808	89	—	—
第三产业	75	71	3378	6	2459	11	—	—

2012 年外商及港商投资主要来源地情况(新批项目)

表 10

国家和地区	项目数(个)	投资总额(万美元)	合同外资(万美元)
中国香港	38	19800	7938
日本	9	6696	2571
欧美	5	4085	2586
第三地注册	4	13913	4283

2012 年主要出口商品情况

表 11

出口商品	出口额(万美元)	占出口总额(%)	比上年增长(%)
纺织原料及纺织制品	65913	27.2	-4.5
塑料及其制品	56342	23.3	-1.6
化学工业及其相关工业	45268	18.7	19.8
机电、音像设备	27481	11.3	65.6
贱金属及其制品	12180	5.0	25.6
杂项制品	6712	2.8	4.0
车辆、航空器、船舶	5854	2.4	-4.9

2012 年商品主要销往地情况

表 12

国家/地区	出口额(万美元)	占出口总额(%)	比上年增长(%)	国家/地区	出口额(万美元)	占出口总额(%)	比上年增长(%)
日本	70042	28.9	15.3	中国台湾	19536	8.1	4.8
美国	30355	12.5	10.0	中国香港	14619	6.0	3.0
欧盟	29308	12.1	0.4	韩国	11296	4.7	-23.4
东盟	23522	9.7	-4.6	德国	7810	3.2	5.3

2012年外资及港澳台资企业生产经营情况

表13

	单位	全年累计	比上年增长(%)
销售收入	万元	3515837	5.0
利润总额	万元	147641	-27.4
出口商品总额	万美元	171193	9.7
税金	万元	327151	21.9

供销合作社

【概况】 2012年,区供销合作社(下称区社)销售收入8.64亿元,完成年度计划101.91%;利润2139.99万元,完成年度计划123.66%;实缴税金1549.19万元,完成年度计划102.58%;区社系统资产租赁收入比年度计划数略增。年内,区社、区粮油总公司实行"两块牌子、一套班子"组织架构和管理模式,进入融合发展新阶段。加强为农服务,提升"四个龙头"企业(打造以上海金山农资有限公司为龙头、服务"三农"的专业化企业;打造以上海金山综合便民服务有限公司为龙头、自配自送、网购与直销双向的骨干企业;打造以上海金供农副产品配送中心为龙头、营销为主业的产业链企业;打造以上海丁义兴食品有限公司为龙头,养、加、销为一体的食品深加工企业)经营、管理水平。推进资产经营,新购社区商业地产3000多万元;启动企业内部管理财务、资产信息化建设管理平台实施计划。完成14个基层党组织换届选举工作,基本完成基层工会组织换届工作。全年受理来信(来访)14件,化解或基本化解13件、进入司法程序1件。召开各类安全生产会议143次;出动1437人次,开展安全检查345次;查出安全隐患91处,落实整改82处;投入安全消防维修资金114万元。 (胡永平)

【推进为农服务"四个龙头"企业发展】 年内,坚持为农服务"四个龙头"企业重点发展战略,优先落实便民公司配送站建设资金、"丁义兴"公司旺季市场流动资金、金供配送中心区优质农产品梅川路专卖店开业资金和农资公司配送中心资产划拨工作。"丁义兴"公司品牌建设、农资公司农药连锁经营、便民公司日用消费品连锁配送等项目获中央、市、区财政支持。"丁义兴"生产的"枫泾丁蹄"被评为"上海市特色旅游食品"。区首家农资连锁超市(朱泾店)和金供平价粮油店建成开业。组织"四个龙头"企业参与"金山田野百花节""金山蟠桃节""金山购物节"等节庆活动。筹划"城乡对接、农超对接"推介工作,开设中心城区优质农产品专卖店(普陀区梅川路)及金山"皇母蟠桃"销往上海百联集团各大超市。 (胡永平)

【区社被评为全国供销系统先进集体】 7月,全国供销合作社系统先进集体、劳动模范和先进工作者表彰大会在北京人民大会堂召开,中共中央政治局委员、国务院副总理回良玉讲话,区社被国家人力资源和社会保障部、中华全国供销合作总社授予"全国供销合作社系统先进集体"称号,区社党委书记、主任张仁良代表区社领奖。近年来,区社围绕服务"三农"、社有资产管理和运营、生活生产资料供应、区政府所委托重要物资组织储备及管理等职能,调结构、转方式,改革、发展、创新供销事业,创造连续10年盈利目标,其中2011年创利5132.34万元。 (胡永平)

【制作"中华第一蹄"庆祝"枫泾丁蹄"创始160周年】 5月19日,区旅游局、枫泾镇旅游公司、区社共同举办的"上海枫泾美食节主题日活动"举行为庆祝"枫泾丁蹄"创始160周年而专门制作的"中华第一蹄"启封仪式,由丁义兴公司5名职工耗时8小时、选用130多只蹄髈制作而成的"中华第一蹄"净重160斤、高30厘米、最大直径67厘米,获上海基尼斯总部颁发"最大的丁蹄——中华第一蹄"证书。枫泾丁蹄创始于1852年(清咸丰二年),曾获巴拿马国际博览会金质奖章、德国莱比锡博览会金质奖章、日内瓦国际发明与新技术展览会银牌奖等奖项和"中华老字号"等称号,是上海地区特产。 (胡永平)

粮油总公司

【概况】 2012年,区粮油总公司所属企业营业收入1.56亿元,比上年增28.25%。净利润-648万元，比上年增亏493万元（主要为管理费用、融资成本上升所致）；资产负债率101.70%，比上年上升0.75个百分点；税收180万元，比上年增9.76%。全年收购粮油4.21万吨，与上年基本持平，其中油菜籽61.6吨、小麦9764吨、大麦1380.4吨、晚粳谷3.09万吨；销售粮油5.63万吨，比上年增8.56%。粮油总经营量9.83万吨，比上年增11%。完成中央、市、区粮食储备任务。根据国家粮食局《关于暂停使用自吸过滤式防毒面具的通知》，总公司统一更换下属6个中心粮库"自吸过滤式"防毒面具为"正压式呼吸器"（德国进口）。（胡永平）

【"金山区国家粮食储备中心"项目启动】 6月30日，区2012年度重大工程"金山区国家粮食储备中心"项目（根据市粮食局"十二五"规划关于重点在金山等3区县建设中心粮库要求而实施）启动。区委常委、副区长姬兆亮宣布项目启动，市粮食局副局长王建忠、中国储备粮管理总公司上海分公司副总经理王晓明和区政协副主席、经委主任、粮食局局长倪向军及市良友集团、发展改革委、商务委等有关领导出席。储备中心位于朱泾镇金山大桥东堍东粮库路，东临金廊公路延伸段、南靠320国道、西贴掘石港、北接金山油脂化工厂，占地5.76万平方米、建筑面积2.46万平方米，仓库容量8万吨级。计划总投资8245.36万元（区粮油总公司负责筹措），实行一次报批、分期实施方式。其中一期4912.10万元，计划2013年6月完成；二期3333.26万元，计划2014年6月完成。2014年底投入使用。（胡永平）

上海烟草集团金山烟草糖酒有限公司

【概况】 2012年，上海烟草集团金山烟草糖酒有限公司销售卷烟2.97万大箱，比上年增0.59%；销售收入8.44亿元，比上年增2.70%。实现税利1.15亿元，比上年减18.31%，其中利润3941万元，比上年减32.48%。年内，颁发烟草专卖零售许可证335户，累计持有烟草专卖零售许可证2752户。市烟草专卖局金山分局（下称分局）全年出动4423人次，开展卷烟市场检查848次。会同公安金山分局、工商金山分局等开展联合执法检查39次。（吴威卿）

【查处假冒、走私卷烟】 年内，分局联合公安、工商等部门开展道口联查、协查，查处无证运输案件19起（其中符合国家烟草专卖局标准网络案2起），查获非法卷烟717.3大箱（3.59万条）。区域卷烟市场净化率97.4%。分局获市烟草专卖局、市公安局卷烟打假工作"先进集体一等奖"。（吴威卿）

上海金山市场有限公司

【概况】 2012年，上海金山市场有限公司（下称公司）启动建设2012年区重大工程和区人大常委会主任会议督办项目——朱泾城南市场；签订钱圩市场建设项目土地出让合同；新建山阳市场1200平方米蔬菜大棚，改造张堰市场（涉及2383平方米）和商贸市场2号楼，完成遭台风袭击受损市场和各市场日常零星维修任务。年内累计竣工和在建市场1.2万平方米。至年底，农贸市场经营面积20.06万平方米，集市贸易成交额26.01亿元。公司总收入6469.79万元（其中主营业务收入6066.62万元，比上年增6.54%），净利润1392.17万元，总资产27390万元，国有资产保值增值率105%。（钱　鑫）

【编制《上海金山市场有限公司战略规划报告》】 年内，开展《上海金山市场有限公司战略规划报告》（下称《报告》）编制工作，经项目准备阶段（成立工作机构、明确工作目标任务、选择中介机构）、战略审计阶段（完成企业内部环境和外部环境审计报告）、战略规划制定阶段（完成公司总体发展战略报告、职能战略报告、业务战略报告）后于9月获区国资委批复同意。《报告》明确企业打造全国一流生活服务平台愿景，围绕现有"市场经营管理"主业，以农贸市场为主，向多业态经济体转型发展；结合产品经营、市场经营和资本经营，构建以农副产品为主、包含各类轻工业品及其他生活消费服务的"居民基本生活消费服务平台"，发展成为经营型、品牌型、网络型、平台型现代化企业集团。（钱　鑫）

梁太学博士顾野王

亭林镇历史悠久、人文荟萃，具有水乡小镇特色。古文化遗址发掘出土文物证实，早在良渚文化时期，亭林一带就有先民定居生活并在这片肥沃的土地上劳动生息，繁衍后代。传亭林有读书堆，因顾野王晚年隐居亭林，于茂林深处，结茅筑舍，读书著作，修《舆地志》而得名，家喻户晓，至今犹存，与松雪碑（又名子昂碑）、楞严塔（又称飞来塔）、仙人洞、墨池（又名洗砚池）、八角井、览翠楼、剔牙松合称“亭林八景”。

顾野王（519—581年），字希冯，吴郡吴县（今江苏苏州人），南北朝梁陈之间著名的文字训诂学家，精通历史、天文和地理，擅长绘画。曾任陈朝《梁史》撰修，太建六年（574年）就任“大著作”，掌管国史，官至黄门侍郎光禄大夫。他天资聪颖，7岁始读“五经”，即略知大旨。9岁能文，写出《日赋》。12岁随父亲到建安（今福建建瓯），撰写《建安地记》2篇。梁大同四年（538年），顾野王被授予太学博士。大同九年，撰《玉篇》30卷，体例仿《说文解字》，部目稍有增删，分542部，部次也同《说文》稍异。原本《玉篇》收字16917字，每字下先注反切，再引群书训诂，解说颇详，字形注重篆隶变迁。

侯景之乱（548—551年），顾野王曾随义军援京（建康，今南京），京城沦陷后转向会稽联合东阳义军据城抗贼，东阳平安渡险，传为佳话。侯景之乱平定后，顾野王定居亭林里（今亭林镇）。因小镇山清水秀，绿树成荫，有林有湖，环境优雅，人地物丰，毅然于林内高阜结茅筑舍，悉心著作于此，终成30卷《舆地志》，为我国早期重要地理著作。

顾野王人才出众，造诣深厚，佳作传世，令人敬仰。元代名人成庭诗云：“宝云寺里旧祠堂，自汲清泉酹野王。白马有神嘶古道，青衣无梦到禅床。尘销坏壁书千卷，土蚀残碑字几行。欲借玉篇遗稿看，山僧无语立斜阳。”足见其成就非凡。除《玉篇》《舆地志》各30卷外，尚有《符瑞图》《顾氏谱传》各10卷，《分野枢要》《续洞冥记》《元象表》各1卷，并行于世，而《通史要略》《国史纪传》的未就身卒实乃憾事。

顾野王隐居著书，名闻遐迩，方圆百里无数学子纷纷慕名而至，相聚林中高阜，与顾野王谈诗论经，相互切磋，取长补短。山丘时有学子聚集，应验了顾野王“往后读书习文将盛也”的预言，后人便称此山为“读书堆”。

追思伟绩千余年，好学之风代代传。历朝都有名人志士、文人墨客，慕名寻踪至顾野王遗址，览景吟咏，寄寓情怀。

旅　游

LVYOU

综　述

2012年,全区有国家AAAA级景区、国家AAA级景区、全国工(农)业旅游示范点、三星级"农家乐"项目各3个,有旅行社43家、星级宾馆11家,达标社会旅馆22家。全年接待游客527.38万人次,比上年增23.2%;旅游综合收入30.51亿元,比上年增19.2%。各旅游咨询站点接待咨询服务14.85万人次,发放旅游宣传资料64.38万份。金山区获"全国休闲农业与乡村旅游示范区"称号(全市首家);金山区和枫泾古镇入选"长三角100个最佳旅游休闲名城",城市沙滩、廊下生态园和中国农民画村入选"长三角100个不得不去的地方";东林寺景区创建成国家AAAA级旅游景区;枫泾古镇入选"长三角十大古镇";区旅游局、新廊下旅游公司被评为市旅游系统先进集体,王海燕、薛立风被评为市旅游系统先进个人;区旅游局列全市旅游政风测评各区县第一。年内,确立"闲是金山"闲乐旅游目的地品牌,推出"金周末"系列产品,即:金篮子乡村游、金沙滩浪漫游、金鱼钩休闲游、金画笔文化游、金木鱼祈福游、金勺子美食游、金枕头度假游。区政府与锦江国际(集团)有限公司签订《关于廊下项目合作开发建设框架协议》。区旅游局与浙江省舟山市签订《深化区域旅游合作协议》、与浙江省平湖市签订《旅游合作协议》。落实金山草莓节、金山田野百花节、金山海鲜文化节、张桥羊肉节、世界沙滩排球巡回赛中国上海金山大满贯赛、星尚·热波音乐节、国际沙滩音乐烟花节等服务接待工作。钱龙大酒店成功创建三星级旅游饭店和银叶级绿色旅游饭店。乐顺旅行社、文鑫国际旅行社、海湾国际旅行社成功创建AAA级旅行社。完成206名导游、12家星级宾馆年审、复核工作。举办旅游饭店总经理、旅行社导游、旅游饭店服务人员等培训班12期,1000多人次参加。召开区旅游政风行风推进会,90家旅游企业200多人参加。分别到朱泾镇、山阳镇和石化街道召开社区居民代表座谈会,听取有关金山旅游意见和建议。区旅游局、旅游协会在廊下新天地联合举行区旅游行业元宵农耕趣味运动会,全区41家旅游企业和旅游局干部职工共400多人参加。 (王超群)

"闲是金山"旅游目的地品牌发布

【"闲是金山"旅游目的地品牌发布】 5月31日,区旅游局主办的"闲是金山"旅游目的地品牌发布会暨"金周末"体验游首发仪式在上海旅游集散中心举行,市旅游局、旅游咨询服务中心和上海旅游集散中心有关领导出席,各区旅游企业代表、长宁区市民代表"金周末"体验团和新华社、《中国旅游报》等近百家国内主流媒体记者参加。"闲是金山"为上海首个区域旅游目的地品牌,由区旅游局、景域旅游营销团队联合打造,旨在倡导都市人走出钢筋水泥,回归生活本质,懂闲、得闲、享闲,保持闲适生活理念。同时,区旅游局整合旅游资源,提供符合游客需求旅游体验,推出"金周末"系列旅游产品。 (王超群)

【金山旅游青年讲解员大赛】 8月14日,"比技能展才艺亮风采"2012年金山旅游青年讲解员大赛决赛在海鸥大厦举行。邀请旅游专业人士、媒体记者和电脑网络微博达人担任评委。大赛自5月开始筹备,旅行社导游、景区讲解员和热爱旅游、热衷讲解的社会青年等60多人报名,12人通过初赛进入决赛。经角逐,评选出一等奖1人、二等奖2人、三等奖3人,其中一等奖得主上海枫泾古镇旅游发展有限公司钟贤获市导游大赛入场券。副区长陆瑾、市旅游局副巡视员许保安和区各旅游企业代表等共300多人现场观摩。 (王超群)

【金山旅游行业专场招聘会】 9月8日,金山旅游行业专场招聘会在区会议中心举行，吸引近800人参加，旅游企业收到简历约500份，117名求职人员与用人单位达成初步意向。市旅游局局长道书明、副区长陆瑾察看并指导工作。
（王超群）

水乡婚典牵手《相约星期六》

【金山旅游节】 9月17日至10月7日，金山旅游节组委会主办的“畅享金周末，欢乐健康游”2012年金山旅游节举行。其间，举办金山海鲜文化节、枫泾水乡婚典、金勺子美食游—廊下乡村烧烤节、金沙滩浪漫游—城市沙滩青年交友派对、金山购物节、金木鱼祈福游—东林观音文化主题灯会等11项“金周末”系列活动，各旅游景区（点）接待游客70.2万人次，比上年增56%，其中中秋、国庆假期接待游客63.28万人次，比上年增58.92%。上海电视台、江苏电视台、《解放日报》《中国旅游报》等20多家媒体报道（刊发）旅游节相关新闻（专版）60余篇。
（王超群）

【第八届“吴根越角”枫泾水乡婚典】 9月26日，区旅游局、团区委、上海新娱乐传媒有限公司、枫泾镇主办，与相亲类电视节目——《相约星期六》合作推出的“相约星期六，相聚新八景”第八届“吴根越角”枫泾水乡婚典举行，20对新人参加，上海电视台主持人朱桢、丹丹主持。婚典上半场在枫泾古镇吴越广场举行，并增设迎、送亲环节。下半场组织新人到东方电视台《相约星期六》栏目演播大厅摄影留念，并乘坐观光巴士巡游南京路步行街、外滩、豫园和船游浦江夜景等，品尝“天下第一桌”美食。
（王超群）

【旅游行业岗位服务技能比赛】 11月14日，区旅游局、市食品药品监督局金山分局联合主办，作为市旅游服务技能比赛金山地区选拔赛的2012年区旅游行业岗位服务技能比赛在阿什福德城堡大酒店举行。20多家旅游企业130多位服务人员参加中餐宴会摆台、客房中式铺床、工装礼仪展示、厨房切配、菜肴展示等项目。

金山旅游节开幕式

区旅游行业岗位服务技能比赛

副区长陆瑾和全区各旅游企业代表等共200多人现场观摩。

（王超群）

【金山旅游宣传、推介】 年内，制作金山旅游沙画宣传片《“沙”里淘“金”》，首创《畅享金周末·金山农民画微动画》，编辑出版《金周末旅游折页》《金山滨海地区导览图》，升级改版《金山旅游玩全手册》《金山旅游自驾游地图》等，推出“iTravels·金山”手机智能旅游服务系统。组织旅游企业参加“博爱之旅——江南直通车”2012年南京德高旅游合作峰会、中国国内旅游交易会、第九届上海世界旅游资源博览会、南京国际旅游度假展览会、北方旅游交易会、中国国际旅游交易会，推介金山旅游产品；组织重点旅游企业到江苏省无锡、苏州、常州、镇江、扬州、泰州市召开旅游市场推介会，拓展长三角客源市场；组织部分旅游企业到台湾省台北市举行金山旅游专场推介会。至年底，枫泾古镇接待苏浙游客比上年增33%；廊下乡村游接待学生人次比上年增26%；全区接待境外游客逾2.5万人次，比上年增150%。

（王超群）

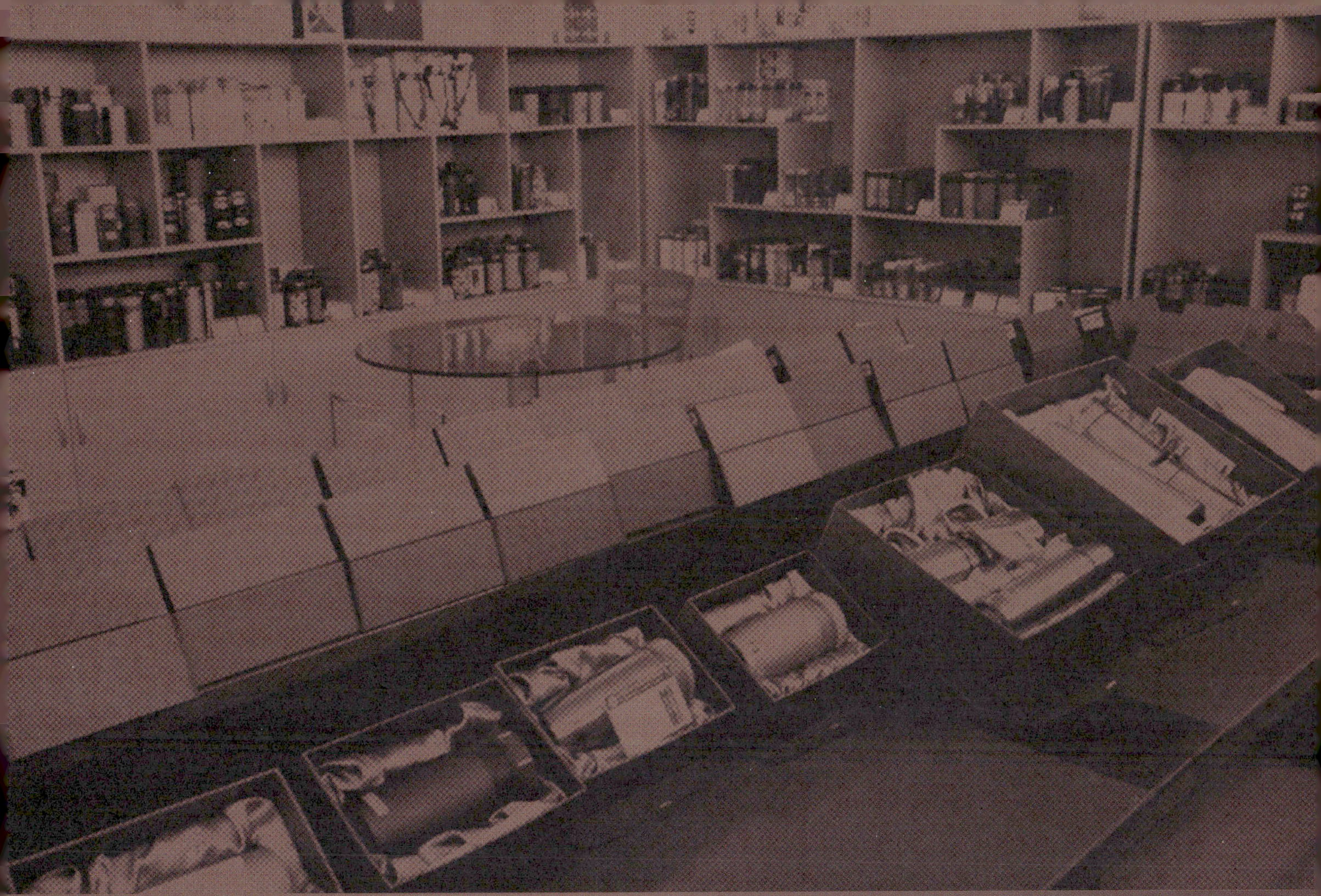

综合经济管理

ZONGHE JINGJI GUANLI

2013 JINSHAN ALMANAC

综合调控

【概况】 2012年,全区审批、核准、备案项目467个,总投资252.34亿元。其中基础设施项目283个,总投资54.09亿元;商品房项目25个,总投资117.58亿元;社会民生项目115个,总投资15.87亿元;土地开发项目20个,总投资63.37亿元;绿化项目24个,总投资1.43亿元。年内,金山国家绿色创意印刷示范园区、保障房建设、郊区供水集约化工程(输水管网部分)和朱平(朱泾——平湖)、奉朱(奉贤——朱泾)公路及松卫(松江——金山卫)北路两地连接道路等项目列入市重大工程。争取国家服务业发展引导资金扶持项目1个(四维印刷),获资金400万元。指导蓝滨石化和嘉麟杰纺织品公司争取2012年重点产业振兴和技术改造中央预算内投资项目资金8140万元(包括市政府配套4070万元),指导廊下镇养殖场综合环境治理沼气工程项目申报2012年度循环经济发展和资源综合利用专项扶持项目资金111万元。推进上海索日新能源科技有限公司2.1兆瓦屋顶太阳能光伏发电项目,并获国家金太阳工程补贴1680万元。区国家粮库建设项目获国家2012年经贸和流通领域中央投资项目资金400万元。指导12家企业申报市服务业发展引导资金,入围4家。编制《金山区2012年重大工程和实事项目安排》,起草《金山区政府投资项目稽察办法》和《金山区重大工程实事项目考核办法(试行)》。 (黄　镇)

【实事重大项目】 年内,全区安排重大工程和实事项目64项(实事项目10项、重大工程54项),年度计划投资85.51亿元。其中实事项目10项,年度计划投资10.26亿元;重大工程54项(新开项目25项、结转项目29项),年度计划投资75.25亿元。至年底,完成实事项目10项,包括石化地区居民生活用水和居民小区天然气转换工程、优秀人才安居工程、25家养老机构消防安全达标工程、居民健康档案区域卫生信息化建设、18万平方米动迁安置房建设;新增就业岗位21983人,净增就业岗位5242人,职业技能培训7052人,农民工安全生产培训10036人;提高农民医疗保障水平,人均筹资水平由950元/人提高至1330元/人;提高老年农民养老金,社区居家养老受益群体扩至7700人,新增400人;山阳镇九龙村等12家老年活动室和张堰镇秦望村等2个日间照料服务中心建成;村庄改造3067户。54项重大工程中金山一水厂二期工程、蒙山路(金山大道——沪杭公路)改建工程、沈海高速(G15)金山新城出入口拓宽改建工程、朱平公路南延伸段(省界——漕廊公路)、金山永久生活垃圾综合处理厂等24项工程完工;金山卫30万平方米公租房建设项目、供水管网改造工程、区文广中心、区国家粮食储备中心等23项工程在建;其他重大工程正在办理前期手续或者施工准备。 (黄　镇)

国有(集体)资产管理

【概况】 至2012年底,全区国有资产总量(国有净资产)166亿元,国有企业总资产471亿元、净资产172亿元,利润总额1.4亿元、净利润1.1亿元,净资产收益率(不含少数股东权益)0.70%,国有资产保值增值率100.58%;城镇集体企业总资产69亿元、净资产27亿元,集体资产总量(集体净资产)24亿元,利润总额1亿元、净利润0.88亿元,净资产收益率(不含少数股东权益)3.36%,集体资产保值增值率104.29%。年内,区委、区政府召开重点区域重点工作系列专题会——国资国企改革发展专题会议并通过《金山区国资国企改革发展总体方案》,形成“两个推进”(推进国资集资保值增值、推进区域经济社会发展)、“六大国(集)资板块”(开发建设板块、生产经营板块、资产经营板块、农商贸易板块、文化旅游板块、资本经营板块)、“十项工程”(国有资产出资人监管体系建设工程、经营者队伍建设工程、国资布局结构调整工程、企业发展战略推进工程、企业经营绩效评估推进工程、经营者激励约束机制建设工程、资本证券化推进工程、经营性国资监管全覆盖工程、企业法制建设推进工程、资源聚焦集聚工程)等系统工作方案。落实国资国企改革发展专题会议精神,促成中央企业中国检验认证集团与区属企业上海玩具进出口有限公司“央地合作”成立华东地区玩具及儿童用品检测中心。制订并下发《2012年度国资国企改革发展工作要点》、“国资委2012年度各科室项目化管理安排表”,安排年度26项重点工作、81项面上工作,并探索建立效能监察制度。制订、实施《区属企业重大事项管理暂行办法》《区属企业法律顾问管理暂行办法》《上市公司内幕信息管理暂行办法》《区属企业诉讼管理暂行办法》《中介机构备选库管理暂行办法》等规章制度10多项,探索建立包括模式、架构、机制、路径、举措等地方国有资产出资人监管体系。完善国有企业经营者业绩考核制度,结合国资工作发展需要,基本形成《金山区区属企业负责人业绩考核与薪酬管理暂行办法》《金山区区属企业负责人业绩考核与薪酬管理暂行办法实施细则》,实现区属企业考核全覆盖。制订并下发《金山区区属企业战略规划管理暂行办法》,召开区属企业战略规划工作推进会,部署企业战略制定工作,10户企业发展战略规划整体完成。制订、实施《区属企业法律顾问管理办法》《区属企业重大法律纠纷管理暂行办法》和《区属企业实施法律意见书制度的若干规定》,实施企业法律顾问制度,开展企业法制工作。在全市各区县率先建立“以事先预防和事中控制为主、事后补救为辅、法律意见书制度为核心”法律风险防范机制,初步建立国资国企法制建设工作组织体系和运行机制。编制并下发《区属国有企业“十二五”经营管理人才发展规划》,形成国资系统人才工作首个规划性质指导文件,奠定国资系统人才工作基础。上海日用化学工业开发公司通过诉讼,追回历史欠款2000万元。区供销合作社被人力资源和社会保障部、中华全国供销合作总社授予全国供销合作社系统先进集体称号;金山开发建设股份有限公司获中华老字号传承创新先进单位称号;上海玩具进出口有限公司获2011年度中国质量诚信企业、上海轻工行业劳动关系和谐企业和劳动关系和谐示范企业称号;上海化工品交易市场被市发改委评为2012年度市服务业企业监测工作优秀单位。 (夏信群)

【中共金山区国资委第一次党员代表大会】 会议于12月10日在区教育局会议室召开。区委常委、副区长姬兆亮讲话。区国资委党委书记、副主任孙雨兴代表国资委党委作《凝心聚力真抓实干为推进金山国资国企改革发展而努力奋斗》工作报告。大会采用无记名、差额直接选举方式,选举孙雨兴、李建伟、吴志明、奚玉华、唐连辉、谭巧根(按姓氏笔画为序)为区国资委第一届党委委员,刘峰、殷力、奚玉华(按姓氏笔画为序)为区国资委第一届纪律检查委员会委员。区国资系统141名党员代表、19名列席代表参加。 (夏信群)

【上海金滨海文旅投资控股集团成立】 12月26日,上海金滨海文旅投资控股集团挂牌成立。副区长陆瑾主持揭牌仪式。区委副书记、区长李跃旗,区委常委、副区长姬兆亮,区委常委、宣传部部长张权权出席。集团于2011年启动组建,作为推动“十二五”期间金山文化旅游传媒产业发展重要载体,有助于提升金山文旅传媒产业市场化运作能级,发挥金山文化旅游资源整体效应。集团业务覆盖旅游、文体赛事会展、广告传媒和文化投资板块。 (夏信群)

【区政府与中国检验认证集团签署战略合作意向书】 11月15日,区委副书记、区长李跃旗与中国检验认证集团(下称中检集团)总裁张利强就在金山建立中检集团华东检测基地事宜签署战略合作意向书。区领导姬兆亮、中检集团副总裁陆梅出席。区国资委主任李建伟汇报前期双方合作情况。中检集团是经国家质量监督检验检疫总局许可、国家认证认可监督管理委员会资质认定、中国合格评定国家认可委员会认可,以“检验、鉴定、认证、测试”为主业的独立第三方检验认证机构,服务范围涵盖石油、化矿、农产品、工业品、消费品、食品、汽车、建筑及物流、零售等行业。 (夏信群)

【张学兵视察上海民族乐器一厂】 5月26日,副市长、市公安局局长张学兵到上海民族乐器一厂指导工作,参观厂民族乐器陈列馆仿唐乐器、仿敦煌壁画乐器和弹拨类、拉弦类、吹奏类及创新型乐器。张学兵赞赏民乐一厂全面性、前瞻性发展思路,并表示“现在经营比较好的老国企已经为数不多了,企业能取得现在的成绩实属不易”。 (夏信群)

财政管理

【概况】 2012年,全区财政总收入204.53亿元,比上年降5.78%。其中原体制财政收入132.47亿元,增10.11%;体制下放部分72.06亿元,降25.53%。区级地方财政收入44.69亿元,比上年降4.94%。其中原体制区级地方财政收入41.44亿元,增5.21%,体制下放部分区级地方财政收入3.25亿元,降57.4%。上级补助收入51.50亿元,比上年增7.67%。转贷地方政府债券收入15亿元。区级财政总财力111.19亿元,比上年增17.24%。区级财政总支出111.14亿元,比上年增17.29%。其中区本级财政支出68.26亿元,增23.65%。市拨专款支出8.87亿元,上解支出3.05亿元,区本级调出资金0.21亿元;镇级财政支出30.66亿元,增2.89%,镇级调出资金0.09亿元。剔除转贷地方政府债券收入安排支出,区级财政总支出增1.46%,区本级财政支出降3.52%。区级财政总财力与总支出相抵，当年结余0.05亿元。全年区级政府性基金总收入22.81亿元，比上年降38.01%。其中区级政府性基金收入18.17亿元，降36.47%；上级补助收入4.34亿元，降44.74%；调入资金0.30亿元，降12.84%。区级政府性基金总支出19.20亿元，降22.21%。收支相抵，当年结余3.61亿元。区级财政实现收支平衡。加强队伍建设，提升财政干部综合素质。深化“1+3+1”（“1”政治理论学习，“3”分层分类培训，“1”系列教育活动）干部教育培训，采用“科室学习+专题研讨”方式，开展国库集中支付制度改革、部门预算、镇级财政管理改革等专题学习。加强公务员职业道德培训、法制宣传教育。开展廉政责任制签约、廉政教育月及廉政文化进机关等活动，加强廉政风险防控。推进创先争优活动，完善党务公开，深化结对共建。改进工作作风，向全区141家预算单位发放公开信和征求意见表。推进文明机关创建，开展“财政精神”和上海财政“核心价值理念”提炼活动，形成共同精神追求和价值理念，提升干部服务意识和服务水平。

（张　力）

【支持民生改善和社会事业发展】 年内，区本级社会保障和就业支出68931万元，比上年增50.75%。城镇居民最低生活保障标准从每人每月505元提高到570元，农村居民最低生活保障标准从每人每年4320元提高到5160元。保障城乡贫困群众基本生活，落实一次性生活补贴和临时价格补贴举措。支持基本社会保险制度改革，落实企业职工“综保”“镇保”“农保”与“城保”接轨过渡补贴1937万元。提高新型农村社会养老保险养老金和原老年农民养老金补贴水平，新型农村社会养老保险养老金和原老年农民养老金分别由每人每月400元和300元提高至450元和345元，受益4.93万人。落实居家养老、残疾人保障等经费。支持“四位一体”保障性住房（廉租房、公共租赁房、动迁安置房、经济适用房）建设。

区本级教育支出131981万元，比上年增23.71%。落实基础教育生均公用经费基本定额标准，特殊教育小学和初中生均公用经费标准由每生每年3200元和3600元统一提高到7800元。支持民办教育发展，落实民办义务教育生均公用经费补贴。实施中小学营养午餐改善计划，新增农民工子弟学校学生午餐补贴每人每日2元，全年累计155万元；落实区低保家庭、农村户籍家庭学生午餐补贴1032万元。支持教育内涵建设，推进学前教育三年行动计划。落实枫泾中学体育馆建设、华东师大三附中及区教师进修学院迁建及校园安全工程建设资金。区本级医疗卫生支出44001万元，比上年增17.85%。保障基层卫生预防保健、运行经费投入，预防保健经费和社区卫生中心运行经费财政补助标准分别由每年人均50元、60元提高到60元和110元。加大新型农村合作医疗保险基金投入，筹资标准由每年人均950元提高到1330元，其中财政补助标准由每年人均640元提高到960元，受益12.2万人。继续实行60周岁以上老人和低保人员、五保户个人参保财政补贴。加大困难群众医疗救助力度，全年安排医疗救助金1155万元，其中市民综合帮扶资金450万元。（张　力）

【加大支农惠农投入力度】 年内，加大“三农”（农业、农村、农民）财政投入，支持新农村建设。全年区本级农口部门预算支出74148万元，比上年增19.71%，政府性基金支出3095万元，比上年增166.05%。全年拨付粮食生产种植、农资综合补贴、绿肥种植、农业保险等各类惠农补贴21717万元。推进农业综合开发项目建设和农业土地综合治理，提升农业综合生产水平。加大农田水利等农业基础设施建设投入力度，支持防洪除涝设施、灌区改造工程建设及河道综合整治，提高农业防涝抗灾能力。聚焦现代农业建设，落实现代农业发展专项资金5000万元。（张　力）

【支持经济结构调整】 年内，支持经济结构调整，落实“营改增”（营业税改征增值税）试点过渡性财政扶持政策，平衡试点企业税负，确保“营改增”试点工作平稳运行，支持和促进区现代服务业发展。全年完成税负增加较大的122户试点企业财政审核上报，累计预拨专项扶持资金2221万元。落实55个国家级、市级重点产业振兴和技术改造项目专项补贴资金22189万元，其中区镇配套资金6734万元。完成47个高新技术成果转化项目财政扶持政策核定，并实施专项贷款财政贴息。补助企业职工职业培训经费6417户22444万元。坚持品牌战略，促进企业自主品牌建设和发展。落实国家各类扩大内需财政政策，支持企业发展和居民消费。加大产业结构调整，推进节能减排。支持漕河泾保税区金山功能区等产业基地建设，加快产业集群发展。（张　力）

【支持重大工程项目建设】 年内，支持重大工程项目建设，确保项目资金需求。落实金山铁路配套工程、板桥西路新建和蒙山路改建工程资金100396万元，沈海高速（G15）金山新城出入口拓宽改建及绿化工程、龙泉港生态绿地建设等资金9890万元，金山一水厂二期工程BT（Build - Transfer，即建设 - 移交，是基础设施项目建设领域一种投资建设模式）项目回购、村镇供水管网改造、新江水质净化厂和枫泾污水处理厂二期工程建设资金25739万元，村庄改造（3171户）、农村桥梁改造和村级道路建设资金4498万元。（张　力）

沈海高速（G15）金山新城出入口改造

【服务中小微企业发展】 年内，加强中小微（中型、小型、微型）企业融资担保服务，强化政策引导和风险防范，努力降低企业融资成本。建立小微企业融资推荐机制，完善推荐审核办法，优化工作流程，改善中小微企业融资环境。全年完成政策性中小微企业贷款担保62项、担保贷款金额25365万元；76家小微企业获试点贷款22305万元。建立市财务会计管理中心金山小微企业财务会计培训咨询基地。

（张　力）

【深化国库管理制度改革】 年内，推进国库集中支付制度改革，建立健全管理制度，制订《金山区预算单位银行账户管理暂行办法》《国库集中支付管理暂行办法》等制度体系。清理、整顿区镇两级财政专户和预算单位银行账户，加强财政业务信息系统建设和预算编制基础管理，区级预算单位全面实施以国库单一账户体系为基础的国库集中支付制度。扩大国库集中支付范围，国库集中支付达27项，累计拨付310368万元。加强和规范区预算单位公务支出管理，完成293家预算单位改革，制订《金山区区级预算单位公务卡管理暂行办法》，公布《金山区公务卡结算目录》。区级预算单位累计办理公务卡4303张，全年公务消费刷卡9110笔，消费额3014万元。加强非税收入收缴管理，将出租出借收入、资产处置收入、利息收入等纳入非税收缴系统执收并完成非税收入收缴改革。

（张　力）

小微企业财务会计培训咨询基地揭牌

【加强国有资本经营预算和国有资产管理】 年内，根据《金山区区本级国有资本经营预算管理试行办法》《金山区企业国有资本经营收益收缴管理试行办法》，认真执行2012年度区本级国有资本经营预算，落实国有资本收益收缴和支出管理工作，管好用好国有资本预算资金。批复下达国有资本经营预算收入指标3020万元，实际入库3001万元，完成预算99.38%；国有资本经营预算支出指标3020万元，实际支出3001万元，完成预算99.38%。加强行政事业单位国有资产管理，推进信息化建设，实现资产动态化管理。推进公务用车制度改革，会同机管局等部门研究制订公务用车制度改革交通补贴、涉改车辆处置及保留公务车辆管理等有关政策，做好交通补贴发放和经费管理等工作，督促各单位将车辆处置收入及时入库。梳理区级行政事业单位办公用房。完成2011年度52户行政单位、208户事业单位资产编报。制订《金山区镇级资产管理问题解答》，加强镇级国有资产管理。（张　力）

【深化部门预算管理】 年内，完善预算定额管理体系，建立健全财政基本支出定员定额管理标准和制度。加强预算绩效管理，建立健全重大项目事前评审机制，制订区财政支出绩效评价管理办法和实施意见，加快构建财政支出绩效评价管理体系。制订《关于金山区教育建设项目管理办法》，加强教育建设项目管理。推进教育、村庄改造和国家粮食储备等项目财政支出绩效评价，将年度教育预算安排支出总量2/3以上资金量纳入绩效评价范围，提高财政资金使用效益。深化财政管理一体化建设，建立符合国库单一账户管理体系要求的部门预算编制系统。（张　力）

【完善政府采购管理】 年内，制订区政府采购集中采购目录和采购限额标准，细化政府采购预算编制，严格采购形式变更审批。参与市政府采购电子平台二期试点，完成电子开、评标室建设，选择采购项目实行全过程网上招投标试点。建立政府集中采购社会代理机构库管理制度，规范政府采购评审专家抽取行为。严格执行绿色采购制度，发挥政府采购政策功能导向作用，提高政府采购资金使用效益。全年共受理政府采购业务2774笔，完成合同资金161025万元，节约25426万元，节约率13.64%。（张　力）

【深化"乡财县管"工作】 年内，全面完成镇级财政性资金监管平台建设，加快建立"制度+科技"监管长效机制。加强对镇级财政资金监管工作的指导和规范化建设，强化镇级财政考核，制订《2012年镇级财政工作考核办法》。加强村级转移支付资金和镇级财政扶持资金管理，推动各镇财政信息公开，推进镇级财政集中支付制度改革试点，提高镇级财政管理水平。完善2012年镇级转移支付方案，促进各镇基本公共服务均等化。

（张　力）

【加强土地出让金管理和政府债务管理】 年内，参照六类（商业、旅游、娱乐、金融、服务业及商品房用地）地块成本结算办法，统一土地出让成本结算标准（项目预算标准），避免和遏止土地成本结算随意性和人为因素，真实反映土地出让成本和土地出让收益。全年土地出让价款213881万元，出让面积近388.56公顷，其中区得部分170753万元。按照财政部关于政府性债务管理要求，做好政府性债务统计，严格控制政府性债务规模和严禁政府担保或变相担保，有效落实偿债措施，制订《金山区政府性债务偿债准备金管理办法》，建立偿债准备金机制，降低债务风险。（张　力）

【加强外商投资企业财务管理】 年内，加强外商投资企业财务管理，落实外商投资企业财政登记工作，全年共办理财政登记184户，其中新增90户、变更78户、注销16户。根据市局关于网上联合年检工作部署，开展外资企业联合年检，696户企业通过财政年检。完成外商投资企业年度决算报表汇总，录入报表618户。完成70户企业经济效益月报工作。（张　力）

【加强会计基础工作】 年内，推进《小企业会计准则》和《企业会计准则》实施。扩大内部控制规范实施范围，落实5户企业在年内率先实施内部控制规范体系。加强代理记账机构审批和年度核查，核查93户代理记账机构执行业务情况。坚持评定与年检相结合，加强财务会计信用等级评定和年检工作，将代理记账机构纳入2012年评定范围，完成299户企业财务会计信用等级评定和111户A类企业年检。加强会计人员继续教育及培训，提高会计从业人员业务素质，全年完成继续教育培训12233人，其中8476人采用网上学习模式，347人参加农村财会人员专题培训。

（张　力）

【强化财政监督】 年内，加大财政监督检查力度，确保财政资金安全规范运行。开展财政内部监督，强化内部控制、提高管理效能。加强中央专项资金、民生等重点项目资金监督检查，检查本区14个主管单位、10个街镇及7户企业共51个项目中央专款使用情况，涉及金额74401万元；跟踪监督7个民生及重大项目资金；检查区司法局等19家行政事业单位预算执行情况；检查10户能源、粮食、保障性住房等单位会计信息质量。试行常态化监督检查，开展区级预算单位2012年预算执行情况日常跟踪检查，发挥财政监督"预警防范、实时纠偏"作用。推进财政信息公开，制订《关于推进本区财政信息公开的实施意见》，推进预算单位部门预算、"三公经费"（公务出国（境）经费、公务用车购置及运行费、公务接待费）和专项资金信息公开，主动接受群众监督。

（张　力）

税务管理

【概况】 2012年，全区原口径税收128.17亿元，比上年增10.4%，其中区级税收36.94亿元，比上年增5.0%；全口径税收200.23亿元，比上年降5.9%。全区六大重点行业（制造、批发零售、建筑业、房地产、交通运输、服务）税收122.01亿元，占比95.2%；主体税种增减不一，增值税比上年增32.5%；占原口径税收近一半注册型企业税收61.18亿元；属地征管企业上海石化股份公司税收63.77亿元，比上年降27.3%，直接造成全口径税收比上年降5.9%。年内，根据金山税务办税服务厅无法实现南北征收点大集中情况，制订涉税事项全区通办方案，通办事项涉及发票发售、纳税申报、税控报税、发票认证、涉税事项五大类25个小类。推进第三方涉税经济信息交流，召开涉税经济信息共享工作推进会，交流共享项目、共享内容确定情况等，明确涉税经济信息传递内容、时间等要求。多途径落实税收政策，通过走访企业，直接送政策上门，听取企业建议和意见。开展税收宣传月活动，通过宣传板报、设摊咨询、《金山报》专版专栏解答税收热点、难点问题，并由电视台跟踪报道。适时举办纳税人各类税收政策辅导培训班，及时更新门户网上税收政策信息。建立政策反馈机制，借助纳税人呼声制度，掌握纳税人关切问题等。加强个人所得税征管，

咨询活动

至年底完成申报7155人，完成市局布置任务123.36%。创新干部教育培训模式，委托市税务干部学校及外省市著名高校分别开展知识更新培训，240名基层一线干部及74名科级干部参加。邀请市内高等院校专家作专题性讲座。组建专业人才兼职师资团，负责解读最新政策、编写自测题库、开设业务讲座、录制教学视频等。加强基层所内控机制建设，建立职位说明书、权力事项登记表、廉政和职务风险预警点排查表、权力运行情况表、权力事项流程图和权力事项内部控制管理制度，整理各基层税务所上报内控机制建设材料，形成《金山区税务局基层所内控机制材料汇编》。加强税务信息化建设，成立金税三期网络项目工作小组，制订工作方案并在市局项目组指导下完成网络切换。完善减免税调查数据抽取软件、出口退税信息化管理软件、汇算清缴工作完成进度查询模块、企业基础信息维护模块等基础软件。深化信息技术应用，减轻基础资料录入工作量，完善税收查询、分析、比对与管理功能。推广应用门户网站，梳理网站功能、机关内部事务流程等。根据部门业务需求，完成网页及后台管理软件开发，完成服务器安装调试。开发税务稽查建议书模块，强化稽查与征管协作。落实稽查课题调研与选案软件并举举措，开发“虚开增值税专用发票风险监控模型”获市局主要领导关注并肯定。《海量数据巧利用，虚开发票现轨迹——“金山选案模型”的探索》获市局信息化稽查案例特别创新奖（特等奖）。“创新信息化选案系统有效防范虚开增值税专用发票风险”获市局稽查课题评比一等奖。侦破利用卖场、百货公司收银条以及加油站加油卡管理漏洞大肆虚开增值税专用发票团伙案件，侦破工作情况由《中国税务报》刊登，以该案件为素材撰写的《深挖线索现手法巧破重案显声威》获市局典型案例三等奖。全年查处各类案件664件，查补税款1.02亿元、入库9356万元，入库率91.58%。

（郑秋芳）

2012年原口径主要税种税收结构分析

表14 单位:年/亿元

	增值税	营业税	企业所得税	个人所得税	消费税	耕契两税	其他个税	合计
2012	62.68	20.22	27.74	6.94	1.50	3.17	5.92	128.17
2011	47.29	19.06	28.21	10.01	1.69	4.79	5.05	116.09
增幅(%)	32.5	6.1	-1.6	-30.7	-10.9	-33.8	17.2	10.4

【重点税源有效监控】 年内,全区四级重点税源企业由上年2423家增至2700家,2600户"营改增"(营业税改征增值税)一般纳税人纳入重点户管理。组织税务所TRAS(重点户数据采集系统)操作人员辅导培训,结合企业产能、税收情况等相关指标补充自定义审核公式,提高数据审核工作效率。调研走访区局级以上重点税源企业1406户,撰写《金山区税务局重点企业走访调研报告》获区委主要领导肯定。 (郑秋芳)

【落实"营改增"风险管理】 年内,制订营业税改征增值税申报工作方(预)案,并选择九大类型397户纳税人提前完成纳税申报。"营改增"试点纳税人应申报7285户,实际申报户数7285户,申报率100%。选取货物运输业、货运代理业一般纳税人464户,设置发票使用量、红字发票、进项税额、销售额、减除项目等相关指标,下发税务所逐户审核。核查纳税人购票数大量增加,废票率、红票率大幅升高,销售额大、销售额减除项目增长过快及进项变动特别大情况,及时发现风险疑点,将风险管理控制在萌芽状态。根据核查,70户企业单张最高开票限额实施降级、158户企业月购票限量实施核减,查补税金111.48万元。 (郑秋芳)

【强化国际税收管理】 年内,强化国际税收管理。加强同期资料管理,抽取相关企业汇缴申报关联交易数据下发各所,做好相关企业同期资料收集、审核、补充工作。加强非贸出证管理,规范非居民企业所得税源泉扣缴管理和服务贸易等项目对外支付出具税务证明管理,强化税源监控,健全《扣缴企业所得税管理台账》《服务贸易等项目对外支付出具〈税务证明〉台账》。加强情报交换管理,筛选、制作50份自发情报上报市局。参与市局立案论证会、案情分析会、结案论证会及各类反避税业务培训,跟踪管理避税嫌疑企业。

(郑秋芳)

【企业所得税汇算清缴】 年内,根据新办企业多、规模小、户管质量较差和汇缴户管激增、查账户翻番状况,落实企业所得税汇算清缴举措,选取代表性税务所加强申报、核定征收、汇缴后续管理等事项开展交流。汇算清缴显示,2011年度实际应纳所得税额26.98亿元,预缴所得税27.68亿元,预缴率102.59%,汇缴补税2.28亿元,退税2.98亿元,净退税0.70亿元。

(郑秋芳)

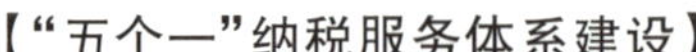

【"五个一"纳税服务体系建设】 年内,开展"五个一"纳税服务体系建设(一个办税服务厅、一门热线电话、一个互动平台、一支纳税服务志愿队、一所金税课堂)。推进办税服务厅标准化建设,制订《区局办税服务厅突发事件应急处理预案的实施意见》,试点开展办税服务场所弹性工作制度调研,探索实施免填单,推进一窗多能服务机制,提高ARM机自助终端使用率。

"金税课堂"成立

建立"12366"远程坐席督办机制，建立区局级"12366"咨询资料库和区局级"12366"远程坐席青年干部培训基地。加强税企互动参与平台推广使用，完善金山税务子网站功能，畅通反馈渠道，实现纳税人服务及时性和交互性。建立纳税服务志愿者队伍，走进企业、社区，解读政策、解答咨询，宣传纳税人权益保障。定期编发《税收政策要点汇编》电子版并免费向纳税人发送。成立金税课堂并授课7次，听课600多人次，纳税人对课程内容、形式、师资满意度均达80%以上。（郑秋芳）

【大企业纳税、风险、监控专业化管理】 年内，试点开展大企业纳税、风险、监控专业化管理。各所确定1名重点税源管理员作为大企业客户联络员，选择4户定点联系企业签订"税收遵从协议"，建立"金山区税务局涉税争议前置处理工作机制"；根据要求选择1户市局级定点联系企业重点开展税务风险评估测试，并完成税务风险评估测试报告；探索完善金山税务大企业税源监控指标体系，对涉税风险点，按季及时制发书面《涉税风险提醒函》送达企业，并要求自查核查。（郑秋芳）

物价管理

【概况】 2012年，办理"收费许可证"139户（其中正本89户、副本50户），年度收费总额46862.0544万元（其中区级留38171.0898万元、上缴或代市级收8690.9646万元）。年内，组织开展各类价格检查、巡查行动，累计出动检查260人次、巡查800人次，提醒、告诫90次，检查700余户，立案查处11件，实施经济制裁186728.9元。加强价格监测和形势分析，主副食品监测种类由45种增至47种。开展各类重要农产品成本调查及农民种植意向、农户农资购买、农户存售粮、青菜种植成本、农村低保及低收入家庭收支情况调查等。开展各项成本调查12次，审核发放"菜篮子"优惠电价补贴346万元。受理涉案物品价格鉴定委托587起，鉴定标的75000多件，累计鉴定总价值780万元；受理全区44家行政机关事业单位固定资产处置价格鉴定委托，鉴定原值1268万元；受理上交礼品鉴定14件，鉴定金额7万多元；受理区机关事务管理局价格评估委托，涉及公车改革各类公务用车851辆。区价格认证中心被国家发改委价格认证中心评为全国价格认证先进单位。庞旭峰被国家发展改革委评为全国价格监测工作先进个人。朱海凤《践行晒价服务民生新举措创新市场价格监管新思路》论文获市价格系统放开商品市场价格监管专题研讨一等奖。价格监测科《浅析金山区农贸市场蔬菜价格形成及差异性原因》论文获市价格监测课题调研一等奖。（潘丹凤）

【监管金山嘴海鲜一条街餐饮企业价格】 4～6月，加强2012年金山海鲜文化节金山嘴海鲜一条街价格监管。围绕"价格服务为主，检查推进为辅"工作思路，集中为18家餐饮企业业主提供价格法律法规宣传培训服务，并就规范一条街明码标价工作方案及特色标价签设计作业务指导；组织明码标价推进性检查2次，出动检查人员10余人次，无价格违规行为。（潘丹凤）

【维护城市沙滩价格秩序】 年内，开展城市沙滩价格违规行为综合治理，杜绝收费项目混乱、未明码标价等情况发生，维护城市沙滩价格秩序，实现城市沙滩免费开放后消费价格零投诉。提供城市沙滩管理方价格管理指导服务，协助完善规范《城市沙滩旅游景区价目表》；开展密集价格检查，出动检查人员20余人次，检查驻城市沙滩商户明码标价执行情况4次；实行城市沙滩免费开放期间价格投诉热线7天24小时接听制度；组建进驻沙滩检查组3个，实行实时监控。（潘丹凤）

【出台经济适用住房等价格方案】 年内，会同区建交委、金山医院拟订金山铁路、金山医院停车场收费方案；根据市政府第137次常务会议精神和市发改委《关于本市区域性出租汽车运价管理有关事项的通知》，初步拟订金山出租汽车部分运价调整方案；根据《上海市经济适用住房管理试行办法》（沪府发〔2009〕29号）、《上海市经济适用住房价格管理试行办法》（沪发改价督〔2011〕002号），会同区住房保障和房屋管理局拟订区经济适用住房定价方案并报区政府同意后出台《金山区2011年度第一批次经济适用住房销售定价方案》，其中销售基准价格5300元/平方米，单套销售价格上下浮动不超过10%，经济适用住房购房产权人份额70%；根据市政府有关文件精神，拟订区廉租住房租金标准，第一批每套平均租金613.20元/月、第二批每套平均租金638.40元/月，上下浮动均不超过10%，两批共22套；根据《本市公共租赁住房实施意见》，落实区公共租赁住房租金标准备案工作，并开展市场评估、成本审核等，完成区第一批公共租赁住房（金悦华庭人才公寓199套住房）平均租赁价格每平方米20.50元/月，单套住房上下浮动10%备案。（潘丹凤）

【加强价格形势分析、信息发布和价格监测】 年内，加强价格形势分析、信息发布和价格监测。运用价格监测数据编辑包括“金山特快”“政策导读”和“价格信息”等内容《一周价格资讯》53期,解读国内最新出台价格政策,提供最新国内外价格变动资讯,研判区监测商品价格当期水平和后期走势;刊发“大大方方晒价格”《金山报》专栏53期,涉及晒价商品104类7125种。晒价举措被《解放日报》《新闻晚报》《东方早报》《青年报》和东方网、中国新闻网、新华网等主流媒体相继报道;建立“主副食品价格”“毗邻地区价格”“新建商品房价格”等10余个监测项目,并实行日报、周报、月报和季报制度;确定“欧尚超市”“金卫市场”和“枫泾市场”为市级监测点,监测数据每日上报市物价局,并在市发展改革委网站、“上海发布”和“上海发展改革”微博发布。全年采集上报主要商品和服务价格监测数据近11.5万条,向区委、区政府和市物价局上报分析材料及动态信息40余篇,监测数据上报率100%。全市区县价格监测质量监督考核多次位列全市第一。（潘丹凤）

【推行明码实价】 年内,推行明码实价工作。拟订《金山区推进明码实价工作方案》《金山区推行明码实价标准》和《金山区明码实价自律承诺书》;召开明码实价启动会议并举办推行明码实价工作培训班3期,培训250多人次;组织150多人次上门为60多户商家作宣传、指导等,发放宣传资料300多份、明码实价标示牌400多个。（潘丹凤）

人力资源和社会保障

【概况】 2012年,全区新增就业岗位21983个,净增就业岗位5242个;城镇登记失业6349人,控制在市政府下达指标6790人以内;扶持成功创业358人;全年举办春季招聘会、高校毕业生专场招聘会、企业专场招聘会、就业援助月专场招聘会等93场,2004家企业参加,计划招聘40615人,应聘28366人次,录用5688人。受理签约企业委托招聘3643家,推出岗位25074个,录用4743人。开展为期2周“真诚服务为民生,宣传政策筑和谐”政策宣传系列活动,20多名干部职工参加设摊咨询等。制订《金山区关于开展创业型城区创建工作的实施意见》,启动创业型城区建设。为33家创业组织推荐开业贷款担保1106万元;受理初创期组织房租补贴53家,发放85.6万元;受理开业组织社会保险费补贴24家,发放90.5万元;发放创业带动就业一次性奖励14家,补贴63.5万元;受理非正规转制补贴64家,发放19.2万元。帮助小微企业创业者成功创业,发展“微创新苗”36人。建立创业见习基地27家,174人参加创业见习。组织职业技能培训7052人,其中高级工431人、中级工4065人;农民工职业技能提升培训6174人。组织501人参加校企合作培训。组织定向培训81人,推荐就业率100%。受理职业技能鉴定申报12966人(含来沪农民工),合格10376人,取证率80%,其中失业、协保、农村富余劳动力培训后推荐就业率81%。发放政府培训补贴613.4万元。开展青年就业“启航”(市人力资源社会保障局锁定的区失业青年)计划,帮助167人实现就业,推荐就业率38%。累计建立110家青年见习基地,组织职业见习1281人。开展职业指导、创业咨询讲座等政策咨询活动18次。启动“万人就业项目”队伍属地化管理工作。全区认定就业困难人员649人,其中599人实现就业。落实各类就业政策补贴,发放3768.4万元。招录派遣制研究生27人、“三支一扶”(支农、支教、支医和扶贫工作)大学生29人、区属企业经营管理人才6人。新增6家企业建立首席技师选拔制度,评选首席技师39人,其中2人列入市首席技师千人计划并获市局经费资助。建立石库门酿酒公司万全林技能大师工作室,获市局资助10万元。依托石化工业学校,建立区内第二家高技能人才培养基地。组织开展28对高师带徒活动。组织73人参加企业内高技能人才培训。至年底,全区高技能人才占技能劳动者19%,比上年增3%。成立上海金山人才市场(金山工业区市场),举办招聘会10场,212家单位参加,计划招聘3448人,意向录用816人。安排56人入住人才公寓。引进人才(转户籍)18人,新办、续办人才类居住证4176人,办理居转户137人,解决夫妻分居调沪26人。1月1日起,新型农村社会养老保险(下称新农保)月基础养老金加过渡性养老金从每人每月380元提高到450元,原制度前老年农民月基础养老金加过渡性养老金补贴从每人每月300元提高到345元,其中年满85周岁人员再增加50元。办理280家老农保企业3502人社会保险费补贴手续,每人每月补贴300元,共计1245.4万元,期限3年。全区新农保缴费30170人(其中农村重度残疾人政府代缴1159人),领取养老金49782人;发放丧葬补助费1580人;新农保月人均养老金475.3元,发放2.7亿元。城镇居民社会养老保险(下称城居保)缴费1110人(其中城镇重度残疾人政府代缴887人),领取养老金1110人;城居保养老金月人均发放474.7元,其中原高龄纳保年满70周岁人员月人均500元。至年底,全区城保缴费24.7万人，领取养老金7.1万人；一次性征地镇保9.4万人。落实失地农民社会保障5901人。完成2012医保年度转换。完成2012年度7754名镇保人员参加门急诊统筹纳保工作。全区居民医保缴费76536人；享受医疗费用综合减负1079人次，涉及金额633万元；支内、支疆、知青人员参加市民社区医疗互助帮困计划671人。检查全区23家医疗机构，追款21.9万元。完成“防范和打击骗取医保药品贩卖违法活动”平安建设实事项目。招录公务员126人。组织公务员培训3527人次。实施区级机关和街镇领导班子绩效考核工作。配合区车改办落实850名科级及以下公务员（参公人员）职级确认。招录事业单位工作人员477人。完成专业技术职务聘任审核535人，其中中级、高级专业技术职务分别为191人、43人。完成253家涉及公务车改革事业单位（医院、学校除外）2837人车贴审核。补发公共卫生与基层医疗卫生事业单位绩效工资和2010年、2011年其他43家事业单位绩效工资。规范区事业单位退休人员补贴费发放，涉及11786人，人均月增资832.8元。完成区农业执法大队、运管署、老干部活动室、城管大队等批准参公单位人员工资级别确定。完成7名军转干部安置；做好6名自主择业军转干部管理服务工作；落实企业退休军转干部生活补贴5人，累计331人；走访慰问困难企业军转干部16人次。受理农村职称评审报名432人，357人取得相应专业资格，通过率83%；组织1800名农村专业技术人员开展继续教育。组织开展农民工工资支付等6次专项执法检查活动。协调、处理突发性、群体性劳动纠纷21件，涉及2304名劳动者工资、经济补偿金1101.8万元。通过市企业欠薪保障金为10户企业垫付工资109.9万元，涉及劳动者292人。全年受理举报、投诉700件，检查用人单位814户次，立案265件，发出限期整改书222份，作出行政处理决定90件，行政处罚决定7件。开展劳动保障监察，追发12240人次各类工资2789.7万元、追缴1688名劳动者社会保险费375.6万元。受理立案劳动人事争议1519件，比上年增40%，其中10人以上集体争议11起，涉及177人；审理结案1475件，仲裁调解率48%，法定时限内结案率100%，追索劳动者劳动报酬、工伤待遇、经济补偿金等1447.4万元。区劳动纠纷联合调解中心受理劳动纠纷231件，比上年降18%，调解成功156件，涉及金额174.8万元；全区11个基层调解工作站受理劳动争议688件，与去年基本持平，调解成功576件，涉及金额895.7万元。受理工伤认定3022件，比上年增14%，组织劳动能力鉴定2393件，办理老工伤转基金（2004年1月1日前工伤人员待遇转由工伤基金支付）7件。审批企业办理不定时和综合计算工时400户，涉及职工58308人；集体合同审查4677户，涉及职工187037人。工资集体协商覆盖企业4481户，涉及职工154688人，完成市年度指标（135000人）115%。执行行政强制法规定，依法送达履行行政决定催告书42份。区人力资源和社会保障局位列政风行风社会化满意度测评全区23个综合管理类部门第一。

至年底，区城镇社会保险登记户数15902户，比上年增23.5%；养老保险账户人数387680人，其中缴费人数247941人，比上年减1.4%；领取城镇养老金71939人，比上年增10.8%。全年区社保中心受理并办结各类社保业务变更约30万条，接待各类政策咨询近5万人次；受理各类信访来访99件、12333公众评议网上咨询1004件，办结率均100%。受理各类协办案件1075件次，其中劳动监察协办77件次、劳动仲裁协办352件次、法院协助执行和协助核查646件次。协助区人力资源和社会保障局完成事业单位退休人员补贴工作12000多名。年内，实行周六服务制度，共受理生育保险待遇申领等各类业务222人次，社保经办咨询286人次。实行外省市人员网上自助业务申报，实现常规业务网上办理，特殊情况柜面办理，网上办事成功率98.4%。全年完成征地纳保工作5729人（含吕巷、张堰等镇需纳入镇保的失地农民5141名）、征地退休2007人。

（钟晓盈　白　珂）

【就业援助月活动】 元旦春节期间，开展“就业援助月”活动。组织主题日专场招聘会，推出各类就业岗位500多个。举办专场招聘会5场，走访就业困难人员478户，帮助73名就业困难人员实现就业。帮助39名就业困难人员享受补贴政策，其中落实社会保险费补贴25人、岗位补贴14人，涉及金额11.2万元。组织职业指导、开业创业咨询讲座、座谈会、“三下乡”政策咨询6次，提供相关咨询1000余人次，印制发放各类促进就业政策宣传资料2500份。

（钟晓盈）

【高校毕业生就业服务活动】 年内，组织高校毕业生就业服务活动。5月，举办“民企就业大有可为”2012年民营企业招聘周活动，28家企业参加，推出岗位291个，适合高校毕业生就业岗位127个，现场报名150多人次，实际录用28人。7月，举办青年见习专场招聘会,20家企业提供岗位126个,意向录用19人。8～9月,举办高校毕业生专场招聘会2场,119家企业推出岗位1310个,录用248人。（钟晓盈）

【2012年区职业技能竞赛】 5～11月,举办2012年区职业技能竞赛,设竞赛项目27个,1542人参加,1127人取得国家职业资格证书,取证率73.1%。其中43名中级工晋升高级工,4名高级工晋升技师。评选一等奖选手23名、二等奖46名、三等奖69名。16家单位获2012年职业技能竞赛优秀组织奖、22位参赛选手获金山区技术能手称号,其中11位35岁以下青年同时被授予金山区青年岗位能手称号。（钟晓盈）

【青年就业"启航"计划】 年内,落实青年就业"启航"计划。组织全区"启航"人员参加职业心态、职业观念、职业规划系列专题讲座12场次,626人次参加;举办"启航我就业我自强"——金山区就业创业大讲堂活动,邀请专家授课,创业成功青年现场交流,400多人参加。各镇(街道)、金山工业区举办启航人员专场招聘会17场,278家单位参加,推出岗位3668个。全年市局锁定区439名"启航"人员,就业率达38%。

（钟晓盈）

工商行政管理

【概况】 2012年,工商行政管理工作围绕"效能建设"总体要求,坚持"创新驱动、转型发展"总方针,强化"积极行政、凸现服务工商,依法行政、展现素质工商,从严治政、打造诚信工商"工作理念,按照"抓队伍、强素质,抓落实、提效能,抓重点、求突破,抓服务、促发展,抓调研、拓思路"工作思路,促进金山经济发展和社会和谐稳定。年内,完善大窗口服务机制、科所两级窗口受理工作机制,推出企业设立股东身份经济小区"先行确认"机制。全年新设企业22571户,累计108866户;新设个体工商户3649户,累计23682户。至年底,各类市场主体达133125户。实施"商标兴企、品牌强区"战略,鼓励企业申报注册商标,组织开展著(驰)名商标培育和申报工作,全年被新认定市著名商标4件,累计35件,其中驰名商标3件;重点企业注册国际商标319件,累计20283件。落实无照经营网格化监管,开展"零无照"示范街(区)创建,完善无照经营四级督查机制。开展"走千家企业,稳增长促创新助转型"活动,走访各类企业1269家,帮助企业解决注册登记、商标培育等问题317个。创新服务,推进网上年检,全年办理企业年检79553户、个体工商户验照20597户,验照率98.13%。出台"'稳增长促转型'服务区域经济发展十二条措施",解决478家从事环保新型材料、云计算、动漫设计等新兴行业经营企业办照问题。参与沙排赛、沙滩音乐节、金山铁路开通等重大活动服务保障工作,会同相关部门严查沙滩周边和铁路站点附近各类违法行为。牵头推进2012年"平安市场"创建工作,打击哄抬物价、以假充真、掺杂使假等违法行为,规范农贸市场经营秩序。开展安全生产大排查大整治,查处取缔"黑网吧"、开展校园周边环境治理等。年内,开展"3·15国际消费者权益日"大型咨询服务活动,通过《金山报》、金山电视台及工商金山分局微博和网站等宣传消费维权知识和法律法规,发布社会热点消费问题相应消费警示。建立健全"12345市民服务热线"处置机制。指导石化百货、瑞鑫百货、永乐、苏宁等大型商业企业试行消费争议双方协商和解制度,源头化解消费纠纷。深化维权联络点进商场、进超市、进市场、进企业、进景区工作,全区消费者权益保护联络点增至352个。全年受理消费者申投诉、举报1276件,挽回消费者经济损失849万元。工商金山分局名列区政风行风测评行政执法部门第一名,获区文明行业、文明机关、创先争优先进基层党组织等称号。

（王红亮　胡　平）

【整治和规范市场秩序】 年内,整治和规范市场秩序。打击假冒伪劣商品,查获各类商标侵权物品7125件;牵头开展电动自行车专项整治,组织"超标"电动车危害性宣传,涉嫌"超标"的636辆电动车被退回生产厂家,立案查处销售不合格电动车案件8起;打击不正当竞争违法行为,立案查办医疗、教育、食品、建筑、物流等领域商业贿赂案13件;规范网络经营行为,推进网上亮照工作,打击网络违法行为,查办网络违法案137起。全年开展或参与开展各类专项执法检查和专项整治139项,查处各类违法经营行为1553起。（王红亮　胡　平）

【落实流通领域食品安全保障举措】 年内,落实流通领域食品安全保障举措。开展食品经营者证照、规范操作、食品摊贩设置点等情况检查;推行散装食品集中区域散装食品标签化管理试点;设置区域流通环节食品安全公示栏,公示经营者自律制度;完善网格化巡查机制,开展熟食卤味、鲜肉和肉制品、盒饭产品、农村食品市场、食品冷链管理等专项整治28项,并完成散装食用油清理调整,立案查处食品经营违法行为

166起。依法开展流通环节食品质量抽样检验,快速检测食品3288批次,联合相关产品质量检验所抽检各类食品1197批次。

（王红亮　胡　平）

【服务新农村建设】　年内,加强服务新农村建设工作。指导成立集产销、管理、旅游休闲于一体的“农家乐”专业合作社5家,全区农民专业合作社增至683家;完善合同帮农指导站管理和服务机制,全区9个合同帮农指导站受理解决涉农合同咨询97件,解决涉农合同纠纷37起;加强农药、化肥、种子等抽检,开展红盾护农、农资打假联合执法行动,指导187户农资经营企业建立内部风险管理制度。（王红亮　胡　平）

统计管理

【概况】　2012年,组织开展“组织工作满意度调查、党风廉政建设民意调查、非公人才调查、农村实用人才调查、年度市府实事项目满意度调查”等专项调查,并综合分析调查数据,形成调查报告,报各级领导及部门参考。全年撰写专项信息15篇、重大信息8篇、统计专报20篇。撰写“2012年上半年经济形势分析”“金山区八个产业集群统计指标体系研究”“关于金山区基层统计现状的调研报告”等课题研究报告10个,并集结成册。编印《统计月报》12期。实施5个正科级岗位干部轮岗。加强统计队伍建设,提高统计人员业务水平和职业道德素养。举办统计人员从业资格培训,300多人参加,及格率85%以上;执法检查工业、建筑业、劳动工资等6个专业统计条线56家单位并检查224家工业企业工业统计数据质量。加强基本单位名录库建设和维护,成立名录库建设工作小组,推进11个镇级单位名录库建设。根据国家统计局全面实施企业“一套表”总体安排,成立“一套表”联网直报工作小组,推进“一套表”平台转换试点及培训。加强统计信息化工作,全区统计信息被市局网站外网录用127篇、内网录用109篇,市政府网站录用81篇,区政府网站录用37篇。

（郑晓燕）

【城乡住户调查一体化改革】　年内,按照国家和市统一要求部署,根据《金山区城乡住户调查一体化改革工作方案》,依托原有农村住户调查和城镇住户调查基础,推进城乡住户调查一体化改革,建立区镇两级领导小组,落实调查员选聘培训,开展被抽中50个小区7109户住户清查摸底等。城乡住户调查一体化改革内容包括:统一调查组织,加强分市县住户调查管理;统一调查指标,完善调查内容;统一抽样方法,提高样本代表性;统一调查过程,规范调查行为;统一数据处理,改进汇总方式;统一数据发布,丰富发布内容。（郑晓燕）

【区领导调研统计工作】　2月27日上午,区委副书记祝学军到区统计局、国家统计局金山调查队(下称调查队)调研,听取区统计局、调查队情况汇报。要求努力提高统计数据质量,继续加大统计数据分析、研究和运用,进一步加强统计队伍建设。强调要加大对基层调查研究力度,对村级经济状况、农民收入等作深入分析,以专项分析报告形势报区委、区政府领导参考。8月3日上午,区委常委、副区长姬兆亮到区统计局、调查队调研,听取区统计局、调查队年度工作安排和统计调查工作发展情况,就下阶段做好能源统计、企业一套表联网直报平台转换工作、加强基层统计队伍建设、城乡住户调查一体化改革、调查队工作人员工资福利待遇等问题现场办公,并就进一步做好统计工作提出三点要求:一是对统计数据的全口径与原口径问题进行研究,提出推进落实工作方案;二是对经济小区相关数据统计工作进行研究,做到科学化、合理化;三是对宏观经济走势进行研究,及时向区委、区政府提出相关政策建议。（郑晓燕）

【统计学会换届选举大会】　大会于9月18日在行政服务中心会议

统计学会会员大会

室召开，区统计局副局长、第三届统计学会副会长王岳龙主持，第三届统计学会会长李永革代表第三届理事会作工作报告和财务收支报告。选举产生区统计学会第四届理事会理事41名、常务理事25名。王岳龙当选第四届统计学会会长，区财政局副局长庄保龙、区审计局副局长潘浩、区经委副主任刘敏等6人当选副会长，区统计局综合科科长陆大伟当选秘书长。市统计学会常务副会长李崇新、区统计局局长石新一、区社团局副局长顾国强讲话。各镇、石化街道、金山工业区、各委办局及企业会员代表110余人出席。

（郑晓燕）

"安全生产月"活动

安全生产监督管理

【概况】 2012年，区安全生产监管部门检查各类企业3985家，查出隐患18789项，整改18243项，整改率97.09%；实施监督处罚37次100.1万元；制订《上海市金山区工贸企业安全生产标准化建设工作方案》，指导创建标准化危险化学品企业130家、冶金等工矿商贸企业40家；受理危险化学品企业应急预案备案183家、企业职业危害申报1171家。全年道路交通、工矿商贸、火灾事故死亡50人，占控制指标98.03%。其中道路交通事故死亡37人，比上年降7.5%；火灾事故死亡1人，比上年升1人；工矿商贸事故死亡12人，比上年降14.2%，发生一次死亡3～9人较大生产安全事故1起，死亡4人。培训企业负责人1092人、安全管理人员1049人、危险化学品从业人员1841人、特种作业人员2568人，来沪务工人员10036人；发送消防、交通、环保、建筑施工、特种设备、生产安全等短信90余万条。年内，开展"安全生产月"活动，内容涉及生产、环境、防雷、消防、建筑安全等法律、法规、安全知识咨询服务等；会同区委宣传部、团区委、公安金山分局和区文广局、总工会、妇联举办"安全手牵手，平安进万家""金山小故事"文艺演出。组织生产经营单位全员培训，30787名从业人员接受培训。举办安监系统法律法规安全知识竞赛活动，区安全生产监管局、监察大队全体人员，各镇（街道）、金山工业区安全生产事务所代表100余人参赛。区安全生产监管局获市依法治市办、市政府法制办首批"上海市依法行政示范单位"称号。

安监系统法律法规安全知识竞赛

（俞丹群 肖 虹）

【区安全生产工作会议】 会议于3月6日在区公共服务中心召开，传达市安全生产工作会议精神，通报2011年度安全生产工作情况，部署2012年度安全生产重点工作并与安全生产履约单位签订责任书。区委副书记、区长、区安全生产委员会主任李跃旗，区委常委、副区长、区安全生产委员会副主任沈华棣出席。区政府各委、办、局行政主要负责人，区安全生产委员会成员单位分管负责人，各镇（街道）、金山工业区行政主要负责人、分管负责人和安全生产事务所负责人，市属在金单位分管负责人，区属公司行政主要负责人、分管负责人及村委会主要负责人等270余人参加。

（俞丹群　肖　虹）

【危险化学品从业单位宣传贯彻“两个条例”培训班】　3月20～23日，危险化学品从业单位宣传贯彻《中华人民共和国危险化学品安全管理条例》《上海市安全生产条例》及《中华人民共和国职业病防治法》培训班在浙江省平湖市举办。区安全生产监管局党组书记、局长孙引良作区安全生产形势报告；市安全生产监管局相关专家作法律法规修订背景、新增内容等讲解。区危险化学品生产、储存、使用、经营、处置单位法人代表或总经理共170余人参加。

（俞丹群　肖　虹）

【安全生产“大排查、大整治”专项行动】　6月至12月，开展安全生产“大排查、大整治”专项行动。成立李跃旗任组长，沈华棣、马淮海任副组长，各镇（街道）、金山工业区和相关委办局行政主要负责人组成专项行动领导小组和区安全生产监管局、区建设交通委、区环保局、公安金山分局、工商金山分局等11个部门分管领导任组长的专项行动工作小组。排查村域内外企业3257家（村域内企业3126家、村域外企业131家）、四大特种工艺类（铸、锻、热、镀）发证企业85家、饮用水源地保护区范围内企业93家、废旧塑料回收利用和化工原料桶收集与清洗行业企业171家，整治1394家（占排查企业数42.8%），其中关闭取缔非法违法生产经营企业178家，搬迁企业48家，责令限期整改企业1105家，立案查处39家，行政拘留3人，罚款70.88万元。

（俞丹群　肖　虹）

【肖贵玉到金山调研】　8月28日下午，市政府副秘书长、市安委办主任肖贵玉等到金山调研区安全生产工作，察看部分企业生产车间、生产实时监控中心并在区会议中心召开调研座谈会。肖贵玉要求金山各级政府及相关职能部门要高度重视安全生产工作，切实推动企业落实安全生产主体责任；加大推进产业结构调整，吸取事故教训，举一反三，加强安全生产监管与事故隐患排查治理，确保不发生有严重社会影响重特大事故，确保安全生产始终处于受控状态。市安全生产监管局、经济和信息化委员会、环保局、质监局、交通港口局、消防局、交警总队等部门负责人参加。李跃旗、沈华棣出席。（俞丹群　肖　虹）

【第二届“安全杯”运动会】　12月，区安全生产委员会办公室在区轮滑馆举办第二届“安全杯”运动会。区安委会委员单位、安全生产履约单位安全管理干部及相关行政执法人员、企业安全管理人员组成的32支参赛队伍近800名运动员参加田径（100米翻越障碍运送灭火器、安全知识问答、100米接力赛、消防水带接力、救援运水接力）、触电心肺复苏、沙包掷准、乒乓球3人对抗赛、10人长绳、羽毛球混合双打、桥牌式红星项目比赛。枫泾镇和公安消防支队分获乡镇组、局行组总分第一名。　（俞丹群　肖　虹）

质量技术监督

【概况】　2012年，围绕“提升质量安全水平、服务经济平稳较快发展”目标，按照“以质取胜促转型、创新服务惠民生”要求履行质量技术监督工作职责，保障金山城市运行和生产安全、服务经济社会转型发展及社会事业管理。年内，加强“质量强区”意识，强化质量源头管理和许可证证后监管，推进首届区长质量奖工作，成立区长质量奖评审委员会和评审专家组，制订并发布《上海市金山区区长质量奖管理办法》和《金山区区长质量奖工作实施方案》，召开区质量工作大会并颁发区长质量奖。联合区发改委、区建交委、区农委、区食药监局等10家职能部门开展全区产品质量、食品生产质量、农产品质量、餐饮服务质量、工程质量、环境质量、旅游服务质量、教育质量等10个领域质量状况调研、分析，完成《2011年金山区质量状况分析报告》编撰并以区人民政府名义对外发布。实施名牌战略，培育区内规模企业向名牌企业发展，全年新增名牌企业15家，至年底全区有名牌68项（涉及企业66家），其中服务类6项、产品类62项。枫泾工业区成为首批“上海市知名品牌示范区”创建区域。实施“两千一百”（培育1000家学习、实践卓越绩效管理模式组织，培训1000名掌握卓越绩效评价准则高层管理人员，鼓励100个组织和个人申报各级政府质量奖）质量人才战略，组织20家企业23位中高级管理人员学习卓越绩效模式。按照分类监管属地化原则，结合分类分级管理办法，监管辖区82家生产许可证获证企业，其中合格48家、基本合格22家、不合格12家、停产3家。　（沈秋杰）

【特种设备安全监察】　年内，围绕“保障城市运行安全和生产安全”主线开展特种设备监管，开展大型商场、超市、医院等公共聚集场所自动扶梯、自动人行道扶梯夹角安全隐患专项整治，所有被检查单位均加装防护挡板及警示标识；开展压力管道元件生产单位和气瓶充装单位安全隐患专项整治；会同房管、安监等部门开展住宅区电梯专项整治；联合公安治安支队，查封金山城市沙滩无证游乐设施5台。率先在全市范围内建立“特种设备安全标准化示范区”（金山工业区），设立示范区创建专项资金，实施特种设备标准化管理，初步建成区、镇、村三级管理责任体系。全年出动特种设备监察员及协管员4800多人次，检查特种设备使用单位2900多家次、设备9800多台次，整治各类隐患650多个，开具各类质量技术监督通知书279份、特种设备安全监察指令书153份，办理案件40件，罚没金82万元。至年底，全区特种设备安全可控，无特种设备安全事故。（沈秋杰）

【食品生产监管】 年内，履行食品生产监督管理职能，核发食品生产许可证37张，年审食品企业65家，出动执法人员1912人次，抽检食品样品1081件，合格率94.4%，抽检食品相关产品样品134件，合格率96.3%。开展各类专项行动，巡查企业956家次，立案28起，注销食品生产许可证38张，清退企业9家。开展邻苯二甲酸酯类“塑化剂”专项检查，出动执法人员30人次；开展地沟油和餐厨废弃油脂专项整治，检查食用油脂生产企业5家、食用油脂分装企业3家及生产加工中使用食用油脂企业36家，督促其中15家企业完善废弃油脂处置台账管理制度，监督23家企业签订废弃油脂处理协议。开展“打非添”（打击非法添加食品添加剂）专项整顿，重点查阅企业食品添加剂采购、查验、使用和记录等情况，出动执法人员130人次，检查区内相关食品生产企业65家；开展乳制品、牛肉瘦肉精、明胶、白酒、葡萄酒、蜜饯专项检查行动22次，出动执法人员936人次，检查企业426家次。保障重大活动安全，完成国际泳联金山赛事食品安全保障，无食品安全事件；保障中秋国庆两节、两会期间食品安全，出动执法人员168人次，检查相关生产企业56家次，责令整改企业11家次。（沈秋杰）

【标准化管理】 年内，发挥标准化“引领、支撑、服务”功能和“紧贴需求、服务大局、助推发展”要求开展各项标准化工作。发放企业产品标准代号48项，备案企业产品标准317份。其中，新备案标准120份、复审备案标准197份。标准备案结构显示，化工类131份，占总量41.3%；机电类73份，占23.0%；饲料类23份，占7.3%；其他分类合计占28.4%。金山蟠桃成功申报“国家地理标志保护产品”并被国家质检总局授牌。成功创建“上海市西瓜标准化示范区”和“上海市蔬菜生产标准化示范区”。至年底，全区有国家级农业标准化示范区6个、市级农业标准示范区6个、区级农业标准化示范基地43个，涉及种植业、畜牧业、渔业、综合类和其他类，产品覆盖粮食、水产、水果、蔬菜、畜禽、花木等主要特色农产品。全年代码窗口办理组织机构代码42577份，制证、卡23608张，接待12310人。（沈秋杰）

【计量监督与管理】 年内，加强计量质量检测工作，为2500余家企事业单位提供计量质量检测服务，检测计量器具40789台件（其中强检器具14215台件），检验产品（质量）样品4239件。配合国家卫生区创建工作，专项检查区内重点领域20家农贸市场500多台电子秤（包括30台公平秤），受检率90%以上。联合区卫生局向区内35家医疗机构发出《关于进一步加强本区医疗机构法制计量管理工作的通知》，并突击检查区内18家医疗机构。开展区内各供电、供水、供气企业在装“民用三表”（水表、电表、燃气表）基本情况调查摸底，检查供电、供水、供气企业7家，抽查居民住宅小区398户居民电表178只、水表170只、燃气表50只。指导相关企业积极申报能源计量示范单位。（沈秋杰）

【产品质量监督】 年内，接处消费者申诉、咨询176件，其中申诉22件（自办9件、转办13件），涉及商品总标值232903.3元，挽回经济损失118403.2元。受理电话、来访、来信咨询等156人次，接受举报54件（自办18件、转办36件），立案查处6件。会同工商部门开展电动自行车专项整治，召开区电动自行车行业工作会议，11家生产企业签订自觉遵守国家法律、法规承诺书。开展化妆品、建材、机电、汽车配件生产领域“双打”（打击假冒伪劣、打击侵犯知识产权）工作，检查生产企业39家，行政处罚企业7家（无证生产2家、生产不合格产品5家）。会同区农委执法检查9家农资生产企业样品9个，合格8个。开展超薄型塑料购物袋、重点强制性认证产品、玩具、服装产品、危化品等专项检查11次，立案30起，罚没款45万余元。（沈秋杰）

审 计

【概况】 2012年,完成审计项目50个,其中预算执行审计10个,经济责任审计11个,专项审计调查4个,政府投资审计25个。政府投资审计送审金额81766万元、审定金额75315万元、核减金额6451万元。审计共查出管理不规范金额206768万元。围绕构建财政审计大格局,重点审计区财政本级和区经委等9个部门及其21个下属事业单位预算执行情况,审计资金总额14.62亿元。完成一批政府投资工程跟踪审计。对全区镇级政府性债务、全区经济小区、标准化菜市场运行进行专项审计调查,针对审计调查发现的普遍性问题提出相关审计意见。积极配合市审计局开展对本区社会保障资金审计,促进区社会保障工作更趋完善。进一步加强审计质量控制,开展2011年度优秀审计项目评比,利用PPT汇报、公开答辩、项目点评等形式,加强互动和交流。选送的"2010年土地补偿费、青苗补偿费管理使用情况的专项审计调查项目"获市局鼓励奖。

(夏 峰)

【李跃旗调研审计工作】 2月23日下午,区委副书记、区长李跃旗来局进行专题调研,听取有关情况汇报和2012年工作打算。李跃旗区长对"十一五"期间和去年审计工作取得的成效表示肯定,对2012年工作思路表示赞许,强调审计工作要发挥审"免疫系统"功能作用,为政府决策提供参考、做好参谋。对进一步做好审计工作提出具体要求。 (夏 峰)

【经济责任审计工作会议】 3月7日下午,区委、区政府召开干部监督工作与经济责任审计工作联席会议。会议听取区审计局《金山区2011年经济责任审计工作总体情况报告》,对2012年干部监督工作和经济责任审计工作提出四项要求。区委常委、组织部部长陈正安出席会议并讲话。区委组织部副部长陈士康主持会议。根据会议要求,制订《经济责任审计工作制度》,明确联席会议成员单位的职责,推进经济责任审计工作不断深化。

(夏 峰)

【审计工作会议】 会议于4月11日上午在区会议中心召开。区审计局局长杜莉芳总结2011年度审计工作,部署2012年度审计工作任务。区政府各委、办、局主要负责人,财务、内部审计机构负责人;各镇(街道)和金山工业区主要负责人,财经事务中心、内部审计工作负责人;区属企业(公司)主要负责人,财务科长、内部审计工作负责人;区审计局科级以上干部出席。市审计局副局长江小民和区委副书记、区长李跃旗讲话。 (夏 峰)

【杜治中调研审计工作】 6月19日下午,区人大常委会主任杜治中、副主任张俊宏等领导到局调研审计工作。局党组书记、局长杜莉芳就上半年主要工作、2011年度预算执行审计工作情况及下半年工作思路作汇报。杜治中同志对区审计局围绕大局积极履行审计监督职责予以肯定,就下阶段工作提出要求。区人大常委会办公室主任薛晓虹,财经工委主任杨召章,副主任潘翠桓、姜雄心陪同调研。(夏 峰)

【加强内部审计工作指导】 年内,制定年度内审工作指导意见,开展优秀审计项目评比,进一步强化内审联系和指导工作。2012年全区内部审计共完成审计项目1004个,查出损失浪费金额13553.48万元,促进增收节支12961.13万元,提出审计意见787条。区审计局共提出审计联系意见52条,提供基建审计、对外投资等审计咨询21次,开展财经法规宣传35次,调整不规范资金865万元。 (夏 峰)

【百名村(居)干部接受审计】 年内,区审计局根据《关于做好

审计工作会议

村(居)委会换届选举工作的实施意见》,组织各镇(街道、工业区)内审人员对村居负责人进行经济责任审计,重点为各村集体资产处置、债权债务管理、专项资金管理和村干部个人廉洁自律等。审计结果向全体村民公布,并作为镇(街道、工业区)党委、政府考察、任用村干部重要参考依据。 (夏 峰)

【首次开展内部审计优秀项目评选】 年内,组织开展区内审系统首次项目评选活动。评选根据《金山区内部审计优秀项目评选办法》的规定,重点围绕2011年内部审计项目的方法、质量及效果进行量化打分,经过评选,《廊下淡水养殖场山塘河整治补偿款和集体财产转让款收支情况的审计调查》等六个项目分获一、二、三等奖。 (夏 峰)

【组织开展2012度审计业务培训】 11月下旬,举办2012年度审计业务培训班,局机关全体干部及全区内审人员共80人参加培训。培训班邀请区政协副主席、区经委主任倪向军,市审计局行政事业审计处处长陈德能,区委党校部工农教授等一线领导和业务骨干授课,内容兼顾微观实践和宏观视野,受到审计干部好评。 (夏 峰)

审计业务培训

海 关

【概况】 2012年,金山海关共监管金山地区进出口货物总量80万吨,比上年增33.33%,价值12.4亿美元,比上年增15.9%;监管船舶314艘次,比上年增15.4%;统计报关单14199份,比上年减4.2%;办理加工贸易电子化手册备案2657本,比上年降16.3%。备案金额14.76亿美元,比上年增11.4%;实现进出口额27.97亿美元,比上年增18.5%;加工贸易内销征税3.55亿元,比上年减19.2%。加工贸易审价补税4000万元;“三查合一”(稽查、保税核查、减免税核查)补税160.2万元。办结稽查作业13个,其中专项稽查6个、常规稽查7个。专项稽查查获率67%,稽查补税550万元。移交缉私部门立案2起,货值346万元。撰写稽查建议书2份。完成核查作业127个,查获各类问题44起。核查报关企业6家、巡查198家。注册企业401家、新增注册资本4.13亿美元,分别比上年增8.7%、34.5%。年内,向金山区、上海化学工业区管委会报送要情简报类、政策法规类、统计分析类刊物29份,其中3次获区委、区政府领导批示。组织召开各类政策宣传和业务培训会15次。指导帮助区内企业提升海关管理类别。与金山出入境检验检疫局签署《金山海关金山出入境检验检疫局合作备忘录》,开展关检口岸执法合作。建立和完善与乡镇、街道、金山工业区联系配合机制,至现场办公调研,协调解决地方政府和企业经济发展困难和问题。主动参与区经济形势专题分析会、政府产业口工作例会、“稳增长”重点企业座谈会等,发挥海关“智库”作用。提前介入招商引资工作,提供海关政策支持和业务指导。邀请海关总署加工贸易司、上海海关加工贸易处有关领导到金山考察综合保税区项目建设,推进申报筹建工作。主动对接临港集团枫泾现代服务集聚区建设,为集聚区招商引资和项目甄选提供政策参考和决策支持。会同金山检验检疫局调研亭林日铭电脑(上海)有限公司和金山工业区上海和辉光电有限公司项目,为新兴产业和重点企业提供个性化服务。采取措施确保军需救护物品快速通关。联合职能部门解决泰胜风能公司出口风力发电机组架解决归类异议。会同上海海关加工贸易处赴上海抚佳精细化工有限公司开展“国家单耗标准制定”调研。专题调研上海忠诚数码科技有限公司出口日本产品遭大量退回、企业出现严重经营困难情况并形成汇总材料上交职能部门及海关总署,获国务院副总理王岐山批示。 (沈月洁)

出入境检验检疫

【概况】 2012年,金山出入境检验检疫局检验检疫出境货物30523批,货值142088万美元,分别比上年增11.62%、16.63%;检验检疫入境货物1985批,货值47671万美元,分别比上年增26.76%、302.49%;检出不合格进出口商品15批,货值1356万美元;检疫出境船舶134艘次、入境船舶124艘次,分别比上年增9.84%、9.73%;签发普惠制产地证4283份,比上年减2.68%。签证金额23478万美元,比上年增4.58%;签发一般原产地证3361份,签证金额15903万美元,分别比上年减7.15%、2.26%。签发各类区域优惠原产地证4396份,签证金额22792.7万美元,分别比上年增7.85%、3.89%。第四季度受理进出口报检批次8101批,免征检验检疫费用484.7万元;受理产地证2335份,免征签证费及工本费9.4万元。创办金山出入境检验检疫局电子刊物《金海螺》(半年刊)。局创建成2011~2012年度市文明单位,服务窗口通过质检总局示范窗口验收。

(李冠兰)

【新增法定鉴定和危险化学品法定检验业务】 1月起,金山出入境检验检疫局根据上海检验检疫局业务分工调整,新增金山海港外贸船舶装载大宗散装货物容量、水尺计重法定鉴定业务,至年底,完成进出口法检商品容量计重165批次、鉴定重量70.24万吨,货值7.85亿美元。完成船舶适载鉴定28船次;2月起,根据国家质检总局法检目录调整,金山出入境检验检疫局新增进出口危险化学品法定检验业务,至年底,实施进口危险化学品检验139批次,货值30683.71万美元;出口检验331批次,货值46768美元。检出进口不合格货物3批,货值703.15万美元;出口不合格3批,货值4.68万美元。

(李冠兰)

【落实服务企业举措】 年内,开展“政策服务下基层促进发展当先锋”活动,举办大型政策法规宣讲会,实施上门服务、零距离服务、靠前服务等活动20余次。落实金山口岸进口上海石化自用乙烯、丙烯工作流程个性化优化方案,检验放行时间由原最长7个工作日缩至最快4小时以内;服务金山新开工工业项目和技术改造项目,安排成套设备进口筹备阶段先期介入指导,并实施进口成套设备装运前检验。

(李冠兰)

行政审批服务和联合发展

【概况】 2012年,行政服务中心加大联合会审力度,强化中心日常管理,多管齐下提升行政服务效能。全年窗口受理数37.19万件,办结数36.54万件,办结率98.26%,累计接待28.798万人次;召开联合会审会议16次,协调推进39个项目提前启动建设,总投资107.18亿元。加强与上海石化、上海化学工业区联合发展,拓展与华谊(集团)、赛科、高桥石化等大石化企业互动沟通,牵头召开各类工作例会、专题协调会议47次,协调事项29项,其中年内协调完成石化地区社会性供水职能划转、上师大二附中用电扩能等事项18项。举办向市第十次党代表大会建言献策活动、“共担社会责任同创美好家园”学习讨论活动等,举行棋类比赛、首届“廉政文化进机关”摄影作品比赛等。

(杨伟娟 徐 敏)

【优化行政审批流程】 年内,优化行政审批流程,整合产业项目审批链,土地储备到开工建设法定时限总耗时由223个工作日缩至121个工作日(土地公告挂牌未计入)。制订《金山区进一步优化一般工业项目审批流程的实施意见》并由区政府批转实施。

(杨伟娟 徐 敏)

【“苏浙沪”七区市(县)中心主任联席会议】 会议于12月20日下午假座上海阿什福德城堡酒店(地处山阳镇)召开,交流各地审改工作情况及提高行政审批效能方面工作措施和经验。联席会议秘书长、青浦区行政服务中心主任陆冬云主持。

(杨伟娟 徐 敏)

【联合发展签约仪式】 1月19日下午,金山区与上海石化、申能集团举行联合发展签约仪式。区委常委、副区长姬兆亮主持。区委副书记、区长李跃旗代表金山区与申能集团总经理吴健雄签订能源合作备忘录,双方将结合各自在政策、资源、信息、专业技术及产业发展等方面优势,联手推动天然气、分布式供能系统、能源管理服务等在金山区的推广和应用。现场还签订关于供水以及液化气方面相关协议。区委书记杨建荣,区人大常委会主任杜治中,区政协主席王美新和上海石化股份有限公司党委书记、董事长戎光道,总经理王治卿及申能集团党委书记、董事长杨祥海,区人大常委会副主任殷金荣、副区长沈金龙,上海石化股份有限公司副总经理李鸿根、唐成建,申能集团副总经理、上海燃气集团有限公司董事长葛维昌,申能集团副总经理、上海燃气集团有限公司总经理王者洪,申能集团副总经理、上海申能能源服务公司董事长孙惢参加签约仪式。

（杨伟娟　徐　敏）

【金山与上海化学工业区实现统计数据交流共享】 3月19日，金山与上海化学工业区签署《关于开展统计数据交流共享工作备忘录》，建立统计数据互通机制和统计分析交流机制，实现双方统计数据交流共享。区委常委、副区长姬兆亮，上海化学工业区管委会巡视员陈兆麟出席签约仪式。

（杨伟娟　徐　敏）

【金山和上海石化联合发展恳谈会】 恳谈会于7月31日下午在上海石化举行，讨论联合发展工作中石化城区社会性供水职能移交、220千伏第三回路联络线架设等6个方面工作事项。区委书记杨建荣，区委副书记、区长李跃旗，区委常委、副区长姬兆亮，上海石化党委书记、董事长戎光道，总经理王治卿，副总经理李鸿根，副总工程师兼投资计划部主任林崧等出席。《金山区与上海石化联合发展恳谈会备忘录》于10月25日签署。（杨伟娟　徐　敏）

石化地区社会性供水职能移交签约仪式

村级经济

【概况】 至2012年底，全区有行政村124个，村民小组2330个，农村家庭112238户，农业人口368037人。有农用地25620公顷。农村经济总收入11817447万元，比上年增4.18%，其中农业收入179761万元、林业收入6805万元、牧业收入94975万元、渔业收入47385万元、工业收入9139035万元、建筑业收入666375万元、运输业收入318465万元、商饮业收入983405万元、服务业收入254025万元、其他收入127216万元。农民所得总额（外出劳务、经营、集体企业再分配等）467829万元，比上年增13.21%。农村家庭人均纯收入15267元，比上年增11.94%。全年村级集体经济收入34457万元，比上年增5.31%。全区有9个村完成农村土地承包经营权登记试点工作。124个村2623个组（含原撤制村组）完成农龄统计"一人一表"登记，统计涉及131415户643427人，农龄总计14411008.50年，平均每人22.40年，农龄统计"一人一表"农户签字确认率98.24%。至年底，全区基本建立区农村集体"三资"（资金、资产、资源）监管平台，与市农村集体"三资"监管平台数据对接；基本建成市、区、镇、村四级联网"三资"监管平台，实时查询、分析、监管"三资"管理、运行情况。年内，山阳、张堰镇及吕巷夹漏村3个市农村集体"三资"监测点单位通过市专家组验收；区农村集体"三资"监管平台通过区科委专家组验收。

（蔡苗苗　朱火金　李维杰）

【创建全国休闲农业与乡村旅游示范县（区）】 2012年，根据农业部、国家旅游局《关于认定全国休闲农业与乡村旅游示范县示范点的通知》（农企发〔2012〕9号），金山成为"全国休闲农业与乡村旅游示范县（区）"（全国41个、上海唯一）。至年底，金山有全国休闲农业与乡村旅游四星级景点1个、三星级景点4个，全国农业旅游示范点2个。基本形成三个旅游集聚区（枫泾古镇旅游集聚区、吕巷蟠桃旅游集聚区、廊下现代农业旅游集聚区），年接待游客均达30万人次以上。

（梁　婷　庄飞龙）

城乡建设和交通管理

CHENGXIANGJIANSHE HE JIAOTONGGUANLI

2013 JINSHAN ALMANAC

规划和土地管理

【概况】 2012年,《金山新城总体规划修改(2010~2020)》《金山区枫泾镇城镇总体规划(修改)(2010~2020)》经市政府批复同意。编制《金山区农村居民点布点规划》。完成《金山区廊下镇国家基本农田示范区土地整治项目可行性研究报告》《金山区廊下镇国家基本农田示范区土地整治规范设计及预算》。完善枫泾、张堰镇历史风貌保护规划并报市规划和国土资源管理局审批。全年核发“建设工程规划许可证”172件(301.2万平方米);“建设用地规划许可证”173件(753.6万平方米);《建设项目选址意见书》132件(646.3万平方米)。办理工业用地出让合同66件202.75公顷;商业、旅游、娱乐、金融、服务业、商品房经营性用地出让合同7件45.39公顷。整理复垦土地近334.08公顷,新增耕地近232.04公顷。完成建设工程灰线复验137件3367850平方米、竣工验收145件2441098平方米、规划竣工验收测量128件、建设项目开工放样测量121件。办理竣工档案验收报送登记156份,接收竣工项目档案146宗3715卷,编制档案1394卷。

(汤 浩)

【市级土地整治项目】 11月27日,根据《关于下达2012年市级土地整治项目实施计划的通知》(沪规土资综〔2012〕990号),枫泾镇土地整治项目列为2012年市级土地整治项目,项目面积919.44公顷,预计总投资6亿元。

(汤 浩)

公路建设和养护管理

【概况】 2012年,区公路建设和管理部门按照“集中精力抓落实、心无旁骛求发展”工作主基调,落实各项重点工作。总投资4181.8万元,完成沈海高速(G15)金山新城出入口改建(4车道拓宽为8车道);总投资9396万元,新建朱平公路南延伸段(北起漕廊公路,南接浙江独广公路);完成漕廊、松金、沪杭、金石公路等区管公路8项大中修工程(34.26公里)、农村公路建设(中央资金项目28.3公里)及大中修工程(50.4公里)。全年整修车行道380232平方米、护栏1600米、人行道16240平方米。完成公路路政行政执法形象建设“四个一”(统一执法标志、统一执法证件、统一工作服装、统一执法场所外观)工程,开展农村公路管理养护年活动,试行区管公路日常养护“一对一”(区公路署设施管理科每人负责一个养护道班及其负责养护的路段)管理模式。区管公路路面行驶质量指数位居全市第一。年内,制订《关于县级公路路产路权维护的补充规定(试行)》,修改完善《区管公路大中修工程管理实施细则》。编制农村公路路网规划。实施区公路设施、养护、路政执法、应急处置和信息应用等信息化综合管理。“海葵”台风来袭,累计出动应急巡查抢险人员820人次、抢险车辆57辆,处置倒伏树木3293棵、积水点5处,排除杭州湾下立交积水。委托专业机构定期检查县道桥梁71座(重点检查金张公路张泾桥、大亭公路益得港桥)、农村公路桥梁58座。全年出动路政巡查人员2823人次、车辆1402车次,巡查覆盖率(每2日)100%,重点路段巡查覆盖率(每1日)100%。全年检查桥梁桥孔52次302座次,检查并清理路面违章堆物284平方米约157吨,清除违章设摊213处,检查超限运输271车次,清理非公路标志287块。审批行政许可31件,其中增设平交道口11件、设置各类管线18件、临时占用公路2件。受理公路路产赔偿案件58件,立案4起。收到各类路产赔(补)偿款325082元。路政案件查处率、结案率均100%。接处“12319”城建服务热线、“夏令热线”及市民涉路问题信访和投诉39件(金山舆情3件),承办区人大意见6件、政协提案2件,回复率均100%。安置分流市贷款道路建设车辆通行费,取消所涉劳务派遣工110名、在编职工109名。区公路署创建成2011~2012年市文明单位、市平安单位,协助市政道路(公路)服务行业部门创建成市文明行业,亭卫公路大修工程获市级文明工地称号、“金山杯”奖。朱泾镇大茫中心路(1.24公里)、山阳镇长兴南路(2.11公里)、廊下镇中联路(3.57公里)、金山工业区新南欢路(1.9公里)创建成区农村公路首批文明样板路。

(郑 娟)

【亭卫公路大修(二期)工程】 区重大工程——亭卫公路大修(二期)工程北起金山工业区大道,南至漕廊公路,全长4.66公里,总投资3900万元。工程包括机动车道破碎混凝土板块和慢车道修复、桥梁加固、沥青覆盖及绿化、人行道等附属设施改造。上海兰德公路工程咨询设计有限公司设计,金山公路建设有限公司施工,上海浦东新区建设监理有限公司监理。5月28日开工,10月完工。

(郑 娟)

【农村桥梁改造】 年内,根据《上海市人民政府办公厅转发市建设交通委等五部门〈关于推进本市农村桥梁改造实施意见〉的通知》（沪府办发〔2012〕14号）、《金山区人民政府办公室转发区建设交通委等五部门关于〈金山区“十二五”推进农村桥梁改造项目的实施方案〉的通知》（金府办发〔2012〕32号），计划投资9181万元，改造农村桥梁187座。至年底，改造农村桥梁150座，占改造桥梁总数80%，超过市下达任务10%。　（郑　娟）

【超限超载运输专项整治行动】 3月28日、6月28日、10月28日，区公路路政大队联合区交警部门在朱枫超限检测站开展24小时联动超限超载专项整治行动，共出动路政执法人员54人次、交警协管人员6人次，发放宣传资料210余份，检查货车184辆。

（郑　娟）

建筑建材业管理

【概况】 2012年，区建筑管理部门受理项目报建335个，总投资额179.79亿元，建筑总面积349.36万平方米。直接发包施工项目76个，合计交易价13.2亿元，建筑面积72.78万平方米。施工招标项目（标段）73个（33个项目开展公正度评价），合计中标价15.81亿元。其中公开招标项目50个，中标总价8.69亿元；邀请招标项目23个，中标总价7.12亿元。设计招投标项目16个，其中公开招标项目7个，中标总价2495.13万元；邀请招标项目9个，中标总价3531.98万元。勘察招投标项目14个，其中公开招标项目6个，中标总价205.29万元；邀请招标项目8个，中标总价178.95万元。监理招投标项目7个，其中公开招标项目4个，中标总价364.27万元；邀请招标项目3个，中标总价520.87万元。勘察设计一体化公开招投标项目6个，设计中标价1174.02万元，勘察中标价202万元。受理专业项目交易备案165个、建材交易项目备案900个、合同备案772个（总包211个、专业承包374个、劳务分包33个、监理151个、造价咨询3个）。办理合同变更117个、核销801个。全年核发施工许可证136个，总造价25.68亿元，建筑面积129.12万平方米。受理竣工备案项目146个（889个单体），总造价29.35亿元，总竣工面积224.32万平方米。办理审查合同备案90个，发放“施工图设计文件审查备案证书”63份，召开征询会议82次，审查意见汇总95条，中止审查协调项目8个。全年办理建筑企业三级资质或劳务企业劳务级资质43家、资质企业项目新增15家、三级资质建筑施工企业升为二级资质2家。累计注册资质建筑施工企业438家，其中一级企业19家、二级企业78家、三级企业258家、不分级企业10家、劳务企业73家。办理小型项目负责人备案149人、注销58人，撤销资质企业10家。新办建筑业企业安全生产许可证50件。至3月底（4月统一参加城镇社会养老保险）共受理来沪务工人员综合保险项目47个，预收综合保险费708.84万元，发放医保卡3324张、补办238张。全区270个项目348.39万平方米建筑工程接受安全质量监督管理，受监市政设施等建设工程累计70.35亿元。协调处理信访投诉114起，其中质量投诉83起、工程材料投诉9起、施工扰民投诉7起、工程现场投诉6个、市场行为投诉6个、行政行为投诉1个、其他投诉2个。全年排摸上报建设工程重大危险源173个，消除重大安全隐患1090个，开具安全隐患整改通知书218份、局部暂缓施工指令书51份、事故工地全面停工单4份。复查11家施工企业安全生产许可证条件，约谈相关人员1109人次，记分处罚不良行为46人，其中项目经理18人、安全员8人、监理人员20人。行政处罚各类违法违规案件26起，罚款118.91万元。协调处理民工上访催讨工资，共受理16起，涉及人数452人，涉及金额495.6万元。参与区住房保障和房屋管理局、区发改委扩大初步设计方案建设项目建筑节能评审，涉及30个项目

工程建设现场检查

122.78万平方米，其中住宅项目12个79.27万平方米、公共建筑项目18个43.51万平方米。全年28家墙体材料生产企业生产新型墙体材料6.6亿标块，比上年增58%。其中多孔黏土砖0.93亿标块、非黏土类砖（新型墙材）5.67亿标块（占墙体材料总量85.95%，比上年增9.19%。）。全年实施既有公共建筑节能改造10万平方米。年内，参加各类工程建设质量评比和文明工地等评选，获市优质结构工程奖3项，市安装优质结构奖1个，市白玉兰奖3项，申安杯奖2个，区优质结构工程奖48项，金山杯奖8个；获市级文明工地称号5个、区级41个，区级节约型工地称号9个，区级平安工地称号41个。 （颜　涛）

【金山文广中心项目建设工程首次运用视频监控】 年内，运用远程视频监控金山文广中心项目建设工程，定时自动监控施工现场生产作业情况。监管人员通过任何可上网电脑，输入IP地址和用户名、密码，即可实时视频监控施工工地动态，并储存1个月内影像资料，提供事故处理、行政处罚依据。 （颜　涛）

【建设工程报建管理办法】 根据市建设交通委《上海市建设工程报建管理办法》（沪建交〔2011〕1034号），区级部门立项超过1亿元以上项目报建、施工许可、施工承发包监督管理，建设工程勘察、设计、监理承发包监督管理分别于3月1日、6月1日起由区建设行政管理部门负责。 （颜　涛）

市政设施管理

【概况】 2012年，区市政设施管理部门维修（保养）道路91082平方米、人行道96036平方米，调换（补缺、整理）侧平石5645米，更新（调换）路名牌23套，维修（调换）隔离设施3441米，养护隔离护栏2077米。投入2100.73万元，综合整治改造市政基础设施，其中改造卫一路（沪杭公路——金一东路）、卫二路（金一东路——北随塘河）、松南支路沥青混凝土路面15748平方米，天峨路、火炬路（南随塘河路——金山路）钢筋混凝土路面8109平方米，大堤路（蒙山路——荔浦路）人行道8961平方米，卫零路（老山龙街——板桥西路）雨水管（DN1200型号）276米。全年审批占路申请1起60平方米、掘路申请22起，修复掘路道路33404.6平方米。疏通雨水管道87千米、污水管道30千米、连管44千米，清捞窨井和进水口26674座，清除管道污泥1045立方米；维修检查窨井、雨水口257套。检查市政桥梁181座。联合区交警支队、城管大队、公路署开展过桥车辆载重超限专项治理。全年办理人大代表意见7件、政协委员提案3件、党代表意见2件，回复率、满意率100%；受理城市网格化管理平台各类案件599件、“水务热线”和“12319”热线接转事件52起、群众来信来电来访25件，办结率均100%。区市政工程管理署获2012年度市排水管道养护工作综合考评郊区组第一名和排水管道养护工作优胜集体称号及2012年度市平安单位、市诚信创建企业、2012年度市市政公路行业协会分支（代表）机构星级单位、区巩固国家卫生区迎复审工作先进集体、区“双百结对”活动先进单位、2010～2012年区创先争优先进基层党组织、2011～2012年度区敬老模范单位称号。“道路改造为便民”——蒙山路改造工程获2012年度区社会主义精神文明十佳好人好事提名。 （张卫华）

非汛期市政设施检查

【沈海高速（G15）金山新城出入口夜景景观灯光工程】 11月，沈海高速（G15）金山新城出入口夜景景观灯光工程竣工，总投资479万元。工程包括出入口收费站及周边绿地、匝道两侧景观灯光配置和变配电设施等。上海东方建筑设计研究院有限公司设计，上海罗曼照明工程有限公司施工，上海建通工程建设有限公司监理。2012年8月开工。

（张卫华）

【蒙山路改造工程】 11月，蒙山路（金山大道——东泉街、隆安路——沪杭公路）改造工程竣工通车，总投资6074万元。包括车行道、人行道、公交站点改造工程及绿化、照明、架空线、交通设施等附属设施改造，全长2000.21米。道路红线30米，道路横断面含机动车道15米，两侧依次为机动车和非机动车分隔带各0.5米、非机动车道各2.5米、人行道各4.5米。上海城兴市政工程设计有限公司设计，上海金盛市政工程有限公司施工，上海金申工程建设监理有限公司监理。2012年8月开工。（张卫华）

【卫四路污水管道改建工程】 12月，卫四路（北随塘河路——沪杭公路）污水管道改建工程竣工，总投资1263.49万元。包括改造污水管道（DN300－DN1000型号）1569米，修复钢筋混凝土路面4912平方米、沥青混凝土路面1179平方米及恢复人行道、交通标志标线等附属工程。上海千年城市规划工程设计股份有限公司设计，上海金宅市政建设养护有限公司施工，上海先行建设监理有限公司监理。2012年9月开工。

（张卫华）

改造后的蒙山路

交通运输管理

【概况】 2012年，区交通运输管理部门发放道路运输经营许可证768本，配发车辆营运证1530本，发放校车备案登记通知7件。年内，1835户货运企业通过年度审核，12个公共停车场（库）、94户汽车维修企业通过质量信誉考核。变更金山3路、朱石专线等8条线路车型及首末班时间，新辟金山8路、金山6路等公交线路7条，新建公交候车亭12个，改造港湾式公交候车点12个。审查、验收配建停车设施建设项目149项，其中审查设计方案46项、设计文件98项，竣工验收5项。建立区建设交通委牵头，公安金山分局和区绿化市容局、住房保障房屋管理局、规划土地局等部门负责具体工作开展的区静态交通管理工作领导小组。通过“打非治违”“安全生产月”等开展非法客货运输整治，检查货运、公交（场、站）、汽修企业163户次，排查整改各类安全隐患48项。联合市交通行政执法总队、公安金山交警支队开展“四轮机动车”“清风”“鹰眼”“迅雷”系列行动31次，出动执法人员375人次。全年立案1361件，处罚危险品违章运输253件、无证非法客运机动四轮车14辆，暂扣电动三轮车610辆。举办危险化学品运输行业从业人

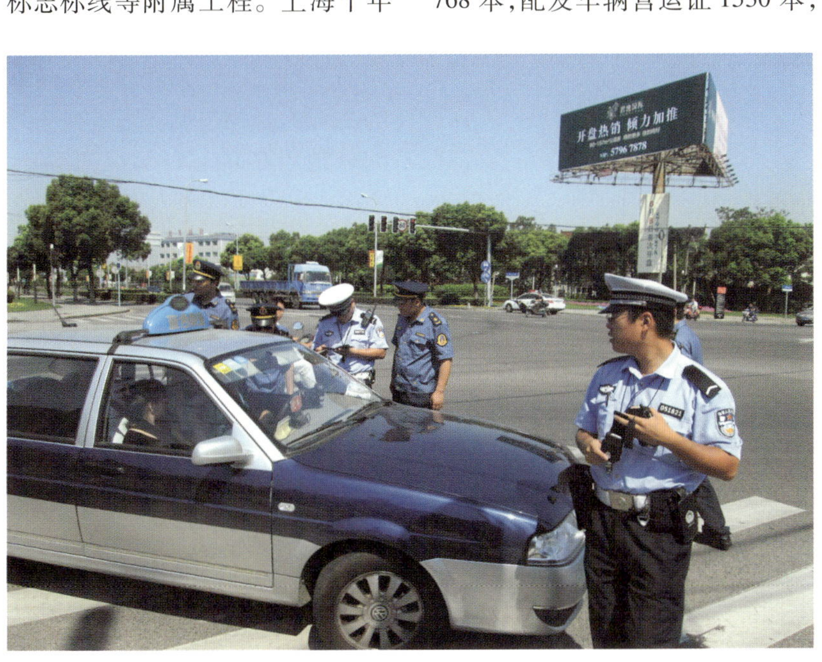

客货运输联合执法

员技能培训、汽车维修行业培训（3期），分别培训324人次、360人次。组织货运从业人员资格培训7期，发放资格证308张。妥善安置撤销辖区内20个铁路道口涉及327名下岗人员。区地方海事处与辖区13家化学危险品装卸、运输单位签订《2012年度共建金山区“平安航区”签约书》，完成上海金山石化1600万吨炼油装置16批次改造大件设备护航。全年办理干杂货船舶进、出港签证25086艘次近465.58万吨；化学危险品船舶进、出港签证4988艘次近78.05万吨。派遣巡逻艇抢险救助船舶6次，获救9人；整治通航安全隐患6起。实施船舶安全检查207艘次，纠正缺陷1827项。其中化学品液货船54艘次，纠正缺陷551项。受理老码头办证初审8家、化学危险品码头年审初审6家，办理辖区2家水运企业、2家水运服务企业和6家个体联户年审。检验营运船舶171艘次，其中年度检验86艘次、中间检验40艘次、换证检验36艘次、附加检验9艘次，合计总吨位12457吨、总功率11497千瓦。审查沿（跨）内河航道建筑设施设计方案12起，受理水上水下作业许可9件，回复技术咨询5起。实施行政处罚2101起，一般程序12起，简易程序2089起。年内，区城市交通运输管理署获市平安示范单位称号并连续四届被评为市文明单位，综合业务受理中心创建成市青年文明号，货运管理科被授予市巾帼文明岗称号。23人次获得市、区先进个人等荣誉称号。

（张海峰）

【市交通港口局、区中心组联组学习会】 6月8日，市交通港口局、区中心组综合交通发展“十二五”规划联组学习会在枫泾镇召开。市交通港口局局长孙建平主持。副区长沈金龙汇报区交通港航上半年工作、公共交通综合规划情况及有关工作建议。孙建平要求区下阶段行业规划发展工作要进一步加强与市局各部门对接：要深化公交枢纽场站管理，加快启动枫泾交通枢纽建设，努力完成公共交通“一区一骨干”要求，构建金山区控股公交企业；要构建发展“枫泾—朱泾—亭林”快速公交线路，重视研究公共交通客流问题。市交通港口局副局长杨小溪、张林和副巡视员高奕奕和局中层领导干部，枫泾镇政府、区建设交通委、金山新城等相关单位领导参加。

（张海峰）

金山铁路金山卫站

【金山铁路开通运营】 9月28日12时10分，铁道部、市政府投资，上海金山铁路有限责任公司负责建设、运营管理，历时3年建设的金山铁路（上海南站⇆金山卫站）正式开通运营。铁路全线总长56公里（金山境内23.4公里），2009年8月12日开工，总投资40.84亿元，其中金山投资约14.74亿元。工程包括铁路改建前期、站点管线配套、新城枢纽南北广场、阮巷站及配套、亭林站及配套、亭卫南路改建工程及配套道路隆安东路、同凯路、卫阳南路和临桂路工程。沿线设金山卫、金山园区、亭林、叶榭、车墩、新桥、春申、莘庄（暂未开通）、上海南站。票价为3～10元。金山铁路按铁路模式运营，使用动车组列车，双休日开行直达、站站停、大站停（停靠新桥、亭林）列车，工作日开行直达、站站停列车。双休日及工作日开行列车36对，其中双休日开行直达列车20对、大站停列车2对、站站停列车14对；工作日开行直达及站站停列车各18对。工作日、双休日上海南站始发时间分别为6:08、6:27，末班列车时间均为21:53；金山卫站首末班列车时间分别为6:00、21:55。至年底，总客流量达127万人次。

（王正民）

【镇村公交补贴】 11月6日，根据金山区人民政府办公室抄告单（金府办告〔2012〕159号），区财政出资60%、镇财政出资40%补贴镇村公交每公里2.45元。至年底，金山巴士公司、锦山客运公司共接受补贴775万元。（张海峰）

【金山铁路营运配套举措】 年内，调整金山铁路运营所涉公交站线,安排金山卫站始发公交线路14条和途经公交线路1条、金山园区站途经公交线路1条、亭林站始发公交线路1条和途经公交线路2条;金山卫站南北广场设置出租汽车候车点2个;原隆平路金山长途客运站整体搬迁至金山卫站并安排发往浙江、江苏、安徽、河南、四川、贵州等地长途线路36条85个班次;开设金山卫站自行车租赁点,放置自行车50辆(一期)并在城市沙滩、金山渔村设临时停放点。 (张海峰)

【区城市交通行政执法大队列入参照公务员法管理单位】 年内,根据《关于将金山区老干部活动室等5家事业单位列入参照公务员管理范围的通知》(沪公局发〔2011〕82号),区城市交通行政执法大队列入市第三批参照公务员法管理单位,单位参公编制总数60人,实际列入参公编制53人。 (张海峰)

【市有关部门和区领导调研】 2月7日,区委书记杨建荣带领区委办、区府办、区政研室等部门负责人到区建设交通委调研。要求明确责任、勇挑重担;重安全、抓进度,全力以赴推进重大实事工程项目建设;突出重点、抓住关键,确保重点工作落到实处、取得实效;加强思想作风建设。2月25日上午,市城乡建设和交通委员会主任黄融带领有关处室负责人到金山调研,听取区长李跃旗所作区"十二五"发展思路及2012年重点工作报告和副区长沈金龙所作区建设交通工作2012年工作重点及难点问题介绍。要求发挥区建设交通委作用,更好服务地区经济社会发展;加强建筑业市场管理,发挥乡镇基层政府在建筑行业管理方面作用并开展分类管理工作;抓好项目规划,建立起沟通机制,在发展规划中及时与市城乡建设交通委沟通对接。 (王正民)

住房保障和房屋管理

【概况】 2012年,全区房产投资额30.61亿元,比上年增19.30%。全年销售商品房面积60.69万平方米,比上年降14.93%。其中,商品住宅35.73万平方米,比上年增26.41%;商业用房12.38万平方米,比上年降33.51%;配套商品房8.14万平方米,比上年降49.85%;其他用房(车位、储藏室等)4.45万平方米。商品房销售均价8060元/平方米,比上年增13.50%。其中,商品住宅9616元/平方米,比上年降4.83%;商业用房7489元/平方米,比上年增1.18%;配套商品房2728元/平方米,比上年增0.86%。全年成交二手存量商品住宅40.48万平方米,比上年增0.50%;成交均价5780元/平方米,比上年增15.22%。房地产业税收82105万元,比上年降23.19%。全年保障性用房总施工面积69.21万平方米,其中新开工19.83万平方米,竣工20.70万平方米。年内,新增廉租住房租金配租家庭48户,累计租金配租在册享受家庭237户,发放租金补贴81万元。针对173个住宅小区4594幢房屋开展清剿火患专项行动。完成市政府一号消防实事工程——12幢20年以上房龄高层住宅消防设施增设。加强"962121"物业呼叫热线平台建设,全年受理物业服务诉求4804件,其中维修诉求1922件,办结1900件,办结率98.86%,维修回访满意度89.19%。继续推进"金山区物业管理信息系统"建设,增设小区车辆管理、物业费收缴功能并通过区科委验收。完成《金山区亭林大型居住社区控制性详细规划》《金山区亭林大型居住社区市政基础设施管线综合规划》,撰写《关于亭林大型居住社区的调研报告》。初步完成朱泾棚户简屋改造方案,第一次征询通过率超过90%。全年累计拆除工程施工基地36个44.85万平方米,年度受理新开工项目24个22.21万平方米,年度竣工基地33个32.54万平方米。 (崔玉栋)

【区首批共有产权保障房(经济适用住房)摇号排序现场会】 现

共有产权保障房摇号排序现场

场会于7月21日在区公共服务中心举行,6名区人大代表、政协委员、政风行风监督员作为第三方公信力代表参与摇号排序过程并全程监督。市东方公证处公证摇号过程。副区长沈金龙接受金山电视台采访。首批77户符合共有产权房购房条件家庭参加。建设银行金山支行、区公积金运用中心提供购房贷款咨询服务。

(崔玉栋)

【区首批人才公寓启用入住】 8月31日,区首批人才公寓启用入住仪式在金悦华庭小区举行,区委副书记、区长李跃旗向入住人才代表颁发"钥匙"。区委常委、组织部部长陈正安,副区长贾炜、沈金龙,市房管局副局长顾弟根等市、区相关委办局领导出席。区首批人才公寓——金悦华庭195号(11层全装修普通商品住宅)位于卫零北路,共99套、5497.46平方米,按照标准适度、配套齐全、安全环保、便利节能原则配置家具、家电等,由金山公共租赁房投资运营有限公司负责人住人员日常管理。 (崔玉栋)

【"走百家门、知百家情、解百家忧"活动】 7月至12月,开展"走百家门、知百家情、解百家忧"活动。至年底,走访居民家庭456户,收集整理涉及综合管理、清洁卫生、绿化养护、维修保护等群众意见建议93件,解决33件。

(崔玉栋)

住房公积金管理

【概况】 2012年,全区归集住房公积金8.96亿元,比上年增26.4%;提取住房公积金4.16亿元,比上年增8.9%;净归集住房公积金4.80亿元,比上年增46.8%。年度公积金基数调整和验收完成率100%。全年发放住房纯公积金贷款1742笔、组合贷款686笔,经济适用房纯公积金贷款1笔,合7.58亿元,比上年减11.7%;公积金支持购房面积约21.7万平方米,与上年持平。年内,净增公积金缴存单位431户,比上年增22.8%。累计公积金缴存单位3265户,比上年增15.2%;新增公积金缴存职工15444人,净增公积金缴存职工8715人。累计公积金缴存职工101261人,比上年增9.3%;公积金个人新开户12858人,比上年增9.5%。公积金个人销户2632人,比上年增18.5%;集中封存(与单位终止劳动关系职工转入市公积金管理中心住房公积金集中封存专户,由公积金管理中心集中管理)2855笔6843人,分别比上年增23.2%、23.9%。提取封存公积金876笔、补充公积金32笔;补缴公积金38笔282人次。受理信访35件,比上年增94.4%,结案24件。执行强制缴存公积金单位26家。中国石化上海石油化工股份有限公司、上海中石化物流股份有限公司、上海赛科石油化工有限责任公司、上海化学工业区中法水务发展有限公司、上海今电实业有限公司、上海海湾石化有限公司获市公积金管理中心、市总工会评选"建行杯第四届上海市住房公积金百佳诚信缴交企业"称号,上海华峰超纤材料股份有限公司、福达(上海)食品有限公司、上海漕泾热电有限责任公司等47家企业获"建行杯第四届上海市住房公积金'区级百佳诚信缴交企业'"称号。 (王 宙)

环境保护

【概况】 2012年,全区投入环境保护经费196732.53万元,占区国内生产总值4.2%。全年环境空气质量(石化空气自动监测点监测数据)达到国家二级标准(GB3095-2012),其中环境空气质量优良358天,比上年增15天,优良率97.8%。环境空气质量指标可吸入颗粒物年平均浓度0.055毫克/立方米(比上年降16.7%)、二氧化硫年平均浓度0.022毫克/立方米(比上年降12.0%)、二氧化氮年平均浓度

环境监察

0.036毫克/立方米。区域降尘量6.2吨/平方公里·月,比上年降11.4%。工业废水年排放量1665.73万吨。工业固体废弃物产生量29.8万吨,综合利用率98.24%。全区4个水环境质量考核断面综合水质指数1.28~2.17,平均综合水质指数1.71。主要污染指标氨氮平均浓度2.69毫克/升、总磷平均浓度0.428毫克/升,分别比上年升26.5%、38.9%。环境噪声平均等效声级昼间52.2分贝(A)、夜间45.2分贝(A)。全年办理人大代表书面意见、政协委员提案5件,受理来信26件、来访45批173人次(其中集访10批129人次)、来电879件、来邮160件,计1110件2102人次,办结率99%,其中受理市环保局交办事项44件,市环保应急热线中心转接来电454件。出动监察人员2306人次,监察污染源现场702批次、污染源单位3660户次。检查各类污染治理设施2668套次,正常运转率98%。行政处罚环境违法行为企业123户429.55万元,征收排污费1048万元。审查办理环境影响评价项目1186项,环境影响报告书17项、报告表376项、登记表793项,试生产项目90项;验收环保"三同时"(建设项目需要配置建设的环境保护设施,必须与主体工程同时设计、同时施工、同时投产使用)情况90项;办理夜间施工审批18个单位次。开展环境事故应急演练4次。处置中运河、张泾河死鱼事件、台界化工环氧乙烷泄露事件等污染事件(故)17起。年内,落实区第五轮环保三年(2012~2014年)行动计划年度工作(见附表)。枫泾镇通过创建"国家级生态乡镇"市局专家组验收。

(陆经东)

区第五轮环保三年行动计划进展情况表(2012~2014年)

表15　　填报时间:2012年11月19日

专项	序号	项目名称	责任单位	单位:万元		项目总体目标和任务	2012年节点目标	进展情况				备注
				计划总投资	已投入资金			完成	已启动	未启动	项目实际进展情况	
水环境保护(共14项)	1	集约化供水——自来水管网建设	区水务局	47105	28000	完成75公里输水管建设	全面完成		√		已完成62公里,完成80%	预计完工时间2012年12月
	2	黄浦江上游水源地一级保护区围栏建设	区水务局 区环保局 区发改委	—	—	未落实	未落实			√	正在协调	
	3	一级保护区内与供水设施和保护水源无关的建设项目清拆整治	区水务局 区环保局 区发改委	17800	—	未落实	未落实			√	未落实	
	4	关闭3座郊区中小水厂(石化总厂生活用水车间、兴塔兴泉、枫泾)	区水务局	7278	1000	关闭3座小水厂	基本完成		√		石化生活用水车间设备改造方案确定;兴塔兴泉水厂关闭正在启动谈判工作;枫泾水厂待枫泾供水工程完工后关闭	预计完工时间2013年6月
	5	金山朱泾污水处理厂二期扩建工程及一期升级改造工程(3万立方米/日,一级A)	区水务局	12000	—	扩建3万立方米/日,出水提升至一级A	开工建设			√	工程已取得工可批复、土地农转用批复,正在进行设计、勘察招投标	预计开工时间2012年12月

续表 15

专项	序号	项目名称	责任单位	单位:万元		项目总体目标和任务	2012年节点目标	进展情况				备注
				计划总投资	已投入资金			完成	已启动	未启动	项目实际进展情况	
	6	金山枫泾污水处理厂二期扩建工程及一期升级改造工程(1.8万立方米/日,一级A)	区水务局	16000	2000	扩建1.8万立方米/日,出水提升至一级A	开工建设			√	项目已取得初设批复,正在进行施工、监理招投标	预计开工时间2012年12月
	7	金山廊下污水处理厂二期扩建工程及一期升级改造工程(1万立方米/日,一级A)	区水务局	8348	—	扩建1万立方米/日,出水提升至一级A	前期准备			√	已完成初步可行性研究方案编制	预计开工时间2013年10月
	8	金山区污水收集管网工程(30公里)	区水务局	10000	—	30公里污水管网建设	前期准备		√		已经完成污水管网1.83公里;10.44公里污水管网项目正在办理建设工程规划许可证;17.73公里污水管网正在前期准备	
水环境保护(共14项)	9	金山朱泾污水处理厂污泥处理工程(9.6千吨/天)	区水务局	700	—	9.6千吨/天污泥处理设施	开工建设			√	同金山朱泾污水处理厂二级扩建及一级升级改造工程一并实施,工程已取得工可批复、土地农转用批复,正在进行勘察招投标	预计开工时间2012年12月,预计完工时间2013年12月
	10	基本完成建成区直排污染源的截污纳管	各镇 金山工业区 区水务局 区环保局	63665	70	基本完成建成区直排污染源的截污纳管	—		√		区水务局已委托设计院进行方案设计,正在研究具体实施办法;计划主要道路由各镇、工业区实施,企业内部管线由各镇、工业区负责督促企业实施;计划年内完成方案制定	
	11	骨干河道整治(六里塘3公里)	区水务局	3000	—	2013年6月前完成项目建设	开工建设		√		已完成工可上报	预计完工时间2013年12月

续表 15

专项	序号	项目名称	责任单位	单位:万元		项目总体目标和任务	2012 年节点目标	进展情况				备注
				计划总投资	已投入资金			完成	已启动	末启动	项目实际进展情况	
水环境保护(共14项)	12	界河整治工程(建设河、金山卫界河、鳗鲤泾、俞泾塘)	区水务局	5000	1850	2014 年 12 月前完成项目建设	完成金山卫界河和鳗鲤泾,启动建设河前期工作		√		完成界河土方疏浚 2180 立方米和 1 座桥梁的板梁预制,总完成率约 40%;完成鳗鲤泾土方疏浚 2100 立方米和砼方桩护岸 400 米,总完成率约 35%	预计完工时间 2013 年 3 月
	13	河道生态整治(斜泾港 3.06 公里)	区水务局	1640	1600	2012 年 8 月前完成项目建设	全面完成	√			河道疏浚、开挖完成 3.06 公里,完成率为 100%、护岸完成 5960 米,种植绿化 7.65 万平方米	已完成
	14	金山城市沙滩水域环境治理与保护工程	区水务局(海洋局)	2200	—	完成城市沙滩水域生态修复和底泥疏浚	前期准备			√	市海洋局 2012 年海域项目资金已排满,计划报 2013 年项目计划	预计开工时间 2013 年 10 月
大气环境保护(共14项)	15	7 台 20 吨以上工业锅炉达标排放	区环保局	2000	320	7 台锅炉实现稳定达标排放	完成 2 台 25 吨锅炉脱硫除尘设施安装工作		√		完成 2 台 25 吨锅炉脱硫除尘设施安装工作	
	16	推进实施总量控制目标中 80% 的燃煤(重油)锅炉清洁能源替代	区经委 区环保局 区发改委 区财政局 各镇 金山工业区	3200	1000	完成 173 台锅炉清洁能源替代	完成 32 台锅炉清洁能源替代		√		已制订《金山区燃煤锅炉(重油)清洁能源替代工作方案》和专项扶持办法,已报区政府转发实施。已完成 21 台,共 161 蒸吨锅炉清洁能源替代	
	17	淘汰财政拨款的黄标车	区机管局	—	—	完成 2 辆黄标车淘汰	—	√			2 辆黄标车在公车改革中已淘汰	已完成
	18	加强加油站、油罐车油气回收系统的长效管理	区环保局	26	26	加强监管,确保长效管理	加强监管,确保长效管理		√		配合市级部门推进	
	19	推进 3 个重点行业 VOCs 治理试点示范工程	区环保局	1000	—	开展 3 个行业 VOC 治理试点示范工作	开展 3 个行业 VOC 治理试点示范工作		√		配合市级部门推进	

续表15

专项	序号	项目名称	责任单位	单位:万元		项目总体目标和任务	2012年节点目标	进展情况				备注
				计划总投资	已投入资金			完成	已启动	未启动	项目实际进展情况	
大气环境保护(共14项)	20	建筑工地文明施工达标率达90%以上	区建交委	150	100	建筑工地文明施工达标率达90%以上	争创文明工地率20%;标准化管理达标率60~80%		√		有20%的工地正有序的推进	
	21	全市商品混凝土搅拌站、砂石料堆场和拆房工地除尘设备安装率及除尘率力争达80%	区建交委 区环保局 区房管局	200	—	按要求推进工作	—		√		全市统一推进,各区县配合	
	22	主要道路冲洗率达40%以上	区绿化市容局	188.25	37.65	主要道路冲洗率达到40%以上	主要道路冲洗率达20%		√		按照工作推进安排实际情况,2012年已达到20%保洁面积的冲洗工作目标	
固体废物处置(共1项)	23	金山永久生活垃圾综合处理厂(800吨/日)	区绿化市容局	41685	23758	建成并运行	项目竣工验收		√		项目设备安装调试方面,已完成1号焚烧炉烘煮炉工作,基本完成烟气排放、污水处理、电力供电、垃圾进料等主要系统调试,未发现异常情况。下阶段,将抓紧推进土建施工剩余次要单体扫尾以及总体环境布置,力争10月底前全面建成	预计完工时间2012年12月
工业污染防治与产业结构调整(共8项)	24	工业企业结构调整	区经委	4000	1200	按年度计划推进,2012年计划完成40项	计划完成40项		√		2012年计划任务40项,根据市政府要求,已启动49项,完成淘汰落后产能42项	
	25	13个工业区块已开发区域污水纳管率达到100%	各镇 金山工业区 区水务局 区环保局	8143	65	13个工业区块已开发区域污水纳管率达到100%	—		√		金山工业区、山阳、张堰、廊下、金山卫、枫泾等6个工业区已达到节点目标;兴塔和朱泾2个工业区正在实施;松隐、干巷、亭林等3个工业区正在落实工作计划	

续表15

专项	序号	项目名称	责任单位	单位:万元		项目总体目标和任务	2012年节点目标	进展情况				备注
				计划总投资	已投入资金			完成	已启动	未启动	项目实际进展情况	
工业污染防治与产业结构调整(共8项)	26	金山化工分区内居民搬迁工作	漕泾镇	8120	—	完成58户居民动迁工作	—		√		编制了搬迁工作实施方案并已得到区政府批复;根据批复确定的居民房屋搬迁范围,进一步调取居民宅基资料开展核对梳理;镇级层面环境综合整治正式启动的各项工作已准备就绪	
	27	上海石化地区、金山二工区、上海化工区环境质量监测体系建设	金山卫镇区环保局	595	170	2012年内完成VOC自动监测站建设	完成新联站和张桥站在线VOC建设		√		已完成新联子站建设,已完成张桥站站点选址,项目建设方案已通过评审	
	28	金山卫镇污水处理厂二期扩建工程	金山卫镇区水务局	8800	200	2012年上半年规划设计,2012年下半年开工,2013年年底运行,2014竣工验收				√	设计方案已定	预计开工时间2013年4月
	29	金山二工区7家企业废气综合整治	金山卫镇区环保局	2100	300	每年对废气影响较大企业进行综合整治,3年内完成7家企业的废气整治	完成3家企业的废气综合治理		√		瑞年、赫腾、绿邹废气治理实施中,设备安装完毕	预计完工时间2013年12月
	30	金山二工区污水管网维护及主要雨水口应急设施建设	金山卫镇	170	60	开展污水管网探伤维护、维修工作,建立工业区6个主要雨水口雨水排放应急措施,2013年完成	完成管网探伤、完成6个主要雨水口应急建设		√		已完成对现有管网进行全面探伤;已完成3个主要雨水口应急建设,现根据情况调整再建设6处8座雨水口应急闸阀,土建施工已开始	预计完工时间2012年12月
	31	金山二工区主要河道应急水闸建设	金山卫镇区水务局	2000	—	建设黄姑塘等园区主要河道9处应急水闸,实行联闸联控,2013年内完成	完成9个主要河道水闸建设		√		方案设计中	

续表 15

专项	序号	项目名称	责任单位	单位:万元		项目总体目标和任务	2012 年节点目标	进展情况				备注
				计划总投资	已投入资金			完成	已启动	未启动	项目实际进展情况	
农业和农村环境保护(共9项)	32	建设1个标准化畜禽场	区农委	277.7	—	实现"五化"的新型生态养殖基地:生产标准化、效益高效化、环境生态化、环保合格化、技术先进化	完成前期准备工作和招投标工作		√		市农委、市财政局已批复同意项目实施,项目前期准备工作均已到位。因吕巷镇政府对该项目持不同意见,故项目未能实施,区农委正与吕巷镇政府协调此事	
	33	推广绿肥种植 8.1 万亩、有机肥 8.7 万吨	区农委	3795	1377.5	推广绿肥种植 8.1 万亩、有机肥 8.7 万吨	种植绿肥 3.5 万亩、推广商品有机肥 2.9 万吨		√		已种植绿肥 35152.5 亩,已推广商品有机肥 3.2 万吨(其中:粮油 19000 吨,蔬菜 13000 吨)	
	34	推广杀虫灯 100 台、性诱剂 1.0 万亩,捕虫板 0.05 万亩、高效低毒低残留农药及生物农药 15.0 万亩次	区农委	401.01	401.01	待定	粮油条线,2012 年计划在水稻上推广应用50台频振式杀虫灯,性诱剂 0.1 万亩,高效低毒低残留农药及生物农药 15 万亩次蔬菜条线,计划推广性诱剂 0.5 万亩,高效低毒低残留农药及生物农药 10 万亩次		√		推广杀虫灯 35 台;已使用性诱剂 0.53 万亩(其中粮油条线 0.01 万亩,蔬菜条线 0.52 万亩);捕虫板 1.17 万张,0.53 万亩;高效低毒低残留农药及生物农药 39 万亩次(其中粮油条线 21 万亩次,蔬菜条线 18 万亩次)	
	35	推广农业节水节肥工程 3000 亩	区农委	—	—	按要求完成任务	在全区蔬菜标准园开展节水节肥设施改造,安装喷灌、滴灌设施合计达到 3000 亩	√			已经在枫泾、朱泾、吕巷和廊下等蔬菜标准园完成节水节肥设施改造 3170 亩,已全面完成	已完成

续表 15

专项	序号	项目名称	责任单位	单位:万元		项目总体目标和任务	2012 年节点目标	进展情况				备注
				计划总投资	已投入资金			完成	已启动	未启动	项目实际进展情况	
农业和农村环境保护(共9项)	36	廊下稻麦粮食作物、吕巷蟠桃农业面源污染防治示范区建设	区农委	—	—	全面完成市下达的任务	按计划实施,全面完成任务	√			廊下稻麦粮食作物农业面源污染防治示范区建设项目:示范区计划实施面积 1200 亩,其中包括稻鸭共作示范面积 310 亩,金量源有机水稻示范区 40 亩,优质杂交稻父本米 30 亩,以及化肥、农药双减项目展示区 820 亩,已全面完成以经济果林“双增双减”项目为依托,在吕巷金石公路两侧蟠桃集中区开展农业面源污染防治示范区建设工作,合计 353.6 亩,已全面完成	已完成
	37	1 个农作物秸秆综合利用示范工程	区农委	522.48	522.48	完成 1 个农作物秸秆综合利用示范工程	建成并投入使用	√			已完成,并通过验收。主要包括:建成普通发酵大棚 7450 平方米,新型太阳能发酵大棚 2400 平方米,另配备了防渗膜,变频搅拌机,粉碎机等主要设施、设备	已完成
	38	6 个蔬菜基地蔬菜废弃物综合利用设备配套	区农委	300	60	待定	完成一个蔬菜基地蔬菜废弃物综合利用设备配套项目		√		1. 已在强丰蔬菜基地建成一个蔬菜废弃物综合利用的沼气工程设备项目;2. 其余 5 个基地也已完成沼气工程的设计,目前已进入复审阶段,预计年内批复,2013 年施工,总体工程于 2014 年完成	预计完工时间 2013 年 12 月

续表 15

专项	序号	项目名称	责任单位	单位:万元		项目总体目标和任务	2012 年节点目标	进展情况				备注
				计划总投资	已投入资金			完成	已启动	未启动	项目实际进展情况	
农业和农村环境保护(共 9 项)	39	稻麦秸秆机械化还田 120 万亩次	区农委	5400	968.85	稻麦秸秆机械化还田 120 万亩次	在今年第二、第四季度的“三夏”“三秋”期间,完成麦子、水稻秸秆还田共 40 万亩		√		“三夏”完成 21.53 万亩次。当前,抓好“三秋”机具准备工作,预计今年“三秋”可出动 600 余台拖拉机、400 余台收割机、460 台开沟机,250 台复式作业机(可一次完成浅耕和开沟作业)进行作业,为完成水稻秸秆还田做好准备	
	40	村庄改造	区农委 区水务局	20000	5178.4	三年完成 9000 户的村庄改造任务	2012 年,村庄改造工作共涉及 14 个村庄,3067 户,其中 8 个村庄为 200 户以上村庄		√		除张堰镇未开工外,其余 9 个镇(金山工业区)已经全面开工	
生态环境保护(共 4 项)	41	林荫道建设	区绿化市容局	150	75	创建林荫道 1 条	创建林荫道 1 条		√		已对创建的林荫道路段行道树带以及两侧的绿地进行景观优化,专家组已通过初步考核	
	42	立体绿化建设	区绿化市容局	600	20	建设立体绿化 6000 平方米	建设立体绿化 2000 平方米		√		已经完成 2000 平方米立体绿化建设	
	43	郊区生态公益林建设	区农委			完成建设通道防护林 300 亩在枫泾、吕巷、亭林和金山卫 4 个镇建设“四类”公益林 750 亩。在朱泾、山阳两个镇建设公益林基础设施 2400 亩				√	正在向区发改委报立项,正在研究落实具体工作	
	44	国家级生态乡镇、生态村创建(1 个)	枫泾镇	50	50	完成创建	年底完成生态镇创建工作	√			5 月 9 日已通过市局专家组验收	已完成

续表 15

<table>
<tr><th rowspan="2">专项</th><th rowspan="2">序号</th><th rowspan="2">项目名称</th><th rowspan="2">责任单位</th><th colspan="2">单位:万元</th><th rowspan="2">项目总体目标和任务</th><th rowspan="2">2012 年节点目标</th><th colspan="4">进展情况</th><th rowspan="2">备注</th></tr>
<tr><th>计划总投资</th><th>已投入资金</th><th>完成</th><th>已启动</th><th>未启动</th><th>项目实际进展情况</th></tr>
<tr><td rowspan="3">能力建设（共 3 项）</td><td>45</td><td>按“上海市区县辐射安全监管能力建设规范化标准（暂行）”落实相关工作</td><td>区环保局</td><td>23.5</td><td></td><td>完成上海市区（县）辐射安全监管能力规范化标准（暂行）建设中仪器的配置</td><td>配置设备仪器γ辐射计量率仪 1 台、α/β 表面污染仪 1 台、便携式γ普仪 1 台</td><td></td><td>√</td><td></td><td>已完成进口设备专家认证，进入对外公告，组织询价</td><td></td></tr>
<tr><td>46</td><td>制定辐射环境事故应急预案（县级以上）</td><td>区环保局</td><td>—</td><td>—</td><td>完成金山区辐射环境事故应急预案的制定</td><td>完成金山区辐射环境事故应急预案的制定</td><td>√</td><td></td><td></td><td>已完成金山区辐射环境事故应急预案</td><td>已完成</td></tr>
<tr><td>47</td><td>区县应急监测能力建设</td><td>区环保局</td><td>100</td><td>100</td><td>达到应急监测能力建设标准</td><td>完成 2012 年应急能力建设</td><td></td><td>√</td><td></td><td>进一步完善应急监测工作程序。多组份气体检测仪已投入使用，便携式傅里叶红外光谱仪已签订购买合同，11 月上旬到货</td><td></td></tr>
<tr><td colspan="4">合计</td><td>308732.94</td><td>70509.89</td><td></td><td></td><td></td><td></td><td></td><td></td><td></td></tr>
</table>

注:阴影部分为建设项目

绿化市容管理和城市管理行政执法

【概况】 2012 年，全区新建各类绿地 40.29 公顷，城区绿化覆盖率 37.42%、人均公共绿地 21.09 平方米。完成漕廊公路（金石公路——朱平公路）两侧绿化、老龙泉港（蒙山路——卫零路）生态绿地等绿化项目和金山永久生活垃圾综合处理项目建设。隆平路（卫零路立交桥——戚家敦路）、临桂路（临桂路桥——蒙山路桥）、金零路（卫零路——卫二路）创建成市级林荫道。全年新增垃圾收运车 22 辆、分类垃圾桶 418 只，实施生活垃圾分类减量工作单位 32 家，累计生活垃圾减量 7.1%。实施道路洁净工程道路增至 50 条，新增道路保洁经费 200 多万元、保洁人员 65 人、电动三轮保洁车 15 辆、电动高

环卫工人使用新增的电动三轮保洁车

压冲洗车 1 辆。整治金山铁路沿线市容环境，粉刷墙面 40230 平方米，清除暴露垃圾和建筑渣土 987 吨、乱堆物 292 处，拆除乱搭建 2589 平方米。全年出动区城管执法系统执法人员 7.6 万人次、执法车辆 1.3 万车次，教育纠正各类违法行为 6.8 万处，处罚违法案件 295 件。实施城市管理"撤三建五"[撤除原城区一、二分队和机动一分队，成立金山卫、山阳、石化、朱泾（枫泾）、吕巷（廊下）城管中队]"属地化"[区城管执法大队所属各镇（街道）、金山工业区中队日常执法业务工作由所在各镇（街道）、金山工业区管理安排]管理模式并提供各镇（街道）、金山工业区市容管理执法支撑。完成"迎接国家卫生城区复评检查"、喜迎"十八大"、世界沙滩排球巡回赛"金山新城杯"中国上海金山满贯赛、2012 年上海金山热波音乐节、2012 年金山旅游节、2012 年上海金山国际沙滩音乐烟花节等重大活动期间执法保障。区网格化管理中心网格化管理区域面积 23.77 平方公里，全年受理案件 2.97 万件，结案率 97.73%。

（朱　磊）

"建设生态文明、共建美丽家园"义务植树

【义务植树】 3 月 12 日上午，区绿化市容局主办，各镇（街道）绿化部门协办的"建设生态文明、共建美丽家园"义务植树活动在老龙泉港生态绿地举行，种植香樟、榉树、雪松等各类乔木 1400 余株，绿化面积约 2 万平方米。区四套班子领导，市绿化市容局领导，区相关委办局有关人员及社会各界热心市民共 400 余人参加。

（吴益锋）

【"夏令热线"活动】 7 月 18 日～8 月 17 日，区市政市容管理联席会议办公室主办的"迎接十八大、服务民生、完善长效、提升水平"第三届区夏令热线活动举行，共接市民来电等 103 个，接通率 100%。至 8 月 21 日，办结各类信息 91 件，办结率 95%。

（周　颖）

【"12345"市民服务热线】 8 月，区网格化管理中心制订《金山区"12345"市民服务热线筹建方案》，组建工作队伍，开展受理人员、信息分转派遣人员处置流程业务培训；制定市民服务热线工作规定，建立 24 小时轮流值班制度。至 12 月 28 日，区热线平台接市级平台派送工单 248 件，办结 248 件，办结率 100%；市各行业部门交办工单 276 件，办结 224 件，办结率 81.16%。

（周　颖）

【区城市网格化管理项目（五期）建成运行】 10 月 1 日，区城市网格化管理项目（五期）建成运行，管理吕巷、漕泾镇和金山工业区部分区域计 2.19 平方公里，实行"一级管理平台、一个管理标准、属地化管理"（区级数字化管理平台为受理终端实行一级受理派遣；各街镇不再增设二级受理平台，仅配备管理处置工作平台；管理主体为该区域行政主体。）镇区网格化管理模式，配备监督员 10 名。区城市网格化管理范围覆盖

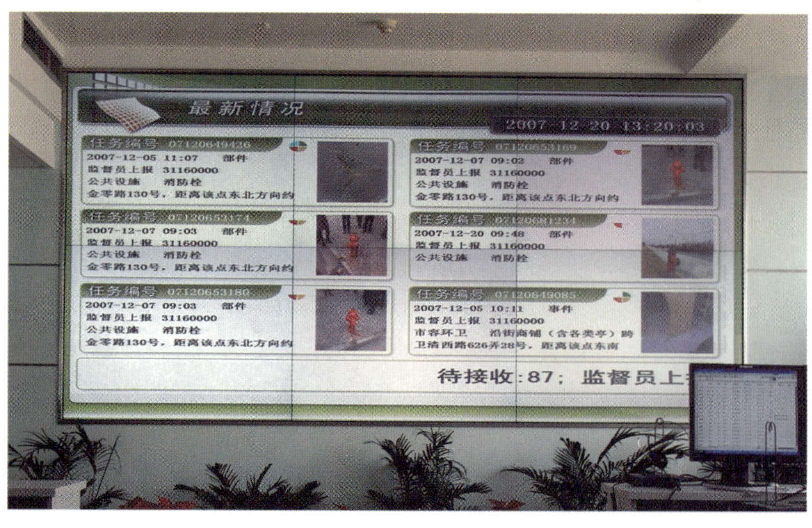

清晰显示的网格化管理信息

至“一城七镇两景一工业区”（石化城区，山阳、金山卫、张堰、亭林、廊下、吕巷、漕泾镇相关管理区域，枫泾古镇、朱泾东林寺景区，金山工业区。），网格化管理面积23.77平方公里。（周 颖）

【金山永久生活垃圾综合处理项目建成运行】 12月，采用BOT［私人资本参与基础设施建设，向社会提供公共服务的一种特殊投资方式，包括建设（Build）、经营（Operate）、移交（Transfer）过程］形式建设、使用焚烧发电生产工艺的上海金山永久生活垃圾综合处理项目建成并试运行，总投资约4.168亿元。项目烟气净化系统采用“SNCR（选择性非催化还原）+半干法（旋转喷雾反应塔）+干法（喷射碳酸氢钠）+活性炭喷射+袋式除尘器”工艺，烟气排放达到“欧盟2000”标准，日处理生活垃圾800吨。北京五洲环境工程设计研究院设计，上海环境集团承建，上海联合工程监理造价咨询有限公司、上海宝钢建设监理有限公司监理。2011年3月开工。（郑丽丽）

城市建设投资

【概况】 2012年，继续推进区文广中心、朱泾体育中心、亭林大型居住社区、金山城投公司城市建设维护管理用房、E地块（学府路以北、龙轩路以南）动迁安置房项目等9个重大项目建设。联合上海泉金房地产开发有限公司，筹措人才公寓小户型商品房99套。新金山投资控股集团获区重大工程实事项目创“双优”（工程优质、干部优秀）活动先进集体称号，上海石化城市建设综合开发公司获市住宅建设实事立功竞赛先进公司称号，周婉忠获2012年度上海市优秀建设者荣誉称号。

（高文欢）

【金山城投债券发行】 12月25日，根据《国家发展改革委关于上海金山城市建设投资有限公司发行2012年公司债券核准的批复》（发改财金〔2012〕3899号），“2012年上海金山城市建设投资有限公司债券”发行，债券简称12金山城投债，代码124085，期限7年，发行总额9亿元。第一创业摩根大通证券有限责任公司、中银国际证券有限责任公司主承销。所筹资金主要用于金山新城综合交通枢纽北广场新建工程等17个项目。（高文欢）

【“金山名都”商品房项目】 年内，推进“金山名都”商品房项目（一、二期）建设。至年底，一期工程竣工并签订商品房预售合同153套16440平方米，回笼资金约9243万元；二期工程（建筑面积1.5万平方米）完成总工作量80%。该项目总投资4.2亿元，总建筑面积71362平方米建设。

（高文欢）

水务管理

【概况】 2012年，全区收集处理1977户农村生活污水。整治中运河东段、金山现代农业园区庄家圩防洪除涝、金山三岛海洋生态自然保护区管理专项工程竣工。实施廊下镇斜泾港河道生态治理、枫泾镇区东片河道综合整治、亭林镇松九联圩防洪除涝、牛桥港东段河道综合整治、界河整治工程。推进朱泾污水处理厂和枫泾污水处理厂扩建工程前期工作。启动“节水型农业园区、学校、企业和社区”社会建设示范项目26个。实施“小型农田水利重点县项目”，新（翻）建灌溉泵站28座、喷灌泵站2座，新建地下渠道17.923公里、倒虹吸管道2座，微喷、滴灌菜田近110.67公顷，喷灌果林6公顷。全年出动水面保洁人员21.3万人次、保洁船只（打捞机械）5.2万艘（台）次，打捞绿萍、水葫芦等各类水面漂浮物21.5万吨；轮疏中小河道184条段175.325公里。填报水利（水资源）普查正表并校验汇总数据。统计、申报2011年海洋经济产值。全年海域水体中溶解氧、化学需氧量、汞、镉、铅、总铬、砷、铜和锌监测指标均符合海水水质第一类或第二类标准；海洋沉积物监测指标均符合海洋沉积物质量第一类标准。4～10月，金山城市沙滩滨海旅游度假区连续监测水质、海面状况均为优良，年平均休闲（观光）活动指数4.0（属优良）。年内，编制《金山区节水型社会建设规划》《水闸防汛预案》《水闸专项调水预案》《水闸引清调水预案》，制订并实施《金山区镇村级中小河道轮疏管理办法》《金山区农田排涝设施养护管理办法》《金山区农村生活污水设施养护管理办法》。全年引入黄浦江水源4.46亿立方米，排入杭州湾水体9.48亿立方米。全年供水9950.24万吨，处理污水9118.94万立方米、污泥64113.4吨，城镇污水处理率82%。开展防汛、水利、排水等专项执法检查460次，累计出动执法人员1496人次，立案35起，处理案件21起。依法办结水务行政许可事项366项。征收水利工程供水费312万元、水资源费79万元、排水设施使用费4906万元。实行计划用水考核1711户，征收超计划加价水费230万元。区获水利部全国农田水利基本建设先进单位称号，孙建刚获水利部2010

~2011 年度全国水利财务先进个人称号。（胡　巍）

【区水利建设与管理工作会议】会议于1月11日在松江召开，总结2011年水利工作，表彰2011年度区水利建设与管理工作先进集体，部署推进2012年水利建设与管理工作。枫泾镇和区水利管理所作交流发言。副区长许复新、市水务局（海洋局）副局长刘晓涛讲话。区财政、水务局，各镇（街道）、金山工业区有关负责人60余人出席。（胡　巍）

"世界水日""中国水周"宣传活动启动

【"世界水日""中国水周"宣传活动启动仪式】3月22日，区水务（海洋）局主办，区科学技术委员会、文化广播影视管理局协办的区纪念"第二十届世界水日、第二十五届中国水周"宣传活动启动仪式在百联金山购物中心广场举行，开展"严格水资源管理，保障可持续发展"水务知识科普宣讲、有奖问答、文艺演出等，开展出宣传版面85块，发放宣传资料2000余份、纪念品1500余份。副区长许复新讲话。区科委有关领导，区水务（海洋）系统党政班子领导、中层以上干部，局政风行风监督员，居民代表，用水企业代表等200余人参加。（胡　巍）

【"全国城市节约用水宣传周"启动仪式】5月15日，区文明办、水务（海洋）局主办，区文化广播影视管理局、廊下镇协办的"全国城市节约用水宣传周"暨节水志愿者启动仪式在廊下新天地举行，命名、表彰2011年度市节约用水示范小区、节水型小区，演出"节水一台戏"。副区长沈金龙为节水志愿者服务队授旗并宣布开幕。区节水型社会建设领导小组成员单位领导，区部分企事业单位、医院、学校、居委会、节水志愿者代表和市民代表300余人参加。（胡　巍）

"全国城市节约用水宣传周"启动仪式

【枫泾供水工程开工】5月30日，枫泾供水工程开工。工程项目总投资2.67亿元，包括敷设金山一水厂至枫泾输水管线（DN500－DN1000型号）38公里，新建5万立方米/日供水增压泵站1座，服务区域涵盖枫泾、兴塔地区10万人口。工程由上海市政工程设计研究总院（集团）有限公司设计、上海海洋地质勘察设计有限公司勘察、上海市水利工程集团有限公司建设、海宏波工程咨询管理有限公司监理。（胡　巍）

【遭受强台风"海葵"影响】8月7日15:00、8月8日8:00，全区分别受第十一号强台风"海葵"7级、10级大风圈影响，普遍出现7~11级大风，其中8级大风持续影响14小时；全区普降大到暴雨，过程降雨量107~170.8毫米；金山嘴潮位5.76米，超警戒水位0.36米；朱泾掘石港最高潮位3.89米，超警戒水位0.39米。发生电力故障914起，影响居民与企业用户5776户；66条段道路、轨道交通22号线13处下立交出现明显积水；主干道行道树倒伏4780株，刮落、吹损广告牌、交通信号灯和指示牌等1356处；各镇（街道）、金山工业区房屋受损（废弃旧房、自行车棚、简易棚舍倒塌及民房瓦片吹落、渗水等）78间（户）；143户老式旧里居民住宅、2家企业地下室和车库积水；受损经济果林近2326.67公顷，其中落果5630吨；吹毁蔬菜竹棚128.4公顷，倒塌蔬菜钢棚2292个，受损大棚薄膜7789套、逾166.67公顷；直接经济损失1.62亿元。浦南西片潮里泾（泄洪通道）护岸塌方30米；朱泾镇掘石港部分堤岸出现倒灌险情。紧急转移、疏散居民群众、来沪务工人员、一线海塘作业人员31759人；设置学校、政府机关、会议室等临时安置点31个；出动公安干警3700人次、专业抢险队伍5549人次、民兵预备役队伍1245人次。

（胡　巍）

【金山三岛执法巡查】　8月15日，国家海洋局东海分局海监第五支队联合区海洋局开展金山三岛执法巡查。国家海洋局东海分局海监五支队政委张庆祺、区海洋局副局长周天荣参加。

（胡　巍）

【石化地区社会性供水职能移交】

根据区委副书记、区长李跃旗与上海石化股份有限公司总经理王治卿签订的涉及社会性供水业务交接、资产转让、业务交接及资产转让有关安排、社会性供水系统设施改造工程有关安排的《石化地区社会性供水职能移交协议》，9月29日上午11时，提供杭州湾大道以东区域、杭州湾大道以西至蒙山路区域部分居民生活用水的石化三泵房停止制水，接受金山一水厂清水并对外供水。石化地区社会性供水职能移交签约仪式于8月24日在区规划展示馆举行。市水务（海洋）局党组书记、局长张嘉毅，副局长陈远鸣；区委常委、副区长姬兆亮，副区长沈金龙；上海石化股份有限公司财务总监叶国华等出席。市水务局、区、上海石化相关处室和部门领导参加。

（胡　巍）

【上级水务部门及区领导调研】

3月28日，区委副书记祝学军到龙泉港出海闸、中运河、山塘河、张泾河水利枢纽及枫亭污水处理厂调研区水务工作，察看水闸引清调水状况，了解重点区域水环境综合治理工作进展及污水处理流程、工艺。4月9日，市水务局副局长杨健到金山调研污水处理工作，察看新江污水处理厂，并就区污水处理、第四轮及第五轮水环境治理工作组织座谈，分析、专业指导区第五轮环保三年行动计划水环境治理项目。4月25日，太湖流域管理局副局长吴浩云代表国家防汛总指挥部到金山检查金山城市沙滩海塘，要求进一步落实防汛责任制，继续开展防汛检查，积极防范风暴潮及上游洪水，落实在建工地等度汛防范措施，加强沟通协作，做好流域配合工作，确保安全度汛。市防汛指挥部指挥、市水务局副局长刘晓涛等陪同。5月14日，市水务局副局长陈远鸣到金山专题调研供水工作，提出推进金山一水厂二期工程、枫泾供水工程、深度处理工程技术、石化地区生活用水转化工程等建议。5月15日，区人大常委会主任杜治中、区政协主席王美新到大金山岛考察海洋生态环境，听取金山三岛海洋生态自然保护区工作情况汇报。提出进一步加强海洋环境保护，优化海洋生态环境；坚持陆海统筹，拓展海洋发展空间；做好海洋宣传工作，增强全社会的海洋意识等方面意见和建议。5月24日，区防汛指挥部总指挥、副区长许复新带队开展防汛安全检查，察看石化城区排水演练，吕巷胥浦塘应急抢险工地，朱泾掘石港、小泖港和秀洲塘沿线堤防，枫泾七仙泾护岸加高项目。6月18日，区委副书记、区长李跃旗检查区防汛工作，察看龙泉港出海闸，金山铁路支线松卫南路、山南路和龙泉村下立交及石化城区排涝泵房，要求各相关单位始终将人民生命财产安全放在第一位，提高

石化地区社会性供水职能移交签约

认识，加强联动，确保安全度汛。副区长沈金龙陪同。6月23日，区委书记杨建荣到区防汛指挥部和轨交22号线沿线下立交检查暴雨应对相关工作。要求区各单位、部门密切关注气候变化趋势，务必把各项应对保障措施落实好；各防汛责任单位要切实加强防汛值班和除涝抢险力量，确保人民群众生命财产安全，确保城市正常运行。副区长沈金龙陪同。6月27日，区人大常委会副主任张俊宏到区水务局调研水利改革与发展工作，要求夯实水利基础设施建设，提高防洪除涝和应急处置能力，进一步加强对水利改革与发展工作科学性、合理性、系统性、前瞻性思考。7月2日，副市长沈骏到金山调研供水工作，检查金山一水厂黄浦江、上海石化水厂紫石泾取水口和金山一水厂二期工程原水管线施工现场，要求切实加强水源地保护，确保安全优质供水。区长李跃旗等陪同。7月24日下午，市人大农业与农村委员会到上海石化水厂紫石泾取水口、列入农田水利重点县建设的吕巷千亩桃园喷灌现场、廊下万亩粮田、生态河道斜泾港及植物园艺大棚微喷现场查看，了解区集约化供水进展情况和农田水利基本建设情况成果，并要求区进一步健全长效管理机制，确保水利设施功能发挥，奠定“三农”（农业、农村、农民）工作水利基础。市水务局副局长刘晓涛等陪同。7月25日，区委常委、区委政法委书记刘其龙到区水务局调研涉水信访及综治维稳工作并要求：坚持联系群众、依靠群众、服务群众、团结群众，切实做好水务信访和综治维稳工作，以水务一方平安确保全区大局。8月2日，区长李跃旗、副区长许复新到区防汛指挥室收看市防汛指挥部视频会议并要求各单位按照市委书记俞正声指示精神，细化好预案、明确好责任、落实好措施，全面做好台风应对防范工作，更好发挥防汛职能作用，确保一方平安。8月3日，区委书记杨建荣到区防汛指挥部办公室、城市沙滩、山阳镇农业生产基地检查区防台风工作落实情况并提出要求：要进一步细化防汛措施，提高农作物防灾减灾能力，加强防汛基础设施和城镇排水系统建设，确保人民群众生命财产安全，确保城市正常运行。9月7日，水利部农水司副司长倪文进及太湖流域管理局和山东、浙江水利厅等20余人到金山调研区农田水利建设工作，察看2011小型水利重点县吕巷千亩桃园喷灌项目、廊下万亩粮田、斜泾港生态河道、爱索特植物园艺有限公司大棚微喷项目。市水务局副局长刘晓涛、副区长许复新等陪同。9月27日，区政协主席王美新调研水务海洋工作，检查新江水质净化厂、金山一水厂山阳泵站和中运河整治工程，要求区水务部门与政协相关专委会（咨委会）继续保持沟通，并不断加大涉水实事重大工程和民生水务工程建设力度，持续改善河道水环境。12月9日，区长李跃旗、副区长沈金龙等检查石化五泵房改造项目建设推进情况，提出要加强水质监测，保证水质安全，保障过渡期间供水安全。12月20日，市水务（海洋）局党组书记、局长张嘉毅到金山工作调研，察看中运河和牛桥港东段整治工程、城市沙滩保滩工程、石化生活水切换工程三泵房设施改造现场，要求加快实施金山一水厂深度处理工程、深入推进生活污水治理和污泥处置工作等。副区长许复新、沈金龙陪同。（胡　巍）

供　电

【概况】 2012年，金山供电公司（下称“公司”）售电量61.6亿千瓦时，比上年增6.7%；售电收入48.92亿元，比上年增11.71%。全年最高负荷114.46万千瓦，比上年增7.17%；线损率2.80%，供电可靠性99.9825%，综合电压合格率99.955%。安全运行累计5207天。年内，公司获市重点工程实事立功竞赛优秀公司、全国电力行业设备管理工作先进单位称号，并连续第十三年获区文明行业称号、第三年获区行风测评行业组第一名。（张　莹）

【35千伏山阳变电站全站改造工程竣工】 11月23日，35千伏山阳变电站全站改造工程竣工，总投资约750万元。工程包括主变保护、35千伏自切保护微机化，改造中央信号系统为自动化系统并加装配网自动化设备，调换35千伏分段流变设备6台及接地选线装置、主变电度表屏，改10千伏设备非柜式设备为柜式设备并调整流变为200～400/5。采用全站停电方式改造。2011年9月开工建设。（张锋永）

【35千伏王圩变电站、荣光变电站建成启用】 承担枫泾工业园区用电的35千伏王圩变电站、承担廊下新农村和工业园区用电的35千伏荣光变电站分别于3月21日、4月27日建成启用，建筑面积各约2200平方米，总投资分别为7500万元、5500万元。主变压器配置分别为31.5兆伏安2台、20兆伏安2台，运行模式均为二主变二分段模式。两站35千伏、10千伏开关分别采用ZS3.2型、KYN28A－12型开关柜，并分别配置HD4、VS1（ZN63A）开关；二次保护采用SEL保护装置，具备主变差动、主变过流和10千伏出线、自切、按周波等功能。分别于

2011 年 4 月、5 月开工建设。

（张锋永）

燃气管理

【概况】 至 2012 年底，全区天然气管道总长 465.99 公里，有天然气营业窗口 4 个、高压门站 2 个，液化石油气钢瓶供应站 26 个、小区气化站 6 个、储配站 2 个，燃气用户 249141 户（液化石油气用户 192176 户、天然气用户 56965 户）。全年液化气使用量 26058.68 吨，比上年减 15.59%；天然气使用量 3870 万立方米，比上年增 41.14%。年内，完成朱泾工业区天然气高压管等铺设。区燃气办联合公安及相关职能部门查处非法经营和运输液化气行为 31 起、取缔窝点 27 个，收缴液化石油气钢瓶 1287 个；组织大、小型安全演练 12 次，各类宣传 16 次，发放燃气安全宣传小册子等 5 万余份。枫泾镇、金山天然气有限公司和上海万事红管道燃气经营有限公司签署“合作框架协议”，并启动枫泾地区管道天然气建设项目。落实石化地区居民天然气转换工程（区政府实事项目）17 条道路排管立项和管位申请批复，并完成 1 万户居民天然气转换指标。

（徐　军）

2012 年金山区燃气管道铺设情况表

表 16

工程名称	开工	建成	管长度（公里）	总投资（万元）	设计单位	建设单位	监理单位
朱泾工业区天然气高压管	6 月	12 月	1.2	588	上海燃气工程设计有限公司	上海金山天然气有限公司	上海宝钢建设监理咨询有限公司
朱泾工业区天然气中压管	6 月	12 月	1.2	350	上海燃气工程设计有限公司	上海金山天然气有限公司	上海宝钢建设监理咨询有限公司
金石公路（金山卫站——金瓯路）天然气高压排管工程	10 月	12 月	1	500	上海燃气工程设计有限公司	上海金山天然气有限公司	上海宝钢建设监理咨询有限公司
金石公路（金山卫站——金瓯路）天然气中压排管工程	10 月	12 月	1	500	上海燃气工程设计有限公司	上海金山天然气有限公司	上海宝钢建设监理咨询有限公司
金鸥路（金石公路——S19 高速出口）天然气高压排管工程	8 月	12 月	1.9	600	上海燃气工程设计有限公司	上海金山天然气有限公司	上海宝钢建设监理咨询有限公司
金鸥路（金石公路——S19 高速出口）天然气中压排管工程	8 月	12 月	1.9	420	上海燃气工程设计有限公司	上海金山天然气有限公司	上海宝钢建设监理咨询有限公司
龙航路（S19 高速出口——西静路）天然气中压排管工程	11 月	12 月	2	720	上海燃气工程设计有限公司	上海金山天然气有限公司	上海宝钢建设监理咨询有限公司
亭卫公路（金康东路——浦卫公路）天然气中压排管	4 月	9 月	1.4	350	上海燃气工程设计有限公司	上海金山天然气有限公司	上海宝钢建设监理咨询有限公司
卫清东路（杭州湾大道——亭卫公路）天然气中压排管	7 月	8 月	1.6	450	上海燃气工程设计有限公司	上海金山天然气有限公司	上海宝钢建设监理咨询有限公司
卫阳路（板桥东路——龙胜东路）天然气中压排管	7 月	8 月	1	200	上海燃气工程设计有限公司	上海金山天然气有限公司	上海宝钢建设监理咨询有限公司
板桥东路（卫阳路——亭卫公路）天然气中压排管	7 月	8 月	1	200	上海燃气工程设计有限公司	上海金山天然气有限公司	上海宝钢建设监理咨询有限公司
龙胜东路（卫阳路——亭卫公路）天然气中压排管	6 月	11 月	1	200	上海燃气工程设计有限公司	上海金山天然气有限公司	上海宝钢建设监理咨询有限公司
亭卫南路（金山大道——隆安东路）天然气中压排管工程	6 月	10 月	1.9	550	上海燃气工程设计有限公司	上海金山天然气有限公司	上海宝钢建设监理咨询有限公司
蒙山路（金山大道——滨海路）天然气中压排管工程	4 月	7 月	3.75	740	上海燃气工程设计有限公司	上海金山天然气有限公司	上海宝钢建设监理咨询有限公司

续表 16

工程名称	开工	建成	管长度（公里）	总投资（万元）	设计单位	建设单位	监理单位
学府路（金山大道——临桂路）天然气中压排管工程	7月	12月	1.8	360	上海燃气工程设计有限公司	上海金山天然气有限公司	上海宝钢建设监理咨询有限公司
漕廊公路（万春苑——万春路）天然气中压排管工程	2月	4月	1	713	上海燃气工程设计有限公司	上海金山天然气有限公司	上海宝钢建设监理咨询有限公司
华创路（卫八路——卫六路）天然气中压排管工程	8月	12月	1.9	450	上海燃气工程设计有限公司	上海金山天然气有限公司	上海宝钢建设监理咨询有限公司

新城建设和管理

【概况】 2012年，金山新城管理委员会所属新城区建设发展有限公司融资6.3亿元，归还贷款5.11亿元。全年新开工项目房地产8个约52万平方米，竣工约24.8万平方米，累计销售配套商品房135套约1.6万平方米和海辰馨苑、海趣馨苑商铺8套约1870平方米。完成大连万达招商项目B2地块（东至松卫南路、西全家山北路、南全龙皓路、北全龙航路）43户农户和龙堰路、海芙路、海盛路新建道路涉及5户农户动迁及金山游艇产业项目涉及搬迁工作。改建海上专线金山卫站、建设餐饮商业设施、种植景观道路绿化和大修景观长廊。金山新城A8地块（东至卫零北路、西至东坪北路、南至龙轩路、北至龙皓路）幼儿园建设工程竣工。举办“金山卫——普陀山海上专线”开通（试运营）仪式。承办2012国际排联SWATCH沙滩排球世界巡回赛大满贯上海站赛、2012星尚·热波沙滩音乐节、2012上海金山国际沙滩音乐烟花节。金山新城管理委员会所属金城、万泉经济小区全年税收4.9亿元，比上年增8.3%，完成区下达指标105.15%。其中金城经济小区全年税收2.52亿元，新注册企业490户，工商企业年检率84%；万泉经济小区全年税收2.38亿元，新注册企业400户，工商年检率96%。（朱文焕）

【《红星美凯龙金山项目招商引资框架协议》签约】 签约仪式于1月12日上午在皇家金煦大酒店举行，金山新城管理委员会常务副主任、上海金山新城区建设发展有限公司董事长顾仁忠与红星美凯龙家居集团股份有限公司董事长车建兴签订《红星美凯龙金山项目招商引资框架协议》。协议项目位于新城区B－21地块（东至海芙路、西至松卫南路、南至龙山路、北至龙翔路），用地约10公顷，其中约3.33公顷土地拟开发建设约8万平方米大型家具建材生活广场，约6.67公顷拟开发建设约6万平方米商业步行街、6万平方米高档绿色生态住宅及公寓。区委副书记、区长李跃旗，副区长沈金龙出席仪式。（朱文焕）

【市、区领导视察调研】 3月28日下午，市长韩正率市相关职能部门负责人视察金山城市沙滩海岸线开发建设情况，听取金山新城管委会常务副主任顾仁忠有关金山港区建设规划、龙泉港西侧圈围工程项目、金山游艇产业项目等建设规划情况汇报。区委书记杨建荣、区长李跃旗等陪同。7月25日下午，区委常委、副区长姬兆亮到金山新城调研，听取新城管委会常务副主任、新城区公司党委书记、董事长顾仁忠关于金山新城资金运行情况汇报，肯定上半年度资金运行工作，并要求区相关职能部门配合、解决下半年度资金运行面临问题。9月20日下午，区委常委、区纪委书记葛永东带领区政府特邀监察员到金山新城巡察。10月9日，常务副市长杨雄等到金山视察金山港区建设、龙泉港西侧圈围工程，了解游艇产业规划情况。10月25日上午，区委书记杨建荣、副区长沈金龙到金山新城调研新城开发建设工作，听取金山新城管委会顾仁忠、余雷工作汇报，提出金山港区、龙泉港西侧圈围工程、金山嘴至普陀山航线、大连万达项目、红星美凯龙项目、城市沙滩保滩工程等工作要求。11月13日上午，区人大常委会主任杜治中与部分市、区人大代表到金山卫客运中心、金山新城A8地块幼儿园工程察看，了解金山新城重大项目建设，并评议金山新城工作。区人大常委会副主任刘跃俊、殷金荣、张俊宏，区副巡视员施黄飞参加。副区长贾炜等陪同。（朱文焕）

精神文明建设

JINGSHENWENMING JIANSHE

2013 JINSHAN ALMANAC

综 述

2012年,区精神文明建设工作以建设社会主义核心价值体系为根本,以学习、宣传、贯彻党的十八大和市第十次党代会精神为主线,以加强环境文明、秩序文明、服务文明、礼仪文明建设为重点,开展“学雷锋讲文明树新风”主题实践活动,推进“感动金山”公民道德建设和“礼行金山”系列文明行动,提升新时期金山人“共担社会责任,同创美好家园”道德自觉。年内,创建成2011~2012年度市文明村53个、文明小区53个、文明单位118个,区文明村96个、文明小区172个、文明单位395个。（陆晓弟 倪迪飞）

市民文明教育

【概况】 年内,围绕“讲文明树新风”主题,开展“感动金山”公民道德建设和“礼行金山”系列文明行动,打造优美环境、优良秩序、优质服务,培育、践行高尚品德。联合区妇联、教育局举行“浓情五月,爱满家园”母亲节感恩主题教育活动暨“千名农村母亲进课堂”培训工程启动仪式和“弘扬传统文化,共谱文明家风”——“好家规、好家训”征集评选活动;联合区水务局举办金山“全国城市节约用水宣传周”暨节水志愿者活动启动仪式;联合公安金山分局举行“5·25”交通安全宣传日活动,组织开展“行车讲文明,垃圾不落地”社会参与行动。开展2012年度区精神文明十佳好人好事评选,参选好人好事40件,其中“爱心接力关爱残疾学生戎非”等10件入选十佳好人好事、“孤老乐助人生活不孤独”等10件入选提名案例。组织“身边的感动”道德宣讲14场、“好心人节”主题宣讲15场,开设《金山报》“金山好人”专栏30期,开展“金山好人微感动”微博评议。朱泾镇退休干部蔡葵荞、金山海事处职工王锡光入选“中国好人榜”。完成枫泾、张堰镇和金山工业区创建市学习型社区评估验收。举行“分享、合作、发展——新形势新农村社区教育合作与发展”第二届浙江嘉善——上海金山社区教育合作论坛,区委宣传部副部长、区推进学习型社会建设指导委员会办公室(区学习办)主任陆引娟致辞。区学习办组织参加市第八届全民终身学习活动周17项赛事,举办市第八届全民终身学习活动周“金山杯”社区围棋比赛。（陆晓弟 倪迪飞）

【“共担社会责任,同创美好家园”学习讨论活动】 7月5日~9月13日,开展“共担社会责任,同创美好家园”学习讨论活动。各镇(街道)、金山工业区、各委办局采用中心组学习、专题讨论、撰写心得体会、征文、演讲、网上论坛等形式组织开展学习讨论活动,收到征文500多篇、相关格言800多条,《金山报》、金山电视台集中刊播动态、消息和言论报道105余篇。（陆晓弟 俞 婧）

【上海金山·石化文化艺术节】 9月12日~10月30日,区文明委、上海石化文明委联合主办的“绿色化工温馨家园”上海金山·石化文化艺术节举行。期间,组织开展“万家幸福事”故事创作和讲演比赛、“欢乐一家亲”新金山人才艺大赛、“幸福送万家”优秀电影展映、“家乡美景”市民摄影大赛、“快乐生活、幸福达人”读书征文比赛、“墨溢馨香”新人新作书画展、“杭州湾畔的璀璨”上海首届职工艺术博览会、“舞动精彩”舞蹈比赛、“悦和乡曲”社区戏曲演出大赛、区“民俗民间文化一镇一品展示”活动等,吸引观众10万余人次。（陆晓弟 倪迪飞）

【区第五届全民学习节】 9月22日,区文明办、学习办联合举办的“学习伴我发展,和谐美满人生”区第五届全民学习节在张堰镇开幕,区委宣传部副部长、区学习办主任陆引娟讲话并宣布开幕。学习节历时4个月,开展全民学习主题活动165项,约20多万人次参与。表彰区人民法院“悦读之旅”等优秀学习项目10个、区人大机关等优秀组织单位20个、周雪等优秀推进员43人,命名朱行居委会等57个村居学习点为区首批学习型社会建设标准化学习点。区委副书记祝学军、副区长贾炜出席闭幕式。（姚玉根）

精神文明创建

【概况】 年内,把握创建标准,细化工作要求,实行分类指导,推进群众性精神文明创建。围绕创建申报、管理、考核、表彰环节,开展日常巡查、重点指导和专门培训;组织区市民巡访团开展文明创建中途检查和年终考评;召开文明村、小区、单位创建工作推进会、研讨会,交流经验、通报问题、部署迎接检查工作。（陆晓弟）

【区精神文明建设委员会全体会议】 会议于2月28日在区公共服务中心召开,审议通过区精神文明建设工作2011年总结和2012年要点;审议通过2010~2011年度区推荐市文明镇、文明社区名单和区文明机关、文明行业名单;审议通过区精神文明创建奖励办法。区委副书记、区文明委常务副主任祝学军主持。区委书记、区文明委主任杨建荣讲话。区领导李跃旗、张权权、殷金荣、陆瑾、倪向军和区精神文明建设委员会组成人员出席。

（陆晓弟　倪迪飞）

区精神文明建设委员会全体会议

【区精神文明建设工作会议】 4月28日，区委、区政府在区会议中心召开区精神文明建设大会暨“感动金山”2011年度十佳好人好事颁奖典礼。表彰第三届全国文明村、镇、单位，2010～2011年度市文明镇、文明社区和区文明机关、文明行业；揭晓10名2011年度感动金山人物；朱泾镇大茫村、枫泾镇、山阳镇、石化街道（全国文明村、镇、单位）作创建风采展示。区委书记、区文明委主任杨建荣讲话，区委副书记、区长、区文明委第一副主任李跃旗主持，区委副书记、区文明委常务副主任祝学军宣读表彰决定。区领导杜治中、张权权、殷金荣、倪向军，区人民法院院长黎淑兰、区人民检察院检察长龚培华出席。区文明委全体成员，各镇、石化社区（街道）、金山工业区党委（党工委），大口党委（党工委）宣传委员（干部），部分委办局主要领导，在金山市属单位分管领导，驻金山部队负责同志，上海石化股份有限公司文明办领导，基层创建单位代表及历届“感动金山”人物与2011年度提名奖、组织奖获得者参加。

（陆晓弟　倪迪飞）

【市城市文明指数测评】 6月26日，召开迎接2012年市城市文明指数第一次测评工作动员会，区委常委、宣传部部长、区文明委副主任张权权讲话，副区长沈金龙主持。6月30日至7月3日，区文明委领导祝学军、张权权、殷金荣、沈金龙、陆瑾分别率文明办、公安金山分局、经委、绿化市容局、房管局等部门到金山卫、枫泾、亭林、朱泾、山阳镇和石化街道检查文明指数测评点，督导文明指数测评迎检工作。12月12日，召开迎接市城市文明指数第二次测评工作部署会，区委常委、宣传部部长、区文明委副主任张权权讲话。12月17日，区委常委、宣传部部长、区文明委副主任张权权，副区长沈金龙到朱泾、山阳镇检查督导迎接市城市文明指数第二次测评工作。

（陆晓弟）

农村社区文明建设与管理研讨会

【“贯彻党的十八大精神，推进农村社区文明建设与管理”研讨会】 研讨会于11月27日在区委党校举行，市委党校党史党建教研部、区文明办、区委党校联合举办。区委宣传部副部长、区文明办主任陆引娟作《金山农村社区精神文明建设的实践与探索》主题报告；全国文明村镇——朱泾镇大茫村和山阳、枫泾镇交流创建经验。江苏、浙江、上海13家党校专家学者围绕金山农村社区文明建设实践与探索展开讨论。市文明办巡视员陈振民，市委党校副校长郭庆松、褚其法，区领导张权权、贾炜出席。

（陆晓弟 倪迪飞）

未成年人思想道德教育

【概况】 年内，围绕“做一个有道德的人”主题，推进未成年人学雷锋道德实践活动，开展清明、六一、国庆等节庆网上签名寄语和优秀童谣编唱活动，引导未成年人做“爱心小天使”“社区小公民”“文明小先锋”。朱泾第二小学彭雨生获首届市中小学生十佳道德实践风尚人物奖“尊师爱学奖”，廊下中学吕晨婷、金山中学朱琨、华东师范大学第三附属中学刘瑞鸿分获百佳道德实践风尚人物奖“自立自强奖”“尊师爱学奖”“敬业奉献奖”。组织开展“文化进校园”等活动。区第一少年宫老师张铁苏所创作童谣《手》获全国第三届优秀童谣三等奖，《找岛》《苹果梨》分获市第三届优秀童谣成人组一、二等奖。山阳中学学生金怡洁创作童谣《小水泡》获市第三届优秀童谣未成年人组三等奖、松隐小学张智悦《梦圆九天在明天》获优秀奖。金山电视台采编制作《琴棋书画庆春节》《金山学生爱茶艺》《我的美丽家乡》等节目。公安、工商、文化等部门联合开展网吧、视（音）频、校园周边环境等专项整治83次，取缔无经营证照游戏机房、KTV场所等61家（处）。山阳中学“太阳花”、亭林中学“五彩星”、吕巷中学“小白龙”乡村学校少年宫通过市文明办、教委考核验收，获市乡村学校少年宫示范点称号。（倪迪飞）

【区未成年人心理健康辅导中心启动运行】 6月19日，区未成年人心理健康辅导中心（全市郊区首家）启动运行。市文明办副主任朱响应和区委副书记、文明委常务副主任祝学军为中心揭牌，并启动心理健康辅导中心网站，颁发中心志愿者代表志愿者证书。中心位于石化新城路307号，建筑面积280平方米，设沙盘活动室、宣泄室、个别辅导室等8个功能室，热线电话:37215885。全年接待未成年人心理健康问题个案43例。

（倪迪飞）

【学雷锋道德实践】 年内，区未成年人学雷锋主题教育活动暨诚信月活动启动仪式（区教育局主办）在朱泾小学举行，朱泾小学全体学生向全区未成年人发出“扬雷锋精神，做诚信少年”倡议。会同团区委、区红十字会举行“雷锋在我身边”——金山“3·5”学雷锋集中行动主题活动，区文明办授予廊下小学“张鲜军母校——金山区学雷锋教育基地”牌子。开展“扬雷锋精神，做诚信少年”等活动，各校制作诚信专题黑板报、电脑小报、儿童绘画等2100多份，创编诚信小故事近2200篇，开展诚信主题社会实践活动126次。（倪迪飞）

区未成年人心理健康辅导中心揭牌

【寒、暑假工作】 寒假期间，号召全区组织“金色向日葵、冬日阳光行”未成年人寒假系列活动，其中团区委开展“冬日暖阳—青春温暖行动”——点亮心愿活动，上海慈善基会金山分会、区文广局和教育局组织3700名进城务工人员子女观看“共享欢乐，共享童年”电影周电影，区文广局组织未成年人参与“写万幅春联，赠万户人家”活动，区妇联组织“垃圾分类低碳行，环境卫生我先行”社区实践。暑假期间，全区开展“牵手‘雷锋’，播种希望”未成年人暑期工作，优化“一次协调会、一次动员大会、一次领导视察、一次中期推进、一次总结表彰”机制，协调各委办局、街镇、学校互动，编制暑期活动菜单、实践卡、信息简报、光荣榜，引导未成年人开展“播种责任传承美德、播种实践品味经典、播种绿色促进健康、播种爱心收获幸福”系列活动。召开未成年人暑期工作动员会，各镇（街道）、金山工业区分管领导和各学校主要负责人等200多人参加，市文明办副主任朱响应，区委副书记、区文明委常务副主任祝学军，区委常委、宣传部部长、区文明委副主任张权权，副区长贾炜出席。山阳中学“太阳花”全国乡村学校少年宫暑期活动启动仪式举行，区委副书记祝学军讲话，区委常委、宣传部部长张权权为山阳中学“全国乡村学校少年宫”揭牌。副区长贾炜及区委宣传部、区文明办、教育局、团区委、妇联、文广局分管领导视察朱泾镇“一镇一品”特色项目花灯“小艺人”训练营、锡剧小艺术团训练基地、金龙居民区特色项目“四点半学校”及区未成年人心理健康辅导中心等。召开区未成年人暑期工作总结表彰大会,总结2012年暑期工作,表彰先进集体18个、优秀活动项目20个和优秀组织者35人、信息员26人、志愿者25人,区委常委、宣传部部长张权权出席。

(姚玉根 倪迪飞)

国际志愿者日活动

志愿者工作

【概况】 年内,围绕“关爱他人、关爱社会、关爱自然”开展志愿者工作。会同团区委、区红十字会组织开展“雷锋在我身边”——金山“3·5”学雷锋集中行动,累计开展志愿服务121项,2万余人参与,服务群众近万人次。造血干细胞捐献入库志愿者逾4500人。组织“蓝天下的至爱”——“好心人帮好心人”慈善募捐活动,市、区级文明单位和志愿服务组织共1200名志愿者募集善款20多万元。组织开展迎接国家卫生区复审志愿服务行动,近5万人次参与。组织856名志愿者参与迎接市文明指数测评志愿活动。会同公安金山分局组织开展全区6个市级交通文明示范路口每天2小时交通文明志愿服务,6000多人参与。田野百花节、沙滩排球赛、沙滩音乐节、沙滩烟花节等大型文体活动期间,组织志愿者开展咨询服务、文明劝导、秩序维护等服务保障工作。

(俞 婧)

【区纪念第二十七个国际志愿者日主题活动】 12月8日,“阳光慈善、快乐志愿、美好家园”区纪念第二十七个国际志愿者日主题活动在百联金山购物中心广场举行。表彰2011~2012年度区优秀志愿者100人、志愿服务先进集体52个、志愿服务优秀项目20个,命名区志愿者服务基地17个。青年志愿者代表发表志愿感言。市文明单位金山众仁老年护理院发出社会责任倡议,号召市、区级文明单位以文明言行树立道德新风、以真诚爱心构筑和谐社会、以积极行动共建文明城市。区领导张权权、殷金荣、陆瑾、任家华等出席。活动现场,文明单位开展法律、医保政策、健康咨询和理发、修锁等志愿服务23项。近90家市、区文明单位在全区各商业街、公交站点等开展“蓝天下的至爱”——好心人帮好心人慈善募捐活动。(俞 婧)

【区市民巡访工作】 年内,召开区市民巡访工作会议,表彰先进集体3个、先进个人25人,市市民巡访团秘书长朱贤明和区委常委、宣传部部长张权权讲话。巡访检查巩固国家卫生区、市文明指数测评、“群众工作统领信访工作”、绿化市容、河道保洁等工作。配合基层文明创建,开展巡访预查和实地考核。参与市文明办城市文明指数测评和市级文明示范路口、图书馆、文化活动中心检查。

(俞 婧)

元末诗坛领袖杨维祯

亭林古镇，旧式民居、繁华街市。商业老街——复兴东路106号，古松园倚街而建。园内傲然挺立着一株古朴苍劲、郁郁葱葱的罗汉松，家喻户晓，闻名遐迩，被誉为“江南第一松”。相传此松为元代文学家、书法家杨维祯亲手栽植，因杨维祯号“铁崖”，故称“铁崖松”。秋后，松树叶片生有黄色斑点，形似骨牌，俗称“骨牌松”。

杨维祯（1296—1370年），字廉夫，号铁崖、东维子，原籍浙江诸暨。少年时，其父筑楼于铁崖山，聚书数万卷，供其终日勤读。元泰定三年（1326年）中进士，初任天台县尹，后调任钱清场盐司。因秉性耿直，刚正不阿，不善逢迎，十年不获升迁。元修辽、金、宋三史，“正统辩”千言为其所作，总裁官欧阳玄功赞叹：“百年后，公论定于此矣。”后调任江西儒学提举，值兵乱，逢兵燹，交通受阻，未成行而浪迹浙西，避居富春山，后迁寓钱塘，遨游山水，以诗书自娱，以声乐自随。因冒犯丞相达识帖木儿而徙胥浦（今金山区境内），隐而居之，官召不赴，惟会文友。先后结交张堰杨谦、廊下陆居仁、吕巷吕良佐、亭林陶宗仪等一批文人墨客，吟咏唱和，诗赋相乐，留有《不碍云山楼记》等诗作。吕良佐倡设“应奎文会”，杨维祯欣然当主评。陶宗仪则以“执弟子礼”相敬杨维祯，授学相长，情投意合。杨维祯居元末诗坛领袖地位，其诗作称“铁崖体”，风格纵横奇诡，驰骋异想，眩人耳目，留有大量传世佳作。善行、草书法，走笔刚劲雄健。曾为朱泾“古涧寒泉”、松隐名刹寺庵及一些文人书斋、名人墓碑题词、赋诗、作记、写碑文，惜已荡然无存。因钟爱音乐，喜吹铁笛，自称“铁笛道人”。

“铁崖松”植于元至正十六年（1356年），传杨维祯至亭林寻访顾野王遗址，正逢六十寿辰，东道主设宴为其祝寿，酒酣兴浓后欣然去庭园亲植一棵罗汉松，以志寿庆。杨维祯自记有证：“余客松游亭林，寻野王读书台，已夷为隧陇，化为草棘。”

风雨沧桑650多年，古松几经战乱、灾害袭击，树干受损而仅剩半株，却依然满树葱绿、枝繁叶茂，傲然屹立成景。

为更好地保护古松，1985年，金山县人民政府拨款9.3万元，亭林镇人民政府以古松为主景，建设占地525平方米的古松园。该园布局精致，古松与上百年树龄的厚壳树（植于1836年）并立成景，生机盎然。园内曲折回廊、小桥流水、假山奇石、凉亭草堂，遍植红梅、翠竹。园门上方刻篆体“古松园”，字体苍劲，与古松相应生辉。园门前修照壁一块，书有“江南第一松”碑文。通过两扇拱门进入，园内闲适幽静，充满中国江南园林意境，有小桥、假山叠石、小亭、回廊，满目草木葱翠，一片幽然。园中央一圈石砌护栏围着古松，仿佛一道牢固的城墙，忠实地捍卫着古松。

访友不忘览胜景，进古松园，赏罗汉松，睹物思人，见景生情，对一代诗宗杨维祯“不受君王五色诏，白衣宣至白衣还”的感慨和崇敬油然而生。

科学技术·信息化

KEXUEJISHU XINXIHUA

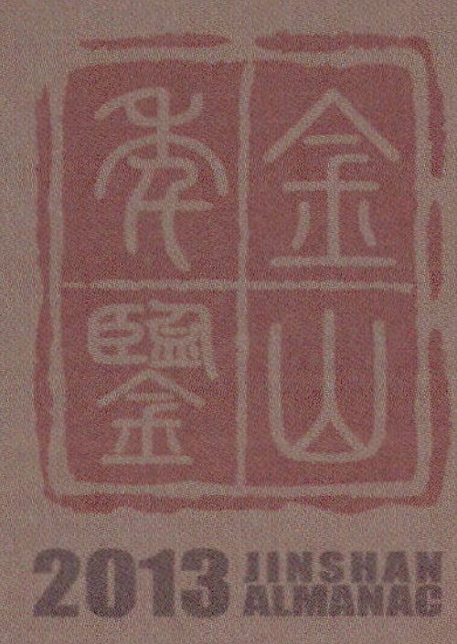

2013 JINSHAN ALMANAC

科学技术

【概况】 2012年,加强企业服务和科学知识普及,提高公众科学素养、信息技术应用水平,推动高新技术产业发展,推进"智慧城市"建设。全年新增高新技术企业36家,累计193家。获市技术先进型服务企业认定1家、市科技小巨人企业认定3家、市科技小巨人培育企业4家和市创新型企业13家;获国家创新基金立项项目17个、市创新资金立项项目29个、市科委立项支持医疗攻关项目5项。获市科委批准高新技术成果转化项目26个,其中获市高新技术成果转化"百佳"项目称号7项。"多孔调整型平衡差压式流体计量技术的研发及应用"项目获市科技进步三等奖。全区193家高新技术企业产值369.9亿元,比上年增11.7%。计划总投资17.64亿元的7个生物医药项目通过预评估。列入市战略性新兴产业项目4个,获市"重点项目给予保证指标的单独性保障性供地"建设用地指标13.7公顷。推进生物医药产业发展,获市生物医药产业转化立项支持项目3个,全区生物医药规模以上企业累计产值86.1亿元。年内,建立张江高新区金山园,参与上海张江杭州湾科技园——枫泾、平湖联动开发建设。开展创新创业服务月活动,获市科委"优秀组织奖"。开展科技金融工作研究与实践,帮助21家科技型中小企业获履约贷款、融资租赁、科技小巨人企业信用贷款共8760万元。召开第六批区专利试点单位工作会议并与4家试点单位签约。加强知识产权宣传,开设《金山报》宣传专栏、组织网络知识竞赛和联合知识产权宣传咨询、知识讲座等活动。会同工商、食药监等单位开展"真牌真品"承诺活动。会同朱泾镇举办"创新、保护、发展"——"4·26"知识产权宣传日"助推新农村建设"暨"财经情"文艺下乡演出。加强防震减灾体系建设,围绕地震监测预报、震灾预防、紧急救援工作体系建设,结合"国际民防日"(3月1日)及"防灾减灾宣传周"等重要时间段举办多次防震减灾现场咨询活动。全年申请专利2245件(其中发明专利646件),专利授权1677件,比上年增15%。(其中发明专利授权203件,比上年增65%)。金山工业区被列入"上海市知识产权试点园区"。6名科技人才获"第十七届上海实施发明创新成果优秀企业家"称号。建立"院士专家企业工作站"并完成"抗菌功能针织面料开发"和"针织面料PASCU功能整理"研发,实现创收7000多万元、税收190多万元。上海精细化工火炬创新创业园获市科委2012年度上海市科技创新创业服务先进集体称号,全年引入科技型企业18家,园区厂房出租率91.6%。园区全年工业总产值约4.83亿元,比上年增103%;税收1626万元,比上年增53%。 (王 玮)

院士专家企业工作站揭牌

【举办科技企业知识产权法律咨询沙龙】 4月11日下午,区科委、区工商联、区人民法院联合举办"提高科技创新效率,加快创新价值实现"科技企业知识产权法律咨询沙龙,邀请市知识产权局副巡视员洪涌清及市一中院知识产权审判庭副庭长胡震远,采用以案说法形式,就知识产权创造、运用、管理与保护及如何有效应对侵权和避免侵权等问题作交流指导。区委常委、统战部部长李华桂讲话。 (王 玮)

【金山、奉贤专利行政联合执法】 4月12日,市知识产权局率金山、奉贤区知识产权局执法人员开展专利行政联合执法。金山、奉贤区工商行政管理分局、质量技术监督局、食品药品监督管理分局、文广影视局执法大队、经委等知识产权联席会议成员单位执法人员组成联合执法小组对上海瑞鑫百货有限公司、上海农工商金山超市有限公司等4家商业单位执行专利行政执法,检查商品8.5万多种,其中专利商品21件,发现专利标识标注不规范商品1件并要求商家整改。 (王 玮)

【区企业科技创新工作推进会议】 会议于10月11日下午在区会议中心召开,通报2年来区科技创新发展工作情况,并举行签约授牌仪式,13家企业获市创新型企业称号、47家企业被授予或列为区科技小巨人企业、区企业工程技术研究中心、区产学研科技成果转化项目和区专利新产品创新项目立项企业代表参加。区委常委、副区长沈华棣讲话。区科委、区发展改革委、区经委、区财政局及各镇、街道、金山工业区有关领导出席。 (王 玮)

区企业科技创新工作推进会

【非洲11国孵化器从业人员代表团到金山参观考察】 10月24日下午,南非、摩洛哥、突尼斯、加纳、乌干达等11个非洲国家孵化器相关从业人员代表团一行20人到上海精细化工火炬创新创业园(化工孵化器)考察,听取创业园情况介绍,参观创业园展示厅、分析中心及入驻企业戴马斯紫外线胶水设备(上海)有限公司。 (王 玮)

信息化

【概况】 2012年,开展枫泾镇智慧社区建设试点工作,推进区智慧城市建设。完善区信息产业相关领域统计和分析。推动"两化"(工业化、信息化)融合,提升和改造传统产业。完成电子政务平台升级改版。组织机关智慧城市文化沙龙活动,介绍智慧城市基本概念、智慧城市建设的探索与实践、市和区智慧城市建设主要内容,智慧医疗、智慧助老、家庭全球眼等智慧设施应用及智慧产业等。推进信息基础设施建设,全区城市光网FTTH(光纤到户)用户超10万户,覆盖近200个小区,城镇地区实现光网全覆盖,区内主干道路通信管道建设实现全覆盖。协调推进金山大道等24条道路(路段)通信管线和13个通信基站共建共享征询,通信管道建设总长度73.2公里。推进i－shanghai(无线上网公共服务)无线覆盖,涉及区内14个热点无线覆盖现状统计,并完成10个热点无线覆盖。牵头开展《枫泾新镇和周边地区通信基础设施建设专项规划》编制,完成枫泾新镇已建区域通信基础设施规划布局。加强旅游信息化建设,完善景点网上预定、预约功能,拓展景区门票、特产等电子商务销售渠道,组织实施枫泾镇景区WI－FI(无线上网)热点覆盖工作。 (王 玮)

【区防汛高清视频指挥系统通过验收】 3月20日,区防汛高清视频指挥系统通过市防汛办、市水务局信息中心、区防汛办专家组验收。系统采用国际先进高清视频技术及设备,利用区政务网优势设立区防汛指挥中心及11个街镇高清视频会议终端,实现高清视频会议、音视频传输综合联动,并完全兼容市防汛视频指挥系统,率先在全市实现"市区镇"防汛视频会议联动。 (王 玮)

明代书法家沈度、沈粲

十三陵有金山人烧制的城砖，故宫的营建者有金山卫人杨青，宫廷大书法家有金山卫大石村人沈度、沈粲，他们是金山卫人的骄傲。

铸成于明永乐年间的永乐大钟被誉为"世界钟王"，钟体上下内外密密麻麻遍布23万余字佛经铭文，吸引着海内外无数游人的眼球，观后赞叹不绝，流连忘返。铭文用汉、梵两种文字，显密结合，布局合理，设计巧妙，其书婉丽飘逸，雍容矩度，其中汉字书写者就是明代宫廷大书法家沈度。

沈度(1356—1434年)，金山卫大石村(今长春村)人，字民则，号自乐，元提举使沈德辉孙，沈易之子，明代书法家。师从陈谷阳，工于书，篆、草、隶、楷皆通，尤善楷书，并博涉经史，文章清新，闻名乡间。洪武年间，因事株连而发配云南，被云南藩王岷庄王朱备礼币聘为幕僚，但数次进谏未被采纳后自辞而退。后都督瞿能请至家中为其子授业。永乐元年(1403年)，瞿能奉旨入京，沈度随同，设学馆于杨溥家。时明成祖朱棣即位，崇尚文事，广求善于书法之人，经杨溥推荐，召见沈度试书，极得明成祖欣赏，授翰林典籍，迁侍讲学士，后又赐其官职二品、服金织衣和镌其姓名的涂金象牙朝笏，名重一时。其书法以婉丽圆润而自成一体。当时，朝廷很多金牌玉册、重要制诰、外交函文的文字，明成祖必命他书写。

沈度楷书以晋唐虞永兴《庙堂碑》为基础，加以发挥而自成一家，是明代"台阁体"书法的代表人物。沈度书法与众不同，结体平正，笔致光洁，景色乌黑，风格秀润华美。翻开沈度小楷书法代表作之一的《敬斋箴册》，典型"台阁体"书法艺术魅力尽现。书法一丝不苟，法度谨严，点画巧妙，转折分明，提按清楚，运笔便捷利落沉实，线条轻重粗浅有变，又不刻意做作。字中牵线搭笔，显得十分自然。整篇作品风格秀丽迷人，字迹乌黑发亮，美不胜收。《敬斋箴册》现藏于故宫博物院，此卷书法书于明永乐十六年(1418年)，系黄纸本墨迹。纵向有直界格，纵23.8厘米，横49.2厘米，文19行，行10字。宣德九年(1434年)，沈度卒于任上。遗著有《西清余暇自乐稿》《自示编》《滇南稿》《随笔》等。著名书法作品有题李龙眠《维摩演教图》、跋宋刘朴年《登瀛图》、跋宋刘公麟《归庄图》及书《敬斋箴册》《不自弃说》《宝积金》等。

沈粲，生于1380年，卒年不详。8岁能通《孝经》《论语》《孟子》。10岁能真草。13岁时因兄沈度事株连发配云南。明永乐元年(1403年)，与兄沈度同时被成祖召入翰林院，授中书舍人，后升大理少卿，与兄齐名。明成祖赐其服金织衣，又赐象笏(笏，朝臣手中所执的狭长带弯板子)，笏上刻了他的名字，并涂以金，可见成祖宠爱至极。他博学多才，且喜提携后进，性格开朗，品性高逸，不拘小节。著有《简庵诗稿》，有诗2000余首。

沈粲书法飘逸遒劲，自成一家。所长偏于行、草书，技法娴熟，富有表现力，具有独到的艺术美感。即使在"意多于法"的行、草书法中，也有"应规入矩"的规范表现。晚年，厌楷书，喜行草，得宋仲温、陈文东之三味。书法法度是沈粲一生书法艺术的追求，"以遒逸胜"的书法风格集中表现在"内因"与"外形"的完美统一。著名书法作品有《千字文卷》《重建华亭县治记碑》等。《千字文卷》《石渠宝笈》等作品，集中体现了沈粲书法的艺术特色，现分别藏于故宫博物院和吉林省博物馆。

明成祖称沈度、沈粲昆仲是"我朝王羲之""大小学士""二沈先生"。明代礼部尚书、书法家董其昌称"文(征明)、祝(允明)两家，一时之标，然欲突过'大小学士'、'二沈先生'，未能也"。兄弟皆为大书法家且深得皇家赏识的实为少见。

教育
JIAOYU

2013 JINSHAN ALMANAC

普通教育

【概况】 2012年，全区教育部门办校97所，其中中学26所、小学21所、幼儿园24所。高中阶段入学率98%以上，年度高考本科录取1862人，录取率91.36%；初中生入学率100%，小学生入学率100%，幼儿入园率99.8%。年内，新聘教师306人。至年底，全区学校总占地面积2054805平方米，校舍建筑面积986222平方米。全年教育经费投入14.35亿元，比上年增1.34%。其中区、镇财政拨款9.85亿元，比上年增2.42%，学校基建、设施设备投入分别为18015.38万元、4845.05万元；全年干部、教师培训经费投入1438.09万元。优化学前教育资源，朱行、漕泾幼儿园创建成市一级幼儿园；开展学前儿童非法看护点整治，规范6家、取缔5家。基本形成“委托管理、组团发展、校际联盟”城乡优质教育资源辐射共享机制，通过市义务教育优质均衡发展专项督政检查。推进学生健康促进工程，成立区学生体质健康监测中心并通过市政府实事项目验收，14294名农村籍学生享受免费营养午餐。实施素质教育，开展“一校一品”特色创建，成立区学生艺术团并在英国爱丁堡国际艺术节演出。提升职业教育办学层次，扩大学习型社会建设覆盖面，枫泾、张堰镇和金山工业区创建为2011～2012年度市学习型社区，廊下镇创建成全国社区教育示范街镇。金山区连续第八次被评为市规范教育收费优秀区县。

参加英国爱丁堡国际艺术节的区学生艺术团团员

金山区学校基本情况

表17

学校类别	校数（所）	班数（个）	学生数（人）	教职工数（人）		占地面积（平方米）	校舍建筑面积（平方米）
				合计	其中:教师		
中学	29	653	23490	2809	2144	980768	434087
其中:高中	7	152	5810	793	620	379091	187547
完中	1	37	1346	178	149	76785	28735
初中	18	413	14568	1572	1222	432260	180503
一贯制初中部	3	51	1766	266	153	92659	37302
其中:民办	3	59	2644	262	188	107065	34191
小学	31	711	28509	2292	1850	471486	200581
其中:一般小学	31	661	26770	2162	1720	471486	200581
其中:一贯制小学部	(3)	50	1739	130	130	—	—
其中:民办	10	94	3876	263	207	48723	18089
幼儿园	33	472	14975	1416	971	331241	174248
其中:民办	9	71	2004	263	124	64671	28830

续表 17

学校类别	校数（所）	班数（个）	学生数（人）	教职工数（人）		占地面积（平方米）	校舍建筑面积（平方米）
				合计	其中:教师		
托儿教育	1	7	168	28	—	1763	917
其中:民办	1	7	168	28	—	1763	917
特殊教育	1	17	161	54	42	11772	4445
其他教育	10	—	—	221	117	46058	29645
中等职业	3	173	7266	552	407	152365	105975
其中:其他部门办	1	—	—	38	15	14935	7717
成人教育	13	—	—	248	187	59352	36324
合计	121	2033	74569	7620	5718	2054805	986222
其中教育部门办	97	1802	65877	6766	5184	1817648	896478

（聂荣鑫）

【全国幸福教育联盟第二届年会暨校长论坛】 12月7～8日，“营造教师职业幸福感”全国幸福教育联盟第二届年会暨校长论坛在华东师范大学附属枫泾中学召开。资深教育专家陶继新应邀作《做一个幸福的老师》报告。上海、山东、河南、安徽、江西等10个省市200多位教育部门领导、专家和教师围绕幸福教育核心理念从不同角度表达对“幸福教育”的理解，探讨营造教师职业幸福感路径。（聂荣鑫）

【新时期高中教育定位与发展研讨会】 5月12日，《中国教育报》理论文化中心、区教育局主办，区高中教育委员会承办的“新时期高中教育定位与发展研讨会”在上师大二附中举行。清华大学副校长谢维和教授、华东师大高中教育研究所所长霍益萍教授围绕“新时期中国普通高中的定位”问题分别作主旨报告。与会人员探讨新时期中国普通高中定位、普通高中多样化发展、普通高中教育办学困惑与发展新思路等理论与实践问题。清华大学、北京大学、中国人民大学、北京师范大学、华东师范大学等高校知名专家及各地知名高中校长等200多人参加。（聂荣鑫）

【接受市义务教育均衡发展专项督政】 4月24～26日，市义务教育均衡发展专项督导团到金山开展专项督政，听取《城乡一体、均衡发展，办好让金山人民满意的义务教育》自评汇报，通过查阅资料、访谈、座谈、问卷、实地察看等形式，全方位了解金山推进义务教育均衡发展工作情况。认为金山“为远郊地区实施义务教育优质均衡发展提供成功案例和可供借鉴学习经验，基本实现义务教育优质均衡发展目标”。

（陆文元）

【联合共建签约仪式】 11月28日，区政府与华东师范大学、上海师范大学、上海石化股份有限公司签订联合共建协议书。上海石化股份有限公司董事长、党委书记戎光道，副区长贾炜，华东师范大学校长助理唐玉光，上海师范大学党委书记陆建非分别在联合共建协议书上签字。新一轮共建内容涉及组建三方办学指导委员会，华东师大三附中、上师大二附中校长分别由华东师大、上师大任命产生，上海石化每年为两所学校各提供50万元专项费用于支持学校实施素质教育和改善办学条件、20万元用于学校教师队伍建设；上海石化每年在金山中学设立50万元“石化奖教金”用于实施素质教育和改善办学条件。副市长沈晓明，市政府副秘书长翁铁慧，市教卫党委书记、市教委主任薛明扬，区委书记杨建荣等出席签约仪式。（聂荣鑫）

【承办上海市学生肥胖干预现场推广会】 10月23日，上海市教育委员会、上海市卫生局主办，上海交通大学附属仁济医院、上海儿科医学研究所、金山小学承办的上海市学生肥胖干预现场推广会在金山小学举行。会议听取《上海市中小学生肥胖伴慢病的干预情况》和《为学生健康幸福人生奠基》工作汇报，组织观摩金山小学阳光体育展示活动，参观金山小学“营养角”。市政协副主席、市学生健康促进专家指导委员会主任委员蔡威，市教委副主任李骏修，市卫生局副局长王磐石，各区县教育局分管局长，营养干预工作试点中小学校校长等100多人参加。上海交通大学附属仁济医院于2011年9月组建课题研究组并在金山小学开展学生肥胖干预研究，245名肥胖症伴随慢性病学生接受1年干预，得到改善占48.2%。（夏其明）

【金山区学生艺术团参加英国爱丁堡艺术节演出】 8月1～10日，金山区学生艺术团应英国爱丁堡艺术节组委会邀请赴英国开展为期10天英国文化之旅，参加2012爱丁堡艺术节中国青年风采展演季活动，并在爱丁堡皇后剧院举行"美丽的中国结"专场演出。金山区学生艺术团通过舞蹈、中国民乐、歌唱和文化秀等形式，展现上海乡镇现代风韵和传统中国乐器、民间风俗融合一体的中国艺术风采。（夏其明）

【区庆祝第二十八个教师节暨表彰大会】 9月8日，区人民政府主办，区教育局、区广播电视台联合承办的"忠诚、责任、师爱——金山区庆祝第二十八个教师节暨表彰大会"在青少年活动中心剧场举行。表彰2012年"上海市教书育人楷模""全国'两基'先进个人""上海市园丁奖""金山区师德标兵""金山区园丁奖"等218名先进教师。区长李跃旗希望教育部门认真贯彻落实中长期教育发展规划要求，按照现代学校要求办好每一所学校；希望全区广大教育工作者，不断增强社会责任感，做一个品格优秀、业务精良、职业道德高尚的教育工作者；希望各委办局、区镇两级党委、政府继续加强和改善对教育工作的领导和指导，积极营造全社会尊师重教的良好氛围。区委副书记祝学军、区人大常委会副主任袁晓英、副区长贾炜、区政协副主席曹云辉等出席。各委办局、街镇（工业区）有关领导、各学校党政干部、师生和家长代表等450多人参加。（戴　韩）

【第二届嘉善—金山社区教育合作论坛】 12月13日，"分享、合作、发展——新形势新农村社区教育合作与发展"第二届浙江嘉善—上海金山社区教育合作论坛在嘉善举行，嘉善县魏塘街道成人文化技术学校和金山区张堰镇成人（社区）学校、嘉善县大云镇成人文化技术学校和金山区吕巷镇成人（社区）学校、嘉善县大云镇缪家村村民委员会和金山区吕巷镇和平村村民委员会签署合作交流框架协议，共同建设完善社区教育运行机制，发展嘉善社区教育事业，推进金山学习型社会建设。（怀雪军）

【区学生健康促进工程推进大会】 8月28日，区学生健康促进工程推进大会在区政府会议中心召开，总结区学生健康促进工程推进情况，解读《金山区学生健康促进工程实施方案（2011～2015）》和《金山区学生健康促进工程实施方案项目分工表》，成立金山区学生健康促进工程领导小组、金山区学生健康促进工程联席会议。副区长贾炜主持。区委副书记祝学军，区委常委、宣传部部长张权权，副区长陆瑾出席。各委办局、各街镇（工业区）分管领导，各学校党政正职干部、分管校长等280多人参加。（夏其明）

【中共金山区教育局第三次党代会召开】 10月30日，中共金山区教育局第三次党代会在教育局召开，回顾总结区教育局第二次党代会以来工作，提出今后5年教育党建奋斗目标和主要任务。大会采用无记名、差额直接选举方式，选举产生孙秀强、郑瑛、施新章、顾宏伟、黄萍、盛明秀、韩亚弟等7名中共金山区教育局第三届党委委员（按姓氏笔画为序），沈明良、季蕾、梁强、韩亚弟、潘静波等5名中共金山区教育局第三届纪律检查委员会委员（按姓氏笔画为序）。教育系统157名正式党员代表、48名列席代表、党外重要人士代表等200多人出席。（陈少国）

【中国教育工会上海市金山区第四次代表大会】 11月28日，中国教育工会上海市金山区第四次代表大会在教育局举行，审议通过《金山区教育工会第三届委员会工作报告》《金山区教育工会第三届经费审查委员会工作报告》，选举产生金山区教育工会第四届委员会委员和经费审查委员会委员。金山区教育系统基层单位党组织书记、工会主席等200多人出席。（戴　韩）

【建立督学责任区制度】 4月9日，区教育局制订下发《关于印发〈关于建立金山区督学责任区的实施意见（试行）〉的通知》。按照学校地域分布，全区划分4个督学责任区12个小组，每个责任区确定一名专职督学担任联络员，负责指导和联络工作；每个小组安排一位兼职督学，1～2位特约教育督导员、人民教育督察员，具体负责督导检查工作。通过实地检查、访谈问卷、查阅资料等多种形式，检查学校执行课程计划、教育收费等10个方面工作，健全推进素质教育长效保障机制，推进学校依法办学。实施"四个一"（一月一次例会、一月一次督导、一月一期简报、一月一次整改反馈）制度。（陆文元）

【区素质教育论坛暨校园文化建设推进大会】 5月22日，"学校的重要使命文化传承与发展”区素质教育论坛暨校园文化建设推进大会在亭林小学举行，展示亭林小学“品味书香，传承经典”素质教育成果，宣读校园文化建设主题师生征文获奖名单，开展校园文化建设成果交流。文汇新民联合报业集团《新读写》杂志社社长钱汉东作《文化的传承与发展学校的使命与责任》主题报告。市教委德育处处长胡宝国、华东师大继续教育学院院长冯大鸣、上海中侨职业技术学院院长蒋志明、区人大科教文卫主任陈大进、区政协科教文卫体主任周康，区各学校（单位）正职干部、分管校长、德育主任等300多人出席。

（夏其明）

【上海中侨职业技术学院金山校区开工奠基仪式】 11月28日，上海中侨职业技术学院金山校区开工奠基仪式在张堰镇举行。副市长沈晓明、市政府副秘书长翁铁慧，市教卫党委书记、市教委主任薛明扬，区委书记杨建荣，区人大常委会主任杜治中，区政协主席王美新，区相关职能部门主要负责人，各中学校长，中侨学院院系主任等300多人参加。中侨学院金山校区位于漕廊公路以北、留贤路延伸段以西，项目总投资6亿元，规划用地20.2公顷，总建筑面积18.38万平方米。校区建设规划拟按功能布局分为教学区、学生生活区、职工生活区、体育运动区、教学科研试验区、职业技术产业开发区、国际学院交流区等，预计2014年竣工启用。

（聂荣鑫）

【教师进修学院校舍迁建工程开工典礼】 11月30日，金山区教师进修学院校舍迁建工程开工典礼举行。区人大常委会主任杜治中，区政协主席王美新，区相关职能部门有关负责人，部分学校领导等参加。教师进修学院新校舍位于金山新城区2－9地块（东至海芙路，南至金山新城幼儿园，西至金山小学，北至空地），总占地22621平方米，总建筑面积达17471平方米，建设项目总投资9294万元，预计2014年竣工。

（聂荣鑫）

【启动第五届“明天的导师”工程】 9月28日，区第五届“明天的导师”工程启动大会在教育局举行，总结区第四届“明天的导师”工程工作情况，宣读第四届“明天的导师”考核优秀人员名单，评选第五届“明天的导师”工程成员。第五届“明天的导师”工程由8位特级教师、8位学科首席教师、15位学科主持人、50位学科导师组成，为期3年，设立23个学科工作坊，借助项目研究、研训基地、学科工作坊等载体，组织学科研究团队，开展不同层面、多种形式研训活动。区教育局局长顾宏伟、党委副书记韩亚弟、副局长郑瑛，教师进修学院院长袁晓英及第五届“明天的导师”工程成员，各中小学、幼儿园校（园）长等160多人出席。

（陈 艳）

【领军校长、拔尖教师研修班】 6月22日，区“领军校长研修班”和“拔尖教师研修班”开班典礼在教育局举行。区教育局副局长郑瑛主持。区教育局局长顾宏伟、党委书记孙秀强，教师进修学院院长袁晓英等出席。领军校长研修班和拔尖教师研修班学员各12人，培训为期2年。培训以理论学习为主，以提升人文素养为核心，通过理论学习、导师引领、项目驱动等方式，提升领军校长、拔尖教师综合理论专业素养。

（陈 艳）

【统战知识进校园活动】 8月31日，区委统战部、区教育局联合召开《青少年统战知识读本》首发式暨“同心育才——统战知识进校园”主题活动启动仪式，并解读《金山区教育局关于统战知识进校园的实施意见》，要求开展“统战知识进校园”“六个一”（用好“一本书”，举行“一次报告会”，组织“一堂课”，做好“一个课题”，举办“一次竞赛”，组织“一次成果展示”）活动。区委统战部副部长杨桦、区教育局副局长黄萍和各中小学德育分管领导出席。

（陈少国）

上海中侨职业技术学院金山校区开工奠基

成人教育

【概况】 2012年，上海电视大学金山分校更名（首批）上海开放大学金山分校。年内，拓展办学思路，扩大校政（学校和政府部门）、校企（学校和企业）合作。联合区残疾人联合会成立上海开放大学残疾人教育学院金山学习中心；实施送教上门举措，开办上海华峰超纤股份公司工商管理和行政管理专科班。春、秋季招收行政管理、行政管理（农村方向）、工商管理、会计、物流管理、现代文员等本、专科学生1432名，比上年增4%。至2012年秋季，在校（含石化城区办学点和漕泾、廊下社区学校教学点）本科、专科、中专生3500名及续修生480名。学生期末考试本专科出考率、合格率列市电大系统前列，本科英语和计算机全国网考（网络考试）成绩列市电大系统第2名。开展计算机操作、通用英语成人培训，520人参加。提升学校社区教育功能，参加金山区委宣传部、嘉善县委宣传部和金山区推进学习型社会建设指导委员会办公室、嘉善县社区教育工作领导小组办公室主办的社区教育合作论坛并作“强化服务指导，彰显引领作用”主题演讲。《探索社区学校在农村家庭教育中作用》被列为市重点实验项目并于年底通过验收。冯文勤被评为市社区教育优秀院长，杨永芳获市电大系统教学资源建设二等奖，吴雯青获市电大系统课件制作比赛优胜奖。学校被评为市示范性安全单位。（姚军林）

【成立上海开放大学残疾人教育学院金山学习中心】 3月3日上午，上海开放大学金山分校会同区残疾人联合会成立上海开放大学残疾人教育学院金山学习中心，并举行开班典礼。市残疾人联合会副理事长王爱芳和上海开放大学副校长陈信为学习中心揭牌。副区长贾炜讲话。中心开设社区管理和服务专业中专、专科2个班级。（姚军林）

青少年保护工作

【概况】 2012年，健全未成年人合法权益服务体系，营造有利于青少年健康成长学校周边环境，开展未成年人保护工作。依托少年军校法制教育基地，开展丰富多彩法制宣传教育活动，8000多名学生接受法制宣传教育。开展毒品预防教育，组织近2万名学生参观禁毒教育馆，编撰禁毒教育区本教材《金山区中学生毒品预防教育读本》。组织学生参加市第三届中学生民防运动会、市“中小学生识险避险、自救互救”现场展示活动。开展学校周边环境建设，全年组织学校及周边治安综合治理工作领导小组办公室成员单位开展4次联合执法行动，完成第二实验小学周边环境整治。开展“省下压岁钱”捐款助学活动，结合“六一”集会，向全区300名贫困学生每人发放助学金500元。暑期组织全区130名贫困学生（包括农民工子女学校学生）开展“温暖大家庭”一日和三日夏令营活动。做好贫困家庭大学生“七彩基金”助学活动，帮助优秀学生入校学习。（徐 慧）

文化·广播电视

WENHUA GUANGBODIANSHI

2013 JINSHAN ALMANAC

文 化

上海金山·石化文化艺术节演出

【概况】 2012年,全区社区文化活动中心实现全覆盖,并通过市评估定级验收,枫泾、朱泾镇文化活动中心被评为市特级中心。完成区博物馆新馆陈列大纲和南社纪念馆陈列调整方案设计。成立区文化资源配送管理中心。继续实施全区公共文化场所免费开放并延长开放时间。继续发挥"农家书屋"、农村数字电影等农村文化建设方面作用。举办"三个金山·共创美好未来"2012年金山区大型文化交流展评活动。开展"2012年上海金山·石化文化艺术节"活动,举办第三届星尚·热波沙滩音乐节、国际烟花音乐节等大型文化活动。全年开展文化活动10929场,参演节目16456个、人员67056人次,观众2141368人次。开展读书活动190次,参与活动9030人次;图书借阅1557195人次,借阅图书2248785册次;举办培训活动330期,参与16671人次;举办展览237场,展出版面4285块,观众244380人次。启动区第二轮"一镇一品"活动,开展"一村一队(一居一品)"品牌创建活动。举办长三角农民画联展活动。开展国内、国际农民画交流,赴法国、比利时等国家和中国台湾、吉林等地比赛和展览。开展农民画知识产权登记保护项目工作;开发农民画衍生产品,保持金山农民画全国领先地位;金山26名农民画家联合创作"全家福"四季图参加"乡土丹青·画中江南"2012年长三角地区中国农民画联展。区博物馆代表王斌向中国考古学第十五次年会暨第五届理事会第三次全体会议提交《河北元氏龙正遗址与汉常山郡(国)考古》论文,并作大会主题发言。开创"廊下乡村大舞台",举办田野百花节、草莓节、西甜瓜节、蟠桃节、羊肉节等农业节庆活动。完成朱泾孙旭初旧宅修缮项目方案设计,启动钱家祠堂保护性修缮等,并对已公布5处文保单位竖立保护标志。南社纪念馆被命名为市爱国主义教育基地(3月)并入选市社会主义学院首批实践教学基地(5月)。实施《文物安全目标责任书》签约,开展"5·18国际博物馆日"活动,承办市"6·15文化遗产日"纪念活动,新增4名市级非遗传承人,至年底全区有市级非遗项目6个、区级12个,市级非遗传承人12名。文化市场三级联动、四级延伸监管机制创建、"老乡管老乡,教育更理想"方法及道口堵源截流、保护知识产权等经验被中央电视台12套报道。全年组织文化稽查行动1913次,出动稽查人员10351人次,检查场所4808家次,立案查处93件,罚款354150元,没收21000元,收缴非法音像制品90852张、图书101440册。推进枫泾文化创意产业园区建设,争取市经信委、文广局、新闻

长三角地区中国农民画联展

出版局资源。组织文化创意园区“创意基金”申报、评审，为“山阳海洋文化创意园区”“国家绿色印刷创意产业园区”等4家企业争取“创意基金”950万元。

（缪广霞）

区加快推进文化建设大会

【区加快推进文化建设大会】 大会于6月6日在区会议中心召开，总结近年全区文化建设经验、成效和不足问题，动员部署全区上下围绕新形势、新任务和新目标、新要求，努力开创金山文化发展繁荣新局面。区委书记杨建荣、市委宣传部秘书长陈启伟、市文广局副局长王小明讲话。（缪广霞）

【金山农民画巡回展】 10月9日至11月20日，金山农民画巡回展在长宁区长宁民俗文化中心、天山社区文化中心、新泾镇社区文化中心、虹桥社区文化中心、华阳社区文化中心开展，展出农民画精选作品60幅。（缪广霞）

【“永达之夜”2012年上海金山国际沙滩音乐烟花节】 音乐烟花节于10月28日和11月3日举行，中国、比利时、葡萄牙和美国等国际顶级烟花燃放公司分别参加两场专题音乐烟花表演，累计燃放约1.2万枚各种型号烟花，吸引观众上万名。（缪广霞）

【2012年星尚·热波音乐节】 7月20～22日，2012年星尚·热波音乐节在金山城市沙滩举行。音乐会分大地舞台和天空舞台两个部分，设立非音乐类活动区域“创意市集”“APP市集”“Zebra +”“星尚馆”、公益展示等单元。杨宗纬、曲婉婷、黄立行等歌手和乐队参加表演。观众达4万余人次。

（缪广霞）

【区文物安全工作会议】 会议于2月8日在区会议中心召开，副区长陆瑾代表区政府与各镇（街道）、金山工业区及其他文化行政部门签订《上海市金山区文物安全目标责任书》，明确文物安全责任，确保各项文物安全措施落到实处，形成文物安全防范网络。

（缪广霞）

区文物安全工作会议

【2012年金山区大型文化交流展评活动】 3月15日至10月25日，“建设‘三个金山’，共创美好未来”金山区大型文化交流展评活动举行。交流展评活动包括轨交专题演出、镇级交流演出、村（居）展示演出等76场次。

（缪广霞）

【金山区新增4名市级非物质文化遗产传承人】 年内，市文化广播影视管理局公布第三批市非物质文化遗产项目代表性传承人，金山区吴迪观（打莲湘）、夏懿峰（吕巷小白龙）、陆永忠（金山农民画艺术）、董鲁平（上海黄酒传统酿造技艺）被列入。至此，全区有市非物质文化遗产项目传承人12名、市非物质文化遗产项目6个，区非物质文化遗产项目12个。

（缪广霞）

【吴彤章绘画艺术回顾展】 9月27日至10月15日，吴彤章绘画艺术回顾展在区博物馆举行，展出吴彤章创作的国画、年画、油画、速写、宣传画、农民画等作品。吴彤章是金山农民画院创始人，擅长中国画，参加过《白毛女》《赤叶河》等歌剧舞美设计，曾被文化部授予全国农村文化艺术先进工作者等称号，代表作有《胜利归航》《厦门英雄岛》，论文《金山农民画的艺术特色》等。（缪广霞）

广播电视

【概况】 2012年，区广播电视台突出宣传主题，拓展宣传渠道，营造“三个金山”建设舆论氛围。全年播出各类新闻3982条、各类电视专题节目160部、广播专题节目172辑。累计播出电视节目约11427小时、广播节目5073小时。无安全播出事故。报送上级媒体电视新闻763条。其中上海电视台《新闻坊》《新闻报道》《新闻夜线》录用462条；中央电视台各频道录用238条，其中涉及抗击台风“海葵”、国庆出行等4条新闻被《新闻联播》录用。帮助区内各部门制作专题宣传片20多部。专题片《乡土作家严雪方》获2012年全国第六届农村小康电视节目工程评比活动“最佳作品奖”（连续第五次）。投入60万元，实施播出通道数字化改造并安装安全播出预警信息系统，保障十八大期间广播电视安全播出。录播“两会”“感动金山”“田野百花节”“金山区第28个教师节庆祝大会”“2012金山旅游节开幕式”等大型活动近30场，其中“感动金山”颁奖盛典为独立承办并全程录播。至年底，区广播电视台多媒体资料存储容量已近9T（T：容量单位，万亿字节），条数近3.2万条。技术中心播出班组获市工人先锋号称号。（王　兰）

【完成电视节目改版并开播】 年内，区广播电视台按照“增强舆论引导、满足观众需求、反映金山特色、完善服务功能、加强人才培养、兼顾现有条件”原则，组织原有节目构成分析论证，并委托零点研究咨询集团就金山电视台品牌策略与改版咨询项目开展市场调查和走访座谈，比较金山人口年龄构成和各年龄段人群收视情况数据，结合业内专家意见和受众反馈，锁定35岁以上金山稳定居住人口为金山电视节目目标受众，形成《金山电视台改版项目报告》和《改版及营销推广方案》。确立“互动的社区电视”频道定位和“温暖无限”频道口号。根据目标受众收视习惯，维护既有品牌节目《金视新闻》，调整全天节目版面，打造每天17∶25至18∶55自办节目栏目，并实施VI系统（视觉识别系统）建设、频道宣传片创意和频道栏目包装，建立具有视觉冲击力、个性鲜明的频道形象识别系统。经过改版，新闻节目每天20分钟，突出“信息迅速发布、政策权威解读，舆论有效引导”特色；《魅力金山》《快乐起跑》《生活有道》等专栏每周15分钟，突出民生视角和人文情怀。8月31日，区广播电视台在百联金山购物中心广场举行电视节目改版发布仪式，区人大常委会主任杜治中，区政协主席王美新，上海广播电视台副台长、上海广播电视协会常务副会长李尚智，区委副书记祝学军，区委常委、宣传部部长张权权，副区长陆瑾等按下开播按钮。（王　兰）

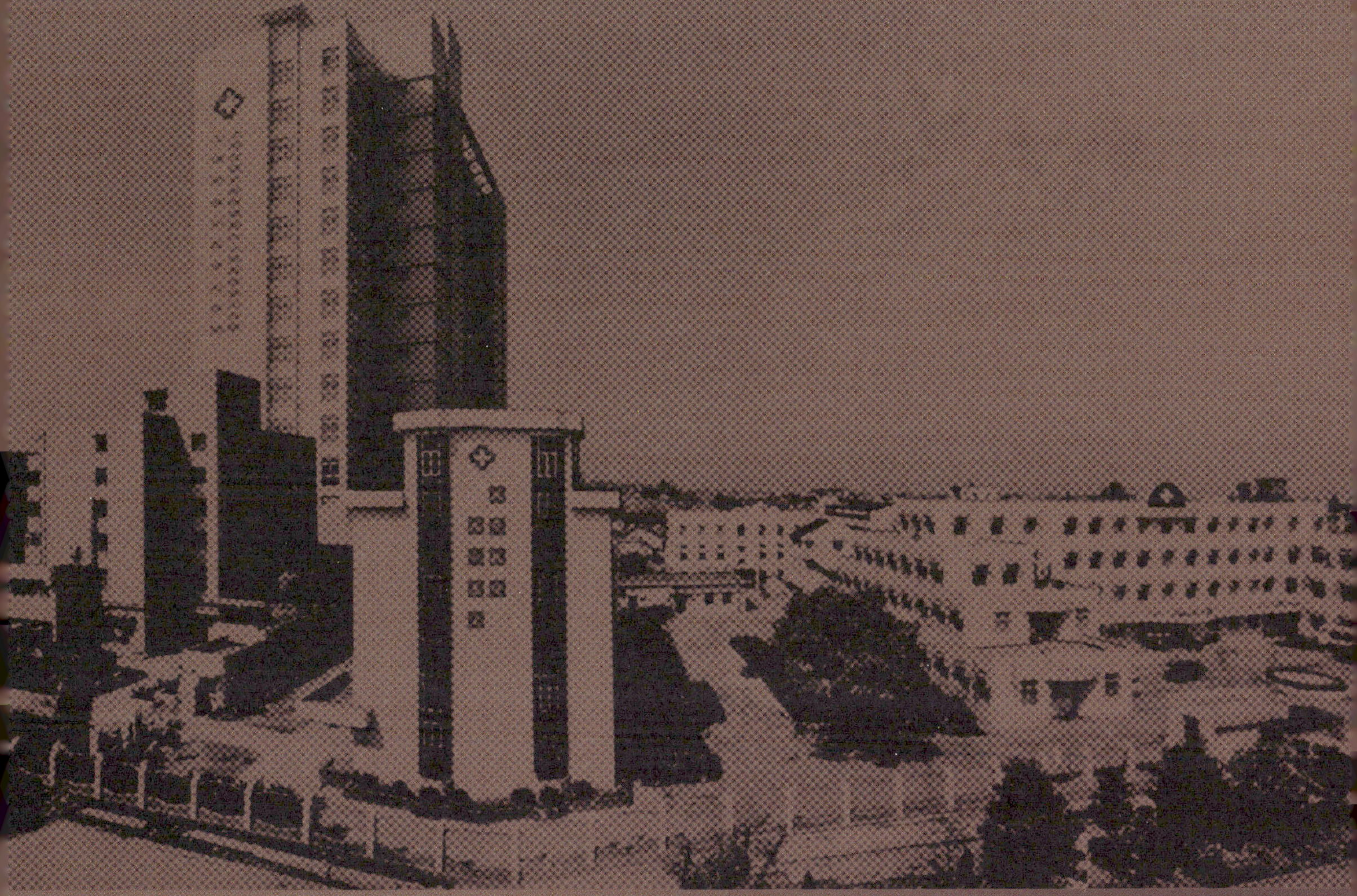

医疗卫生

YILIAO WENSHENG

2013 JINSHAN ALMANAC

综 述

2012年,全区有各级各类医疗卫生机构161家(不含市公共卫生临床中心),其中公立医疗卫生机构156家、民办医疗机构5家。有三级综合医院1所、二级综合医院2所、中医医疗机构1所、妇幼保健所1所、老年护理院1所、社区卫生服务中心11所、村卫生室127所。成立区首家独立中医医疗机构——区中西医结合医院(枫泾镇白牛路219号)。亭林医院建立区社区卫生服务临床检测中心,检测样本9个社区51676人份;金山医院建立区影像会诊中心;区卫生局与市仁济医院合作建立远程心电图会诊中心,检测心电图信息10458条。全区总核定床位2774张,核定编制4269个,有职工4672人,其中在编在册3452人;有卫生技术人员3610人,其中执业医师1214人、助理执业医师121人、注册护士1754人及药剂、检验等专业人员521人。全年门急诊450.57万人次,比上年增6.08%;出院68028人次,比上年增5.69%;手术28257人次,比上年增21.18%;无偿献血22097人份。户籍人口平均期望寿命81.35岁,其中男性78.61岁,女性84.14岁。婴儿死亡率5.88‰,孕产妇死亡率29.39/10万。无甲类传染病报告,乙类传染病发病率179.18/10万。参加新型农村合作医疗保险101415人,投保率99.88%,人均筹资1330元,比上年增40%;年最高补偿额16.5万/人,比上年增6万/人,列全市新农合考核第一,获市新农合筹资市级补助资金1608万。金山卫镇社区卫生服务中心、张堰镇社区卫生服务中心、金山工业区社区卫生服务中心创建成市示范社区卫生服务中心。成立医疗专家队伍1支37人,累计赴基层医疗卫生服务机构1587次。开通双向转诊绿色通道,各社区卫生服务中心转诊至二三级医院1963人次,二三级医院转诊至各社区卫生服务中心35人次。实行社区卫生服务中心基本药物货款统一支付制度。在全市率先启动与市级三级定点医疗机构实时结算试点,金山参保农民经逐级转诊后,持社会保障卡可在市第六人民医院直接实时结算。建立健全居民健康档案,建成连接区内医疗卫生机构卫生专网和数据交换平台,完善医疗机构内部信息系统建设,完成"基于居民电子健康档案的区域卫生信息化建设"项目,投入资金3000万元。推进临床路径管理与新农合、医保支付相结合模式(下称路径管理),完成路径管理病例1218例,入组率、完成率分别为51.93%、85.35%。与非路径管理病例相比,试点病种人均住院费用、药费支出和平均住院天数分别降11.92%、26.67%和13.23%,药占比降4.7个百分点。实施第三轮公共卫生体系建设三年行动计划,人均预防保健经费提至60元(包括非户籍常住人口);完成农村妇女住院分娩补助9人、增补叶酸6803人、乳腺癌筛查6000人、宫颈癌检查7000人。开展贫困乙肝产妇所生新生儿免费注射免疫球蛋白项目,共补助18人。成立区级药事委员会,加强药品采购、使用管理,促进合理用药。金山医院启动第六轮三方(复旦大学、区人民政府、上海石化)共建,完成三乙综合医院等级复评审。完善医患纠纷人民调解机制,启动医学专家咨询和司法确认程序,推进医疗责任保险及医疗意外险,全年共处置纠纷46件。金山医院整体迁建并启用,建筑面积8.4万平方米,核定床位700张,是上海郊区三级医院建设"5+3+1"(新建5家、升级3家、迁建1家)中最先动工、最先竣工、最先启用项目。亭林社区试点设置舒缓疗护病房,提供老年护理和临终关怀服务。开展住院医师规范化培训。金山医院现有培训基地7个、教学基地4个,其中耳鼻喉科为卫生部培训基地;区中心医院现有教学基地3个。新建健康自我管理小组1816个。成功申报无烟单位24家。扩大艾滋病监测范围,加强治疗和干预,随访管理率97.35%。肺结核全程管理率100%,减免治疗费用新肺结核患者180名。来沪人口麻疹疫苗强化免疫接种率99%。落实精神卫生"686"项目(中央补助地方重性精神疾病管理治疗卫生经费项目),贫困精神病人住院293名。推进医教结合,"一校一医"医务人员110人,累计服务5012次。户籍孕产妇、儿童系统管理率分别达97.50%、97.72%。住院分娩缺陷发生率17.70‰,比上年降14.12%。实施妊娠风险预警评估,落实重点孕妇管理2616人。完成退休及生活困难妇女妇科病、乳腺病筛查16174人、农村妇女"两病"(乳腺疾病、宫颈疾病)检查28072人;来沪工作孕产妇享受限价分娩237名。检测管网水20个点、水箱414只,同步实施卫生等级公示。聘任学校联络员110位,建立卫生管理信息渠道。聘任卫生执法协管员33名。采用司法程序打击无证行医,取缔无证行医52户次,其中涉及刑事案件10件。新增优质护理示范病房10个。年内,金山医院、中心医院分别建立预约挂号平台、预约分诊服务中心。制订《金山区医疗机构设置规划》,加强医疗机构准入、技术准入评估管理。新增专业医疗质控组4个,制订质量控制标准12个。加强抗菌药物临床应用管理，I类切口手术预防用抗菌药物使用率比上年降56.33%。完成漕泾社区中医药服务进社区达标建设。与市中医药大学联合举办护理和医师“西学中”（西医学中医）在职培训班。入选市“优秀青年中医临床人才”建设计划3人，成功申报市级中医药建设项目5个。“敛痔散”（治疗痔疮药物名）制作技术成功申报国家专利。处理突发医疗救治事件10批次，救治伤病员125人。妥善处置“6·3”水污染等区内重大突发事件。完成区党代会、沙滩排球赛、烟花节等16项重大活动医疗保障，提供各类现场诊疗服务593人次。建立引进人才评选和激励机制，引入市专业医学人才考评机构考核，实施年薪制、购房补贴等优惠政策。制订《编外人员使用管理实施办法》。开展人才评选，评选优秀学科带头人14人、优秀骨干20人、优秀青年10名、优秀护理人才3名。定向培养乡村医生15名。完成第3周期学科建设评审17个，启动第4周期学科建设16个，成功申报市重点建设项目6个。制订《科研课题管理办法》，获国家自然基金项目3项。组织“感动金山”人物——陈礼事迹巡讲。开展“共担社会责任，同创美好家园”——“我身边的感动”优秀党员故事讲演活动。组织劳模代表到结对村开展医疗咨询。启动文化建设三年行动计划，卫生系统创建成区文明行业。卫生部门政风行风网上测评综合满意率列区21家综合管理部门第十，比上年升9位；医疗行业综合满意率列区15个服务性行业第十四，比上年升1位。开展医院行风万人问卷调查，调查结果列17个区县第六、复旦大学医学院系统、交通大学医学院系统等全市25家大口单位第十二。完成“两卫”（公共卫生、基层医疗卫生）事业单位绩效工资改革。组织市民参与迎国家卫生区复审工作，爱卫网开展《网民眼中金山区最“趣”的10条街、最“癞”的10条街》评选。金山通过卫生部2012年度国家慢性病综合防控示范区考评。金山被确认为国家卫生区。金山卫、山阳镇被确认为国家卫生镇。区合作医疗管理委员会办公室获全国新型农村合作医疗工作先进集体称号。　（庄金贤　秦世伟）

【家庭医生制服务】　10月8日，市卫生局、市政府办公厅、市人力资源和社会保障局等部门组成调研组到金山调研区家庭医生制服务模式，肯定“家庭—站点—中心”全程健康管理模式，考察金山工业区社区卫生服务中心中医堂、团队病房、健康小屋等。年内，金山推进家庭医生服务、“家庭—站点—中心”全程健康管理模式，组建服务团队82个968人，签约24.27万人，签约率67.41%，覆盖人口36.8万。成立家庭医生工作室4家。出版《家庭医生技能实训教程》。山阳社区、金山工业区社区试点平板电脑等家庭医生服务信息查询无线终端。完成免费血糖测检23588人次、残疾人免费指导72544人次、出院随访9012人次、上门服务80岁以上老人139924人次、免费出诊空巢老人2034次、代配药11187次、完成65岁以上农民体检39365人次。

（庄金贤　秦世伟）

【成立卫生监督分所】　7月，区卫生监督所石化分所（辖石化街道、金山卫镇）和金山工业区分所（辖金山工业区、亭林镇）挂牌成立，同时下发《关于在本区设立卫生局卫生监督派出机构的实施意见（试行）》（金卫〔2012〕68号）。各分所分别配置卫生监督员6名，负责日常监管、投诉举报、突发事件调查处理、卫生法律法规宣传培训、卫生监督抽检等。平均监督覆盖率60%～70%，比上年提高近一倍。　（庄金贤　秦世伟）

疾病预防与卫生监督

【概况】　2012年，全区无甲类传染病报告；报告乙类传染病11种1328例，发病率169.89/10万，比上年升6.25%；丙类传染病6种

卫生监督所石化分所、金山工业区分所成立

1711例，发病率218.88/10万，比上年降1.83%。发生突发公共卫生事件4起（涉及15人），其中死亡7人。发生各类传染病聚集性疫情102起、暴发疫情1起、职业中毒事件12起、水污染事件1起。报告疑似麻疹病例24例，其中确诊10例，发病率1.34/10万。报告AFP（急性弛缓性麻痹）病例1例，出院诊断"急性脊髓炎"，排除脊髓灰质炎。报告预防接种不良反应347例，其中一般反应345例、异常反应2例。AEFI（疑似预防接种异常反应）报告率123.87/10万。各级医疗机构共完成"三热"（疟疾、疑似疟疾、不明原因发热）病人血检5920人，其中血检阳性17人，均为境外输入性疟疾。报告职业病、职业中毒及疑似病例95例，高温中暑病例11例，非职业性一氧化碳中毒病例6例。加强技术和物资储备应对日本福岛核电站事故，开展事故后辐射监测，获卫生部核事故医学应急中心表彰。建立居民健康自助检测点11个。按照《金山区创建国家慢性非传染性疾病综合防控示范区工作实施方案》，召开多部门协作会议，组织创建相关单位及工作人员培训和指导，开展社区诊断，形成区级社区诊断报告，创建成国家慢性病综合防控示范区。参与国家卫生区复评审，巩固创建成果。实施高血压、糖尿病患者建卡管理，高血压患者建卡42099人，建卡率26.76%，糖尿病患者建卡11717人，建卡率22.43%。启动传染病及突发公共卫生事件风险评估机制，成立评估专家组与工作小组，开展风险评估，分级（高、中、低三级）防范突发事件，形成3期风险评估报告。开设"金山健康教育"官方微博、成立"健康宣传青年骑游队"。年内，入选各市区级人才培养项目3人，中标区级重点学科建设项目1项、市区级课题4项，发表论文36篇。开展"金山区大重病居民关爱服务""携手抗艾，同享明天"专项工作，提高重点患病人群生存质量。区疾病预防控制中心获上海市平安单位，金山区敬老模范单位等称号。全区有卫生监督管理服务单位3920家，其中公共场所2846家、职业卫生技术服务机构6家、学校及幼托机构117家、病原微生物实验室79家、饮水卫生相关单位68家、健康相关产品生产企业44家、餐饮具集中消毒单位10家、控烟单位465家、医疗机构250家、采供血机构1家及放射诊疗单位34家。年内，职业卫生监管职能划至安全生产监督管理局。全年完成各类卫生行政许可项目2992件，其中公共卫生许可2452件（公共场所卫生许可2181件、放射诊疗许可27件、建设项目预防性卫生审核244件）、医疗执业许可522件（医疗机构许可258件、医务人员许可264件）、备案或其他18项（病原微生物实验室备案13件、其他5件）。实施各类卫生监督4323户次，监督覆盖率64.07%。开展各类专项行动16次，完成市住宅物业小区生活饮用水二次供水卫生状况监督抽检、医疗机构临床检验质量专项监督抽检等委托性抽检项目12个。全年监督检测饮水卫生、放射卫生等样品5063件，行政处罚检测不合格单位31户，罚款4.66万元，发出《卫生监督意见书》87份、《责令改正通知书》13份。实施卫生行政处罚案件483件，其中警告396件、罚款389件、没收违法所得6件、吊销证件1件、听证1件、强制执行8件。处罚金额共39.855万元，没收违法所得0.689万元。受理投诉举报57件（公共卫生类19件、医疗执业类38件），其中查实17件，占29.8%；未查实29件，占50.9%；部分查实11件，占19.3%。发出《卫生监督意见书》7份、不予处理29件、立案处罚22件、移送2件。开展突发公共卫生事件实战练兵5次，落实"突发水污染事件"应急处置举措，第一时间现场响应，查明污染源，全程监测水质数据指标变化，妥善采取有效处置措施。通过各类媒体发布新闻76次。编印《金山卫生监督》11期。全年立项课题6个，发表论文20篇，5名优秀青年列入区局、市所各类人才培养计划。牵头推进防范和打击无证行医平安建设实施项目，联合区检察院下发《检察建议书》，要求发生无证行医行为村委作出整改。开展无证行医监督检查104户次，与公安等部门联合执法19次，取缔无证行医45户次，移送刑事处罚9起，立案处罚35件，罚款13.7万元，没收违法所得0.65万元，收缴各类医疗器械7135件，没收各类规格药品100箱。推进卫生监督协管员队伍规范化管理，建成覆盖全区的卫生监督协管员队伍1支33人，巡查各类场所2900余户次，覆盖率85%。配合卫生部门换发许可证683户。设立区卫生监督所石化分所和金山工业区分所，负责辖区公共场所、生活饮用水、健康相关产品、学校和幼托机构等日常公共卫生监督。开展创建国家卫生区、金山铁路开通、国庆节假日卫生监督保障活动3次。

（朱　莉　袁春艳）

【设立学校卫生监督联络员】 年内，出台《金山区设立学校卫生监督联络员实施方案》，将设立学校卫生监督联络员纳入金山2012年学校卫生监管重点工作。通过学校推荐，卫生部门初审，卫监所确定拟聘人员65名。召开"金山区学校卫生监管工作会议暨联络员聘任大会"正式聘任。组织学校卫生监督联络员工作考核，合格率100%。学校教学环境和生活设施卫生符合要求率81.3%。学校晨检制度、传染病报告制度、突发公共卫生事件应急预案建立率均100%。各学校卫生工作自查率100%，总结上报率100%。

（袁春艳）

【创建国家卫生区、迎接卫生镇评审系列活动】 3月1日起，区卫生行政部门开展“宣传动员、全面实施、总结评估”三阶段创卫复查迎检工作。根据“排摸、指导、整改、消除、巩固”五步法工作模式，执法检查石化街道和山阳、金山卫镇等区域城中村、城乡结合部、农贸市场、“五小”行业（小旅店、小理发店、小浴室、小饭店、小游艺厅）等卫生状况，累计出动卫生监督员6344人次，监督检查各类公共场所和饮水卫生单位2983户次，监督性抽检样品1136件，实施处罚321起，罚款15.6万元。开展大型宣传培训6次、监督指导1051户、督促整改2259户次，全区各类公共场所卫生许可证手续齐全有效，持证率100%，重点行业专（兼）职卫生管理人员配备率100%。医疗机构传染病防治、医疗废弃物集中处置、医疗污水处置、生活饮用水等卫生指标均达国家标准，公共场所符合创卫复评审要求。

（袁春艳）

聘任学校卫生监管联络员

妇幼保健与基层卫生

【概况】 2012年，全区接产7694人，其中沪籍2574人、非沪籍5120人。孕产妇系统保健管理率70.77%（沪籍97.50%、非沪籍47.46%）；围产儿死亡率3.77‰（沪籍3.11‰、非沪籍4.10‰）；3岁以下儿童系统保健管理率91.89%（沪籍97.93%、非沪籍79.19%）；婚前医学检查率28.57%；孕产妇死亡3人。全区持孕妇保健卡孕妇7657人。至年底，落实重点孕妇管理2616人（2012年新增2095人），其中不宜生育终止妊娠4人。全年重点孕妇安全分娩1239人。上报危重孕产妇抢救24例。危重新生儿转会诊155例，其中死亡5例。检查全区5家助产医疗机构《出生医学证明》。配合区计生委开展免费孕前优生健康检查1532人次。上报出生缺陷、残疾儿童292例，意外伤害1例。上报传染病405例，其中手足口病确诊312例，手足口病例比上年降22%。筛查退休及生活困难妇女妇科病、乳腺病16174人。来沪孕产妇享受800元限价分娩237名，比上年降40.45%。检查农村妇女“两病”28072人。开展农村妇女“两癌”（宫颈癌、乳腺癌）筛查（宫颈癌筛查7000人、乳腺癌筛查6000人），发现宫颈癌1例，未发现乳腺癌。农村妇女享受住院分娩补助政策9人。免费发放叶酸466人。全年有10262人接受HIV（人类免疫缺陷病毒，可能导致艾滋病）筛查，其中孕产妇7625人、婚检人员2637人。孕妇艾滋病检测率100%，无确诊HIV感染者。中国疾病预防控制中心授予区妇幼保健所预防艾滋病母婴传播工作优秀妇幼保健机构称号。全区有农业人口179465人，应参加新型农村合作医疗保险（下称“新农合”）101539人，实际参加101415人（其中农村户籍人员被征地后参加小城镇医疗保险7687人），参保率99.88%，低保、五保户和残疾人员参保率100%。合作医疗人均筹资标准1330元，比上年提高40%，全年筹资16367.20万元。至年底，合作医疗参保人门诊1609181人次，医疗总费用13124.30万元，补偿6952.04万元；住院就诊（包括门诊大病）26510人次，医疗总费用14788.09万元，补偿7801.61万元；“新农合”大病减负（二次补偿）金额92.77万元；补贴残疾人、低保人员、60周岁老人个人投保经费1447.05万元。推进“新农合”运行机制，落实区级统筹统支制度，基金筹资、补偿、监管“三统一”、基金财务管理“三统一”（统一财政专户管理，统一财务报表制度，统一工作规程）。加强“新农合”

定点医疗机构医疗费用和服务监管。下发《关于下发〈金山区合作医疗区内定点医疗机构支付费用预算管理实施办法(试行)〉的通知》(金合医办〔2012〕1号),实行与区内定点医疗机构风险分担机制、区内18家定点医疗机构门诊和住院预付制制度。推行报销资金银行转账。实行区内定点医疗机构实时结算,全市率先开展"新农合"市级医院实时结算、全市率先开展全区农村低保低收入"新农合"参保人员门诊及住院医疗实时救助试点工作,推进全市基本医疗保险和医疗救助制度衔接。严格新农合基金管理,规范基金筹集、拨付、存储、使用等环节,提高基金使用效率。修订并下发《关于进一步完善金山区新型农村合作医疗制度的实施办法》及《关于金山区合作医疗60周岁以上、低保五保和残疾参保人员个人投保经费补贴办法》等文件。区合作医疗管理委员会办公室获全国新型农村合作医疗工作先进集体称号。

(孙明强 胡 茗)

食品药品监督管理

【概况】 2012年,市食品药品监督管理局金山分局(下称分局)推进餐饮服务监管工作,重点监督检查集体供餐企业、学校和企事业单位食堂以及旅游用餐等食物中毒高风险领域,累计出动行政监督人员16518人次,检查8259户次。多次量化监督检查全区各类餐饮服务单位并评价经营优劣状况,其中A级单位343户(占11.77%)、B级单位2091户(占71.78%)、C级单位384户(占13.18%),另有未评级单位95户。年内,实施餐饮服务单位(学校、幼儿园食堂首次列入)检查结果"三脸谱"(笑脸、平脸、哭脸)公示,累计公示2851户(营业不满1年餐饮服务单位不列入检查公示范围),其中笑脸621户、平脸1869户、哭脸361户,分别占餐饮服务单位总数21.30%、64.09%和12.38%。会同工商、城管等职能部门开展多次联合执法行动,整治夜排档市场,取缔无证食品摊贩,夜间实地监管屠宰场,监管整治餐饮环节餐厨废弃油脂。全年抽检食品、保健品、化妆品12480件。加强"两会"、世界沙排大满贯赛、音乐节、烟花节、金山海鲜文化节等重大活动食品安全保障,出动监督员1534人次,保障39836人次用餐安全。推进食品安全示范工程,督导金山卫镇、石化街道、廊下镇创建成2012年市食品安全示范街镇,指导亭林大慈路、朱泾金龙新街、石化卫零路创建成国家级餐饮食品安全示范街区;推进保健食品示范店、示范街建设,建立一店一档制度,健全索证索票制度,完善台账登记制度,开展法人约谈制度,绘制一户一标地图,张贴消费者提示等,创建培育区餐饮食品安全示范店50家、区餐饮食品安全达标店53家。采用药品和医疗器械监管"日常巡查、飞行检查、驻厂监督、错时监管、电子监管"巡查方式,实施药品生产经营和使用环节巡查全覆盖。开展互联网非法药品销售、成人保健店、隐形眼镜等专项检查24次。全年抽检药品、医疗器械和药包材846件,检出不合格18件;收到药品不良反应报告1795例,医疗器械不良事件报告22例。开展查控含明胶胶囊专项行动,实施各药品生产、经营企业和医疗机构现场核查和抽样检查举措,无违法行为和问题产品。开展"打四黑除四害"专项整治,加强"刑行衔接"(行政执法中涉及刑事移交公安),查处保健品、性保健品违法加药问题,抽验成人保健店、互联网销售无药品批准文号类伟哥产品、假劣避孕药和道口拦截药品等其他非法产品82件,结果均不合格,其中刑事处理案件涉案63人。开展塑化剂、豆芽菜、食品添加剂、餐厨废弃油脂、互联网非法销售药品等专项检查。全年立案问题食品案559件,其中罚款195件58.35万元;保健品、化妆品案27件,处罚39.49万元、没收违法所得0.56万元。全年未发生重大食物中毒和药品安全事件。区药品专项整治工作获国家局通报表扬。全年受理餐饮单位开办、变更等行政许可事项1215项,药店、医疗器械经营企业开办、变更等行政许可事项669项。医疗器械经营业务增30%以上。至年底,全区餐饮服务单位3357家,其中公共餐饮(各类饭店、小吃店、快餐饮品店)2533家、食堂803家、大型集体配餐类单位21家;化妆品监管对象1547户;各类保健食品经营单位994户(无保健食品生产企业);药品(医疗器械)类监管对象1438家,其中药品生产企业16家、药品经营企业112家、药品使用单位250家,医疗器械生产企业23家、经营企业1034家、药品包装材料企业3家。年内,食品检测实验大楼开工新建,占地0.04公顷,建筑总面积1060平方米。开展食品安全专(兼)职经理上岗培训、创建食品安全示范店培训、药店药师专题培训、医疗器械企业法律法规培训、药品生产企业新版GMP(药品生产质量管理规范)培训和咨询,受训1239人次。餐饮许可提前介入指导服务801户次。组织市民、职工参加全国食品安全科普知识竞赛,分局被评为全国优秀组织单位。开通"金山食药监"官方微博。 (周 泉)

【餐厨废弃油脂专项整治】 年内，开展餐饮单位餐厨废弃油脂专项整治。分批组织餐饮单位餐厨废弃油脂处理培训，2326户具餐饮服务许可证单位参加，培训率100%。开展监督检查，督促各单位建立健全食用油采购查验、索证索票和台账记录制度，要求各单位按《餐饮服务单位食用油使用指南》规范使用食用油，建立食用油储存、使用和废弃油处置制度，严格实行餐厨废弃油脂产生与收运对接、分类放置、日产日清和流向追溯制度。严格许可要求，安装废弃油脂餐饮单位隔油池1109户。加强食用油监督抽检和风险监测，全年抽检食用植物油33件、快速检测食用油815项次，合格率均为100%。（周　泉）

【食品药品安全百日整治立功竞赛】 7月26日至11月1日，开展“食品药品安全，你我共同责任”食品药品安全百日整治立功竞赛。加大清晨和夜间检查力度，采用双休日、节假日、夜间错时检查、区域交叉异地检查、飞行检查等方式监管餐饮单位、保健食品经营单位、屠宰场等，累计错时检查单位580户次，错时检查率33%，责令改正324户次，开具监督意见书84份，行政处罚17起；开展药品、医疗器械生产经营单位日常监督检查和互联网非法药品销售、隐形眼镜等专项检查13次，立案21件，罚没款54325.01元、没收物品价值16487元。

（周　泉）

爱国卫生

【概况】 2012年，根据全国爱卫办《关于2012年国家卫生城市（区）、镇（县城）复审工作安排的通知》（全爱卫办函〔2011〕41号）和“领导重视、目标明确、重点突出、措施到位、全民参与、同创共建”方针、全国爱卫会《国家卫生区标准》，落实《金山区建设健康城区2012～2014年行动计划》《上海市公共场所控制吸烟条例》。推进市民健康自我管理小组工作，开展“五个人人”（人人健康膳食行动、人人控烟限酒行动、人人科学健身行动、人人愉悦身心行动、人人清洁家园行动）市民健康行动、“四控一动”（控盐、控油、控烟、控体重、适量运动）全民健康生活方式行动。2012年是第四轮建设健康城区三年行动计划起始年，至年底，建立健康自我管理小组1816个，实施各类健康指导、健康干预28923人次，受益24.58万人次（按每个组员传播健康知识8.5人计算）。确定《金山区建设健康城区2012～2014年行动计划工作指标》31项（健康步道、市民心理健康基本知识知晓率、市民对健康城市工作满意率等）。开展“全区总动员、健康减体重”活动。枫泾镇推进建设市健康镇试点工作，编写菜谱《寻味枫泾吃出健康》。举办纪念爱国卫生运动60周年暨市民家庭健康生活方式知识竞赛。免费发放《上海市民心理健康知识120问》200182份。开展第24个爱国卫生月活动，整治镇域结合部环境整治点11个、居民小区环境整治点22个、中小道路环境整治33条、居民小区22个、农贸市场11个。开展爱国卫生季度流动红旗评比，朱泾、亭林、金山卫、张堰镇和石化街道先后获流动红旗。加强病媒生物防制，推进除“四害”（苍蝇、蚊子、蟑螂、老鼠）基础设施登记、编号造册，完成全区20家农贸市场和99个居民小区1247只捕蝇笼、1256只毒鼠盒、1190只毒蚊缸登记、平面示意图绘制、编号造册。全年添置毒蚊缸1850只、捕蝇笼立杆1000根、简易式捕蝇笼2150只、毒鼠盒3250只。投入1.3万余元开展老式居委居民（枫泾、张堰镇）免费灭蟑试点，受益400余户。组织除“四害”执法，检查农贸市场、超市等80家，其中责令限期整改38家、罚款并责令限期整改11家，处罚金5000元。全年50个村落实螺情自查，春、秋季螺情自查、区查灭螺质控检查发现2镇6村11处螺点，有螺面积2640平方米。全区累计查螺3554条块3767730平方米，其中河道2065条3140660平方米、沟渠998条331310平方米、田地摊491条295760平方米。完成18处老螺点、11处新螺点灭螺，灭螺面积393230平方米，清理环境125690平方米。首次采用地膜覆盖物理方法灭螺。全区各镇（街道）、金山工业区查灭螺人员参加太平无忧团体意外伤害保险146人。出刊《金山报·卫生专刊》控烟知识有奖问答，收到答卷192份。举办第25个“世界无烟日”——“烟草业干扰控烟”主题宣传活动。会同全区10家控烟监管部门综合巡查法定控烟场所10多家。开展控烟整改检查，检查单位2108户次，其中处罚控烟不力单位（场所）20个，处罚金4.4万元。各街镇健康促进委员会办公室组织社区控烟志愿者开展巡访巡查，巡查单位391个。年内，全国爱卫会《关于表彰爱国卫生运动60周年先进集体和先进个人的决定》（全爱卫发〔2012〕3号）授予区爱卫办全国爱国卫生运动先进集体称号。（袁冬明）

【通过国家卫生区复审】 2012年是巩固国家卫生区迎全国爱卫办复审年。区委、区政府将巩固国家卫生区迎复审工作列入区委2012年63项重点工作之一、区政府2012年100项重点工作之一，并召开区巩固国家卫生区迎复审动员大会。区政府常务会议2次将巩固国家卫生区迎复审工作作为专项议题。区爱卫会共制订规范性文件21份。区各职能部门召开各类会议106次、专题会议104次，开展各类迎复审活动471次、专题行动112次、迎复审宣传157次，设置宣传阵地48239处，发放宣传资料近47万份，组织干部群众、志愿者各2万多人次参与迎复审整治，整治单位6843个次、整治环境卫生2万多处次，投入迎复审专项经费1636万余元。各街镇、金山工业区党委、政府召开全镇性会议83次、专题会议140次，组织全镇性迎复审活动151次、专项活动170次，组织宣传活动104次，设置宣传阵地3389处，发放宣传资料36万余份，组织干部、群众参与迎复审整治19万多人次、志愿者6.8万人次；整治各类环境卫生问题4.4万多处次、居村委及单位1510个次。组织群众参与全区性迎复审专项整治活动282次。在《金山报》、金山电视台设专栏宣传261次，设置各类宣传阵地51628处，发放宣传资料83万余份，制作电影字幕、宣传短片在全区放映点播放3259场，观众超28.44万人次；开展迎复审大型文化交流展评、文艺演出共70场，观众77500人次。建立全区性短信指挥平台、开发建设“宜居金山，美丽家园”爱卫网站。组织市民参与“关注、发现、行动”活动，建立长效管理外部监督。开展《网民眼中金山区最“趣”的10条街、最“癞”的10条街》评选，爱卫网注册会员达12802名，10601名网民参与。建立会议、督查、考评制度及四步督导工作流程（督导检查、下发书面整改通知、被查单位反馈、复核整改情况），制订下发《金山区巩固国家卫生区工作现场督导整改通知单工作流程》，明确整改通知单下发、反馈、整改时间等要求。以“四部曲”工作方法（电话、书面、函告、约谈）督促落实整改要求及结果反馈。整改通知单48小内回复率100%、问题整改率95%以上。共下发督导通知单231份，发现待整改问题1031个，其中完成整改984个，整改率96%。至年底，累计（3年）投入迎复审经费4.1亿多元。全区实现爱国卫生组织管理、健康教育、市容环境卫生、环境保护等《国家卫生区标准》10大项要求和绿化、河道、建筑工地、农贸市场等67个小项指标，完成《金山区人民政府办公室转发区创建国家卫生区领导小组办公室〈金山区巩固国家卫生区迎全国爱卫办复审工作方案〉的通知》（金府办发〔2012〕9号）规定各项工作。总投资2.45亿元建成区生活垃圾综合处置厂、卫生填埋场建设（均为2008年开工），区生活垃圾及粪便无害化处理率90.97%、生活污水集中处理率82.3%。全区绿化覆盖率37.66%、绿地率36.05%，人均公共绿地19.85平方米。空气污染指数（API）<100天数占全年天数比例93.2%。灭鼠、灭蟑、灭蝇工作基本达到全国爱卫会病媒生物防制标准，灭蚊工作达到《上海市地方标准》要求。区内无烟草广告。全年未发生重大食品安全事故。无甲、乙类传染病爆发疫情。区巩固国家卫生区领导小组办公室委托第三方进行民意测评11次，市民对市容环境卫生等的满意率达90.02%。12月4日，全国爱卫会《关于2012年国家卫生城市（区）、乡镇（县城）复审结果的通报》（全爱卫发〔2012〕4号）确认金山为国家卫生区、金山卫及山阳镇为国家卫生镇。　（袁冬明）

【改善城乡环境卫生状况】　年内，完成集约化供水建设、金山一水厂扩建，全区饮用水基本达到新颁《生活饮用水卫生标准》要求。累计建成农村无害化卫生公共厕所114座，其中2010年至2012年间新建2座，受益人口增1900人。农村无害化卫生户厕普及率97%。完善农村生活垃圾收集运输系统，1914名农村保洁员负责114个行政村日常垃圾清扫、收集、运输。10786户农户使用生活污水处理设施（含年内新增农户农村生活污水处理设施7542户）。全区城镇污水处理率82.3%、生活垃圾无害化处理率90%。巩固124个行政村环境综合整治成果，创建成“市村容整洁示范村”3个。57个行政村81个村庄完成村委会综合改造，其中2010年至2012年间完成综合改造村庄50个。加强农贸市场环境卫生管理，全区29家农贸市场中25家经标准化改造达规范管理要求。全区124个行政村均通过市级卫生村复查。整治城中村环境卫生，20个城中村落实经常性卫生管理制度。枫泾、朱泾、张堰、山阳、金山卫、亭林镇通过国家卫生镇复审，石化街道和廊下、漕泾、吕巷镇及金山工业区通过市一级卫生街镇复查。实施“百个街道（镇）千条道路推进道路洁净工程”。　（袁冬明）

体育

TIYU

综　述

2012年，举办市民元旦迎新体育大联欢活动、2012年"辰展杯"首届乒乓球公开赛、区级机关干部广播操展示暨徒步活动、区千人广播操展示活动、"张堰杯"2012上海国际木兰拳邀请赛、区第三届残疾人运动会、第二届"安全杯"运动会、区足球联赛、区沙滩足球比赛、区学生阳光体育大联赛、区中小学生游泳比赛等109项(次)；承办2012年SWATCHFIVB世界沙滩排球巡回赛"金山新城杯"中国上海金山大满贯赛、2012年中国足球协会超级联赛上海申鑫队主场比赛、2012年中国足球协会乙级联赛上海中邦队主场比赛、"东芝"2012中国足协杯赛比赛、中日韩青少年女足邀请赛、2012年市"陈毅杯"城市足球赛总决赛、市第一届市民运动会门球锦标赛、"石化街道杯"中国盘鹰大赛、场地高尔夫球比赛、"长三角"农民龙舟邀请赛、沙滩足球比赛等14项(次)；参加全国第七届农运会毽球比赛、"东丽杯"上海国际马拉松赛、市第一届市民运动会、市学生阳光体育大联赛、市学生运动会、青少年十项系列赛、市"陈毅杯"城市足球赛等市级以上体育活动。调整区体教结合领导小组并召开体教结合工作会议，体育总会换届选举，产生新一届领导机构。全年新增二级裁判员23名、三级裁判员30名、二级运动员11名。成立山阳镇、金山卫镇、石化街道、金山工业区社区体育健身俱乐部和篮球、龙狮协会及海昊、羽乐社会体育俱乐部。至年底，全区有体育社团组织44个、健身团队(10人以上)765个、社会体育指导员1179名。全区经常参加锻炼人口约46%。实施"一区一品"工程，建成吕巷镇农耕健身基地。开展"一镇一品"创建活动，指导金山工业区(健身秧歌)、金山卫镇(跳绳)体育品牌建设。推进朱泾体育中心工程建设，实施百姓健身设施工程，建成张堰、山阳、金山卫镇健身房和漕泾、山阳镇及石化街道健身步道(3条)。全区52所学校有48所学校体育场地向社会开放，开放率92%。启动市民体质监测指导中心建设，协助区教育局建成青少年体质监测中心，开展集中性市民体质监测活动3次，接受体质监测社区市民2636名、学生2092名。制订实施《关于进一步加强体教结合工作的实施意见》《推进体教结合工作任务分工(2012～2015年)》，全区学生《国家学生体质健康标准》优良率68.8%。夏季游泳场所开放时间共82天，开放场次3452场，接待泳客30多万人次，3457名中小学生参加游泳培训，其中小学生197班2941名、中学生30班516名。金山被评为2012年市游泳场所夏季开放服务工作优秀单位。朱泾游泳池被评为2012年度市先进游泳池，海滨游泳池连续32年获无事故安全开放单位称号、中石化培训中心游泳馆连续24年获无事故安全开放单位称号。开展包括田径、举重、跆拳道、足球、轮滑、排球(含沙排)、花样游泳、拳击、射箭、射击、马术、游泳、水上、羽毛球、乒乓球、曲棍球、桥牌、国际跳棋、中国象棋、围棋、篮球、网球、毽球、OP级帆船业余体育训练，在训运动员687人，其中2人入选市优秀苗子库。加强教练员队伍建设，组织教练员参加区级培训8次、市级培训30多次，培训聘用业训教练员40名，初步完成对应项目教练员配置，24个业训项目配备教练员50多人。全年向市一线运动队输送2人(水球1人、击剑1人)，向市二线运动队输送14人(田径2人、女足3人、排球1人、马术4人、跆拳道1人、拳击2人、散打1人)。《浅谈飞碟运动员的注意力集中训练方法》《浅析青少年飞碟射击运动员在训练中的情感教育》分别在《中国射击射箭》杂志(2012年第5期)和《体育时空》发表。制定排球区级体育项目课程教材和围棋、中国象棋、毽球、足球等多套校级体育项目课程教材。成立区体育彩票服务管理中心，全区体彩销售网点增至75个，体彩销售总量4500万元。年内，区体育局获国家体育总局2012年度全民健身活动先进单位、市体教结合工作先进集体、市社区体育健

承办中超联赛申鑫队主场比赛

身设施先进单位、市游泳场所夏季开放服务工作优秀单位、市健身气功特色品牌星级站点等称号。（刘 倪）

世界沙排金山大满贯赛

【世界沙滩排球巡回赛中国上海金山大满贯赛】 4月30日至5月6日，国际排联主办，中国排协、市体育局、区政府、中亿公司承办，金山新城协办的2012年SWATCHFIVB世界沙滩排球巡回赛“金山新城杯”中国上海金山大满贯赛在金山城市沙滩举行。34个国家和地区的123队246名男女运动员参赛。中国组合薛晨/张希（Xue Chen / Zhang Xi）、巴西组合塔丽塔/安托涅莉（Talita / Antonelli）、巴西组合拉丽萨/朱丽安娜（Larissa / Juliana）分获女子前三名，美国组合罗杰斯/达尔豪斯（Rogers / Dalhausser）、美国组合吉布/罗森塔尔（Gibb / Rosenthal）、巴西组合佩德罗/马里奥·阿劳霍（Pedro / Mario Araujo）分获男子前三名。连续第九年在金山举行的此项赛事，第一次由公开赛升级大满贯赛，也是2012年伦敦奥运会沙排项目积分赛。（刘 倪）

【承办、参与市第一届市民运动会部分赛事】 8月11日，市体育局、市总工会和市体育总会主办，市农民体育协会、区体育局和吕巷镇人民政府承办，区农民体育协会、区海滨体育场和吕巷镇文化体育服务中心协办的市第一届市民运动会农耕健身运动会在吕巷农耕健身基地举行，全市各区19支队伍200多人参赛。比赛设搓绳、跳绳，插秧，抛秧，运粮进仓，蟠桃摘运，荷塘采莲，车水抗旱，池塘摸鱼等8个项目。代表金山参赛的吕巷镇代表队取得7个项目第一名。金山承办、参与市第一届市民运动会部分赛事140多项次，近25万人次直接参与，参与率34%，名列全市第五。市民运动会官网显示，金山名列区县排行榜第十名、区县信息榜第十四名。获民生奖金杯、民生奖银杯、民众奖杯、民乐奖牌、民生奖章、民乐奖章等奖项。（刘 倪）

第一届市民运动会农耕健身运动会

【参加全国第七届农运会毽球比赛】 9月14～22日，山阳镇毽球队代表上海市赴河南南阳市参加全国第七届农民运动会毽球比赛，获女双第四名、混双第六名、男双第六名、女单第七名、女子三人第七名、男子三人第八名等优秀奖，沈欢、陶佳浩获“道德风尚奖”。（刘 倪）

“一味灵”医学家顾观光

不是华佗再世，却能妙手回春；不是扁鹊传人，却能药到病除。他就是清代后期无师自通的“一味灵”医学家——顾观光先生。其故居位于金山镇钱圩西街43弄3号，砖木结构平房2间，坐北朝南，东西面宽8米，南北进深7.5米，建筑面积60平方米，2001年5月由其后裔筹资7万余元修复。

顾观光（1799—1862年），字宾王，号尚之，金山钱圩人，清代自然科学家。一生勤奋好学，精于医道，对天文、历法、数学、史地尤有研究。生平著作甚多，出版发行21册，涉及天文、地理、历法、数学等，其中《九数外录》十篇基本上包括了当时西法算术的精要。

顾观光医术独到，为后人称颂。相传，张堰镇上有个巡检官，其妻子生怪病，到处求医，毫无起色，听说顾观光能医百病，就派人去请。顾观光出诊其家，把脉看舌苔后开方子一张。巡检官一看，方子上只写了一味药，而且是草药，最多值二分钱，顿时不悦。心想，娘子吃的药用船装都装不下，你顾观光只用二分钱的一味草药能治好我娘子的病？顾观光见他脸色阴沉，知他不满意，出门时有意自言自语道：“不对船装无用，对科一味就灵。”谁料，第一帖一吃，毛病好一半。第二帖一吃，毛病减八分。第三帖一吃，毛病全断根。巡检官高兴呀，逢人便说：“这真是一味灵！”从此，“一味灵”便名闻遐迩。

顾观光逝世后，其墓为乡民所修。1927年由高吹万、高望之等发起整修坟墓，重立墓碑，镌有“金山顾尚之先生之墓”，碑的右上方有“中华民国16年丁卯9月”11个小字。1932年，在顾观光逝世70周年之际，金山各界士绅集会公祭修墓，立青石碑，高燮撰写碑文。1962年，在顾观光逝世100周年时，金山县人民政府举行纪念活动。是年10月22日，顾观光墓被列为金山县文物保护单位。1992年11月重修，金山县人民政府在其墓冢正前方立花岗岩墓碑，碑高1.32米，宽0.61米，上镌“顾观光先生之墓”。重修后的顾观光墓，占地337平方米。四周为花岗岩护基。墓葬坐东面西，有墓表、墓冢、砂石墓碑组成。墓冢呈半球形，由青砖围成，直径2.40米，高0.80米。整个墓台高1米，由6级台阶而上，平台铺有长10米、宽4.80米的青砖地面。墓冢后有用青砖砌成的照壁，高2.35米，宽2.80米，厚0.35米，正中嵌有长1.20米、宽0.80米的花岗石，镌有顾观光先生生平。墓周植龙柏、罗汉松等树木，保留了清代后期古墓葬的特色。

如今，顾观光先生长眠于金山卫镇塔港村20组一条碧波荡漾，两岸杨柳依依，郁郁葱葱的小河边上，青砖堆砌的圆形坟茔掩映在茂密的冬青松柏之中。

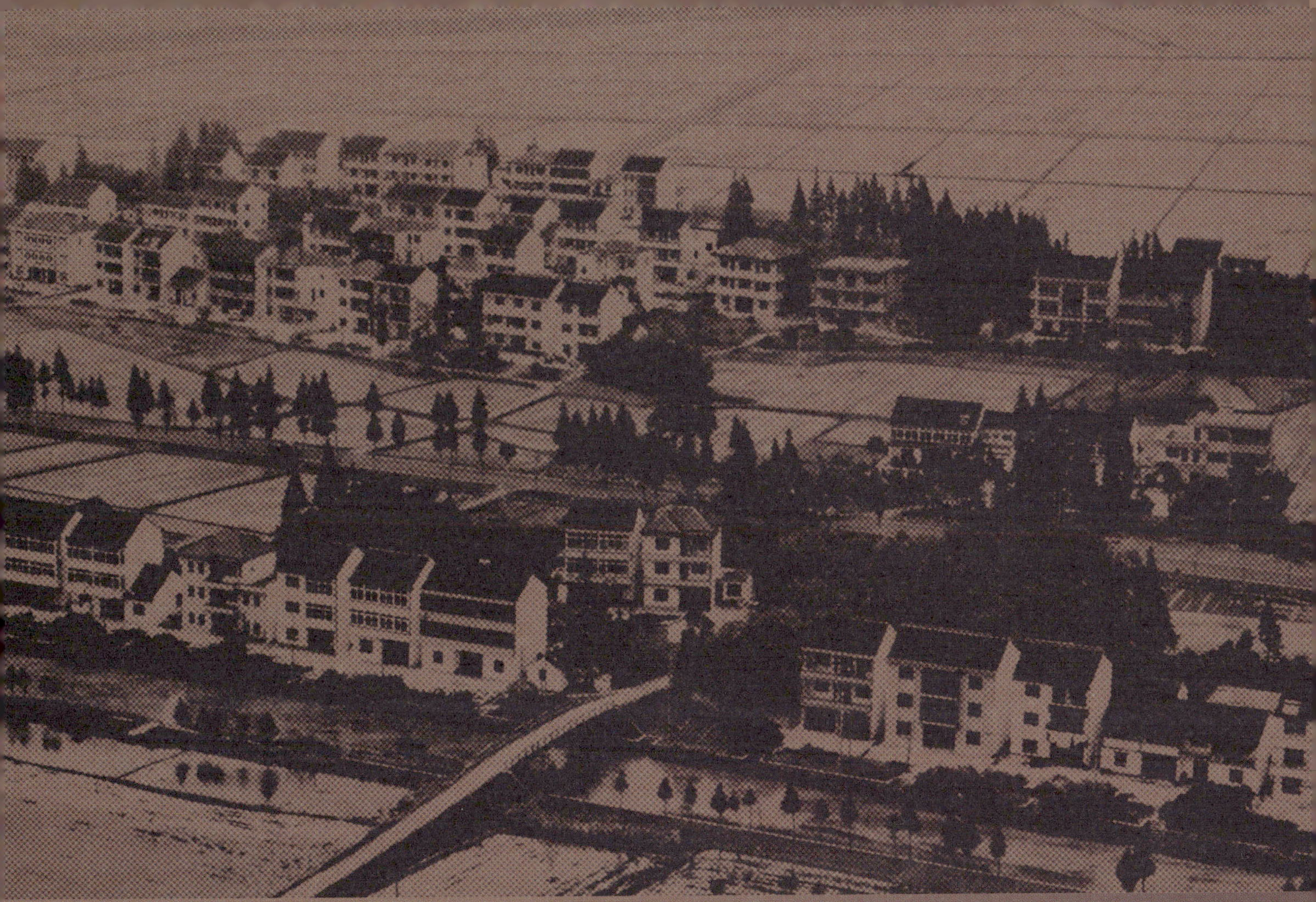

党史·档案方志

DANGSHI DANGANFANGZHI

党 史

【概况】 2012年,区委组织部党史研究室编辑印发《中共金山区党史大事年编(2011.1~2011.12)》。落实党史大事双月记收集、整理工作,全年报送市委党史研究室50余条。组织撰写《中国共产党上海市组织史资料续编(2011.1~2012.5)》金山区部分。审核校对反映上海5年发展历程《新跨越新发展2007~2012》金山区部分“步入追赶式发展新阶段的金山”稿件。 (王术静)

档案方志

【概况】 2012年,区档案局(馆)根据国家档案局“以人为本、服务先行、安全第一”战略和建立“三个体系”(档案资源体系、利用体系、安全体系)、“确保档案安全,加快业务创新,狠抓基础建设,激发队伍活力”总要求开展各项工作。举办“城市新印象档案见证”档案馆日和档案法颁布25周年档案法制宣传主题活动。组织600多名档案工作者参加国家档案局“飞狐灵通杯”档案法制知识竞赛。组队参加“集兰台人智慧、展档案界风采”上海市档案工作辩论赛。开展“公共文化产品进社区”地方志法规宣传日活动。落实全区250多家单位重点档案登记。举办居委会档案人员、新上岗档案人员岗位培训和档案工作者继续教育培训,培训521人次。对33个区重大建设项目(工程)和区实事项目档案及7个重点产业振兴和技术改造专项项目档案进行登记。指导完成全区农村“三资”(资金、资产、资源)管理成员界定与农龄统计档案立卷归档。出台《金山区档案馆收集档案范围细则》,全年接收9个单位4980卷23288件档案进馆,接收政府信息公开文件1592件。增加窗口服务时间,周六面向社会正常开放。全年接待利用者4221人次,查阅档案5875卷,提供档案复制件7862件,其中档案便民利用窗口接待2269人次,“就近查询、异地出证”28人次。向社会开放世博档案2745件。修裱抢救严重破损民国档案152卷。全年扫描档案47798卷(件)、3276257页、录入条目972187条。完成《金山年鉴(2012)》编纂和《上海年鉴(2012)》《长三角城市年鉴(2012)》金山区条目及《世博会志》金山章节编撰。出台《金山区居委会档案室升级达标工作实施意见》,完成全区83个居委会档案室升级达标工作。制作金山区档案馆“馆藏书画作品选2013年挂历”,作品真迹征集进馆。区档案局获2012年市档案工作先进集体、市稳定和完善农村土地承包关系工作先进集体称号。王应华、蔡国欢被市人力资源和社会保障局、市公务员局和市地方志办公室授予上海市地方志系统先进工作者称号。姚华被上海市档案局、上海市人力资源和社会保障局、上海市公务员局评为上海市档案工作先进个人。《金山县续志》获市第三届地方志优秀成果三等奖。 (乔 丽)

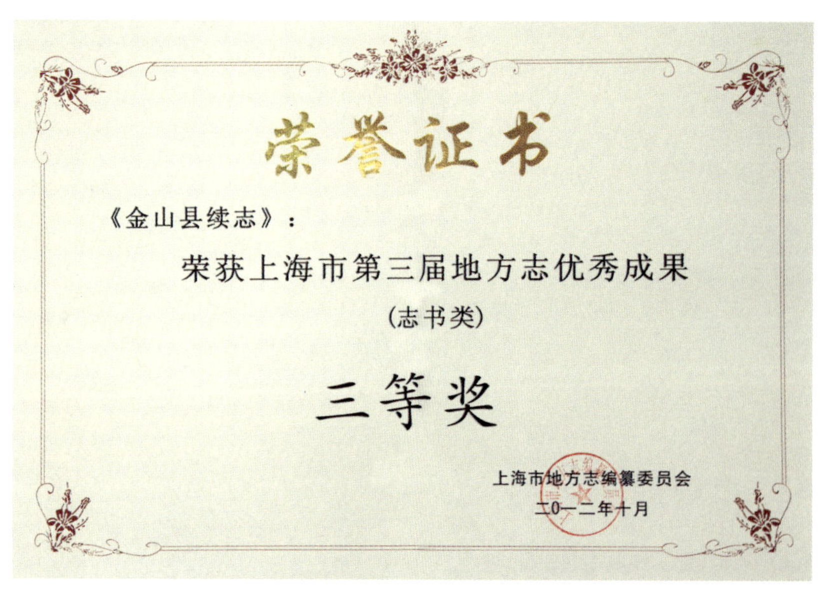

市地方志优秀成果三等奖证书

【村志编修工作座谈会】 座谈会于2月17日上午在金山卫镇召开,区档案局副局长沈希忠主持。区档案局副局长、区地方志办公室副主任王应华强调,村志编修是一项系统工程,希望村志编修试点村在编修过程中摸索出村志编修经验和心得,为全区全面铺开提供借鉴。金山卫镇村志编修试点村八一、八二、农机、横召村领导及编修人员参加。(乔 丽)

【区档案方志工作会议】 会议于3月14日在金山卫镇社区事务受理服务中心召开。区委办公室副主任张伟东主持。区档案局(馆)局(馆)长、区地方志办公室主任徐建昌作《解放思想,聚焦发展,不断开创金山档案方志事业发展新局面》报告。市地方志办公室主任刘建肯定区地方志工作成绩,强调要遵循客观规律,确保志书质量,要坚持修志为用,深入开展读志用志活动,服务经济发展。市档案局

(馆)副局(馆)长程绣明肯定区档案工作成绩,希望金山区档案人抓住机遇、加快发展,不断提高档案工作服务能力;要求认真贯彻落实国家档案局"九号令",深化档案资源建设。区委副书记祝学军指出,要重视档案方志工作,发挥档案方志工作服务大局、服务社会、服务群众作用。各镇(街道)、金山工业区档案方志工作分管领导、办公室主任、档案干部、档案便民利用窗口工作人员和各部、委、办、局、区属公司档案方志工作分管领导、档案干部及在金市属单位档案干部、区档案局全体干部职工参加。

(乔　丽)

区名人档案工作推进会暨《金山书画集》首发式

【国际档案日暨上海市档案馆日宣传活动】 5月9日至6月9日,根据市档案局部署,区档案局参与并组织开展"国际档案日暨上海市档案馆日"宣传月活动。围绕"城市新印象,档案见证"宣传月主题,区档案局(馆)制订活动方案,内容包括开放一批档案(完成第十批档案开放)、举办一次广场宣传("国际档案日暨上海市档案馆日宣传月金山分会场"现场宣传咨询)、举办一次版面巡展(《解放思想聚焦发展——2012年形势任务教育》全区巡展)、出版一部编研成果(《金山书画集·枫泾卷》)和举行一次名人档案工作推进会暨名人档案捐赠仪式。

(乔　丽)

【承办市社会主义新农村建设档案工作现场推进会】 7月3日下午,区档案局承办,市档案局、市农委联合召开的上海市社会主义新农村建设档案工作现场推进会在廊下岑仙苑举行。市档案局巡视员仓大放主持。区档案局局长徐建昌作《抓工作千方百计,为事业一争到底》有关金山区村级档案室升级达标建设工程专题汇报。祝学军要求全区档案和农业系统认真学习借鉴兄弟区县先进经验,深入领会市档案局、市农委总体部署,结合金山实际,促进金山档案事业更好发展。市农委副主任张贵龙要求涉农区县提高认识、落实责任、服务大局,积极开展社会主义新农村档案工作示范村创建工作,努力推动社会主义新农村建设档案工作,充分发挥档案工作全面服务社会主义新农村建设的作用。市档案局局长朱纪华强调,各涉农区县档案局要提高认识,打造全国一流的新农村建设档案工作;要积极创建示范,引领村级档案工作整体水平上新台阶;要不断探索研究,加强新农村建设档案工作;要切实形成合力,为新农村建设档案工作营造良好氛围。全市各涉农区县档案局和农委主要负责人及相关科室负责人参加。

(乔　丽)

【名人档案工作推进会暨《金山书画集》首发式】 7月17日下午,区名人档案工作推进会暨《金山书画集·枫泾卷》首发仪式在枫泾镇政府礼堂举行。区委办副主任张伟东主持。区档案局(馆)局(馆)长徐建昌作名人档案工作总结部署。区委副书记祝学军强调,建立名人档案是加强档案资源建设的重要措施,是提高地方知名度、服务地方经济建设和社会发展的迫切需要,是一项重要的文化工程,是功在当代、惠及千秋的社会性工作。要求进一步提高认识,明确建立名人档案的重要意义;进一步强化措施,扎实推进名人档案征集工作;进一步加强领导,确保名人档案征集工作有序开展,确保"金山名人馆"或"金山名人展示厅"如期建立。各镇、石化街道、金山工业区分管领导,名人档案征集顾问、义务征集员、联络员和名人档案捐赠人韩和平、蒋澜及捐赠单位代表参加。

(乔　丽)

【金山区数字档案馆建设项目(第二阶段)通过验收】 8月7日,区数字档案馆建设项目(第二阶段)通过区科委、区财政局、区档案局组成的项目验收专家组验收。区数字档案馆建设(第二阶段)项目包括开发"金山区电子文件中心""金山区档案馆馆藏多媒体档案管理系统""金山档案信息网升级改版"。"金山区电子文件中心"主要实现区OA系统电子文件和各单位其他各类电子文档保存利用，囊括区级单位所有电子公文和业务工作电子文档在线分级管理和利用，系统保存电子文件13万多个；“馆藏多媒体档案管理系统”实现原素材上传、多媒体在线切割整理、组盘等，是制作金山区多媒体专题档案、领导视频档案的基础。系统拥有照片档案12700张、幻灯片187张；金山档案信息网改版后设置一级栏目10个、二级栏目34个，实现开放档案网上检索。（乔　丽）

江浙沪毗邻地区档案工作研讨会

【“集成式机关数字档案室建设的策略研究”获国家档案局优秀科技成果二等奖】 11月，由市档案局牵头、区档案局为主体，按区档案信息化建设和应用模式立项并汇聚上海中信信息发展股份有限公司和上海大学档案学系科研力量的课题“集成式机关数字档案室建设的策略研究”获国家档案局2012年度优秀科技成果二等奖（课题之前已获2012年度市档案科技研究成果奖一等奖）。课题以科学性、实用性和指导性为原则，以“集成式”为突破口和着力点，提出区域性数字档案室建设及运行理论和实施策略，开发应用区集成式机关数字档案室系统，确保区域内机关数字档案室平台共用、资源共建、信息共享及标准统一、安全可控。11月14日，区档案局作为全国8家单位之一，在2012年度全国档案科技管理暨科技成果推广会议上作专题发言。（乔　丽）

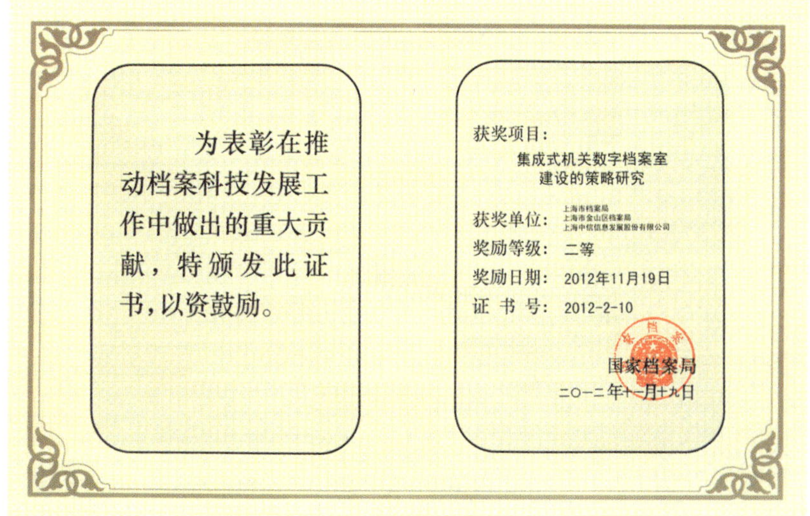

为表彰在推动档案科技发展工作中做出的重大贡献，特颁发此证书，以资鼓励。

获奖项目：集成式机关数字档案室建设的策略研究

获奖单位：上海市档案局 上海市金山区档案局 上海中信信息发展股份有限公司

奖励等级：二等

奖励日期：2012年11月19日

证 书 号：2012-2-10

国家档案局

二〇一二年十一月十九日

国家二等奖证书

【承办第四十九次江浙沪毗邻地区县（市、区）档案工作协作组研讨会】 11月29日上午，区档案局承办的江浙沪毗邻地区县（市、区）档案工作协作组第四十九次研讨会在枫泾镇召开。协作组上海市大组长、嘉定区档案局（馆）局（馆）长夏峰主持。区档案局（馆）局（馆）长徐建昌介绍创建国家一级综合档案馆、村居档案室升级达标、名人档案、视频档案、修编村史村志、打造档案品牌理念和形象识别系统培养高素质档案干部人才队伍等工作。副区长陆瑾向与会领导和代表介绍金山经济、社会发展情况及区委、区政府支持下档案事业取得的成绩。上海市档案局党组成员、巡视员仓大放讲话。35家协作组成员单位代表77人参加，收到论文22篇。（乔　丽）

【区数字方志建设项目（一期）初步建成】 12月，区数字方志建设项目（一期）初步建成，年鉴编纂实现网络在线操作。“年鉴在线编纂系统”包含消息、素材、在编、一改、二审、主审、关联、篇目管理、合拢等9大构件，组成双向或多向交流编纂流程。项目于9月7日启动，市地方志办公室副主任莫建备、专志工作处处长过文瀚、区县工作处副处长黄文雷，区档案局副局长兼区地方志办公室副主任王应华、区档案局副局长沈希忠及上海新影捷信息技术有限公司负责人等参加启动会。

（乔　丽）

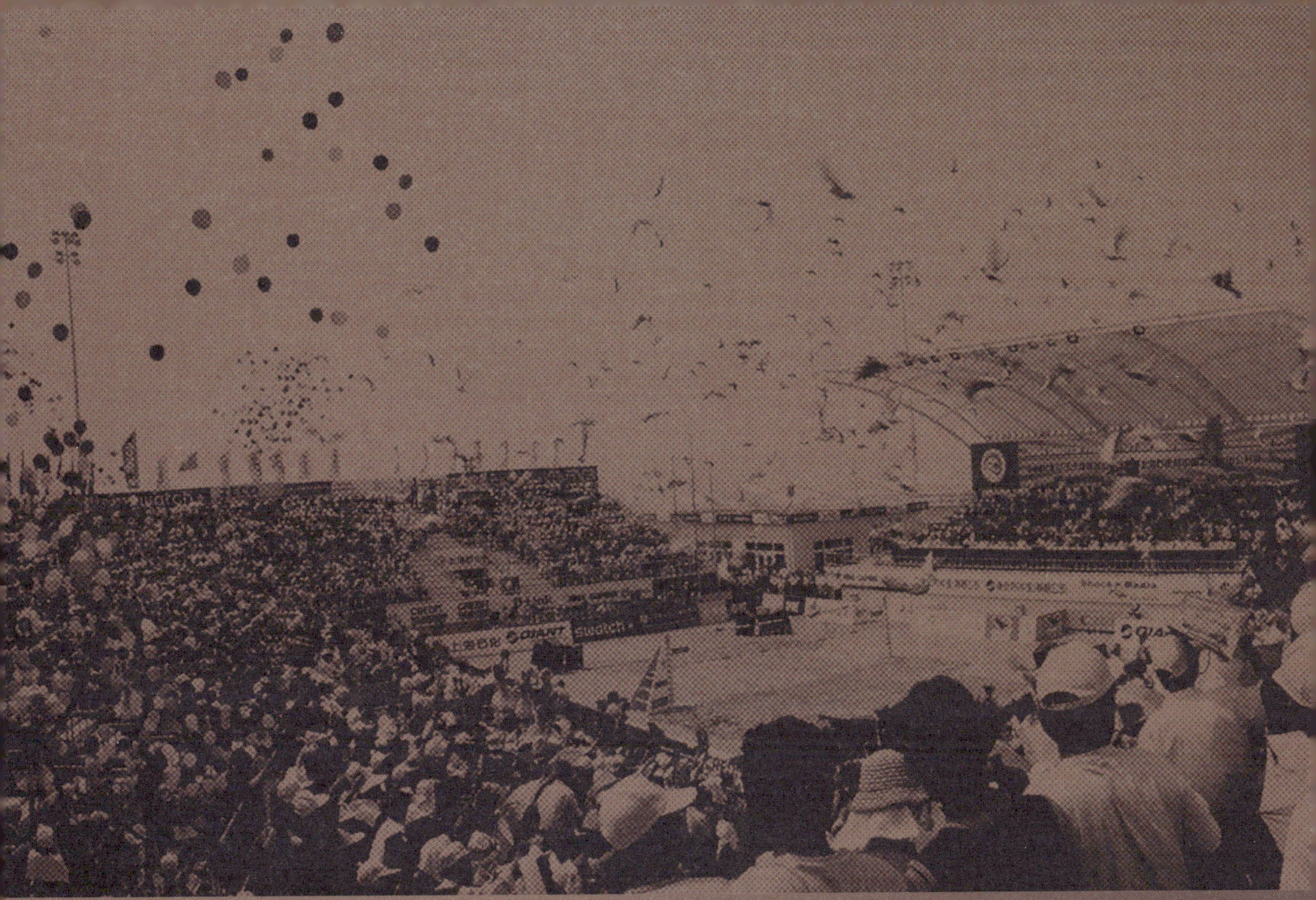

民主党派和工商联地方组织

MINZHUDANGPAI HE GONGSHANGLIAN DIFANGZUZHI

2013 JINSHAN ALMANAC

中国国民党革命委员会金山区委员会

【概况】 2012年，中国国民党革命委员会金山区委员会(下称民革金山区委)发展党员4人(大专以上学历)，至年底有党员71人，平均年龄49.2岁。党员担任民革市委常委1人、市人大代表1人、区政协委员10人。年内，继续开展支持金山社会主义新农村建设的服务工作。组织金山铁路运营和服务专题社情民意调查，撰写《沪杭客专金山北站周边地区开发的再思考》并报区政协、民革市委。举行民革金山区委会社会帮教志愿者授旗仪式，6名民革党员成为区社会帮教志愿者。组织退休老党员赴上海国际环球金融中心开展重阳登高活动。民革金山区委获上海市统一战线(工作)先进集体称号和区“五届政协因我而精彩，‘二个金山’由我来添彩”主题实践活动先进集体(界别)、反映社情民意信息工作先进单位称号。第一支部获民革上海市委2010～2012年基层党务工作特色支部称号。第四支部获民革上海市委社会服务工作先进集体称号。

(孙　浩)

【联谊活动】 7月9日，金山、徐汇、虹口民革区委在金山开展“三地同心——金山、徐汇、虹口三地民革互促共进”联谊活动，召开学习交流会并参观朱学范故居、上海南社纪念馆。民革市委副主委兼秘书长李栋樑、副主委王慧敏出席。民革金山区委主委吴铭忠、民革徐汇区委主委杨逢珉、民革虹口区委主委吴家平和三地民革区委领导班子及骨干党员30余人参加。

(孙　浩)

中国民主同盟上海市金山区委员会

【概况】 2012年，中国民主同盟上海市金山区委员会(下称民盟金山区委)发展盟员3人，转入1人，转出1人，全年底有盟员111人，平均年龄59.7岁，其中退休盟员56人。大专以上学历108人，中高级职称以上106人。年内，组织民盟金山区委班子成员参加区委统战部和民盟市委各类学习班、十八大精神辅导报告会。骨干盟员参加区委统战部“党外中青年干部培训班”“党派工作实务培训班”。举办“风雨同舟、同心同行——民盟与中国共产党合作史回顾”专题讲座。开展“共担社会责任、同创美好家园”讨论学习活动并撰写心得体会6篇，其中盟员李春云撰写的《共担社会责任，打造魅力金山》文章在《金山报》上刊登。举办“继承和发扬民盟优良传统”报告会等。民盟金山区委获2011年度区统战调查研究和理论研究优秀组织奖。参与中共金山区委召开的“党外人士座谈会”及各种调研等，撰写《进一步加大对拟上市企业的支持力度的对策和建议》《农旅携手提升本区农民生活质量——关于促进农业“接二连三”融合发展的调研》《提高民主党派支部活力的几点思考》《关于金山区加强群众性文化设施的建议》调研报告，其中《进一步加大对拟上市企业的支持力度的对策和建议》在“同心汇智——金山区统一战线话金山发展”论坛作交流发言。递交政协五届一次全会关于提高社会管理、加强农民就业培训等提案11件，其中集体提案3件。《关于我区“社会建设与创新管理社会管理”的建议》获2011年度区统战调研和理论研究二等奖。组建反映社情民意工作小组，上交社情民意信息27篇，其中市政协采用6篇、区政协采用12篇、《联合时报》刊载4篇，徐虹《建议调整幼儿园男教师上岗证的部分考试内容》获市政府分管领导批示。民盟金山区委、盟员徐虹、盟员孙华林、民盟金山区委秘书长陆惠萍分获区政协2012年度“五届政协因我而精彩、‘三个金山’

民盟金山区委课题调研活动

由我来添彩”主题实践活动反映社情民意工作先进单位一等奖和先进界别称号、先进个人和反映社情民意信息优秀撰稿人称号、反映社情民意优秀撰稿人称号、反映社情民意信息工作先进个人称号。其中民盟金山区委《加强技能培训针对性，为企业输送适用人才》获优秀提案奖，盟员徐虹《关于幼儿园男教师上岗证免考部分内容的建议》获优秀社情民意信息奖。开展“我为张澜故里植棵树”活动，捐资3000元共建中国民主同盟林。组织参加统战部各党派服务社会联合行动。31名盟员成为民盟市委志愿者服务分队志愿者。盟员徐虹获上海市统一战线（工作）先进个人称号，陆惠萍获民盟市委宣传工作优秀通讯员称号，沈美龙、吴权威获区园丁奖，钟杰华获2011～2012年度市社区教育优秀志愿者称号，孙华林获市环境保护先进个人称号，黄瑛获区人大代表开展“奋发有为促发展、积极履职作贡献”主题实践活动先进个人称号，杨凤英获“品牌中国（建材行业）年度人物”称号，阮章云《散发着泥土芬芳的金山农民画》论文入选中国文联出版社《文化大视野——全国群众文化、图书、博物论文集》并获优秀论文奖、唐华指导的许多书画作品获奖。

（陆惠萍）

【慰问演出】 10月25日下午，民盟金山区委会、民盟上海文广影视集团委员会组织慰问演出队到漕泾镇慰问演出，表演越剧、评弹、沪剧、滑稽戏、魔术等节目。中共金山区委常委、统战部部长李华桂，民盟市委专职副秘书长董平，民盟金山区委主委、区人大常委会副主任袁晓英，区委统战部副部长杨桦，漕泾镇人大主席胡世辉等与200多位漕泾民众观看。 （陆惠萍）

民盟组织慰问演出

中国民主建国会上海市金山区委员会

【概况】 2012年，中国民主建国会上海市金山区委员会（下称民建金山区委）发展会员4人，转入2人，至年底有会员79人，平均年龄52.5岁。会员担任民建市委常委1人、市政协委员1人、区人大代表3人、区政协委员13人。年内，学习贯彻中共十八大精神，开展“与中国共产党保持‘思想上同心同德，目标上同心同向，行动上同心同行’”思想教育，引导广大会员正确把握政治方向，自觉接受中国共产党领导并培养会员奉献、服务意识。召开社情民意工作会议暨重点调研课题开题会，撰写《推动企业上市，加快企业转型》《进一步加强民主党派思想建设的几点思考》《搭建人才劳务中介有效平台，缓解我区中小企业用工难问题》调研报告。提交政协五届一次全会关于水利建设、文化创意产业培育、农村金融服务等提案14篇，其中《充分发挥政策引领，大力发展战略性新兴产业》《对于我区水利建设和管理的思考》等4篇提案作联组交流发言并获与会区领导及相关部门肯定。组织退休老会员参观中华艺术宫，看望慰问老同志和困难会员。 （孙　浩）

【民建金山区委与民建盘锦市委缔结友好组织】 3月5日上午，民建金山区委与民建辽宁省盘锦市委缔结友好组织签约仪式在枫泾镇政府举行。民建盘锦市委主委王明佳、民建金山区委主委朱建国代表组织签订友好协议。

（孙　浩）

中国民主促进会上海市金山区委员会

【概况】 2012年，中国民主促进会上海市金山区委员会（下称民进金山区委）发展会员2人，至年底有会员89人，平均年龄53.7岁。其中女性会员31人，占会员总数34.8%。大专以上学历85人，中高级职称80人，硕士1人。会员担任处级干部1人，市人大代表1人，民进市委委员1人，区人

民进支部庆祝教师节活动

大代表1人(常委),区政协委员10人(常委1人)。年内,引导会员学习贯彻中共十八大精神,开展调研和社会服务工作。樊汉彬获上海市统一战线(工作)先进个人称号,综合支部、陆富官分获民进上海市先进集体、先进个人称号。民进金山区委会、综合支部获上海民进学习践行社会主义核心价值体系先进集体称号。杨洪获市园丁奖,张菊英获区园丁奖。提交区政协五届一次全会集体提案3件、个人提案19件。其中《关于加快推进我区农产品营销体系建设的建议》《关于我区创新人才培养的几点建议》获区政协四届三次以来优秀提案。撰写调研报告5篇,其中《关于亭林大型居住社区的调查研究》在“同心汇智—金山区统一战线话金山发展”论坛作交流。民进金山区委获“2011年度金山区统战调查研究和理论研究优秀组织奖”,《金山区现代农业园区的现状分析与对策探讨》获调研课题优秀成果二等奖。会员沈德根参加“同心聚力——各民主党派服务社会联合行动”医疗咨询活动,杨书虎表演男声独唱。上报区委统战部“共担社会责任、同创美好家园”大讨论心得体会5篇。 (高忠连)

【教师节活动】 9月8日上午,民进金山区委教师进修学院支部、金山中学支部、亭林医院支部在金山中学举行联谊活动。民进金山区委秘书长姚戎主持。区委副主委王秀美讲话。9月9日上午,民进上师大二附中支部、金山医院支部、综合支部全体会员在上师大二附中举行庆祝第28届教师节活动,区委主委樊汉彬讲话。 (高忠连)

中国农工民主党上海市金山区委员会

【概况】 2012年,中国农工民主党上海市金山区委员会(下称农工党金山区委)发展党员5人,转出1人,过世1人,至年底有党员102人(女党员36人),平均年龄60.1岁。其中退休党员57人。大专以上学历86人,中高级职称88人。农工党党员担任处级干部4人,市人大代表1人,农工党市委委员1人,区政协委员12人(常委2人)。年内,组织学习市第十次党代会、中共十八大、农工党全国十二次代表大会精神等。组织党员参加“同心聚力——金山区各民主党派服务社会活动”,区委副主委余雷参加市委统战部和市社院第24期民主党派中青年干部培训班。提交区政协五届一次全会集体提案2件、个人提案10件,其中《关于进一步加快推进金山区养老机构建设的意见和建议》《创优投资环境,促进金山化工产业发展》作联组发言。撰写调研报告3篇,其中《金山区居家养老的现状分析》在区委统战部“同心汇智——金山区统一战线话金山发展”论坛作交流,《关于进一步加快推进金山区养老机构建设的意见和建议》获2011年度金山区统战调查研究和理论研究优秀成果三等奖。社情民意信息《将洗涤行业纳入卫生部门监管范畴的建议》《关于新金山医院乱象的思考》《关于整治超标电动车的思考》被《联合时报》刊载。吴敏《关于加强对旅游行业诚信服务监管机制的建议》提案被农工党市委采用。农工党区委获评2008~2011年中国环境与健康宣传周先进集体,高忠连获评2008~2011年中国环境与健康宣传周先进个人,陆永妹获农工党上海市践行社会主义核心价值体系先进个人称号,赵风祥获2012年上海市老龄工作先进个人称号,樊晓明获区拔尖人才称号;徐凤英获区三八红旗手称号,黄慧琼获金山区园丁奖。 (高忠连)

【王晓栋等到金山考察】 6月28日,农工党市委秘书长王晓栋和新任农工党市委委员共21人到金山参观考察上海世仓物理设备有限公司(台资企业)、上海华峰超纤股份有限公司(民营企业)、朱泾东林寺。农工党金山区委主委周康、副主委胡统理陪同。 (高忠连)

【蔡威到金山调研】 9月25日上午，市政协副主席、农工党市委主委蔡威到金山初级小学参加上海交通大学附属仁济医院、市儿科医学研究所“上海市中小学生肥胖与慢病干预”课题调研。区政协教科文卫体专委会主委、农工党金山区委主委周康，区教育局党委书记孙秀强、副局长黄萍及课题组专家参加。

（高忠连）

【社会服务活动】 10月18日，农工党区委组织医卫界等专家近12人到区第一社会福利院开展义务咨询活动。农工党金山区委主委周康，区民政局党委书记黎仕忠、副局长朱红兵参加。

（高忠连）

农工党区委组织社会服务活动

中国致公党上海市金山区委员会

【概况】 2012年，中国致公党上海市金山区委员会（下称致公党金山区委）有党员63人（女党员14人），平均年龄52.2岁。其中在职50人、退休13人。大专以上学历56人（硕士6人），中高级职称51人。年内，学习贯彻中共十八大和中共中央、市委、区委全会精神，组织区委班子成员参加区委统战部、致公党市委各类学习班、十八大精神辅导报告会。参加区委统战部“同向前行，同心献礼”系列主题活动，开展“共担社会责任、同创美好家园”讨论学习活动。推进组织建设和党员队伍建设，组织党员赴浙江和江苏等地考察、参加致公党市委爱心义卖活动并将义卖款7080元捐给“上海致公爱心基金”。组织参政议政骨干到张堰镇侨联分会调研并参观南社纪念馆。开展敬老院爱心服务活动，组织老党员参观中华艺术宫、游览黄浦江。安排致公党市委在张堰镇举办2012年基层通讯员培训班的接待、考察等工作。参与中共金山区委党外人士座谈会。递交区政协五届一次会议提案11件。2名党员担任区政风行风监督员。许复新、黄振当选致公党上海市第七届委员会常委委员，刘杰当选致公党上海市第七届委员会委员。其中黄振当选中国致公党第十四次全国代表大会代表。上海致公爱心基金捐助日活动募集捐款3000元。

（梅星星）

【致公党区委青年委员会成立】 成立大会于9月4日下午在区委统战部召开。区委统战部副部长杨桦希望青委会发挥致公党“侨”“海”特色，继承致公党“致力为公”传统，积极建言献策，参政议政，与中国共产党保持“思想上同心同德，目标上同心同向，行动上同心同行”。致公党区委主委刘杰要求积极建立平台，促进青年党员相互沟通交流；更好发挥每一个年轻人作用，在政治上培育年轻党员，培养合理人才梯队；参政议政方面有所突破，积极献计献策，充分发挥党派作用，并在社会服务、慈善方面发挥特色。致公党市委青委会主任黄振代表致公党上海市委青年委员会致贺词。致公党金山区委青年委员会10余人参加。

（梅星星）

九三学社上海市金山区委员会

【概况】 2012年，九三学社上海市金山区委员会（下称九三学社金山区委）发展社员5人，过世2人，转出1人。至年底有社员98人，平均年龄58.2岁。其中退休人员48人，占总人数48.9%。大学以上学历84人，占85.7%；中高级职称97人，占98.9%。年内，安排九三学社金山区委班子成员参加区委组织部、统战部和区社会主义学院2012年金山区各民主党派、工商联负责人、无党派人士培训班，九三学社区委委员朱波参加2012年九三学社市委宣传干部培训班。选送5位骨干成员和参政议政积极分子参加区民主党派工作实务培训班。选送4位中青年社员参加区委组织部、区委统战部、区社会主义学院2012年金山区党外中青年干部培训班，其中社员王广鹏作“立足本职，同心奋进，如何争做一名优秀的党外干部”演讲。开展“同向前行，同心献礼”思想教育活动。选派优秀青年社员参加区委统战部“同心强基——党外中青年干部‘立足本职、同心奋进’演讲活动”。组织社员参与区委统战部“谈责任，作贡献，同心共创美好家园”征文活动，撰写征文4篇。开展“向杨佳同志学习征文”活动。举办《学习和传承九三学社的光荣传统》讲座。3位社员“中共十八大寄语”在《金山报》刊登。召开参政议政工作会议，递交政协五届一次全会关于农业、环境保护等提案16件。提供有关部门社情民意信息10篇，其中九三学社市委采用4篇、区政协采用1篇。撰写《关于对金山区农村环卫设施及保洁队伍建设的调研报告》《满足我区八大产业集群发展蓝图的企业人才队伍建设思考》《关于金山区区级农业科技人才队伍的调查研究及对策分析》调研报告。 （陆惠萍）

纪念九三学社成立67周年大会

【纪念九三学社成立67周年大会】 会议于9月12日在区委统战部会议室召开。九三学社区委副主委鲍晓荣主持。九三学社区委主委陶励强通报上半年自身建设、参政议政、社会服务等方面工作，部署下半年工作并号召社员加强学习，深入推进“同向前行，同心献礼”思想教育；参政履职，不断提高议政水平和实效；立足本职，为建设“创业金山、宜居金山、和谐金山”努力奋斗。 （陆惠萍）

【健康知识讲座】 讲座于9月4日上午在金山工业区红光村农机服务站会议室举行，九三学社成员、复旦大学附属金山医院康复科主任黎明作农机驾驶员外伤处置、伤口感染、日常身体保健等讲解并解答农机驾驶员咨询。50多名农机驾驶员聆听。 （陆惠萍）

农机驾驶员健康安全知识讲座

金山区工商业联合会

【概况】 2012年，发展新会员409家。举办非公经济人士培训班2期。编印《金山商会》12期，刊登各类信息文章935篇，宣传非公经济人士和企业家典型21个。企居（企业和居委会）结对基本实现全覆盖。完成专题报告2篇，其中《金山区工商联创新中小企业融资模式的探索和思考》由全国工商联第83期《工商联信息》全文刊载、《金山区中小企业用工情况抽样调查报告》获市政府主要领导批示。组织工商联界别政协委员参政议政，提交专题发言2个、各类提案19个；上报社情民意10余条，其中全国政协采用2

条。推荐并当选市工商联执委12人,其中当选市商会副会长1人、市工商联常委4人。创新与工商银行、农商银行、民生银行合作模式,通过无抵押信用担保帮助区内小微(小型或微型)企业累计授信近2.9亿元。开展“营业税改征增值税”试点政策宣传工作,组织区内近100家企业负责人参加“上海市营业税改征增值税试点宣讲会议”。联合海关、商检、中信保(中国出口信用保险公司上海分公司)等相关单位举办进出口企业沙龙、外贸企业家座谈会。召开法制服务论坛工作会议,举办“走进金山卫镇”和“走进亭林”法律服务基层行系列活动。与区人力资源和社会保障局合作搭建企业劳动用工服务平台,实现与河南宁陵等地对接并签订劳务合作框架协议。全年引进实地项目60个,投资总额逾24亿元。与闵行区工商联签订友好商会合作协议并联合举行“相约海滨·共谋发展”金山与闵行友好商会对接暨招商引资推介会;与长宁区工商联联合举办城乡结对帮扶困难群众捐助仪式。 (张 伟)

【区科技企业沙龙活动】 4月11日下午,区工商联、区科委、区人民法院“提高科技创新效率、加快创造新价值实现”区科技企业沙龙活动在复地金石湾举行,有关领导和专家讲解怎样保护知识产权、知识产权相关政策。区工商联主席陶励强主持。区委常委、统战部部长李华桂讲话。市知识产权局副巡视员、党组成员洪涌清,区委统战部副部长、工商联党组书记过维义,区科委主任曹婕等出席。区工商联、科委、人民法院有关领导和负责人及区内部分科技型民营企业经营者等40余人参加。 (张 伟)

区民营经济发展论坛

【区民营经济发展论坛】 5月29日上午,“融入大局谋发展、加快转型求突破”——区民营经济发展论坛在区会议中心举行,3位企业家代表作交流发言,区工商联副主席、上海干巷汽车镜(集团)有限公司董事长夏道余代表区工商联第四届执行委员会全体委员向区非公经济人士发出《融入大局谋发展、加快转型求突破》倡议,区委书记杨建荣作金山经济形势任务报告。区委常委、统战部部长李华桂主持。区委常委、副区长沈华栋出席。区有关职能部门负责人、区工商联全体执委和部分基层非公经济人士代表及各镇(街道)、金山工业区党(工)委组统委员和基层商会秘书长约200人参加。 (张 伟)

【王志雄到金山调研】 5月31日上午,市工商联主席王志雄等到金山调研小微企业发展情况,并主持召开金山、青浦、松江区工商联调研座谈会,听取区县工商联对市工商联的意见、建议。区委常委、统战部部长李华桂出席。金山、青浦、松江区工商联有关领导、基层商会和会员企业代表共20余人参加。 (张 伟)

【区食品加工企业首届“行业文化沙龙”】 6月25日下午,区工商联、金山工业区主办,区食品加工企业商会和区质量协会食品专委会承办的“凝聚共识、博采众长、共谋发展”区食品加工企业首届“行业文化沙龙”在金山工业区举行,上海九木传盛广告有限公司董事长邵隆图、市技术监督局有关领导作食品品牌创新、食品安全监管等报告,区食品加工企业商会会长于昌德代表全体与会企业家向区食品加工企业发出“诚信做产品、文化创品牌、创新谋发展”倡议。区工商联主席陶励强主持。区委常委、副区长沈华栋讲话。区工商联、金山工业区相关领导、区内部分食品加工企业负责人约40余人参加。 (张 伟)

【赵福禧到金山调研】 7月26日下午,市委统战部副部长、市工商联党组书记赵福禧带领市委统战部工商经济处和市工商联宣教部、调研部等处室领导到金山调研,听取区工商联关于区中小企业的突出困难、问题及区工商联针对企业困难和需求所作工作情况汇报。区委常委、统战部部长李

银企合作工作推进会暨签约仪式

华桂主持调研会。区工商联主席陶励强，区委统战部副部长、工商联党组书记过维义等区工商联领导班子成员参加。　（张　伟）

【区工商联四届三次执委（扩大）会】　会议于7月30日下午在区公共服务中心召开，传达学习十届市委二次全会和四届区委四次全会精神，听取和审议区工商联主席陶励强所作区工商联（商会）2012年度上半年工作总结和下半年工作思路报告。区委统战部副部长、工商联党组书记过维义主持。区委常委、统战部部长李华桂讲话。区工商联四届执行委员会全体委员及部分基层非公经济人士代表和基层商会秘书长约180人参加。　（张　伟）

【区银企合作工作推进会暨签约仪式】　9月5日上午，区工商联、中国工商银行金山支行、上海农商银行金山支行和中国民生银行金山支行“创新融资模式、突破融资瓶颈”——区银企合作工作推进会暨签约仪式在区政府会议中心举行，区工商联主席陶励强总结近年银企合作工作经验、做法并提出下阶段工作设想，工商银行二级支行、农商银行二级支行与有关企业代表签订合作协议，区工商联与民生银行上海分行签订战略合作协议。区委副书记、区长李跃旗和民生银行上海分行副行长樊党生为11家基层商会“小微企业金融服务合作社”授牌。区委常委、统战部部长李华桂主持。区委书记杨建荣、市工商联主席王志雄讲话。区委常委、副区长姬兆亮，工商银行上海市分行副行长李玉强，农商银行总行副行长史美樑等参加。

（张　伟）

人民团体·群众团体

RENMINTUANTI QUNZHONGTUANTI

2013 JINSHAN ALMANAC

金山区总工会

【概况】 2012年,区总工会辖镇、街道总工会10家,金山工业区、局、委工会19家,区属公司工会5家,基层工会组织1786家,联合工会380家,建会覆盖单位26268家,工会会员437084人,其中农民工会员217163人。年内,召开学习座谈会、专题报告会等学习贯彻中共十八大精神,组织全区各级工会干部和职工群众收看收听十八大开幕式和胡锦涛总书记工作报告,举办工会干部、劳模先进和职工群众代表近500人参加的十八大精神专题报告会。开展"建功十二五"主题活动,组织300多人参加的"推进创新转型建功十二五"现场交流会,观摩上海蓝滨石化设备有限责任公司三期工地电焊工技能比武。开展"书香人生、建功成才"园丁杯·金山区职工第七届读书节主题活动,全区925家企事业单位3392个班组72980名职工参加293个主题实践活动项目。558家单位参加市、区和系统组织"安康杯"竞赛,督促企业整改危害职工身心健康和生命安全事故隐患201件。枫泾镇中洪村包永华和朱泾镇大茫村党总支书记钟孝铭、枫泾镇新黎村党总支书记(村联合工会主席)沈雪英分获全国种粮售粮大户称号和全国五一劳动奖章、上海市五一劳动奖章;上海金山南方水泥有限公司电气班组、上海亨井联接件有限公司装配Cable车间、亭林医院骨科、区广播电视台技术播出班组获上海市工人先锋号称号;夏道余汽车零部件创新工作室、张延丰石油机械设备创新工作室、茅文焯空冷设备创新工作室、马金林蟠桃技术创新工作室被授予劳模创新工作室称号。开展"两个普遍"(依法推动企业普遍建立工会组织、依法推动企业普遍开展工资集体协商)重点工作,落实"组织起来,切实维权"要求。建立工资集体协商制度企业5101家、集体合同制度企业5554家,建成"活力工会"示范点11个。开展劳动关系和谐企业创建,完善工会维权维稳机制,组织实施第十次区厂务公开民主管理工作调研检查和厂务公开民主管理"三个层次达标"(非公企业厂务公开民主管理初级、中级、高级层次)验收认定工作,评定高级层次企业39家、中级层次企业340家、初级层次企业381家。实施"职工代表三年培训计划",培训职工代表13434人次;推动企事业单位建立职代会制度8020家,区域性行业性职代会覆盖企业6913家。联合司法局推进企业调解组织建设,建立符合"一个统一、五个有"(由政府统一发文,内容上"有标识、有公章、有场所、有人员、有台账")标准企业人民调解(劳动争议)委员会228个和劳动争议调解组织1232个,化解劳动纠纷622起。落实在职参保和退休参保140161人次,参保额3493万余元,其中赠送农民工意外保险10650份5.33万元,理赔36373人次1032万元。开展节日慰问、金秋助学等活动,帮扶慰问职工1391人次,发放慰问金162.75万元。区职工法律援助中心被评为全国工会系统法律援助维权示范点。建立服务职工工作组928个,走访基层单位1490家,慰问职工24293人,召开座谈交流会1049次,处理意见建议636条,协调解决突出问题149件。 (钱海东)

【成立区劳动模范协会石化街道分会】 12月4日,区劳动模范协会石化街道分会成立并召开成立大会。听取区劳模协会石化街道分会第一次会员大会筹备工作报告、审议并通过《金山区劳模协会石化街道分会工作条例》《金山区劳模协会石化街道分会管理规定》。选举街道党工委委员、总工会主席陆剑英为区劳模协会石化街道分会第一届理事会会长,合浦居委会主任、社工站站长陈惠香为副会长,街道总工会专职副主席束晓天为秘书长。聘请朱明建为名誉会长。石化街道各届劳动模范(5人)出席。朱明建和区总工会副主席张希泽讲话。 (曹 冠)

【初级物业管理员培训】 4月17日,区总工会、区住房保障和房屋管理局主办,市总工会培训中心协办的"金山区初级物业管理员培训班"结业并在区房地产交易中心举行结业典礼。34名学员获结业证书,其中5人作为优秀学员获表彰。区总工会副主席张秀英主持。市总工会培训中心主任高越、副主任李文君和区住房保障和房屋管理局副局长陆明军等出席。培训班于2011年11月18日开班。 (戴美娟)

【区教育工会举办民族音乐校园行活动】 4月10日下午,区教育工会与上海民族乐团联合主办的"感悟民乐魅力,提升人文素养"民族音乐校园行活动开幕仪式在区青少年活动中心小剧场举行。参加开幕式演出乐器有古琴、琵琶、二胡、唢呐、笛子等,节目包括民族音乐《十面埋伏》《茉莉花》《高山流水》和民乐合奏《丝绸之路》等。校园行活动期间,市民族乐团在海棠小学、第二实验小学、石化工业学校等学校和单位演出10场,并根据观众群体不同,分小学生、中学生和教师专场,同时开展中国民乐历史、乐器、乐曲等知识宣传。 (季 蕾)

【总工会工会工作指导员签约仪式】 签约仪式于8月7日在吕巷镇举行。区总工会与11名工会工作指导员签订劳务协议，并安排赴各镇、街道、金山工业区工会开展工作。区总工会副主席黄政代表区总工会提出工会工作指导员工作要求。 （钱海东）

【区纺织行业工会联合会第三次代表大会】 会议于7月31日在金山宾馆召开。会议明确今后5年区纺织行业工会工作指导思想是：以邓小平理论和“三个代表”重要思想为指导，深入贯彻科学发展观，团结凝聚广大职工在推动纺织服装行业科学发展、和谐发展和创新发展中发挥主力军作用；以创建劳动关系和谐企业为主线，切实维护职工队伍和社会的稳定；以落实“两个普遍”工作为重点，不断增强基层工会活力；以参与改善民生为落脚点，努力为职工群众做好事办实事；以加强和改进工会自身建设为着力点，进一步提高工会干部的能力和水平，努力开创新形势下金山纺织行业工会工作新局面。会议审议通过区纺织行业工会联合会第二届委员会主席李援朝所作《立足新起点推动新发展为开创金山纺织行业工会工作新局面而努力奋斗》工作报告，选举产生区纺织行业工会联合会第三届委员会，李援朝当选主席，孙芯、沈华英、闻毅敏当选副主席。区纺织服装协会副会长陆敏致词。区总工会副主席黄政讲话。市纺织工会副主席张世军出席。（李援朝）

【区职工迎“五一”暨区戏曲艺术沙龙成立1周年文艺汇演】 4月27日下午，区总工会、中国农业银行金山支行在石化工人影剧院举办区职工迎“五一”暨区戏曲艺术沙龙成立1周年文艺汇演。著名沪剧表演艺术家、国家一级演员王珊妹等参加演出。区人大常委会副主任、区总工会主席刘跃俊，区总工会党组书记、副主席张希泽，中国农业银行上海金山支行副行长王豪观看演出。 （邱亚君）

【庆“三八”暨“金山万名女职工健康”主题教育启动仪式】 3月5日下午，区总工会庆“三八”暨“金山万名女职工健康”主题教育启动仪式在区社区学院举行，并举办各镇（街道）、金山工业区及大口党委等15个女职工周末学校（分校）授牌仪式。区总工会副主席张秀英主持。区总工会党组书记、副主席、女职工周末学校主任张希泽致辞。市仁济医院护理部主任、硕士生导师赵爱平作“女性保健缘起养心”讲座。各直属工会女工干部，各镇（街道）、金山工业区社区学校和社区卫生服务中心负责人参加。 （陈 文）

【区总工会“推进创新转型建功十二五”现场交流会】 8月29日，区总工会“推进创新转型建功十二五”现场交流会在吕巷镇举行。夏道余汽车零部件创新工作室等被授予劳模创新工作室称号，上海清远管业科技有限公司等被列为首批区企业劳动竞赛示范点。吕巷、张堰镇总工会作大会交流。区人大常委会副主任、区总工会主席刘跃俊主持。市总工会副主席何惠娟、区委副书记祝学军讲话。区委书记杨建荣，区委副书记、区长李跃旗，区人大常委会主任杜治中，区政协主席王美新，副区长陆瑾出席。会前，与会人员在上海蓝滨石化设备有限责任公司三期工地观摩电焊工技能比武并观看《拼搏！为了金山的腾飞——金山区总工会组织职工“推进创新转型建功十二五”活动纪实》专题片。 （曹 冠）

【区职工第七届读书节总结表彰大会】 11月2日下午，“书香人生、建功成才”“读书品味人生”主题论坛决赛、名家讲坛暨“园丁杯·金山区职工第七届读书节”总结表彰大会在区政府会议中心举行。中国作家协会副主席、市人大常委、市文联副主席、著名作家叶辛参加名家讲坛并授课。区委常委、区委宣传部部长张权权，区人大常委会副主任、区总工会主席刘跃俊，上海市振兴中华读书指导委员会办公室副主任徐赜，区委宣传部副部长、区文明办主任陆引娟及区总工会、区教育局领导出席并担任读书节主题论坛决赛评委。“园丁杯·读书感悟人生”主题征文比赛收到征文172篇，朱泾镇选送作品《读〈朱泾史话〉谈人生感悟》获一等奖，绿化市容管理局工会等选送8篇作品分获二、三等奖；“园丁杯·读书改变人生”主题摄影比赛收到作品145幅，教育工会选送《爷爷在看什么书》获一等奖，文广局工会等单位选送14幅作品分获二、三等奖；“园丁杯·读书品味人生”主题论坛有31名选手参赛，教育工会选手潘健美获一等奖，农委工会建颖颖等7名选手分获二、三等奖。 （曹 冠）

【召开“两个普遍”、和谐劳动关系建设现场会】 11月21日下午，区总工会在亭林镇上海亨井联接件有限公司召开“两个普遍”、和谐劳动关系建设现场会。区人大常委会副主任、区总工会主席刘跃俊主持。区总工会副主席张希泽作《深入开展“两个普遍”推进和谐劳动关系》主题报告。区总工会副主席黄政宣读《关于命名金山区“活力工会”示范点的决定》。上海枫泾古镇旅游发展有限公司等11家单位被授示范点牌匾。亭林、朱泾镇总工会和上海中石化工物流有限公司工会作交流发言，漕泾镇总工会等7家单位作书面交流。区委副书记祝学军讲话。副区长陆瑾和市总工会组织部部长李鸣、民主管理部部长刘卫新、法律工作部部长吴萌出席。区直属工会党委分管工会工作领导、工会负责人、区总工会机关全体工作人员等120人参加。

（钱海东）

共青团金山区委员会

【概况】 2012年，共青团金山区委员会辖直属团组织29个、团工委5个、团委49个、团总支47个、团支部1221个，团员30236人。年内，召开团区委五届二次、三次、四次全会和区青联四届一次全会及工作考核会、务虚会等。以纪念建团90周年、党的十八大召开为契机，推进青少年思想文化建设。组织开展“青春有理想”“青春立志向”“青春享文化”系列主题活动。建立直属团干部月度读书会制度，加强十八大精神辅导和团史、团情知识宣传普及。全区各级团组织开展区第三届青年文化节系列活动。承办团市委“益友嘉年华”活动，全市11家团组织500余名青年在城市沙滩参与公益交友派对。新浪微博“金山团青互动”发送信息3000多条，“粉丝”（拥趸）逾1.38万个，列全市区县共青团第二。开展“我的青春我的团”主题实践活动18项。以密切团员与青年关系为导向，在贴近基层和创新管理中加强青少年服务维权。联合区人力资源和社会保障局，组织实施青年就业创业“启航计划”，成立区失业青年就业工作协调小组，举办失业青年招聘会22场，436家单位提供岗位4088个，2543人次参加，达成录用意向812人。开展“牵手行动”，通过团组织结对、志愿者服务、社会赞助等方式，为在金山务工人员子女送去精神、物质关怀。发动38家团组织与农民工子女学校结对，覆盖农民工子女1.2万余人。与港务集团合作开展“牵手关爱”主题活动，组织志愿者定期到学校举办“爱心课堂”。与区科委合作开展科普电影观影活动。承办“上海共青团牵手行动”优秀组织单位和优秀项目工作交流会，团区委获优秀组织者称号、3个项目获优秀项目称号，团区委书记钱立英作工作交流。以公益创投项目“金色向日葵”为抓手，提供12～25周岁患网瘾及辍学、心理困扰、家庭教育失当、行为偏差、观护对象等青少年专业服务。开展禁毒宣传教育，加强“禁毒侠”队伍建设。以建功立业主题实践活动为抓手，团结带领广大青年投身“三个金山”建设。实施青春建功行动，开展青年突击队、青年安全生产示范岗创建。发掘各行业、条线优秀青年，成立32人组成的青年讲师团，举办讲座25场，800人次参加。121家区青年文明号、61家区青年文明岗通过复（评）审，19家集体申报市级青年文明号。组织推荐市青年五四奖章和市优秀共青团员、团干部。举办“雷锋在我身边”“3·5”学雷锋集中志愿服务活动，联合华山医院团委开展便民医疗服务，联合区红十字会开展造血干细胞集中捐献入库，累计入库5000余人，其中成功捐献造血干细胞17例。开展“共青团”号集中优质服务行动。承接田野百花节讲解、沙排赛保障、热波音乐节服务。组织130多名志愿者参与金山铁路志愿服务。以夯实组织基础、拓展组织职能为重点，推动基层团组织全面活跃。落实党建带团建政策，起草《关于落实新形势下金山区党建带团建工作的实施办法》（征求意见稿），区委主持召开直属团干部、基层及大口单位组织部门负责人、分管副书记座谈会；召开区党建带团建工作会议，下发《关于落实新形势下金山区党建带团建工作的实施办法》。推进“两新”组织团建，新建非公企业团组织278个、新社会组织团组织10个。与金融、能源、通讯、保险、中央直属及部队等系统近40家驻金山垂直单位团组织建立经常性工作联系，成立“点金石”联盟。分别与徐汇、普陀、闵行、宝山等地区团委，上海海洋大学、上海商学院等高校团委，上海港务集团等国

青年才俊对话金山发展活动

企团委定期开展互访交流活动。出台实施《金山区青少年发展“十二五”规划》,从6大领域保障青少年健康发展。推进区青年工作联系会议制度建设,加强相关党政机关、人大政协、人民团体、社会组织间沟通和联系。与金山工业区管委会共同协办“对话·同行”——青年才俊对话金山发展活动,区领导杨建荣、李跃旗等接待团市委书记、市青联名誉主席潘敏等市青联考察团一行。会同区委组织部、区人力资源和社会保障局召开区新长征突击手标兵候选人评选座谈会。 (张 迪)

纪念中国共青团成立90周年主题集会

【区纪念中国共青团成立90周年主题集会】 5月9日,“团聚金山青春启航”区纪念中国共青团成立90周年主题集会在城市沙滩举行。区委书记杨建荣讲话。区委副书记祝学军主持。主题集会设“传旗、传承、创造、启航”4篇章,其中“传旗篇”通过旗手跑过9座里程碑,回顾象征共青团9个具有特殊意义的历史足迹;“传承篇”表彰2010~2011年度区新长征突击手标兵、新长征突击队代表,并颁发历任团区(县)委书记“90年光荣岁月纪念奖”;“创造篇”由团员青年表演舞台剧《青春创造》;“启航篇”由区领导带领团员青年和少先队员启动领航舵,通过展望未来,鼓励全区团员青年投身“创业金山、宜居金山、和谐金山”建设。区领导李跃旗、王美新、陈正安、程家驹、沈华棣、姬兆亮、刘跃俊、许复新和团市委副书记徐未晚出席。 (张 迪)

【杨建荣看望海棠小学学生】 5月30日,区委书记杨建荣到海棠小学看望学生,代表区委、区政府向全区少年儿童表示节日祝贺,向全区少年儿童工作者表示敬意。区领导祝学军、张权权、贾炜及宣传部副部长、文明办主任陆引娟、教育局局长顾宏伟、教育局党委书记孙秀强、团区委书记钱立英等陪同。 (张 迪)

【区少年儿童庆祝“六一”国际儿童节主题活动】 5月31日,团区委、区教育局、区少工委主办的“团徽领巾相辉映、铿锵鼓号展风采”区少年儿童庆祝“六一”国际儿童节主题活动在区青少年活动中心举行,表彰2011学年度市、区级优秀团(队)员233人,优秀集体、194个班(队)。区绿化市容局赠送废旧电池回收箱。区领导祝学军、张权权、刘跃俊、陆瑾、曹云辉,团市委副书记王宇,区教育局局长顾宏伟,团区委书记钱立英及区少工委领导、少先队辅导员及少年儿童代表共800余人参加。 (张 迪)

【区老干部和青年干部结对共建活动】 7月4日,会同区委老干部局举行“话发展叙团缘展未来”——区老干部和青年干部结对共建活动。区委老干部局局长史为主持并宣读老、青干部结对共建名单。团区委书记钱立英总结老、青干部结对工作。22对结对老、青干部交流思想、学习等情况并互相赠送书籍。区委组织部副部长陈士康要求青年干部学习老干部,高举时代旗帜,坚定理想信念,在服务大局中找准定位;发奋求学求知,坚持开拓创新,不断巩固和扩大党执政的青年群众基础;注重锤炼品德,引领时代新风,为建设“三个金山”贡献力量。 (张 迪)

【区领导到团区委调研】 7月25日,副区长陆瑾到团区委调研,听取团区委书记钱立英工作汇报,肯定团区委工作成绩和在造血干细胞捐献等志愿服务工作中的贡献,希望青年人保持思想上的青春与活力、精神上的独立和自由,尽自己能力关心弱小群体。7月27日,区委常委、组织部部长陈正安到团区委调研,听取团区委书记钱立英关于团干部和青年人才队伍建设举措、成效和所面临问题及人才队伍工作若干设想等方面工作汇报,传达中共中央组织部、市委组织部关于青年干部培养方面相关文件精神,要求团区委机关干部强化“大局、改革、科学、责任、群众、表率”6方面意识,做优秀青年干部。 (张 迪)

第五届"金山十大杰出青年"揭晓

【团区委五届三次全体(扩大)会议】 7月26日,团区委五届三次全体(扩大)会议召开,传达区委四届四次全会、团市委十三届十次全会精神,总结上半年工作、部署下半年工作,通过团区委委员、候补委员卸免递补确认案。团区委第五届委员会委员、候补委员、直属团组织主要负责人出席。 (张 迪)

【区第三期青年干部培训班】 8月20日,与区委组织部、党校联合举办的2012年区第三期青年干部培训班在区委党校开班。区委常委、组织部部长陈正安作形势任务报告。区委组织部副部长陈士康、区委党校常务副校长张汉为、团区委书记钱立英出席开班典礼。培训班为期3周,以理论讲座为主线,采取现场教学、参观考察、学员论坛等方式,培养青年干部党性修养、理论素养、战略思维等方面能力,全区39个单位49名学员参加。 (张 迪)

【区业余主持人大赛决赛】 9月8日,团区委主办,枫泾、山阳镇团委承办的"南方寝饰杯"区业余主持人大赛决赛在枫泾镇社区文化活动中心举行。12位选手通过初赛、复赛,进入决赛。经模拟主持、辩论、即兴演讲等环节,金山卫镇文体中心李珂获冠军。团区委书记钱立英、副书记张敏等出席。 (张 迪)

【第五届金山十大杰出青年揭晓】 7月13日,区委宣传部、团区委、区青联共同举办的第五届"金山十大杰出青年"评选活动启动,社会各界推荐候选人54人,经活动组委会初审和公众网络投票,确定正式候选人20人。9月21日,现场评审会在区会议中心举行,经区纪委、区委统战部、区总工会等代表和区人大代表、政协委员、历届金山十大杰出青年、区领军人才代表等共15人组成的评选审定委员会评选,吴连强、王栓柱、罗斌、张丰、童上高、封凯旋、冯春欢、刘娥苹、吴丹青、金英丽当选第五届金山十大杰出青年;陈盛、褚红梅、沈思、杜辉、高菲、王晓军、王鹏、施赛虎、马燕燕、蒋光海获第五届金山十大杰出青年提名奖。上海市国信公证处现场公证。 (张 迪)

【区青年联合会第四届委员会第一次全体会议】 会议于12月9日在区会议中心召开。松江区青联致贺词。庄健代表区青年联合会第三届常务委员会作《担负时代使命,投身伟大事业,让青春在"三个金山"建设中焕发出绚丽的光彩》报告。市青联主席钟晓敏讲话。会议推荐产生青联委员207人和团体会员21个,选举产生区青年联合会第四届委员会主席、副主席、常务委员会委员。区领导李跃旗、杜治中、王美新、祝学军、陈正安、李华桂、陆瑾等出席。 (张 迪)

金山区妇女联合会

【概况】 2012年,区妇女联合会辖镇、社区(街道)、金山工业区妇女联合会11个,村(居)妇代会208个。年内,举行"法律进万家,平安促和谐"——区"三八维权月"暨"女法官女律师送法下乡"启动仪式、"浓情五月·爱满家园"——母亲节感恩主题教育活

母亲节感恩主题教育活动

动、“快乐成长·和谐家庭”区家庭亲子运动会，开展“我们手牵手，亲子共成长”科学育儿进社区活动（150户4～6岁婴幼儿家庭参加）和“展巾帼英姿·绘金山新篇”系列活动。举办2011～2012年度市三八红旗手（集体）擂台赛。召开区“政法系统女干部、政协妇联界别女委员”参与社会管理创新研讨会、区妇女“两病”检查工作研讨会、妇联系统信访维权工作专题会、“话学习·求真知·促发展”区人大、妇联同创共建学习型机关座谈会。成立区农村女带头人联谊会并举行座谈会。接待普陀区妇联到金山交流学习。组织市三八红旗手协会区工作委员会会员代表参观“城市新印象（2007～2012）大型主题展览”。组建关爱生命呵护家庭“妈妈禁毒联盟”，统一象征“自强不息·包容友爱·禁毒拒毒”蓝丝带公益活动标识。资助民办金龙小学“流动的花朵”合唱团。开展“白玉兰爱心编织行动”关爱项目。检查验收并评选表彰区级村（居）妇女之家示范点16个。区女企业家联谊会举办“放飞心灵·展翅翱翔”关爱留守儿童特别活动。召开“巾帼走军营·军民庆八一”建军节联谊座谈会并开展军营一日体验活动。启动“关爱贫困姐妹·传递一片爱心”——“母亲邮包”公益项目。联合区人民检察院举行“金山区合适成年人”志愿者聘任仪式暨业务培训。联合区文明办、教育局启动区“千名农村母亲进课堂”培训工程、召开百条“好家规、好家训”征集活动阶段总结暨专家评审会（累计征集家规、家训近8000篇，评选优秀家规、家训100篇并汇编入册）。联合区旅游局、廊下镇举办“农家好味道·廊下粽飘香”——上海农家“金勺子”美食大赛。联合区教师进修学院、家庭文明志愿者骨干联谊会举办“心手相牵·快乐成长”——“馨之园”自强儿童心理团体健康辅导活动。分别联合市科学育儿基地、区慈善基金会举办特殊家庭增能培训、启动区“情暖姐妹”慈善救助项目。年内，区妇联机关获2010～2011年度市家庭文明建设先进协调组织奖、市妇联系统2011年度信息工作三等奖、第三期上海妇女社会地位调查优秀组织奖、市“三八”妇女维权周法制文艺节目汇演优秀表演奖。　　（程燕妮）

【区纪念三八国际劳动妇女节102周年暨先进表彰大会】　会议于3月6日在区会议中心召开，表彰区城乡妇女岗位建功先进个人、低碳明星家庭和绿色庭院代表等，通过视频、音舞快板、童声倡议、音诗画等形式展示金山女性和家庭在建设“三个金山”过程中的事迹。区妇联主席陆英致辞。市妇联副巡视员、市妇女儿童工作委员会办公室常务副主任田熊、区委副书记祝学军讲话。区领导杨建荣、李跃旗、杜治中、王美新、陈正安、李华桂、陆瑾等出席。全区各界妇女代表、妇女工作分管领导等近600人参加。　　（程燕妮）

【区双学双比活动协调小组会议】　会议于1月16日在海鸥大厦召开。区“双学双比”（学文化、学技术，比成绩、比贡献）活动协调小组副组长、区妇联主席陆英主持。副区长、区双学双比活动协调小组组长许复新讲话。区双学双比活动协调小组办公室主任、区妇联副主席吴筱蓉通报2011年区双学双比工作，布置2012年工作。区双学双比活动协调小组成员单位负责人参加。　　（程燕妮）

【正处级女干部专题讲座】　3月20日，“展巾帼英姿·绘金山新篇”区正处级女干部专题讲座在海鸥大厦举行。国际礼仪导师王筱卉作“从美丽走向魅力”讲座。区委组织部部长陈正安对女干部学习和工作等提出要求。区委书

纪念三八国际劳动妇女节102周年暨先进表彰大会

记杨建荣要求全区女干部克服困难、迎接挑战，把思想和力量凝聚到区第四次党代会决策部署上来，为建设“三个金山”作更大贡献。区四套班子领导出席。区正处级女干部、妇联常委共40余人参加。（程燕妮）

【市妇联领导到金山调研】 4月6日，市妇联党组书记焦扬到金山调研，察看区妇联“白玉兰开心家园”金山工业区站点、恒信居委会妇女之家示范点、区蟠桃研究所和农村女带头人会员基地——鼎鲜皇母蟠桃基地，与“上海农家”——廊下镇富阿姨座谈，并听取区妇联主席陆英工作汇报。区委书记杨建荣接待，区委副书记祝学军陪同调研。5月9日，市妇联主席张丽丽、副主席翁文磊、发展部部长孙美娥等到金山调研农村女带头人工作，走访上海果居园果业专业合作社、上海格琳农产品专业合作社，并与部分青年农村女带头人座谈。张丽丽肯定女带头人创业和奉献精神，希望各级妇女组织扶持好、宣传好、引领好女带头人联谊会成员单位，为农村女性创业就业搭建服务平台。副区长陆瑾及区妇联主席陆英、副主席吴筱蓉等陪同。（程燕妮）

【妇女儿童工作委员会全体委员（扩大）会议】 会议于5月10日在区会议中心召开。区妇女儿童工作委员会主任、副区长陆瑾讲话。区妇儿工委常务副主任、区妇联主席陆英作区妇儿工委工作报告。区妇儿工委副主任、区发改委主任李士权传达市第三次妇女儿童工作会议精神。区人民法院、食药监金山分局、亭林镇妇工委作交流汇报。区妇儿工委各成员单位分管领导、联络员和各街镇妇儿工委主任、妇儿工委办主任参加。（程燕妮）

【“巾帼基层行”启动仪式】 7月2日，“庆七一·筑基石”学习型党支部创建活动动员暨“巾帼基层行”启动仪式在漕泾镇金光村举行。区妇联副主席陈月主持。漕泾镇党委副书记蒋雅红致辞。区委组织部副部长彭宏和区妇联党组书记、主席陆英讲话。区妇联党支部与漕泾镇金光村党总支、张堰镇富民居民区党总支、吕巷镇夹漏村党总支、石化街道七村居民区党支部签订结对共建协议。4个结对单位所在街镇党（工）委副书记向区妇联机关4位部室长授“巾帼基层行”工作证，妇联机关干部到村（居）挂职锻炼工作正式启动。区级机关党工委、区妇联、结对党（总）支部所属街镇党（工）委副书记、组织委员及金光村部分党员群众共50余人参加。（程燕妮）

【农村女带头人联谊会农副产品推介会】 8月7日，“美丽金山·绿色农家”区农村女带头人联谊会农副产品推介会在区会议中心举行。区妇联主席陆英主持。市妇联副主席张辰、副区长许复新为区农村女带头人联谊会产品包装揭幕。联谊会会员交流创业经历并展出基地农副产品。市、区妇联和区民政局有关负责人出席。《新民晚报》《新闻晨报》、中新社、《劳动报》等10余家新闻单位参加。（程燕妮）

【驻沪总领事夫人团、台湾妇女代表团到金山考察】 4月16日，驻沪总领事夫人团一行到金山参观，游览枫泾古镇，参观中国农民画村、廊下生态园，与女农民画家曹秀文交流，赞赏金山农民画艺术形式和女画家绘画技术。副区长陆瑾接待，市妇联副主席黎荣、区妇联主席陆英等陪同。8月30日，中国国民党原副主席、妇女工作委员会主任林澄枝率台湾妇女代表团50余人到金山参观考察，走访古镇枫泾、廊下生态园，考察中国农民画村，观看打莲湘等金山特色文化表演。市妇联主席张丽丽、党组书记焦扬，区领导杨建荣、祝学军、李华桂、陆瑾及区妇联主席陆英等陪同。（程燕妮）

【全面完成村（居）妇代会换届工作】 6～9月，全面完成全区199个村（居）妇代会换届工作，实现村（居）妇代会主任100%进“两委”班子、村（居）班子中100%有女性目标。11月6～7日，在市妇女干部学校举办区新任村（居）妇代会主任培训班，79人接受村（居）妇代会工作职责、妇女法律与维权、女性身心健康等知识培训，区妇联主席陆英讲话，市妇女干部学校校长卞文致辞，市妇联主席张丽丽为学员讲授第一堂课，区妇联副主席陈月主持开班仪式并作培训总结。（程燕妮）

【区妇联第三届执行委员会第六次会议】 会议于12月12日在区会议中心召开，替补王海珏、王翠、何海英、张月秋、李羚、杨卫萍、陈悠佳、屠娟为区妇联第三届执行委员会委员，增补王海珏为区妇联第三届执行委员会常务委员、副主席。新当选的区妇联第三届执行委员会委员审议通过区第四次妇女代表大会有关事项。区委组织部副部长陈士康、区妇联第三届执行委员会委员、常务委员等参加。（程燕妮）

金山区科学技术协会

【概况】 2012年，区科学技术协会组织开展由37项科普活动组成的金山科技周和全国科普日活动，并获“2012年上海市科技活动周”优秀组织奖。召开区科普工作联席（扩大）会议。赴24所中小学开展科普主题宣传活动，放映暑期公益科普电影、举办科技夏令营。组织科普进军营活动，邀请区医学会曾义斌到成山码头营地作“常见皮肤病防治”科普讲座。开展全国科普日主题活动，启动区“公共安全”科普宣传系列行动，命名表彰《金山区科普示范村（居）》，发出“关注食品安全，促进公众健康”倡议书，邀请华东理工大学食品药品监管研究中心副主任、博士生导师刘少伟教授作关于食品安全知识讲座等。刊发《金山报》科普专栏。石化街道山鑫阳光城居委会被评为全国科普示范社区，金山农业科普馆被评为全国科普教育基地，吕巷镇被评为市科研成果推广应用示范社区，枫泾镇获市科学生活社区称号，枫泾酒事馆、金山城市规划馆、廊下生态园被列为市科普教育基地。发挥60位土专家作用，举办各类培训37期次，受训农民2900人（次）。全区获科技部星火计划项目立项农业项目1项，获市科委立项农业项目6项。（王　玮）

【“科技活动周”开幕暨“院士专家企业工作站”揭牌】 5月17日，区“科技活动周”开幕式暨“院士专家企业工作站”揭牌仪式在上海嘉乐股份有限公司举行。区科委主任曹婕主持。区委常委、副区长沈华棣致开幕辞并宣布金山“科技活动周”开幕。周翔院士与嘉乐股份董事长高华林签订合作协议。市科协副主席俞涛讲话，并与沈华棣为“嘉乐院士专家企业工作站”揭牌。区委组织部副部长李金龙、区委宣传部副部长陆引娟及各科普联席会议成员单位领导，各街镇、工业区分管领导，区科协三届委员，区“讲理想、比贡献”活动协调小组成员，社区居民代表等200余人出席。（王　玮）

金山区归国华侨联合会

【概况】 2012年，区归国华侨联合会履行“参政议政、维护侨益、海外联谊、群众工作”基本职能。年内，成立区侨联党组。漕泾镇、山阳镇、金山工业区联合分会分别成立独立分会，张堰镇、金山卫镇侨联分会及廊下镇、吕巷镇联合分会换届。区侨联换届并选举产生区侨联四届委员会。组织学习《中共上海市委办公厅印发〈关于加强和改进新时期侨联工作的意见〉的通知》（沪委办发〔2012〕27号）精神。建立金山区困难侨界人士信息库。赠送8位老归侨“爱心”医疗卡共计4000元。走访慰问区内老归侨并安排体检。组织朱泾、石化、山阳侨联分会侨眷60人赴崇明参加“侨爱心”疗休养活动。递交区政协五届一次会议提案13件（团体提案2件），“筑巢引凤、借梯登高，打造国际物流‘航母’”作大会交流。（汤　艳）

【区侨联三届十一次全委（扩大）会议】 会议于2月9日上午在区委统战部召开。区侨联主席陶寅、副主席周保云传达区第四次党代会精神、区“两会”精神。区侨联副主席徐美云通报《区侨联2011工作报告和2012年工作思路》。（汤　艳）

【区侨联三届十二次全委会议】 会议于7月19日在区委统战部召开。区侨联副主席黄振传达市委统战部、市侨联党组学习贯彻《关于加强和改进新时期侨联工作的意见》会议及市委统战部部长沙海林、市侨联主席吴幼英讲话精神，学习市侨联党组《关于学习贯彻〈关于加强和改进新时期侨联工作的意见〉精神的实施意见》，讨论区侨联换届工作实施意见、领导小组名单。（汤　艳）

【区侨联召开三届十三次全委会议】 会议于9月25日上午在区委统战部召开，学习《关于加强和改进新时期侨联工作的意见》，区侨联副主席徐美云汇报区侨联换届筹备工作，区侨联主席陶寅征求换届工作报告意见。（汤　艳）

【区第四次归侨侨眷代表大会】 会议于11月28日下午在区政府会议中心召开，选举产生区侨联第四

区第四次归侨侨眷代表大会

届委员会委员37名，黄振当选主席，沈昀、周保云、蒋军飞、陈月英、吴军当选副主席。区委书记杨建荣，市侨联党组书记、副主席沈敏，区委常委、区政协副主席、统战部部长李华桂，区人大常委会副主任殷金荣，副区长陆瑾，区政协副主席曹云辉等出席。侨界人士140余位参加。（汤 艳）

金山区红十字会

【概况】 至2012年底，全区有红十字组织304个（其中团体会员单位120个），红十字会员68001名（其中青少年会员42187名）；红十字志愿者服务队34支，红十字志愿者1071人，冠名红十字医疗机构3所。全区120个红十字团体会员单位中含红十字学校57所，其中市红十字工作示范学校5所、市红十字工作达标学校22所。年内，举办基层村（居）红十字干部培训班2期。组织区镇两级红十字会干部参加中国红十字会总会干部培训班。“5·12”第4个“国家防灾减灾日”刊发《金山报》防灾减灾知识宣传专版。组织街镇、工业区红十字会干部、会员、志愿者等1000多人参与中国红十字会总会防灾减灾知识竞赛。增设三辉麦风有限公司、菲尼克斯制衣有限公司红十字会备灾救灾仓库2家。红十字会“千万人帮万家”、总工会“一日捐”、和慈善基金分会“蓝天下的至爱”联合募集帮困资金1677.16万元，其中分配区红十字会人道救助基金150万元（含山鑫置业定向捐款50万元）。举办“2012年‘千万人帮万家’红十字迎春募捐帮困——博爱助困新春温暖大放送”启动仪式。开展元旦、春节前夕慰问活动，走访慰问肿瘤患者、精神病人、麻风病致残者、重大病患者及突发灾害的贫困家庭等特殊群体人员1303人次（户），发放慰问金51.55万元、慰问品价值20万元。接受市红十字会下拨款18笔、社会各界爱心捐赠78笔，其中企业捐款39笔。充实人道救助基金353.36万元。接受上海凤凰医疗设备有限公司捐赠拐杖600副，价值6万元。发放各街镇200多个红十字服务站和19个医疗单位轮椅、拐杖600套，价值34.8万元。新增“丙肝康复”“失独”（失去独生子女）家庭关怀等红十字“助医、助困”帮困项目。与区疾病预防控制中心签订“携手抗艾，同享明天”第二期合作帮困项目，年运作资金6万元。举行区“行动起来，向‘零’艾滋迈进”第25个“世界艾滋病日”宣传活动并慰问艾滋病患者和感染者代表。慰问（日常帮困活动）因病致贫家庭65户。实施救助造血干细胞移植2例、肾移植1例、火灾家庭10户、贫困家庭大学生175人次。联合团区委开展“雷锋在我身边”——“3·5”学雷锋集中行动主题活动，484名金山青年登记加入中国造血干细胞资料库上海市分库。造血干细胞捐献者马晓燕（区第17例）在市第一人民医院为北京一名患者实现捐献。“六一”前夕接受2个企业物资定向捐赠（奶粉、奶片625箱，价值78.28万元），9所外来务工子弟学校近3000名孩子学生享受节日关怀和呵护。敬老节期间区红十字护理医院住院老人获赠上海雅曼餐饮有限公司中秋月饼560份，价值2.7万元。“世界防治麻风病日”（1月29日），慰问麻风病致残者24名1.2万元。配发亭林镇社区卫生服务中心内设专门病床被子、床单、枕套等床上物品30套，价值1.14万元。上海电视台《新闻坊》“爱心行动”播发救助消息3篇，争取社会爱心人士救助款3万多元。全年支出区红十字会人道救助基金341.09万元，走访慰问3591人次。区红十字会获中国红十字会总会2012年度报刊宣传先进集体三等奖、市红十字会“大爱三十年”遗体捐献主题征文活动优秀组织奖、中国造血干细胞捐献者资料库上海分库关于造血干细胞捐献宣传口号征集组织奖、市红十字会《让“人道、博爱、奉献”精神伴随学生成长》学校红十字工作理论研究征文活动三等奖、区防治艾滋病工作委员会办公室“人人参与、了解艾滋、预防艾滋”第25届“世界艾滋病日”知识竞赛优秀组织奖和区双百结对活动先进单位、2010～2011年度金山区十佳社会组织称号。区红十字会李珺获2012年中国造血干细胞捐献者资料库上海分库关于造血干细胞捐献宣传口号征集纪念奖。区遗体捐献登记者联谊会、区红十字志愿者宣传服务队获区精神文明建设委员会办公室2011～2012年度金山区志愿服务先进集体称号。（李 珺）

【区红十字会三届三次理事会】 会议于2月16日下午在区政府会议中心召开，听取和审议区红十字会常务副会长李美玲《金山区红十字会2011年工作和2012年工作要点》报告；通报区红十字会2011年人道救助基金收支情况；朱泾、金山卫镇红十字会作交流；向亭新中学等4所学校颁发“上海市红十字工作达标学校”奖牌；会议采用无记名投票、等额选举方式，补选副区长贾炜为区红十字会第三届理事会会长，吴靖平、陆引娟、秦骞、黄萍、曹士章为区红十字会第三届理事会副会长。区委副书记、区长、区红十字会名誉会长李跃旗，区政协主席、区红十字会名誉会长王美新出席。区红十字会第三届理事会全体理事，各街镇、金山工业区红十字会常务副会长和秘书长，市红十字工作达标学校分管领导等近100人参加。（李 珺）

【救护培训与演练】 年内，制订并实施《2012年金山区红十字救护培训工作计划》。组织1004人参加专业救护员培训、10208人参加普及性培训，完成年度培训计划100.4%、102.08%。培训中小学、职技学校应急救护师资50名，并选择亭林镇7所中小学开展"中小学校开展现场急救与灾害逃生技能培训进课程"分级培训试点，试点经验在市救护培训工作总结会作交流。区红十字会救护队参加市红十字会"世界急救日"急救演练，获优秀组织奖。（李　珺）

【纪念"5·8"世界红十字日】 4月26日下午，纪念第65个"5·8"世界红十字日"唱响生命之歌，寻找奉献的感动"——金山区纪念上海市红十字会开展遗体（角膜）捐献工作30周年座谈会在区政府会议中心召开。通报遗体捐献工作情况；宣读2012年遗体（角膜）捐献征文比赛评选结果；举办《优秀征文汇编》书刊赠送仪式，并举行优秀征文故事演讲。市红十字会副会长李明磊，副区长、区红十字会会长贾炜讲话。各街镇、金山工业区红十字会常务副会长、秘书长，区遗体捐献联谊会班子成员及遗体捐献登记者和实现者家属代表近100人参加。（李　珺）

【"世界急救日"红十字救护技能比赛】 9月7日上午，区红十字会主办，区教育局、卫生局、文广局、体育局协办的区2012年纪念"世界急救日"红十字救护技能比赛活动在石化轮滑馆举行。社区、博爱村（居）委及医疗系统团体会员单位的51支基层红十字救护队参加了比赛。枫泾镇红十字救护队、朱泾镇大茫村红十字救护队、石化社区卫生服务中心红十字救护队等18支参赛队分获社区组、博爱村（居）组及医疗系统组优胜奖。副区长、区红十字会会长贾炜致辞。区红十字会第三届理事会全体理事及各委办局分管领导，各街镇、金山工业区红十字会常务副会长、秘书长，全区200多个村（居）委红十字干部参加。（李　珺）

【关爱社区重度失智困难老人】 年内，制订《2012年金山区红十字会"为社区重度失智困难老人配送护理用品项目"工作实施意见》，明确项目服务对象、服务内容、服务要求。区财政安排项目资金，采用政府购买服务形式，按"主动申请、严格标准、严格审定、及时操作"原则，由区红十字会每月汇总审批，并指派红十字志愿者定时上门为失智老人配送护理用品。开展日常生活护理指导和卫生保健知识宣传等，并组织志愿者、社区服务员举办老年介护（以照顾日常生活起居为基础、为独立生活有困难者提供帮助）知识培训班11期，接受培训648人。全年配送失智困难老人护理用品7555人次118万余元，争取市红十字会下拨专项资金37.01万元。（李　珺）

【举办遗体捐献宣传服务系列活动】 年内，举办遗体捐献宣传服务系列活动。纪念"3·1"市遗体捐献日和市红十字会开展遗体捐献工作30周年，组织开展"3·1"集中祭奠、知识竞赛、征文比赛、召开座谈会等纪念宣传活动。选送12篇征文参加市红十字会"大爱三十年"征文比赛，9篇获优胜奖。区遗体捐献联谊会副会长、枫泾镇志愿者王燕芳创作并演讲的法制宣传故事《最好的孝顺是尊重》参加区"12·4"宪法宣传周暨纪念宪法颁布30周年法治文艺汇演。开展"六送"（生日送祝福、夏日送清凉、冬日送温暖、节日送温馨、临终送关爱、活动送关怀）服务。组织区内部分街镇红十字会干部和区遗体捐献登记者联谊会班子成员等16人赴市第二军医大学遗体捐献接受站考察学习交流。全年办理遗体捐献登记59人，实现捐献9人。至年底，累计办理登记遗体捐献志愿者570名，实现79名。（李　珺）

【红十字青少年工作】 年内，邀请市红十字会青少年部部长李江英作学校红十字青少年工作专题辅导报告。指导查山、水库、九阳、新联民工子弟学校成立红十字会。华东师大三附中、张堰中学、张堰二中创建成市红十字工作示范学校。海棠小学、亭新中学、上海石化工业学校、金山初级中学被市红十字会、市教育委员会命名"第七批上海市红十字工作达标学校"。各中学开设"探索国际人道法"课程。组织观摩青浦实验中学教学公开课。西林中学承办《克服心中的"纠结"——生活中旁观者两难问题》教学观摩和学习交流活动。安排有关学校参加市红十字会组织项目教案评比活动和书签设计比赛，获市红十字会优秀教案奖3篇、书签设计比赛三等奖1幅。组织参加市红十字会"红十字——人道力量"明信片设计比赛和学校红十字工作理论与文化研究征文活动，收到明信片参赛作品50幅，朱泾二小杨婕妤获市二等奖。收到论文9篇，金山小学杨芳《主体性发展，长效性提升》和刘慧《校红十字工作与德育工作的有机结合》获市三等奖。（李　珺）

【少儿基金工作】 年内，推进少儿住院报销工作，接听少儿住院报销咨询电话1104人次、接待来访184人次，办理少儿住院报销网上认证5827人次、完成网上结算4998人次。累计支付患儿住院少儿基金4894人次491.4万元、少儿居保（0～18岁居民医保，由少儿基金办代理结算）4547人次467.3万元，其中零星报销491人次90.92万元。全区参加少儿基金80272名（含非本市户籍23792人），比上学年增2034名，参保率98.78%。收缴少儿基金参保费642.176万元。减免低保及家庭困难农民工子女少儿基金参保费用1051人8.408万元。（李　珺）

金山区残疾人联合会

【概况】 2012年,经评定和复核,全区有各类持证残疾人14854人。其中视力残疾1906人、听力残疾691人、言语残疾677人、肢体残疾6555人、智力残疾3295人、精神残疾1691人、多重残疾39人;男性8190人,女性6664人;非农户口6395人,农业户口8459人。元旦、春节期间区、镇下拨专项帮困资金161.8万元(区残联下拨70万元,各镇、石化街道、金山工业区匹配91.8万元),帮助一户多残397人、大病重病429人、重残无业804人、特殊困难残疾人2012人,合计3642人,占持证残疾人25.63%。助残日期间区、镇列支76.6万元(区残联列支50万元)走访慰问困难残疾人家庭2015户。补贴农村残疾人参加新型农村合作医疗保险4554名113.85万元。投入117.24万元为全区14656名持证残疾人办理人身意外伤害保险和门急诊、住院保险,全年理赔总额98.19万元。补贴农村重度和无业残疾人参加新型农村合作医疗保险1858名85.92万元,城镇重残人员参加城镇社会居民养老保险900名99万元。帮助10名城镇重残人员缴纳社会养老保险,办理城镇重残无业人员补充养老保险144名。补贴残疾人个体工商户业主城镇基本养老保险11名8.08万元。发放一户多残生活困难家庭生活补助3816户次41.3万元。落实新增重残无业对象最低生活保障193名(非农户口100名、农村户口93名)。发放个体工商户残疾人业主开业补贴13名2.35万元,残疾人家庭危房翻建或修建补助59户23.6万元,残疾学生及残疾人家庭子女助学救助金315名73.85万元。依托市阳光康复中心、市残联职业培训中心、区新起点职业技能培训中心、基层残联及社会专业机构分别开办足部按摩、中式面点师,软陶制作,计算机操作和水产养殖、果瓜、蔬菜园艺等培训。唐卫红获中国残疾人联合会“全国残疾人岗位精英职业技能竞赛”——中式面点项目竞赛创新作品奖。徐春香、陆鑫、高红花等16名就业指导员通过中国残疾人联合会、清华大学开办就业指导员远程教育培训考核。建立上海电视大学金山分校残疾人教育学院金山学习中心。联合团区委启动“阳光家园阳光行”项目,借助团区委志愿者资源为阳光之家智障学员无偿提供各类教育教学等活动;山阳镇阳光之家融合项目(组织智障人士开展融合社会的活动项目)“珍爱生命、守护健康、阳光生活”主题系列活动获2012年度市阳光之家融合项目优秀组织奖,枫泾镇阳光之家获创意融合奖,石化街道“阳光之家”通过规范化建设第三方评估。为135名智障学员开通平安短信。全年安置残疾人就业509人(非农户口208人、农村户口301人),其中集中就业183人、分散就业175人、个体开业4人和其他就业147人。落实市政府实事项目“为1万名残疾人补贴提供个性化辅助器具适配服务”,补贴提供565名残疾人辅助器具适配及居家无障碍改造服务,假肢、矫形器装配服务,成人听力障碍者助听器适配及脑瘫儿童康复训练器具配置服务等。提升“中途之家”(注册学员71名)服务功能,免费配发66名脊髓损伤者护理用品,举办心理健康讲座和轮椅比赛等,区残联、银龙蔬菜基地合作安排15人参与盆栽蔬菜及花卉(6个品种)种植。加强“阳光心园”(11所,注册学员203名)管理,投入18万元落实0~16岁残疾儿童康复救助83名,其中视力残疾46名、听力残疾4名、肢体残疾18名、智力残疾13名、精神残疾2名。免费配发助听器5名(在校生)。组织3965名残疾人参加免费体检,开展“送康复上门服务”活动,服务残疾人4725人55136人次,提供重残无业人员机构养护222人、重残无业人员每天1小时居家护理服务671人。残联、民政等单位出资,安排412名贫困白内障患者免费实施复明手术、10名肢体残疾人安装假肢或矫形器、73名视力残疾人参加盲人定向行走培训。查验换牌残疾人用车199辆。开设金山农民画精英培训班。组织区残疾人葫芦丝队培训、展演活动并应邀参加区“文化进军营”系列活动启动仪式和区第三届残疾人运动会开赛式文艺表演、市第八届残疾人文艺汇演等。举办区残疾人文艺汇演、“共享文化,放飞梦想”第二十二次全国助残日暨残疾人文化周文艺汇演;承办市第一届市民运动会聋人组、特奥组广播操比赛并组织各残疾类别运动员132名参加肢残人钓鱼、特奥滚球等15个项目比赛,获团体第一名3个、第二名1个,个人第一名4个、第二名2个、第三名3个。区残联参赛队(区辅读学校)位列市第二届特奥阳光融合跑城市国际邀请赛30米融合跑项目24个参赛队之首(6秒43)。(陈　斌)

【姚芳、李丽萍获伦敦残奥会金牌】 年内,姚芳、李丽萍等区残疾人运动员参加伦敦残奥会4个项目比赛,获金牌3枚。其中姚芳获女子花剑个人金牌和重剑团体金牌、李丽平获女子坐式排球团体金牌。李雷获男子坐式排球第七名。(陈　斌)

【区第三届残疾人运动会】 运动会于5月19日~10月13日举行。各镇(街道)、金山工业区参加赛前选拔残疾人3000人次,其中1259人(次)残疾人运动员参加拔河、跳绳、仰卧起坐和俯卧撑、田径、“农耕乐”趣味项目、飞镖、盲人黑白棋、扑克牌、健身操比赛,产生金、银、铜牌各84枚。(陈　斌)

人民武装·民防

RENMINWUZHUANG MINFANG

2013 JINSHAN ALMANAC

人民武装

【概况】 2012年，根据《军队基层建设纲要》《金山区人武部高标准“窗口”建设三年规划》，着力真学、真训、真练、真提高，提升区人民武装部党委机关练兵水平、指挥作战能力及民兵预备役部队遂行任务能力，推进人民武装建设科学协调发展。加强思想政治建设，围绕“赞颂科学发展成就、忠实履行历史使命”主题，开展“讲政治、顾大局、守纪律”“维护政治纪律、坚定理想信念”“党对军队绝对领导是人民军队永远不变的军魂”和学习贯彻党的十八大精神等专题教育。巩固“从严治军、从严治部”经验成果，开展内务、纪律、队列条令“学、训、整、用”活动。召开全区党管武装工作暨国动委全体会议。完善战备行动方案，抓实“六支队伍”(干部队伍、职工队伍、专武干部队伍、民兵应急分队队伍、防化分队队伍、协防分队队伍)训练，推进国防动员准备。组织区国防动员委员会有关人员参加市“东方——2012”国防动员研究性演习，演练平战体制转换、动员支前保障和城市管治等。贯彻落实“任务牵引、双应一体、精干管用”民兵整组原则，调查核对军兵种预备役部队预编人员，补充预备役专业技术兵员储备，并建立人员信息数据库。检查全区民兵整组落实情况并完成整组，优化民兵队伍结构。落实依法征兵、廉洁征兵要求，“公开、公平、公正”开展征兵工作。提升后勤装备保障能力，按照“专业对口、规模适度、模块编组、装备配套”要求，梳理综合保障群人员编组、组织指挥、保障流程等工作，建立区综合保障群饮食、交通、卫勤大队。开展民兵军事文化建设，组建民兵业余文化分队并参加警备区民兵预备役业余文艺作品汇演，组织民兵预备役开展“学党史、军史”知识竞赛、“国防杯”摄影和书画作品竞赛。年内，区人武部被总参谋部评为“全军第四次国防工程设防工事管理先进单位”并获市征兵工作先进单位、市全民国防教育先进单位、市敬老模范先进单位称号和警备区军事志编纂工作先进单位、民兵预备役业余文艺会演优胜单位、经费优质预算先进单位称号及总政治部全国国防后备力量建设刊授教育一等奖；《依托四个阵地，推进全民国防教育制度化经常化》《按照军民兼容要求，保护国防工事和军事设施》等经验被南京军区《东海民兵》转发；朱泾、亭林镇和石化街道获市征兵工作先进单位称号，金山卫镇武装部部长姚辉、廊下镇武装部部长沈志林、枫泾镇武装部副部长卢云青获市征兵工作先进个人称号；区人武部军事科张明获警备区优秀参谋称号、政工科王斌获警备区优秀人武干部称号，吕巷镇武装部部长杨炳权上海警备区优秀专武干部称号。朱泾、亭林、金山卫、山阳、张堰镇被区委、区政府评为人民武装工作先进单位；朱泾、漕泾、廊下镇和石化街道武装部部长沈宝良、沈华迪、沈志林、王宝柱被区委、区政府评为优秀基层武装部长。

(虞义民　汪友谊　张朝斌)

【国防教育】 年内，加强国防教育。依托区国防教育园、区委党校、区少年军校、民兵训练基地等主阵地普及全民国防教育。协调区四套班子主要领导和区、镇党政领导集体参加“军事日”活动。贯彻中央8号、市委21号文件精神，推进全民国防教育，召开区第一届国防教育联席会，明确国防教育职能分工，固化深化区开展国防教育经验举措，国防教育做法被军区《政工研究》第38期刊载。开展“国防教育月”“第十二个全民国防教育日”“征兵宣传月”国防知识系列宣传活动，制作国防教育展板90块，发放资料2.3万余册。会同区人民防空办公室组织12500人参加市民消防逃生演练。邀请军事科学园罗援少将为区四套班子领导作“我国周边安全环境及软实力建设”国防形势报告。(汪友谊　王　斌)

【拥政爱民、拥军优属】 年内，加强拥政爱民、拥军优属工作。健全双拥制度，定期召开军政座谈会、议军会、双拥工作领导小组会。建立双拥工作网络，明确32个成员单位工作职责并签订责任书。推进科教拥军，为服役金山战士开办电脑、汽车维修、美容美发、烹饪、叉车、焊工等专业技能培训班9次，415名战士参加。开办“科技拥军人才培训中心”“拥军科普活动中心”，参加学习培训官兵360名。加强金山籍现役军人教育培养，组织200多名领导和专武干部参加“故乡指导员活动”。协调驻金部队、民兵连与52个老龄机构签订军民共建助老协议，累计出动3500余人(次)，参加慰劳敬老助老活动。出动9000余人参与世界沙滩排球大满贯赛、沙滩音乐节、音乐烟花节等重大活动安全保卫工作，协助公安机关破获刑事案件15件。

(王　斌)

民　防

【概况】 2012年，组织参加“东方——2012”人防组织指挥网上演习。完成8支人防专业队伍整组并组织开展抢险抢修专业队点验。结合“9·15”全市防空警报试鸣，完成警报有线统控项目建设和警报设施设备新增、检修、保养，组织各街镇、金山工业区42个居民小区约1.2万人参与防空防灾演练，并组织石化股份公司等4

防灾演练

家单位150人开展战时人口疏散和接收安置演练。完成民防工程结建审批、备案。全区学校民防知识开课率和学生受教育面达100%,民防教育基地培训学生1万人次。发放6400户家庭应急包并组织培训,为全区各居委会配发了防毒面具、防火毯等防护设备。组织参加市第三届中学生民防运动会获“心肺复苏”个人第二名、第五名,“消防灭火”个人第六名,入场式特色表演二等奖和优秀组织奖。民防行政管理工作通过ISO 9001质量管理体系认证。开展支部结对共建活动,与廊下镇友好村举行结对共建签约仪式。邀请全国劳模杨怀远作“牢记党的宗旨,甘当人民公仆”专题报告会。（陶伟红）

【沈晓苏到金山调研】 11月27日上午,市民防办主任沈晓苏、纪检组长汪耀明及有关处室负责人到金山调研指导民防工作,检查朱泾镇金龙居委会社区民防建设情况,听取金山民防工作情况汇报,肯定金山突出区域特点,抓基础、抓安全,在指挥通信建设、地下空间安全管理、民众防护宣传、防化工作等方面成绩,要求坚持防空防灾一体化,战时要做好人民防空工作、平时要围绕区委区府中心工作,结合沿海区域和化工产业特点,以防台、防化为重点,做好民众防护工作,做到人防指挥系统、救援队伍、应急物资储备、信息系统、应急避难场所的平战结合;坚持规划与建设一体化,结合金山新城区和工业区建设,统筹规划、集中建设大型民防工程,提高民防工程建设标准,将视频监控系统技防措施和三维地下空间数据等纳入竣工验收标准,探索建立民防设施生产、销售、安装、维护一体化建设管理机制;坚持教育与管理一体化,健全完善街镇民防工作机制,将地下空间安全管理和民众防护宣传工作职能落实到街镇,形成上下齐抓共管、一体化推进工作格局。副区长沈金龙陪同调研。（陶伟红）

防护技能培训和防毒面具、防火毯发放

【地下空间安全管控】 年内,区民防办落实区城市运行安全和生产安全工作实施意见,突出地下空间防火、防汛重点,拟发《金山区地下空间安全使用管理实施意见》,会同区住房保障房屋管理局下发《关于进一步加强本区地下空间安全管理及防汛工作的通知》,明确工作责任、完善工作机制;制订下发《关于开展地下空间安全管理立功竞赛活动的通知》,开展争创“地下空间平安工程、地下空间安全管理先进单位、地下空间安全管理先进个人”活动。地下空间网格化管理范围延伸到亭枫公路延线区域,网格化覆盖率达80%以上。试点安装地下空间“安全卫士”监控设备。应对“苏拉”“海葵”等台风来袭,确保地下空间安全度汛。确定公用民防工程等为区重点监控工程,并加强安全监督检查,消除地下空间安全隐患。全年组织开展各类检查71次,提出整改意见145条,确保地下空间安全无事故。

（陶伟红）

【发放防毒面具、防火毯】 年内，区民防办根据金山大化工和地处沿海、化学安全事故多、安全管理工作地域广等特点，继续推进免费向居民家庭发放应急包、组织开展防护技能培训，并向全区88个居委会发放防毒面具、防火毯等防护器材266套、手摇式警报器88个，安排专业人员开展燃气安全知识宣讲和警报器、防毒面具、防火毯使用技能讲解演示。

（陶伟红）

“民防大讲坛”民众防护知识宣传

【“民防大讲坛”民众防护知识宣传】 年内，区民防办联合区发改委（燃气办）、科委（地震办）、民政局、环保局、水务局、安监局、卫生局（疾病防控中心）、红十字会、公安金山分局交警支队和消防支队、区气象局、食品药品监管金山分局、金山供电公司等举办“民防大讲坛”，开展民众防护知识宣传。全年开展消防知识、防震减灾科普知识、燃气安全知识及应急救护培训等宣讲活动4次，展出宣传图板80块，发放防灾减灾宣传资料2000余份。11月7日，在以“应急救护培训和‘11·9’灭火技能竞赛”为主题的民防大讲坛活动中，会同区级机关工委、区机管局、区红十字会对区级机关100名机关干部进行家庭应急包使用方法及救护知识培训，并组织区级机关各直属工会32支队伍参加灭火技能竞赛。

（陶伟红）

【引入ISO 9001质量管理体系】 年内，区民防办民防行政管理工作引入ISO 9001质量管理体系，建立《质量手册》、程序文件（9个）、科室工作手册（6个），确定“恪尽职守、爱岗敬业、优质优绩、崇尚卓越”质量方针，明确服务对象满意率85%、民防结建审批按时办结率100%等9项内容为质量目标，并将质量目标分解到2012年民防办16项重点目标任务，通过质量管理体系进行过程化管理；梳理行政管理、行政执法及内部事务工作，形成6个科室部门职责和27个岗位职责；组织开展内审工作，整改不合格工作项。结合民防工作实际制订完善《金山区民防办计算机设备维护管理办法》，结合贯彻落实《区委办、区府办关于规范领导干部因公外出请假工作的通知》精神制订完善《金山区民防办公室机关工作人员请销假制度》等。

（陶伟红）

人防抢险抢修专业队伍集结点验

【人防抢险抢修专业队伍集结点验】 6月14日，区民防办在区会议中心南广场组织520人组成的治安、消防、抢险抢修、防化防疫、交通运输、医疗救护、通信、防空观察人防专业队伍集结点验，区发改委、建交委、房管局、水务局、供电分公司等部门组成的房屋、道路、电力、燃气、供水人防抢险抢修专业分队129名队员和5辆抢修车集结并接受点验。

（陶伟红）

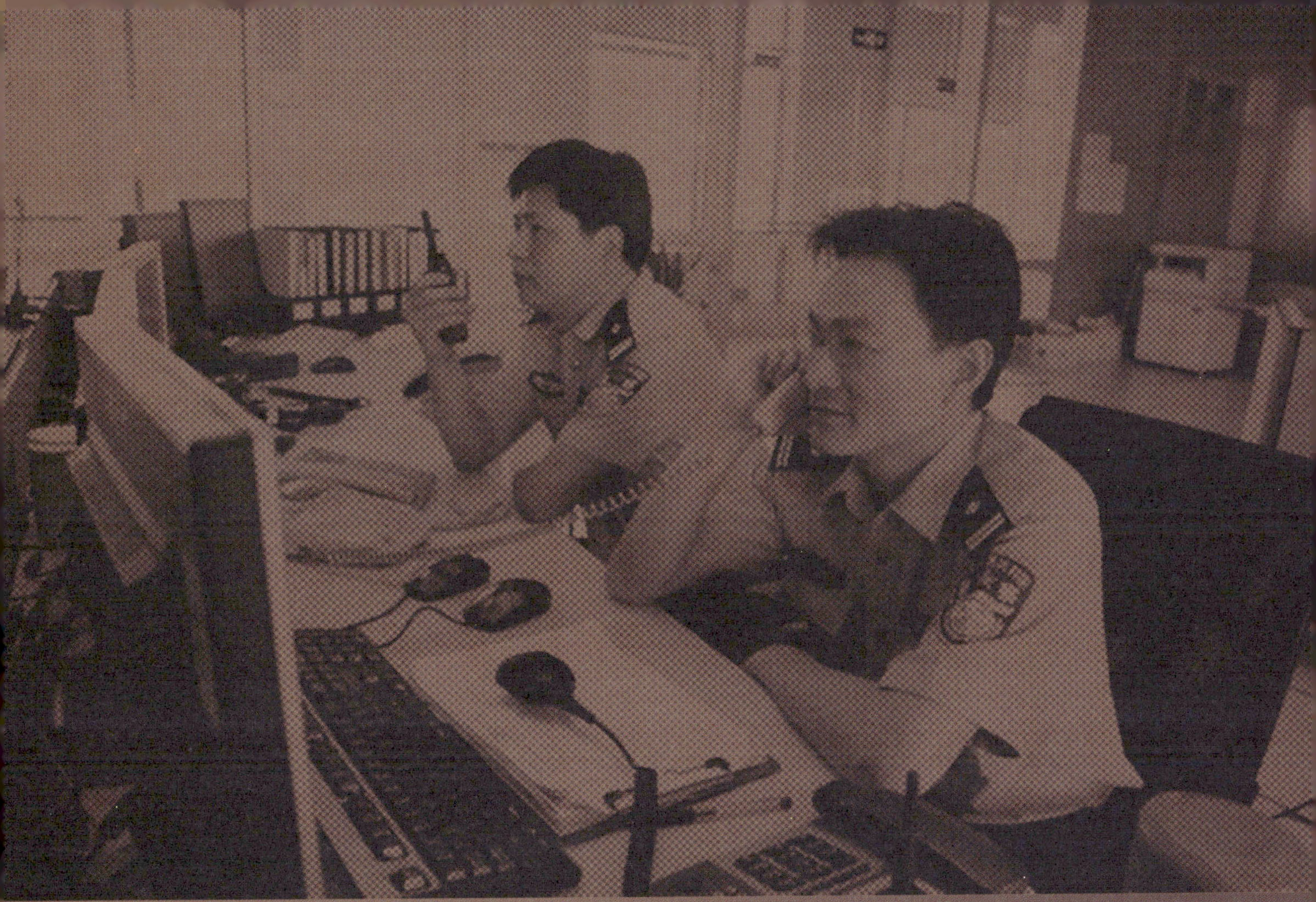

治安·司法

ZHIAN SIFA

2013 JINSHAN ALMANAC

公　安

【概况】　2012年,公安金山分局(下称分局)全年各类刑事案件立案5682起,破案3820起。抓获各类犯罪嫌疑人员2248人,行政拘留1821人;抓获各类逃犯320人。百民警抓获逃犯数、破案数和打击数分别位居全市第一、第二和第三位,入民宅破案率(88.78%)、禁毒工作综合考评均位居全市第一位,打击非法集资类经济犯罪专项行动考评位居全市第二位,“打四黑除四害”(四黑:“黑作坊”“黑工厂”“黑市场”“黑窝点”。四害:危害食品、药品安全;制售假劣农资、建材;制贩假印章、证书、车牌、居民身份证等假证章;非法制售超标伪劣烟花爆竹、管制刀具等危险物品等)专项行动综合考评位居全市第三位。侦破各类经济犯罪案件583起,比上年增115.1%,抓获经济犯罪嫌疑人679人,比上年增141.6%,追缴总值23791.67万元。年内,开展“金鹰系列”“缉枪治爆”“打黑除恶”等专项行动,破获“2012——293”公安部目标毒品专案、“3·13”特大虚开增值税专用发票案、“1·8”山阳抢劫案、“11·1”枫泾故意杀人案等大案要案。全年受理违反治安管理案件10175起,比上年增51.2%,查处10147起,比上年增51.2%。规范无案源互联网线索挖掘工作机制,通过网络侦查技术协助抓获违法犯罪嫌疑人229人、在逃人员45人,协破“7·23”杭州恶性抢劫杀人案、“8·29”网络贩卖枪支弹药案等案件186起。推进社会治安防控体系“街面巡逻防控网、城乡社区农村防控网、单位和行业场所防控网、警务合作网、技术视频防控网、虚拟社会防控网”和“情报信息预警机制、警务实战指挥机制、实战勤务运行机制、综合保障机制”建设,建成项目34个、实施措施161项。全年接处“110”报警事件6638起,比上年减4.4%,入民宅盗窃案件立案529起,比上年减44.0%,社会治安防控体系建设工作位居全市第二位。组织区域性反恐演习5次,参加演习应急处置队伍10支200余人。协助各级政府部门处置不安定事件207起,涉及6370人次,成功处置“3·16”沪杭公路集卡侧翻、“6·3”水污染等事件。完成世界沙滩排球巡回赛“金山新城杯”中国上海金山满贯赛、中超联赛金山赛区等大型赛事和群众性活动安全保卫工作。全年受理、接待群众来信来访493件(起),重信重访率24.8%。加强政府信息公开及网站管理,上海公安热线咨询问题满意率99.4%,“12345市民服务热线”答复率100%。全年查处道路交通违法行为20.3万起,比上年增6.8%。全年发生交通事故28838起,比上年增10.2%,死亡38人,比上年增2.7%,无死亡3人(含)以上重大恶性事故。推行消防安全网格化管理和重点单位消防安全户籍化管理。全年发生火灾事故174起,比上年减24.0%。全年核对、采集来沪人员信息79万余条、上海市人户分离信息9.8万余条,实有人口信息登记准确率95.4%。开展区、镇挂牌整治20次和全区性、区域性清查整治行动300余次,查处违反房屋、人口管理案件492起。选择枫泾镇凤阳二村、朱行工业区便利中心2处来沪人员集中居住点试行社区化集中管理,《创新管理机制破解瓶颈难题——金山工业区“便利中心”来沪人员集中管理初现成效》获市局人口办肯定。全年出入境接待窗口受理办证、签注、定居等业务共1.6万余人(证)次,比上年增23.1%。开展“严于律己守底线、廉洁自律树形象”“加强执法规范化建设,提高执法公信力”执法大讨论等活动。帮助慰问患病、受伤、生活困难民警和家属及离退休老同志等200余人,累计奖励慰问130余次。全年受表彰集体23个、个人325名,其中交警支队副支队长戴建军当选市第十次党代会代表,经侦支队支队长陈刚获全国优秀人民警察称号。公众安全感和公安工作满意度总分位列全市第二,政风测评位列全区行政执法类第二。　（徐丽霞）

【建立派出所“纠纷调处工作室”】　8月,分局在朱泾镇派出所建立“纠纷调处工作室”,受理辖区内民事纠纷和派出所委托的轻微治安纠纷。制订操作流程,规定符合移交、委托情形,制作统一格式文书,聘请专人担任驻室调解员、专职协管员,实行日常全员上班、每周二法官驻点、专职协管员与该所巡逻组跟班作业制,跟进调解长期难以化解纠纷并全过程跟踪回访。至年底,建立派出所“纠纷调处工作室”18个,聘用矛盾纠纷信息员7008名,调解纠纷5807件。　（徐丽霞）

【落实危险化学品管控“四个三”工作机制】　年内,落实危险化学品管控“四个三”(政府、公安、企业“三层”责任机制;排查、检查、督查“三查”管理机制;联合整治、演练、救援“三联”协作机制;人员、装备、宣传“三全”保障机制)工作机制,成立工作领导小组,落实危险化学品运输单位签约制度;排查危险化学品种类、地下管道、企业员工等情况,推行“重点、次重点、一般”三级检查模式并督查隐患、数量、监管落实;加强与安监局、建交委等相关部门联系，组织不同规模、层次实战演练和桌面推演，组建应急联动处置平台，完善应急反应机制；组织危险化学品企业负责人及从业人员开展安全管理专业培训，安装入侵报警、视频监控、GPS定位系统；制作宣传展板100余块、宣传画150余张，发放宣传资料2000余份。（徐丽霞）

【道口安检查控标准化操作】 年内，试点并推广运用“道口安检标准操作流程”，优化设置安检区域为“拦截区”“检查区”“驶离区”并规范各分区长、宽、标志标识、停车角度等；细化警力配置及岗位职责，明确“路面带班民警”“安检人员”“警戒人员”“室内带班民警”“信息比对登记人员”“监控守台人员”和“机动警力”岗位站位、职责、手势、规范用语；规范正常安检、异常处突流程，设定有犯罪嫌疑车辆闯关或未闯关等不同情况处置工作步骤。（徐丽霞）

【残疾车、电动三轮车整治】 年内，开展残疾车、电动三轮车整治，举办专项整治防范宣传活动97场，召开专题警情通报会60场，张贴（发放）宣传海报（资料）12317份，参与群众9462人次；出动警力705人次，排查社区264个、重点排查地点及场所4304处、“两类车”车主落脚点591处，排摸“两类车”2979辆，教育告知2979人次，拆除加装动力装置人力三轮车1131辆，暂扣非法营运电动三轮车1431辆。

（徐丽霞）

【消防安全网格化管理】 年内，实施消防安全网格化管理举措，各镇（街道）、金山工业区设立消防安全委员会办公室，各居（村）委设立消防工作站，居民小区、老式里弄及部分村民小组、企事业单位、小商店（小饭店）等设立消防工作点，开展常态化消防安全督导检查、经常性消防宣传教育、基层力量防火（灭火）工作和重点单位户籍化管理。（徐丽霞）

消防宣传

【典型案例】 2012年3月12日，分局立案查处金屹公司人员持大量百联金山购物中心购物凭证要求出证单位开具增值税专用发票案，捣毁多个采用收购大型百货商场购货凭证、以企业名义办理加油卡后虚假消耗卡内金额虚开发票犯罪团伙，抓获曹某（男，34岁，上海市人）等犯罪嫌疑人110人，破案84起，价税合计3300余万元，其中税款480余万元。该案侦破工作获2012年度上海经侦系统经济犯罪案件侦查破案精品案例评选铜奖。

2012年3～4月，分局会同市局有关部门、治安总队和浙江金华市公安局，根据公安部督办“浙江金华李卫坚等生产销售有毒有害食品案”涉沪线索，抓获倪某（男，40岁，上海市人）、许某（男，59岁，上海市人）等犯罪嫌疑人6人，捣毁生产、销售“问题油脂”网络，侦破生产、销售伪劣产品案件3起，涉案金额6029万元。该案侦破工作获2012年度治安系统综合评比“治安部门十大典型案件”。

2012年4～5月，分局和市局有关部门、经侦总队组成的专案组会同市区两级工商行政管理部门抓获九峰药业董事长吴某（男，43岁，河北廊坊市人）等以销售九峰药业产品为名，通过互联网在金山等地组织传销活动犯罪嫌疑人35人，捣毁传销窝点2处，查证非法募集资金1000余万元。该案侦破工作获2012年度上海经侦系统经济犯罪案件侦查破案精品案例评选银奖。

2012年5月，分局会同市局有关部门、刑侦总队摧毁盛某（男，36岁，上海市人）为首的招纳、组织他人赴澳门赌博，利用“拖头”（赌客与盛伟民间私下博弈的一种赌博方式）、回扣等违法行为获利，网罗多人并购买提供刀具为其追债、打架等违法犯罪团伙，抓获盛某等犯罪嫌疑人110余人，缴获管制刀具、钢管、铁质棒球棍等器械50余把（件）、气枪

1把,扣押涉案车辆10辆,侦破隐性案件多起。该案侦破工作获2012年度“刑警803破案奖”评比铜奖。

2012年11月5日,分局会同市局有关部门、刑侦总队和浙江嘉善警方在浙江省嘉善县惠民街道抓获杀害到其住地(枫泾镇团新村1组)东南面树林内查看自己设置的捕鸟网的李某(男,63岁,上海市人)的犯罪嫌疑人范某(男,19岁,河南义马市人),李某遇害时头、面部锐器伤35处、手臂锐器伤8处。该案侦破工作获2012年度“刑警803破案奖”评比金奖。（徐丽霞）

【火灾、交通事故】 2012年8月11日23时28分,上海孩子乐童车厂(廊下镇景阳村新建丰1002号)因一号生产线电气设备控制开关故障引燃周围可燃物引发火灾,烧损装配流水线2条、包装线2条、童车组装配件100余套,过火面积约2200平方米,造成直接经济损失约16万元,无人员伤亡。

2012年3月31日5时50分许,熊某(男,1957年11月生,石化街道人)驾驶小型轿车沿沪杭公路由西向东行驶至64.5公里处时,操作不当致轿车撞击道路右侧行道树,造成自己当场死亡的重大道路交通事故。熊某负事故全部责任,陆某(车内乘坐人)不负事故责任。

2012年10月2日7时40分许,沈某(男,1952年2月生,枫泾镇人)骑自行车沿亭枫公路由东向西至73.5公里处由慢车道向左变道至快车道途中时,恰遇姚某(男,1973年6月生,朱泾镇人)驾驶轿车在快车道同向行驶至此发生相撞,造成沈某当场死亡的重大道路交通事故。沈某和姚某负事故同等责任。（徐丽霞）

检　察

【概况】 2012年,区人民检察院受理提请逮捕各类犯罪嫌疑人1227人,批准或决定逮捕1097人;受理移送审查起诉案件1483件2336人,经审查依法提起公诉1393件2160人。依法批捕故意杀人、故意伤害致人重伤、抢劫、强奸、绑架等恶性暴力犯罪嫌疑人53人;起诉非法经营、虚开增值税发票等破坏社会主义市场经济秩序被告人646人。全年决定不批准逮捕涉嫌犯罪但无逮捕必要犯罪嫌疑人123人,决定不起诉犯罪情节轻微被告人19人。受理贪污贿赂案件举报线索27件,初查43件(含结存),立案侦查18件18人。其中贪污案3件、受贿案9件、挪用公款案4件、行贿案2件,大案率100%,涉案总额955万余元。通过办案为国家、集体挽回经济损失1045万余元。受理渎职侵权举报线索12件,立案查处涉及农业财政补贴滥用职权渎职案件2件2人。采取检察长预约接访、领导包案化解、信访首办责任制、定期下访巡访、风险评估预警等措施排查化解矛盾,消除不稳定因素。协商建立公、检、法、司联合开展信访维稳工作机制。开展救助刑事被害人工作,救助符合条件刑事被害人8人。接待各类信访204人次,化解矛盾纠纷30余起,其中重大疑难信访3件。全年534篇法制宣传稿被《检察日报》《上海法治报》等新闻媒体刊载,制作法制宣传片38部。检察长做客“东方网”直播节目2次,深入基层单位开展法制宣讲21次。组织“检察开放日”活动2次。举办“新刑事诉讼法与检察工作创新发展”——第二届金山检察论坛“集中精力抓落实,心无旁骛求发展——加快推进三个金山建设”建功立业主题实践等活动。开展岗位培训活动,组织听庭评议活动10次、案例研讨会20次,反贪个案讲评会2次。（许　刚）

【依法履行监督职能】 年内,发出《要求公安机关说明不立案理由通知书》7份,追捕18人,追诉40人(含单位犯罪),提起刑事抗诉1件1人。完善羁押期限预警通报制度。配合区看守所推进医疗社会化改革,救治危重急症在押人员15人。推行在押人员审前羁押表现纳入量刑建议制度,提请人民法院从重处罚严重违反监管规定犯罪嫌疑人3人、从轻处罚遵守监管纪律犯罪嫌疑人2人。针对4名缓刑、假释期间有严重违法行为监外罪犯提出收监执行原判刑罚建议。受理民事行政申诉案件82件,审查处理84件,立案30件。提请上级检察院抗诉确有错误民事判决1件并获支持。办理“国有、集体企业改制”“土地使用权出让”民事督促起诉案件5件,挽回国家、集体经济损失460万余元。息诉疏导不服法院正确裁判申诉案件33件,促成民事案件申诉当事人达成和解24件。（许　刚）

【预防职务犯罪】 年内,针对金山铁路配套项目、金山文广中心等54项重大建设项目开展创“工程优质、干部优秀”活动。组织“检察长论案说法——招商引资领域职务犯罪风险防范”法制宣传活动。会同区纪委、监察局推行廉政风险预警防控机制建设。依托上海金山现代农业园区(廊下)廉政服务站,开展廉政警示教育、组织旁听案件审理、建设“廉政之家”、为专家型人才提供服务等活动。牵头组织市检察院涉农

惠农专业化预防小组开展“乡镇建设性财政资金管理中的职务犯罪现状、原因分析及预防建议”调研。（许　刚）

【典型案例】　马某受贿案。2009年至2010年，马某利用担任上海金山房屋拆迁有限公司业务员，负责房屋动拆迁谈判、签约等职务便利，单独或伙同拆迁组其他工作人员多次收受他人贿赂计12.6万元，个人实得8.1万元。2012年11月20日，区检察院以受贿罪对马某院提起公诉。12月10日，区人民法院以受贿罪判处马某有期徒刑5年，并处没收财产5万元。

陆某贪污案。2009年6月至2012年3月，陆某利用担任区妇幼保健所窗口收款员职务便利，采用收费不出具发票或多收费少出发票手法贪污公款计42335元。9月15日，区检察院以贪污罪对陆某提起公诉。10月10日，区人民法院以贪污罪判处陆某有期徒刑1年6个月，缓刑2年。

追诉陈某寻衅滋事案。年内，区人民检察院在审查起诉犯罪嫌疑人张某寻衅滋事案中发现陈某与张某共同实施寻衅滋事，而公安机关未将陈某一并移送审查起诉，遂依法追诉陈某。10月25日，区人民法院以寻衅滋事罪判处陈某拘役5个月，缓刑10个月。

丁某非法经营案。2012年2月起，丁某在不具备烟草专卖许可证情况下从天津、湖南等地购买大量卷烟并通过物流公司运至上海销售。6月21日，丁某在物流公司提取卷烟时被抓获并查获待销售南京牌卷烟432条和中华、玉溪等品牌卷烟845条，计价值151092元。6月25日，查获在其他物流公司尚未提取利群、玉溪品牌卷烟计184条34150元。7月20日，区检察院以非法经营罪对丁某提起公诉。8月13日，区人民法院以非法经营罪判处丁某有期徒刑1年，缓刑1年，并处罚金1万元。

叶某非法经营案。2011年1月至12月28日间，叶某在未经工商登记注册、未取得“燃气经营许可证”情况下，持空液化气瓶至浙江省平湖市金新液化气有限公司非法装罐并在张堰镇等地加价销售，非法经营款计10万余元。2012年5月25日，区检察院以非法经营罪对叶某提起公诉。6月11日，区人民法院以非法经营罪判处叶某拘役6个月，缓刑6个月，并处罚金1.5万元。

张某、刘某诈骗案。2011年5月，受聘上海盈炫信息科技有限公司的张某、刘某协助主犯李彬等人以公司名义在浙江省温州市人民广播电台投放虚假广告，冒用著名证券投资顾问杨惠忠名义招揽客户、推荐股票，并以高额回报为诱饵收取客户“会员费”“保证金”等计35.1万余元。2012年11月4日，区检察院以诈骗罪对张某、刘某提起公诉。12月5日，区人民法院以诈骗罪判处张某有期徒刑徒刑2年，缓刑3年，并处罚金3万元；以诈骗罪判处刘某有期徒刑徒刑2年3个月，缓刑3年，并处罚金3万元。（许　刚）

审　判

【概况】　2012年，区人民法院受理各类案件15800件，比上年降4.7%；审结15803件（含积案），比上年降4.9%。在审理、在执行案件1024件，比上年降0.3%。月均未结案率（低）、审限内结案率（高）、平均执行天数（少）、18个月以上未结案数（低）、一审判决息诉率（高）、向上级法院投诉率（低）、简易程序适用率（高）等10项评估数据位列上海法院案件质量效率效果综合绩效考核前列。年内，开展“非公经济法制服务论坛”成员单位法律服务基层行系列活动。联合市法学会举办“‘创新驱动、转型发展’背景下企业破产法律问题”法官论坛。执结涉及上海申工电线电缆有限公司执行案（20件）和金山铁路房屋拆迁强制执行案。审理上海特毅企业有限公司系列破产案入选首届百例“全国法院践行能动司法理念优秀案例”。推进“繁简分流”，实现“简案快审，繁案

徐永其法官法宣工作室法宣活动

精审”，简易程序适用率89.3%。连续第8年开展“护民生、促和谐”清欠工资款专项审判执行活动。设立执行事务中心，简化、规范执行事务办理流程。参与自强儿童心理辅导夏令营和涉老维权活动，依法保护弱势群体权益。审结医疗纠纷、劳动争议、机动车交通事故、物业纠纷、婚姻家庭和继承等案件7489件。开展民事小额速裁试点，受理符合小额速裁标准案件912件，审结912件。继续推进刑事和解工作，适用刑事和解程序审理的金某某故意伤害案入选首届百例“全国法院优秀调解案例”。完善司法建议工作机制，发送司法建议33份，反馈采纳32份，反馈采纳率97%。发放《2011年度行政案件司法审查情况报告》《金融案件审判(刑事)情况报告(2011)》《2011年度金融(商事)审判白皮书》《2011年度金融案件执行白皮书》《2011年度劳动争议案件审判白皮书》。“徐永其法官法宣工作室”组织开展法制宣传活动18次，发放宣传资料200余份。召开“集中打击拒执犯罪宣传日活动”新闻通气会。开展“清积案、反规避、护民生”专项执行活动，依法对25名被执行人实施司法拘留，对4名被执行人以拒不执行判决、裁定罪追究刑事责任，对1名被执行人以非法处置查封财产罪追究刑事责任。赴看守所公开开庭审理留所服刑人员服刑期间主动坦白交代余罪案件，100余名在押留所服刑罪犯参加庭审旁听。增强行政审判与政府法制工作互动，与区法制办签订《关于建立政府法制工作与行政审判良性互动机制的会议纪要》，向行政机关通报行政审判典型案例。与区人保局、卫生局、食药监金山分局等16家行政机关分别就工伤、医疗、食品卫生案件执法等开展研讨20次。依法审查非诉行政案件118件。完善诉调对接工作机制，继续推进“下沉式”八公里诉调对接调解圈工作(以诉调对接中心、各镇街道和金山工业区司法调解室、部分村或居设立的法律诊所为平台，以“八公里”为空间尺度形成诉调对接工作圈，法官每周定期到司法调解室或法律诊所开展调解工作)。加强诉调对接中心规范化管理，受理劳动纠纷、土地承包经营、物业管理、医患纠纷、交通事故等案件4865件，调解成功2986件，成功率61.4%。全年法院系统集体、个人获区级以上荣誉称号128项。其中区人民法院荣立上海法院2011~2012年度集体二等功，并获市振兴中华读书活动30周年十佳读书团队、上海法院司法新闻宣传优胜单位、市“清积案、反规避、护民生”专项执行活动先进集体、市优胜报刊发行站、区治安保卫先进集体、区志愿服务先进集体称号；执行庭、朱泾法庭分别荣立上海法院集体一等功、二等功；办公室、纪检监察室荣立上海法院集体三等功；民一庭党支部获区级机关创先争优先进基层党组织称号；民三庭获区工人先锋号称号。张建国获全国法院先进个人称号；彭文忠荣立上海法院个人一等功；董永强、褚红梅荣立上海法院个人二等功；陈祥华获上海法院调研标兵称号；刘健获上海法院书记员业务标兵称号；夏海中、张雁虹、谢晓平、陆卫国获上海法院办案标兵称号；周巍获市打击发票违法犯罪活动工作先进个人称号；潘海龙获市安全行车管理先进干部称号；徐永其获上海法院司法闻宣传工作优秀个人、区政法综治宣传工作先进个人称号；周岑获区级机关优秀工会积极分子称号，并与郇习峰同获区志愿者活动优秀组织者称号；李琴获区第五届全民学习节优秀推进员称号；曹雪明家庭获区平安家庭示范户称号。（徐永其）

【审结一审刑事案件1396件】 全年受理一审刑事案件1396件，比上年升34.5%；审结1396件，比上年升34.4%。其中，审结故意伤害、抢劫、绑架等严重暴力犯罪和盗窃、抢夺、诈骗等多发性侵财犯罪及毒品犯罪案件514件；审结金融诈骗、偷税漏税等破坏市场经济秩序犯罪案件470件，比上年升273%(统计项目增加)，其中虚开增值税专用发票罪等案件322件，挽回国家税款损失585.1万元；审结贪污、贿赂等职务犯罪案件21件，涉及处级干部1人；以危险驾驶罪追究62名被告人刑事责任；依法宣告849名符合缓刑条件罪犯缓刑。（徐永其）

【审结一审民商事案件10111件】 全年受理各类民、商事案件10111件，比上年降11.3%；审结10114件(含积案)，比上年降10.8%。其中，审结民事案件8512件、商事案件1602件。涉案标的16.3亿元。民、商事案件调解撤诉率71.5%。（徐永其）

【一审行政案件数量略降】 全年受理各类行政诉讼案件18件，比上年降10%；审结19件(含上年)，比上年降17.4%。撤销被诉具体行政行为3件。（徐永其）

【执结执行案件4153件】 全年受理执行案件4150件，比上年升6.5%；执结案件4153件(含上年)，比上年升4%。执行标的清偿率96.1%，比上年升1%。（徐永其）

【金山法治实践论坛】 6月21日，区人民法院、区依法治区领导小组办公室、区人民政府法制办“依法行政视野下的行政强制法实施”第一届“金山法治实践”论坛在区会议中心举办。区委常委、政法委书记刘其龙宣布论坛开幕。区人民法院、依法治区领导小组办公室、法制办、卫生局、住房保障和房屋管理局、建交委、绿化市容局和公安金山分局等就如何理解、适用“行政强制法”作交流。区委书记杨建荣，市高院党组成员、副院长丁寿兴，区委常委、副区长姬兆亮，副区长、公安金山分局局长马淮海，金山法院党组书记、院长黎淑兰等出席。各镇（街道）相关负责人参加。（徐永其）

金山法治实践论坛

【青少年模拟法庭主题日活动】 8月7日，区人民法院、团区委“法律护我成长——金山区青少年模拟法庭主题日”活动在区人民法院举行。区人民法院副院长潘家祥介绍青少年维权工作情况。团区委与区人民法院签署《关于定期开展青少年模拟法庭活动的合作备忘录》，并为“青少年模拟法庭”揭牌。成立10名法官组成的青少年普法教育辅导员队伍。朱泾法庭未成年人民事案件专项合议庭被命名第六届市“青少年维权岗”。区委政法委副书记、区综治办主任杨华明，团区委书记钱立英，区人民法院副院长潘家祥和政治部主任、机关党委书记宫爱萍出席。社区青少年等近60人参加主题会议和庭审观摩。（徐永其）

【典型案例】 民间借贷案。2010年8月至2011年6月，被告徐某某以为菩萨办事为由向原告金某某借款4次计9.2万元，并约定借款1个月后双倍归还。因被告到期拒绝还款，2011年12月27日，原告金某某向区人民法院诉请判令徐某某、张某某夫妇共同归还欠款并支付利息损失。经审理，2012年1月31日，区人民法院作出一审判决：被告徐某某应于判决生效之日起10日内归还原告金某某借款9.2万元并按照中国人民银行同期贷款利率4倍（被告自愿）支付原告金某某上述借款利息损失；被告张某某对于被告徐某某付款义务承担共同还款责任。

五龄童被屋顶水泥块砸中致残案。2011年7月10日上午11时许，租住漕泾镇农户陈某出租屋许某（河南南阳人）发现儿子柯某被租住屋顶坠落水泥块砸伤。许某将房东陈某一家4人告上法庭，请求赔偿20万余元。2012年2月，经司法鉴定：柯某颅脑多发损伤致轻度智力缺损，构成7级伤残；颅骨缺损，构成10级伤残。经审理，2012年8月2日，区人民法院作出一审判决：被告陈某一家赔偿原告柯某医疗费、后续治疗费、护理费等计19万余元。（徐永其）

司法行政

【概况】 2012年，区司法行政系统8家律师事务所64名注册律师受聘担任463家单位法律顾问，解答法律咨询1314人次、代写法律文书49件、诉讼代理案件2149件、办理非诉讼法律事务107件，为企事业单位追回拖欠款23197.3万元，累计业务收入3212.62万元。全年律师参与区领导周四信访接待50次，接待群众来访149批1061人次；陪同区领导下访接待11次，接待群众29批41人次。区政府法律顾问团6名成员为区政府提供法律咨询9次，出具法律意见书8份，参与研究论证重大项目3项、研究和处置重大群访性事件4起。2家公证处10名公证员依法办理各类证件21208件，比上年增31.63%。其中国内经济公证2897件、国内民事公证6570件、涉外公证11741件，累计业务收入1136.35万元，比上年增37.54%。区法律援助中心和镇（街道）、金山工业区法律援助工作站（11个）及村（居）法律援助联络点（206个）共受理各类法律援助求助事项8273件，其中区法律援助中心接待来访、来电、来信法律咨询1096件，受理“12348”咨询电话3841件，提供法律援助案件1016件（刑事93件、民事923件），指派“110”接处警1709件；各镇（街道）、金山工业区法律援助工作站及各村（居）法律援助联络点共受理法律咨询2105件、非诉讼法律援助调解582件。3家基层法律服务所36名基层法律服务工作者担任90家单位常年法律顾问，办理各类案件399件，累计业务收入250.95万元。全区447个调委会（区联调委1个，医患纠纷人民调解委员会1个，各镇、石化街道、金山工业区调委会11个，企业调委会228个，村、居调委会206个）1728人调解人员受理民间纠纷7296件、调解成功7263件，调解成功率99.55%，无调解不当导致民事转刑事案件，制作人民调解协议书5977份。其中采用“出诊法”调解2007件，占区化解矛盾纠纷总数27.51%；医患纠纷人民调解委员会受理医患纠纷63件、调解成功46件，调解成功率73.02%，涉及赔偿金额155.38万元，各村（居）司法行政综合服务站接处来访纠纷3613件，各镇（街道）、金山工业区司法信访窗口接待法律咨询2074件3036人次。年内，调整区政府法律顾问团成员，汪灏、沈人类、杨雪元、田嘉康、戴慧娟、朱锦飘受聘新一届法律顾问团成员。组建48人法制宣传教育讲师团队伍、66人法制宣传教育专兼职干部队伍、68人法制宣传教育信息员队伍及76人依法治区联络员队伍。召开区、镇（街道）、金山工业区、局行等层面依法治区、依法治理各类会议23次。举办法制讲座、法制文艺、法律咨询等各类法制宣传教育活动3319次，578771人次参与；展出法制版面4215期，发放宣传资料667103份。区社会帮教志愿者协会有个人会员556名、单位会员25家。调整充实区依法治区、法制宣传教育、刑释解教人员安置帮教、大调解4个领导小组（办公室均设在区司法局）成员。司法行政机关从社区矫正工作主体转变为执法主体，重犯率有所下降。细化安置帮教工作措施，联合劳动保障、民政、公安部门推进安置帮教工作站工作。推进未成年人审前社会调查、心理矫正、特殊对象未成年子女关爱行动、进“大墙”（监狱）帮教等专项工作。局长平安兴在市司法行政系统工作会议上代表区司法局、区依法治区领导小组办公室作《切实开展法治创建活动，努力使金山成为上海法治环境最好的地区之一》大会交流发言。区安全生产监督管理局获市首批依法行政示范单位称号并在市专题会议作交流发言。公安金山分局《前移警务阵地创新社会管理——开展社区民警兼任村（居）干部工作》案例获市第三届依法治市优秀案例入围奖。依法治区列入全区绩效考核基础分。开展申报全国法治创建先进单位、第一届区依法治理十大优秀案例评选等活动。枫泾镇新春村获全国民主法治示范村称号。充实、调整区法制宣传讲师团师资，推行“菜单式”选学专题法制讲座。会同有关部门推进公务员学法考核等。完成区大调解三年行动计划（2009.8～2012.8），推进专业调解工作。编印《人民调解方法论》。及时提供金山铁路居民拆迁公证、“6·3”中运河水质污染事件等优质法律服务。加强全市首家未成年人刑事案件法律援助律师工作室律师力量。亭林、张堰司法所获2012年度市司法行政系统先进集体称号并分获市五好司法所、示范司法所称号。金山卫司法所所长黄诚毅，局办公室主任、依法治区工作科负责人戚涵钧获2012年度市司法行政系统先进个人称号，黄诚毅被记个人三等功。矫正科科长唐志伟，群成律师所党支部书记、合伙人律师周仁昌，亭林镇首席人民调解员唐益贤获市司法行政系统岗位标兵称号。区人民法院课题组“级别之外的‘正义’——略论四级法院的较色配置与功能定位”获第十一届（2012年）上海市民主法治建设课题研究成果实务研究类三等奖，区委党校张锋“经济法与行政法视野下我国食品安全规制模式的整合与创新研究”获理论研究类入围成果奖。

（贺启林）

【区委中心组暨“两部一校”“行政强制法”专题报告会】 3月9日上午，区司法局协调区委中心组暨“两部一校”（组织部、宣传部、党校）举办的“行政强制法”专题报告会在区会议中心举行。区委常委、宣传部部长、区法制宣传教育领导小组副组长张权权主持。市政府法制办副主任、市行政法研究中心主任刘平作《中华人民共和国行政强制法》内容解读辅导。区委副书记、区长李跃旗，区人大常委会主任杜治中，区委常委葛永东、陈正安、李华桂、沈华棣、姬兆亮、张权权等出席。全区处级领导干部近400人参加。

（贺启林）

【凌云参加全国司法所建设工作总结表彰电视电话会议】 4月17日下午，全国模范司法所长——吕巷司法所所长凌云赴京参加全国司法所建设工作总结表彰电视电话会议，并与受表彰全国司法所建设工作先进集体、先进个人接受中共中央政治局常委、中央政法委书记周永康，国务委员孟建柱会见。

（贺启林）

【区依法治区领导小组全体成员会议】 会议于4月27日上午在区会议中心召开，审议并通过区司法局局长、依法治区领导小组办公室主任平安兴所作区依法治区2011年工作总结、2012年工作要点等。枫泾镇党委书记张斌、区安全生产监管局局长孙引良、区政府法制办主任黄杰国就基层法治单位创建、依法行政示范单位创建及2012年区依法行政工作作交流发言。区委书记、区依法治区领导小组组长杨建荣分别与漕泾镇党委书记朱喜林、区环保局局长吴克源、区住房保障房屋管理局局长张士杰签订2012年区依法治区暨法治创建目标责任书。杨建荣提出依法治区工作要求：要深化认识，进一步增强依法治区工作责任感、紧迫感；要分类推进，进一步增强依法治区工作针对性、实效性；要狠抓落实，进一步增强依法治区工作执行力、保障力。区委常委、政法委书记、领导小组常务副组长刘其龙主持。区委副书记、区长、领导小组第一副组长李跃旗，区人大常委会副主任、总工会主席、领导小组副组长刘跃俊，副区长、公安金山分局局长、领导小组副组长马淮海及区人民法院院长黎淑兰、区人民检察院检察长龚培华出席。领导小组各组成人员、领导小组办公室主任、副主任约70人参加。区依法治区办有关人员列席会议。（贺启林）

区依法治区领导小组全体成员会议

【出台《金山区人民政府法律顾问团工作规则》】 5月，《金山区人民政府法律顾问团工作规则》（金府发〔2012〕9号）出台，明确法律顾问团是区政府法律咨询机构，区政府法制办负责法律顾问团成员聘任和任务指派，区司法局负责法律顾问团成员推荐和日常管理，法律顾问团团长、副团长由区政府法制办主任、区司法局分管领导兼任，成员根据区政府指派或委托办理相关法律事务。（贺启林）

【法官与律师座谈会】 8月31日下午，区司法局、区人民法院"加强诉讼引导和矛盾化解，全力维护社会和谐稳定"——2012年法官与律师座谈会在金山宾馆召开。区司法局副局长韩瑾主持。法官、律师、司法所长代表作交流发言。区委常委、政法委书记刘其龙讲话。区人民法院党组书记、院长黎淑兰及区人民法院、区司法局领导班子和相关部门负责人，区律工委全体委员、部分律师代表参加。（贺启林）

【区人大调研区人民调解和大调解等工作】 10月10日下午，区人大常委会主任杜治中、副主任袁晓英带领区人大常委会办公室、研究室、内务司法工委、城建环保工委、教科文卫工委主要负责人到区司法局调研，听取局长平安兴关于区人民调解和大调解工作、书记瞿龙平关于队伍建设汇报。要求加强"人民调解法"学习宣传，加强人民调解员队伍挖掘、培养和培训，加强必要投入。10月24日下午，区人大常委会组织部分区人大代表到亭林"一门式"司法信访综合服务窗口、上海亭井联接件有限公司调委会检查工作，听取区司法局局长平安兴关于区贯彻实施"人民调解法"工作情况和区人大常委会内司工委主任严杰关于区贯彻实施"人民调解法"调研情况汇报。要求进一步贯彻实施"人民调解法"工作意见和建议，加大宣传力度，提高全社会对人民调解工作重要性认识；大力推进人民调解工作法制化、规范化建设，提高人民调解委员会公信力；加强培训，丰富人民调解员法律知识，提高调解能力；进一步强化矛盾纠纷预防功能力；依法保障经费，确保基层人民调解员队伍稳定。区人大常委会副主任刘跃俊、殷金荣、张俊宏，区副巡视员施黄飞参加，副区长马淮海陪同。（贺启林）

【区过渡性安置就业示范基地揭牌仪式】 10月18日下午，区过渡性安置就业示范基地揭牌暨民革金山区委会社会帮教志愿者授旗仪式在钱龙大酒店举行，区人力资源和社会保障局党委书记于小粮、区司法局副局长夏雷为区过渡性安置就业示范基地揭牌。民革金山区委副主委、区社会帮教志愿者协会副会长沈文达为民革党员帮教志愿者代表授旗。6名民革党员报名成为金山区社会帮教志愿者。区司法局、区人力资源社会保障局、区社会帮教志愿者协会有关人员及部分民革党员出席。（贺启林）

【郑善和到金山调研】 11月6日下午，市司法局党委书记郑善和带领市司法局办公室、市社区矫正办、市司法局基层处人员到金山调研，听取区司法局局长平安兴专题工作汇报。要求坚持以"主线（认真学习党的十八大精神及市第十次党代会精神）、主题（坚持科学发展、推动上海司法行政工作走在全国前列）、主体（加强队伍建设）、主业（做亮、做实、做强、做大）"谋划明年工作；要自觉把司法行政工作纳入到社会管理创新和促进社会和谐发展大局中去、把特殊人群社会管理工作纳入司法行政工作重点、把“三个确保”(确保及时有效化解社会矛盾纠纷、确保特殊人群管理安全、确保营造司法行政良好环境)作为司法行政常态工作机制;要适应在社会监管无所不在、利益诉求多元化、信息公开透明化情况下开展工作;要用问题导向、需求导向、项目导向解决发展过程中问题;要一以贯之地推进基层基础工作;要积极打造工作特色、亮点;要坚持不懈推进司法行政队伍建设。区委副书记、区长李跃旗与郑善和作工作交流。区委常委、政法委书记刘其龙,副区长、公安金山分局局长马淮海等陪同调研。

(贺启林)

【“醉·美·枫泾”上海市法治故事演讲比赛】 11月16日下午,市法宣办、市法治研究会、区司法局主办,枫泾镇政府承办的“‘醉·美·枫泾’上海市法治故事演讲比赛”在枫泾镇政府礼堂举行,17位各区县故事选手参赛,嘉定区《憨到底》获一等奖,金山区《鸡与谷》、嘉定区《猫眼倒装》获二等奖,松江区《分段承包》、普陀区《融入大上海,当好老娘舅》、徐汇区《调解婚姻家庭纠纷,奏响社区和谐乐章》获三等奖。“中国故事评审团”成员、市故事家协会秘书长、《故事会》杂志副主编吴伦作点评。国家司法部法制宣传教育司处长肖志清、市司法局法制宣传教育处处长牛海陵及区有关部门领导平安兴、沈金忠、朱建国、王世敏,市各区县司法局法宣科(处)长,区各镇(街道)、金山工业区法宣办主任及枫泾镇各村(居)法宣干部100余人出席。

(贺启林)

【“12·4”宪法宣传周暨纪念宪法颁布30周年法治文艺汇演】 12月4日下午,区法制宣传教育领导小组主办,区委宣传部、区法宣办、金山卫镇党委和政府承办的“弘扬宪法精神,培育法治文化,促进依法治理”金山区“12·4”宪法宣传周暨纪念宪法颁布30周年法治文艺汇演在金山卫镇社区文化活动中心举行,献演歌曲、小品、演讲、表演唱等节目10余个。区委常委、政法委书记、区法制宣传教育领导小组组长刘其龙,区委常委、宣传部部长、区法制宣传教育领导小组副组长张权权,区人大常委会副主任、区总工会主席、区法宣领导小组副组长刘跃俊,区司法局局长、区法制宣传教育领导小组副组长平安兴,区委宣传部副部长、区法制宣传教育领导小组办公室副主任黄辉云,区司法局副局长、区法制宣传教育领导小组办公室副主任沈金忠,金山卫镇党委书记干永琴出席。区法制宣传教育领导小组成员单位分管领导,各部、委、办、局法宣干部和各镇(街道)、金山工业区法宣办主任及金山卫镇村(居)法宣干部观看。 (贺启林)

保密工作

【概况】 2012年,根据市委保密委和市国家保密局工作部署,试行保密工作目标管理考核,强化保密工作责任制,夯实以党政机关为重点保密基础工作。召开区委保密委全体成员会议,传达令计划在中央保密委员会全会、丁薛祥在市委保密委员会全会讲话,部署全年保密工作。调整各单位保密领导小组成员并举办区党政机关单位专兼职保密干部培训班。明确区委办、区府办和区机要局、科委网管中心、政府门户网站等职能部门保密自查、网络清理、信息公开等保密工作要求。检查各镇(街道)和金山工业区防范和处理邪教问题、65家党政机关单位保密工作。完成区公务网计算机“保密工作综合管理工作平台”安装和“三合一”(信息单向导入、违规外联报警、移动存储介质管控)设备强制配备。邀请市委保密委副主任、市国家保密局局长巢文健作保密工作形势报告。落实市委保密委《关于在干部培训中进一步加强保密教育的通知》,区委党校开设保密法制课程。赠送区四套班子领导、区委保密委全体成员、区各单位专兼职保密干部《保密知识简明读本》130余本。配合相关职能部门,落实世界沙滩排球巡回赛“金山新城杯”中国上海金山满贯赛等重大涉外活动相关单位、工作人员保密教育。落实中考等教育考试试卷保密措施,无失泄密事件发生。

(赵惠忠)

侨务·台湾事务

▶ QIAOWU TAIWANSHIWU

侨　务

侨法宣传月活动

【概况】 2012年，区侨办贯彻落实中央、市委侨务工作会议及《中共上海市委印发<关于加强新时期上海侨务工作的意见>》（沪委发〔2012〕8号）和《中共上海市委办公厅印发〈关于加强和改进新时期侨联工作的意见〉的通知》（沪委办发〔2012〕27号）（下称“两个意见”）精神，围绕区委“十二五”规划总体目标，开展侨务工作。年内，举办“贯彻侨法、维护侨益、服务发展、共建和谐”侨法宣传月活动，开展侨法“四进”（进机关、进社区、进学校、进企业）系列活动，建立朱泾镇、石化街道“侨法宣传角”，发放宣传资料3400余件，举行政策咨询、讲座、报告会28次，发动侨界志愿者参与209人次，参与群众122300余人。开展社区侨务工作，举办2012年社区侨务干部培训班，开展“社区为侨服务好、侨为社区贡献多”主题活动，为老归侨开通免费法律咨询热线。承办“上海侨界医学专家送医到农村（社区）、上海侨界艺术家送文化到农村（社区）——金山（枫泾）”专场活动。开展“冬送温暖夏送凉”走访慰问活动，发送慰问品及慰问金计6万余元。开展“新侨帮老侨”活动，区侨商分会赠送老归侨“爱心”医疗卡，捐赠区辅读学校阳光午餐费5万元。各镇（街道）、金山工业区分别成立“侨界志愿者”服务队。举办“月是故乡明·相约海滨”——金山区三胞眷属中秋国庆酒会。配合市侨办开展“寻根华夏共筑未来”——海外华裔青年文化参访活动，接待哈佛大学、牛津大学、剑桥大学等优秀华裔大学生40多人。开展“做好新形势下涵养侨务资源的几点思考”课题调研。朱泾镇获市侨务工作先进集体称号，并与石化社区（街道）同获市社区侨务工作先进集体称号。山阳镇党委副书记孙美华、金山卫镇统战员高金龙、亭林镇统战员顾勤初获市侨务工作先进个人称号。吕巷镇统战员曹梦根、石化社区（街道）侨联分会主席李维云获市社区侨务工作先进个人称号。（汤　艳）

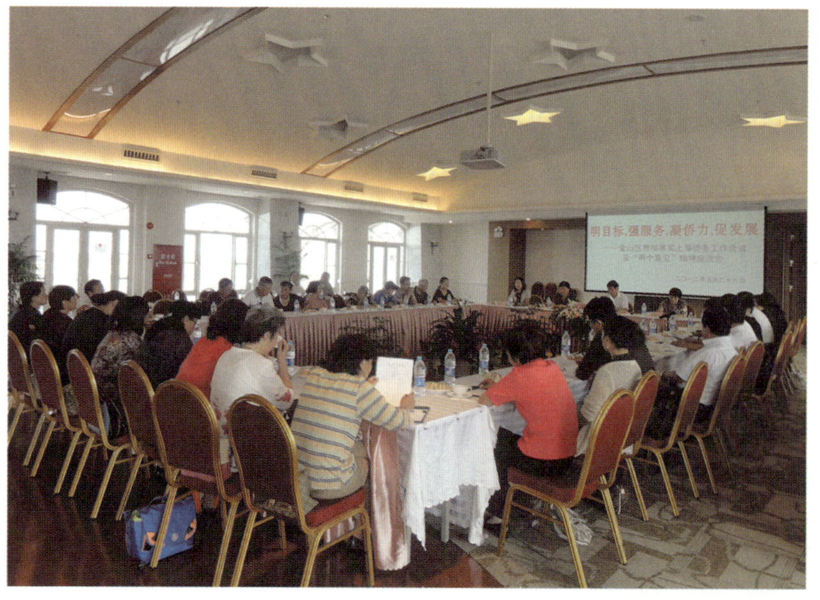

贯彻落实上海侨务工作会议和“两个意见”工作会议

【贯彻落实上海侨务工作会议及“两个意见”工作会议】 9月26日下午，区侨办、区侨联“明目标、强服务、凝侨力、促发展”——贯彻落实上海侨务工作会议及“两个意见”工作会议在新天鸿高尔夫球场召开。区侨办副主任顾育红主持。市侨办政研处处长余晓芳、区侨办主任黄明星、区侨联副主席徐美云出席。各镇（街道）、金山工业区统战员、部分归侨侨眷代表约60人参加。（汤　艳）

台湾事务

【概况】 2012年,全区接待台胞参观访问团25批385人次。受理赴台交流初审5批53人次、经贸考察初审2批22人次、参加市行业协会赴台交流初审11批13人次、企业赴台商务初审22批36人次。年内,举办台海形势报告会、教育系统涉台知识培训。召开对台工作领导小组(扩大)会议、对台经贸协调工作会议。开展涉台教育"五个一"(读一本涉台教育的书籍、观看一部涉台教育专题片、开展一次涉台教育参观考察活动、举办一次涉台教育知识竞赛和举行一次涉台教育征文活动)主题活动。促成台资签约项目4个。坚持"周四下基层"走访制度,协调处理台资企业事务6件。举办台商沙龙活动,组织"2012年大陆台商切身相关的最新法律和财务实务"、台资企业如何转型发展等专题辅导。金山工业区在台湾台北松山机场设立"国际先进制造业产业基地——上海金山工业区"广告牌。上海汉钟精机股份有限公司、上海三汰包装材料有限公司、法兰山德乐器(上海)有限公司、美宝旅游用品(上海)有限公司、上海川方机电有限公司、泽星(上海)精密工业有限公司联合成立的"台商慈晖专项资金"送发枫泾贫困家庭、学生和优秀师生资助金近10万元。上海汉钟精机股份有限公司获2012年度市优秀台资企业称号,上海翔茂企业有限公司、上腾煜制衣(上海)有限公司获市台协会星级会员称号。区台办获2012年度上海市涉台招商引资工作特色奖。（汤 艳）

区第四次台胞台属代表大会

【胡志强到金山考察】 7月3日下午,台中市市长胡志强到金山考察。区委书记杨建荣会见并探讨与台中食品加工业、精密机械制造业合作等事宜。区委常委、统战部部长李华桂参加会见。（汤 艳）

【殷蓓仪等到金山调研台资企业】 9月6日下午,市人大侨民宗委主任委员、外事委主任委员殷蓓仪、副主任委员李邦俊、王中等到金山台资企业上海汉钟精机股份有限公司调研。区人大常委会主任杜治中、副主任袁晓英、副巡视员施黄飞及区人大办、区台办、枫泾镇等部门领导陪同。（汤 艳）

【区第四次台胞台属代表大会】 会议于11月21日下午在区委党校召开,选举产生新一届理事会成员19名,区委党校常务副校长张汉为连任会长,夏红梅、黄瑜文、朱希任副会长。区委常委、统战部部长李华桂讲话。60多位台属代表和区台办、各镇(街道)、金山工业区及相关局行领导出席。（汤 艳）

【江丙坤到金山参访】 12月15日上午,台湾海基会原董事长、三三企业交流会会长江丙坤等60余人到金山参访并赴枫泾古镇和中国农民画村参观。区委常委、统战部长李华桂接待。市台办巡视员季平陪同。（汤 艳）

围棋圣手顾水如

顾水如(1892—1971年),名思浩,小名寄龙,金山区枫泾镇人。9岁学弈,悉研家藏棋谱并渐悟棋理。14岁,棋艺乡里无敌。后在上海受教于无锡范楚卿、合肥张乐山等高手,棋艺精进,成为当时屈指可数高手。1916年,东渡日本接受现代棋理熏陶,为我国出国专攻围棋第一人。1917年,先后击败当时全国第一高手汪云峰及金亚贤、过惕生、段祺瑞等而轰动北京,被誉为围棋圣手。后定居天津,独步北方棋坛10余年,与当时称雄江南的刘棣怀各据一方,人称"南刘北顾"。

1922年,顾水如先生在北京西单海丰轩棋室偶见一9岁孩童与人对局,下得头头是道,攻势凌厉,认为是颗明珠,便收以为徒,此孩童即为后来雄霸日本棋坛20多年的围棋巨匠吴清源先生。1952年,顾水如先生在上海襄阳公园发现7岁孩童下棋思维敏捷,落子不俗,便收为弟子,此孩童即为后来成为新中国第一位围棋九段高手的陈祖德先生。

新中国成立后,顾水如先生在陈毅市长关怀下被聘为上海市文史馆馆员,并当选市政协委员,先后担任《围棋》月刊副主编、上海围棋学校校长等职。耄耋之年,仍常邀成群小棋手围聚家中,继续为培养新人发挥余热。

1971年6月,顾水如先生因病卒于松江寓所,终年80岁。1989年骨灰安葬家乡枫泾公墓,2000年中国棋院和枫泾镇人民政府特为其修缮墓地,并立陈祖德亲笔题字纪念碑,墓前落叶轻覆、墓碑清秀。最让人动情的是碑前摆放的一盘对局:大理石刻就的棋盘,上镶嵌黑白子,总共不过60多手,为顾老与陈祖德9岁时下的一盘让子棋……

民族和宗教

▶ QIAOWU TAIWANSHIWU

综 述

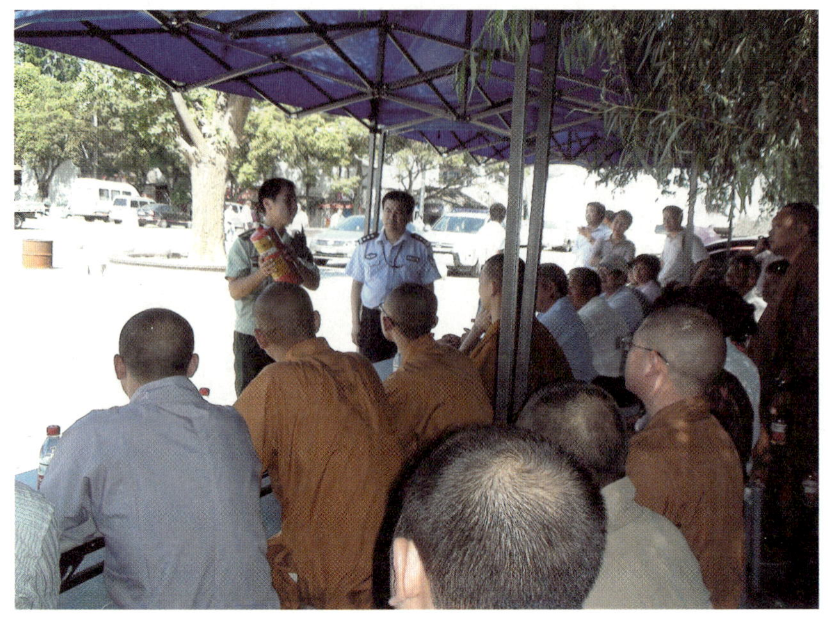
宗教系统消防安全培训

2012年,全区有苗、壮、蒙古、回、彝、土家、满、藏、维吾尔、朝鲜、侗、布依、瑶、白、哈尼、哈萨克、傣、黎、佤、水、土、仡佬、仫佬、畲、羌、毛南、锡伯、塔吉克、俄罗斯、傈僳、拉祜、东乡、纳西、景颇、柯尔克孜、布朗、撒拉、怒、珞巴计39个少数民族,其中户籍人口1012人、常住人口6933人。有区少数民族联合会、佛教协会、道教协会、天主教爱国会、基督教两会(三自爱国运动委员会、教务委员会)区级民族宗教团体和伊斯兰教清真寺寺管会,信教群众约6.5万人。开放佛教(6处)、道教(1处)、伊斯兰教(1处)、天主教(12处)、基督教(9处)宗教活动场所,其中正式场所16处、固定场所13处。年内,区少数民族联合会、佛教协会、道教协会、天主教爱国会换届。成立区宗教系统安全工作领导小组,定期会同公安金山分局国保处、消防支队等相关职能部门检查、指导场所安全工作,督促各宗教团体、场所成立安全工作小组,实行场所安全工作逐级责任制。组织宗教系统消防安全培训,5大宗教19个场所负责人和消防安全员参加。指导各镇(街道)、金山工业区统战干部排摸辖区清真饮食供应情况,完善清真义务监督员队伍。部署"宗教政策法规学习月"活动,举办佛教万寿寺摄影作品展览、"一场所一品牌"展示活动。协同各职能部门、镇统战工作分管领导及区佛教协会、区道教协会赴江西龙虎山、庐山学习考察。全年处理各类涉及少数民族矛盾纠纷10多起。全年走访慰问少数民族特困家庭46户,发放慰问金及慰问品价值3.6万元;走访民族宗教界代表人士60人,发放慰问金及礼品价值4.8万元;慰问金山中学新疆班学生及教师,发放防暑用品2万元。石化街道获市民族团结进步模范社区称号,朱泾、枫泾、亭林、漕泾、金山卫镇获市民族团结进步优秀社区称号。佛教东林寺、万寿寺、松隐禅寺、性觉寺、五龙禅寺,道教施王庙,基督教枫泾天命堂、张堰耶稣堂及天主教张堰百家天主堂获市文明宗教活动场所称号。 (马秀明 郑国兰)

区民族宗教法制知识竞赛

【区民族宗教法制知识竞赛】 竞赛于3月1日在朱泾镇文广中心举行,各镇(街道)、金山工业区等单位组队参加。金山工业区代表队获一等奖,朱泾、张堰镇代表队获二等奖,廊下、漕泾镇代表队及石化街道代表队获三等奖。市民族和宗教事务委员会法宣处副处长许亢等参与监考、阅卷、点评。区委民族宗教工作领导小组、区人大常委会侨民宗工委、区司法局法制宣传办公室、基层民族宗教工作者等130多人参与。

（马秀明　郑国兰）

【欢娱寺重建工程奠基典礼】 4月22日上午，欢娱寺举行重建工程奠基典礼。市民族和宗教委领导王君力，区领导王美新、祝学军、刘其龙、殷金荣等为重建工程剪彩和奠基培土。中国佛教协会副会长、市佛教协会会长、玉佛寺方丈觉醒大和尚，河北省佛教协会副会长、邢台市佛教协会会长、普济寺方丈果慧大和尚等诸山长老为重建工程举行洒净祈福法会。区人大、区政协、区委统战部、市民族和宗教委相关处室、区民族宗教办、金山工业区等部门领导及市各大寺院诸山长老、法师，金山工业区商会企业家代表等共1500余人参加。（朱红梅）

【区民族宗教工作领导小组（扩大）会议】 会议于6月7日在区委统战部召开，副区长、区委民族宗教工作领导小组副组长陆瑾传达2012年全国宗教工作会议和全国民委主任会议主要精神，区委统战部副部长、区民族宗教办主任、区委民族宗教工作领导小组办公室主任曹幼松汇报区民族宗教工作情况及2012年下半年工作计划，区旅游局、区广播电视台、公安金山分局等成员单位交流民族宗教工作。区委常委、统战部部长、区委民族宗教工作领导小组副组长李华桂主持。区委副书记、区委民族宗教工作领导小组组长祝学军讲话。16家成员单位及各镇（街道）、金山工业区党（工）委副书记列席。

（马秀明　郑国兰）

“慧恒慧宏　博爱助学”座谈会

【民族宗教工作形势任务报告会】 报告会于6月20日下午在区委党校举行，市委统战部副部长、市民族宗教委党组书记曹斌作“上海民族宗教工作的形式和任务”报告。区委民族宗教工作小组副组长李华桂，各成员单位和各镇（街道）、金山工业区分管副书记、组统委员及统战员、区委统战部成员参加。

（马秀明　郑国兰）

【“慧恒慧宏　博爱助学”座谈会】 8月20日下午，区民族宗教事务办公室、区少数民族联合会、区佛教协会“慧恒慧宏　博爱助学”座谈会在区委统战部举行，区委统战部副部长、区民族宗教办主任曹幼松通报“慧恒”助学基金运作情况，区红十字会常务副会长李美玲通报“慧宏”博爱助学项目运行情况，区佛教协会向受助学生代表发放助学金。副区长陆瑾出席。区委常委、统战部部长李华桂讲话。11个基层党委（党工委）统战员及学生代表近50人参加。（马秀明　郑国兰）

【钱景林等到金山检查调研】 6月12日上午，市政协副主席钱景林与市政协委员、在沪全国政协委员及市政协民族和宗教委员会、市民族宗教委相关处室有关人员到金山检查指导伊斯兰教工作，视察金山清真寺并听取金山区、嘉定区、奉贤区伊斯兰教工作情况汇报及与会成员交流。钱景林要求各级党委政府要高度重视，充分认识解决群众宗教需求的重要性和紧迫性；积极探索解决少数民族同胞过宗教生活的新途径、新办法。区长李跃旗、区政协主席王美新、区委副书记祝学军接待。区委常委、区政协副主席、统战部部长李华桂，副区长陆瑾陪同视察。7月19日下午，市伊斯兰教协会会长金宏伟等到金山指导工作，听取区民族宗教办工作介绍，协商金山清真寺后续发展、阿訇派驻等问题并就如何做好斋月工作提出要求。区委常委、统战部部长李华桂会晤金宏伟。统战部副部长、区民族宗教办曹幼松陪同。

（马秀明　郑国兰）

中国工运领袖朱学范

朱学范（1905—1996年），原名朱屏安，金山枫泾人。杰出的爱国主义战士和政治活动家，中国工会著名领导人。曾任全国人大第五、六、七届常务委员会副委员长，民革中央常委、副主席、主席和名誉主席，是新中国首任邮电部长。早年就读上海圣芳济书院、上海法学院，后赴美国哈佛大学深造。1924年在上海邮政局为邮务工，次年参加“五卅”运动，1926年后参加上海工人三次武装起义。

1931年，“九一八”事变爆发，朱学范代表邮务工会参加上海市抗日救国联合会。次年，“一·二八”事变时，朱学范组织邮工战地服务团募集活动支援十九路军抗战，任邮工救护队长，赴战地救护伤员。7月，当选全国邮务工会执委会常务委员、上海市总工会主席。1933年，创办《勇进》半月刊，宣传抗日救国，发起成立工人团体“勇进队”并任队长，支援上海纱厂工人反日大罢工。1935年，中国劳动协会成立，朱学范为主要领导人。次年，出席第20届国际劳工大会，在苏联会见中共代表李立三，达成团结工人、联合抗日共识。1937年“八一三”事变爆发，日军进攻上海，朱学范任上海工人武装别动队三支队队长，勇抗日军。11月，别动队解散，朱学范辗转香港抵内地。次年，在广州、长沙、武汉、郑州等地宣传抗日，和中共陕甘宁边区总工会代表刘群先、廖似光一起筹建中国工人抗战总会筹委会，因遭国民党阻挠未果。同年6月，出席第24届国际劳工大会。12月，中国劳动者协会第二届年会在重庆召开，朱学范当选理事长，中共代表廖似光为常务理事。1944年被选为国际劳动局理事。1945年，朱学范出席巴黎世界工会大会，当选世界工联副主席。1948年1月8日，《朱学范对目前时局的宣言》在伦敦发表，与蒋介石统治政权公开决裂。8月1日，第六次全国劳动大会在哈尔滨召开，朱学范当选中华全国总工会副主席。1949年6月，朱学范参加中国人民政治协商会议筹备会第一次会议，参与《共同纲领》起草。

新中国成立后，朱学范担任首任邮电部长，为创建新中国的邮电事业作出了重要贡献。“文化大革命”中，朱学范以“反革命罪”入狱7年，粉碎“四人帮”后获释。他关心祖国和平统一大业，在国内外发表文章和谈话，呼吁两岸“三通”。曾提议两岸可以率先实现通邮，以通邮作“三通”突破口。著有《朱学范文集》《我的工运生涯》《我与民革四十年》。1996年1月7日，在北京辞世，享年91岁。同年4月10日，朱学范的骨灰安葬在家乡的枫泾公墓。其墓地占地990平方米，坐北朝南，全部用苏州花岗石建造。由青铜像、墓穴、墓碑组成。墓基高1米，其中墓座高0.4米，平台0.6米，上石阶3级可至墓穴平台。墓穴正前方矗立朱学范半身青铜像。像高0.56米、宽0.50米，由雕塑家章永浩于1999年5月7日雕塑而成。铜像花岗石基座立柱高1.35米，两边宽各0.50米。铜像下前方设有拜台，长0.60米，宽0.42米，高0.15米。墓葬共80平方米，其中墓穴长7米，宽5米。墓前场地45平方米，墓前道路27平方米。墓穴内安放骨灰盒的石坑，由一整块重6.85吨的巨石中间打洞而成，坑长1.7米，宽1.2米，厚0.2米。墓穴前置供台，长1.3米，宽0.6米，高0.38米。墓穴后直立墓碑，碑高2.36米，宽1.18米，厚0.18米，重1.4吨。正面中央镌有“先父朱学范之墓”字样，上方正中嵌有朱学范黑白瓷照。右上方镌刻立碑时间，左下方为立碑后辈名录。背面镌有朱学范生平。墓周为石护栏杆，长5.6米，宽3.6米，高0.9米，栏柱上雕有16樽石狮。台阶两旁为花卉坛，植有龙柏球。墓地四围种植珊瑚树绿篱，种有龙柏球、罗汉松和龙柏树。内铺草坪。墓碑后种有雪松5棵，是其五个子女所种。朱学范墓地现为金山区青少年爱国主义教育基地。

民 政

综　述

2012年,区民政部门办理区人大代表书面意见和政协提案20件,受理各类信访167件。开展“走基层,听民生”调研。推进局属事业单位绩效工资改革,完成局公务用车改革及驾驶员分流安置。投资1600万元完成区第一社会福利院改、扩建(区实事项目)并投用,新增养老床位125张。区社会组织“区、街镇、村居”预警网络工作接受市社团局检查考评,队伍建设、信息上报、制度建设等获肯定。区被民政部命名为“全国第四批养老服务示范活动示范区”,区民政局、老龄办“福在金山乐在老龄”主题实践活动被评为市民政系统窗口单位为民服务创先争优活动优质服务品牌。区社会福利院郑浩玲被评为全国民政系统窗口单位为民服务创先争优活动优秀服务标兵,廊下镇社区管理和社会事业发展办公室彭月华获市民政系统第四届孺子牛奖银奖。（胥　斌）

基层政权和社区建设

【概况】　2012年,加强村(居)委会换届选举指导,全区第十次村委会、居委会换届选举分别采用“海选”(由选民直接提名确定候选人进行选举)、“直选”(设定候选人,再由选民投票选举)方式,其中“海选”占比95%、“直选”占比83%,比上届(3年换届一次)分别提高6个、14个百分点。指导设立朱泾镇金来居委会,金山工业区红叶、恒顺、恒康居委会。至年底,全区有村委会124个、居委会87个。亭林镇新建居委会等6个居委会创建成为市社区建设模范居委会,朱泾镇罗星居委会等8个居委会、金山卫镇东门居委会等5个居委会分别创建成为市社区建设示范居委会。制订实施《金山区社区事务受理服务中心延长服务时间工作方案(试行)》,落实社区事务受理服务中心“三一两全”(一门办理、一口受理、一头管理,全年无休、全市通办)举措。完成《中华人民共和国政区大典(上海分卷)》金山卷编撰。（胥　斌）

社会组织建设与管理

【概况】　2012年,全区新增社会组织18家,其中社会团体6家、民办非企业单位12家。注销社会组织3家。至年底,经核准登记社会组织344家,其中社会团体145家、民办非企业单位199家。从业人员5000余人,涉及类型40个。登记备案社区群众活动团队396个,在册9745人(其中党员3255人),涉及体育健身、文化艺术、公益服务、休闲爱好等20个类型,遍布各镇(街道)、金山工业区120余个村和80个小区。年内,区民政局、区社团局联合发出《关于评选2010~2011年度金山区“十佳社会组织”的通知》,并首次引入“第三方”部门审计,41家社会组织分获2010~2011年度区“十佳社会组织”“自律与诚信建设先进单位”等称号,16个社会组织专兼职人员分获“公益之星”“公益新星”等称号。修订《金山区社会组织规范化建设评估的实施细则》,成立评估工作领导小组和评估机构,完成第二批8家申报单位综合评审。组织社会组织2011年度年检,319家社会组织参加,年检合格率89%。审核、登记21家2011年新增社区群众活动团队并颁发“备案证书”。参与“创业型城区”创建,区企业联合会企业家协会代表全区社会组织宣读倡议书。区民政局、区社团局与区社会组织服务中心等多家社会组织联合举办2012年“爱尚公益”金山公益网开通仪式暨年度表彰系列活动,全区300多家社会组织代表及各业务主管单位、街镇联络员等参加。推进社会组织参与创先争优活动,开展宣传新农村建设等服务“三农”特色活动。区社团局和社会组织全年向各类报刊、网络等发送各类信息400余篇、照片100余张,综合录用150篇,区社团局被《中国社会报》授予2012年度社会组织宣传工作先进单位称号。（沈　伟）

社会救助

【概况】　至年底,全区有城乡低保对象4524人、城乡重残无业人员2307人、农村五保对象376人。根据市民政局、市财政局《关于调整本市城乡居民最低生活保障标准的通知》(沪民救发〔2012〕27号),4月1日起调整金山城乡居民最低生活保障标准,城镇由505元/月调至570元/月、农村由4320元/年调至5160元/年。落实城乡低保、重残无业、农村五保等对象生活救助11万人次4116.91万元、医疗救助4.7万人次1741.96万元。区被国家民政部确定为“全国重特大疾病医疗救助试点单位”。元旦、春节帮困送温暖活动惠及各类救济救助对象8.37万人(户)2367.04万元。发放九年制义务教育阶段贫困学生助学券2171份,开具“三校生”(中等专业技术学校、职校、技校)贫困证明693份。补助农村低收入家庭危旧房改造136户324.38万元。出具经适房、廉租房申请家庭居民经济状况核对报告131份。组织90名村(居)灾害信息员参加市职业技能培训。社区市民综合帮扶实施个案帮扶涉及4132人1699.2万元,实施项目帮扶涉及188人次36.8万元。区救助管理站全年救助各类城市生活无着流浪乞讨人员243人次。开展"接送流浪孩子回家"专项行动，救助流浪未成年人11名。实施严寒季节救助，帮助70人次安全过冬。

（胥　斌）

社会福利和慈善事业

【概况】　2012年，全区有养老机构26个、养老床位3215张。年内，106家福利企业安置残疾人职工3568名，发放2011年度残疾人职工社会保险费补贴691.29万元。全区有市福利彩票代销网点109个，销售额首次突破亿元，达11094万元，比上年增13.7%。其中电脑彩票8780万元、即开型福利彩票2314万元。筹集福利彩票公益金642.82万元。市慈善基金会金山区分会助医675人次170万元、助学903人242.26万元、助困1298人次339.14万元，慈善公益项目活动惠及434人次1351.3万元。"蓝天下的至爱"慈善联合募捐募集善款1677.6万元。　（胥　斌）

老龄工作

【概况】　至2012年底，全区60岁以上老年人12.6万人，占总人口24.4%，其中80岁以上1.79万人（百岁老人19人），占总人口3.5%。60岁以上纯老年人家庭老人2.49万人、独居老人0.63万人。年内，制订《金山区社会养老服务体系建设三年行动计划（2013－2015年）》。开展老年法律法规宣传咨询活动近100次。完成25家养老机构消防安全达标工程，并通过消防部门竣工验收。全年享受居家养老服务7700名，比上年增5.1%；新建社区老年人日间服务中心3个、助餐点4个，创建市、区标准化老年活动室32个。落实精神慰藉服务，首次实施老伙伴计划，组织520名低龄健康老年志愿者与2600名高龄独居、纯老年家庭老人结对。受理老年人信访1922件，调处1881件，调处率98%。办理"银发无忧"老年人意外伤害保险39218份78.44万元，均比上年增7.7%。农村"为老助浴"服务受益6万多人。开展"福在金山乐在老龄"系列活动150天，举办拳操展示、老年电影节、千名老人一日游、书画摄影展、敬老先进表彰大会等活动。开展敬老月活动，敬老服务惠及老人5.8万名。全区老年学校开设摄影、舞蹈、书法、戏曲班等20多个，有老年学员约8000名。

（王雪峰）

退役军人安置和拥军优属

【概况】　2012年，开展春节、八一期间走访慰问驻地部队和清明期间祭扫烈士陵园（墓）活动。投资3886万元扩建修缮金山区烈士陵园，占地21993平方米。投入96万元办好驻地部队营房设施改建、专业技能培训等实事。开展文化进军营系列活动。召开区双拥模范创建大会，表彰双拥模范（先进）单位和个人。成立市拥军优属基金会金山分会。落实重点优抚对象补助举措，补助各项抚恤经费630人1237.61万元、减免医疗费707人99.32万元、补助实物658人34.33万元、组织疗休养11批次225人次。接收2011年冬季退役士兵207人（城镇146人、农村61人），其中义务兵176人、复员士官25人、转业士官6人，自主就业（自谋职业）率80.4%。组织符合条件退役士兵报考事业单位和警察学校，其中1名转业士官被事业单位录用、2名义务兵录用为公安警察。落实军休干部政治和生活待遇，基本完成军休干部房改。　（胥　斌）

婚姻、收养登记和管理

【概况】　2012年，全区办理结婚登记4479对，比上年减3.32%，其中12月12日办理结婚登记117对；离婚登记1279对，比上年增1.15%；收养登记6例，比上年减66.67%。出具无婚姻登记记录证明4531例，提供各类查档服务957例。婚姻登记合格率100%。

（胥　斌）

殡葬管理和服务

【概况】　2012年，区殡仪馆火化遗体3883具。枫泾公墓出售墓穴1521穴，松隐山庄出售墓穴1643穴。清明、冬至期间落葬1753穴，接待祭扫群众54.4万人次、车辆4.9万辆。　（胥　斌）

丹青巨匠程十发

一代国画大师程十发，名潼，1921年生于上海松江县城外岳庙镇之莫家巷，4岁回枫泾随祖父生活。曾任上海中国画院院长、七届全国政协委员、中国文联委员、中国美术家协会理事、中国画研究院院务委员、上海美术家协会副主席、杭州西泠印社副社长。

程十发多才多艺，从艺80多年，最早主攻山水，之后相继以人物、花鸟闻名于世，画风独特，具有纵横挥洒，浑厚、古朴、生机盎然的艺术效果。作品用笔有神，笔墨洒脱精湛，气韵生动，抒情而浪漫。创作技法夸张且富想像，表现手法独特而隽永。创作的书画作品涉及中国书画及其边缘的各个领域，包括连环画、年画、书籍插图和书法、中国画、篆刻等各种艺术形式，人物、山水、花鸟、走兽、鱼虫直至书法都堪称一流。据其长子程助统计，程十发创作的连环画插图大约有3000至4000张；国画约有5000至6000张。

程十发被称为当代中国屈指可数的国画泰斗、"茹古涵今，独卧蹊径"的艺术大师，其画作每尺均价已达7万多元。1957年创作的第一套少数民族题材的连环画稿《召树屯和喃诺娜》镜心纸本40开（34×25*cm*），在2005年中国嘉德四季第3期拍卖会上最终以1100万元成交，创程十发个人作品拍卖最高纪录。

成就斐然、享誉中外的程十发先生一生幽默、达观，从不计较财富，生活简简单单，充满艺术家的人格魅力。1996年6月，程十发将一生中珍藏的122件古代和近、现代名家书画捐赠给了上海中国画院，目前程家几乎已没有收藏，足见老先生除画技高超之外，更有崇高的爱国思想境界。

程十发祖屋为明清风格砖木结构建筑，位于千年古镇枫泾镇和平街151号。临街平房，中间二层，后埭两耳厢房。有回廊的二层建筑，与旁边建筑相依相偎，层层叠叠，错落有致。烽火墙门楣上有砖雕，雕有"壹室太平"四字，楷体，方正有力，为当时枫泾著名书法家叶世熊题字，乃程家家训。大厅挂有程十发先生画作，前厅为诊所，楼上卧室有雕花木床。走过厢房，穿过小花圃，墙上有凿刻"枫泾是江苏和浙江省连系的一个小镇，可以证明两个母亲共同喜爱这个孩子，一个小镇跨越吴越两地，一定有它的特点，所以使人流连而神往"的大理石石碑。两边是高大的封火墙，中间石库门的门楣上砖雕的"三釜书屋"四字，为程十发先生亲自书写。据程十发自述，程姓老祖宗中莫过程咬金最有名气，而"三斧头"乃是程咬金绝技，然直称"三斧"太武气，于是改为"三釜"，而"三釜"有大、中、小三只做饭锅子的意思，更有国家、集体、个人的寓意。只有国家锅子里有东西，才有集体和个人份额，可见以"三釜"作比，匠心独具。

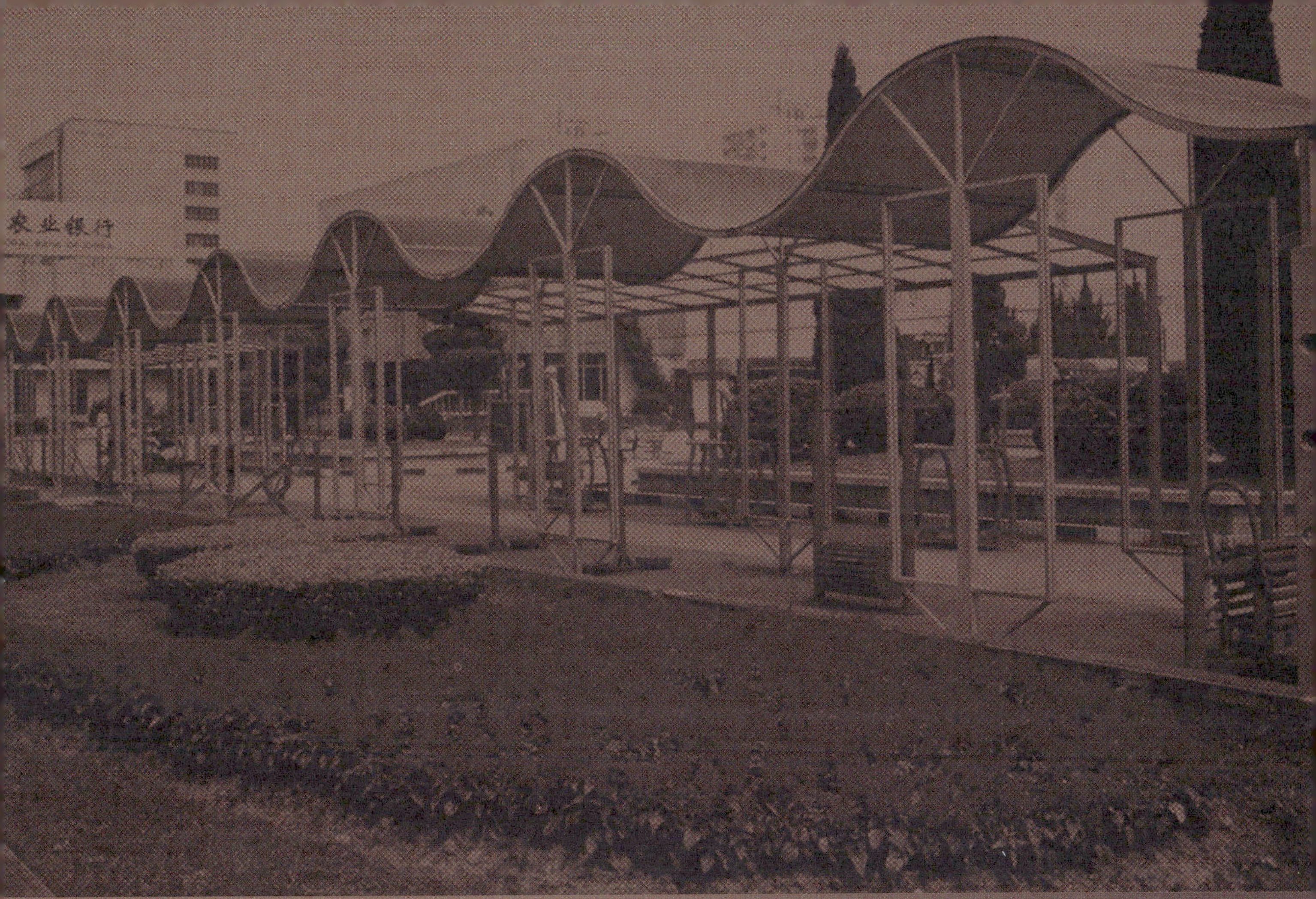

社会生活

SHEHUI SHENGHUO

2013 JINSHAN ALMANAC

人民生活水平和质量

2012年，城镇居民家庭人均可支配收入30083元，比上年增10.3%；农村居民家庭人均可支配收入15832元，比上年增11.5%。全年新增就业岗位21983个，净增就业岗位5242个，城镇登记失业6349人，控制在市政府指标6790人内；扶持358家创业组织成功创业；组织职业技能培训7052人。新型农村社会养老保险缴费30170人，领取养老金49782人；城镇居民社会养老保险保缴费1095人，领取养老金1100人。1月1日起，新型农村社会养老保险月基础养老金加过渡性养老金每人每月380元提高到450元，原制度前老年农民月基础养老金加过渡性养老金补贴每人每月300元提高到345元，其中年满85周岁人员再增加50元。城镇居民医疗保险基本实现全覆盖。年内，实施生活救助11万人次4129.8万元、医疗救助4.7万人次1742.0万元。实施城乡低保困难家庭及部分民政对象（城乡重残无业、农村五保户、孤老残幼、三胞胎等）一次性临时价格补贴2次226.42万元。推进全区养老机构消防安全达标工程建设；社区居家养老服务人员经费及组织机构运作经费，纳入国库单一账户体系管理，实行区财政国库直接拨付制度。完善"四位一体"住房（廉租房、公共租赁房、动迁安置房、经济适用房）保障体系。按照市统一标准，新增廉租住房租金配租58户，累计在册享受廉租住房租金配租家庭245户；完成新增和可供应廉租住房实物配租房源50套；公共租赁房新开工建设1475套，竣工445套，99套区人才公寓项目投用；完成第一批符合共有产权房购房条件77户家庭摇号排序，受理第二批共有产权房申请；动迁安置房新开工1241套12.5万平方米；竣工2072套20.7万平方米。全年社会消费品零售总额288.5亿元，比上年增15.0%。其中吃的消费品零售额108.1亿元，比上年增14.3%；穿的消费品零售额43.9亿元，比上年增10.9%；用的消费品零售额128.2亿元，比上年增16.7%；烧的消费品零售额8.3亿元，比上年增22.1%。打造"闲是金山"闲乐旅游目的地品牌，塑造"金周末"七大旅游系列产品，全年接待游客527.4万人次，比上年增23.2%。旅游综合收入30.5亿元，比上年增19.2%。完善金融机构布局，平安银行、民生银行设立金山支行，上海银行、中国银行等增设部分二级支行，金山惠民村镇银行开业。至年底，全区各金融系统存款余额820.0亿元，比年初增14.6%。其中居民储蓄401.3亿元，比年初增19.2%；各项贷款余额646.9亿元，比年初增27.2%。其中个人住房贷款61.1亿元，比年初增3.9%。全年电信业务收入3.2亿元，比上年增6.1%；邮政业务收入5303万元，比上年增17.0%；宽带上网用户13.5万户，比上年增3.8%；CDMA用户17.0万户，比上年增15.0%；IPTV用户5.7万户，比上年增19.0%；本地电话用户19.0万户。本地电话交换机容量30.0万门，实占19.0万门。全年投入环保资金19.6亿元，环境保护投资指数4.2%。实施第五轮环保三年行动计划，重点解决突出环境问题，着力推进金山卫化工集中区环境深化整治。围绕发展转型目标，落实降低污染、节能减排举措，完成幸福纺织和嘉乐股份染整部重点减排工程建设；启动枫泾等4家污水厂二期扩建污泥处理工程建设；实施清洁能源替代工作，完成锅炉改造21台、重点企业清洁生产审核5家；调整产业结构项目49项；枫泾镇国家生态镇通过市级验收；加强环境应急能力建设，建立区环境监测自动监控平台，实现重点污染源动态化、科学化和规范化管理；建立挥发性有机化合物在线监测站，实行金山卫化工集中区域及周边环境VOC污染现状实时监控与预警。1～10月区环境空气质量优良率98.7%（11月起，全市按照新环境空气质量标准发布AQI指数）。全年新增高新技术企业35家，累计192家。被认定市技术先进型服务企业1家（首次）、市科技小巨人企业3家、市科技小巨人培育企业4家。全区累计有市科技小巨人企业6家、科技小巨人培育企业36家，市创新型企业13家。全年获国家创新基金立项17个、市创新资金立项29个、市科委批准高新技术成果转化项目28项；专利申请总量2245件（列全市第十位），其中发明申请量646件。专利授权总量1677件，比上年增15.5%。发明授权量203件，比上年增65.04%。金山工业区列入市知识产权试点园区。区首家院士专家企业工作站揭牌成立并成功研发"抗菌功能针织面料开发"和"针织面料PASCU功能整理"项目。7个高技术含量生物医药项目通过预评估，计划总投资17.64亿元；4个项目被列入市战略性新兴产业项目；4个项目获市生物医药产业转化项目立项支持。落实国家、市、区教育工作会议精神，推进学校内涵建设，提高教育教学质量。优化学前教育资源，朱行、漕泾幼儿园成功创建成市一级幼儿园；开展学前儿童非法看护点整治，取缔非法看护点5个。基本形成“委托管理、组团发展、校际联盟”城乡优质教育资源辐射共享机制，顺利通过市义务教育优质均衡发展专项督政检查。推进学生健康促进工程，成立区学生体质健康监测中心并通过市政府实事项目验收，14294名农村籍学生享受免费营养午餐。开展“一校一品”特色创建，成立区学生艺术团并在英国爱丁堡国际艺术节展演；提升职业教育办学层次，启动中高级五年一贯制专业招生；实施学习型社会建设村居学习点达标三年行动计划；举办区第五届全民学习节；举行第二届金山—嘉善学习型社会建设合作论坛。全区31所小学在校学生28509人、29所中学在校学生23490人（年初数据）；小学入学率100%，初中阶段升学率98.85%，2012年本科录取率91.36%，本科录取1862人。完成复旦大学附属金山医院迁建并投用；建立区中西医结合医院；完成“基于居民电子健康档案的区域卫生信息化建设”；开展家庭医生制服务，签约19.22万人，试点区签约率53.40%；新型农村合作医疗保险投保率99.88%，人均筹资1330元，年最高补偿限额16.5万元；探索与单病种付费、新农合和医保支付相结合临床路径管理，试点病种人均住院费下降11.94%；通过国家卫生区复评；创建全国慢性病综合防控示范区。全区有医疗机构180个，在编在册职工3522名，其中各类卫技人员2731名；全年门、急诊448.38万人次，出院病人6.78万人次，病床使用率93.22%。全年举办各类文艺下乡活动778场，参演节目9758个、演职人员27035人次，观众208270人次；各类展览237场，观众244380人次。创作群众文化作品346个。加快推进朱泾体育中心工程建设，实施百姓健身设施工程（建成健身房3个、健身步道3条）。培育农耕“一区一品”，建成吕巷农耕健身基地并举办市农耕健身运动会；成立体育协会2个、社会体育俱乐部2个、社区体育健身俱乐部4个；组团参加市第一届市民运动会，近25万人次市民参与，参与率34.0%，列全市第五，获民生奖金杯、民众奖杯、民乐奖牌；完成新一轮24个业余训练项目布局，其中小学、初中、高中“一条龙”项目6个，在训运动员687人，注册运动员278人，向市二线、一线运动队分别输送优秀体育后备人才14名、2名，新增二级运动员11名和二、三级裁判员23名、30名；连续第九年承办SWATCHFIVB世界沙滩排球巡回赛并首次由公开赛升级大满贯赛；承接中超、中甲、中乙联赛和中国足协杯比赛、中日韩青少年女足邀请赛等重大足球赛事；举办中国盘鹰大赛、长三角农民龙舟邀请赛、上海国际木兰拳邀请赛等大型群体活动。全区体育彩票销售网点增至79家、销售总额4454万元。全年安排重大工程54项，开工率89.1%，竣工率72.7%（以年初计划竣工数计算）。金山一水厂二期工程、蒙山路（金山大道——沪杭公路）改建工程、沈海高速（G15）金山新城出入口拓宽改建工程、朱平公路南延伸段（省界—漕廊公路）、金山永久生活垃圾综合处理厂等24项工程竣工；金山卫30万平方米公租房建设项目、供水管网改造工程、金山区文广中心、金山区国家粮食储备中心等23项工程在建。启动“节水型农业园区、学校、企业和社区”社会建设示范项目26个。全年海域水体中溶解氧、化学需氧量、汞、镉、铅、总铬、砷、铜和锌监测指标均符合海水水质第一类或第二类标准；海洋沉积物监测指标均符合海洋沉积物质量第一类标准。4～10月，金山城市沙滩滨海旅游度假区连续监测水质、海面状况均优良，年平均休闲（观光）活动指数4.0（属优良）。全年引入黄浦江水源4.46亿立方米，排入杭州湾水体9.48亿立方米。全年供水9950.24万吨，处理污水9118.94万立方米、污泥64113.4吨，城镇污水处理率82%。金山供电公司售电量61.6亿千瓦时，比上年增6.7%；售电收入48.92亿元，比上年增11.71%。全年最高负荷114.46万千瓦，比上年增7.17%；线损率2.80%，供电可靠性99.9825%，综合电压合格率99.955%。安全运行累计5207天。全区天然气管道总长465.99公里，有天然气营业窗口4个、高压门站2个，液化石油气钢瓶供应站26个、小区气化站6个、储配站2个，燃气用户249141户（液化石油气用户192176户、天然气用户56965户）。全年液化气使用量26058.68吨，比上年减15.59%；天然气使用量3870万立方米，比上年增41.14%。（郑晓燕）

人口和计划生育

【概况】 至2012年底，全区常住人口795652人（不含人户分离等其他人口3231人）。户籍人口517032人，户籍人口出生3451人、死亡3774人，自然增长率-1.01‰，出生人口性别比106，计划生育率99.62%；常住流动人口281851人，常住流动人口出生2098人，出生人口性别比114，计划生育率93.71%。60岁以上人口126018人，老龄化率24.37%。全年投入人口和计划生育事业经费4733.41万元（区级财政2316.85万元、镇级财政2416.56万元），比上年增18.05%，人均62.15元。年内，召开免费孕前优生健康检查工作会议，在全市率先完成免费孕前优生健康检查（市政府实事项目），全区参加检查夫妇785对。开展“推进免费计生药具优得工程——优质服务提升年”活动，开设《金山报》、社区报人口计生工作专版，举办“计划生育药具免费发放信息化管理系统”村居计生干部四级（市、区、镇、村居级）网络操作培训12场。全年配送、发放避孕药具计57.22万元。会同区卫生系统提供7817人次价值43.49万元免费计生技术服务，其中出具来沪育龄妇女避孕节育报告单6390份。举办“新婚沙龙”22场次和“母婴健康社区行”等健康宝贝主题活动12场，发放0~3岁早期教育服务资料近万份。举行“幸福家速度”纪念第23个世界人口日暨推进市政府实事项目免费孕前优生健康检查文艺汇演。参加区“三下乡”、学雷锋志愿服务、“5·29协会会员活动日”“9·25公开信纪念日”等主题活动。贯彻落实《上海市计划生育奖励与补助若干规定》《上海市社会抚养费征收管理若干规定》《上海市流动人口计划生育工作规定》，清理规范性文件12个，举办区、镇人口计生干部新政策培训12场，编撰《金山区人口计生实用工作手册》，规范全区人口计生行政事务办理。办理再生育和独生子女父母光荣证等16类行政事务4.42万件。开展流动人口计划生育集中执法检查2次。连续第5年将打击“两非”（非医学需要的胎儿性别鉴定、非医学需要的人工终止妊娠）纳入区平安实事项目。出台《2012年金山区防范和打击无证行医实施意见》，并召开领导小组工作会议，健全“两非”小广告和黑窝点排查机制，规范人工终止中期妊娠手术审批管理。会同区卫生、食药监、公安、妇联等部门联合查处“两非”案件。开展社区综合协管员协助采集流动人口信息工作。全区通报流动人口出生2098人，向外省市发出合格查询信息1.48万条，对外省市查询反馈率100%。组织各村居人口计生干部开展信息排摸，采集、修正和补漏《上海市人口计生综合信息系统》怀孕、死亡、流出人员及避孕节育等信息31.33万条，系统个案项目完整率98.83%，列全市前茅。完成全区流动人口动态监测调查、村（居）委及集体户实际居住人口倒挂情况调查。区人口计生委被市人口计生委推荐为全国人口计生阳光计生统计示范单位。完成全区2012年计生特别扶助、农村计生奖励补助及计生年老一次性奖励调查、审核、公示、上报工作，发放1.89万人次3154.46万元。聚焦失去独生子女困难家庭（下称“失独”家庭），提供“共享亲情”结对、“计生助老”养老项目和8项免费体检项目，区红十字会“博爱助困”项目每年帮扶“失独”家庭50万元。争取市幸福工程组委会3年期无息贷款60万元，新建枫泾“阿林果蔬园”幸福工程项目点。争取市人口福利基金会资助10万元，“人福生育关怀社区行”义诊由4期/年增至10期/年。争取市协会资金7.4万元扶助独生子女特困家庭12户。全年慰问计生困难群众718人（户）25.04万元。上海石化工业学校创建国家级“青春健康教育”俱乐部工作接受市计生协会秘书长段锦宏等调研指导。《“宜居金山”建设中的人口和住房问题研究》被区科委列为区科学技术创新基金项目。结合2012年度基层人口和计划生育目标管理考核工作及“‘三个金山’我努力，计划生育家和谐”建功立业主题实践活动、“下基层、转作风、送服务”主题活动，到各街镇（金山工业区）举办镇村人口计生干部“坚持以十八大精神统领人口计生工作”学习贯彻十八大精神辅导报告会。全区第三批“五佳”（保障机制佳、政策落实佳、服务机构佳、宣传服务佳、村居民自治佳）计划生育村居考核群众满意率逾98%。（杨桃华）

“失独”家庭关怀项目签约

【祝学军调研指导人口计生工作】 2月15日,区委副书记祝学军到区人口计生委调研指导人口计生工作,听取区人口计生委党组书记、主任张琼有关区人口计生工作汇报。祝学军肯定近年人口计生工作成绩,指出人口计生工作政策性、专业技术性强,人口状况是各级党委、政府决策重要依据,要开展人口专题研究,明确今后5年全区人口老龄化、学龄人口等状况,提供区委、区政府决策参考。要发展培育人口计生工作志愿者,宣传人口计生工作先进典型,加强全区人口计生队伍建设,提高为群众服务水平。 (杨桃华)

【出刊《金山区人口和计划生育》】 2月8日,区人口计生委、计生协联合出刊《金山区人口和计划生育》(季刊),设高层倡导、人口分析、政策解读、基层风采、热点关注、生育关怀、"性"福家园等模块,承担传达人口计生工作重大精神和沟通各方情况、推进人口研究、倡导科学理念、宣传典型经验任务。全年出刊4期,发放2千份。 (杨桃华)

【区人口和计划生育工作会议】 会议于3月8日在区会议中心召开。区政府与10家区常住人口计划生育综合管理责任主体单位签订《2012年人口和计划生育目标管理责任书》。区委副书记祝学军宣读2011年度"宜居金山,和谐人口,计划生育'五佳'新村居"表彰决定。区人口计生委主任张琼作2011年人口计生工作报告。区卫生局、朱泾镇交流发言。市人口计生委主任谢玲丽肯定区加强人口重大问题研究、推广免费孕前优生健康检查、深化流动人口服务管理"一盘棋"、项目化推进生育关怀行动等工作,要求增强全局意识、责任意识和统筹意识,做好政策统筹、深化人口战略研究、孕前优生健康检查、家庭新型人口文化建设等10项重点工作,加快推动全区人口计生工作转型发展。李跃旗指出人口计生工作既是发展问题,又是民生问题,要求全区干部群众认清人口发展形势,把握全局;突出重点,强化措施;齐抓共管,加强政策统筹、协调。副区长陆瑾主持。区常住人口计划生育综合管理责任主体单位分管领导、联络员和各街镇、金山工业区人口计生干部等130多人参加。 (杨桃华)

【"下基层、转作风、送服务"活动】 年内,围绕"知群众需、暖群众心、解群众难"目标,开展"下基层、转作风、送服务"活动。委领导和各科室负责人组成4个联络组,各联络组至少每月到所联络街镇(金山工业区)开展检查、指导、培训、座谈等人口计生工作。委党组每半年召开专题汇报会,分析基层有关情况,研究解决人口和计划生育发展方面问题。至年底,累计开展活动16次。 (杨桃华)

【免费基本项目计划生育技术服务工作会议】 3月29日,区人口计生委、卫生局在区会议中心联合召开2012年免费基本项目计划生育技术服务工作会议,表彰2010~2011年计划生育手术优质服务先进个人和集体,通报区2011年度免费基本项目计划生育技术服务情况和免费基本项目计划生育技术服务医院操作情况。区人口计生委、各街镇(金山工业区)人口计生办分别和医疗服务机构签订《2012年度免费基本项目计划生育技术服务协议》。全年投入85.78万元,提供1.92万人免费基本项目计划生育技术服务。 (杨桃华)

【区人口和家庭计划指导服务中心启动】 4月28日,区人口和家庭计划指导服务中心(下称中心)举行启动仪式。市人口计生委主任、党委书记黄红与区委副书记、区长李跃旗等为中心启动揭幕。市人口计生委和区政府赠送待孕夫妇代表孕前优生健康检查服务卡;市人口福利基金会和新华人寿保险公司分别赠送区婴幼儿设备和计划生育保险。中心举办新婚培训、专家义诊及计生

区人口和家庭计划指导服务中心启动

药具发送等活动。市人口计生委副主任孙常敏、黄红,市人口福利基金会副理事长孙荣初,副区长陆瑾出席。中心位于卫零路624号,设人口计生药具展示区、多功能活动室、人口学校功能区和主题培训服务项目"新婚沙龙""健康宝贝""青年物语""幸福关怀""金色夕阳"等。提供新婚家庭婚前健康培训、婚后免费孕前优生检查、科学育儿指导等全方位服务,并承担业务指导、健全完善专家信息库、开展专业督导培训、咨询服务和完善区、镇、村新型人口计生服务网络等职能。(杨桃华)

【区计划生育协会三届二次理事扩大会】 会议于5月10日在区会议中心召开,审议并通过区计生协会2011年工作总结和2012年工作要点,调整、补选区计划生育协会第三届理事会。区民政局、亭林镇交流发言。区委副书记、区计生协会会长祝学军肯定2011年区计生协会工作,要求2012年区计生协以流动人口为重点,在企业、流动人口集居地、集贸市场等建立计生协会组织,发挥流动人口骨干作用,探索推广"老乡管老乡"计生自治模式;以创"五佳"计划生育新村(居)为载体,建立健全政务公开、村务公开、办事公开长效机制;以项目化运作机制为形式,做实做优10个生育关怀行动特色项目;以协会自身建设为根本,发挥协会理事会牵头作用,强化各级层面工作交流、信息共享,提升三级计生协会服务能力。区计生协全体理事、各街镇(金山工业区)计生协会秘书长等56人参加。

(杨桃华)

【"人福生育关怀社区行"大型医疗义诊合作项目签约】 签约仪式于10月26日在区人口计生委举行。市人口福利基金会副理事长兼秘书长孙荣初与区人口计生委主任、计生协会常务副会长张琼代表双方签约。市人口福利基金会理事长柴俊勇、区政协副主席曹云辉提出项目运作要求。市人口福利基金会副秘书长陈玉华,区人口计生委副主任、计生协会副会长吴惠琴等参加。根据协约,2012年11月至2015年12月,市人口福利基金会资助区计划生育协会人民币10万元,保证区各街镇(金山工业区)每年开展1次医疗义诊活动,免费提供育龄群众专业健康咨询和各类疾病诊治服务。(杨桃华)

"人福生育关怀社区行"项目签约仪式

消费者权益保护

【概况】 2012年,坚持以人为本宗旨,围绕老百姓消费热点、重点和消费安全问题,开展消费者权益保护工作。全年接待消费者来访咨询139人次,受理消费者投诉687件,避免消费者经济损失463.59万元,受理投诉量比上年降17.13%。年内,加强消费维权法律法规宣传,扩大消费教育和消费指导受众面,通过金山广播电视台、《金山报》、"金山传播"、石化电视台、石化《新金山报》等区内主流媒体,采用专访、专题、专版、消费提示等形式向广大消费者宣传"消费与安全"年主题有关内容、消费维权工作成果、消费维权知识等,并向社会公布2011年区10件消费维权大事、10个侵权典型案例、10个消费热点警示,其中区电视台全年播放"消费维权"周播专栏47期,《金山报》刊登"消费维权"专栏23期,"金山传播"发布"消费维权"专栏5期。各委员单位通过政务网,向广大企业和市民开展消费维权宣传教育。举办老年人消费维权知识讲座,为石化街道八村居委会和亭林、廊下、金山卫、枫泾镇及金山工业区等老年消费者宣讲消费维权法律法规知识,发放消费维权宣传资料,累计600多名社区老年人参加。开展"企业经营者必须承担的社会责任"专题宣传教育培训,并为瑞鑫百货保护消费者权益工作提出建议。区消费者权益保护委员会新一届班子领导和工商金山分局领导到石化百货、瑞鑫百货、欧尚超市、百联金山购物中心、金山市场公司、金山国贸城等区内国有大型商业企业、金山商业地标性企业、中外合资商业企业、国有农贸性市场公司等各类企业开展消费维权调研,查看企业消费维权联络点建设情况,听取企业负责人有关消费维权自律机制建设情况介绍。会同工商金山分局开展“霸王条款”(侵害消费者合法权益格式条款)专项整治行动,向社会征集“霸王条款”并依法点评,指出“霸王条款”表现特征,传授“霸王条款”纠纷调解办法。开展家政服务行业调查,成立专题调查小组,通过联系管理部门、上门走访、网络查询、随机访问等方式收集月嫂(专业护理产妇与新生儿的一种新兴职业)服务行业数据并组织问卷调查。召开职能部门消费维权联络点座谈会和“加强消费维权宣传,依法保护消费者权益”“加强消费纠纷调解,依法保护消费者权益”座谈会。协调落实并推进“家电阳光服务”活动,组织召开苏宁电器金山各门店负责人会议,通报区消费者权益保护委员会近期受理家电行业消费者投诉情况,介绍“家电阳光服务活动”内容,要求各门店落实“三个规范”(服务单位规范、作业标准规范、收费标准规范),推动售后维护保养服务合理定价、明码实价,完善价格管理制度,杜绝价格违法行为。加强政治学习和业务培训,每月组织开展1次政治学习会和业务学习会,每季度组织开展1次工作讲评会。(沈海英)

【开设《消费维权》周播专栏】 年内,会同区广播电视台开设《消费维权》周播专栏,加强消费维权法律法规宣传教育,提高消费者维权意识,反映区内热点消费投诉问题,提供消费提示。每周1期,每期时长3~4分钟,内容包括典型消费案例分析、发布消费提示、消费投诉分析、阶段性消费维权工作情况、消费科学知识、消费维权法律法规宣传和“消费与安全”年主题宣传教育等。

(沈海英)

【中学生消费安全知识竞赛】 2~3月,会同工商金山分局、区教育局等举办区中学生消费安全知识竞赛,竞赛题目包括必答题、抢答题和风险题。全区17个初中学校88名中学生参加。金山初级中学代表队获一等奖,山阳中学、教院附中代表队分获二等奖,金卫中学、朱行中学和新农中学代表队获三等奖。(沈海英)

【约谈问题企业】 年内,开展问题企业约谈活动,保护消费者合法权益。乐购超市金山店销售霉变馒头被上海电视台《新闻坊》报道(4月14日),区消费者权益保护委员会对乐购超市金山店实施约谈并提出具体整改意见,要求乐购超市金山店加强经营管理,保护消费者合法权益。至年底,约谈经营单位13家(次),涉及投诉金额72万余元。(沈海英)

【“3·15”大型现场咨询服务活动】 3月15日,区消费者权益保护委员会会同工商金山分局、食药监金山分局、区质监局、公安金山分局、出入境检疫检验局、农委、旅游局和区商联会、百联金山店、中华保险公司等部门在百联金山购物中心广场组织开展“3·15”大型现场咨询服务活动,接受消费者咨询230人次,直接服务消费者50余人,接受消费者申(投)诉21件(当场成功调解5件),发放各类宣传资料5300余份。举办单位和有关行业协会、知名企业、消费维权志愿者代表等70余人参加咨询服务。(沈海英)

漫画大师丁聪

古镇枫泾文化底蕴深厚,名人辈出。其中就有著名漫画大师丁聪。

丁聪,笔名"小丁",按丁聪的解释:"中文的'丁'有'人'的意思,'小丁'即'小人物',它符合我这一辈子的基本经历,连个头也是矮的。"1916年出生于漫画世家的丁聪,其父亲丁悚是20世纪20年代刘海粟创建的上海美术专科学校的第一任教务长,中国漫画协会第一块牌子就挂在上海天祥里31号丁家大门口。丁聪从小就受到父亲和经常来此聚会的吴祖光、叶浅予等漫画前辈们的影响而爱上漫画。十六七岁时,他偶尔拿出自己画的京剧速写给前辈们看,让人感到吃惊不已,作品把舞台上戏剧人物的造型、神态和动态感表现得栩栩如生,其漫画天赋备受前辈们称赞。从此,丁聪与漫画结下不解之缘。

从20世纪30年代初开始发表漫画,到2009年5月26日去世,丁聪的创作历程长达70多年,堪称画坛一绝。早在中学时期,丁聪便开始向报刊投寄漫画稿。1935年,他和朋友一起编绘电影画报,次年走进大型画报《良友》编辑部,成为美术界新锐。抗日战争时期,他为《救亡漫画》杂志作画,辗转于香港及西南大后方,从事画报编辑、舞台美术设计、艺专教员和作抗战救亡宣传画等工作。抗日战争胜利后,回到上海的他用如椽大笔创作了大量折射知识分子正义、良知和以"争民主"为题材的漫画,并在《周报》《文萃》《群众》《民主》等进步报刊发表。

新中国成立后,丁聪曾任《人民画报》副总编兼编辑部主任、全国政协委员、全国青联常委、中国美协理事、中国摄影家协会副主席等职,1952年出版《丁聪漫画集》。改革开放后,丁聪从事文学书籍插图及讽刺漫画工作,笔耕不止,创作的作品数量大大超过以前作品的总和。其中《骆驼祥子》插图获1979年全国书籍装帧艺术展荣誉奖。1979年《读书》杂志创刊,丁聪为其漫画专栏的创作20多年未有中断。

丁聪漫画风格独特,讽刺漫画笔锋犀利,寓意深刻,人物刻画,惟妙惟肖,让人或喜或怒,或悲或乐,产生共鸣。丁聪的漫画具有很强的思想性,他从走上画坛初显身手起,便善于观察社会、剖析社会,其社会讽刺画和政治讽刺画大多能切中时弊,映照世事万象、人生百态。他以正直善良的心、洞察时弊的眼和巧妙挥洒的手创作,形成了与众不同的艺术风格。用漫画前辈吴祖光先生的话说:"小丁的画有他独具的特殊风格。假如有一千幅画摆在我面前,其中只要有小丁一张画,我可以保证一眼便能把这一张画认出来。"

作为多产的艺术大师,近20年来,丁聪共出版30多种作品集子,有《骆驼祥子》《一马》等众多作品插图,《丁聪漫画系列》《中国漫画书系——丁聪集》《丁聪画册——漫画、插图、素描、速写、肖像、设计集》《瞎操心》和中外文版《古趣集》《今趣集》等。

常以"小人物"自居的丁聪,性格善良谦和而又淡泊名利,为人真诚坦率而又风趣幽默。晚年的丁聪对家乡一往情深,2002年应吉林电视台邀请拍摄专题片《回家》而回到枫泾,看到家乡巨变而流连忘返,欣然同意在家乡枫泾建立丁聪漫画陈列馆,并捐献珍藏的大量书画。后又不顾年事已高,多次偕同夫人沈峻和家人从北京来到家乡枫泾,并以90多岁的高龄亲赴设于由自己题写校名的枫泾小学"丁聪漫画艺术班"热情指导,为培养家乡漫画人才倾注心血。

镇·街道

ZHEN JIEDAO

2013 JINSHAN ALMANAC

枫泾镇

【概况】 枫泾镇位于金山区西北部，东与朱泾镇、松江区新浜镇和泖港镇接壤，西与浙江省嘉善县魏塘、姚庄镇相连，南与浙江省平湖市新埭镇为邻，北与青浦区练塘镇毗邻。镇域面积91.66平方千米，有耕地4240.8公顷。户籍数15291户，人口53164人。辖新元、中洪、俞汇、新春、农兴、长征、钱明、盛新、新华、新义、菖梧、团新、新新、五星、双庙、新黎、贵泾、下坊、卫星、泖桥、韩坞、五一、兴塔23个村民委员会和友好、和平、新枫、白牛、枫阳、兴塔6个居民委员会及枫岸华庭、新苑小区2个管委会。境内有沪杭铁路，沪杭高铁，320国道（亭枫公路），沪昆（G60）、申嘉湖（S32）、亭枫高速（S36）及朱枫、兴新、叶新公路；范塘、蒲泽塘、黄良甫港、大茫塘、后沙港、七仙泾、秀州塘、面仗港、张文塘、潮里泾、白牛塘、定光塘、徐泾港、斜泾港等区级河道（通航50吨～150吨级船舶）和二官塘、大寨河、野米泾、黄沙泾、庄官塘等镇级河道（通航5吨～20吨级船舶）。作为中国历史文化名镇、国家AAAA级景区、“新沪上八景”之一，有朱学范故居、程十发祖居、丁聪漫画陈列馆、人民公社旧址、三百园、枫泾三桥、枫溪长廊、丁蹄作坊、火政会、金圃宅第、百年桂花园、中国农民画村、金枫酒事馆等古今人文景观30多处。镇人民政府驻朱枫公路9880号。

2012年，全镇国内生产总值55.08亿元，比上年减4.19%；财政收入近5.72亿元，财政支出近5.71亿元；税收20.86亿元，比上年增4.84%；固定资产投入逾11.55亿元，比上年减25.46%；农村居民人均纯收入15807元。工业总产值245.5亿元，比上年减9.1%，其中外资企业产值47.23亿元，比上年减17.27%。招商引资项目33个，投资额31亿元，合同利用外资1405万美元，比上年减67.63%。外贸出口拨交额10.95万美元，比上年减0.1%。枫泾经济区新增工商业户2653户，累计18000户，上缴税金11.48亿元，招商数、纳税额分列全区第一。农业总产值5.35亿元，比上年减2.6%。种植水稻3577.88公顷，产量30692.9吨，产值9023.7万元；大、小麦2989.11公顷，产量13424.3吨，产值2528.3万元；棉花19.6公顷，产量22.9吨，产值55万元；油菜130.37公顷，产量336.4吨，产值118.4万元；西甜瓜130公顷，产量2997.1吨，产值1452.4万元；蔬菜2066.67公顷，产量71868吨，产值13953.8万元。出栏生猪65913头，产值12128万元；上市家禽28.08万羽，产值1418.4万元；上市鲜蛋1368.2吨，产值1233.4万元；养殖水产226.67公顷，产量1595吨，产值3427.5万元。全镇有商业服务网点560个，连锁超市12家，集贸市场5个。枫泾古镇旅游区全年接待游客122万人次，比上年增22%。中国农民画村入选“长三角100个不得不去的地方”。全年维修道路1260平方米、人行道911平方米、盲道53米、下水道732米，更换窨井169套；改造危旧房52户2371平方米、农桥20座；拆除违章建筑111户14958平方米。翻建南镇景区道路250米，敷设“三线”（照明线、网线、电话线）500米，翻修桥梁1座，改筑小石头路面为大石头路面1700米，并完成绿化。全年新增就业岗位3433个，净增853个，分别完成年度指标146.1%、143.6%；失业登记控制513人，低于年度指标52人。培训等级工551人、农民工497人，分别完成年度计划119.8%、124.3%。失地农民参加小城镇社会保险135人。全年发放各类救助金1180.89万元，其中城乡低保家庭救助金416户790人261.83万元、重残无业人员救助金262人166.22万元、特困人员临时应急

丁聪漫画陈列馆

救助金783人37.21万元、医疗救助金378人次204.63万元,重病患者医疗救助金90人382万元、困难学生助学金167人27.1万元、低保户危房翻建救助金26户53.4万元、支内支疆退休人员救助金107人24.25万元。发放综合帮困金131人1128万元、重点优抚对象抚恤金137人183.44万元。镇企业服务中心揭牌。全年新增市高新技术企业8家、市名牌产品4件、市著名商标1个。淘汰劣势企业7家。华东师大附属枫泾艺术中学应届毕业生高考录取本科156人,高考录取率80.12%(艺术类本科录取率89.89%);中考录取市重点高中36人、区重点高中52人;全年获各类奖273项,其中国家级奖45项、市级78项。枫泾小学毽球队代表区获2012年上海市学生运动会小学男子毽球、小学女子个人毽球6个项目金牌,3个个人项目银牌。兴塔小学体育大课间活动(40分钟体育课)获全国中小学阳光体育运动优秀案例。全镇组织各类文艺演出80余场,其中承办区级以上文艺演出18场、故事演讲100余场;举办故事创作和演讲培训班30余期、摄影等展览10余次;放映电影2000余场次,观众14余万人次。《枫泾报》全年出版34期148版面50余万文字,印发100余万份。全年电视新闻被区电视台录用200多条、市级台录用20余条。镇图书馆藏书62346册/件,全年接待读者7.4万人次,外借图书1.3万余册。“中国·枫泾”网站发布枫泾新闻500余条、政务公开信息240多条,接收(信件)转交镇长信箱90余封,制作视频宣传短片、PPT汇报宣传件30多个。组织文化市场管理巡查70余次。镇与云南省普洱市宁洱县磨黑镇签订《结对互助,携手共赢》协议。全年常住人口出生631人,出生率5.82‰,自然增长率0.78‰。其中户籍人口出生419人,出生率6.59‰,自然增长率-2.01‰。户籍人口计划生育符合率99.52%。享受计划生育特别扶助奖156人23.27万元、农村扶助奖2719人224.52万元,一次性奖励与补助592人296.92万元,独生子女费2431人78.06万元。全镇农业人口参加合作医疗保险20622人,投保率99.8%。筹取合作医疗资金3346万元,其中个人360万元、镇财政1229万元、区财政1229万元、市财政307万元、镇残联18万元和60周岁以上老人减免费203万元。合作医疗门诊补偿支出537015人次1616万元,其中村卫生室门诊186109人次231万元、镇级就诊175547人次574万元;住院及门诊大病补偿支出7322人次1536万元。组织28名贫困老人接受白内障复明手术,购买老年人“银发无忧”保险1672人次37620万元。全年投入残疾人康复经费13万元,配发各类残疾人用具362人次692件,安置残疾人就业1225人,落实残疾人技能培训162人。新增签约造血干细胞捐献志愿者38名(已入库)。开展食品安全宣传培训6次,发放宣传资料2250余份,签订食品安全目标责任书企事业单位食堂162户;组织食品安全检查976户次、小餐饮行业检查45次。镇创建成市首批、区首个“平安示范区”,新元、长征、新春、下坊、菖梧、新新、俞汇、兴塔、卫星、韩坞村创建成市首批“平安示范小区”,镇市容环境事务所、劳动保障事务所、文化体育服务中心、经济管理事务中心、财经事务所和枫泾工业区管理委员会、上海石库门酿酒有限公司、上海力超电机有限公司、上海贵衣缝纫设备有限公司、上海欧凡制衣有限公司、上海潮龙焊接机电有限公司、上海明冠实业有限公司、上海枫围服装辅料有限公司、上海农好饲料有限公司、上海华卉丝绸印染有限公司、上海申安纺织有限公司、上海市标准件有限公司、上海星松化纤有限公司、上海德福伦化纤有限公司、上海拓步企业发展有限公司、上海荷花制衣有限公司、上海枫泾古镇旅游发展有限公司、上海兴塔私营经济投资开发公司创建成市首批“平安示范单位”。

(张引祥)

枫泾和普洱市宁洱县磨黑镇结对共建

【俞正声视察索日新能源科技有限公司】 2月21日,中共中央政治局委员、市委书记俞正声到镇视察上海索日新能源科技有限公司。区委书记杨建荣，区委副书记、区长李跃旗，区委常委、副区长沈华棣，镇党委书记张斌，镇长朱建国等陪同。 （张引祥）

镇第十五届党代会第三次会议

【中共枫泾镇第十五届党员代表大会第三次会议】 会议于2月28日上午在镇政府召开，审议并通过镇党委书记张斌所作《狠抓落实，攻坚克难，为加快建设富有活力、生态宜居的现代化特色镇而努力奋斗!》党委工作报告；镇纪委书记朱爱萍所作《深入推进党风廉政建设和反腐败斗争，为枫泾特色镇建设提供坚强纪律保证》纪委工作报告。镇党委常务副书记、副镇长赵云主持。镇党委、政府、人大班子成员出席。镇各条线141位党员代表参加。 （张引祥）

【镇第八届“白牛杯”运动会】 5～11月，作为市第一届市民运动会组成部分并与镇“新枫泾人”运动会结合的镇第八届“白牛杯”运动会举行，120个代表团2500余名运动员参加拔河、乒乓球、中国象棋、扑克牌K15、门球、场地高尔夫等17个项目比赛，枫泾派出所获团体总分第一名。开幕式于5月20日上午在枫泾中学举行。 （张引祥）

【《金山区枫泾特色镇总体规划（修改）（2010～2020）》发布】 5月28日，区委、区政府主办，镇承办的枫泾特色镇总体规划发布会在上海国际会议中心举行，发布《金山区枫泾特色镇总体规划（修改）（2010～2020）》，明确枫泾特色镇建设将利用现有先进制造业产业基础和郊区现代服务业成长潜力，全面提升城镇功能，促进产业结构转型和城乡经济社会协调发展，创新城镇建设理念，突出城镇发展特色，经过10年发展，把枫泾建设成长三角地区综合性节点城郊区重要的先进制造业基地和商务产业集聚区；成立枫泾特色镇建设专家咨询委员会，王新奎、周汉民、王战、余秋雨、阮仪三、邵隆图、王利明、陆军被聘为专家咨询委员会成员。上海电视台骆新主持。市人大常委会副主任胡延照讲话。市相关部门负责人、区政府班子全体成员、镇班子有关负责人出席。东方网全程直播。上海电视台、东方电视台、上海人民广播电台、《解放日报》《文汇报》《新民晚报》、东方财富网、新华社、中新社等媒体作报道。 （张引祥）

【纪念中国共产党成立91周年庆祝大会】 会议于6月29日下午在镇政府召开，表彰2010～2012年创先争优活动先进基层党组织、优秀共产党员，下发《关于进一步加强机关干部作风建设的若干规定》，观看枫泾特色镇功能定位确立2周年纪念活动暨枫泾特色镇总体规划发布会视频。镇党、政、人大领导班子成员、调研员、副调研员、镇机关副科级以上干部及各科室全体党员，镇属企事业单位、村居党组织班子成员，“两新”组织（非公有制经济组织、新社会组织）党支部负责人等近300人参加。 （张引祥）

【镇第十次村（居）委会换届】 8月4日、5日，镇23个村、6个居委会换届选举，52298名选民（代表）选举产生村主任23名、村委员46名、居委会主任6名、居委会委员24名。换届后村（居）委会班子至少有女性成员1名。 （张引祥）

【2012年枫泾黄桃节开幕式】 8月15日晚，镇、区农委举办的“醉美枫泾画里桃源”2012年枫泾黄桃节在新义村举行开幕式，镇党委副书记王世敏主持。区人大常委会主任杜治中宣布开幕。镇长朱建国致辞。区委副书记祝学军讲话。副区长许复新，长宁区北新泾街道党工委副书记、办事处主任邢炜，长宁区周家桥街道党工委副书记、办事处主任刘琪，长宁区天山街道党工委书记卢礼信和镇、区农委领导出席。

枫泾黄桃节开幕

镇各基层单位负责人及居民等数千人观看。（张引祥）

【上海枫叶国际学校奠基】 9月13日，位于枫泾文创教育园区的上海枫叶国际学校奠基，枫叶学校创始人、枫叶教育集团董事长兼首席执行官任书良，区委副书记、区长李跃旗，原大连市市长、人大常委会主任、大连市人民对外友好协会会长李永金，中国图书进出口公司党委书记兼副总经理吴伟，区人大常委会主任杜治中，区政协主席王美新，市教委巡视员尹后庆，原国家教育部国际交流与合作司司长曹国兴，加拿大驻上海领事馆领事葛安然，原加拿大驻华大使、中国枫叶教育集团董事贝祥，副区长贾炜，镇党委书记张斌等为上海枫叶国际学校培土奠基。上海枫叶国际学校是全国第8个中心城市枫叶校区，总占地18公顷，一期占地10公顷，面向全国招生，学生注册中加两国学籍，毕业获中加两国文凭，预计2013年9月正式开学。（张引祥）

【镇入选“首届长三角十大古镇”】 9月16日，新华社长三角新闻采编中心、区政府主办的上海农商银行杯“首届长三角十大古镇”评选结果在镇吴越广场揭晓，枫泾和乌镇、同里、周庄、宏村、西递、朱家角、西塘、南浔、角直从56个参选古镇中脱颖而出，入选“长三角十大古镇”。副市长赵雯、新华社副总编辑慎海雄为“长三角十大古镇”代表颁发荣誉证书。评选活动于2月8日启动，以上海、浙江、江苏、安徽四省市古镇为基本考察对象，全面测评自然生态、文化传承、旅游服务、品牌影响、开放度与成长性等指标，并经专家评审委员会、媒体评审委员会和网络投票决定。（张引祥）

【镇干部大会】 会议于9月23日下午在镇社区文化活动中心召开。镇长朱建国主持。镇党委副书记、纪委书记朱爱萍解读《枫泾镇关于进一步加强机关干部作风建设的若干规定的实施细则》，提出规范机关干部日常工作作风、工作行为要求；成立镇作风建设督查组，负责监督、检查机关干部作风。镇党委书记张斌要求，加强作风建设，着力解决干部队伍中存在的突出问题，坚定不移地推进特色镇建设，不断深化新时期的群众观点，切实落实各项措施。镇班子全体成员、调研员、副调研员和各基层单位负责人250余人参加。（张引祥）

【第八届“吴根越角”枫泾水乡婚典】 9月26日，区旅游局、共青团金山区委员会、上海新娱乐传媒有限公司、枫泾镇人民政府主办，新娱乐频道《相约星期六》栏目、上海枫泾旅游区承办的第八

水乡婚典

届"吴根越角"枫泾水乡婚典在镇吴越广场举行,上海电视台主持人朱桢、丹丹主持。婚典仪式包括迎亲、送亲,到东方电视台《相约星期六》栏目演播大厅摄影留念,乘坐双层观光巴士巡游南京路步行街、外滩、豫园,登浦江游览船欣赏浦江两岸夜景等。20对新人参加。 (张引祥)

【镇学习节】 9月28日至10月28日,镇举办"学习,点亮你我生活"学习节,开展学习型组织建设、知识进社区、学生素质提升系列活动47项,6000人次参加。 (张引祥)

【中共枫泾镇第十五届党员代表大会第四次会议】 会议于12月28日在镇政府召开,审议并通过镇党委书记张斌所作《聚焦重点,攻坚克难,坚定不移地推进枫泾特色镇建设》党委工作报告;书面审议纪委《枫泾镇关于进一步完善党员代表大会党任制的实施办法》工作报告;民主测评2012年度干部选拔任用工作。镇党代表131人出席,列席代表24人、嘉宾75人。 (张引祥)

2012年枫泾镇经济主要指标情况

表18

项 目	单位	完成数	比上年增长(%)
增加值	万元	550839	-4.9
第一产业	万元	11115	-2.60
第二产业	万元	418651	-8.92
其中:工业	万元	412441	-9.14
第三产业	万元	121073	16.56
固定资产投资额	万元	115511	-25.46
财政收入	万元	57152	-6.84
财政支出	万元	57099	3.85
外贸出口总额	万元	109475	-0.10
农业总产值	万元	53523	-2.49
工业总产值	万元	2455011	-9.10
社会消费品零售总额	万元	339746	11.13

(张引祥)

朱泾镇

【概况】 朱泾镇位于金山区北部,东临张泾河,与亭林镇为界;西与枫泾镇接壤;南与吕巷镇为邻;北隔大、小泖港,与松江区泖港镇毗邻。镇域面积75.67平方公里,耕地面积3465.7公顷。全镇户籍31851户,人口88334人,城镇化率71.74%。辖秀州、民主、大茫、新泾、待泾、万联、长浜、温河、五龙、牡丹、慧农11个村民委员会和东林、西林、南圩、北圩、凤翔、钟楼、临源、临东、罗星、新

上海新天鸿名人高尔夫球场

汇、金汇、金龙、广福、塘园、红菱、金来、浦银17个居民委员会。境内有大泖港、掘石港、胥浦塘等市级航道,能通航150~200吨级船舶;有张泾河、池泾河、秀州塘、小泖港、大茫塘、斜塘港、中官塘等区级航道,能通航50~150吨级船舶;有五人港、待步泾、蒋泾港、斜界泾、菱塘港、鱼洋泾、朱泥泾、长浜港、温河泾、新新河、朱泾市河等镇级航道,能通航5~20吨级船舶。有新卫高速公路(S19)及新农出入口,亭枫高速公路(S36)及沈浦泾、新农出入口;上海绕城高速公路(G1501)及新农出入口;沪杭高速铁路、320国道(亭枫公路)及金石、金廊、朱平、万枫公路贯穿境内。辖区有东林寺、五龙禅寺、上海新天鸿名人高尔夫球场、上海马术运动场、金山农民画院、金山博物馆、宝葫堂、金山公园等旅游景点。镇人民政府驻人民路310号。

2012年,全镇国内生产总值43.01亿元,比上年增7.31%;固定资产投入12.35亿元,比上年增12.27%;税收10.92亿元,比上年增8.75%;财政收入4.99亿元,同上年持平;财政支出4.91亿元,比上年减0.43%;农村居民年均纯收入15286元,比上年增10.21%;至年底,城乡居民储蓄存款38.68亿元,比上年增17%。工业总产值121.85亿元,比上年减2.54%,其中外资企业产值19.17亿元,比上年减1.6%。招商引资项目5个,投资额18.80亿元。合同利用外资2235.14万美元,比上年增87.15%。外贸出口拨交值13.82亿元,比上年减5.19%。5个经济小区注册企业11057户,税收7.26亿元,比上年减8.75%。农业总产值5.32亿元,比上年增7.73%。种植大、小麦1918.63公顷,产量8513吨,产值1660.7万元;水稻2199.55公顷,产量18875.35吨,产值5549.4万元;油菜62.99公顷,产量160.4吨,产值56.5万元;西甜瓜246.54公顷,产量5462.4吨,产值2927.2万元;蔬菜2425.35公顷,产量90003吨,产值16200.5万元;出栏生猪50168头,产值9230.91万元;上市家禽339.10万羽,产值8338.97万元;上市鲜蛋631.3吨,产值565.78万元;养殖水产94公顷,产量1157吨,产值2050万元。推进高水平设施粮田、设施菜田、标准化生态养殖场建设。新泾村120公顷设施菜田建设通过验收;基本完成温河村高水平粮田建设140公顷;开工建设牡丹村猕猴桃生产基地近10.67公顷。举办"中国·朱泾第二届金山西甜瓜节"。"珠丰"牌甜瓜获"上海市著名商标"称号,连续4年获市优质西甜瓜金奖。推进食用农产品安全监管。镇农业工作获区年度考核一等奖。全镇有商业、服务业网点2686个,其中集体31个、私营1272个、个体1366个、连锁超市14家、集贸市场3个。年内,镇五大专业合作社10多个优质农产品在区轮滑馆展出。社会消费品零售额31.77亿元,比上年增14.5%。全年接待游客31.5万人次,旅游收入248.35万元,旅游收入比上年减6.14%。完成工业园区旭日路、朱泾工业园区B区污水和天然气一期管网等工程,总投入3300万元。投入16万元净化金山公园湖水。投入1.9亿元建成朱泾体育中心。投入1.89亿元启动市第六人民医院金山分院改扩建工程(建筑面积38500平方米)。举行"朱泾之春"工业项目签约暨集中开工仪式,签约项目3个、集中开工项目6个,总投资10亿人民币。受理市容市政和环境卫生整改单1315件。整治乱设摊6000余人次,劝阻跨门营业2830次,清除私设户外广告390处,拆除违章建筑9240平方米。投入3195.38万元完成交通信号灯、众益街亮灯、金南街贯通、朱泾体育中心道路配套、农村村庄改造、部分村组道路建设工程和新农浦银社区综合整治项目、敬老院消防安全达标工作。开展为期6个月安全生产大排查、大整治,检查各类企业(场所)1198家,排查安全隐患381项,其中整治374项,整改率98.16%。镇人民政府监察室受理群众关于有关人员贪污、受贿、生活作风等来信32件,办结率100%。全年新增就业岗位3894个,完成年度指标118%;净增就业岗位924个,完成年度指标128.3%。实现新农保(新型农村合作医疗保险)全覆盖,参保缴费4520人。农村户籍劳动力参加社会养老保险23290人,占社保覆盖指标98%。参加居民医疗保险2650人、农村合作医疗保险13422人,累计参保人数占应保人数99.5%。发放城乡低保金、医疗救助金、残疾人补助金等20392人1681.19万元。推进三峡移民管理,发放新增土地补偿金6.78万元。完成60周岁以上贫困老人免费白内障复明手术64人;赠送农村低保家庭扶贫羊12户60头;修缮、翻建农村困难家庭危房16户。落实五保供养、助学助困工作。安装农村家庭"多户联防"报警器1500户。举行"体验、创新、成长"2012年上海科技活动周金山区活动启动仪式暨上海市新农学校科技节活动。成立女职工周末学校,下设教学点21个(企业5家、居民区16个)。上海干巷车镜(集团)有限公司捐赠8万元设立金山中学"车镜——柘湖奖学金"。朱泾第二小学举行百年校庆。中国金山农民画展在奥地利举办,怀明富、朱永金、曹金根、邵其华、张婉英等7名农民画家14

幅农民画参展。怀明富获2012年度中国十大杰出农民画家、中国电视艺术家协会2012年度中国杰出农民画书画家称号。举办"写春联,赠人家"活动,赠送残疾人、老干部、孤寡老人春联600多幅。《朱泾社区》报刊发300期。中央电视台到永丰农场录制第二届金山西甜瓜节及西、甜瓜为主题《乡村大世界——走进朱泾》节目(时长85分钟)并由中央电视台第7套播出。会同东方宣教服务中心、市文艺培训指导中心承办由市文明办、市文联、市美联、区委宣传部主办的"漫话文明,文明漫画"上海漫画名家作品邀请展暨社区巡展启动仪式。镇获2012年上海金山石化文化艺术节——新金山人才艺术专场比赛第二名。镇排舞队获市第九届老年人运动会排舞比赛二等奖、"全国首届小康村"排舞邀请赛金奖。上海"九九关爱小剧场"社区巡演队到镇演出,各村(居)近200名老年人观看。全镇43个小区安装有线数字电视2万户。开展文化、科技、卫生"三下乡"活动,全年开展各类文艺演出146场,观众9.8万人次。推进朱泾花灯文化宣传,举办首届花灯节。"钹子书"和"串马灯"项目被列入区非物质文化遗产名录,并获上海市金山文化艺术节金奖。市第六人民医院金山分院手术室药房成立。张明秋家庭获区"纪念爱国卫生运动60周年暨市民家庭健康知识生活方式知识竞赛"第一名。镇居民参加无偿献血907人。镇乒乓球一队获2012年区"辰展杯"首届乒乓球公开赛冠军。镇23支健身团队千名运动员参加在紫金广场举行的"漕河泾开发区杯"市第一届市民运动会区千人广播操展示活动。南圩居委会、上海世纪联华超市金山有限公司获上海市消费者权益保护示范联络点称号。年内,镇机关、村(居)、企事业单位干部、职工参加"万人捐帮千家、扶贫济困送温暖"活动,捐款53万元。开展联合募捐,83个单位捐款183.9721万元,全额上缴市慈善基金会金山分会用于扶济救困项目。镇纪律检查委员会(人民路310号)挂牌。镇十八届人民代表大会、镇残疾人联合会第五次代表大会召开。全镇11个行政村、16个居民区党组织完成换届,选举产生新一届村(居)党组织班子成员93人。11个行政村、16个居民委员会完成换届,86632名选民参选,参选率95.22%,选举产生129名村(居)民委员会成员。成立镇"两新"组织(新经济组织、新社会团体组织)"红色基地"党建沙龙。塘园居民区党支部被评为2010~2012年度市创先争优先进基层党组织;镇离休干部党支部、民主村党总支部、金龙居民区党支部、上海杜氏实业有限公司党支部被评为2010~2012年度区创先争优先进基层党支部;王明根、叶英(女)、李长虹、吴连火、陈秋余、周银宝(女)、徐君、彭艳英(女)被评为2010~2012年度区创先争优优秀共产党员;长浜村党总支部等10个党支部被评为2010~2012年度镇创先争优先进基层党组织;于金美等90名党员被评为2010~2012年度镇创先争优优秀共产党员。东林寺景区被国家旅游局评定为国家AAAA级旅游景区。罗星中学朱德宝获上海市教书育人楷模称号;金山中学马建昌、食品科技学校王仲伟、罗星中学范弘、区实验小学史加祥、朱泾小学张引娣、朱泾第二小学谈心寒、东风幼儿园

东林寺

吴郁泓、罗星幼儿园顾雅红等获上海市园丁奖。蔡葵荞、王秀珍、杨家光、邬静辉、郁萍、盛军芳、胡冠、胡红等被评为"感动东林"十佳社区人物。万安街、罗星路和新金龙街被评为区最"趣"街。朱泾社区获上海市健康社区和上海市平安小区称号。镇获全国"第四届新农村电视艺术节——魅力新农村"评选魅力新农村十佳乡村称号。上海杜氏实业有限公司团支部获共青团中央全国五四红旗团支部称号。大茫村党总支书记、村民委员会主任钟孝铭获全国五一劳动奖章。 (王阿庚)

【市、区领导等到镇调研、考察】 1月12日,区委常委、副区长沈华棣到镇调研经济工作。1月17日,副区长沈金龙到镇检查安全生产和消防安全工作。1月18日,区委常委、人武部政委程家驹,区委常委、副区长姬兆亮等到临源一村、民主村、大茫村、镇第一敬老院看望孤寡老人,走访慰问困难群众。1月29日,区委常委、副区长姬兆亮,区人大常委会副主任、区总工会主席刘跃俊到镇调研。2月2日,区委常委、组织部部长陈正安到镇调研,区委组织部副部长彭宏等陪同。2月9日,区委常委、组织部部长陈正安到镇调研基层党建工作。2月14日,区委常委、区政法委书记刘其龙到镇调研综治维稳工作,区政法委副书记、区综治办主任杨华明,区政法委副书记李秀芳等陪同。2月15日,区委常委、纪委书记葛永东等到大茫村调研廉政建设工作情况。2月21日,区委副书记祝学军,区委常委、副区长姬兆亮,区委常委、宣传部部长张权权,副区长陆瑾等到镇调研文化工作。3月6日,区人大常委会副主任、区总工会主席刘跃俊,区人大常委会副主任张俊宏到镇调研。3月7日,上海化学工业区管委会党组书记、副主任徐建明,副区长贾炜等5人组成的市党代表巡访组到镇检查巡访组团式联系服务群众工作,区委组织部副部长彭宏等陪同。3月14日,区委常委、区政协副主席、区委统战部部长李华桂到镇调研统战工作,区委统战部副部长黄明星、过维义、曹幼松、杨桦,区工商联副主席陶励强等陪同。3月27日,市人大代表、区委书记杨建荣到待泾村主持召开市人大代表联系社区活动座谈会,听取农村干部群众对镇、村发展意见。3月29日,区委副书记、区长李跃旗到镇召开社区建设专题调研座谈会,区委常委、组织部部长陈正安等陪同。3月31日下午,副区长许复新到镇调研镇农业及自然村庄改造工作。4月1日上午,区委常委、宣传部部长张权权等到金山公园无名烈士纪念碑,开展清明祭扫活动。4月9日,区委副书记祝学军到镇调研社区建设工作,区社区工作党委书记薛木良等陪同。4月12日下午,四川濠吉食品(集团)有限责任公司董事长严俊波率公司董事会代表团到镇考察投资,区委常委、副区长沈华棣等陪同。5月3日,区委副书记、区长李跃旗,区委常委、副区长姬兆亮等到镇开展"集中精力抓落实、心无旁骛求发展"区重点企业、中小微企业专题调研。5月15日,区委书记杨建荣到镇调研经济社会发展工作,主持召开包案化解信访矛盾推进会,区委常委、副区长姬兆亮等陪同。同日,3名市党代表和31名区党代表到镇开展首次联系社区活动,走访各自联系的村、居,了解社情民意。同日,区党代表、区委常委、副区长姬兆亮到塘园居民区听取居民意见、建议。5月31日,区委副书记、区长李跃旗,副区长许复新到镇调研"三夏"工作。6月1日,区委书记杨建荣,区委常委、副区长姬兆亮等到镇检查巩固国家卫生区迎复审工作。6月19日,辽宁天河精细化工股份有限公司董事长魏奇等到镇考察,区政协副主席、区经委主任倪向军,金山海关关长黎仁忠等陪同。6月28日,区综合效能建设现场会在镇召开,区委常委、政法委书记、综治委主任刘其龙讲话,区委政法委副书记、区综治委副主任、综治办主任杨明华等参加。7月2日,副区长沈金龙到镇检查迎接上海城市文明指数测评工作,区委宣传部副部长、区文明办主任陆引娟等陪同。7月9日,区委副书记祝学军等到镇调研第十次村(居)民委员会换届选举筹备工作。8月9日晚,区委书记杨建荣等到镇查看11号台风"海葵"影响情况,到水上新村察看汛情。8月10日,区委书记杨建荣、副区长许复新到镇察看珠丰甜瓜专业合作社台风受灾情况,现场指导救灾工作。8月19日,副区长许复新等到镇调研农业发展工作,区农委主任张亚军等陪同。8月30日,区委常委、组织部部长陈正安等到镇调研基层党组织整治提高晋位升级工作情况。9月11日,区委副书记祝学军等到镇调研"三农"工作开展情况,区委组织部副部长彭宏、区农委主任张亚军等陪同。9月14日,市党代表、中国联通上海分公司党委书记、总经理蔡全根,中石化集团上海工程公司石化工艺室党支部书记兼副主任洪蕾,上海航天局控制所精密机械加工中心数控加工编程操作工、高级技师苗俭及党代表祁建林、徐辉等到镇开展"党代表接待日"活动。9月19日,区委书记杨建荣,区委常委、副区长姬兆亮率区信访办、环保局等区相关职能部门负责人到镇调研并接待上访群众。同日,上海腾麟机械制造有限公司董事长周木南,台湾高尔夫协会会长卢照琴率台商考察团到镇考察投资环境。10月11日,区政协主席王美新、区人大副主任殷金荣到金汇居民区、镇第一敬老院开展"敬老月"走访慰问活动。10月24日,副区长贾炜等到镇调研"镇管社区"工作,市社工委协调指导处处长张大鸿、区委组织部副部长彭宏等陪同。11月2日,副区长许复新等到秀州村调研蔬菜质量安全监管工作。11月8日,区委副书记、区长李跃旗,副区长沈金龙等到镇调研。12月4日,区委书记杨建荣,区委常委、副区长姬兆亮等到镇调研。12月19日,区政协主席王美新等到镇调研经济工作。 (王阿庚)

五福商业广场奠基

【五福商业广场建设项目开业奠基仪式】 仪式于7月25日在东林寺景区东风路举行。副区长沈金龙宣布项目启动,相关领导培土奠基。项目占地19807平方米,建筑面积36070平方米,总投资5亿元,由上海田青建筑发展有限公司总承包,上海广申建筑设计有限公司设计,上海顺儒投资有限公司承建,上海福达工程建设监理咨询有限公司监理。 (朱茅苟)

【第二届金山西甜瓜节开幕式】 开幕式于5月25日在紫金广场举行。区长李跃旗主持。镇党委书记蒋永华致欢迎辞。市农科院党委副书记许定贵致辞。区长李跃旗宣布开幕。市农委主任孙雷、区委副书记祝学军为"珠丰"牌甜瓜"上海市著名商标"揭牌。许复新、施黄飞、倪向军等向"珠丰"特色品牌种植基地授牌。 (朱茅苟)

西甜瓜节开幕

【"畅享金周末,欢乐健康游"金山旅游节开幕式】 开幕式于9月17日晚在东林寺广场举行。副区长陆瑾主持。区委副书记、区长李跃旗致开幕词。区委书记杨建荣宣布开幕。区四套班子领导、市旅游局副局长杨劲松、区旅游局局长柳霞及区内外旅游企业代表等出席。开幕式由朱泾镇承办。 (朱茅苟)

【朱泾"花灯节"开幕式】 开幕式于10月19日晚在紫金广场举行。镇长王明辉主持,镇党委书记蒋永华致欢迎词,区文广局局长刘杰致辞。区委书记杨建荣宣布开幕。区委书记杨建荣,区委常委、宣传部部长张权权,副区长陆瑾,区文广局局长刘杰等触摸莲花水晶球并亮灯。全镇27个村(居)民委员会27支花灯队270人同时上场,表演《朱泾欢迎您》《串马灯》等节目。 (朱茅苟)

【成立金来居民委员会】 年内,根据《关于同意设立上海市金山区朱泾镇金来居民委员会的批复》(金府发〔2012〕187号),成立金来居民委员会,下辖金来苑、明珠新苑2个小区。管理区域东至沈浦泾路，南至S36高速公路，西至健康路，北至蒋泾港。其中金来苑小区建筑面积11.10万平方米，规划户数1184户，已入住1007户；明珠新苑小区一期建筑面积3.10万平方米，规划户数336户，已入住278户，在建二期规划建筑面积7.40万平方米，规划户数660户。居民委员会办公室设在金来苑91－92号，建筑面积1670平方米（包括活动用房）。

（王阿庚）

2012年朱泾镇经济主要指标情况

表19

项　目	单位	完成数	比上年增长（%）
增加值	万元	430102	7.31
第一产业	万元	15301	7.36
第二产业	万元	247899	3.75
其中：工业	万元	233952	2.48
第三产业	万元	166902	13.06
固定资产投资额	万元	123507	12.27
财政收入	万元	49904	0
财政支出	万元	30666	8.33
外贸出口拨交额	万元	138265	－5.19
利用外资签订合同项目数	个	4	－42.86
利用外资签订合同金额	万美元	2235.14	87.15
农业总产值	万元	53235	7.73
工业总产值	万元	1218500	－2.54
社会消费品零售总额	万元	317680	14.50

（王阿庚　吴连火）

亭林镇

【概况】　亭林镇位于金山区东北部，东隔龙泉港与奉贤区庄行镇相望，西与朱泾、吕巷接壤，南连金山工业区并与张堰镇毗邻，北与松江区叶榭镇相连。镇域面积79.12平方公里，有耕地3918.5公顷。辖村民委员会15个、居民委员会6个。户籍数18274户，人口90900人。镇人民政府驻华亭路25号。

2012年，全镇国内生产总值近36.6亿元，比上年增11.58%；税收11.99亿元，比上年增22.8%；固定资产投资额近13.22亿元，比上年增4.7%。613家工业企业总产值152亿元，比上年增11.3%；利润6.2亿元，比上年降3.1%。外贸出口拨交值24.2亿元，比上年增13.87%。全年引进外资及港澳台资项目16个，比上年增45.4%，合同利用外资及港澳台资3527.88万美元，比上年增22.4%，外资到位资金1496.13万美元，比上年增12.9%；引进内资项目6个，投资总额近14.14亿元，比上年减21.4%；到位资金10.97亿元，比上年增5.5%。经济小区新增注册企业1954户，税收3.18亿元。全镇农业总产值近4.16亿元，比上年增2.5%。农村居民年人均纯收入16232元，比上年增11.9%；种植粮食5481.9公顷，总产量36460吨。生产蔬菜45083.4吨、水果2006.9吨、鲜蛋895吨、水产品2239吨，出栏生猪28430头，养殖家禽74万羽。第三产业增加值近8.4亿元，比上年增13.3%。有商业、服务业网点2278个，农贸市场3个。全年社会消费品零售额18.65亿元，比上年增11%。年内，投入145万元修筑华严路、亭九路、竹亭路、松牌路，修缮总面积1.3万平方米；投入310.86万元完成新巷村村庄改造，受益村民125户；投入9.5万元安装镇区路灯14盏；投入568.67万元改建农村桥梁12座；投入110万元修筑寺平南路（支路）延伸段；投入50万元改复兴东路和兴工路（亭升路——桃贤路)混凝土路面为商品沥青混凝土路面。投入600万元新建、翻建乡村农桥、水闸等水利设施。全年新增就业岗位2567个,办理劳动手册1050人、社会保障卡4520人。发放农村困难补助金、城镇失业保险金4146人次274.47万元,大龄协保人员就业补贴和大龄失业人员就业及社保补贴5699人次372.99万元,农村社会养老金89367人次3989.2万元,征地养老人员参照镇保生活费、医药费报销及丧葬费876人1099.2万元。全镇有"万、千、百人"就业项目等各类公益性劳动组织14家,安置就业困难人员647人。全镇参加城镇居民基本医疗保险2245人(不含学校),农村合作医疗保险15555人。全年办理丧失劳动能力鉴定19人、外省(市、区)养老待遇资格认证46人、跨区非农就业郊区农村富余劳动力就业补贴3465人、低收入农户家庭人员就业补贴171人。调解劳资纠纷案件98件,涉及22.09万元。发放优抚对象抚恤、补助、优待金等144.6万元及大病困难补助、慈善特困救助、市民综合帮扶、重大病应急救助金984人458.06万多元。补助城乡低保及重残无业690户565.4万元,资助困难家庭学生就学292名。走访、慰问老年人、残疾人,发放慰问品、慰问金、补助金1930人次33.94万元。举行中共金山区亭林镇纪律检查委员会挂牌仪式。全镇立案刑事案件594起,其中亭林地区543起、松隐地区51起。侦破刑案225起,其中亭林派出所141起、松隐派出所84起,打击处理各类违法犯罪嫌疑人287人。日常接待来访218批次、467人次、来信来访128件、电子邮件74件。调解各类纠纷311起,调解成功311起。镇被评为市平安示范社区、市铁路护路示范街镇和市民间体育工作先进集体、市拥军优属模范单位、市残疾人之家;获市第九届老年人运动会民生奖、民众奖,市第一届市民运动会金山区第六届山阳龙舟赛暨长三角农民龙舟邀请赛街镇组第三名、市第九届老年人运动会花棒秧歌竞赛项目二等奖和市第九届老年人运动会练功十八法竞赛项目三等奖;镇市容环境事务所获市建设健康城市健康单位先进称号;镇劳动保障事务所被评为市先进劳动保障监察协管队和市先进社保协管服务点及市先进受理网点。至年底,全镇创建成市文明村7个、市文明小区2个、市文明单位7个。全镇丧事简办率99%,其中党员家庭简办率100%。全年举办实用技术培训班28期,培训2621人次。其中水稻种植培训1533人次,山羊、畜禽、水产养殖等培训1088人次。全镇有高新技术企业20家、上海名牌企业1家、市科技小巨人培育企业1家、市高新技术成果转化项目1个、市创新基金项目6个、市著名商标1个。全镇有高级中学2所(其中民办1所)、初级中学2所、小学4所(其中民办2所)、幼儿园3所(其中民办1所),总班数185个,在编教职员工711人,在校学生6803人。小学入学率、初中升学率100%。年内,松隐小学被命名2011年度市平安单位,陆欣辉获"我为党旗添光彩"——迎十八大上海市中小学教师论文大赛三等奖,盛根芳获《生活的准则》征文竞赛上海赛区小学组指导教师二等奖,丁向阳、沈林华、蒋明君、罗勤忠获《生活的准则》征文竞赛上海赛区小学组指导教师新秀奖,金伟、顾圣裔获第14届全国推广普通话宣传周活动——第八届全国语文规范化知识大赛教师组优胜奖,徐朝晖获市农村学校教师优秀教学工作"君远奖",丁向阳《校训引领成就自我》论文分获市教育系统"校训指引我成长"征文、"拨动学生心弦的艺术"——首届长三角地区中小学班主任基本功大赛小学组优秀奖、二等奖。亭林小学被评为"2010~2011年度市安全文明校园,获"庆祝中韩建交20周年"魅力校园·第九届中韩青少年文化交流盛典活动中韩艺术交流优秀团队称号,校女子曲棍球队获2012年"东苑杯"市中小学女子曲棍球技术、素质测试赛暨二线达标赛C组团体三等奖和"东苑杯"2012年上海青少年女子曲棍球锦标赛丙组季军、市中小学女子曲棍球锦标赛C组亚军、D组第三名。陈苗《观众理解,提升教学有效性》获市小学语文教学优秀论文评比活动三等奖,张欣怡获2011年《生活的准则》绘画比赛指导老师优秀奖,徐海荣、叶静燕获新秀奖。黄楠获"拨动学生心弦的艺术"上海市"卢湾杯"班主任基本功竞赛小学组三等奖,张欣怡获上海市第四届中小学生艺术展演活动艺术作品展暨2012年上海市学生绘画书画作品展优秀指导教师奖,陈苗、嵇科锋获市农村优秀青年教师专题研修班第三期学习勇于探索奖,徐海荣获2012年"黄浦杯"长三角城市群"成长纪事"征文评选活动三等奖。亭林中学被命名为2011年度市平安单位,分获2012年市学生阳光体育大联赛高中组冬季长跑比赛一等奖、市学生阳光体育大联赛高中混合组冬季长跑比赛一等奖,肖海鹰获2012年市第十届金爱心教师一等奖,金龙教学案例《元素周期表》(化学)获2012年市中小学学科德育优秀成果征集评选一等奖。松隐幼儿园获全国幼儿教师论文评比优秀组织奖,"农村幼儿园家教指导实验基地自主发展模式的研究"被列为市级课题。姚琼、马玮玮获2012年国际少年儿童航空绘画上海赛区优秀辅导教师奖，金艳获2012年上海市园丁奖，张丽娟、马玮玮获“彩虹行动计划”系列活动——2012年市学生艺术作品展优秀指导教师奖，韩丹萍《浅谈如何激发和维持小班幼儿的注意力》获2011年全国幼儿教师论文评选二等奖、王李英《适宜投放操作材料，促进幼儿有效制作》和包美仙《从游戏中探索，在探索中学习》获三等奖，金艳《挖掘农村家庭优质资源，建设“区域小基地”》获“2012年（上半年）全国幼儿教师论文评选活动”一等奖，毛文欢《在“磨（模）课”活动中促进教师的专业发展》、张怡《有效提问，促进师幼互动》、杨月辉《在一磨中改进，在二磨中完善，在三磨中提升》、韩丹萍《在科技活动中巧用操作材料提高实践智慧》获三等奖，李韦佳《美丽的家园》（张丽娟指导）、赵海茜《和老师一起去远足》（李叶指导）获“东方明珠”2012年首届市少年儿童优秀书画展幼儿组一等奖，王婧《大家来跳舞》（马玮玮指导）、王名豪《我给妈妈拍张照》（周瑛指导）获三等奖，盛菲阳、胡琦悦获2012年国际少年儿童航空绘画上海赛区一等奖（指导老师分别为马玮玮、姚琼），王名豪、陆心朗获二等奖（指导老师分别为李叶、马玮玮），沐佳欢《放风筝》、赵海茜《丰收的季节》获2012年市中小学生智力“七巧板创意拼搭”比赛一等奖（指导老师分别为韩丹萍、李叶），胡诗韵《在阳光下成长》、叶欣《做值日生》获二等奖（指导老师分别为包美仙、周瑛），张美婷《海底世界》、陈美娟《快乐度假》获三等奖。赵海茜《和老师去远足》获市第四届中小学生艺术展活动艺术作品展暨2012年市学生绘画书法作品展一等奖（指导老师李叶），王婧《大家来跳舞》获二等奖（指导老师马玮玮）。《卖果子的爷爷》获“彩虹行动计划”系列活动——2012年市学生艺术作品展一等奖，《快乐毽子舞》获二等奖，《高速公路空中加油站》获三等奖。松隐中学被评为2010～2011年度市安全文明校园，陈连云获2010～2011年市基础教育系统优秀网络管理员先进个人称号，金忠贤获市第七届教工运动会C组男子赶篮球团体、实心球、立定跳远第三、第四、第五名，徐飞获市首届体育老师技能大赛团体、初中组三等奖、一等奖。亭新中学被评为中国教育学会家庭教育专业委员会家庭教育研究实验基地、2010～2011年度市安全文明校园，并获市红十字工作达标校称号。亭林幼儿园被评为2011年度市平安单位和市巾帼文明岗，奚新梅获市园丁奖，蔡丹获第五届上海市民诗歌创作比赛二等奖，王佳获2012年市第十届金爱心教师三等奖。上海交大南洋中学获2010～2011年度市安全文明校园、市中小学书法实验学校、市书法教育先进集体、市民办中小学特色学校和教育部中国教师发展基金会、教育部国家教师科研基金管理办公室授予的全国特色教育示范单位称号，高三（2）班获2011学年度市先进集体称号，陈维友书法作品入展第二届“吴道子书画奖”全国书法大赛（上海市两人入展）、第四届上海市民艺术大展书法专题展和“翰墨传薪”——首届上海市机关书法家协会书法篆刻展，董俊平获全国特色教育杰出人物称号。全年举办（放映）广场文艺、广场活动和广场电影80场，参与区大型文化交流展评活动11场。《亭林月览》由每月1期改每月2期。镇腰鼓队参与市、区级各类演出活动8场。完成文化广场舞台灯光工程建设。投资21.6万元建成百姓健身房，配置有氧训练和力量训练类体育器材设备25台。组队参加市首届市民运动会拳操、风筝、腰鼓等一级赛事和足球、篮球、乒乓球等二级赛事。镇市容环境事务所被评为市建设健康城市2012年度健康单位先进集体、市平安单位，吴正云被评为2012年度市建设健康城市先进工作者。镇社会劳动保障事务所被评为市平安单位。镇受理网点被评为2011年度社保卡、居住证件受理工作先进受理网点。上海亨井联接件有限公司被命名2011年度市平安单位，滑鼠生产一组获2011年度全国安康杯（优秀班组）称号，团支部被评为市创先争优特色非公有制企业团组织，Cable车间一线体班组被评为市团队创先特色班组并获市工人先锋号称号。6个居委会完成档案室升级达标。全镇有社区卫生服务中心1所、全民医院1所（亭林医院）、标准化卫生室16个。户籍人口计划生育率99.43%、流动人口计划生育率92.93%。（薛金妹）

【新建亭林派出所办公楼】 亭学路110号亭林派出所办公楼11月初竣工，12月投用。占地7311平方米，建筑面积2613.7平方米，总投资1700万元。上海伊腾建筑设计有限公司根据《上海公安派出所内部布局和设施建设标准》设计，上海亭丰建筑有限责任公司承建。2011年7月开工。

（屠美军）

【镇工会第二次代表大会】 大会于1月10日在镇社区文化活动中心召开，审议镇总工会第一届委员会工作报告，选举产生镇总工会第二届委员会主席、委员和经费审查委员会委员。区总工会党组书记、副主席张希泽致辞。各基层单位工会代表、先进工作者、相关单位负责人等200多人

出席。（薛金妹）

【镇第十五届党代会第三次会议】 会议于2月16日在镇社区文化活动中心召开。镇党委副书记、镇长陈莽主持。镇党委书记周俭作《凝心聚力·抢抓机遇·创新实干 为实现“强镇富民、宜居和谐”目标而不懈奋斗》工作报告。大会应到代表137名，实到代表121名。区第四次党代会代表，机关处级以上干部，各科室负责人，镇属事业单位、专业公司、各村（居）党政负责人列席。（薛金妹）

【完成镇村（居）党组织换届】 2～5月，完成村（居）党组织换届。村（居）党组织领导班子平均年龄由换届前47岁降至40.5岁，35周岁以下委员增至29名（占39%），增幅36.1%；村（居）党组织领导班子大专以上文化程度由换届前13人增至53人（占72%），增幅52.8%。其中，采用开放式提名方式选拔党组织副书记4名。（薛金妹）

【镇二级污水管网建设工程竣工】 11月，镇二级污水管网建设工程竣工，工程包括金山新江污水处理厂配套管网完善工程亭林镇兴工路污水管网建设（550米）、金山朱泾污水处理厂配套管网完善工程亭林镇中心路管网建设（1745米）、松育路管网建设（730米），总投资1041.45万元。2012年5月开工，同济大学建筑设计研究院（集团）有限公司设计。（屠美军）

【新上海肯特工业园举行启用庆典暨慈善捐赠仪式】 5月9日上午，新上海肯特工业园举行启用庆典暨慈善捐赠仪式。著名电视节目主持人陈蓉主持。区委常委、区纪委书记葛永东，区委常委、副区长沈华棣，区人大常委会副主任张俊宏，镇领导周俭、陈莽，中国仪器仪表行业协会副秘书长郭晓维及企业嘉宾、重要客户等700余人参加。上海肯特捐助30万元，李兴化和上海肯特15位高管、6位代理大区负责人及部分供应商联合捐助30万元，定向捐助云南梁河一中新长城自强班。（薛金妹）

【镇养老机构消防安全达标】 6～8月，实施亭林敬老院、松隐敬老院、松隐养老院、金福居敬老院（私立）消防安全达标工程，包括建设室内火灾自动报警系统、室内消火栓给水系统、自动喷水灭火系统，安装应急照明设备，配置安全疏散指示标志、灭火器材，铺设给水管道等，总投资244.86万元。工程由上海枷枰建筑装饰工程有限公司设计，区消防支队负责设计图纸预审，区发展改革委负责项目审批，项目建设中标单位是上海志佳消防工程技术有限公司。（王丹凤）

新上海肯特工业园启用庆典

【镇第十次村（居）委会换届】 8月5日，完成镇第十次村（居）委会换届选举，产生村（居）委成员共80人。其中村委会主任得票率93.03%、居委会主任得票率95%；新进村委会成员19人，占38%。女性20人，占40%；年龄最小23岁，平均年龄38.9岁，比上届降4.8岁。新进居委会成员12人，占40%。女性17人，占56.67%。全镇6个村、4个居委会主任为新当选人员。（薛金妹）

【亭林小学游泳池建成启用】 8月，亭林小学游泳池建成启用，面积250平方米（长25米、宽10米），配套面积198平方米，可容纳80人。总投资150万元。（朱秀丽）

【镇旧住房修缮工程】 9～12月，镇实施旧住房修缮工程（旧住房综合整治），总投资逾700万元。工程包括墙面整修、屋面补漏、下水道清理、破损门窗更换等，涉及和平南路22～38弄、和平东路、新建北街、松隐中心新村等地段公房、私房，总修缮面积26514平方米，受益居民609户。（屠美军）

【承办市首届市民运动会第九届老年人运动会“亭林杯”腰鼓比赛】 11月3日，镇承办的市首届市民运动会第九届老年人运动会“亭林杯”腰鼓比赛在镇文化广场举行，全市16个区县45支腰鼓队590多名运动员参加。镇腰鼓队获A组规定、自选套路，B组规定、自选套路4个一等奖，并被授予2012年度上海市示范健身团队称号。（薛金妹）

【《松隐志(1986~2005)》出版】

12月，《松隐志(1986~2005)》由方志出版社出版，该书编修历时8年，有地理、人口等26章137节70余万字，记载1986年1月至2005年3月松隐地理、政治、经济、文化等历史。（朱秀丽）

【镇被命名市市容环境卫生责任区管理达标镇】 10月，经市级专家组多次暗访考核和验收，镇被命名市市容环境卫生责任区管理达标镇。市市容环境卫生责任区管理达标镇创建工作始于2011年5月，累计投入创建资金1250多万元，实现“道路整洁、门前有序、立面规范、垃圾分类”创建目标。

（周玉莲）

【镇扶贫帮困专项基金捐赠仪式】

捐赠仪式于12月18日在社区文化活动中心举行，募得善款313.31万元。嘉麟杰公司、松隐山庄、上海欧本钢构、上海肯特等10家企业代表向20位受助人（或家属）发送帮扶款，并接受镇领导授牌。副区长贾炜讲话。镇党政班子成员、企业代表、机关各科室负责人、事业单位负责人、村（居）负责人等200多名与会人员参加捐赠。专项基金主要用于助困、助医、助学、助残等。（薛金妹）

【上海精发实业有限公司工程】

8月，亭林工业园区（东部）林盛路28号上海精发实业有限公司工程竣工，占地51692.6平方米，总建筑面积41670平方米，总投资22010万元。上海都市建筑设计有限公司设计、上海金春建设工程有限公司承建、上海申安建设工程监理咨询有限公司监理。2011年1月25日开工。

（谭平）

【上海新帑实业有限公司工程】

11月，亭林工业园区（东部）林盛路136号上海新帑实业有限公司工程竣工，占地25553.8平方米，总建筑面积37093平方米，总投资7506万元。上海同建强华建筑设计有限公司设计、平湖市东港建筑工程有限责任公司承建。2011年5月18日开工。（谭平）

【上海怡施日用品有限公司工程】

11月，亭林工业园区（东部）林盛路128号上海怡施日用品有限公司工程竣工，占地18316平方米，总建筑面积17876平方米，总投资6416万元。上海致锦建筑设计有限公司设计、平湖市东港建筑工程有限责任公司承建。2011年9月20日开工。（谭平）

【日铭电脑配件（上海）有限公司一、二期工程】 1月，亭林工业园区（东部）林盛路171弄113号日铭电脑配件（上海）有限公司一期工程竣工，总占地36536.6平方米，新建总建筑面积46228平方米，总投资16500万元。上海天功建筑设计有限公司设计、江苏省建工集团有限公司承建、上海四海建设工程造价咨询监理有限公司监理。2011年8月18日开工。11月，亭林工业园区（东部）林盛路88号日铭电脑配件（上海）有限公司二期工程竣工，总占地58593.6平方米，新建总建筑面积49768.89平方米，总投资40000万元。上海沪防建筑设计有限公司设计、上海永磐建设工程有限公司承建、上海大通工程监理有限公司监理。2012年5月28日开工。（谭平）

【上海嘉麟杰纺织品股份有限公司（三期）扩建工程】 5月，亭林工业园区（西部）上海嘉麟杰纺织股份有限公司（三期）扩建工程竣工，总占地75376.4平方米，扩建总建筑面积11000平方米，总投资2954.61万元。上海申联建筑设计有限公司设计、扬州天成建筑安装工程有限公司承建、上海现代工程咨询有限公司监理，2012年1月7日开工。（谭平）

【乐天（上海）食品有限公司扩建工程】 2月，亭林工业园区（东部）亭卫公路8811号乐天（上海）食品有限公司扩建工程竣工，总占地56865平方米，扩建总建筑面积4890.33平方米，总投资1935万元。上海金山规划建筑设计院有限公司设计、上海金建建设工程有限公司承建、上海严翔建设工程咨询有限公司监理，2011年12月15日开工。（谭平）

【上海禾本药业有限公司扩建工程】 8月，亭林工业园区（东部）林宝路2号上海禾本药业有限公司扩建工程竣工，总占地57385平方米，扩建总建筑面积33000平方米，总投资2990万元。上海同济大学建筑设计研究院（集团）有限公司设计、上海金春建设工程有限公司承建、上海海达工程建设咨询有限公司监理，2011年8月1日开工。（谭平）

2012年亭林镇经济主要指标一览表

表20

项　目	单位	完成数	比上年增长(%)
增加值	万元	366051	11.58
第一产业	万元	12598	0.38
第二产业	万元	269437	11.63
其中:工业	万元	266078	11.31
第三产业	万元	84016	13.30
固定资产投资额	万元	132244	4.74
财政收入	万元	35762	9.56
财政支出	万元	35217	9.98
外贸出口总额	万元	241526	13.87
利用外资及港澳台资签订合同项目数	个	16	45.4
利用外资及港澳台资签订合同金额	万美元	3527.88	22.4
农业总产值	万元	41614	2.50
工业总产值	万元	1520447	11.31
社会消费品零售总额	万元	186500	11.01

（周春花）

张堰镇

【概况】 张堰镇位于金山区中部偏东南,东与金山工业区、山阳镇毗邻,西、北与吕巷镇相连,南与金山卫镇接壤。镇域面积35.15平方公里,有耕地1733公顷。辖旧港、桑园、鲁堰、建农、角里、百家、秦望、秦阳、秦山9个村民委员会,东风、富民、解放、留溪佳园4个居民委员会。户籍数10263户,人口28656人。新卫(S19)、沪金高速公路(S4),松卫南路,漕廊、金石、松金、金张公路和张泾河、山塘河、牛桥河、紫石泾等构成镇域水陆交通网络。镇内有相传秦始皇登山望海的秦山(又名秦望山、秦皇山、秦驻山)及国家AAA旅游景区南社纪念馆(姚光故居)、高天梅故居、白蕉故居、石皮弄、百家天主教堂、耶稣教堂等。镇人民政府驻康德路328号。

2012年,全镇国内生产总值28.09亿元,比上年增14.05%;税收6.98亿元,比上年增15.75%,其中注册型企业3.01亿元,比上年增6.74%;财政收入2.32亿元,比上年增10%;工业总产值149.91亿元,比上年增13.85%,其中规模以上工业企业产值128.4亿元,比上年增9.83%;合同利用外资2034万美元,比上年增9.67%;外资到位资金1100万美元,比上年增9.78%。固定资产投资8.28亿元,其中工业性投

南社纪念馆

资7.12亿元;工业项目到位资金7.63亿元。工业园区完成内资签约项目10个,总投资6.71亿元。全镇新增注册项目1922个,比上年增46.3%。农业总产值2.59亿元,比上年增9.5%;农村居民年人均纯收入15461元,比上年增10.42%。种植水稻1346.8公顷、大麦和小麦947.6公顷、油菜191公顷、西甜瓜41.85公顷、绿肥208.2公顷。稻谷产量1.15万吨、产值3338.07万元,油菜籽产量511.1吨、产值194.22万元,瓜果产量1.08万吨、产值1729万元,出栏生猪4万头、家禽34.97万只,养殖水产112.73公顷、产值7954.98万元。形成镇村联动集体农场"9+1模式"(9个村级合作农场,1个镇级示范农场)。成立镇农机管理服务中心和农产品质量安全监管站,完成14家合作社无公害认证,落实蔬菜安全检测工作和蔬菜安全生产考核制度。完善村级经济发展扶持政策,调整镇、村实得财力分配比例。发放各类支农补贴567.8万元。沙龙畜牧有限公司成立枫泾猪国家育种中心、种猪场;"金龙"酱菜产业化经营4000吨酱菜改建项目竣工。完成2012年土地流转合同签订、角里村土地承包经营权证登记试点和村集体经济组织成员界定、农龄统计等工作。第三产业增加值2.88亿元,比上年增18.24%。完善城镇建设规划,明确功能定位、总体布局等。城镇化率60.47%,比上年增7%。推进"紫迪兰庭"商品住宅、张堰垃圾中转站、张堰公园改造、乡村公路桥工程及道路维修等项目建设;明确南社纪念馆二期改造工程方案并推进前期工作;完成镇健康文化活动中心改造;建成镇首条百姓健身步道,维修公共场所健身点设施;改善老年活动室设施,完成2家养老机构消防安全达标工程。加强禁毒、社区矫正及预防青少年犯罪工作。推进突出矛盾纠纷稳控化解,全年受理信访案件158件,结案率96.2%;无进京赴市集体上访。镇各级人民调解组织调解案件168件,调解成功率逾98%。全年新增就业岗位1214个、净增282个。发放市民综合帮扶金546人197.27万元、医疗救助金67人次32.16万元、城镇居民最低生活保障金121.22万元、农村居民最低生活保障金14.05万元。落实慈善救助资金22万元。中侨学院金山校区、工业园区等项目1967名失地农民纳入小城镇社会保险。全年申报高新技术企业4家、市科技小巨人培育企业1家、市设计创新型示范企业1家、市创新资金项目1个、市著名商标和上海名牌各2个、科技小巨人企业2家、区技术中心1家、区产学研合作项目1个。推进校安工程建设。张堰中学高考本科上线率96.4%。发放城乡低保和低收入家庭子女义务教育"两免一补"(免学杂费、免书本费、补午餐费)助学券38张、高中生助学金10人1.8万元、大学生助学金37人13.25万元。组织开展镇第二届文化体育艺术节,推进"文化、科技、卫生"三下乡。参加区大型文化交流展评活动,其中举行镇专场巡回演出4场。组织镇12支村(居)文艺团队参加区村(居)文艺团队展示活动,秦望村文艺团队获展示优秀奖。组织参加上海金山石化文化艺术节故事创作、新金山人才艺展示等7项比赛(活动),镇获文化艺术节铜奖。完成居委会档案室升级达标工作。推进家庭医生制试点,社区全科医生团队覆盖率100%。加强健康档案规范化建设,居民健康档案建档率67%,重点人群建档率90%。全镇农村合作医疗参保率99.74%,参保签约率100%。区实事项目——"两病"筛查覆盖5300余人。组织55人赴上海华山医院接受白内障复明手术。镇社区卫生服务中心创建成2012年度市示范社区卫生服务中心。会同区体育局、文广局承办"张堰杯"2012年上海国际木兰拳邀请赛,镇分别被市体育总会、木兰拳协会授予上海木兰拳之乡、上海木兰拳示范基地称号。组织参与市第一届市民运动会,承办市民运动会木兰拳分区赛并获规定套路、展示套路第一名。举办镇第十届老年人"打红心"比赛和健身团队广场舞等展示活动。镇青少年围棋俱乐部获2010~2011年度区十佳社会组织自律与诚信建设先进单位称号。围绕迎接国家卫生区复审工作,健全完善长效管理机制,开展"环境清洁日""爱国卫生月"等环境卫生整治活动,开展"百街千路"道路洁净工程创建,实行网格化日常管理。与区城管分队、交警三中队和镇派出所、工商所联合整治"两乱一跨"(乱堆放、乱设摊、跨门营业)行为。开展健康自我管理小组、健康大讲堂、"四控一动"(控油、控盐、控烟、控体重、适量运动)宣传等活动,每季度组织控烟志愿者开展控烟巡防活动。开展市民巡访工作和群众性精神文明创建活动。镇创建成市文明镇、双拥模范镇,成立争创"全国文明镇"工作领导小组。完成各村(居)换届选举工作,村(居)民参选率99.5%,村委会海选比例100%,2个居委会采用直选方式。47家机关、事业、镇属公司、非公企业和村(居)党组织完成换届。镇领导带队开展安全生产检查和督查4次。安全生产专项整治6次,发现安全隐患1199项,整改1115项。开展水资源保护地、特种工艺行业、村小企业等地毯式检查21次,建议整改单位21家,其中停止运营16家。实施重点能耗企业单位能耗强度和总量"双控"制度;关停并转"高投入、高消耗、高污染、低效益"企业和生产流水线。加强重点排污企业监控,现场检查98户次,处理36件次。加强种植养殖、食品生产与流通、餐饮等行业监管。应对台风"海葵"侵袭,转移安置群众778人。 (马智勇)

【镇春季用工招聘洽谈会】 洽谈会于2月11日在镇社区文化活动广场举行,镇工业园区和各行政村共70多家单位提供52个工种2100多个岗位。现场发放宣传资料1000多份,611人(含来沪人员258人)填写求职登记表,23名(含来沪人员12人)失、无业人员通过面试被录用,193人(含来沪人员87人)与企业达成录用意向。 (蒋瑛瑛)

【"健康面对面,情满社区行"活动启动仪式】 年内,镇巩固国家健康镇创建成果,推进健康镇建设。下发《关于印发2012年张堰镇开展"健康面对面,情满社区行"活动实施意见的通知》(张府发〔2012〕25号),整合镇健康办、老龄办、红十字会、社会事业办、人口计生办、市容管理事务所、社区卫生服务中心等部门资源,开展"健康面对面,情满社区行"主题活动,分别在鲁堰、百家、秦阳村和张堰小学、张堰中学、张堰幼儿园、镇文体中心、市容环境事务所、社区学校等举办医疗保健、健康自我管理、救护培训等讲座22场和大型咨询活动、宣传活动各1场,1.67万人次参与。 (蒋瑛瑛)

【区科技活动周开幕式暨上海嘉乐股份有限公司院士专家企业工作站揭牌仪式】 5月17日,区政府主办,区科委、镇政府及上海嘉乐股份有限公司承办的区科技活动周开幕式暨上海嘉乐股份有限公司院士专家企业工作站揭牌仪式在上海嘉乐股份有限公司举行。区委常委、副区长沈华棣致辞并和市科协副主席俞涛为工作站揭牌。中国工程院院士、东华大学教授周翔与嘉乐公司董事长高华林签署科研成果转化合作协议(工作站将根据企业创新需求,开展产业及企业发展技术指导,解决企业关键技术难题,帮助企业培育自主知识产权,建设人才培养基地等)。区科委主任、科协主席曹婕主持。镇领导钟美龙、吴丙章、施文权出席。区科普联席会议成员、各镇科协负责人、居民代表、嘉乐公司员工等200余人参加。 (蒋瑛瑛)

【镇第十四届党员代表大会第三次会议暨党建工作会议】 会议于2月29日在镇政府报告厅召开。镇党委书记钟美龙作《凝心聚力,狠抓落实,以"二次创业"精神推进张堰追赶式发展》报告并代表镇党委与相关基层党组织签订党风廉政建设责任书和信访工作目标责任书,镇党委副书记顾美萍部署2012年党建工作,党委委员、副镇长李伟代表正科级以上干部作廉洁从政承诺。镇党委、人大、政府班子全体成员,各战线党员代表、基层党组织班子成员、非公企业党组织负责人、纪委班子及党风廉政监察站成员等共200多人参加。 (蒋瑛瑛)

【镇纪念三八国际劳动妇女节102周年大会】 会议于3月7日在镇政府报告厅召开。区妇联主席陆英致辞。与会领导向2011年度市学习型家庭、市新农村最佳庭院和区新农村绿色庭院、区低碳明星家庭、区城乡妇女岗位建功先进个人获得者献花。与会人员观看"感动金山人物"——上海智尹生猪养殖专业合作社负责人沈志英宣传片。镇领导钟美龙、吴丙章、江海平、顾美萍、沈永华等出席。镇基层妇女干部、先进代表、女性人才沙龙成员等150多人参加。 (蒋瑛瑛)

【镇干部作风讲评大会】 会议于3月24日在镇政府报告厅召开。镇党委副书记、镇长吴丙章主持。区纪委常委、监察局副局长黄礼勇讲话。镇党委副书记、纪委书记顾美萍作《转变作风求实效,凝心聚力谋发展,以"二次创业"精神推进张堰追赶式发展》讲评报告。鲁堰村、劳动保障所、上海弘滔商务咨询有限公司交流发言。镇领导班子、纪委班子、党风廉政监察站成员,镇机关、事业单位工作人员,各村居"两委"班子和镇属单位党政班子成员等共280余人参加。 (蒋瑛瑛)

【镇精神文明建设大会】 会议于9月17日在镇政府报告厅召开,镇党委副书记、镇长吴丙章主持。区委常委、宣传部部长张权权,区委宣传部副部长、区文明办主任陆引娟,区社会主义学院常务副院长朱元东等为镇所获市文明镇、市爱国主义教育基地、市社会主义学院实践教学基地等荣誉匾牌揭牌。镇领导班子、文明委和各村(居)、机关、事业单位和镇属公司党政班子成员及非公企业负责人,镇市民巡访队,南社纪念馆成员等近160人出席。

(蒋瑛瑛)

【中侨学院金山校区奠基】 11月28日,位于漕廊公路以北、留贤路延伸段以西的上海中侨职业技术学院金山校区举行奠基仪式。区委书记杨建荣致辞,学院董事长严健军致欢迎词，院长蒋志明主持。副市长沈晓明、市政府副秘书长翁铁慧、市教委主任薛明扬和区领导杜治中、王美新、贾炜、曹云辉及镇领导钟美龙、吴丙章等出席。市、区、镇相关职能部门主要负责人，区各中学校长和中侨学院各系主任等300余人参加。始创于1993年的上海中侨职业技术学院纳入国家统一招生计划，是具独立颁发国家学历文凭资格的全日制普通民办高校。金山校区总投资6亿元，建筑面积18.38万平方米，规划用地20.2公顷，按功能布局分为教学区、学生生活区、职工生活区、体育运动区、教学科研试验区、职业技术产业开发区、国际学院交流区等。计划2014年竣工启用。

（蒋瑛瑛）

【村庄改造】 11月，2012年度镇政府实事项目——村庄改造工程开工建设。工程涉及百家、秦望村13个村民小组410户农户，总投资837万元，计划2013年竣工验收。上海金山规划设计院设计，张堰城乡建设有限公司、上海民扬建设有限公司承建，上海严翔建设工程咨询有限公司、上海欣发建设工程监理有限公司监理。（蒋瑛瑛）

【"丰收杯"百人乒乓球比赛】 5月20日，镇第二届文化体育艺术节"丰收杯"百人乒乓球比赛暨市首届市民运动会张堰镇乒乓球选拔赛在镇社区文化活动中心举行。镇党委副书记、纪委书记顾美萍致辞，党委委员潘海英主持。全镇103名乒乓球爱好者参与，张火明、高明、徐健获前三名，并代表镇参加市首届市民运动会乒乓球金山赛区选拔赛。

（蒋瑛瑛）

【广播操展示活动暨市第一届市民运动会拔河等选拔赛】 5月26日，镇千人第九套广播操展示活动暨市第一届市民运动会镇拔河、跳绳、篮球选拔赛在张堰中学举行。镇党委副书记、镇长吴丙章致贺辞，镇党委委员、副镇长李伟主持。区体育局局长杨伟和镇领导顾美萍、潘海英等出席。全镇50个单位约1000人参加广播操展示。1600多人参加拔河、跳绳、篮球比赛，奥图（上海）环卫设备股份有限公司、张堰中学高二联队、张堰队、张堰中学校队分获拔河、跳绳、5对5篮球比赛、3对3篮球比赛第一名，并代表镇参加市首届市民运动会金山赛区选拔赛。张堰中学获活动组织奖。

（蒋瑛瑛）

2012年张堰镇经济主要指标情况

表21

项　目	单位	完成数	比上年增长(%)
增加值	万元	280873	14.05%
第一产业	万元	4920	2.5%
第二产业	万元	242848	14.17%
其中：工业	万元	240940	14.2%
第三产业	万元	33105	15.12%
固定资产投资额	万元	82797	-12.3%
财政收入	万元	23157	9.98%
财政支出	万元	22811	-0.24%
外贸出口总额	万元	153138	0.64%
利用外资签订合同项目数	个	9	-25%
利用外资签订合同金额	万美元	2034	9.65%
农业总产值	万元	25910.6	9.5%
工业总产值	万元	1499153	13.86%

（蒋瑛瑛）

漕泾镇

【概况】 漕泾镇位于金山区东部，东与上海化学工业区接壤，西与上海金山工业区和山阳镇交界，南濒杭州湾，北接奉贤区柘林镇。镇域面积56.92平方公里，有耕地1927.19公顷。辖增丰、东海、沙积、海渔、海涯、营房、护塘、金光、水库、蒋庄、阮巷11个村民委员会和花园、建龙、绿地3个居民委员会。户籍数10236户，人口31311人，登记在册流动人口14950人。金山铁路、浦东铁路，沪金(S4)、沈海(G15)高速公路，漕廊、亭卫、浦卫、沪杭、朱漕公路和龙泉港、东海港、新东海港等138条区、镇、村级河道构成镇域主要水陆交通网络。境内有古冈身遗址、济渡桥等古迹和漕泾烈士陵园、漕泾休闲水庄。镇人民政府驻漕廊公路398号。

2012年，全镇国内生产总值26.06亿元，比上年增5.08%；税收7.04亿元，比上年增15.46%；年度地方财政收入2.74亿元，比上年决算收入增8.97%；财政总支出2.7亿元，比上年增7.58%；固定资产投资总额8.18亿元，比上年增4.71%，其中工业性投入7.23亿元，比上年增5.95%；农村居民年人均纯收入15214元，比上年增10.2%。全镇工业总产值79.56亿元，比上年减18.87%，其中规模以上企业产值48.61亿元，比上年减29.46%。全年引进项目885个，其中实地实业型项目18个，投资总额11.64亿元，注册型项目867个；内资到位资金7.43亿元，比上年增10.67%；合同利用外资2355.89万美元，比上年增4.62%。漕泾投资咨询公司(经济小区)引进工商业户845户，比上年减12.44%，其中自主招商643户，占新增户数76.09%，上缴税收4.05亿元，比上年增13.47%。漕泾对外经济贸易公司引进外资企业22家，总投资5172.96万美元；引进内资企业18家。全镇外贸出口拨交值8.61亿元，比上年减12.31%。全镇农业总产值3.5亿元，比上年增8.9%；种植粮食作物(水稻、麦)2238.5公顷，总产量14489.9吨，产值3842万元；油菜32.94公顷，总产量73.9吨，产值26万元；西甜瓜354公顷，总产量9689.8吨，产值4373.8万元；草莓37公顷，总产量894吨，产值1376.7万元。养殖水产466.7公顷，总产量2735.4吨，产值9604.3万元。生产蔬菜16295.3吨、水果980吨、禽蛋477.6吨、肉制品929吨。出栏生猪8078头、家禽74.94万羽。远洋捕捞产量4144吨，销售收入7228.5万元。“多利升”品牌西瓜连续第八年获市级金奖。镇企业服务中心揭牌。建立农民专业合作社54个，创办“百亩家庭农场”49个，土地规模经营面积738公顷，占总耕地面积42.1%。改造机泵5座5台套，改造渡槽桥2座、农桥6座，埋设地下渠道11.4公里。全年社会消费品零售额113927万元，比上年增12.58%。改造阮巷村金阮路机口桥，拓宽改造护塘村邓桥路，综合改造漕泾敬老院。审批修缮农民住房246户、新建83户。修缮旧住房业主房屋313户，更新维护居民住宅楼可视对讲系统25件次。金山新城蓝色收获家园二期配套商品房项目动迁安置点房屋结构封顶。56户民房动迁签约，拆除房屋56户。拆除违章建筑6230平方米，制止非法占地0.32公顷。整治村沟宅河16条段14.1公里，取缔非法网具5837件。清理金山铁路漕泾段沿线各类垃圾650吨，粉刷墙立面28.8万平方米。全镇中学、小学、幼儿园各有班级22个、24个、16个，学生698人、922人、517人，教职工79人、85人、38人。漕泾中学应届毕业生录取市重点学校25人、区重点学校21人，中考上线率位列全区乡镇初级中学第一，并获全国特色学校称号。漕泾小学获市青少年科普宣传教育先进集体称号，秦梅获市园丁奖，潘亚军获市教育学会书法教育先进个人称号，施慧丽获市农村学校教师优秀教

济渡桥

学工作君远奖。举办"建设三个漕泾(产业漕泾、文化漕泾、和谐漕泾)、共创美好未来"红五月广场演出、漕泾之星才艺大赛、漕泾书画摄影邀请赛等活动10场(次);举行各类文艺交流演出17场、文艺下乡演出56场。采编电视新闻109条,采写新闻稿件被《金山报》《东方城乡报》《上海老年报》《上海科技报》等刊登录用216篇,中国新闻网、人民网等网站录用420篇,金山广播电台《绿色长廊》专题节目播发6期。全年11个数字电影放映点放映数字电影1186场次。全镇参加合作医疗保险6270人,投保率100%;减免60周岁以上老年人、残疾人、贫困户个人合作医疗投保基金80.2万元。提供65周岁以上老人健康保健关爱服务(镇老年人健康保健关爱行动实事项目)4.13万人次。举办红十字现场救护培训,培训普及员704人、救护员70人。兑现独生子女父母奖励费29.6万元,户籍人口计划生育率100%。全镇建有大小健身苑点22个,农民健身工程门球、篮球、网球场18个,农家书屋11个。组团参加市第一届市民运动会并获钓鱼赛团体二等奖,个人二等奖(1人)、三等奖(4人),柔力球比赛规定套路团体二、三等奖和自选套路三等奖,个人自选套路一等奖。举办"一镇一特"月月有赛事全镇性体育比赛12场。全年新增就业岗位1631个、净增就业岗位382个,完成区指标116.5%、120.5%。培训职业技能等级工519人,完成区指标129.8%。城镇失业登记人数157人。新型农村社会养老保险签约2280人,完成区指标101%。享受农保养老金给付10472人。全年发放失业金218人67.5万元、优抚对象补助金135人85.6万元、城乡低保补助金112户76.5万元、重残无业对象生活补助金159人122.5万元、大病医疗救助金332人171.3万元、综合帮扶补助金212人77.5万元、帮困金2150人次115.9万元、学生助学款60人19.6万元和农村低保、残疾人家庭危房翻建补助金10户20.1万元。组织45位白内障患者接受免费复明手术。安置残疾人就业331人。全镇第十次村(居)民委员会换届选举选民参选率97.82%。全年发生各类刑事案件157起,比上年减12.8%;查处治安案件65起,比上年增109.7%;打击各类违法犯罪嫌疑人57人,比上年增1.8%。全年接待来访320批625人次,批次比上年增42.9%,处理人民来信29件,比上年增20.8%,信访办结率98%、化解率91%。受理各类纠纷452件,调解成功率97%。镇党委与上海化工区发展公司党委签订党组织结对共建协议,确定并实施党建共建项目10个。开展组团式联系服务群众工作,全年组团857人,走访家庭10772户,收集问题159个,解决141个。村(居)、企事业单位党组织换届,新一届村、居民区党组织班子成员平均年龄38.8岁、35岁,比上届减2.9岁、2岁。基层党组织晋位升级71个,举办科学发展主题培训17次,培训人员1500余人次。全年选拔任免干部130人次(任79人次、免51人次);新发展中共党员30人,转正34人,慰问困难党员148人次。开展"城乡结对""双百结对"等共建活动,全年村(居)委会获帮扶资金134.4万元。镇获市平安示范社区、平安农机示范镇、平安铁路示范街镇达标单位、社区综合协管队工作先进集体、铁路护路联防工作先进集体称号;蒋庄村、护塘村获市平安农机示范村称号;建龙居委会获市未成年人思想道德建设工作先进单位称号;申漕公司获市标准化水产养殖示范场称号;受理中心获市社保卡、居住证件先进受理网点称号。戚雪林获市重点工程实事立功竞赛铁路建设综合赛区建设功臣称号;徐金华获市社保卡、居住证件受理工作先进个人称号;陈桃红获市医保社会服务岗位标兵称号;王金龙获市十佳优秀社会体育指导员称号。（金培鑫）

漕泾之星才艺大赛

【用工招聘会】　2月25日,镇劳动保障事务所承办的镇2012年春

用工招聘会现场

季用工招聘会在镇文化广场举行，优月仓储（上海）有限公司、邦凯控股集团有限公司、上海凯兰达实业有限公司等66家企业提供就业岗位1739个，填表应聘653人，其中达成就业意向392人、当场录用83人。（金培鑫）

【上海化工区1公里限制带环境综合整治项目漕泾镇办公室揭牌】 3月15日，上海化工区1公里限制带环境综合整治项目漕泾镇办公室揭牌仪式在东海村举行，镇党委书记朱喜林，镇党委副书记、镇长金丽勤为办公室揭牌，镇化工区1公里限制带环境综合整治项目搬迁安置工作领导小组成员，项目办公室下设6个工作组成员，增丰村、东海村、海渔村、沙积村、营房村、建龙居委会主要负责人等参加。（金培鑫）

【项目集中开工仪式】 5月15日，镇政府、上海化学工业区金山分区主办，上海宝来纳企业发展股份有限公司、上海和宇实业有限公司、上海同程仓储有限公司承办的2012年金山区漕泾镇项目集中开工仪式在上海化学工业区物流产业园宝莱纳项目工地举行，镇党委副书记、镇长金丽勤主持，副镇长朱筷顺介绍开工项目情况，上海宝来纳企业发展股份有限公司董事长董君增代表项目业主发言，上海宝莱纳企业发展股份有限公司“年产8000万平方米不干胶产品”、上海和宇实业有限公司“化工仓储物流”、上海同程仓储有限公司“上海化学工业区化学品仓储、集装罐（箱）装卸物流基地”项目建设启动。区委常委、副区长沈华棣讲话。上海化学工业区管委会副巡视员谈学良等出席。（金培鑫）

【“多利升”西瓜品评暨金山漕泾书画摄影邀请赛】 6月8日～10月11日，镇党委、政府主办，镇农业技术推广服务站、文化体育服务中心承办，区书画协会、摄影协会、青少年活动中心协办的“特色农业展成效品牌文化显亮点”——“多利升”西瓜品评暨金山漕泾书画摄影邀请赛举行，活动包括“多利升”品牌西甜瓜系列产品品评、颁奖，书画摄影作品展示、评鉴和颁奖。开幕式于6月8日在镇文化广场举行，市农科院党委书记、院长吴爱忠，区委常委、政法委书记刘其龙等出席。（金培鑫）

【姜平到镇指导灾后工作】 8月11日上午，副市长姜平到镇指导“海葵”台风灾后工作，视察龙坤蔬菜专业合作社，听取受灾情况汇报并指导灾后工作。区委书记杨建荣，区委副书记、区长李跃旗等陪同。（金培鑫）

【抗御“海葵”台风总结表彰大会】 会议于8月24日上午在镇政府会议室召开，表彰抗御“海葵”台风先进集体6个、先进个人30名。镇党政、人大班子成员，各村（居）、镇属企事业单位党政班子成员，防汛领导小组成员，非公企业党组织负责人等

项目集中开工仪式

200多人参加。 （金培鑫）

【漕泾之星才艺大赛】 镇精神文明建设委员会主办，镇总工会、文体中心承办的展魅力、秀自信——2012年“普多杯”漕泾之星才艺大赛初赛、决赛分别于7月14日、9月10日在镇文体中心举行，参加个人才艺初赛56人、团体才艺初赛3个，参加决赛21名（组），评选出活力之星、魅力之星、创新之星、自信之星、才艺之星和团结之星。市文联机关党委副书记刘兵、区总工会党组书记张希泽等及各村（居）、镇属企事业单位党政工领导、部分非公企业工会主席、职工代表等250多人观摩决赛。 （金培鑫）

【漕泾敬老院综合改造工程竣工】 10月，漕泾敬老院综合改造工程竣工，总投资175万元。工程包括改造院部综合楼，添置安装消防栓、消防喷淋、烟感报警装置，新建消防通道。上海金山漕泾建设工程有限公司承建。2012年6月开工。 （金培鑫）

改造后的敬老院

【廉政文化书画展】 10月31日，镇党委、上海化学工业区发展公司党委“廉政文化书画展”在上海化学工业区举行，展出党员干部、群众书画80幅。区委常委、纪委书记葛永东，区委常委、组织部部长陈正安，上海经信纪工委副书记楚永桥，上海化学工业区管委会副局级巡视员谈学良，上海化学工业区发展公司党委副书记严国基等出席开展仪式。近千名群众参观。 （金培鑫）

【镇纪委揭牌】 11月8日上午，中共上海市金山区漕泾镇纪律检查委员会揭牌仪式在镇政府举行，镇党委书记朱喜林，镇党委副书记、纪委书记蒋雅红为镇纪律检查委员会揭牌，镇党委、纪委班子成员出席。 （金培鑫）

2012年漕泾镇经济主要指标情况

表22

项 目	单位	完成数	比上年增长（%）
增加值	万元	260595	5.08
第一产业	万元	15975	11.00
第二产业	万元	187780	3.16
其中：工业	万元	163132	-2.14
第三产业	万元	56840	10.19
固定资产投资额	万元	81838	4.71
财政收入	万元	27391.79	8.97
财政支出	万元	27015.67	7.58
外贸出口总额	万元	86137	-12.31
利用外资签订合同项目数	个	22	-4.35
利用外资签订合同金额	万美元	2355.89	4.62

续表22

项　目	单位	完成数	比上年增长(%)
农业总产值	万元	34985.3	8.85
工业总产值	万元	795572	-18.87
社会消费品零售总额	万元	113927	12.58

（金培鑫）

山阳镇

【概况】 山阳镇位于金山区东南部，东与漕泾镇为邻，西连金山卫、张堰镇，南濒杭州湾并与上海石油化工股份有限公司毗邻，北接金山工业区。镇域面积42.12平方公里，有耕地1125公顷。户籍数16957户，人口43166人。辖10个村民委员会、11个居民委员会。镇境距杭州湾跨海大桥30公里，沪金高速公路(S4)、金山铁路穿越全境，并在镇设站点；沪杭公路横穿境内，金山大道、亭卫公路、浦卫公路、蒙山路、卫零路等纵横交织，形成镇域交通干道。镇西南海光村有戚家墩古文化遗址。镇人民政府驻龙皓路28号。

2012年，全镇国内生产总值36.62亿元，比上年增13.1%；财政收入4.02亿元，比上年增2.2%。其中财政可支配收入2.86亿元，比上年增6.4%。税收11.95亿元，比上年增15.0%；农村居民人均可支配收入16829元，比上年增12.1%；农业总产值1.7121亿元，比上年增0.3%。其中种植业9645万元，比上年减4.8%；林业104万元，比上年增33.3%；牧业4450万元，比上年增2.7%；渔业2922万元，比上年增15.4%。种植水稻562.07公顷，总产4996.18吨，产值1468.9万元；油菜籽164.03公顷，总产440.5吨，产值155.1万元；蔬菜751.41公顷、花草苗木165.32公顷。钢管大棚覆盖面积32.47公顷。工业总产值116.9亿元，比上年增16.8%。其中私营企业(测算)34.1亿元，比上年增12.5%。外贸出口拨交值15.1亿元，比上年增11.7%。全镇年产值5000万元以上企业35家，产值占全镇工业产值84%。经济小区全年新增注册企业2503户，累计税收6.32亿元，比上年增19.6%。全年社会消费品零售总额19.46亿元，比上年增22.8%。全年引进内资项目10个，外资项目2个，总投资2.7亿元；合同利用外资1709.8万美元。外资到位资金1171万美元，比上年增7.7%。全年新开工项目8个(其中扩建项目3个)，竣工项目13个，投产项目7个。固定资产投入7.96亿元，比上年减13.5%，其中工业性投入6.02亿元，比上年减10.6%。安装老镇区部分路段路灯30盏，完成敬老院及养老院消防达标工作，修建改造镇社区文化活动中心舞台及灯光，完成10.576公里乡村公路大中修、轨交22号线乡村道路路网接顺及山南路延伸段、轨交22号线配套乡村道路路网接顺及沟通(二标、三标)、海利路和卫昌路等工业园区待建道路建设工程及220千伏高压线动迁安置基建配套项目。改造沪杭公路南侧公共厕所及公共候车亭、金山嘴海鲜一条街89个停车位、乡村公路危桥13座，安装候车亭10个。审批宅基地申请22户，维修、扩建、翻建房屋105户。落实山阳工业园区，轨交22号线环评、立交、枢纽周边地块及配套道路，区属板桥路、龙泉港生态绿化工程等4个动迁基地涉及139户农户动迁。新建中兴村渡槽，翻修华新村龙泉港、东方村牛桥港农业排灌机口，埋设地下渠道1.695公里，验收农桥7座，安装农桥护栏26座。补防稻飞虱面积145.07公顷，检测蔬菜农药残留(镇农贸市场、村级集贸市场及菜农产地)5208份，合格率100%，抽样检测肉类瘦肉精残留300份，合格率100%；实施畜禽防疫11万多只，免疫率100%。全年新增就业岗位1702个，参加职业技能培训415人、农民工培训310人。举办招聘会4场，参与单位115家，提供岗位3308个，录用735人。认定就业困难人员104人，推荐安置就业101人。帮助成功创业劳动组织44家，带动就业101人；推荐镇内失业、无业及农村富余劳动力上岗328人，录用236人。举办家政服务(初级)、化工操作工等技能培训班9个，培训725人。发放养老金和生活费补贴3704.6万元，代理社会保险3540人。办理东方村、中兴村征地农转非小城镇社会保险155人，自由职业社会保险418人，退休人员城保、镇保829人，代办外经公司社保业务178人，代扣代缴社会保险费441.4万元。办理社会保障卡305张、就业失业登记证593册、敬老服务卡213张、学籍卡237张、来沪人员从业类和投靠类居住证104张。补办、续签、退还临时居住证35823人次。全年发放各类救助598.78万元，九年制义务教育帮困助学卡77张，低保、重残无业对象粮油帮困卡2018张10.5万元，农村低保、低收入家庭危房翻建补助金3户10.8万元。确认重点优抚对象47名，发放重点优抚对象各类定期定量抚恤优待金73.12万元。办理“独生子女父母光荣证”329本，发放生育联系卡381张，审核再生育25例。有持证残疾人806人，占镇总人口2%。组织43名残疾人运动员参加区第三届残疾人运动会9个项目比赛，获金牌18枚、银牌9枚、铜牌10枚、团体总分第二名。全镇有食品生产经营有证单位441家。献血478份。全年申报发明专利80件，实用新型专利95件，外观设计专利31件。上海泰胜风能装备有限公司、上海汉斯木业有限公司获2012年市名牌产品企业称号；上海中芬新能源投资有限公司与上海唐科新型包装材料有限公司、上海四维数字图文有限公司、上海热丽电热材料有限公司同获市高新技术企业称号，并与上海泰胜风能装备有限公司同获区工程技术科研中心称号；上海东大聚氨酯有限公司获市科技小巨人企业称号并与上海艾录纸包装有限公司同获区技术中心称号、与上海邦中高分子材料有限公司同获区科技小巨人企业称号。山阳中学获全国青少年“未来之星”阳光体育节团体决赛二等奖、2012年第五届市中小学生食品安全知识竞赛学校优秀组织奖、第十一届中德国际青少年艺术大赛上海赛区手风琴合奏铜奖及优秀组织奖、第四届上海模型节暨2012市青少年航天模型竞赛团体奖、美年达百校风采擂台赛二等奖、区第八届中小学生红色经典小故事讲演比赛初中组团体一等奖、2012区学生阳光体育大联赛初中组健美操第二名、区教学成果奖、区少先队鼓号大赛三等奖和市乡村学校少年宫示范点、市阅读助成长活动阅读指导先进集体、区考核优秀学校、区2012暑期工作先进集体、区第八届青少年艺术节先进集体、区民族文化培训特色项目学校称号。山阳小学获全国少先队员知识竞答活动优秀组织奖、市第四届中小学生艺术展演活动民乐专场小学组三等奖、区学生阳光体育大联赛小学组田径比赛体育道德风尚奖及市学校艺术教育先进单位、2011～2012年度区艺术教育特色学校、区第八届青少年艺术节先进集体、区民族文化培训特色项目学校、区艺术教育特色学校、2012年区学生“写好字”书法教育现场展示评比优秀集体、区艺术教育及体育教育实验基地、区体教结合先进集体称号，英语教研组获区巾帼文明岗称号。山阳幼儿园获市一级幼儿园和区文明单位、平安学校、优秀教研组称号。镇获2010～2011年度市文明镇称号。《山阳社区报》出刊12期98版，刊登各类稿件等1300余篇约35万字。联合市音乐家协会、市群众艺术馆、区文化广播影视管理局举办市首届“山阳杯”非职业优秀民乐团队交流展演。会同区旅游局、文化广播影视局举办“印象渔村，欢乐美食”2012年金山海鲜文化节。镇龙舟队参加市第一届市民运动会——金山区第六届山阳龙舟赛暨长三角地区农民龙舟邀请赛获省际、区县组、街道组第一。镇龙泉港龙舟赛培训基地获市第一届市民运动会“民生银奖”。撰写纪实文学《新港湾传奇》(20万字)并由中国文联出版社出版。开展各类法制宣传活动60余次，组织法律咨询16次、法制讲座和文艺演出38场，举办法制影片展播80余次，展出法制版面160余个，悬挂法制宣传横幅30多条，发放各类法制宣传资料9600余份。排摸A、B、C矛盾31件，化解27件。设立维稳专项基金(30万元)，协调解决民工工资款、工程纠纷款等，涉及金额近

金山海鲜文化节

3000万元。开展“金鹰十三号”“金鹰十四号”“打四黑除四害”等专项行动，破获各类刑事案件209起。投入100多万元安装农村家庭报警器4320户，实现农村地区多户联防工作全覆盖。投入近500多万元安装、更新和维护居民住宅小区监控设施、周界报警、防盗门、楼宇对讲系统等技防和物防设施。推进政府安全生产三级监管责任体系建设，与各村居、企业签订安全生产目标责任书400多份，检查企业344家，发出各类整改意见书302份。开展禁毒宣传“六进”（进社区、进学校、进家庭、进企业、进场所、进农村）活动，组织宣传活动58次，发放宣传资料近万份，参与群众1.8万余人。新组建独立工会及工会联合会16家，联合工会覆盖企业448家，吸收会员5530余人。金世纪居委会获2012年度全国综合减灾示范社区、区大调解工作先进集体、区“妇女之家”示范点称号并与戚家墩居委会同获市节水型小区称号；海趣居委会获上海燃气安全示范区、区爱国卫生合格单位称号并与金山豪庭、金世纪居委会同获区“团员社区报到”优秀组织单位称号；金海岸居委会获区2011～2012年度创先争优活动先进基层党组织称号及2012年区纪念“世界急救日”红十字救护技能比赛活动（博爱村居组）组织奖并与康建、山新居委会同获市平安小区称号；金山豪庭居委会获区科普示范村（居）称号并与金世纪、山新居委会同获宜居金山、和谐人口计划生育“五佳”（保障机制佳、政策落实佳、服务阵地佳、宣传服务佳、居民自治佳）新村居称号，其中山新居委会并获区2012年度消费者权益保护先进联络点称号。山新居委会老年人舞蹈队参加市第六届老年人舞蹈专场比赛获银奖。全年创建成市文明村（小区、单位）16个、区文明村（小区、单位）43个。全年民兵整组编入民兵18支分队361人。（周欢欢）

【春季企业用工招聘会】 2月5日，山阳镇政府主办，山阳企业发展有限公司、山阳镇劳动保障事务所承办的2012年春季企业用工招聘会在镇社区事务受理服务中心举行。上海泰胜风能装备股份有限公司、上海华峰超纤材料股份有限公司等84家企业提供就业岗位1920个，填表应聘2208人，其中达成就业意向837人。（周欢欢）

【2012年“山阳杯”全国幽默故事创作大赛】 5月，镇主办，区文广局、上海民间文艺家协会、市群众艺术馆、《故事会》杂志社协办的2012年“山阳杯”全国幽默故事创作大赛举行，全国近30个省市4000多篇幽默故事作品参赛。经评选，16个省市38篇作品分获金奖（3篇）、银奖（5篇）、铜奖（10篇）、优胜奖（20篇）。其中区参赛作品获金奖1篇、银奖1篇、铜奖3篇、优胜奖4篇。颁奖仪式于12月23日下午在市群众艺术馆举行。（周欢欢）

【东方村入选“中国（民主管理）特色村”】 9月7～9日，“文化强村，旅游惠民”第十二届全国村长论坛在湖北省十堰市武当山举行。东方村以“创新‘村事民决’管理模式”入选“中国（民主管理）特色村”（共28个）。“村事民决”即村里大小事情，都让村民知道，都由村民作主并采用“四议两公开一表决”制度（凡涉及重大决策、重要干部任免、重要项目安排、大额度资金使用和村民切身利益决策事项，必须经过两委会提议、党员议事会商议、党员大会审议、村民代表大会决议，再让涉及事项所在村民小组户代表表决，表决内容和实施结果进行公开）。全年东方村村级税收1737.93万元，比上年增86.3%。（周欢欢）

【镇通过国家卫生镇复审】 12月4日，《全国爱卫会关于2012年国家卫生城市（区）、乡镇（县城）复审结果的通报》发布，镇通过国家卫生镇复审。（周欢欢）

【渔业村村庄二期改造工程】 渔业村村庄二期改造工程9月28日开工，12月30日竣工，累计铺设道路约1万平方米，修复破损墙体和场地约15万平方米，建设管网3.5公里，惠及农户471户，总投资1200多万元。上海金山规划建筑设计院有限公司设计，上海新阳市政建筑工程有限公司、上海金璐工程建设有限公司、上海山青实业有限公司、上海临海建筑市政工程有限公司施工，上海嘉蓝建设工程监理有限公司监理。（周欢欢）

【《新港湾传奇》出版发行】 12月，镇退休干部张道余编著的《新港湾传奇》（纪实文学）由中国文联出版社出版发行。全书21万字，分创业篇、惠民篇和文化篇3部分，记述新江村干部群众在中国共产党领导下，穷则思变、知难而上、敢想敢做的传奇故事。（周欢欢）

2012 年山阳镇经济主要指标情况

表 23

项 目	单位	完成数	比上年 + %
增加值	万元	366252	13.1
第一产业	万元	5176	5.0
第二产业	万元	221168	13.1
其中:工业	万元	201048	16.8
第三产业	万元	139908	13.5
固定资产投资额	万元	79640	-13.5
财政收入	万元	40168	2.2
财政支出	万元	39448	1.2
农业总产值	万元	17121	0.3
工业总产值	万元	1168882	16.8
社会消费品零售总额	万元	194577	21.8

(李　姝)

金山卫镇

【概况】 金山卫镇位于金山区南部,东与山阳镇毗连,西与浙江省平湖市为界,南与上海石油化工股份有限公司相邻,北与张堰、廊下镇接壤。镇域面积 54.93 平方公里,有耕地 2332.78 公顷。辖八一、八二、永久、永联、横浦、卫通、农建、金卫、卫城、塔港、横召、星火、八字、张桥 14 个村民委员会和东门、南门、西门、北门、钱圩、金康 6 个居民委员会。户籍数 15610 户,人口 48612 人。登记在册流动人口 33185 人。境域南部有规划面积 10.78 平方公里上海金山第二工业区。金山铁路、沪金高速(S4)、新卫高速(S19)、金山大道和沪杭、松金、吕张、漕廊、金石、莘卫公路及张泾河、新张泾、黄姑塘、红旗河、山塘河等构成水陆交通网络。境内设有沪金、新卫高速出入口。镇域有查山古文化遗址、万寿寺、顾观光墓、侵华日军登陆处遗址、李一谔烈士陵园、张桥羊肉村等文化旅游资源。镇人民政府驻老卫清路 288 号。

2012 年,全镇国内生产总值 38.6 亿元,比上年增 10%;财政收入 4.13 亿元、财政支出 4.13 亿元、税收 13.03 亿元,分别比上年增 8.8%、8.6%、22.1%;固定资产投资额 17 亿元,比上年增 40.9%。农村居民年人均纯收入 1.69 万元,比上年增 12.04%。全年工业总产值 170 亿元,比上年增 19.8%,其中内资企业 96.10 亿元、外资企业 30.4 亿元。引进

侵华日军登陆处遗址

内、外资项目11个，投资额15.44亿元。合同利用外资10109万美元，外资到位资金5493万美元。外贸出口拨交值21.31亿元，比上年增7.7%。经济小区新增注册企业4028户，税收6.8亿元。全年种植粮食1820.63公顷，产量1.53万吨；油菜167.78公顷，产量0.3万吨；瓜果66.40公顷，产量1580吨；蔬菜1033.33公顷次，产量3.36万吨；出栏生猪5.4万头，上市家禽130万羽、鲜蛋170万公斤、牛奶3800吨、肉用羊2.15万头；养殖水产126.67公顷，产量1200吨。农业总产值3.96亿元，比上年减2.7%。全镇有商业、服务业网点741个，农贸市场5家、专业市场7家。全年社会消费品零售额17.48亿元，比上年增15%。年内，编制镇域金山新城单元2个区域控制性详细规划，并获市政府批复。建成镇域内龙航路、龙轩路、龙皓路和海帆路，贯通北奉路，星源路、卫宏路开工建设。完成学府小学项目设计、勘探招投标，并于年底开工建设。完成镇敬老院消防设施、钱圩社区污水纳管工程、4公里农村道路和八字、张桥村庄（涉及农户148户）改造，安装建圩路路灯51盏，改建危桥30座和140栋居民楼电线，整治村域公交候车亭30个和万寿新村自来水管道。镇信访办受理群众来信（含电子邮件）、来访（含电话）504件（人）次，比上年减17.38%。周三信访日镇领导44人次接待群众515批592人次。建立镇级群众工作站，14个村、6个居委会建立群众工作室。社区民警、综治社保队员巡回村居宣传治安防范58场，组织群众观看治安专题片40场。镇派出所刑事案件立案250起，比上年减12.6%；“110”联动接处警109件，接处警率100%。组建镇社会治安巡防中队和民兵应急分队，开展治安巡防并实行重要时间节点战备执勤巡逻。安装农户联防报警器1548个，连续创建成零发案单位67家。镇、村调解组织受理纠纷案371件，调解成功率99.5%。获评区见义勇为先进个人1人、区治安防范积极分子8人。来沪人员登记3.45万人，办理临时居住证3.31万人，信息采集率、办证率均96%，实有房屋登记率100%。司法所接收社区矫正人员78人，累计123人，重新违法1人。登记在册吸毒人员204人（其中来沪人员93人）。全年新增就业岗位2309个、净增551个。组织738人（含农民工410人）参加职业技能培训，城镇登记失业控制在403人。新型农村养老保险缴费2916人，完成率83.31%；农村户籍人员参加社会保障累计1.40万人，达指标98.8%。签订企业工资集体协商书面协议1.41万人，达指标100.42%。举办用工招聘会8场，125家单位推出岗位3169个，求职登记1480人次。就业援助、劳动监察队伍走访企业519家，挖掘岗位信息353个，成功推荐就业119人。劳动保障所办理境内劳务输出2324人。全年监督用人单位2224户次，上报欠薪排摸单位14家，调解劳动纠纷案件68件，涉及201人161.67万元。全镇有企事业单位517家、个体工商户38家，从业人员2.30万人，劳动合同签订率99.78%。年内新参加新型农村合作医疗保险8799人（占应保人数99.8%）。全镇参加新型农村合作医疗保险人员在各级医疗机构就诊15.87万人次，获补偿1123.61万元。镇总工会新组建企业工会22家，开展“建功十二五”主题活动。推荐申报9个单位参加区级工人先锋号评选、3个单位参加市安康杯竞赛。申报市高新技术成果转化项目2项、国家科技创新资金项目5项、科技小巨人企业3家、新技术企业项目4项和发明专利16项。开展环保、农技、科普知识讲座，发挥“土专家”、农业科普志愿者和专业农民力量，推进草莓、水稻栽培技术示范基地发展。全镇有初级中学、小学各2所，幼儿园3所，累计有学生4258人、教职员工516人。小学生、初中生入学率100%。有民工子弟学校1所（查山小学）、民工子弟幼儿园（看护点）2所，有学生937人、教职员工52人。成立区女职工周末学校金山卫镇分校，组织千余名女职工参加健康知识讲座、办公应用软件操作、插花等培训。举办“三下乡”暨首届读书节启动仪式，组织50多名文艺骨干巡回村居演出36场，参加区委宣传部、文广局等各类文艺演出43场。下乡放映电影141场、书写春联500多幅。舞蹈《风采》获上海金山石化文化艺术节比赛一等奖，征文《舌尖上的故乡》《老小人来疯》和故事演讲《跑来的小狗》获二等奖。举办文化培训班24期，480人次参加。镇文化市场领导小组出动450人次，巡查娱乐场所320场次。全镇14家书屋读者人流量4400人次，图书流通量居全区各街镇首位。开展定期卫生、送医下乡等活动。58家基层单位签订计划生育目标管理责任书，举办新婚、孕妇、育儿等讲座20次，发放计划生育一次性奖励补助金323人160.96万元、农业户口人员奖励扶持金1281人108.44万元、独生子女父母奖励费49.17万元和计划生育家庭特别扶助金50人7.58万元，落实计划生育免费技术服务费4.28万元。承办市第一届市民运动会暨市门球锦标赛、金山分区赛跳绳比赛。全年组织体育活动15次,8182人次参与。镇文体中心获区文化考核优秀奖。全年发放医疗救助金237人次121.44万元、帮困金207人次12.37万元、助学金8人1.45万元,发放城乡低保、重残无业、农村五保等生活救助和临时补助231.76万元。市慈善基金会绿地慈善专项基金资助金山救助项目启动仪式在镇绿地生活广场举行。落实长江三峡移民新增土地补偿金169.76万元。全镇216名家政服务员提供847名居家困难老人服务。53名老人接受白内障免费复明手术。全镇有残疾人1415人,落实416名残疾职工社会保险补贴66万元,召开残联第五次代表大会,举行残联新一届换届选举工作。组织130家餐饮店、食堂、食品加工企业签订"食品安全责任书",检查餐饮单位579次、食堂250家(次)和保健品、化妆品店60家(次),指导农村自办酒宴646户。组建专业查螺队在横浦、农建村自查钉螺踪迹,与平湖市独山港、新仓镇开展联防检查。注册"阳光家园"学员65人。发放犬类免疫证1073张。民兵预备役整组点验演练到点率100%,开展80家企事业单位兵役执法检查与自查。全镇参加兵役登记233人,登记率100%;采集兵役信息、审核兵役证1155人,镇人武部获评区征兵工作先进单位、姚辉获评市先进个人。全镇18个村(居)、7个企事业单位与驻镇8支部队结对共建。镇民兵艺术团代表区人武部参加上海警备区民兵预备役文艺会演,舞蹈《最后时刻》《迷彩青春火一样红》获二等奖,许凯获最佳个人表演奖。镇社区报《金山卫》出刊24期,悬挂宣传横幅35条、迎风旗60对、围墙广告牌63个。邀请市、区10多家媒体参加张桥羊肉文化节启动新闻通气会。举行文明村、文明小区、文明单位创建培训,获评市文明小区2个、区文明小区5个,创建成市平安小区、社区建设示范居委会5个,钱圩居委会获市禁毒工作先进集体称号。成立绿地金卫新家园、御景龙庭业主委员会,安装居民区公共晾衣架90套。星火村民主理财、新跃物流企业创新发展经验分别被新华社、《解放日报》采访报道。 (濮水忠)

【镇经济工作会议】 会议于2月11日在镇社区事务受理中心召开。镇党委副书记陆美观宣读《关于表彰奖励2011年度突出贡献企业的决定》,巴斯夫护理化学品(上海)有限公司等20家企业受表彰,第二工业区等5家单位交流发言。镇党委副书记、镇长沈国忠总结2011年经济发展情况,分析经济形势,部署2012年经济工作,并与第二工业区、经济小区等签订目标责任书。镇党委书记干永琴主持并讲话。区委副书记祝学军应邀出席,肯定镇2011年经济建设成绩,要求全镇为建设"三个金山"作出新贡献。会议根据区建设"三个金山"目标,提出"四轮驱动"促进发展(分别促进规模性、实业型企业,注册型企业,村级经济,新经济模式发展)举措。镇党政、人大、第二工业区领导班子成员,村(居)、经济、建设部门,经济小区、房产公司、城建公司和部分规模企业负责人等200多人参加。 (濮水忠)

【韩正到镇调研现代服务业】 3月18日,市委副书记、市长韩正到金山调研现代服务业发展等情况,并走访镇上海新跃物流企业管理有限公司,听取公司"物流企业公共服务平台"物流汇项目介绍,肯定企业所取得成绩。区委书记杨建荣,区委副书记、区长李跃旗等陪同。

(濮水忠)

【"易家中心"奠基】 3月18日,大型城市级商业工程"易家中心"奠基仪式在城河路万寿寺旁举行。区人大常委会主任杜治中,区委常委、统战部部长李华桂,区委常委、副区长沈华棣,镇领导干永琴、沈国忠和投资商同福易家丽集团董事长陈萍等出席并培土奠基。相关商家代表及社会各界嘉宾共600余人出席。工程总建筑面积15万平方米,总投资12亿元,采用"一站式、体验式、情景式"商业模式,规划为集百货、超市、餐饮、家电、家居、影院、休闲娱乐等为一体高端生活型商业体。 (濮水忠)

【村(居)党组织领导班子换届选举】 3月初,镇启动村(居)党组织领导班子换届,各村(居)党组织按"公推直选"方法和步骤,紧扣时间节点,发动党员群众参与推荐、选举,到5月13日,16个村(居)党组织新一届领导班子成员全部产生,换届工作结束。

(濮水忠)

【第十次村(居)民委员会换届选举工作】 8月2日、10日、11日,全镇20个村(居)分别举行第十次村(居)民委员会换届选举。选举工作历时3个月,各村(居)制订工作方案,依法、规范、有序推进。共设中心会场20个、投票站288个,登记选民42791人,实际参加投票42245人,选出村(居)委会主任20人、副主任7人、委员53人。 (濮水忠)

金山卫村镇投资有限公司揭牌

【成立村镇投资有限公司】 10月19日，上海金山卫村镇投资有限公司成立仪式在上海滨海皇家金煦大酒店举行，区委书记杨建荣，中央党校教授、北京大学中国国家政策和经济研究所副所长李雨为公司揭牌。公司与上海抚佳精细化工有限公司等4家单位分别签订合作协议。区委副书记祝学军讲话。镇党委书记干永琴致辞。镇长沈国忠主持。村镇投资有限公司主要由全镇14个村出资，总注册资本5000万元。公司以实业投资为基础，以服务企业为宗旨，以发展村级经济为目标，构建企业、公司、村三赢格局，开辟镇村级经济发展融资渠道。区委常委、组织部部长陈正安出席。区相关职能部门、各街镇、金山工业区等领导，镇党政、人大、第二工业区领导班子成员共150多人参加。 （濮水忠）

【情景剧《田山歌韵·金山卫》首演】 12月22日晚，镇政府主办，区文广局、旅游局、农委协办，镇50多名农民表演的情景剧《田山歌韵·金山卫》歌舞专场在闸北区大宁剧院首演。区委常委、宣传部部长张权权宣布演出开幕，镇长沈国忠致辞。该剧经对曾流行于金山卫地区的田山歌文化挖掘、整理后，由镇文体中心牵头集体创作，以歌舞形式编排为“春播、夏管、秋收、冬祭祈福”4个篇章，展示农耕时代金山卫地区祖先劳作和生活场景。市委组织部、宣传部和上海音乐家协会等领导及闸北区大宁路街道等7个结对共建单位领导应邀与千余名观众观看。

（濮水忠）

【通过国家卫生镇复审】 年内，根据《国家卫生乡镇（县城）考核命名和监督管理办法》中关于“国家卫生镇满3年复审1次”规定，镇被列为复审镇。镇政府下发（《金山卫镇巩固国家卫生镇全国爱卫办复审工作方案》）（金山卫府〔2012〕30号），并全面完成《国家卫生乡镇（县城）标准》所要求9大项53小项指标任务，其中改建绿化1.45万平方米，修复道路1600平方米、人行道400平方米、侧石250米，粉刷侧石1.02万米、护栏3208米、桥梁850平方米、墙面1.27万平方米，新增道路停车位480个，新建停车场3个3200平方米和污水管道1500米。12月4日，全国爱卫会下发《全国爱卫会关于2012年国家卫生城市（区）、乡镇（县城）复审结果的通报》（全爱卫发〔2012〕4号），确认金山卫镇为国家卫生镇。

（濮水忠）

《田山歌韵·金山卫》演出

2012 年金山卫镇经济主要指标情况

表 24

项 目	单位	完成数	比上年增长(%)
增加值	万元	386608	13.04
第一产业	万元	9700	-0.88
第二产业	万元	257090	11.51
其中:工业	万元	240840	11.95
第三产业	万元	119818	17.84
固定资产投资额	万元	170000	40.9
财政收入	万元	41315	8.8
财政支出	万元	41300	8.6
外贸出口总额	万美元	34250	17.7
利用外资签订合同项目数	个	11	—
利用外资签订合同金额	万美元	10109	81.5
农业总产值	万元	39600	-2.7
工业总产值	万元	1700001	19.8
社会消费品零售总额	万元	174800	15

（濮水忠）

廊下镇

【概况】 廊下镇(与金山区现代农业园区实行镇区合一行政管理体制)位于金山区中部偏西南,东接张堰、金山卫镇,西与浙江省平湖市新埭镇交界,南与浙江省平湖市新仓、广陈镇毗邻,北与吕巷镇相接。镇域面积46.56平方公里,有耕地2399.70公顷。辖万春、勇敢、景阳、山塘、南陆、友好、南塘、光明、中联、中丰、中民、中华村12个村民委员会和廊下居民委员会。总户籍8819户,人口30946人,常住人口37596人。山塘河、惠六河横贯镇域南部、中部,惠高泾、六里塘纵贯镇域中部、西部,能通航20吨~100吨级船舶。新卫高速(S19)和金廊、漕廊、廊平、金石、朱平、景邱、景钱、廊华等公路为陆上干道。区域距浙江杭州湾跨海大桥25千米。有上海农业科普馆金山分馆、现代农业园区规划展示馆、“金山农村新天地”、中华村“农家乐”、廊下生态园等农业旅游景点。镇人民政府驻景乐路228号。

2012年,全镇国内生产总值13.52亿元,比上年增12.2%;工业总产值51.05亿元,比上年增9.8%,其中规模以上企业(产值500万元以上企业)产值27.56亿元,比上年增14.6%;农业总产值3.33亿元,比上年增8.1%;各类税收4.68亿元,比上年增15.4%;财政总收入2.11亿元,比上年增2.4%,其中镇级地方财政收入1.05亿元,比上年增9.9%。固定资产投资3.50亿元,比上年增0.4%,其中工业性投入2.69亿元,比上年增25.2%。农村居民年人均纯收入15065元,比上年增10%。外贸出口拨交值21.50亿元,比上年增7.41%。工业区引进海亮长三角有机食品加工基地等土地出让项目4个,总投资17.42亿元;通过腾地转产方式,引进土地二次开发项目2户,总投资3400万元;完成租赁项目备案登记13户,总投资5750万元,解决闲置厂房1.70万平方米。经济小区新招企业932户,比上年增64.66%,净增有效户(有纳税申报行为的企业)407户;完成税收3.11亿元,比上年增2.2%。有纳税金额50万元以上企业129户,其中100万元以上56户,1000万元以上5户。5个行政村招商引税均超千万元,村级平均可支配收入155.10万元(不含转移支付),比上年增9.9%;村级总资产1.31亿元,比上年增13.65%。内资到位资金4.54亿元,比上年增7.2%;外资到位102万美元,比上年减13.2%;合同利用外资101.20

万美元,比上年增102.4%。全镇工业增加值13.52亿元,比上年增12.2%。全年粮食总产量13602.36吨,比上年减11%,其中1085.58公顷水稻总产量9279.09吨;1043.40公顷二麦总产量4323.27吨。种植油菜252.55公顷,总产量609.90吨;蔬菜603.36公顷,总产量67092吨,产值1.20亿元;蘑菇37.11公顷(新增3.67公顷),总产量4177.55吨,产值2088万元;青贮玉米336.23公顷、鲜食玉米50.23公顷。出栏生猪8330头,比上年增5头。出售鸡21.8万羽,产值523.20万元;鸭7.2万羽,产值224.64万元。上市鲜蛋418.90吨,产值349.342万元。生产牛奶1936.36吨,比上年增193.56吨,产值811.3348万元。养殖水产101.33公顷,总产量805吨,产值4045万元。投资135万元增购农机22台套。全镇二麦(大、小麦)机械收割1043.40公顷、水稻机械收割1085.58公顷。建水稻高产创建示范方320.53公顷,推广机插稻262.87公顷。推进"三品一标"(无公害农产品、绿色食品、有机农产品,农产品地理标志)农产品认证54个,其中无公害农产品50个、绿色食品4个。检测蔬菜样品5158份,合格率100%。渔政执法检查147次,查处电瓶违法捕鱼25起,罚款8600元。完成爱索特二期工程、高标准设施粮田建设(66.67公顷)及亚太蔬菜二期、舜地食品冷链、枫彩基地植物驯化温室项目。启动蔬菜工厂化生产项目及年产1500万株红掌组培生产基地建设。17家农产品专业合作社通过"三品"(无公害农产品、绿色食品、有机农产品)认证材料审核,"三品"认证率84%。丰欲果蔬基地创建成农业部标准蔬菜园;亚太、超大、浩丰、果蔬园艺4个蔬菜基地创建成市标准蔬菜园。红马公司"红马"牌饲料被评为市名牌产品。全镇有商业网点91家、农贸市场3家,全年社会消费品零售额9.89亿元,比上年增10%。廊下旅游公司接待团队游客1107批62.5万人次,年销售收入457万元,并获上海市青年五四奖章集体、上海市旅游系统先进集体称号。廊下旅游公司曹月芳被评为全国旅游系统劳动模范。上海申龙客车有限公司捐赠廊下旅游公司申龙19座客车1辆。完成景阳村西学堂(108户)、景阳村南圩(82户)、光明村彭家宅(53户)、光明村卢家宅(139户)、光明村娄家宅(78户)自然村落改造。改建危桥25座。启动国家级基本农田保护示范区土地综合整治项目1773.33公顷及廊下垃圾转运站建设。完成漕廊公路10公里景观观光带景观绿化部分工程及景观牌楼建设7个,基本完成镇区段农户房屋建筑风貌改造18户、漕廊公路金石公路入口地标性牌楼建设。启动特色民居小区一期项目建设(139套)和廊下AAAA级景区创建等。完成敬老院消防设施达标工程及万春苑、天然气管道进工业区、区生活垃圾收运系统廊下转运站等项目。完成庄家圩防洪除涝、斜泾港生态河道整治。金山现代农业园区(下称园区)创建成"上海市节水型示范农业园区"。万春村创建成市生态村,廊下成为全区首家创建成两个市级生态村(万春村、中华村)乡镇。镇创建成上海市市容环境卫生责任区管理制度达标镇。推进区巩固国家卫生区复评、复审,整改各类环境问题72个,整改率100%。推进镇区及旅游核心区市容管理,更新各类环卫设施70余处;开展市容联合整治25次,制发整改通知单287份,整改率100%。落实"三早一规范"工作法(民情民意早了解、矛盾纠纷早化解、问题处置早介入和规范工作程序)、网上群众工作法,全年排查各类矛盾纠纷140件,化解127件,化解率90.71%。推进"平安廊下"建设,镇获上海市平安社区称号(已连续6年)。廊下中学重点高中录取率26.17%,吕晨婷获首届市中小学生百优道德实践风尚人物奖。廊下中学剪纸队参加在英国爱丁堡皇后剧院"美丽的中国结"专场演出。镇获全国社区教育示范街镇、全国家庭教育工作示范社区称号。推进家庭医生责任制,提高医疗卫生服务水平。全年新增就业岗位1282个,净增就业岗位267个。开展劳动职业技能培训622人次,调

上海申龙客车有限公司汽车捐赠仪式

整“千百人项目”就业(包括动物防疫、垃圾收集、泯沟保洁、治安巡逻等岗位)105人,推荐就业困难人员就业36人次,帮助失业人群创业30家,调解各类劳资纠纷27起。全年发放城乡低保救助金70户151人42.69万元、大病医疗救助金186人次105.07万元、综合帮扶资金392人次150.14万元、节日慰问金3022人次118.47万元、助学券423张及助学金71人次20.05万元。新型农村合作医疗保险投保率80.4%。开展赴军区慰问等拥军优属活动,按政策足额发放烈士家属、伤残人员、复员军人、带病回乡退伍军人、参战人员、60周岁以上农村户籍老退伍军人、60周岁以上退役士兵等优抚经费165.82万元。推进居家养老、公益性助老服务,实施贫困老人免费白内障手术39例。加强食品安全监管,创建成“上海市食品安全示范镇”,全年未发生食品安全事故。召开镇残疾人联合会第五次代表大会。加强土地巡查力度,依法拆除大型违法违章建筑2处。年内,田野百花节、市2012年“文化遗产日”主题活动等在镇举行。举办区学生写好字展示评比、乡村烧烤节、乐农文化节等。年内,镇团委与社区学校举行镇青年硬笔书法沙龙成立仪式,并开展首次活动。区农委、镇人民政府主办,区文广局、旅游局协办的“2012金山草莓节”在镇开幕。上海百老德育讲师团在镇社区学校开展“雷锋精神代代相传”报告活动。上海广播电视台文明办主任郑东海、电视新闻中心党委书记诸培璋等到南陆村组织“书香进乡村”活动,向南陆村图书馆赠书600余册。廊下科普馆被评为全国科普教育基地。推进莲湘申报国家级非物质文化遗产工作,镇莲湘队获第二届长三角莲湘邀请赛金奖。通过中国硬笔书法名镇创建评审。开展“三下乡”(文化、科技、卫生下乡)、读书节、莲湘节等文体活动。推进群众文体体系建设,落实数字电影放映、图书借阅等群众文化工作。举办“农家好味道廊下粽飘香”廊下上海农家“金勺子”美食大赛。“漕河泾开发区杯”市第一届市民运动会拔河比赛金山区分赛在廊下开赛。承办区旅游行业元宵农耕趣味运动会开幕式。景阳村姚芳获2012年伦敦残奥会轮椅击剑女子个人花剑B级赛冠军。建成旅游核心区百果园及水上游线码头,完成中华村河边长廊改建、农家乐主干道整治维修和锦江中华村农家乐升级版方案设计,启动金山农村新天地评估收购。年内,太太乐公司入驻廊下水上集市。中华村15家农家乐饭店实现各类收入700万元。喜剧表演艺术家巩汉林、《解放日报》高级记者刘斌、雕塑家何鄂等到镇参观。全年关停高能耗低产出企业2家,与重点用能企业签订能耗责任书。开展安全生产大排查、大整治,排摸各类企业98家,其中关停4家,制发整改通知书71份,整改率100%。与锦江国际(集团)有限公司签订廊下项目合作开发建设框架协议。召开中共廊下镇第十五次代表大会第三次会议,与基层单位党建工作负责人签订党风廉政建设工作责任书、信访目标责任书、综治目标责任书。完成机关、企事业单位党组织、第十次村(居)换届。召开第十届村(居)委员会换届选举工作总结会。召开农村专家型人才服务站成立仪式暨工作动员会。中华村党总支与浙江中业控股集团签订结对共建协议。国家电力监管委员会华东监管局机关党委与镇友好村党总支举行结对帮扶签约仪式。推进市文明镇及市、区两级文明单位、文明村、文明小区创建,其中万春村、光明村、景阳村等8家单位创建成市级文明村;勇敢村、中民村、中华村等5家单位创建成区级文明村;宜华公司、旅游公司、镇劳动保障所等7家单位创建成市级文明单位。编撰出版《这就是廊下》。全年发展预备党员38人,其中预审36人(含试行入党答辩4人),转正预备党员38人。走访慰问困难党员、大重病党员(家属)、小乡干部(在20世纪50年代担任区各镇镇级干部,后在50年代被精减回乡支农人员)、原班子领导干部106名,发放慰问金5.90万元。开展组团式联系服务群众工作,走访群众

廊下农家“金勺子”美食大赛

9665户28780人，收集意见、建议198条。全镇51个党（总）支部参与党组织分类定级、晋位升级。成立上海廊下中华村农家乐专业合作社（全市首家农家乐合作社）党支部。举办廊下廉政服务站“廉政文化进农家”授牌仪式。亚太公司获上海市两新组织创先争优先进基层党组织称号。上海景红林果业种植专业合作社被评为全国农村妇女岗位建功先进集体。上海农业科普馆金山馆馆长张叶芳被市科普教育基地联合会第四届理事会第一次理事大会选为2011年优秀科普工作者。

（蔡冰蕾）

【国家、市有关部门领导到镇考察、调研】 1月4日，市农委副主任殷欧等到镇慰问景阳村2户困难家庭。3月7日下午，市党代表徐建民、贾伟等到山塘村村委会和廊下居委会考察组团式联系服务群众工作。4月6日下午，市妇联党组书记焦扬到镇调研，区委副书记祝学军等陪同。4月11日，上海电视台台长助理、电视新闻中心主任袁雷等到镇考察百花节运行情况，区委副书记祝学军，区委常委、宣传部部长张权权陪同。4月13日下午，市建设交通工作党委书记许明德等到镇参观田野百花节十里花廊、廊下万亩粮田花海、锦江中华村农家乐，区委副书记祝学军陪同。区委书记杨建荣、区长李跃旗接待会晤。4月20日下午，市食品安全委员会办公室副主任阎祖强、副主任顾振华到镇调研食品安全工作。6月6日下午，市委常委、宣传部部长杨振武到镇调研乐农文化创意产业园区（以廊下新天地、中华村农家乐等为核心区域，以农旅结合、文旅结合的生态农业与传统文化开发为主题的文化产业园区）建设情况，区委书记杨建荣，区委副书记祝学军，区委常委、宣传部部长张权权，副区长陆瑾等陪同。7月23日，市工商局副局长胡浩到光明村调研指导合同帮农指导站工作。9月6日，市农委主任孙雷等到镇考察。（蔡冰蕾）

【外国友人、外省市代表团到镇考察】 3月8日，河南省舞钢市市委书记高永华等到镇参观园区规划展示馆、爱索特园艺（上海）有限公司、廊下生态园。4月16下午，驻沪外国领事夫人一行20余人参观廊下“鑫品美”草莓基地、生态园农耕馆、土布服饰展示中心等。4月21日，云南省梁河县党政代表团到镇考察园区规划展示馆、廊下生态园、金山草莓基地。4月24日下午，特立尼达和多巴哥国家安全部部长桑迪及夫人、国家安全部常务秘书布考德·布莱克、国防军参谋长双哈拉吉等到镇考察新农村工作，区委常委、区人武部政委程家驹陪同。7月6日上午，阿根廷国防部部长阿尔杜罗·普里塞利等到镇考察新农村建设情况，总参外事办副主任海军少将李际，区委常委、区人武部政委程家驹，区人武部部长宋飞等陪同。7月7日下午，美国夏洛特华美协会会长李勐等到镇考察园区建设情况。7月14日，浙江省农业厅党组书记、厅长史济锡等到镇鑫博海参观考察，市委农办、市农办主任孙雷，副区长许复新陪同。8月15日下午，绍兴市人大常委会副主任徐挺富等到镇参观考察，区人大常委会副主任张俊宏陪同。9月20日，云南省砚山县委副书记、县长李红一行到镇考察新农村建设情况。11月30日上午，以色列英菲尼迪（Infinity）私募股权基金集团创始合伙人高哲铭（Amir）、总经理赵丽梅等到镇开展投资项目考察，区委常委、副区长姬兆亮等接待。（蔡冰蕾）

【市“三夏”工作现场会】 现场会于5月23日下午在镇政府会议室召开。市农委主任孙雷部署工作。市政府副秘书长王伟主持。副市长姜平讲话。区长李跃旗等参加。会前，与会人员到廊下万亩设施良田、亚太蔬菜生产基地，了解廊下机械化收割、播种及蔬菜种植、廊下“三夏”（夏收、夏耕、夏种）工作。（蔡冰蕾）

【海亮长三角有机食品加工基地项目落户签约仪式】 12月17日下午，镇与海亮集团有限公司在镇政府会议室举行海亮长三角有机食品加工基地项目落户签约仪式。镇长沈文主持。副区长许复新、海亮集团有限公司副总裁汪鸣、海亮有机农业有限公司董事长助理张元怀等出席。项目总投资16亿元，占地33.33公顷，按“一次规划、分期建设”进行。一期投资5亿元，占地10公顷左右；二期投资3亿元，占地6.67公顷左右；三期投资8亿元，占地16.67公顷左右。项目将年产有机食品28万吨，年销售收入约15亿元，年上缴税收约1.40亿元。

（蔡冰蕾）

【建成市首个新农村文化大舞台】 9月29日，镇建成市首个新农村文化大舞台（位于廊下生态园）并举行首演仪式。区委书记杨建荣、市文明办副主任朱响应、市文化广播影视管理局副局长王小明开启上海廊下新农村大舞台帷幕。区委常委、宣传部部长张权权致开幕辞。副区长陆瑾出席。上海歌舞团、上海沪剧院、上海越剧院、上海杂技团参加首演。至年底，大舞台承办各类市级文艺演出12场并被评为市科普教育基地。（蔡冰蕾）

【第五届乡村体育节】 7月29日~11月2日，镇举办第五届乡村体育节，设拔河、抗旱接力、老鹰抓小鸡、田间搬重物接力跑、长绳“8”字鱼贯跳等团体项目和抛接小米包、飞镖、定点投篮、米包进囤、跳短绳等个人项目。全镇14家单位1452人次参加。体育节设优秀组织奖、体育道德风尚奖等奖项。（蔡冰蕾）

【成立区农村女带头人联谊会并举行挂牌仪式】 4月19日下午，区农村女带头人联谊会成立并举行挂牌仪式，镇妇联主席李羚主持。副区长许复新出席。联谊会有农村一线女能手、女专家33位，其中廊下景红林果业种植专业合作社朱红、食用菌专业合作社马丽红及落库屋里（农家饭店店名）孙芬芳等被推荐加入。（蔡冰蕾）

【香港凤凰卫视记者到金采访、拍摄】 2月28日，香港凤凰卫视记者到金山采访现代农业发展情况。区委书记杨建荣，镇党委书记、园区管委会主任陈国忠分别接受采访。杨建荣介绍金山打造“接二连三”（从第一产业农业的单纯种养，向第二产业工业的农副产品加工业对接，并且与第三产业的涉农服务业相连接）农业产业链、现代农业发展思路；陈国忠介绍廊下打造三个集聚地、现代农业发展等情况。记者在比利时爱索特、枫彩农业科技公司组培室拍摄生产工艺流程，了解公司运营发展情况；在果蔬园艺蔬菜大棚、鑫博海中央厨房，拍摄果蔬等从田头走向餐桌过程。此片在全国“两会”期间播出。（蔡冰蕾）

【杨建荣等到镇调研文化创意产业】 3月1日上午，区委书记杨建荣，区委常委、宣传部部长张权权，副区长陆瑾，区政协副主席倪向军等到廊下生态园，调研乐农文化创意产业园区建设工作。杨建荣等察看廊下乐农文化创意产业园区示意图，了解园区区域规划并参观廊下生态园水上集市。杨建荣表示，廊下文化资源丰富，农耕文化风韵独特，廊下不仅在挖掘传统文化上下了很深的功夫，还注重创新，开发出的产品极富创意，市场潜力巨大。杨建荣等察看乡村大舞台、中国江南农具馆外部建设情况，指出廊下乐农文化创意产业园区建设要充分体现农业特色，要以引进战略投资者为重点，加大政府扶持力度，推动资金、人才、技术向优势文化企业集中，培育龙头企业，提升产业发展水平。区旅游局局长柳霞、区文化局局长刘杰等陪同。（蔡冰蕾）

【田野百花节开幕式】 开幕式于4月8日在廊下生态园莲湘广场举行。市人大常委会副主任胡延照宣布开幕。市委宣传部副部长陈东致贺词。区委书记杨建荣向百花节青年志愿者“小蜜蜂”“小蝴蝶”授旗。区委副书记、区长李跃旗代表区委、区政府致欢迎词。市农委主任孙雷、区四套班子领导、江浙沪农科院负责人、区各委办局负责人、区城乡结对单位负责人及各镇代表出席。开幕式由廊下镇承办。开幕式后，胡延照一行参观江浙沪农科院花卉展、金石公路桃花带。（蔡冰蕾）

“文化遗产日”上海非物质文化遗产系列活动启动

【2012年“文化遗产日”上海非物质文化遗产系列活动启动仪式】 仪式暨第六届廊下莲湘文化节开幕式于6月8日上午在廊下生态园莲湘广场举行，通过视频回顾总结2011~2012年市非物质文化遗产保护工作。市文广影视局局长胡劲军、区委书记杨建荣宣布开幕。区委副书记祝学军致欢迎辞。廊下莲湘歌舞创作、莲湘棒制作者吴迪观获第三批市非物质文化遗产项目代表性传承人称号。市文广影视局副局长王小明，区委常委、统战部部长李华桂，区委常委、宣传部部长张权权，副区长陆瑾等出席。（蔡冰蕾）

2012 年廊下镇经济主要指标情况

表 25

项　目	单位	完成数	比上年增长(%)
增加值	万元	135225	12.2
第一产业	万元	7840	10.58
第二产业	万元	99185	12.19
其中:工业	万元	98500	12.25
第三产业	万元	28200	12.78
固定资产投资额	万元	35160	0.4
财政收入	万元	21092	2.4
财政支出	万元	21500	19.9
外贸出口总额	万元	215005	8.0
利用外资签定合同项目数	个	3	0
利用外资签定合同金额	万美元	101.2	102.4
农业总产值	万元	33300	8.1
工业总产值	万元	510496	9.8
社会消费品零售总额	万元	103690	12.8

吕巷镇

【概况】 吕巷镇位于金山区中西部,东与金山工业区接壤,西与浙江省平湖市新埭镇交界,南与张堰、廊下镇相邻,北与朱泾、亭林镇毗连。镇域面积 59.74 平方公里,有耕地 3186.44 公顷。全镇户籍数 12961 户,户籍人口 41746 人,常住流动人口 14696 人。辖和平、白漾、颜圩、龙跃、荡田、太平、姚家、马新、蔷薇、夹漏村 10 个村民委员会和吕巷、干巷 2 个居民委员会。朱吕、金张、金石、金廊、朱平公路和新卫高速(S19)公路、松卫南路、金张支线等形成二横六纵区域主要公路网架,干巷社区有新卫高速(S19)公路出口处。辖区有宋代建寿带桥、玉秀桥和“上海市郊银杏之冠”丁巷古银杏,“吕巷小白龙”被列为市非物质文化遗产,吕巷土布纺织工艺被列为区非物质文化遗产。镇人民政府驻朱吕公路 6888 号。

寿带桥

2012 年,全镇国内生产总值 23 亿元,比上年增 7.4%;财政收入近 2.71 亿元,比上年增 6.7%,财政支出 2.7 亿元,比上年增 6.7%;税收 6.8 亿元,比上年增 14.9%;固定资产投资 4.35 亿元,比上年减 23.4%;农村居民年人均纯收入 15104 元,比上年增 10.8%;年末城乡居民储蓄存款 13.7 亿元,比上年增 4.8%。工业总产值 88.1 亿元,比上年增 3.8%。其中内资企业工业总产值 59.3 亿元,比上年增 0.5%,外资企业工业总产值 28.77 亿元,比上年增 11.3%。建筑业总产值 1.33 亿元,比上年增 2.3%;合同利用外资 429.8 万美元,比上年减 29.2%;外贸出口拨交值 9.36 亿元,比上年增 14.5%。全年 9 个建设项目中开工

4个、竣工5个。完成“蓝滨三期”一期5.2万平方米重容车间主体工程、500吨起吊能力码头工程验收。二期电站空冷联合厂房及实验室与三期工程检测试验中心和研发大楼相继开工。“蓝滨三期”国家石油钻采炼油化工设备质量监督检验中心通过国家发展改革委审批，获国家扶持资金3590万元、市级配套资金2154万元。上海蓝滨石化设备有限责任公司设计并制造的首台石油钻机总装实验成功。工业性内资到位资金4.03亿元、外资到位资金201万美元。实业实地型招商引资新签约项目14个，计划投资总额6亿元。其中，盘活存量土地10.2公顷，计划投资2.22亿元。盘活空余厂房37570平方米，计划投资8280万元。企业整体股权转让3个，计划投资2.98亿元。经济小区注册型企业税收2.7亿元，比上年减6.2%，新增注册型商户604家。全年规模以上企业综合能耗5.57万吨标准煤，比上年降7.9%。万元产值能耗率0.091，比上年降14.15%，淘汰上海海宝电动车配件有限公司等5家不符合产业导向，产能低、能耗高企业。农业总产值3.75亿元，比上年增3%。种植水稻1631.47公顷，总产量13951吨，比上年减5.16%；产值4101.7万元，比上年减4.7%。蟠桃等经济林近655.55公顷，瓜果总产量11981.7吨，比上年增16.15%；产值10161.7万元，比上年增13.53%。种植蔬菜330公顷，总产量37071吨，比上年减0.79%；产值6672.8万元，比上年增0.86%。出栏家禽113.98万羽，比上年减36.18%；产值2806.9万元，比上年减50.7%。出栏生猪13117头，比上年增0.63%；产值2413.5万元，比上年减8.52%。禽蛋总产量1428.4吨，比上年增0.95%；产值1228.9万元，比上年减6.71%。存栏奶牛2016头，比上年增6.25%，牛奶产量7820.1吨，比上年增6.5%；产值3362.6万元，比上年增14.5%。水产养殖113.77公顷，水产品产量1112吨，比上年增15.95%；产值2417.6万元，比上年增19.68%。完成夹漏、蔷薇、马新、和平村全国小型农田水利重点县项目建设，总投资2487.2万元。推进蟠桃、蓝莓区域特色生产基地基础设施项目建设，总投资近1000万元。成立镇农产品质量安全监管站。举办“蟠桃飘香、龙腾吕巷”第六届上海金山蟠桃节，并在百联大宁店举行第六届上海蟠桃节开卖仪式，利用城乡结对、农超（农产品和超市）对接、农社（农产品和社区）对接、电子商务等平台，拓宽吕巷优质农产品销售渠道。“金山蟠桃”获批国家地理标志保护产品。“皇母”商标再获市著名商标、市名牌产品称号。和平村获第二批全国一村一品示范村。上海皇母蟠桃种植专业合作社获全国农民专业合作社示范社和市农民专业合作社标兵称号。全镇社会消费品零售总额19.35亿元，比上年增14.7%。有商业网点985个，农贸市场2个。年内，完成吕巷、干巷敬老院消防安全达标工程。完善吕巷、干巷老居民住宅区应急消防设施。疏浚河道13.2公里。翻修农村危桥27座。改造金张公路吕巷段门店招牌，更换新东街店面雨篷。平漾路创建成农村文明样板路。推进干巷社区污水管网一期工程。妥善处理上海金山红光表面处理科技有限公司违法排污致张泾河、中运河等部分河道水体污染事件。推进土地整理复垦。完善公共交通安全设施，新增停车位、设置减速带、规范镇区停车标识。液化气供应站项目竣工并投用。推进蓝滨嘉苑、中心村绿色家园三期等房地产项目。出让C7地块（蟠桃广场两侧地块），并由绿地集团拍得。利用镇、村、小组（楼）三级矛盾纠纷化解平台排查、分析、调处矛盾纠纷，化解群青公司、施普公司、太平奶牛场等历史遗留问题。推进综治工作中心规范化建设。试点建设荡田、太平、龙跃村综治（群众）工作服务站。探索社会管理新思路，试行社区民警兼任村（居）干部工作，形成民警村官“工作在单位、活动在村（居）、奉献双岗位”工作新机制，全镇12个村（居）“民警任村官”工作实现全覆盖。全镇新增就业1675人，完成指标107.4%；净增就业395人，完成指标110.3%。组织开设各

蓝滨设计生产首台石油钻机

类培训班14个,职业技能培训617人。开展自主创业网上咨询90次,成功创业24户,带动就业113人。“土地换镇保”一次性解决生态林镇保(小城镇社会养老保险)3722人。累计发放城乡低保、市民综合帮扶、春节临时补助、帮困助学等536.1万元,民政优抚金、优抚对象补助等323万元。补贴农村困难家庭危房翻建资金11户30万元。发放计划生育奖扶资金244万元,农村老年人助浴款与理发券53.9万元,三峡移民新增土地补偿资金58户213名226万元,重残无业补助金、临时困难补助和慰问金199.3万元,建设重度残疾人家庭无障碍设施27户。镇残疾人运动员李丽平获2012年伦敦残奥会女子坐式排球冠军,实现残奥会三连冠。德韧干巷汽车系统(上海)有限公司“蝴蝶牌汽车自动换挡操纵变速器”获2012年度国家重点新产品计划立项。上海干巷车镜实业有限公司后视镜自动化装配线及气辅注塑系统技术改造项目、上海海帕压铸件有限公司汽车压铸件自动化生产线技术项目分获2012年国家中小企业发展专项资金48万元和63万元。德韧干巷汽车系统(上海)有限公司获区品牌企业奖励金30万元。上海干巷车镜实业有限公司、上海致达智利达系统控制有限责任公司分获金山区企业技术中心称号。全镇有市小巨人企业1家、小巨人培育企业8家、高新技术企业12家,名列全区前列。投入845万元完成吕巷中学校园安全工程。投入近100万元改建干巷学校小学部食堂。推进解决吕巷、干巷幼儿园教师停车难问题。完成8427名老年农民免费健康体检。镇党代会常任制试点工作获中央组织部部长李源潮批示:“上海乡镇党代会常任制的试点经验请及时总结,组织部起草的‘意见’也可请试点单位的同志提出建议。”。召开镇第十四届党员代表大会第三次会议,签订党风廉政建设和综治、信访、维稳工作目标责任书,表彰2011年度镇党建、综治、信访维稳工作及民警兼任村(居)干部工作等先进集体和优秀个人。完成全镇12个村(居)党组织换届选举,产生新一届村(居)党组织领导班子成员49名。完成全镇12个村(居)委会选举,产生新一届村(居)委会成员52人。其中10个村委会采用“海选”选举方式,参选率98.7%;2个居委会采用“直选”选举方式,参选率94.9%。举行镇纪律检查委员会挂牌仪式。举办2012年青年人才培训班,全镇机关、事业单位、村(居)44名学员参加。成立舞龙队16支,举办“车镜杯”舞龙比赛(区第十七届全民健身节系列活动)。参加市首届市民运动会舞龙赛获3个一等奖、2个二等奖。建成上海农耕健身基地。承办市第一届市民运动会农耕健身运动会。镇获上海市文明镇、2012年度上海市平安社区、上海市充分就业社区、上海市拥军优属模范街镇、2012年上海市科研成果推广应用示范社区称号。镇图书馆被评为市街道(乡镇)图书馆一级馆。夏懿峰被评为市非物质文化遗产项目“吕巷小白龙”代表性传承人。　(张燕萍)

【市内外代表团到镇交流党代会常任制工作】　2月21日下午,长宁区新泾镇党委书记徐国良一行7人到镇学习交流党代会常任制工作。8月23日,深圳市直机关工委书记刘恩一行到镇调研党代会常任制工作,并就如何区分党代表和人大代表作用,如何行之有效地开展党代表活动作探讨。市级机关工委副书记徐善良,机关工委副巡视员、办公室主任李国良等陪同。8月15日,中国浦东干部学院机关党委专职副书记、纪委书记、中国特色社会主义研究院执行院长刘靖北教授带队到镇调研基层民主建设和基层党建工作,探讨进一步推进党代会常任制、民警任村官以及支部建在产业链工作,并在和平村考察、座谈。区委组织部副部长彭宏等陪同。11月7日,浦东新区2012年度基层区党代表(农村)专题培训班一行30余人到镇考察基层党建和新农村建设工作,交流基层党代会常任制和党内民主、基层民主等问题。12月4日,张家港市南丰镇党委副书记王静娟一行到镇考察“三农”和党代会常任制工作。　(张燕萍)

【俞正声、杨雄、姜平等到镇调研】　1月16日,市委副秘书长王战一行到镇调研农业工作,并参观施泉葡萄种植合作社。区委副书记祝学军陪同。2月21日下午,中共中央政治局委员、市委书记俞正声到镇调研,听取上海蓝滨石化设备有限责任公司董事长、总经理张延丰有关介绍,察看产品生产及500吨起吊能力码头。市委常委、市委秘书长丁薛祥,市委副秘书长李逸平和区领导杨建荣、李跃旗、沈华棣等陪同。2月14日下午,市委常委、常务副市长杨雄一行到镇调研,并察看吕巷蓝滨三期建设工地。杨建荣、李跃旗、沈华棣、姬兆亮等陪同。8月11日,副市长姜平一行到镇调研台风后农业生产情况,察看施泉葡萄合作社受灾情况,听取镇受灾情况和灾后恢复工作汇报。杨建荣、李跃旗、许复新等陪同。

(张燕萍　陈　红　张　昊)

【新闻媒体到镇采访党代会常任制工作】　3月13日,新华社上海分社社长慎海雄一行到镇采访调研吕巷镇党代会常任制工作,听取吕巷党代会常任制情况介绍,交流党代会常任制工作详细情况。8月18日下午,中央党校《学习时报》二编室副主任兰文飞一行到镇调研党代会常任制工作,表示将进一步关注吕巷镇常任制工作,推动基层党代会常任制发展。8月21日、9月4日

《人民日报》记者武宪威、宋慧亮和《解放日报》记者陆一波分别到镇采访党代会常任制工作。（张燕萍）

【国机集团领导察看蓝滨公司项目建设】 3月20日，中国机械工业集团有限公司董事长任洪斌、党委书记徐念沙等到镇察看蓝滨公司项目建设及生态林建设情况。杨建荣、李跃旗、沈华棣、沈金龙等陪同。（张燕萍）

【镇创建成市文明镇】 4月18日，市精神文明建设工作会议召开，镇被命名市文明镇并获授牌。4月24日，镇召开创建市文明镇总结表彰大会。区委常委、宣传部部长张权权和镇党委书记施芬芬为“上海市文明镇”揭牌。镇创建市文明镇始于2010年3月，先后召开创建市文明镇动员大会，采用会议、调研、讲评、现场巡查、专项整治等形式推进创建工作，组成党政领导、党代表、人大代表3个督查组和1个市民巡访队，每月进行巡查。完善创建工作机制，建立文明镇创建工作联席会议制度。采用会议宣传、阵地宣传、环境宣传、宣传车宣传、媒体宣传、资料宣传等形式，营造创建宣传氛围，提高市民群众创建知晓率。细化创建工作要点并分解到19个职能部门和责任单位。创建工作累计投入2150多万元。（张燕萍）

【市有关部门及区领导到镇调研】 4月6日下午，市妇联党组书记焦扬到镇调研，参观上海市蟠桃研究所、鼎鲜皇母蟠桃基地，听取敏蓝蓝莓基地有关介绍。区委副书记祝学军等陪同。5月8日，区委副书记、区长李跃旗，副区长沈华棣与区府办、区政研室、发展改革委、经委、科委、规划土地管理局等部门领导到镇走访调研，了解麦格纳唐纳利（上海）汽车系统有限公司和上海依赛工业有限公司生产和经营状况。5月9日下午，市妇联主席张丽丽到镇调研，参观上海果居园果业专业种植合作社、上海金山格琳农产品专业合作社并与金山农村女带头人代表座谈。副区长陆瑾等陪同。7月5日，市妇联副主席张辰到镇调研，参观上海敏蓝蓝莓专业种植合作社和上海施泉葡萄专业合作社并与金山农村女带头人代表座谈。10月30日，区委副书记、区长李跃旗，副区长许复新到镇调研，走访上海吕巷汽车零部件有限公司和施泉葡萄园。11月13日，市农委主任孙雷到镇查看吕巷粮管所粮食烘干房及太平村稻谷收割现场，了解吕巷“三秋”工作，副区长许复新等陪同。

（张燕萍　张　昊）

【人民调解“出诊法”实施3周年座谈会】 座谈会于5月25日在镇召开，总结人民调解“出诊法”工作经验，探讨推进调解工作具体措施。镇党委委员彭雪华主持，区司法局局长平安兴，副局长沈金忠，镇党委副书记姚华根出席。区司法局有关部门领导，镇各村、居、企业代表参加。2009年初，吕巷司法所率先试点推出人民调解“出诊法”，至年底，镇调委会采用“五步出诊法”（一听、二攻、三调、四书、五访）受理民事纠纷155件，其中“出诊”调解72件，调解成功率100%。（张燕萍）

【第六届上海金山蟠桃节】 8月5日晚，区政府主办，区农委、吕巷镇承办的第六届上海金山蟠桃节开幕式在吕巷蟠桃广场举行。镇党委书记施芬芬致欢迎辞。区委副书记祝学军致贺词。区长李跃旗，上海化学工业园区党组书记、副主任徐建民，区政协主席王美新，区老领导沈文弟，国家质量技术监督检验检疫总局副巡视员裴晓颖，市农委副主任殷欧启动第六届上海金山蟠桃节和市首届市民运动会“吕巷杯”舞龙赛金钥匙，打开金山万亩蟠桃园大门。裴晓颖授“金山蟠桃地理标志”牌。殷欧授上海皇母蟠桃合作社“全国农民专业合作社示范社”牌。蟠桃开卖仪式于8月3日在联华超市中环店举行，至此，“皇母”蟠桃进入世纪联华下属全市30家标准超市、38家大型卖场和

镇创建成市文明镇

第六届上海金山蟠桃节

200多个网点及大润发、家乐福等超市。（张燕萍）

【市首届市民运动会农耕健身运动会】 8月11日，农耕健身基地落成仪式暨"漕河泾开发区杯"上海市首届市民运动会农耕健身运动会在吕巷举行。全市9个涉农区县（含金山）共200多名运动员参加。比赛设摘、运、尝蟠桃，荷塘采莲，池塘摸鱼，车水抗旱等8个项目。市体育局副局长李伟听、市体育局群体处副处长史济星、市农委副主任邵林初、副区长陆瑾等出席落成仪式。（沈 洁）

【创建"劳模创新工作室"】 8月29日，区总工会"推进创新转型建功十二五"现场交流会在吕巷举行，夏道余汽车零部件创新工作室、张延丰石油机械设备创新工作室、茅文卓空冷设备创新工作室、马金林蟠桃技术创新工作室被区总工会授予劳模创新工作室称号。区人大常委会副主任、区总工会主席刘跃俊主持。市总工会副主席何惠娟，区委副书记祝学军讲话。区委书记杨建荣，区委副书记、区长李跃旗，区人大常委会主任杜治中，区政协主席王美新等出席。（张燕萍）

【镇残疾人联合会第五次代表大会】 会议于9月26日在政府小礼堂召开，选举产生镇残联第五次代表大会主席团委员13名、出席区残联第四次代表大会代表候选人17名。五届一次主席团委员会选举王浩峰为镇残疾人联合会第五次代表大会主席团主席，沈永良、肖辉英为副主席，沈永良为执行理事长（兼），李丽平为副理事长；聘请曹险峰为名誉主席。王浩峰主持。区残联党组成员陆仁章出席。（张燕萍）

2012年吕巷镇经济主要指标情况

表26

项 目	单位	完成数	比上年增长(%)
增加值	万元	230178	7.4
第一产业	万元	13615	2.9
第二产业	万元	168688	6.3
其中:工业	万元	161303	5.7
第三产业	万元	47875	12.8
固定资产投资额	万元	43531	-23.4
财政收入	万元	27106	6.7
财政支出	万元	27072	6.7
外贸出口总额	万元	93573	14.5
利用外资签定合同项目数	个	2	-66.7
利用外资签定合同金额	万美元	430	-29.2
农业总产值	万元	37475	2.9
工业总产值	万元	880718	3.8
社会消费品零售总额	万元	193461	14.7

（邱雪辉）

石化街道

【概况】 石化街道位于金山区东南部,东邻山阳镇,西与金山卫镇、浙江省平湖市交界,南濒杭州湾,北与金山卫、山阳镇毗连,总面积19.13平方公里。有居民委员会25个、居民小区42个,户籍数34677户,户籍人口5.96万人。沪杭公路、卫零路、卫清路、蒙山路、龙胜路等构成主干交通网络。区域内有城市沙滩(国家AAAA级旅游景区)等人文景观和国有特大型企业——中国石化上海石油化工股份有限公司。街道办事处驻石化卫零路485号。

2012年,街道实现税收2.67亿。居民区党组织换届选举;举办2012年社区干部培训班和干部论坛;新增2家非公企业党组织与居民区党组织结对共建。发放民防家庭应急包1400余份。新建工会组织13个,发展会员1200人;新建基层团组织30个,开展团员青年主题活动。配合区巩固国家卫生区迎复审工作,招募环境卫生督察员10人,与辖区50余家单位、25个居民区签订"迎复审目标责任书";召开城管例会8次、专项整治碰头会12次、现场办公会10次,组织联合执法76次;整改区级层面督查发现问题209个,整改率100%。辖区居民区实现生活垃圾分类减量工作全覆盖。各居民区设置废旧衣物回收箱,全年收集废旧衣物1.42吨。累计投入375万元,完成辖区工业危险废物产生单位和18家工业企业污水排放调查。巡查150处公共场所控烟工作,张贴禁烟标示。举办健康大讲堂2次、慢性病防控知识讲座4次。举行健康自我管理培训296次,4200余人次参加。培训救护普及员1514人、救护员150人。实行食品安全承诺健康证上墙制度,取缔无证食品加工窝点2个、餐饮作坊5家。新增就业岗位3166个(完成指标124.16%)、净增644个(完成指标116.46%),帮助成功创业34户(完成指标100%),登记失业人数2132人(在控制指标内)。举办各类培训班6个,完成户籍人员职业技能培训473人(完成指标118.3%)、来沪人员职业技能培训103人(完成指标103%)。全年累计发放各类帮困资金954.12万元。开展"蓝天下的至爱""千万人帮万家"和"工会一日捐"联合募捐,募集善款50万元。辖区刑事案件、居民区刑事案件分别比上年减20%、50.6%。推进社会矛盾纠纷大调解体系建设。全年受理群众来信来访191件(批),比上年增18.6%,办结率94%。居民区接待群众上访3065件(次),比上年减15.9%。强化安全生产监管,与25家居委会、191家生产企业和经营服务单位签订安全生产目标责任书及消防安全责任目标书,组织开展安全生产全员培训。石化社区(街道)创建成市文明社区、市平安示范社区、市民族团结进步模范社区。

(张 燕)

【组团式联系服务群众工作】 年内,围绕"热心、耐心、细心、贴心、恒心"要求,组织开展"幸福家园五心行动"组团式联系服务群众工作。25个居民区划分成179个块区,机关联络员、居民区工作者、党小组长、大楼组长、物业公司工作人员和社区志愿者、民警、医生组成组团式服务团队200多支,全年走访居民家庭近4万户,收集意见建议966条、问题5324件,解决问题5050件,其中居民区及以下层面解决4978件。开设《金山报》组团式联系服务群众工作专版。

(张 燕)

【试行石化地区城市综合管理"大联动"工作机制】 年内,建立石化地区城市综合管理"大联动"工作领导小组,区委常委、政法委书记刘其龙任组长,副区长、公安金山分局局长马淮海和副区长沈金龙任副组长,区相关职能部门分管负责人为领导小组成员。召开领导小组第一次会议,明确成员单位职责分工。投入170余万元,完成指挥中心基础建设。组建联动大队、城管公安巡管队、网格巡查队,以街面市容巡管和治安巡防工作为重点、网格化管理为基础,多部门联动、联防、联管,形成"一元化

城市沙滩

统筹领导、常态化综合管理、现代化信息支撑、社会化力量参与"体系。至年底，累计整治跨门经营311起、乱设摊1490起、乱停车536起及流动水果摊位58个，妥善处置信访案件3起。（张　燕）

试行城市综合管理"大联动"工作机制

【社区"防火墙"工程】 年内，投入200余万元，实施年度民生实事项目——社区"防火墙"工程。增配多层住宅楼灭火器5400个，更新、增设消火栓10个，安装住宅楼灯光型安全逃生标志1000个，完成1000名来沪务工人员安全生产知识培训，在25个居民区开展消防安全演练，增配11幢20年以上房龄高层住宅楼消防设施，完成25个居委会46个居民区消防设施配置，改造敬老院消防设施。（张　燕）

【完成年度10项民生实事项目】 年内，完成年度10项民生实事项目：社区"防火墙"工程；超额完成全年区下达各项就业指标；新增居家养老服务补贴对象59人和老年人"安康通"用户39人；设立100万元帮困救助专项资金，修订完善《石化街道社区市民综合帮扶工作操作细则》；10个居民区创建成市级"科普之家"；实施技防设施改造工程，40个居民区竣工，其中通过验收37个；完成辖区3.9万余户居民家庭天然气使用情况调查；配备社区绿色交通工具300余辆；建成东泉居民区健身步道；金山新城主干道、商业街、旅游景点周边新建公共服务指示牌12块。（张　燕）

【街道"全国文明单位"揭牌仪式】 5月15日，街道举行"全国文明单位"（第三届）揭牌仪式。区政协主席王美新、区委宣传部副部长蒋维林揭牌。社区（街道）党工委副书记、办事处主任、文明委第一副主任黄翔洲主持。社区（街道）党政班子、精神文明建设委员会成员和文明办成员单位负责人参加。（张　燕）

"全国文明单位"揭牌

【成立上海海致资产经营管理有限公司】 5月3日，街道资产经营管理平台——上海海致资产经营管理有限公司成立大会召开，街道办事处副主任王宏宣布公司成立，街道经济管理委员会成员、海致公司领导和员工参加。公司辖房产租赁部、投资经营部、财务部、综合管理部，主要开展房产租赁、对外投资和经营管理等业务，旨在促进资产优化配置，理顺资产管理体系。（张　燕）

【成立马琴珍人民调解工作室】 11月23日，区首个以个人名字命名的村（居）调解室——马琴珍人民调解工作室在东泉居民区成立，社区（街道）党工委副书记沈臻峰、区司法局副局长沈金忠为工作室揭牌，街道司法所负责人、马琴珍人民调解工作室成员、部分居民区党组织书记和调解主任出席。工作室配备综治主任、社区民警、律师、志愿者等8人，主要调解对象为东泉居民区2800户居民，每周一至周五工作时间开放。（张　燕）

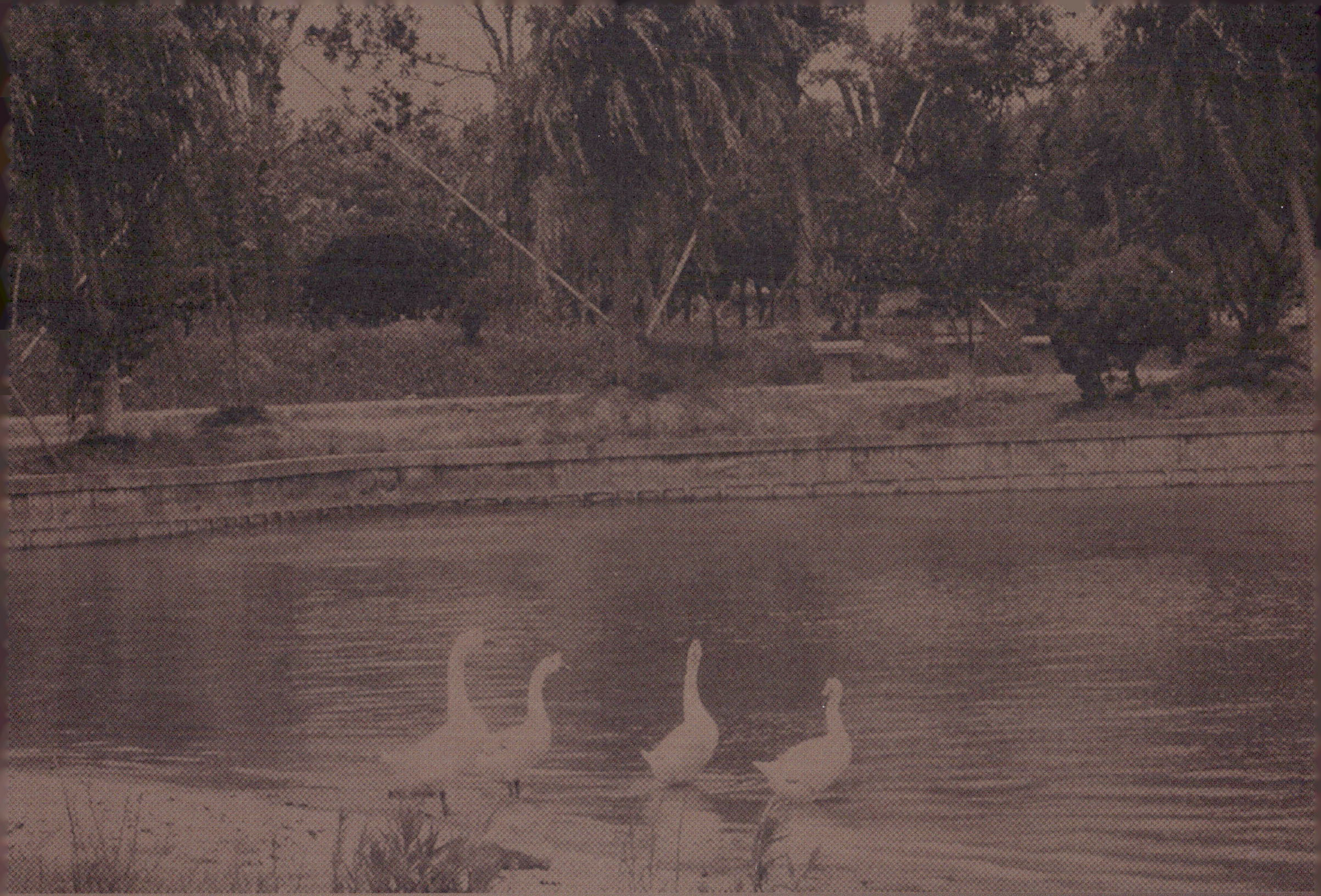

光荣榜

GUANGRONGBANG

2013 JINSHAN ALMANAC

先进集体

上海市先进集体

【2011～2012 年度上海市文明村 53 个】

枫泾镇：

新春村 新元村 新新村 菖梧村
贵泾村 新黎村 双庙村 兴塔村
盛新村 钱明村

朱泾镇：

长浜村 大茫村 待泾村 五龙村
民主村

亭林镇：

亭西村 亭东村 周栅村 东新村
亭北村 新巷村 驳岸村

金山工业区：

红光村 立新村

漕泾镇：

水库村 护塘村 金光村 海涯村

山阳镇：

长兴村 东方村 杨家村 新江村

金山卫镇：

卫城村 永联村 农建村 横召村
星火村 张桥村

廊下镇：

景阳村 山塘村 友好村 光明村
中联村 万春村 南陆村

吕巷镇：

和平村 太平村 马新村 夹漏村

张堰镇：

鲁堰村 旧港村 百家村 秦阳村

【2011～2012 年度上海市文明小区 53 个】

枫泾镇：

白牛二村 桥英花苑 云枫苑
枫阳新村 和平街小区 枫景家园

朱泾镇：

凤翔新村 南圩花苑 鸿越华庭
金玉良苑 胜利新村 华光紫荆苑
临源一村(东部) 紫金名苑 东林苑

亭林镇：

亭升苑 寺平新村 寺北小区

金山工业区：

恒祥小区 翔茂小区 红叶小区
恒安小区

漕泾镇：

绿地一期 绿地二期

山阳镇：

金海岸花园 金山豪庭 金浦苑
碧海云居

金山卫镇：

金房花苑 钱富小区

吕巷镇：

汇丰馨园

张堰镇：

富民小区

石化街道：

石化三村 石化七村 石化九村
石化十村 石化十二村 石化十三村
梅州一村 梅州二村 海棠二村
临潮一村 临潮三村 东礁三村
东泉二村 山鑫阳光城 山龙新村
山鑫公寓 园中苑 滨海二村
滨海三村 东礁二村 紫薇苑

【2011～2012 年度上海市文明单位 118 个】

区级机关党工委：

金山区人民法院
金山区人民检察院
金山区档案馆
金山区广播电视台
中共金山区委员会党校
金山区气象局
金山区科技馆
金山区计量质量检测所
金山区行政服务中心
金山区房地产交易中心
金山区食品药品监督所

社会工作党委：

上海石化百货有限公司

民政局：

金山区殡仪馆
金山区社会福利院

教育局：

金山区教师进修学院
金山区第一实验小学
上海市金山中学
金山区第二实验小学
上海市罗星中学
金山区海棠小学

上海市蒙山中学
上海市食品科技学校
上海市枫泾中学
上海市亭林中学
金山区罗星幼儿园
金山区漕泾幼儿园
上海市山阳中学
上海市钱圩中学
上海市张堰中学

公安分局：

公安局金山分局干巷派出所

人力资源和社会保障局：

金山区农村社会养老保险事业管理中心
金山区就业促进中心
金山区医疗保险事务中心

建交委：

金山区市政工程管理署
金山区城市交通运输管理署
金山区公路管理署
上海金山公路建设有限公司

规土局：

金山区规划和土地管理局漕泾所
金山区规划和土地管理局山阳所

卫生局：

金山区疾病预防控制中心
金山区众仁老年护理医院
金山区卫生局卫生监督所
上海市第六人民医院金山分院
金山区枫泾镇社区卫生服务中心
金山区金山卫镇社区卫生服务中心
金山区张堰镇社区卫生服务中心
上海金山工业区社区卫生服务中心
金山区山阳镇社区卫生服务中心

国资委：

上海红双喜股份有限公司
上海实业马利画材有限公司
上海力卡塑料托盘制造有限公司
上海金山南方水泥有限公司
上海金山医药药材有限公司

金山新城管委会：

上海金山新城区建设发展有限公司

绿化和市容局：

金山区市容环境卫生管理署
金山区园林管理署

农委：

金山区农业技术推广中心

水务局：

金山区水利管理署
金山区海塘管理所
上海金山自来水有限公司
上海金山枫泾水质净化有限公司

枫泾镇：

金山区枫泾镇财经事务中心
金山区枫泾镇文化体育服务中心
上海枫围服装辅料有限公司
上海枫泾古镇旅游发展有限公司
金山区枫泾公墓
上海新枫泾建设发展有限公司
上海枫泾工业投资发展有限公司

朱泾镇：

上海顶新箱包有限公司
上海永优服装有限公司
金山区朱泾镇财经事务中心
金山区朱泾镇文化体育服务中心
上海通工汽车零部件有限公司
朱泾镇劳动保障事务所

亭林镇：

上海信谊延安药业有限公司
金山区亭林镇市容环境事务所
上海亨井联接件有限公司
上海金山海川给水有限公司金山一水厂
上海嘉麟杰纺织品有限公司

漕泾镇：

上海申漕特种水产开发公司
上海伟浩建设工程有限公司
上海化学工业区金山分区发展有限公司
金山区漕泾镇经济管理事务所
金山区漕泾镇社区事务受理服务中心
金山区漕泾镇财经事务中心
金山区漕泾镇文化体育服务中心
上海漕泾投资咨询有限公司

山阳镇：

上海锦水建设(集团)有限公司
上海华峰超纤材料股份有限公司
金山区山阳镇文化体育服务中心
金山区山阳镇社区事务受理服务中心

金山卫镇：

上海腾达企业发展有限公司
金山区金山卫镇劳动保障事务所
上海新跃物流企业管理有限公司
上海中博专修学院

张堰镇：

上海嘉乐股份有限公司

廊下镇：

上海宜华实业有限公司

上海新廊下旅游管理发展有限公司

吕巷镇：

上海干巷汽车镜(集团)有限公司

金山区吕巷镇劳动保障事务所

金山区吕巷镇文化体育服务中心

金山区吕巷镇市容环境事务所

石化街道：

上海博海餐饮有限公司

上海中石化工物流股份有限公司

上海金石医药药材有限公司

上海金山石油化工建筑有限公司

金山工业区：

上海新益电力线路器材有限公司

市属单位：

上海金山大众出租汽车有限公司

中国电信股份有限公司上海金山电信局

中华人民共和国金山海关

中国移动通信集团上海有限公司金山分公司

上海农村商业银行金山支行

中国农业银行股份有限公司上海金山支行

中华人民共和国上海金山海事处

中华人民共和国金山出入境检验检疫局

上海市邮政公司金山区邮政局

上海市电力公司金山供电公司

上海银行股份有限公司金山支行

金山区先进集体

【2011～2012 年度金山区文明村 96 个】

枫泾镇：

新春村 新元村 新新村 菖梧村
五星村 贵泾村 新黎村 新义村
双庙村 兴塔村 泖桥村 钱明村
韩坞村 农兴村 长征村 新华村
盛新村 俞汇村 中洪村 五一村
卫星村

朱泾镇：

牡丹村 长浜村 大茫村 温河村
待泾村 五龙村 民主村

亭林镇：

亭西村 亭东村 周栅村 东新村
后岗村 新巷村 浩光村 驳岸村
亭北村 金明村 龙泉村

漕泾镇：

海渔村 水库村 护塘村 金光村
海涯村 阮巷村 营房村

山阳镇：

长兴村 东方村 渔业村 杨家村
新江村 中兴村

金山卫镇：

卫通村 卫城村 永联村 农建村
永久村 横召村 八字村 塔港村
星火村 张桥村 横浦村 八二村
金卫村

张堰镇：

鲁堰村 旧港村 秦山村 百家村
秦阳村 建农村 角里村

廊下镇：

南陆村 景阳村 山塘村 南塘村
友好村 光明村 中联村 勇敢村
中丰村 中民村 万春村

吕巷镇：

和平村 颜圩村 太平村 马新村
夹漏村 蔷薇村 姚家村

金山工业区：

胥浦村 合兴村 新街村 红光村
立新村 欢兴村

【2011～2012 年度金山区文明小区 172 个】

枫泾镇：

白牛二村 桥英花苑 白牛新村
枫岸华庭 云枫苑 枫阳新村
北大街小区 幸福小区 中大街小区
和平街小区 友好街小区 枫景家园
南大街小区 新桥小区 星光花苑
新苑一区 新枫一村 新苑二区
芙蓉新村 兴西小区 建枫小区
界河弄小区 农兴苑 新苑三区
新枫二村 康兴新苑

朱泾镇：

凤翔新村 凤翔东村 南圩花苑
北圩小区 金昌苑 秀州新村
钟楼新村 鸿越华庭 临源三村
汇佳新苑 金玉良苑 金龙新村
浦银二村 浦银三村 东林苑
罗星新村 公园新村 胜利新村
天乐苑 广福小区 华光紫荆苑
临源一村(东部) 红菱苑 浦银五村
金旭新苑 南圩新村 华光百合苑

秀州苑 朋鑫苑 万安小区
榆松苑 紫金名苑 弘泽阳光园
森海豪庭 万安金邸 新洲小区
豫园雅郡 临源二村 始尚佳苑

亭林镇：

金亭花苑 现代华亭 寺平新村
华亭新村 寺北小区 亭升苑
隆亭家园

漕泾镇：

康发小区 山青小区 康鑫小区
东河小区 金桂花苑 汇安四村
中庭花苑 绿地一期 绿地二期
汇安一村 汇安小区

山阳镇：

海辰小区 碧海云居 山鑫康城
金海岸花园 山鑫联城花苑 金天地
金山豪庭 金浦苑 玉兰小区
世纪城 海趣馨苑 华江小区
海欣小区 杭州湾家园 海浒小区
欧洲城小区 弘阳小区 蓝色收获
华府海景

金山卫镇：

临江小区 万寿新村 金房花苑
钱富小区 飞虹北村 金康花苑
绿地金卫新家园

张堰镇：

富民小区 康乐小区 牡丹小区

廊下镇：

景乐南一村 景乐苑 大街新村

吕巷镇：

汇丰馨苑 和溪园 南溪二村
建新二村 南溪一村 荡田新村
康兴苑

石化街道：

石化三村 石化六村 石化八村
石化九村 石化十三村 石化十五村
梅州一村 梅州二村 海棠一村
海棠二村 临潮一村 临潮三村
东礁一村 东礁二村 东礁三村
辰凯紫藤苑 东泉一村 东泉二村
玲桂花苑 山鑫阳光城 山龙新村
新山龙 滨海四村 山鑫公寓
园中苑 桥英馨苑 紫薇苑
滨海二村 滨海三村 石化七村
临潮二村 滨海一村 广安小区
石化十村 石化十一村 石化十二村
书香门第

金山工业区：

恒祥小区 翔茂小区 朱行小区
红叶小区 东郊小区 广玉小区
开乐小区 西郊小区 恒安小区
恒康小区 恒和小区 运河小区
横泾小区

【2011～2012 年度金山区文明单位 395 个】

区级机关党工委：

金山区人民法院
金山区人民检察院
金山区档案馆
金山区广播电视台
中共金山区委员会党校
金山区气象局
金山区科技馆
金山区食品生产监督所
金山区计量质量检测所
金山区特种设备监督检验所
金山区行政服务中心
金山区房地产交易中心
金山食品药品检验所
金山区食品药品监督所
金山区机关服务中心
金山区环境监测站
金山区国家税务局第一税务所
金山区国家税务局第二税务所
金山区国家税务局第三税务所
金山区国家税务局第五税务所
金山区国家税务局第六税务所
金山区国家税务局第七税务所
金山区国家税务局第八税务所
金山区国家税务局第九税务所
金山区国家税务局第十税务所
金山区国家税务局第十一税务所
金山区国家税务局第十二税务所
金山区国家税务局第十三税务所
金山区国家税务局第十四税务所
金山区国家税务局第十五税务所
金山区国家税务局第一检查所
金山区国家税务局第二检查所
金山区国家税务局第三检查所
金山区金山报社
金山区工人文化宫
金山区环境监察大队

金山区住房保障和房屋管理局朱泾所
金山区住宅建设发展中心

社会工作党委：

上海石化百货有限公司
上海创列实业有限公司
上海金山宾馆有限公司
上海皮鞋厂
上海制球联合公司
上海诚厚新型建材有限公司

民政局：

金山区殡仪馆
金山区社会福利院

教育局：

金山区教师进修学院
金山区第一实验小学
上海市金山中学
华东师范大学第三附属中学
金山区第二实验小学
上海师范大学第二附属中学
上海市罗星中学
金山区教师进修学院附属中学
上海市金山初级中学
金山区海棠小学
金山区金山小学
上海市蒙山中学
上海市食品科技学校
上海市朱泾中学
金山区教师进修学院附属小学
金山区成人教育学校
金山区青少年活动中心
金山区石化幼稚总园
上海市兴塔中学
金山区辅读学校
金山区校产基建设备管理站
金山区校办工业管理部
金山区石化第一小学
金山区石化第五小学
上海市民办金盟学校
上海市民办师大实验中学
上海市枫泾中学
金山区兴塔小学
金山区枫泾小学
金山区兴塔幼儿园
金山区枫泾幼儿园
金山区朱泾小学
金山区罗星幼儿园
金山区新农幼儿园
金山区东风幼儿园
金山区健康幼儿园
上海市西林中学
上海市新农学校
金山区朱泾第二小学
上海市亭林中学
金山区亭林小学
上海市民办交大南洋中学
上海市亭新中学
金山区亭林幼儿园
金山区松隐幼儿园
上海市松隐中学
金山区松隐小学
上海市朱行中学
金山区朱行小学
金山区朱行幼儿园
金山区漕泾幼儿园
上海市漕泾中学
金山区漕泾小学
金山区山阳小学
金山区山阳幼儿园
上海市山阳中学
金山区金卫小学
金山区金卫幼儿园
金山区钱圩小学
金山区钱圩幼儿园
上海市金卫中学
上海市钱圩中学
上海市廊下中学
金山区廊下小学
金山区廊下幼儿园
金山区吕巷小学
金山区吕巷幼儿园
上海市吕巷中学
上海市干巷学校
金山区干巷幼儿园
上海市张堰中学
上海市张堰第二中学
金山区张堰小学
金山区张堰幼儿园
金山区新城幼儿园
金山区阳光城幼儿园
金山区艺术幼儿园
金山区实验幼儿园
上海石化工业学校

金山区学府幼儿园
金悦幼儿园
公安分局：
公安局金山分局干巷派出所
公安局金山分局朱行派出所
公安局金山分局经济犯罪侦查支队
公安局金山分局治安支队
公安局金山分局石化治安派出所
公安局金山分局新农派出所
公安局金山分局漕泾派出所
公安局金山分局松隐派出所
公安局金山分局枫泾派出所
公安局金山分局兴塔派出所
公安局金山分局亭林派出所
公安局金山分局吕巷派出所
公安局金山分局水上治安派出所
公安局金山分局金山卫派出所
公安局金山分局张堰派出所
公安局金山分局廊下派出所
公安局金山分局象州路派出所
金山区看守所
司法局：
金山区法律援助中心
上海市金山公证处
上海市国信公证处
上海市群成律师事务所
上海理度律师事务所
上海市浦南律师事务所
上海中桥律师事务所
人力资源和社会保障局：
金山区农村社会养老保险事业管理中心
金山区就业促进中心
金山区医疗保险事务中心
金山区人才服务中心
金山区劳动保障监察大队
建交委：
金山区市政工程管理署
金山区城市交通运输管理署
上海金山市政工程有限公司
金山区公路管理署
上海锦石市政建设养护有限公司
金山区建筑管理署
上海金山公路建设有限公司
规土局：
金山区规划和土地管理局枫泾所
金山区征地和房屋征收补偿事务中心
金山区规划和土地管理局漕泾所
金山区规划和土地管理局山阳所
金山区规划和土地管理局亭林所
金山区规划和土地管理局朱泾所
金山区规划和土地管理局金山卫所
金山区地籍事务中心
金山区规划和土地管理局张堰所
金山区规划和土地管理局廊下所
金山区规划和土地管理局工业区所
金山区规划和土地管理局吕巷所
文广局：
金山区图书馆
金山区博物馆
金山区文化馆
卫生局：
金山区疾病预防控制中心
金山区众仁老年护理医院
金山区精神卫生中心
金山区卫生局卫生监督所
金山区血站
金山区亭林医院
金山区医疗救护站
上海市第六人民医院金山分院
金山区中西医结合医院
复旦大学附属金山医院
金山区石化社区卫生服务中心
金山区漕泾镇社区卫生服务中心
金山区枫泾镇社区卫生服务中心
金山区朱泾社区卫生服务中心
金山区亭林镇社区卫生服务中心
金山区山阳镇社区卫生服务中心
金山区金山卫镇社区卫生服务中心
金山区张堰镇社区卫生服务中心
金山区廊下镇社区卫生服务中心
金山区吕巷镇社区卫生服务中心
上海金山工业区社区卫生服务中心
国资委：
上海红双喜股份有限公司
上海立信会计帐册纸品公司
上海实业马利画材有限公司
上海力卡塑料托盘制造有限公司
上海樱辉实业有限公司
上海庆泽塑料托盘制造有限公司
上海民族乐器一厂
上海金山市场有限公司
上海金山标准件有限公司

上海金山南方水泥有限公司
上海玩具进出口有限公司
上海金山医药药材有限公司
上海上垫垫圈有限公司
上海金山海鸥大厦酒店有限公司
上海烟草集团金山烟草糖酒有限公司
上海金山排海工程有限公司

金山新城管委会：

上海金山新城区建设发展有限公司

绿化和市容局：

金山区市容环境卫生管理署
金山区园林管理署
上海金山绿化建设养护有限公司
上海青竹公园管理服务有限公司

农委：

金山区农业技术推广中心
金山区农业机械化管理站
金山区农业学校
金山区林业站
金山区动物疫病预防控制中心
金山区水产技术推广站
上海银龙农业发展有限公司
金山区农业行政综合执法大队
金山区农产品质量安全中心

水务局：

金山区水利管理署
金山区海塘管理所
上海金山自来水有限公司
金山区给水管理所
金山区水政管理所
上海金山枫泾水质净化有限公司
金山区水文站
金山区排水管理所
上海金兴水处理工程有限公司

枫泾镇：

金山区枫泾镇财经事务中心
金山区枫泾镇文化体育服务中心
上海枫围服装辅料有限公司
上海枫泾古镇旅游发展有限公司
上海兴塔洗涤设备有限公司
上海黎事实业有限公司
上海金山易通汽车离合器有限公司
金山区枫泾公墓
上海华卉丝绸印染有限公司
上海兴塔私营经济投资开发公司
上海力超电机有限公司
上海服装城股份有限公司
上海新枫泾建设发展有限公司
上海枫泾工业投资发展有限公司
上海农好饲料有限公司
上海万事红管道燃气经营有限公司
金山区枫泾镇城镇建设办公室
上海莹利金属结构件有限公司
金山区枫泾镇农业技术推广服务站

朱泾镇：

金山区朱泾镇市容环境事务所
上海顶新箱包有限公司
上海金朱环境卫生综合服务有限公司
金山区朱泾镇集体资产经营联社
上海永优服装有限公司
金山区朱泾镇新农经济小区
上海朱泾企业发展有限公司
金山区朱泾镇财经事务中心
上海林雄箱包有限公司
金山区朱泾镇文化体育服务中心
上海通工汽车零部件有限公司
朱泾镇劳动保障事务所
上海进念室内设计装饰有限公司
上海珠龙实业有限公司
朱泾镇城镇建设服务中心
上海东亚地球物理勘查有限公司

亭林镇：

上海信谊延安药业有限公司
金山区亭林镇劳动保障事务所
金山区亭林镇文化体育服务中心
金山区亭林镇市容环境事务所
金山亭林林业养护服务社
上海寺华实业发展有限公司
上海新金山私营经济发展有限公司
上海亨井联接件有限公司
上海奇想青晨新材料科技股份有限公司
上海金山松隐山庄
上海金山海川给水有限公司金山一水厂
上海斯可络压缩机有限公司
上海嘉麟杰纺织品有限公司
金山区亭林镇农业技术推广服务站
金山区亭林镇对外经济发展公司

漕泾镇：

上海申漕特种水产开发公司
上海金山城乡建设工程有限公司
上海伟浩建设工程有限公司
上海化学工业区金山分区发展有限公司

上海漕泾路桥建设有限公司
金山区漕泾镇经济管理事务所
上海金山振漕市政有限公司
上海金山振兴房产开发公司第一经营公司
金山区漕泾镇社区事务受理服务中心
金山区漕泾镇财经事务中心
金山区漕泾镇文化体育服务中心
上海漕泾投资咨询有限公司
上海漕明城镇建设发展有限公司
漕泾镇动拆迁工作办公室

山阳镇：

上海锦水建设(集团)有限公司
上海华峰超纤材料股份有限公司
金山区山阳镇文化体育服务中心
上海山阳房产开发有限公司
上海侨茂建筑防水材料有限公司
上海金山嘴工业区投资咨询有限公司
上海山阳企业发展有限公司
金山区山阳镇社区事务受理服务中心
上海南方寝室用品有限公司
上海瑞气气体设备有限公司
上海海光实业有限公司
上海向隆电子科技有限公司
上海天强纺织有限公司
上海鑫灵精细化工有限公司
金山区山阳镇劳动保障事务所
上海金石湾投资咨询有限公司
金山区山阳镇经济小区管理委员会
上海百联金山购物中心有限公司

金山卫镇：

上海永继电气有限公司
上海腾达企业发展有限公司
金山区金山卫镇劳动保障事务所
金山区金山卫镇市容环境事务所
金山区金山卫镇文化体育服务中心
上海滨海电力工程有限公司
中建金沛钢管有限公司
上海宏晨家庭用品有限公司
上海新跃物流企业管理有限公司
上海中博专修学院
金山区金山卫镇企业服务中心
上海群力化工有限公司

张堰镇：

上海嘉乐股份有限公司
上海鹤山针织服装有限公司
上海山岛制衣有限公司
上海金山前峰绝缘材料有限公司
上海春潮制衣有限公司

廊下镇：

上海宜华实业有限公司
金山区廊下镇农业技术推广服务站
金山区廊下镇市容环境事务所
上海新廊下旅游管理发展有限公司
金山区廊下镇文化体育服务中心
金山区廊下镇劳动保障事务所

吕巷镇：

上海干巷汽车镜(集团)有限公司
金山区吕巷镇劳动保障事务所
金山区吕巷镇文化体育服务中心
上海众豪服装有限公司
上海吕巷经济小区
金山区吕巷镇规划建设和环境保护办公室
上海大富纺织品有限公司
金山区吕巷镇市容环境事务所
上海吕巷工业开发总公司
上海蓝滨石化设备有限公司
上海皇母蟠桃种植专业合作社
上海万代制药有限公司
金山区吕巷镇社区事务受理服务中心
上海希明彩钢机械有限公司

石化街道：

上海博海餐饮有限公司
上海南翼包装有限公司
上海中石化工物流股份有限公司
上海金石医药药材有限公司
上海宸源绿化工程有限公司
上海赛宝物业发展有限公司
上海炼安工业设备安装有限公司
上海众达信息产业有限公司
上海博凯石化设备检修安装有限公司
上海金山石油化工建筑有限公司
上海淼清水处理有限公司
上海滨海皇家金煦大酒店有限公司

金山工业区：

上海信谊金朱药业有限公司
上海金山工业区城乡环境管理所
上海金山工业区敬老院
上海金山工业区党员服务中心
上海金山工业区劳动保障事务所
上海金山工业区农业技术推广服务中心
上海时兴经济发展有限公司
上海新益电力线路器材有限公司

上海金联热力供应有限公司
上海金山工业区经济管理所
上海金山工业区文化广播影视服务中心
上海华峰普恩聚氨酯有限公司

市属单位：

上海金山大众出租汽车有限公司
中国电信股份有限公司上海金山电信局
上海市公共卫生临床中心
中华人民共和国金山海关
中国移动通信集团上海有限公司金山分公司
上海农村商业银行金山支行
中国农业银行股份有限公司上海金山支行
上海银行股份有限公司金山支行
中华人民共和国上海金山海事处
中华人民共和国金山出入境检验检疫局
上海市邮政公司金山区邮政局
上海市电力公司金山供电公司
上海金山东方有线网络有限公司

【2012 年度金山区建功立业主题实践活动先进集体】

山阳镇人民政府
亭林镇对外经济发展公司
金山卫经济小区
金山工业区招商部
金山区工商联
金山区人才服务中心
上海新跃物流企业管理公司
上海百联金山购物中心有限公司
上海汉钟精机股份有限公司
上海宜华实业有限公司
公安金山分局治安支队
石化第五小学
金山区卫生局卫生监督所
金山区巩固国家卫生区领导小组办公室
金山区 962121 物业服务热线
金山区农产品质量安全中心
枫泾古镇旅游发展公司
金山工业区恒信居委会
金山嘴渔村投资管理有限公司
金山区河道保洁服务社
金山区信访办
金山区法律援助中心
金山区劳动保障监察大队
亭林镇亭东村
山阳镇东方村
金山卫镇星火村民主理财小组
金山铁路志愿者服务队
金山区人民检察院民事行政检察科
上海市群成律师事务所
上海鸿越实业有限公司

先进个人

【2012 年度上海市社会主义精神文明十佳好人好事提名】

“大爱无言　孤老不孤”——金山区朱泾镇周玲秀

【2012 年度金山区建功立业主题实践活动先进个人】

（按姓氏笔画为序）

丁福江　上海申漕特种水产开发公司
马晓燕　金山工业区劳动保障事务所
王　辉　金山区税务局
王　静　金山区人民法院
王晓军　金山区城市管理行政执法局
孙朋丽　金山区科委
孙莉军　金山区经委
吴　鸣　亭林医院
吴连强　金山区青年联合会
宋志棠　上海新安纳电子公司
张　桦　金山区旅游局
张育丰　山阳派出所
张洁珉　金山区联合发展办公室
杜　辉　上海东大聚氨酯公司
沈　思　枫泾镇城建办
陈　杰　金山区环境监察支队
陈文隆　金山供电公司
陈惠香　石化社区（街道）合浦居委会
范双贵　上海蓝滨石化设备公司
金其华　金山区建设交通委
钟孝铭　朱泾镇大茫村
凌　云　吕巷司法所
徐连生　兴塔经济小区
袁友明　金山区综治办
高华林　上海嘉乐股份有限公司
黄　涛　金山区规划土地监察中队
黄　慧　金山区住房保障事务中心
龚　莺　金山区财政局
褚永根　枫泾镇稳定办
蔡蕴敏　复旦大学附属金山医院

附 录

FULU

2013 JINSHAN ALMANAC

重要文件目录选编

中国共产党上海市金山区委员会文件

金委〔2012〕11号 中共金山区委关于区委书记、副书记、常委工作分工的通知

金委〔2012〕13号 关于成立金山区与武警金山区大队“对口支持、共同建设”工作领导小组及其组成人员的通知

金委〔2012〕22号 中共金山区委、金山区人民政府关于表彰2011年平安金山建设创先争优竞赛活动优胜单位的决定

金委〔2012〕24号 金山区关于本市区县出席党的十八大代表候选人初步人选第二轮推荐提名的情况报告

金委〔2012〕27号 关于本市区县出席党的十八大代表候选人初步人选第三轮推荐提名的情况报告

金委〔2012〕28号 关于成立中共金山区委群众工作部的通知

金委〔2012〕36号 关于成立金山区外事工作领导小组及其组成人员的通知

金委〔2012〕44号 关于调整金山区刑释解教人员安置帮教工作领导小组成员的通知

金委〔2012〕48号 关于金山区推荐中共上海市第十届委员会委员、候补委员和第十届纪律检查委员会委员候选人初步人选情况的报告

金委〔2012〕49号 中共上海市金山区委、上海市金山区人民政府关于表彰2011年度人民武装工作先进单位和个人的通报

金委〔2012〕50号 关于祝学军等同志任职的通知

金委〔2012〕51号 关于贾炜等同志职务任免的通知

金委〔2012〕52号 关于沈金龙等同志任职的通知

金委〔2012〕55号 金山区关于2012年度对处级党政领导班子及其成员开展巡察工作的实施方案

金委〔2012〕58号 关于确定金山区出席中国共产党上海市第十次代表大会代表候选人预备人选的情况报告

金委〔2012〕60号 关于姬兆亮同志兼职的批复

金委〔2012〕68号 关于成立金山区规划和土地工作领导小组及其组成人员的通知

金委〔2012〕92号 中共金山区委、金山区人民政府关于印发《金山区区管干部和机关工作人员有错与无为行为问责办法(试行)》的通知

金委〔2012〕95号 关于成立金山区区管干部和机关工作人员有错与无为行为问责处理工作领导小组及其组成人员的通知

金委〔2012〕99号 中共金山区委、金山区人民政府关于命名2010－2011年度金山区文明行业的决定

金委〔2012〕101号 关于成立金山区深入推进社会治安防控体系建设领导小组及其组成人员的通知

金委〔2012〕104号 中共金山区委、金山区人民政府关于印发《关于进一步加强干部竞争性选拔工作的实施意见(试行)》的通知

金委〔2012〕110号 中共金山区委关于命名、表彰2010－2012年金山区创先争优先进基层党组织、优秀共产党员的决定

金委〔2012〕116 号	关于成立金山区经济责任审计工作领导小组及其组成人员的通知
金委〔2012〕119 号	关于建立金山区国防教育联席会议制度及其组成人员的通知
金委〔2012〕122 号	关于成立金山区第十次村(居)民委员会换届选举工作领导小组及其组成人员的通知
金委〔2012〕123 号	中共金山区委、金山区人民政府关于印发《金山区落实党风廉政建设责任制实施意见(修订)》的通知
金委〔2012〕124 号	中共金山区委、金山区人民政府印发《关于2012年度各镇、石化社区(街道)、金山工业区党政机关领导班子绩效考核工作的意见》等两个考核文件的通知
金委〔2012〕128 号	关于成立金山区文化建设领导小组及其组成人员的通知
金委〔2012〕133 号	关于沈华棣等同志职务任免的通知
金委〔2012〕146 号	中共金山区委员会关于巡视整改情况的报告
金委〔2012〕159 号	关于成立金山区智慧城市建设领导小组及其组成人员的通知
金委〔2012〕161 号	关于成立金山区“加快推进‘三个金山’建设”建功立业主题实践活动领导小组及其组成人员的通知
金委〔2012〕162 号	关于成立金山区提名推荐上海市第十四届人民代表大会代表候选人工作领导小组及其组成人员的通知
金委〔2012〕165 号	关于2012年对本区贯彻落实《关于实行党风廉政建设责任制的规定》情况开展专项检查的通知
金委〔2012〕207 号	金山区2012年度贯彻落实《关于实行党风廉政建设责任制的规定》情况自查报告
金委〔2012〕213 号	关于同意召开金山区第五届人民代表大会第三次会议的批复
金委〔2012〕214 号	关于同意召开政协上海市金山区委员会五届二次会议的批复
金委〔2012〕226 号	关于印发《中共金山区委党务公开工作实施方案》的通知
金委〔2012〕228 号	关于成立金山区互联网信息工作领导小组及其组成人员的通知
金委〔2012〕233 号	中共金山区委、金山区人民政府关于命名表彰金山区2007－2011年度拥军优属拥政爱民模范(先进)单位和个人的通报
金委发〔2012〕1 号	中共金山区委常委会2012年工作要点
金委发〔2012〕3 号	关于印发《中共金山区委常委会议事决策规则》《中共金山区委常委会关于进一步加强自身建设的若干意见》的通知
金委发〔2012〕4 号	中共金山区委、金山区人民政府关于印发《金山区加快推进文化大发展大繁荣的实施意见》的通知
金委发〔2012〕5 号	中共金山区委、金山区人民政府关于印发《关于贯彻〈中共中央、国务院关于加快推进农业科技创新持续增强农产品供给保障能力的若干意见〉的实施意见》的通知
金委发〔2012〕6 号	中共金山区委关于认真学习宣传贯彻党的十八大精神的通知
金委办〔2012〕1 号	关于印发《中共金山区委常委会2011年工作报告》的通知
金委办〔2012〕20 号	关于印发《〈中共金山区委常委会2012年工作要点〉责任分工方案》的通知
金委办〔2012〕30 号	中共金山区委办公室印发《关于在创先争优活动中开展基层组织建设年的实施意见》的通知
金委办〔2012〕32 号	中共金山区委办公室、金山区人民政府办公室印发《关于建立区党政有关部门与区政协专门委员会(咨询委员会)对口联系协商制度的暂行办法》的通知

金委办〔2012〕41 号	关于同意区档案局向社会开放第十批档案的批复
金委办〔2012〕42 号	中共金山区委办公室、金山区人民政府办公室关于印发《2012 年金山区用群众工作统揽信访工作要点》的通知
金委办〔2012〕49 号	关于转发《中共上海市委办公厅印发〈关于市、区县党代表大会代表联系社区办法(试行)〉的通知》的通知
金委办〔2012〕63 号	中共金山区委办公室转发区组织部《关于进一步完善党员代表大会常任制的实施意见》的通知
金委办〔2012〕78 号	中共金山区委办公室关于转发《金山区关于集中开展学习宣传贯彻党的十八大精神的活动方案的意见》的通知

金山区人民代表大会常务委员会文件

金会〔2012〕1 号	关于提请上海市人大常委会批准龚培华同志为金山区人民检察院检察长的报告
金会〔2012〕2 号	关于印发《金山区人大常委会 2012 年度工作要点》的通知
金会〔2012〕3 号	金山区人民代表大会常务委员会关于设立金山区人大常委会代表资格审查委员会和各办事机构、工作机构的决定
金会〔2012〕11 号	金山区人民代表大会常务委员会关于加强与区人民政府、区人民法院、区人民检察院工作联系的意见
金会〔2012〕12 号	金山区人民代表大会常务委员会关于金山区 2011 年区本级决算的决议
金会〔2012〕14 号	金山区人民代表大会常务委员会关于召开金山区第五届人民代表大会第二次会议的决定
金会〔2012〕20 号	关于上海市金山区选举上海市第十四届人民代表大会代表结果的报告
金会〔2012〕21 号	金山区人民代表大会常务委员会关于调整金山区 2012 年财政预算的决议
金会〔2012〕22 号	金山区人民代表大会常务委员会关于召开金山区第五届人民代表大会第三次会议的决定

金山区人民政府文件

金府发〔2012〕2 号	金山区人民政府关于批转区财政局、区国资委《金山区企业国有资本经营收益收缴管理试行办法》的通知
金府发〔2012〕6 号	金山区人民政府关于进一步加强本区政府信息公开工作的意见
金府发〔2012〕8 号	金山区人民政府关于批转区节能减排办《金山区 2012 年节能减排和应对气候变化以及资源综合利用重点工作安排》的通知
金府发〔2012〕10 号	金山区人民政府关于印发《金山蟠桃地理标志产品保护管理办法》的通知
金府发〔2012〕15 号	金山区人民政府批转区安委会《关于在全区范围内开展安全生产大排查、大整治专项行动的通知》的通知
金府发〔2012〕16 号	金山区人民政府关于印发《金山区推进行政执法与刑事司法衔接工作的实施方案》的通知
金府发〔2012〕18 号	金山区人民政府关于批转区财政局《金山区财政国库集中支付制度改革方案》的通知
金府发〔2012〕19 号	金山区人民政府关于进一步完善产业发展政策的若干意见
金府发〔2012〕21 号	金山区人民政府关于印发《关于进一步完善金山区新型农村合作医疗制度的实施办法》的通知

金府发〔2012〕25 号	金山区人民政府批转区财政局关于进一步规范本区国有土地使用权出让收支管理的实施意见的通知
金府发〔2012〕26 号	金山区人民政府关于印发《关于办理区人大代表书面意见和政协提案的实施意见》的通知
金府〔2012〕22 号	金山区人民政府关于表彰奖励金山区 2011 年度招商引资工作优胜集体和先进个人的决定
金府〔2012〕23 号	金山区人民政府关于表彰 2011 年度金山区重大工程和实事项目立功竞赛优秀集体和先进个人的决定
金府〔2012〕41 号	金山区人民政府关于贾炜等同志职务任免的通知
金府〔2012〕44 号	金山区人民政府关于成立金山区大型居住社区建设领导小组的通知
金府〔2012〕46 号	金山区人民政府关于沈金龙等同志任职的通知
金府〔2012〕66 号	金山区人民政府关于成立金山区第五轮环保三年行动计划领导小组的通知
金府〔2012〕68 号	金山区人民政府关于同意调整上海市金山工业区恒信居民委员会管理范围和设立恒顺居民委员会的批复
金府〔2012〕99 号	金山区人民政府关于建立金山区产业结构调整协调推进联席会议制度的通知
金府〔2012〕151 号	金山区人民政府关于下达 2012 年各街镇(金山工业区)能耗总量和规模以上企业万元产值能耗下降目标的通知
金府〔2012〕170 号	金山区人民政府关于成立金山区片林规划编制工作领导小组的通知
金府〔2012〕171 号	金山区人民政府关于成立金山区财政国库集中支付制度改革领导小组的通知
金府〔2012〕174 号	金山区人民政府关于公布第三批区级非物质文化遗产名录的通知
金府〔2012〕187 号	金山区人民政府关于同意设立朱泾镇金来居民委员会的批复
金府〔2012〕247 号	金山区人民政府关于表彰 2011 年度金山区区长质量奖获奖组织和个人的决定
金府〔2012〕251 号	金山区人民政府关于同意批准五处区级文物保护单位保护范围及建设控制地带的批复
金府〔2012〕254 号	金山区人民政府关于同意金山区村(居)委会管辖范围的批复
金府〔2012〕259 号	金山区人民政府关于《金山区人民政府关于加快推进生物医药产业发展的若干意见》的补充意见
金府〔2012〕260 号	金山区人民政府关于《金山区人民政府关于加快推进新材料高新技术产业发展的若干意见》的补充意见
金府〔2012〕265 号	金山区人民政府关于成立上海市金山区人民政府行政复议委员会的决定
金府〔2012〕290 号	金山区人民政府关于设置金山区政府投资项目稽察办公室的通知
金府〔2012〕291 号	金山区人民政府关于同意《上海市金山工业区 JSS30501 单元控制性详细规划》的意见
金府〔2012〕297 号	金山区人民政府关于成立创业金山引导基金领导小组的通知
金府〔2012〕300 号	金山区人民政府关于同意调整朱行居民委员会管理范围及新设立红叶、恒康居民委员会的批复
金府〔2012〕305 号	金山区人民政府关于成立金山区土地整治规划编制领导小组的通知
金府〔2012〕314 号	金山区人民政府关于同意《廊下镇国家级基本农田示范区土地整治项目搬迁补偿方案》的批复

金府办〔2012〕10 号	金山区人民政府办公室关于成立金山区土地调查领导小组的通知
金府办〔2012〕11 号	金山区人民政府办公室关于成立 2012 年 SWATCH FIVB 世界沙滩排球巡回赛中国上海金山大满贯赛筹备委员会的通知
金府办〔2012〕12 号	金山区人民政府办公室关于成立金山区现代农业园区市级土地综合整治项目领导小组的通知
金府办〔2012〕34 号	金山区人民政府办公室关于成立上海市第一届市民运动会金山区代表团及其组成人员的通知
金府办〔2012〕38 号	金山区人民政府办公室关于开展行政规范性文件清理工作的通知
金府办〔2012〕48 号	金山区人民政府关于建立金山区生活垃圾分类减量推进工作联席会议制度的通知
金府办〔2012〕50 号	金山区人民政府办公室关于成立金山区农村土地登记工作领导小组的通知
金府办〔2012〕55 号	金山区人民政府办公室关于建立金山区特殊教育联席会议制度的通知
金府办〔2012〕56 号	金山区人民政府办公室关于成立金山区重大动物疫病防治指挥部的通知
金府办〔2012〕62 号	金山区人民政府办公室关于成立金山区创建国家慢性非传染性疾病综合防控示范区领导小组的通知
金府办〔2012〕63 号	金山区人民政府办公室关于成立金山区村庄改造工作推进领导小组的通知
金府办〔2012〕66 号	金山区人民政府办公室关于成立金山区整治违法排污企业保障群众健康环保专项行动工作领导小组的通知
金府办〔2012〕75 号	金山区人民政府办公室关于成立金山区创业型城区创建工作领导小组的通知
金府办〔2012〕78 号	金山区人民政府办公室关于成立金山区“12345”市民服务热线领导小组的通知
金府办〔2012〕83 号	金山区人民政府办公室关于成立金山区高水平粮田建设领导小组的通知
金府办发〔2012〕3 号	金山区人民政府办公室关于印发区长、副区长工作分工的通知
金府办发〔2012〕4 号	金山区人民政府办公室关于做好 2012 年人大代表书面意见和政协提案办理工作的通知
金府办发〔2012〕5 号	金山区人民政府办公室转发区发展改革委关于 2012 年金山区重大工程和实事项目计划安排的通知
金府办发〔2012〕7 号	金山区人民政府办公室转发区食品安全委员会办公室《2012 年金山区食品安全工作要点》的通知
金府办发〔2012〕10 号	金山区人民政府办公室关于印发《金山区人民政府领导干部学法制度》《2012 年金山区人民政府领导干部学法计划》的通知
金府办发〔2012〕15 号	金山区人民政府办公室转发区食品安全委员会办公室《关于进一步加强本区餐厨废弃油脂从严监管整治工作的实施办法》的通知
金府办发〔2012〕17 号	金山区人民政府办公室转发区残联、体育局《上海市金山区第三届残疾人运动会实施方案》的通知
金府办发〔2012〕19 号	金山区人民政府办公室关于印发《金山区各街镇(金山工业区)“十二五”节能目标责任评价考核实施方案》的通知
金府办发〔2012〕23 号	金山区人民政府办公室转发区纠风办关于 2012 年金山区纠风工作实施意见的通知
金府办发〔2012〕26 号	金山区人民政府办公室关于印发《关于加快推进体育强区建设的意见》的通知

金府办发〔2012〕30 号　金山区人民政府办公室关于印发《金山区关于开展安全生产领域“打非治违”专项行动的实施方案》的通知

金府办发〔2012〕32 号　金山区人民政府办公室转发区建设交通委等五部门关于《金山区“十二五”推进农村桥梁改造项目的实施方案》的通知

金府办发〔2012〕33 号　金山区人民政府办公室转发区规划土地局《关于进一步加强金山农村土地整理复垦工作的通知》的通知

金府办发〔2012〕34 号　金山区人民政府办公室关于印发《金山区主要污染物总量控制“十二五”工作方案》的通知

金府办发〔2012〕38 号　金山区人民政府办公室关于转发区经委制订的《关于加快全区中小企业服务中心建设的指导意见》的通知

金府办发〔2012〕39 号　金山区人民政府办公室转发区消防委办公室《2012 年金山区推进市政府消防实事项目实施方案》的通知

金府办发〔2012〕43 号　金山区人民政府办公室关于印发《金山区关于组织开展道路交通安全专项整治行动的实施方案》的通知

金府办发〔2012〕45 号　金山区人民政府办公室转发区发展改革委(重大办)《金山区重大工程实事项目考核办法(试行)》的通知

金府办发〔2012〕49 号　金山区人民政府办公室转发区合作医疗管理委员会《金山区合作医疗 60 周岁以上、低保五保和残疾参保人员投保经费补贴办法》的通知

金府办发〔2012〕59 号　金山区人民政府办公室转发区人力资源社会保障局《金山区关于开展创业型城区创建工作的实施意见》的通知

金府办发〔2012〕60 号　金山区人民政府办公室转发区健康促进委员会办公室《金山区建设健康城区 2012 - 2014 年行动计划》的通知

金府办发〔2012〕63 号　金山区人民政府办公室转发《上海市人民政府办公厅贯彻国务院办公厅关于进一步做好减轻农民负担工作意见的实施意见》的通知

政协上海市金山区委员会文件

金协〔2012〕2 号　关于区政协五届一次会议的情况汇报

金协〔2012〕3 号　关于印发《政协上海市金山区第四届委员会常务委员会工作报告》和《政协上海市金山区第四届委员会常务委员会关于提案工作情况的报告》的通知

金协〔2012〕4 号　政协金山区委员会 2012 年工作要点

金协〔2012〕5 号　政协金山区第五届委员会常务委员会关于设置专门委员会(咨询委员会)及任命正副主任的决定

金协〔2012〕7 号　政协金山区委员会关于加强各专门委员会(咨询委员会)2012 年工作指导试行意见

金协〔2012〕13 号　关于开展“五届政协因我而精彩,‘三个金山’由我来添彩”主题实践活动的实施意见

金协〔2012〕14 号　关于增补政协上海市金山区第五届委员会委员的决定

金协〔2012〕17 号　关于召开中国人民政治协商会议上海市金山区第五届委员会第二次会议的决定

金协〔2012〕19 号　关于增补政协上海市金山区第五届委员会委员的决定

综合统计

表 27

金山的一天

项　　目	计量单位	2012 年平均每天实绩	2011 年平均每天实绩	2012 年比 2011 年平均每天增长(%)
1. 人口出生数	人	9.5	6.8	39.7
2. 人口死亡数	人	10.9	10.4	4.8
3. 地区生产总值	万元	12809	11664	9.8
4. 工业	万元	36688	35295	3.9
5. 农业	万元	996	973	2.4
6. 工业利润(规上)	万元	1019	1061	-3.9
7. 社会消费品零售额	万元	7903	6874	15.0
8. 城乡集市贸易成交额	万元	1107	959	15.4
9. 外贸出口拨交额	万元	4385	4097	7.0
10. 财政收入	万元	5603	5947	-5.8
其中:区级	万元	1224	1288	-5.0
11. 财政支出	万元	2953	2529	16.8
12. 城乡居民储蓄存款	万元	11080	9347	18.5
13. 粮食产量	吨	601	613	-2.0
14. 油菜籽产量	吨	9.5	12.3	-22.8
15. 生猪出栏数	头	826	786	5.1
16. 家禽上市量	万只	2.5	2.2	12.5
17. 鲜蛋上市量	吨	22.3	21.2	5.0

表 28

主要经济指标完成情况

项　　目	计量单位	2012 年	2011 年	2012 年比 2011 年增长(%)
一、年末总人口	人	517032	516805	0.0
其中:非农人口	人	345988	337340	2.6
总人口中:女性人数	人	260542	260122	0.2
二、年末总户数	户	178824	178334	0.3
三、地区生产总值	万元	4675272	4257361	9.8
人均地区生产总值	元	90425	82378	9.8
四、工业				
工业利润(规模以上)	万元	371759	389152	-4.5
工业总产值	万元	13391164	12882780	3.9

续表28

项 目	计量单位	2012年	2011年	2012年比2011年增长(%)
五、农业				
农业总产值	万元	363667	355081	2.4
粮食产量	吨	219331	223781	-2.0
油菜籽产量	吨	3460	4489	-22.9
生猪出栏数	头	301558	286929	5.1
家禽产量	万只	904	811	11.5
鲜蛋产量	吨	8140	7752	5.0
牛奶产量	吨	15109	16404	-7.9
水产品产量	吨	18155	17234	5.3
七、商业				
社会消费品零售总额	万元	2884731	2509048	15.0
城乡集市贸易成交额	万元	404059	349878	15.5
八、外经、外贸				
外经项目批准数	项	106	104	1.9
投资总额(含增资)	万美元	84771	67481	25.6
合同外资(含增资)	万美元	35212	31384	12.2
外贸出口拨交额	万元	1600457	1495425	7.0
九、邮电业				
邮电业务收入	万元	37303	35858	4.0
其中:邮政收入	万元	5303	5858	-9.5
电信收入	万元	32000	30000	6.7
十、城乡建设				
固定资产投资额	万元	1603742	1442091	11.2
其中:第一产业	万元	11846	19837	-40.3
第二产业	万元	1004972	901937	11.4
第三产业	万元	586924	520317	12.8
十一、教育、卫生				
在校学生数	人	74569	73975	0.8
教职员工数	人	7620	7439	2.4
其中:教师	人	5718	5461	4.7
医疗卫生机构数	个	67	67	0.0
卫生技术人员数	个	4368	4359	0.2
医院床位数	张	3926	3820	2.8
十二、财政收支				
财政收入	万元	2045253	2170700	-5.8

续表28

项　　目	计量单位	2012年	2011年	2012年比2011年增长(%)
其中:区级收入	万元	446863	470081	-4.9
财政总支出	万元	1077875	923150	16.8
十三、金融				
银行存款	万元	8249248	7165522	15.1
银行贷款	万元	6468645	5084177	27.2
十四、人民生活				
城乡居民储蓄余额	万元	4044106	3378827	19.7
职工年平均工资(按2011年同口径)	元	44669	40518	10.2
农村居民人均可支配收入	元	15832	14199	11.5

表29　**全区增加值**　单位:万元

项　　目	2012年	2011年	2012年比2011年增长(%)	
			现行价	可比价
总　　计	4675272	4257361	9.8	9.7
第一产业	140214	137465	2.0	-2.9
第二产业	2786765	2595680	7.4	9.0
其中:工业	2602889	2425739	7.3	9.0
建筑业	183876	169941	8.2	9.5
第三产业	1748293	1524216	14.7	11.9
交通运输、仓储业和邮政业	138060	119223	15.8	—
信息传输、计算机服务和软件业	255923	224101	14.2	—
批发和零售业	360572	313814	14.9	—
住宿和餐饮业	58156	50791	14.5	—
金融业	167978	145941	15.1	—
房地产业	176257	154883	13.8	—
租赁和商务服务业	53062	46302	14.6	—
科学研究、技术服务和地质勘查业	29304	25593	14.5	—
水利、环境和公共设施管理业	40558	34994	15.9	—
居民服务和其他服务业	38605	33424	15.5	—
教育	128894	111693	15.4	—
卫生、社会保障和社会福利业	87919	76852	14.4	—
文化、体育和娱乐业	31192	27290	14.3	—
公共管理和社会组织	181813	159315	14.1	—

农 业

表30 **年末耕地面积** 单位:公顷

名称	上年耕地面积	当年增加耕地	当年减少耕地			年末耕地按所有制分		
			合计	其中:国家征地	乡村基建	合计	集体	自留地
总计	26084	460.6	391.6	98.7	236.2	26153	24005	2148
吕巷镇	3166.6	0.2		0.2	3166.4	2871.6	294.8	—
廊下镇	2426.7	23.2	14.2		14.2	2435.7	2213.9	221.8
张堰镇	1480.4	6.7	21.8	15.8	4.4	1465.3	1426.1	39.2
金山卫镇	2412.2	12.3	91.7		91.7	2332.8	2117.1	215.7
朱泾镇	3479.2	12.3	25.8	10	15.8	3465.7	3117.3	348.4
枫泾镇	4650.3	36.7	72		22.9	4615	4257.6	357.4
亭林镇	3782.8	167	31.3	31.3	3918.5	3606.2	312.3	
金山工业区	1899		73	12.9	57.6	1826	1678.4	147.6
漕泾镇	1741.3	194.7	21.3	0.1	20	1914.7	1761.6	153.1
山阳镇	1038	7.7	40.3	28.6	9.4	1005.4	947.7	57.7
其他	7.5						7.5	—

表31 **农业总产值(现行价)** 单位:万元

项目	2012年	2011年	绝对值	增长(%)
总产值	363667.1	355080.9	8586.2	2.4
一、种植业	196219.4	197999	-1779.6	-0.9
其中:1. 粮食	57342.7	58366.8	-1024.1	-1.8
2. 油菜	1218.1	1580	-361.9	-22.9
3. 蔬菜	80424.4	82550.5	-2126.1	-2.6
4. 水果	27846.1	29803.5	-1957.4	-6.6
5. 西甜瓜	11922	13699.3	-1777.3	-13.0
二、林业产值	5026.2	3629.3	1396.9	38.5
三、牧业产值	106508.3	103376.9	3131.4	3.0
其中:1. 猪	55382.7	56871.4	-1488.7	-2.6
2. 禽	22600.3	20024.4	2575.9	12.9
3. 蛋	7178.7	7301.1	-122.4	-1.7
4. 奶	6497.1	6561.6	-64.5	-1.0
四、渔业产值	49887.2	44425.7	5461.5	12.3
其中:海水	8809.5	5607.8	3201.7	57.1
淡水	41077.8	38817.9	2259.9	5.8
五、其他	6026	5650	376	6.7

面积:市亩
单位:万元
总产:吨

农作物播种面积和产量(一)

表32

名称	全年粮食总计			一、夏粮		
	播种面积	单产	总产	面积	单产	总产
合计	496129.5	442.1	219330.92	226881.31	286.9	65097.68
吕巷	49256.56	431.1	21233.64	24217.52	293.8	7115.75
廊下	32485.01	426.4	13851.88	15931.32	276.4	4402.79
张堰	33832	452.7	15315.60	13630	279.2	3805.00
金卫	52000.26	444.0	23085.73	23524.22	283.0	6658.37
朱泾	63491.69	444.9	28249.65	29788.43	295.6	8805.50
枫泾	100129.86	447.0	44761.54	45586.64	297.2	13546.38
亭林	82228.6	443.4	36460.10	37262.16	289.8	10798.00
工业区	33115.39	439.8	14562.75	14828.99	270.9	4016.97
漕泾	33577.53	431.5	14489.87	14833.53	253.4	3758.93
山阳	16012.6	457.2	7320.17	7278.5	300.9	2189.99

面积:市亩
单位:万元
总产:吨

农作物播种面积和产量(二)

表33

名称	1. 小麦			2. 大麦			3. 蚕豆	
	面积	单产	总产	面积	单产	总产	面积	总产
合计	162294.36	288.2	46770.80	61027.95	287.7	17556.83	3559	770.05
吕巷	20749.52	294.9	6118.94	2672	309.6	827.27	796	169.55
廊下	10715.75	286.0	3064.70	4935.57	255.0	1258.57	280	79.52
张堰	10064	279.6	2813.40	3566	278.1	991.60	0	0
金卫	15675	289.1	4532.20	7335.22	282.4	2071.50	514	54.67
朱泾	25650.07	294.6	7556.40	3129.36	305.7	956.60	1009	292.5
枫泾	28683.99	294.0	8433.09	16152.65	309.0	4991.17	750	122.12
亭林	29552.82	285.0	8423.00	7709.34	308.1	2375.00	0	0
工业区	10645.88	264.9	2820.11	4183.11	286.1	1196.86	0	0
漕泾	5672.83	274.9	1559.36	9160.7	240.1	2199.57	0	0
山阳	4884.5	296.8	1449.60	2184	315.3	688.70	210	51.69

注:蚕豆产量包含农户种植的工业征而未用田的产量。

外经・外贸・内贸

表 38　**1986－2012 年批准外商投资项目统计**　单位:个、万美元

年　　度	项　　目	投资总额	合同外资	注册资本	实际利用外资
1986～1991	23	3442	1142	2621	867
1992	100	12229	5714	9490	4513
1993	150	25570	14694	19154	11166
1994	96	19410	12035	12857	8123
1995	63	16840	12829	11757	9056
1996	42	20098	10036	12394	7436
1997	36	5685	4235	3875	2775
1998	29	16642	92177	8914	5658
1999	42	11634	11098	8654	8334
2000	43	18529	11868	8900	8202
2001	48	11363	7419	8048	6010
2002	70	27890	16026	15617	13692
2003	73	28725	20124	22431	18875
2004	84	46509	22323	26514	22323
2005	51	48460	30332	31474	30332
2006	82	80006	38679	44621	38679
2007	64	77628	43800	49215	43800
2008	65	54183	30294	33593	30294
2009	79	27593	12508	15488	14600
2010	108	57982	26481	30681	13161
2011	104	67481	31384	34793	15440
2012	106	84771	35212	37889	19201

表 39　**主要商品零售量**

商　品　名　称	计　量　单　位	数　　量
粮食	百公斤	2361
食用植物油	百公斤	29683
食盐	百公斤	7425

续表 39

商品名称	计量单位	数量
食糖	百公斤	6385
卷烟	条	1263381
酒	百公斤	17213
布	百米	3617
其中:棉布	百米	2135
各种服装	百件	56718
其中:针织内衣裤	百件	13126
羊毛衫	百件	1833
鞋	百双	3498
其中:皮鞋	百双	2161
自行车	辆	2015
彩色电视机	台	11936
其中:25 寸及以上电视机	台	10109
电脑	台	26107
录音机	台	2711
其中:组合音响	台	932
电冰箱	台	4107
其中:家用冰柜	台	251
洗衣机	台	3958
其中:全自动洗衣机	台	2317
电风扇	台	7220
影碟机	架	1725
家用空调机	架	5914
脱排油烟机	架	4429
热水淋浴器	架	4531
微波炉	架	3328
冷(冰)热水机	台	1805
电话机	只	19207
移动电话	只	26731
钢琴	架	117
传真机	台	1683
照相机	架	3824

城乡建设·环境保护

表 40

固定资产投资一览表

指标名称	计量单位	2012 年	2011 年	2012 年比 2011 年增长(%)
一、本年完成数	万元	1603742	1442091	11.2
1. 全民基建	万元	159126	115052	38.3
2. 商品房	万元	306184	256625	19.3
3. 乡镇项目	万元	1138432	1070414	6.4
二、生产性投入	万元	1016818	921774	10.3
其中:工业性投资	万元	1004972	901937	11.4
三、非生产性投入	万元	586924	520317	12.8
其中:住宅	万元	306184	256625	19.3
四、本年新增固定资产	万元	994320	940675	5.7
五、住宅竣工面积	万平方米	776079	795821	-2.5

表 41

建筑业生产完成情况(一)

指标名称	建筑企业个数	签订合同金额(万元)	其中:本年新签(万元)	建筑业总产值(万元)	其中:直接从建设单位外承揽(万元)	在外省市完成产值(万元)	房屋建筑施工面积(平方米)	房屋建筑竣工面积(平方米)	企业总产值(万元)
合　计	121	1378231	824183	904193	124784	259459	2615132	952031	1046562
按登记注册类型分组									
国有企业	3	84304	84150	78521	19745	24561	426514	201485	84560
集体企业	2	13524	13524	13524	8014	5600	62144	36944	21460
联营企业	1	8945	8945	8945	8945	—	8400	8400	12365
股份有限公司	14	162101	94718	124870	38955	34856	143211	89465	145698
私营企业	101	1109357	622846	678333	49125	194442	1974863	615737	782479
按国民经济行业分组									
房屋和土木工程建筑业	68	961301	719530	576494	50847	171494	2294389	683522	686235
建筑安装业	36	296410	42561	224514	52122	87965	84155	78965	236814
建筑装饰业	8	54623	23145	54211	12365	—	—	—	68547
其他建筑业	9	65897	38947	48974	9450	—	236588	189544	54966
按企业经营范围分组									
施工总/专承包	116	1365891	815584	895518	120569	259459	2609492	946391	1034107
劳务分包	5	12340	8599	8675	4215	—	5640	5640	12455

表 42

建筑业生产完成情况(二)

指标名称	年末自有施工机械设备(总台数)	年末自有施工机械设备(总功率)	年末从业人数	本年应付工资总数(万元)
合　计	5061	113720	27413	90725
按登记注册类型分组				
国有企业	1250	18452	4752	21352
集体企业	254	2100	560	2894
联营企业	21	102	240	1235
股份有限公司	18	116	365	856
私营企业	3518	92950	21496	64388
按国民经济行业分组				
房屋和土木工程建筑业	3323	69312	16365	46304
建筑安装业	1456	42450	10542	42510
建筑装饰业	24	98	352	1231
其他建筑业	256	1860	154	680
按企业经营范围分组				
施工总/专承包	5051	113640	27205	89830
劳务分包	10	80	208	895

表 43

环境保护工作情况

项　目	单　位	2012 年	2011 年	2012 年比 2011 年增长(%)
环境质量				
可吸入颗粒物年日平均值	毫克/立方米	0.054	0.065	-16.92
二氧化硫年日平均值	毫克/立方米	0.021	0.025	-16.00
二氧化氮年日平均值	毫克/立方米	0.036	0.037	-2.70
空气质量优良率	%	97.8	94.0	4.04
污染控制				
工业废水排放总量	万吨	3955.77	1965.84	101.23
工业 COD 排放量	吨	1470.12	1507.54	-2.48
工业氨氮排放量	吨	113.71	139.88	-18.71
工业二氧化硫排放量	吨	8664.42	9097.35	-4.76
工业氮氧化物排放量	吨	3558.22	3423.05	3.95
工业固体废物综合利用率	%	98.24	91.13	7.80

续表43

项 目	单 位	2012年	2011年	2012年比2011年增长(%)
环境建设与管理				
环境保护投资指数	%	4.2	3.88	8.25
建设项目环评审批数	个	1186	1213	-2.23
建设项目环保竣工验收数	个	90	53	69.81
排污费开征数	户	439	470	-6.60
污染治理设施运行率	%	100	100	0.00
信访处理率	%	100	100	0.00

备注:污染物控制指标不包括上海石化的量。

劳动工资

表44 **从业人员年末人数** 单位:人

项 目	单位数(个)	从业人员	在岗职工	劳务派遣人员	其他从业人员
全区总计	1443	204424	179197	18725	6502
一、国有小计	296	23630	19814	2653	1163
1. 农林	7	185	168	17	—
2. 制造	17	2508	2173	166	169
3. 电力、燃气及水的生产和供应	2	428	428	—	—
4. 建筑业	4	809	731	78	—
5. 交通	2	65	65	—	—
6. 批发	13	789	670	90	29
7. 住宿和餐饮	1	48	48	—	—
8. 房地产	4	185	173	5	7
9. 租赁和商务服务业	11	346	307	6	33
10. 科学研究、技术服务	24	443	329	101	13
11. 水利、环境和公共设施管理业	13	1357	689	635	33
12. 居民服务和其他服务业	1	39	9	25	5
13. 教育	86	7327	6642	290	395
14. 卫生	18	3696	2659	887	150
15. 文体	12	273	233	40	—

续表44

项　　目	单位数（个）	从业人员	在岗职工	劳务派遣人员	其他从业人员
16. 公共管理	80	5110	4468	313	329
17. 信息传输、软件和信息技术服务业	1	22	22	—	—
二、集体小计	100	3666	3004	500	162
1. 农林	4	119	119	—	—
2. 制造	11	718	472	188	58
3. 电力、燃气及水的生产和供应	1	—	—	—	—
4. 建筑业	4	290	275	—	15
5. 交通	—	—	—	—	—
6. 批发	6	61	45	—	16
7. 住宿和餐饮	1	17	17	—	—
8. 房地产	5	244	227	—	17
9. 租赁和商务服务业	5	96	71	19	6
10. 科学研究、技术服务	3	71	63	—	8
11. 水利、环境和公共设施管理业	9	216	201	12	3
12. 居民服务和其他服务业	1	18	18	—	—
13. 教育	—	—	—	—	—
14. 卫生	15	1025	751	241	33
15. 文体	7	129	124	—	5
16. 公共管理	28	662	621	40	1
三、其他小计	511	111680	97462	11314	2904
1. 农林	—	—	—	—	—
2. 制造	404	98067	87317	9247	1503
3. 电力、燃气及水的生产和供应	2	270	192	72	6
4. 建筑业	24	9003	6349	1611	1043
5. 交通	2	226	217	—	9
6. 批发	27	1745	1452	170	123
7. 住宿和餐饮	5	735	543	184	8
8. 房地产	25	504	374	29	101
9. 租赁和商务服务业	13	361	272	1	88
10. 科学研究、技术服务	1	17	5	—	12
11. 水利、环境和公共设施管理业	1	47	47	—	—

续表 44

项　　目	单位数（个）	从业人员	在岗职工	劳务派遣人员	其他从业人员
12. 居民服务和其他服务业	2	588	577	—	11
13. 教育	1	31	31	—	—
14. 卫生	—	—	—	—	—
15. 文体	2	62	62	—	—
16. 公共管理	2	24	24	—	—
四、私营小计	536	65448	58917	4258	2273
1. 农林	—	—	—	—	—
2. 制造	357	46824	44731	1316	777
3. 电力、燃气及水的生产和供应	1	71	60	11	—
4. 建筑业	91	14165	11006	1767	1392
5. 交通	—	—	—	—	—
6. 批发	37	574	540	10	24
7. 住宿和餐饮	26	3281	2060	1150	71
8. 房地产	24	533	520	4	9
9. 租赁和商务服务业	—	—	—	—	—
10. 科学研究、技术服务	—	—	—	—	—
11. 水利、环境和公共设施管理业	—	—	—	—	—
12. 居民服务和其他服务业	—	—	—	—	—
13. 教育	—	—	—	—	—
14. 卫生	—	—	—	—	—
15. 文体	—	—	—	—	—
16. 公共管理	—	—	—	—	—

表 45　**从业人员平均工资**　单位:元/人年

项　　目	全区总计	国　　有	集　　体	私　　营	其　　他
总 平 均	48469	77629	59509	36840	48827
农　　林	66635	65995	67617	—	—
制　　造	45382	46254	54332	38302	48667
电　　力	64375	66055	—	40500	68310
建　　筑	39323	72780	46062	31446	48778
交　　通	33127	94138	—	—	14332

续表45

项　目	全区总计	国　有	集　体	私　营	其　他
批　发	63640	108864	51800	42783	50159
住　宿	37827	32271	22412	36447	44672
房地产	52560	73622	33329	51435	55295
社会服务	49564	51704	55214	—	60387
科　研	74168	71846	98662	—	33882
水利环境	44399	40041	60032	—	96043
教　育	79820	80042	—	—	27806
卫　生	84396	88022	71381	—	—
文　体	61660	51952	73244	—	79774
公共管理	89402	93903	52440	—	150375

人口·计划生育·老年事业

表46　**常住人口情况**　单位:人

地区名	2012年	2011年	同比增长(%)
合　计	761597	758678	0.38
枫泾镇	94124	95585	-1.53
朱泾镇	119628	120296	-0.56
张堰镇	38564	38714	-0.39
亭林镇	90883	89073	2.03
吕巷镇	53763	55416	-2.98
漕泾镇	42741	42091	1.54
山阳镇	90308	87179	3.59
金山卫镇	77172	76200	1.28
廊下镇	33560	33191	1.11
金山工业区	36961	35873	3.03
石化街道	83893	85060	-1.37

表 47

计划生育情况(一)

项 目	计量单位	2012 年	2011 年	2012 年比 2011 年增长(%)
全年出生数(户籍人口)	人	3451	2809	22.9
符合计划生育人数	人	3402	2779	22.4
计划生育率	%	98.58	98.93	-0.4
第一孩人数	人	3152	2613	20.6
占出生人数比例	%	91.34	93.02	-1.8
全年常住流动人口出生数	人	2098	1731	21.2
符合计划生育人数	人	1966	1580	24.4
计划生育率	%	93.71	91.28	2.7
已婚育龄妇女数(户籍人口)	人	98486	102417	-3.8
已采取各种节育措施人数	人	79847	79910	-0.1
领取独生证人数	人	16804	18391	-8.6
独生子女领证率	%	17.06	17.96	-5.0
女性初婚人数(户籍)	人	2678	2636	1.6
其中:23 周岁以上人数	人	2300	2122	8.4
晚婚率	%	85.88	80.5	6.7

表 48

计划生育情况(二)

单 位	户籍人口计划生育率(%)	常住人口计划生育率(%)
朱 泾 镇	99.15	93.62
枫 泾 镇	97.37	96.04
张 堰 镇	99.44	90.91
亭 林 镇	98.00	92.93
吕 巷 镇	96.79	91.18
廊 下 镇	95.21	90.00
金 山 卫 镇	100.00	95.62
金山工业区	99.45	92.93
漕 泾 镇	98.43	95.33
山 阳 镇	99.00	96.65
石 化 街 道	100.00	98.34

表49

老年活动中心(室)情况

单位:个、平方米、人

单位	镇老年活动中心			村(居)老年活动室		
	个数	日均活动人数	面积	个数	日均活动人数	面积
朱泾镇	—	—	—	37	2200	16023
枫泾镇	1	100	128	30	1700	12750
亭林镇	—	—	—	35	3125	14115
工业区				15	850	6300
漕泾镇	1	150	750	21	900	6100
山阳镇	1	170	800	25	900	8008
金山卫镇	—	—	—	31	5600	11431
张堰镇	1	150	550	16	888	7001
廊下镇	1	100	310	21	1500	8633
吕巷镇	—	—	—	23	1900	9830
石化街道	—	—	—	25	1555	6290
合计	5	670	2538	279	21118	106481

表50

养老机构个数与收养人数

单位:个、张、平方米、人

单位	养老机构个数	养老机构床位数	面积	收养人数	日间服务个数	面积	日托人数
朱泾镇	5	591	30209	239	2	1460	60
枫泾镇	2	185	16187	128	2	1000	30
亭林镇	4	484	30356	231	3	1420	88
工业区	1	143	6580	92	1	530	33
漕泾镇	1	120	6636	65	2	530	43
山阳镇	2	364	23230	114	1	597	18
金山卫镇	2	332	15932	151	3	1385	26
张堰镇	2	265	8780	149	2	320	21
廊下镇	1	149	9663	62	2	675	30
吕巷镇	2	170	15673	136	2	1036	60
石化街道	4	412	13725	187	2	450	13
合计	26	3215	176971	1554	22	9403	422

科技・教育・文化・卫生・体育・旅游

表51

科技情况

项　　目	计量单位	2012年	2011年	2012年比2011年增长(%)
一、科技机构人数	人	57	62	-8.06
1.科委、科协	人	23	23	0.00
2.科技馆	人	16	20	-20.00
3.科技服务促进中心	人	18	19	-5.26
二、科技项目	项	139	136	2.21
1.创新基金项目	项	46	47	-2.13
其中:国家级	项	17	21	-19.05
市　级	项	29	26	11.54
2.攻关项目	项	0	1	-100.00
其中:国家级	项	—	0	—
市　级	项	—	1	-100.00
3.高新技术成果转化项目	项	28	28	0.00
4.重点新产品项目	项	5	2	150.00
其中:国家级	项	5	2	—
市　级	项	—	0	—
5.科技产业化项目	项	10	8	25.00
其中:国家级	项	1	2	—
市　级	项	9	6	50.00
6.区科技发展基金(农副医)项目	项	50	50	0.00
三、获得区外支持科技发展资金	万元	6038	4391	37.51
其中:国家级	万元	1200	1596	-24.81
市　级	万元	4838	2795	73.09
四、市科委认定的高新技术企业(累计)	家	192	157	22.29
五、市科技小巨人企业	家	42	35	20.00
其中:科技小巨人企业	家	6	3	100.00
科技小巨人培育企业	家	36	32	12.50
六、申请专利数	件	2245	2428	-7.54
其中:发明专利申请数	件	646	726	-11.02
专利授权数	件	1677	1452	15.50

续表 51

项　　目	计量单位	2012 年	2011 年	2012 年比 2011 年增长(%)
其中:发明专利授权数	件	203	123	65.04
七、农村适用技术培训人次	人次	4300	12109	-64.49

表 52　　**教育事业基本情况**　　单位:人、个

项　　目	学校数	班级数	招生数	在校学生数	毕业生数	教职员工数	
						总人数	其中:教师
总　计	121	2033	20655	74569	18358	7620	5718
一、中学	29	653	6827	23490	6431	2809	2144
高中	7	152	1825	5810	2151	793	620
完中	1	37	385	1346	442	178	149
初中	18	464	4617	16334	3838	1838	1375
其中:教育部门办	26	596	6309	21192	5779	2647	2184
二、小学	31	711	5864	28509	5035	2292	1850
其中:教育部门办	21	617	5195	24633	4215	2029	1643
三、幼儿园	33	472	5952	14975	4855	1416	971
其中:教育部门办	24	401	5314	12971	4431	1153	847
四、特殊学校	1	17	7	161	21	54	42
五、中等职业学校	3	173	2005	7266	2016	552	407
其中:教育部门办	2	173	2005	7266	2016	514	392
六、教师进修学院	1	—	—	—	—	122	105
七、成人教育学校	12	—	—	—	—	126	82
八、其他教育	10					221	117
九、托儿教育	1	7	—	168	—	28	—
其中:教育部门办	—	—	—	—	—	—	—

表 53　　**文化事业情况**

项　　目	计量单位	2012 年	2011 年	2012 年比 2011 年增长(%)
1. 拥有文化站(馆)	个	11	11	平
2. 拥有少年宫	个	1	1	平
3. 拥有博物馆	个	1	1	平

续表 53

项　　目	计量单位	2012 年	2011 年	2012 年比 2011 年增长(%)
4. 拥有电影剧场(礼堂)	个	7	7	平
5. 拥有图书馆(室)	个	12	12	平
6. 拥有电影放映队	个	13	13	平
7. 电影放映场次	场	23158	39292	-41.1
8. 电影观众人次	万人次	198	159	24.5
9. 图书馆藏书数	万册	35	33	6.1
10. 全年读书人数	万人次	11	10	10.0
11. 全年书刊发行总数	万册	475	452	5.1
12. 拥有营业性舞厅	家	19	19	平
13. 拥有营业性卡拉 OK	家	81	70	15.7

表 54　**卫生事业情况(一)**

名称(项目)	机构数(个)	实有床位数(张)	人员总数(个)	卫技人员(个)
2012 年总计	67	3926	5485	4368
2011 年总计	67	3820	5388	4359
一、市属医院:公共卫生中心	1	367	785	483
二、区属医院	6	—	3124	2714
金山医院	1	700	1248	1125
中心医院	1	636	884	767
枫泾分院	1	208	273	238
亭林医院	1	220	343	304
众仁护理院	1	688	212	186
精神卫生中心	1	400	164	94
三、卫生系统站所	6	—	267	156
四、卫生服务中心	14	557	1102	892
五、民办医疗机构	6	150	124	75
六、卫生学校	1	—	38	3
七、私立诊所	33	—	45	45

表55

卫生事业情况(二)

小　计	卫生技术人员	
	执业(助理)医师	注册护士
2012年总计	1511	1969
2011年总计	1514	1941
一、市属医院:公共卫生中心	122	223
二、区属医院	900	1405
金山医院	368	578
中心医院	255	418
枫泾分院	86	110
亭林医院	120	142
众仁护理院	46	99
精神卫生中心	25	58
三、卫生系统站所	87	19
四、卫生服务中心	381	291
五、民办医院	21	31
六、卫生学校	—	—
七、私立诊所	45	—

表56

卫生事业情况(三)

小　计	卫生技术人员				其他技术人员
	药师	检验技师	影像技师	其他	
2012年总计	284	198	61	248	316
2011年总计	277	210	63	255	330
一、市属医院:公共卫生中心	40	31	7	60	177
二、区属医院	146	101	40	122	83
金山医院	56	41	20	62	21
中心医院	41	25	11	17	33
中西医结合医院	20	11	4	7	22
亭林医院	17	15	4	6	7
众仁护理院	9	7	1	24	—
精神卫生中心	3	2	—	6	—
三、卫生系统站所	1	19	2	16	4

续表 56

小　计	卫生技术人员				其他技术人员
	药师	检验技师	影像技师	其他	
四、卫生服务中心	92	47	12	50	52
五、民办医院	5	—	—	—	—
六、卫生学校	—	—	—	—	—
七、私立诊所	—	—	—	—	—

表 57

体育事业情况

项　目	计量单位	2012 年	2011 年	2012 年比 2011 年增长(%)
一、体育场所(累计)				
1. 田径场	块	8	8	平
2. 小运动场	块	49	49	平
3. 足球场	块	17	17	平
4. 篮球场	块	517	517	平
5. 游泳池	个	7	6	17
6. 乒乓房	所	5	5	平
7. 网球场	块	24	24	平
8. 门球场	场	17	16	6.3
9. 溜冰场	场	20	20	平
10. 排球场	块	9	9	平
11. 全民健身点	个	250	249	0.4
12. 全民健身苑	个	10	10	平
13. 高尔夫球场	块	1	1	平
14. 轮滑球馆	座	1	1	平
15. 速滑场	块	1	1	平
16. 羽毛球	块	2	2	平
17. 百姓健身步道	条	6	3	100
18. 百姓健身房	个	5	2	150
二、参加市级运动成绩(当年)				
获金牌数	枚	32	27	18.5
获银牌数	枚	32	30	6.7
获铜牌数	枚	18	21	14.3
三、参加全国运动成绩(当年)				

续表 57

项　　目	计量单位	2012 年	2011 年	2012 年比 2011 年增长(%)
获金牌数	枚	2	-100	—
获银牌数	枚	4	2	100
获铜牌数	枚	1	-100	—
四、参加亚洲比赛(当年)				
获银牌数	枚	—	—	—
获铜牌数	枚	—	—	—
五、区举办运动会次数(当年)	次	—	—	—
参加运动会人次	次	—	—	—
六、区举办单项比赛次数(当年)	次	18	31	261.3
参加人次	次	17024	13000	1401
其中:1. 青少年	次	18	16	12.5
参加人次	次	17024	10000	70.2
2. 群众性	次	94	15	526.7
参加人次	次	178100	3000	5836.7
七、举办全民健身活动(当年)	次	426	315	35.2
参加健身活动人次	次	250000	200000	25
八、当年达到等级运动员人数(当年)				
运动健将	人	—	—	—
一　级	人	—	—	—
二　级	人	11	23	52.2
九、当年达到等级裁判员人数(当年)				
一　级	人	—	3	-100
二　级	人	23	40	42.5
三　级	人	30	168	82.1
十、承办各类大型赛事(当年)				
其中:市　级	次	8	—	100
国家级	次	—	2	-100
洲　级	次	2	2	平
十一、社会体育指导员(累计)				
国家级	人	7	7	平

续表 57

项　　目	计量单位	2012 年	2011 年	2012 年比 2011 年增长(%)
一　级	人	19	21	-9.5
二　级	人	130	196	-33.7
三　级	人	1023	955	7.1
十二、体质检测站(累计)	座	3	3	平
十三、体育产业彩票销售(当年)	合计(万元)	4454	3235	37.7
电脑销售	万元	3784	2322	63
即开型销售	万元	670	912	-26.5

表 58　**旅游情况**

项　　目	计量单位	2012 年	同比增长(%)
一、旅行社	家	44	10.0
接待人次	万人次	36.57	14.7
营业收入	亿元	8.59	89.6
二、旅游饭店			
1. 其中:三星级	家	5	25.0
二星级	家	7	-12.5
2. 客房数	间	2254	8.6
3. 接待人次	万人次	26.6	-2.4
其中:国际	万人次	1.03	12.0
国内	万人次	25.57	-2.9
4. 客房出租率	%	45.43	-0.6
5. 营业收入	亿元	3.44	-37.9
三、旅游景区			
接待人次	万人次	464.21	25.8
营业收入	亿元	0.17	6.3

财　政

表59 **财政收入情况** 单位:万元

项　　目	2012年	2011年	2012年比2011年增长(%)
财政收入合计	2045253	2170700	-5.8
其中:中央级	1365156	1450609	-5.9
市　级	233234	250010	-6.7
区　级	446863	470081	-4.9
在合计中:			
1. 税收收入	2002256	2128638	-5.9
(1)增值税	828563	819073	1.2
(2)消费税	504939	527733	-4.3
(3)营业税	153798	191643	-19.7
(4)企业所得税	290003	312851	-7.3
其中:内资企业所得税	224428	218536	2.7
外资企业所得税	65575	94315	-30.5
(5)个人所得税	79717	111580	-28.6
(6)城建税	59928	74212	-19.2
(7)房产税	6954	6128	13.5
(8)印花税	12983	11477	13.1
(9)耕地占用税	9772	14214	-31.2
(10)契税	21933	33644	-34.8
(11)其他各税	33665	26083	29.1
2. 政策性退库	—	—	—
3. 排污费收入	1052	1096	-4.1
4. 水资源费收入	85	109	-22.7
5. 行政性收费	18835	26048	-27.7
6. 罚没收入	5591	8761	-36.2
7. 国有资源(资产)有偿使用收入	8463	2616	223.5
8. 其他收入	8972	3433	161.4

表 60　　　　**财政支出情况**　　　　单位:万元

项　　目	2012 年	2011 年	2012 年比 2011 年增长(%)
一、一般公共服务	81037	79691	1.7
二、外交	—	—	—
三、国防	70	52	34.2
四、公共安全	61961	57646	7.5
五、教育	180985	151665	19.3
六、科学技术	47231	42896	10.1
七、文化体育与传媒	13417	28161	-52.4
八、社会保障和就业	133924	105732	26.7
九、医疗卫生	58834	57720	1.9
十、节能环保	37174	12814	190.1
十一、城乡社区事务	214293	130605	64.1
十二、农林水事务	82580	73956	11.7
十三、交通运输	19420	16982	14.4
十四、资源勘探电力信息等事务	104903	124542	-15.8
十五、商业服务业等事务	1245	2339	-46.8
十六、国土资源气象等事务	19208	19183	0.1
十七、住房保障支出	11657	9240	26.2
十八、粮油物资储备事务	2318	1557	48.9
十九、其他支出	7619	8370	-9.0
财政总支出	1077875	923150	16.8
二十、政府性基金支出	192007	246793	-22.2

私营企业

表 61　　　　**私营企业情况统计表**　　　　单位:户、人、万元

行业分类	期末实有								
	合计					其中:城镇			
	户数(户)	其中:分支机构	投资者人数(人)	雇工人数(人)	注册资本(出资金额)	户数(户)	投资者人数(人)	雇工人数(人)	注册资本(出资金额)
合　计	108237	1543	200106	492810	13203525	20977	39002	111133	2446946
农、林、牧、渔业	103	3	187	828	11130	6	15	18	880
采矿业	0	0	0	0	0	0	0	0	0
制造业	8466	171	16297	75977	1882558	1432	3089	13325	283514

续表61

行业分类	期末实有								
	合计					其中:城镇			
	户数(户)	其中:分支机构	投资者人数(人)	雇工人数(人)	注册资本(出资金额)	户数(户)	投资者人数(人)	雇工人数(人)	注册资本(出资金额)
电力、燃气及水的生产和供应	14	2	25	26	2200	5	9	10	410
建筑业	6399	215	11844	29285	886786	1277	2553	7039	198758
交通运输、仓储和邮政业	6638	42	12041	29918	645817	513	976	3097	50888
信息传输、计算机服务和软件业	1800	51	3621	9897	178863	510	1055	3226	54016
批发和零售业	52473	566	94144	208572	5220786	9986	17653	47554	956974
住宿和餐饮业	491	51	768	2526	51362	197	272	1343	20729
金融业	16	4	40	141	14560	5	4	89	2300
房地产业	796	67	1400	3969	465228	317	541	1676	196991
租赁和商务服务业	14395	156	27225	60921	1856626	3298	6062	16566	358278
广告业	2654	15	4860	10549	144125	573	1055	2778	29526
科学研究、技术服务和地质勘查业	13816	127	27384	59457	1703957	2820	5543	14124	269899
水利、环境和公共设施管理业	812	15	1694	4438	181078	154	443	1124	30786
居民服务和其他服务业	938	45	1512	3884	46477	241	407	1200	6740
教育	14	1	29	52	1900	3	3	4	300
卫生、社会保障和社会福利业	4	0	6	74	530	3	5	66	500
文化、体育和娱乐业	1062	27	1889	2845	53667	210	372	672	14981
其他	0	0	0	0	0	0	0	0	0

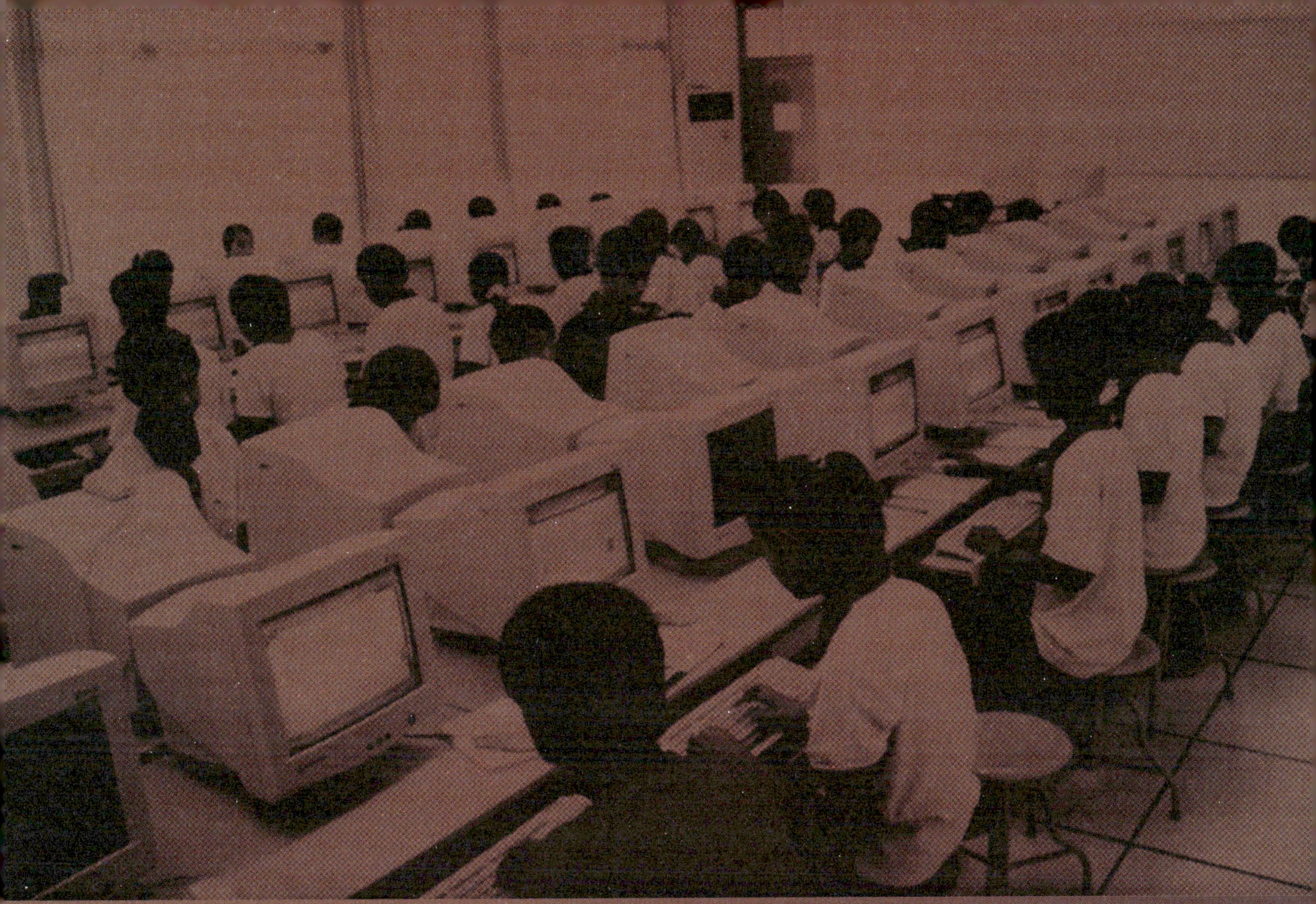

索 引

SUOYIN

2013 JINSHAN ALMANAC

说　明

(1) 本索引主体采取主题分析索引方法，按主题词首字汉语拼音字母顺序排列。
(2) 栏目标题用粗体字表明；表格标题页码后注“表”字，图片说明标“图”字，图文结合标“附图”。
(3) 索引词后的数字表示内容所在页码，a表示该页左栏、b表示中栏、c表示右栏。
(4) 为便于读者检索，上海、金山的企事业单位和在金山发生的事件名称前的“上海”“金山”“市”“区”除易产生歧义者外均予省略；内容有交叉的，将重复出现。
(5) 随文图片、附表索引按页次顺序排列。

A

B

C

D

E

F

G

H

J

M

N

P

Q

R

S

T

W

X

Z

随文图片索引

附表索引

编 后 记

《金山年鉴（2013）》是金山第23部综合年鉴。鉴于2012年金山经济和社会发展变化情况，相应调整年鉴部分分目。“中共上海市金山区委员会”栏目下“社会工作党委工作”分目改为“‘两新’组织党建和社区建设管理”；“农业”栏目下撤销“农业科技”“农业信息化”“农产品质量安全监管”分目，增设“农业执法”分目；“金融·保险”栏目下“中国光大银行上海金山支行”分目改为“中国光大银行股份有限公司上海金山支行”，“中国邮政储蓄银行有限责任公司上海金山区支行”分目改为“中国邮政储蓄银行股份有限公司上海金山区支行”；“商贸”栏目下撤销“国内贸易”“对外及港澳台经济贸易”分目，增设“综述”分目；“城乡建设和交通管理”栏目下“建筑业管理”分目改为“建筑建材业管理”；“民主党派和工商联地方组织”栏目下“九三学社金山区委员会”分目改为“九三学社上海市金山区委员会”；“民政”栏目下增设“基层政权和社区建设”分目。

2013年2月21日，区档案局印发“关于做好《金山年鉴（2013）》组撰稿工作的通知”，部署《金山年鉴（2013）》编纂工作，并组织各参编单位“金山数字方志平台”年鉴在线编纂系统使用业务培训，年鉴编纂实现系统内无纸化流转和总纂合成。10月下旬完成送审稿制作后分送《金山年鉴》编纂委员会、区保密局和上海市地方志办公室、方志出版社审定。11月落实各方审稿意见后送印刷厂制版付印。12月，年鉴将正式出版发行。

《金山年鉴（2013）》编辑出版得到区委、区人大、区政府、区政协、市地方志办公室和各单位、部门领导大力支持及编写人员的通力协作。谨此致谢。

《金山年鉴》编辑部

2013年11月

金山区 国有资产监督管理委员会

地址：金山区石化卫二路429号1号楼
电话：021-57959288
传真：021-57953368
邮编：200540

市国资委职能科室领导来金指导工作

区重点区域重点工作系列专题会之国资国企改革发展专题会

区属企业主要负责人季度工作会议

上海市金山区国有资产监督管理委员会依照《中华人民共和国企业国有资产法》《中华人民共和国公司法》等法律和行政法规，积极履行出资人职责，指导推进国有、集体企事业改革和重组，对所监管国有、集体资产的保值增值进行监督，对国有、集体资产进行管理。

上海金滨海文旅投资控股集团揭牌仪式现场

金山区质量技术监督局行政受市质量技术监督局垂直管理领导，党组织关系隶属中共金山区委，系正处级国家行政机构。内设6科1室：综合办公室、质量监督管理科、计量科、标准化科、特种设备监察科、执法科、食品科。下设三所：金山区计量质量检测所、金山区特种设备监督检验所、金山区食品生产监督所。此外，还有区质量技术协会、区质量技术协会培训中心。共有干部职工68人，其中局机关34人、检测所20人、特种所14人。

局设区质量工作领导小组办公室、区打击制售假冒伪劣产品领导小组办公室、区农业标准化领导小组办公室、区锅容管特普查领导小组办公室，是主管全区标准化、计量、质量、锅炉压力容器及特种设备安全监察工作，组织贯彻国家标准化法、计量法、产品质量法、食品卫生法和特种设备安全监察条例等相关法律法规的职能部门。

金山区质监局

办公地点：松卫南路 1025 号
咨询电话：021-33694700
传　　真：021-33694700
邮政编码：201508

1. 第一期首席质量官培训班结业典礼
2. 新一届政风行风监督员聘任暨征求意见建议座谈会
3. 局领导下企业检查特种设备安全工作
4. 区领导来局调研
5. 局领导为“京沪藏青少年手拉手质量夏令营”作专题讲座
6. 市局领导到金山区走访调研听取群众路线教育实践活动意见建议
7. 金山区人大常委会来局调研慰问
8. 区质监局组织市民代表察看月饼生产企业

金山区 安全生产监督管理局

JINSHANQUANQUANSHENGCHANJIANDUGUANLIJU

金山区安全生产监督管理局始终坚持“安全第一、预防为主、综合治理”的安全生产方针和以人为本、构建和谐社会的安全发展理念，以“城市运行安全和生产安全保障”为主线，立足当前抓重点，着眼长远建体系，坚持重心下移，关口前移，注重事前、守土有责的工作原则，重拳出击和科学指导相结合，突出重点和统筹兼顾相结合，依法监管和依托科技相结合，突出抓好安全生产责任落实，深化重点行业监管，健全完善综合监管机制，提升安全生产保障能力，为金山创新驱动转型发展和“三个金山”建设提供稳定的安全生产环境。

地址：金山区石化象州路50号

电话：021-57971373

邮编：200540

1. 开展安全生产“大排查、大整治”专项行动
2. 召开金山区城市运行安全和生产安全专题会议
3. 举办危化品从业单位宣贯“两个条例”培训班
4. 金山区安全生产工作会议
5. 举办安监系统法律法规知识竞赛
6. 金山区第二届“安全杯”运动会
7. “安全手牵手，平安进万家”，金山小故事文艺演出

金山田野百花节

育苗基地

精心管理，草莓丰收在望

金山区 农业委员会

NONGYE WEIYUANHUI

地址：金山区龙山路555号
电话：021-57922538
邮编：200540

近年来，金山区围绕“创业金山、宜居金山、和谐金山”的总体发展目标，按照“金山特色、上海代表、全国影响”的工作标准，完善落实强农惠农富农政策，加快转变农业发展方式，不断深化农村改革创新，着力推进品牌农业、休闲农业、生态农业“三个农业”建设，推进“优质稻米、绿色蔬菜、名优瓜果、特种养殖”四大主导产业发展，都市型现代农业发展取得了一定成效。2012年，全区农业总产值达到36.37亿元，同比增长2.4%，农村居民家庭人均年可支配收入达到15760元，同比增长11%。

草莓新品

金山草莓节

农村新风貌

金山分局

上海市工商行政管理局

Shanghaishi GongshangXingzhenGuanliju

地址：上海市金山区石化龙山路555号
邮编：200540
电话：021-57922211
传真：57922711

上海市工商行政管理局金山分局是上海市工商行政管理局主管金山区市场准入、市场监管和行使行政执法职能的直属机构，分局秉承“积极行政、凸现服务工商，依法行政、展现素质工商，从严治政、打造诚信工商”工作理念，以服务“创业金山、宜居金山、和谐金山”建设为己任，积极营造公平有序市场环境，助推金山经济社会又好又快发展。

❶ 检查文具市场
❷ 举办中学生消费安全知识竞赛
❸ 金山区打击传销工作会议
❹ 扎实推进打击侵犯知识产权和制售假冒伪劣商品工作
❺ 检查农贸市场
❻ 深化工商文化建设

金山区环境保护局

地址：金山区临桂路2430号
电话/传真：021-37280320
邮编：200540

金山区环境保护局贯彻执行有关环境保护的法律、法规、规章和方针、政策，编制区域环境保护规划，落实主要污染物排放总量控制目标，负责大气、水体、土壤、噪声、固体废物、化学品、辐射安全以及机动车等污染防治的监督管理。2012年，全面启动区第五轮环保三年行动计划，提升建设项目环境审批质量，深化污染企业环境治理，严厉打击环境违法行为，妥善处置环境污染事件，切实保障群众环境权益，环保各项工作均取得积极进展。

环保投拆电话：**37280330**

多部门联合执法

2012年4月11日，金山卫化工集中区域环境综合整治联席会议

环保审批窗口办事人员接受行风政风监督员检查

2012年6月5日，世界环境日宣传活动

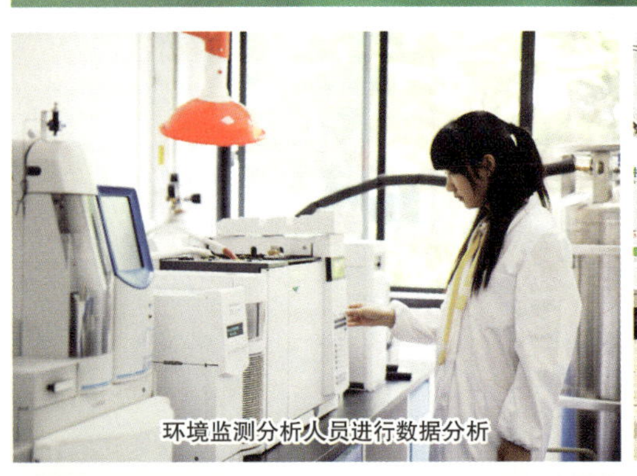
环境监测分析人员进行数据分析

模拟应急演练

企业接受环保执法检查

上海金山园林工程有限公司

SHANGHAIJINSHANYUANLIN GONGCHENYOUXIANGONGSI

上海金山园林工程有限公司2000年即拥有城市园林绿化壹级资质、2007年取得风景园林工程设计专项乙级资质、2012年取得市政公用工程施工总承包三级资质，隶属于上海市金山区绿化和市容管理局管辖的国有控股公司。

公司以绿化设计及工程施工为主，兼营苗木（苗圃用地16公顷）、花卉、草坪和绿地养护、科技研究及开发于一体。

坚持“专业水平、专业水准；质量第一、信誉至上”的服务宗旨，秉承“求实、创新、拼搏、责任”的企业精神，多次被评为全国及市级“守合同、重信用”和“合同信用等级AAA级”企业，企业以“绿色承诺”为主题，不断创造绿化精品工程，在众多承建绿化项目中，有很多被评为上海市及国家级园林工程金银奖。

地址：石化东平路55号　　电话：021-57942700　　邮编：200540

S4高速新城工程

S4高速新城（松卫南路）出入口景观绿化工程位于金山区，面积144974平方米，于2008年1月30日竣工。工程打破原有简单的植物配置设计，大胆地将原有平坦的地形进行改造，挖湖堆山，形成山环水绕之景，再配以丰富的绿化植物装饰，使该工程成为上海高速公路出口中的一个与众不同的特色景观。

闵行区梅陇镇68号地块项目景观绿化工程

闵行区梅陇镇68号地块项目景观绿化工程属居住区绿化，绿化总面积为20000平方米，于2006年9月10日竣工。绿地中乔灌木品种繁多，乔木主要以香樟、广玉兰、湿地松、水杉、榉树等苗木为主，灌木主要以夹竹桃、大叶毛鹃、紫鹃、八角金盘、红帽子月季、桃叶珊瑚、珊瑚、绣线菊等均采用本地苗木为主，地被以鸢尾、葱兰等为主，草坪以矮生百慕大、马蹄筋等为主；园林小品涉及了广场地坪、火烧板地坪、景石等。

枫塘路工程

枫塘路景观绿化带工程位于上海市金山区枫泾镇（泾荷路——泾宾路），于2010年6月30日竣工。该项目呈东西走向，西起泾荷路中心广场，东至泾宾路门户广场，全长800米，宽52米，面积约41600平方米。该项目是以旅游、休闲、娱乐为主的生态景观绿地。兼有城市“绿肺”的功能。

金山教育局

JINSHANJIAOYUJU

地址：金山区金一东路2号
电话：021-57944317
传真：021-57950991
邮编：200540

1. 2013年2月22日，金山区举行“构筑雷锋家园 成就幸福人生”主题教育活动
2. 2012月8月31日，区领导检查新学期开学准备工作
3. 2012年11月30日，教师进修学院校舍迁建工程开工典礼举行
4. 2013年4月7日，金山区教育局与上海中侨职业技术学院签约共建职业教育
5. 2013年4月22日，全国政协民族和宗教委员会“职业教育发展情况”专题组到上海石化工业学校调研
6. 2012年11月28日，金山区政府、华师大、上师大、石化股份公司联合共建签约仪式举行
7. 2012年10月23日，上海市学生肥胖干预现场推广会在金山小学召开
8. 2012年11月28日，上海中侨职业技术学院金山校区奠基仪式举行

2012年，金山教育系统有学校、单位122个，在校学生76295人，在职教职工6566人，其中专任教师5846人，具有高级职称647人，其中特级教师8人、特级校长2人。教职工队伍中具有研究生学历298人，本科学历4563人。

2013年，金山教育工作要继续坚持科学发展观，认真落实国家、市、区教育工作会议精神，坚持以“崇文通理，成就人生”为核心思想，以全面实施素质教育为战略主题，以锤炼队伍、提升内涵为主要任务，全面推进教育改革和发展，全面提高教育教学质量，努力建设“理念领先、体系完整、特色鲜明、办学先进”的教育强区。

金山区卫生局

地址：金山区石化象州路32号
电话：021-57951973
传真：021-57951973

JINSHANQU WEISHENGJU

成立两家卫生监督分所

成立区中西医结合医院

创建慢性病综合防控示范区

2012年，全区有医疗卫生机构161家（不含上海市公共卫生临床中心），基本形成区域医疗中心—社区卫生服务中心—村卫生室的三级医疗卫生服务网络，基本实现“1560”目标（居民15分钟到达一个医疗卫生服务点、60分钟到达三级医院）。其中，三级综合医院1所，二级综合医院2所，专科医疗机构4所，社区卫生服务中心11所，村卫生室127所。居民健康水平持续升高，户籍人口平均期望寿命81.35岁。

廊下万春苑家庭医生工作室揭牌

健康自我管理活动

复旦大学附属金山医院整体迁建并投入使用

上海市金山区住房保障和房屋管理局

ZHUFANGBAOZHANG HEFANGWUGUANLIJU

金山区住房保障和房屋管理局是金山区房屋管理行业的主管单位，负责全区新建住宅交付使用的许可审批、住宅区配套设施建设等行政执法工作，加强住宅建设质量管理；建立和完善全区住房保障体系，贯彻执行住房分配、公有住房出售和出租等政策；负责全区物业行业的行政管理，指导监督业主委员会运作及住宅专项维修资金管理；负责全区居住类房屋修缮和改造的行政管理，推进全区棚户简屋改造项目；负责全区房屋测绘、房屋权属管理、房屋征收与拆迁的管理；指导并监督全区住房建设、房地产市场、物业管理；落实房地产市场政策措施并监督执行，统计分析房地产市场、住房保障和房屋管理等工作，及时向区政府和有关部门报送提供发展动态和信息。

地址：金山区石化二村277号
电话：021-57971362
传真：021-57971352
邮编：200540

1. 2012年8月31日金山区人才公寓入住仪式
2. “走百家门、知百家情、解百家忧”活动
3. 5月21日区领导视察保障房建设工作
4. 7月21日首批共有产权保障房（经济适用住房）摇号排序现场会
5. 8月份防汛防台安全工作大检查

金山区市政工程管理署　邮编：200540
电话：021-57933526　传真：021-57932658

金山区市政工程管理署

金山区市政工程管理署成立于2000年6月，是全区性的市政行业管理机构，受区建交委委托和法律授权，在区域内行使市政工程建设，市政设施行政管理、排水管理、路政管理、行业管理以及养护维修管理等政府管理职能的行政性事业单位，现为市级文明单位。目前，区管市政设施范围东至亭卫南路，南至金涛路，西至卫九南路厂区，北至金山大道。

市政署的主要工作职能是：负责辖区范围内市政道路专业规划和中、长期建设计划的编制；负责对市政建设项目的前期技术储备；负责中心城区道路、桥梁、下水道等市政设施的管理工作；负责市政设施完好状况和安全运行的监督检查；负责市政设施行政审批和批后监管；负责市政工程建设和管理；具体承担涉及市政设施方面的城市防汛、抗台、防冻、抗雪等突发事件抢救、维修的组织协调工作；以及指导全区各镇、各工业区市政行业的管理工作。

署领导在施工现场调研指导

蒙山路改造为民服务受赠锦旗

防汛演练

与民兵哨所共建

改造后的蒙山路

世界环境日宣传

“闲是金山”旅游目的地品牌发布会

第八届吴根越角水乡婚典

2012金山海鲜文化节开幕式

2012金山旅游节开幕式

2012金山旅游青年讲解员大赛决赛

2012金山旅游行业岗位服务技能比赛

上海市金山区旅游局

地址：上海市金山区龙山路555号西15楼
电话：021-57922626
邮编：200540

上海市金山区旅游局是区政府主管全区旅游工作的职能部门。主要承担全区旅游业发展指导、旅游企业管理、旅游活动和旅游产品推介等主要职能。2012年，金山区旅游局推出了“闲是金山”旅游目的地品牌，是上海市首个区域性旅游目的地品牌，该品牌将整个金山区作为一个旅游目的地来推介，旨在倡导繁忙的都市人懂闲、得闲、享闲，时刻保持一份闲适的生活理念。这种从“旅游资源推介”到“人文精神营销”的理念升级，标志着金山旅游营销的重要价值转型，开启了金山旅游发展新篇章。为进一步落实该品牌，区旅游局同时推出了“金周末”七大系列产品，即金篮子乡村游、金沙滩浪漫游、金鱼钩休闲游、金画笔文化游、金木鱼祈福游、金勺子美食游、金枕头度假游。

金山田野百花节

上海市 金山区体育局

SHANGHAISHI JINSHANTIYUJU

地址：上海市金山区卫零路465号金山信息大楼8层
邮编：200540　电话／传真：021-37280508

1. 2012年金山市民元旦迎新体育大联欢活动（陈建国）
2. 2012年世界沙排金山大满贯赛（庄毅）
3. 2012年中超上海申鑫队主场比赛（陈建国）
4. 市第一届市民运动会暨农耕健身运动会（刘倪）

金山区体育局是金山区人民政府主管全区体育工作的职能部门，内设办公室、群众体育科、竞赛训练科（挂青少年体育科牌子）等三个机关科室，下属金山区体育中心、金山区社会体育管理中心二个副处级事业单位。

主要职能是：负责本区体育体制改革，制订区体育发展战略，编制中长期发展规划，并组织实施；组织、指导各部门、各行业开展群众体育活动，组织实施全民健身计划，推动体育社会化；统筹规划区竞技运动项目的布局、建设及业余训练工作；制订体育竞赛计划，管理、指导全区体育竞赛，指导体育科研工作，加强科研攻关和科研成果的推广；开发体育人才资源，制订本区体育人才培训规划，培育区体育人才；研究拟订区体育产业政策，监督检查体育设施的管理和使用，逐步培育和发展区体育市场，规范体育经营活动；负责全区性体育社会团体的资格审查和业务管理工作；组织参加、承办和参与承办重大国际体育竞赛活动；承办市、区政府交办的其他事项。

金山铁路金山园区站

联东U谷产业综合体

中心广场

金山工业区管委会

金山工业区

JINSHANGONGYEQU

地址：金山区金山工业区大道100号
邮编：201506
电话：021-57276999
传真：021-57275473

金山工业区属上海市九大市级工业区之一，规划总面积 58 平方公里，由世界著名的新加坡裕廊顾问私人有限公司进行总体规划。现辖有 9 个行政村和 5 个居委会，户籍人口 26451 人，实有人口 41701 人。

金山工业区始终坚持“市场化运作、公司化经营、专业化管理、个性化服务”的开发理念，加快园区发展。已形成生物医药、新材料、光电、先进装备、食品加工、绿色印刷六大产业基地，显现出高新技术产业集群式发展轮廓，成为了全区经济发展的主战场、主阵地。

金山工业区加快产城联动、产城融合。先后启动了产业新城、上海漕河泾综合保税区金山功能区、农民动迁安置房、职工公寓、人才公寓、标准厂房、香樟生态林带、中运河拓宽整治工程等项目建设，全面提升功能配套，优化投资环境。

诚信铸品牌，实干创未来。未来十年，金山工业区将努力创建成为“国家级经济技术开发区”“全国文明单位”和“全国先进基层党组织”，为实现“创业金山、宜居金山、和谐金山”作出积极贡献。

世界500强英格索兰安防技术（中国）有限公司落户园区

休闲农庄

园区文化活动

产业新城

金山区 供销合作社

地址：金山区金一东路 233 号
电话：021-57955111
邮编：200540

坐落于金山区朱泾镇罗星路 45 号的金山区供销合作社成立于 1951 年 7 月，1989 年正式退出政府序列后，成为一个区属集体企业，其主要职能为：负责社有资产管理和运营、生活生产资料供应、服务“三农”及完成政府委托的重要物资组织储备及管理等业务。

根据区委、区政府及区国资委对国资国企改革发展总体思路，2012 年 4 月，区供销社、区粮油总公司进入了融合发展新阶段，挂两块牌子，共一套班子。目前，区社本部机构设置为“四部二室”，即组织人事部、资产管理部、综合管理部、财务部、监察审计室、办公室。区社所属有 5 个基层社，各类投资企业 25 户，其中：全资企业 12 户，控股企业 4 户，参股企业 9 户。区社党委直属基层支部 14 个，党员 204 名。在册职工 503 人，离退休职工 2848 人，其中离休干部 16 人。

2012 年 7 月，金山区供销合作社被授予全国供销合作系统先进集体称号。

2012年5月，“枫泾丁蹄”创下“中华第一蹄”基尼斯记录。朱培庆先生（朱学范之子）亲自为“枫泾丁蹄”题字。

2012 年 8 月，上海金山第六届蟠桃节举行开卖仪式。金山蟠桃首次走进上海市区各大超市。

2012 年 9 月 22 日，金山优质农产品销售中心梅川路店正式开业。金山优质农产品迈出了“城乡对接”第一步。

全区 327 家便民服务店走进万村千乡和社区。

1

2

ZHANGYAN ZHEN

张堰镇

地址：金山区张堰镇康德路328号
电话：021-57213987　021-57213291
传真：021-57213987
邮编：201514

张堰镇位于金山区中部偏东南，东与金山工业区、山阳镇毗邻，西、北与吕巷镇相连，南与金山卫镇接壤。面积 35.15 平方公里，有耕地 1733 公顷。辖 9 个村民委员会、4 个居民委员会。2012 年镇户籍数 10263 户。新卫、沪金高速公路（S19、S4），松卫南路，漕廊、金石、松金、金张公路和张泾河、山塘河、牛桥河、紫石泾等构成镇域水陆交通网络。张堰文化底蕴深厚，文化名人辈出，镇内有相传秦始皇登山望海的秦山（又名秦望山、秦皇山、秦驻山）及南社纪念馆（即姚光故居）、高天梅故居、白蕉故居、第一楼、石皮弄、百家天主教堂、耶稣教堂、张堰公园等，其中南社是国家 AAA 旅游景区、区爱国主义教育基地、区级文物保护单位。

4

6

7

1. 8月28日，中航电器开工仪式
2. 张堰工业园区
3. 金堰小皇冠黄瓤西瓜
4. “张堰杯”2012上海国际木兰拳邀请赛
5. 10月12日上海伊贝纳纺织品有限公司新厂落成典礼在张堰工业园区隆重举行
6. 11月28日，上海中侨职业技术学院金山校区开工奠基典礼
7. 张堰中学
8. 姚光故居

JINSHAN WEIZHEN

金山卫镇

地址：上海市金山区金山卫镇老卫清路288号
电话：021-57260425
传真：021-57260749
邮编：201515

金山卫镇位于金山区南部，东与山阳镇毗连，西与浙江省平湖市为界，南与上海石油化工股份有限公司相邻，北与张堰、廊下镇接壤。2001年3月，撤销金山卫镇、钱圩镇建制，建立新的金山卫镇。2012年镇域总面积54.93平方公里，耕地2332.78公顷。辖八一、八二、永久、永联、横浦、卫通、农建、金卫、卫城、塔港、横召、星火、八字、张桥等14个村民委员会，东门、南门、西门、北门、金康、钱圩等6个居民委员会。户籍数15610户，人口48612人，登记在册流动人口33185人。

1

2

3

1 金山卫镇纪念中国共产党成立91周年表彰大会

2 易家项目推进会

3 金山卫镇纪检委员会成立

4 情景剧《田山歌韵·金山卫》在大宁剧院演讲

5 金山卫镇暑期少儿书法比赛

6 金山卫镇欢送新兵

7 钱圩小学百年校庆

8 金山卫镇人民政府

7

8

金山区

枫泾镇

地 址：金山区枫泾镇朱枫公路9880号
电 话：021-57351413
邮 编：201501

金山区枫泾镇地处沪浙交界，是上海西南门户，已有1500多年历史，是吴越文化特色鲜明的水乡古镇。枫泾历史文化底蕴深厚，曾出过3名状元、53名进士、125名举人、250多名文化名人。历经岁月更迭，形成了以“三画一棋”和“枫泾四宝”为代表的历史文化品牌和饮食文化品牌。以文化为依托，枫泾旅游成为金山旅游的龙头，枫泾古镇被命名为国家AAAA级景区，中国农民画村被命名为国家AAA级景区，“枫泾寻画”荣膺“新沪上八景”。

作为全国小城镇综合改革发展试点镇、上海市唯一的特色镇和金山“1158”城镇体系的重点发展区域，枫泾坚持特色镇的功能定位和规划布局，围绕建设富有活力、生态宜居的现代化特色镇战略目标，加快推进特色制造、生态宜居、总部商务、休闲旅游、文化教育五大功能区建设，经过若干年的不懈努力，把枫泾建设成为长三角区域综合性节点城镇、上海西南先进制造业基地和现代服务业集聚区、“村强民富、村美人和”的社会主义新农村、金山区重要的经济增长极。

1. 9 月 21 日，第九届“吴根越角”枫泾水乡婚典在致和桥隆重举行
2. 3 月 23 日首届上海市民文化节枫泾“文化服务日”活动现场
3. 8 月 18 日，2013 枫泾镇黄桃节开幕式在长宁区西郊百联购物中心隆重举行
4. 4 月 28 日，枫泾国际商务区的四家合作方——上海临港经济发展（集团）有限公司、金山区人民政府、枫泾镇人民政府、上海市漕河泾新兴技术开发区发展总公司在枫泾镇签订合作协议
5. 5 月 21 日，首届上海市民文化节“金色童年，手绘心田——千名儿童画金山农民画”活动在枫泾小学举行
6. 9 月 2 日，上海枫叶国际学校举行开学典礼，上海枫叶国际学校的首届学生正式入学
7. 9 月 15 日，2013 年枫泾学习节开幕式在枫泾文化广场举行
8. 6 月 13 日，枫帆宣讲团的 5 位宣讲员来到新元村活动室，为党员、村民进行 2013 年枫泾镇建功立业先进事迹宣讲
9. 1 月 1 日，800 名来自全镇各条战线的体育爱好者以长跑的方式迎接新年

地址：上海市金山区吕巷镇朱吕公路6888号
电话：021-57371216
传真：021-57371204
邮编：201517

吕巷镇位于金山区中西部，总面积 59.74 平方公里，有耕地 3186.44 公顷。辖 10 个村民委员会和 2 个居民委员会。朱吕、金张、金石、金廊、朱平公路和新卫高速（S19）公路、松卫南路、金张支线等形成二横六纵区域主要公路网架，干巷社区有新卫高速（S19）公路匝道。辖区有宋代建寿带桥、玉秀桥和“上海市郊银杏之冠”干巷古银杏。“吕巷小白龙”被列为上海市非物质文化遗产。“金山蟠桃”获批国家地理标志保护产品。上海皇母蟠桃种植专业合作社荣获“全国农民专业合作社示范社”称号。和平村被列为第二批全国一村一品示范村。吕巷镇连续五年被评为上海市平安社区，并获得市、区拥军优属模范街道（乡镇）称号。

1

2

1. 区领导走访麦格唐纳利汽车镜像（上海）有限公司
2. 吕巷镇召开加快推进“三个吕巷”建设建功立业主题实践活动动员会
3. 2012年6月的《党政论坛》对吕巷镇民警兼任村官作专题报道
4. 上海市金山区龙狮协会成立
5. 吕巷小白龙被列为上海市非物质文化遗产
6. 金山蟠桃获批国家地理标志保护产品
7. 蓝滨三期中的一期项目全面投入生产
8. 蟠桃休闲广场

探索辖区民警任“村官” 创新社会管理新路径

优秀民警村官受表彰

近年来，吕巷镇党委把社会管理摆到工作全局的高度来部署推进，努力在破解社会管理中的一些难点重点问题上取得新突破。2010年起推行了辖区民警兼任村（居）干部工作，着力加强农村管理服务，着力整合基层工作力量。活动开展两年来，得到了辖区群众和社会各界的广泛关注和好评。2011年5月《解放日报》报道了这一基层社会管理的制度创新和实践的举措。2011年7月，上海市公安局领导充分肯定民警兼任村（居）干部工作，并作重要批示。社会管理创新工作开展以来，各类案件发案率明显下降，群众安全感和满意度明显提高。

一、顺应吕巷经济和社会的变革，积极探索社会管理新思路

随着吕巷经济社会不断发展，全镇社会结构发生深刻变动，利益格局有了重大调整，思想观念也产生了较大变化。所处时代、面临的客观条件发生了变化，也要求社会管理必须与时俱进。镇党委在调研中发现，辖区民警兼任村（居）干部工作是加强村级社会管理的有效途径，一是有利于形成“网格化”管理，能夯实社会管理基础。二是能够“联动式”共建，凝聚管理合力。三是较易实现“规范化”推广，有利于保证社会管理任务落到实处。在大量调研的基础上，镇党委先行先试，2010年起选择了三个村试点辖区民警兼任村（居）干部工作，2011年4月在全镇范围内全面推行。现共有12名民警分别担任12个村（居）的党总支部副书记（村主任助理），两年来已初步形成了民警村官“工作在单位、活动在村（居）、奉献双岗位”的工作新机制。

区领导到村指导工作

二、体制机制创新，构建时代需求的社会管理新格局

为切实做好辖区民警兼任村（居）干部工作，镇党委认真找准基点，把握节点，推出了一系列较有成效的做法。一是统一思想，在区政法委、区委组织部指导下，统一了镇综治办、村党总支和派出所等相关单位领导思想，为全面推行辖区民警兼任村（居）干部工作打下了良好的思想基础。二是顶层策划，镇党委制定并下发了《吕巷镇关于辖区派出所民警兼任村（居）干部的实施意见》文件。三是强力推动，完善分工协调机制和激励约束机制，形成“一级抓一级，层层抓落实”的良好局面。四是整体联动，把搭建社会管理平台作为首要环节来部署，在整合资源上做加法，明确了镇党委、派出所、村、民警在社会管理中的地位和作用，建立“全面覆盖到位、多元调处互补”的网络体系，实现了村级组织在镇党委指导下综治和服务功能的协同联动。

公安局领导来镇指导工作

三、突出工作重点，解决社会管理中出现的新问题

推进社会管理创新，进一步完善社会管理体系，重点是抓住源头性、基础性问题加以解决。对此，镇党委主要是抓住基层工作重点和难点进行切入。

一是坚持以“加强和创新社会综合管理工作”为出发点和归宿，形成

3

上海市金山区龙狮协会
成立大会
上海市金山区龙狮协会
SHANG HAI SHI JIN SHAN QU LONG SHI XIE HUI
4
上海市非物质文化遗产
吕巷小白龙
上海市人民政府公布
上海市文化广播影视管理局颁发
2011年7月
5
国家地理标志保护产品
金山蟠桃
国家质量监督检验检疫总局
二〇一一年十二月
6
LANPEC
中国机械工业集团有限公司
7
8

金山区
漕泾镇

JINSHANQU CAOJINZHEN

①

漕泾镇位于金山区东部，东与上海化学工业区接壤，西与上海金山工业区和山阳镇交界，南濒杭州湾，北接奉贤区柘林镇。镇域面积 56.92 平方公里，有耕地 1927.19 公顷。辖增丰、东海、沙积、海渔、海涯、营房、护塘、金光、水库、蒋庄、阮巷 11 个村民委员会和花园、建龙、绿地 3 个居民委员会。2012 年镇户籍数 10236 户，人口 31311 人，登记在册流动人口 14950 人。铁路金山支线、浦东铁路，沪金（S4）、沈海（G15）高速公路，漕廊、亭卫、浦卫、沪杭、朱漕公路和龙泉港、东海港、新东海港等 138 条区、镇、村级河道构成镇域主要水陆交通网络。境内有古岗身遗址、济渡桥等古迹和漕泾烈士陵园、漕泾休闲水庄。镇人民政府驻漕廊公路 398 号。

②

地址：金山区漕泾镇漕廊公路 398 号
电话：021-57251476
传真：021-57251877
邮编：201507

❶ 5月15日，落户漕泾区域的上海化学工业区金山分区工业项目集中开工仪式
❷ 8月11日，市领导到镇指导“海葵”台风灾后工作
❸ 10月，漕泾敬老院综合改造工程竣工
❹ 9月19日，镇企业服务中心揭牌
❺ 漕泾规划展示厅
❻ 6月8日，“多利升”西瓜评品暨书画摄影邀请赛开幕
❼ 9月10日下午，“展魅力、秀自信——2012年‘普多杯’漕泾之星才艺大赛决赛”
❽ 10月31日，“廉政文化书画展”开展
❾ 海涯新苑

4

5

6

7
8

9

朱泾镇地处沪、浙交界处，是上海市浦南重镇。全镇镇域面积77.11平方公里，下辖16个居委会，11个村民委员会，常住人口12万人，流动人口3万多人。

朱泾工业园区于2006年被批准为市级工业园区，是金山三大市级工业园区之一。朱泾农业成功打造“珠丰”品牌系列优势农产品，“蜜天下”甜瓜连续三年获得上海市甜瓜评比金奖。以东林文化旅游为核心的的朱泾旅游业，形成吃、住、行、游、购、娱的布局。朱泾是“1158”规划中的新市镇，2011年上海市郊区唯一一个棚户简屋改造试点镇。投资2.3个亿的朱泾体育中心建成后拥有四场四馆。

1. 2012年中国·朱泾花灯节开幕演出在紫金广场举行
2. 2012年朱泾镇红菱居委会换届选举大会
3. 2012年朱泾镇民主村村民委员会换届选举大会
4. 2011年金山区西甜瓜节开幕式在紫金广场举行
5. 2012年朱泾镇东林寺荣膺AAAA景区揭牌仪式现场
6. 2012年朱泾镇新长征突击手与劳动模范座谈会
7. 2012年朱泾镇五福广场开工奠基仪式
8. 2012年朱泾镇花灯节表演在东林寺广场举行

地址：金山区朱泾镇人民路310号
电话：021-57317464
传真：021-57317464
邮编：201500

地址：金山区亭林镇华亭路 25 号
电话：021-57239868
传真：021-67230985
邮编：201505

亭林镇

亭林镇位于金山区东北部，东隔龙泉港与奉贤区庄行镇相望，西与朱泾、吕巷接壤，南连金山工业区并与张堰镇毗邻，北与松江区叶榭镇相连。总面积 79.12 平方公里，有耕地 3918.5 公顷。辖村民委员会 15 个、居民委员会 6 个。2012 年户籍数 18274 户，人口 90900 人。镇人民政府驻华亭路 25 号。

全镇国内生产总值近 36.6 亿元，比上年增 11.58%；税收 11.99 亿元，比上年增 22.80%；固定资产投资额近 13.22 亿元，比上年增 4.7%。

1. 松隐禅寺
2. 12月18日 亭林镇扶贫帮困专项资金捐赠仪式
3. 轨交22号线亭林站
4. 4月18日 2012年亭林镇文化科技卫生“三下乡”活动启动仪式
5. 5月9日 上海肯特工业园启用庆典仪式
6. 11月3日 上海市民运动会腰鼓大赛
7. 12月30日 奥康国际（上海）华东销售中心奠基仪式

金山区 山阳镇

JINSHANQU SHANYANGZHEN

地址：金山区山阳镇龙皓路28号
电话：021-57241011　021-57241096

山阳镇位于上海市南翼，地处杭州湾畔，是金山区委、区政府所在地，也是金山新城重点开发区域，区位优势十分明显。全镇面积42平方公里，辖10个村、16个居委会（含5个居委会筹建组），常住人口10.34万人，户籍人口4.21万人。

山阳镇交通便捷，基础设施完善。G15、S4高速公路，亭卫公路、松卫南路、金山大道等主干道穿境而过，金山铁路终点站金山卫站坐落镇内。域内复旦大学附属医院金山分院、金山体育中心、百联金山购物中心、阿什福德城堡大酒店、海欧大厦、卫清路金融一条街等生活配套设施齐全。

山阳镇经济强劲，增长态势明显。2012年，全镇实现地区生产总值36.6亿元，同比增长13.1%。工业总产值116.9亿元，增长16.8%。税收收入11.95亿元，增长15.0%。镇级财政收入4.02亿元，增长2.2%。农村居民家庭人均可支配收入16592.0元，增长12.9%，增幅位居全区第一。

近年来，山阳先后获"中国民间文化艺术之乡""全国文明镇""上海市平安社区"等荣誉称号，2012年成功巩固"国家卫生镇"创建成果。

1. 金山新城区
2. 村庄改造后的渔村面貌
3. 金石湾功能区
4. 农民安置小区
5. 金山铁路金山卫站
6. 新城生态
7. 龙舟赛
8. 正育菜场
9. 山阳图书馆
10. 山阳田园凤梨

石化街道办事处

上海市第一届市民运动会金山区"石化街道杯"中国盘鹰大赛

石化街道位于金山区东南部，总面积 19.13 平方公里。有居民委员会 25 个、居民小区 46 个，户籍数 34677 户，户籍人口 5.96 万人。区域内有城市沙滩（国家 AAAA 级旅游景区）等人文景观和国有特大型企业——中国石化上海石油化工股份有限公司。

2011–2012 年辖区 37 个小区被评为区级文明小区，其中 21 个小区又被评定为市级文明小区。2012 年，成功创建成为上海市文明社区、上海市平安示范社区、上海市民族团结进步模范社区，再度跻身全国文明单位行列。

① 石化地区城市综合管理"大联动"工作启动仪式
② 石化社区"全国文明单位"揭牌仪式
③ 2012 石化社区文化艺术节开幕式
④ 石化社区（街道）纪念中国共产党成立 91 同年庆祝大会暨 2010–2012 年创先争优专项表彰大会

地址：金山区人民政府石化街道办事处
电话：021–57943673
邮编：200540

中国工商银行金山支行

中国工商银行上海市金山支行是金山区资产规模最大的银行。2012年支行本外币各项存款余额111.98亿元，各项贷款余额147.07亿元，总资产达到157亿元。多年来，支行依托工商银行资金实力最雄厚、金融科技最先进、业务产品最丰富、金融服务最便捷的优势，在支持金山区经济建设、社会进步和各类企业的发展和个人金融服务等方面发挥了银行领军者的作用。支行12个营业网点和24小时自助银行、自助机具设备覆盖全区主要经济区域和重点街道、乡镇及高速道口。个人贷款与中小微企业融资、私人银行、电子银行、贵金属业务、公私理财、分期付款等业务富有特色。作为金山区最大的银行，工行金山支行致力于打造“同业领军、系统最优、世界一流”银行的同时，竭诚为社会各界、新老客户提供最为贴心、快捷、安全的金融服务。

枫泾支行迁址开业仪式

参加分行第五届员工运动会入场队列展示比赛获团体第二名

与区工商业联会联手举办
“拓宽小微企业融资新渠道”座谈会

支行领导在区深化银企合作工作推进会上发言

设摊宣传

▲ 金山支行本部 2012 年 9 月 28 日乔迁揭牌仪式。

◀ 中国农业银行上海市分行与金山区人民政府签署战略合作协议。

中国农业银行上海金山支行

2012 年 10 月 18 日，中国农业银行上海金山支行本部正式入驻金山区蒙源路 99 号新址，自此，金山支行正式入驻金山新城，增强了金山新城的金融集聚力量。

至 2012 年底，中国农业银行上海金山支行（下称支行）本外币各项存款余额为 209.15 亿元；其中，本位币个人存款余额为 113.17 亿元，人民币对公存款余额为 95.97 亿元。本外币各项贷款余额 105.43 亿元，其中，个人贷款余额为 14.79 亿元，对公贷款余额为 86.84 亿元。不良资产占比为 0.18%，实现不良资产“双降”的良好局面。

2012 年，金山支行在竞争日趋激烈的背景下，坚定信心，坚持深化转型理念、创新工作方法，不断优化业务结构、提高服务水平、拓宽收入渠道，各项收入水平稳步提高，全年拨备后利润首次突破 5 亿元大关。年内，全行紧紧抓住区财政单一账户改革这一难得机遇，周密部署，积极行动，深入研究分析改革落实需求，全力为区财政单一账户改革作出积极贡献，顺利完成 124 家区机关事业单位账户改革并投产。年内，农行金山支行再次被上海市人民政府评为“2011-2012 年度上海市文明单位”，已连续六届获得这一殊荣。

金山支行开展金融服务“三进”活动。

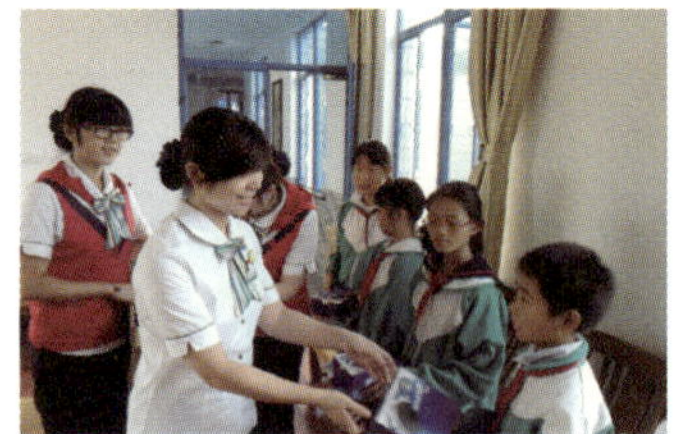

金山支行在 2012 年国庆节、中秋节来临之际组织慰问农民工子女。

金山支行组织青年与共建单位朱泾镇钟楼新村居委会开展“迎七一、展风采”爱心义拍共建活动。

金山支行代表队在农行上海市分行 2012 年 6 月 8 日举办的第七届职工业务技术擂台赛中荣获团体总分第四名的佳绩。其中队员江汇华（左四）夺得中年组单指单张擂主、蒋玲梅（左五）获得青年组单指单张第三。▶

地址：上海市金山区蒙源路 99 号
电话：021-57321258 021-57334913
邮编：200540

中国建设银行股份有限公司

上海金山石化支行

地址：金山区石化卫清西路388号　电话：021-57933333　邮编：200540

中国建设银行股份有限公司上海金山石化支行（下称支行）始终坚持“创新服务，支持金山，合作共赢”的战略，扬建设银行之长，发挥基建领域传统优势，更好服务于“1158”城镇体系建设，积极探索“新农村建设”新融资模式，大力推广中小企业“助保金”和“信用贷”金融产品业务，始终坚持“以客户为中心”服务与经营理念，真抓实干，锐意进取，各项经营管理工作取得良好成效。

1. 2012年8月建行上海市分行和金山区政府签署“战略合作协议”
2. 支行大楼
3. 支行与金山工业区管理委员会签订助保金协议
4. 支行房师新行长出席金山卫镇签约仪式
5. 支行新一届领导班子成员合影

上海农商银行 SRCB 金山支行

地址：金山区卫清西路505号
电话：021-57961842
传真：021-67241234

上海农商银行金山支行成立于2005年8月，是在有着逾50年历史的金山区农村信用联社改制成立的股份制商业银行，位于上海市金山区卫清西路505号，目前拥有营业网点21家，另外一家营业网点金山新城区支行正在筹建中，员工总数345人。截至2012年末，各项存款余额为183.93亿元，比年初增加18.83亿元，增幅为11.41%；各项贷款余额为126.74亿元，比年初增加15.21亿元，增长13.64%；实现中间业务收入7623.53万元，同比增加600.34万元，增长8.55%，中间业务收入占比为11.38%。

上海农商银行金山支行在总行的正确领导下，牢固树立科学发展观，认真贯彻落实“依法合规、稳健经营、立足长远、勇于创新、培育特色”的经营指导思想，坚持服务“三农”、中小微企业和社区居民，竭力支持金山经济快速发展。

2012年，上海农商银行金山支行在金山区朱泾镇金龙新街518号开设了第二家金融便利店，至此该行金融便利店覆盖了石化和朱泾两大重镇。金融便利店开展延时服务，实施“您下班，我营业”的经营模式，为上班族提供错时的人工金融服务，打造该行特色服务。

1. 第二家金融便利店开业
2. 庆祝建党91周年纪念大会
3. 慰问武警部队官兵
4. 高温慰问交警
5. 好心人帮好心人募集活动
6. 敬老爱老助老服务
7. 金山支行大楼

中国邮政储蓄银行
POSTAL SAVINGS BANK OF CHINA

单位地址：上海石化金一东路233号
单位电话：021-57955111
邮编：200540

中国邮政储蓄银行上海金山区支行成立于2008年9月，支行坚持“植根城乡，服务大众”宗旨，探索和实践“服务农村地区，服务中小企业”经营理念，致力于金山地区经济建设和发展。支行在已开办的个人综合消费贷款、票据贴现、企业贷款、公司外汇等业务基础上新开办了公司贷款、政策性担保贷款、供应链贷款、国内保理等新业务品种。至2012年末，支行居民存款金额32.57亿元，信贷业务结余8.96亿元，支行代发离退休人员养老金4.09万户。

VIP室

营业厅

服务台

营业室

上海金山惠民村镇银行

上海金山惠民村镇银行是经上海银监局批准成立的独立法人银行，于 2012 年 2 月 9 日正式开业，经营范围为：吸收公众存款；发放短期、中期和长期贷款；办理国内结算；办理票据承兑与贴现；经银行业监督管理机构批准的其他业务。本行坚持“差别服务、错位竞争”的竞争策略，大力推进银行走专业化、特色化之路，积极为金山区中小企业、小微企业、“三农”经济、个体工商户和城乡居民提供各项金融服务。银行服务特色——快捷、高效的贷款审批及发放；简易、灵活的银行服务和产品；免收客户网上银行开户及转账费、银行卡 ATM 跨行取款手续费用等。

客服热线：4001175588

朱泾支行

总行
地址：金山区卫清东路3008-3018号
电话：021-37213211

枫泾支行
地址：金山区枫泾镇泾波路219弄261-271号
电话：021-51953095

朱泾支行
地址：金山区朱泾镇金龙新街506-512号
电话：021-51953106

枫泾支行

中心组学习扩大会议

上海市金山区工业总公司

SHANGHAISHI JINSHANQU GONGYEZONGGONGSI

地址：上海市金山区朱泾镇健康路25号工业大厦10～12楼
电话：021-57320732　传真：021-57321184
招商服务热线：021-57321237　邮编：201599

力卡公司

上海市金山区工业总公司成立于1992年，是由原金山县工业局的基础上经体制改革而成立的。现有直属公司3家，主要涉及招商引资、资产经营投资管理和房产开发等领域；成员企业20余家，主导产品有建筑材料、标准件、塑料制品、化工产品和服装生产等。2012年，系统内实现工业总产值16亿元，销售收入24.5亿元，利润9000万元，上缴税金1.4亿元。

下属上海三新经济小区于2001年经金山区人民政府批准成立，是工业总公司直属招商引资经济小区。2012年，小区实现税收1.62亿元。三新小区以诚信、热情和优质服务吸引大批优秀企业落户。

工业大厦

JINSHANQU GONGZHENGCHU

金山区 公证处

地址：上海市金山区朱泾镇人民路261号
电话：021-57320166
邮编：201599

全处人员始终坚持为社会主义经济建设服务，为构建和谐社会服务，为改革开放服务，稳定大局，促进社会安定服务的办证方向，把服务质量和社会效益放在首位，秉公办事，廉洁奉公，为法人和公民提供一流的公证法律服务。

公证处在注重服务质量及社会效益的同时，不断提高办证效率与办证质量，常规公证随到随办，在规定时间内保证出证，对需调查取证的非疑难案件保证十天内出证。

公证处的办证宗旨：真实、合法、优质、高效。

国信公证处

单位地址：金山区前京大道369号（本部）

金山区石化柳城路155号广霖大楼1楼（接待室）

电　　话：021-57941027（本部）　021-57954777（接待室）

邮　　编：200540

一拨通世博现场监督

上海市国信公证处，最初为上海市石化地区公证处，成立于1985年5月；1997年8月，随着金山撤县建区，更名为“上海市金山区第二公证处”，也成为全市公证行业中率先（自1994年起）实行自收自支企业化管理模式的公证机构；2008年3月，根据市司法局“关于准予上海市金山区第二公证处更名的批复”，更名为“上海市国信公证处”至今。

国信拥有一支年轻的、高素质的公证人员队伍。现有公证人员十七名，平均年龄35岁。其中执业公证员五名，法律知识功底过硬，工作经验丰富。公证业务范围分类详备，涉及到社会经济领域和公民民事活动的各个层面，包括经济合同、保全证据、遗产继承、委托及涉外民事、经济类公证近百余种。

建处二十多年来，坚持“规范、高效、诚信、便民”的服务宗旨，赢得良好的社会信誉，先后荣获上海市司法系统“文明单位”、“文明公证处”；连续多届荣获金山区“文明单位”；区总工会“文明班组”等殊多荣誉，为金山区的经济和谐发展作出了积极的贡献！

2013年4月26日新任区政法委书记来公证处调研

公证员徐洪在石化汽车站参加“迎春法律义务咨询”

通过LED屏公布办证时间、咨询电话

公布收费标准、行业服务公约

联东U谷
LDUV

南上海国际企业港

招商热线：400-021-5888
地址：上海市金山工业区夏宁路818弄62号
邮编：201506

联东集团
二十年铸就辉煌

联东地产——中国产业地产首席运营商，历经20余载峥嵘岁月，以自身深耕产业地产领域的专业优势，将“联东U谷”打造成中国产业地产的第一品牌。时至今日，联东U谷雄踞环渤海经济圈、东北亚经济圈、长三角经济圈等三大战略要地，以产业综合体、总部综合体两大产品线构筑国家级专业化高端产业园区。

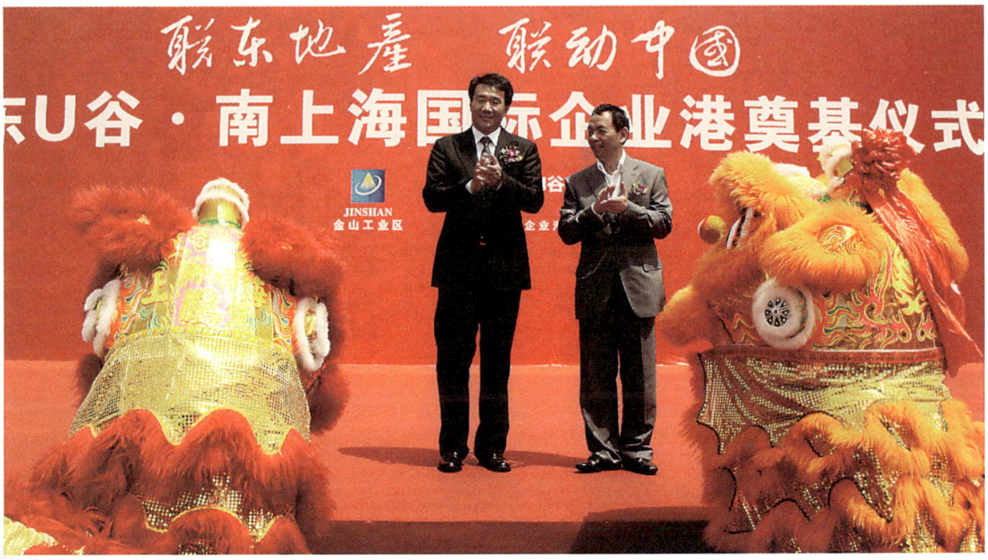

联东U谷·南上海国际企业港奠基仪式

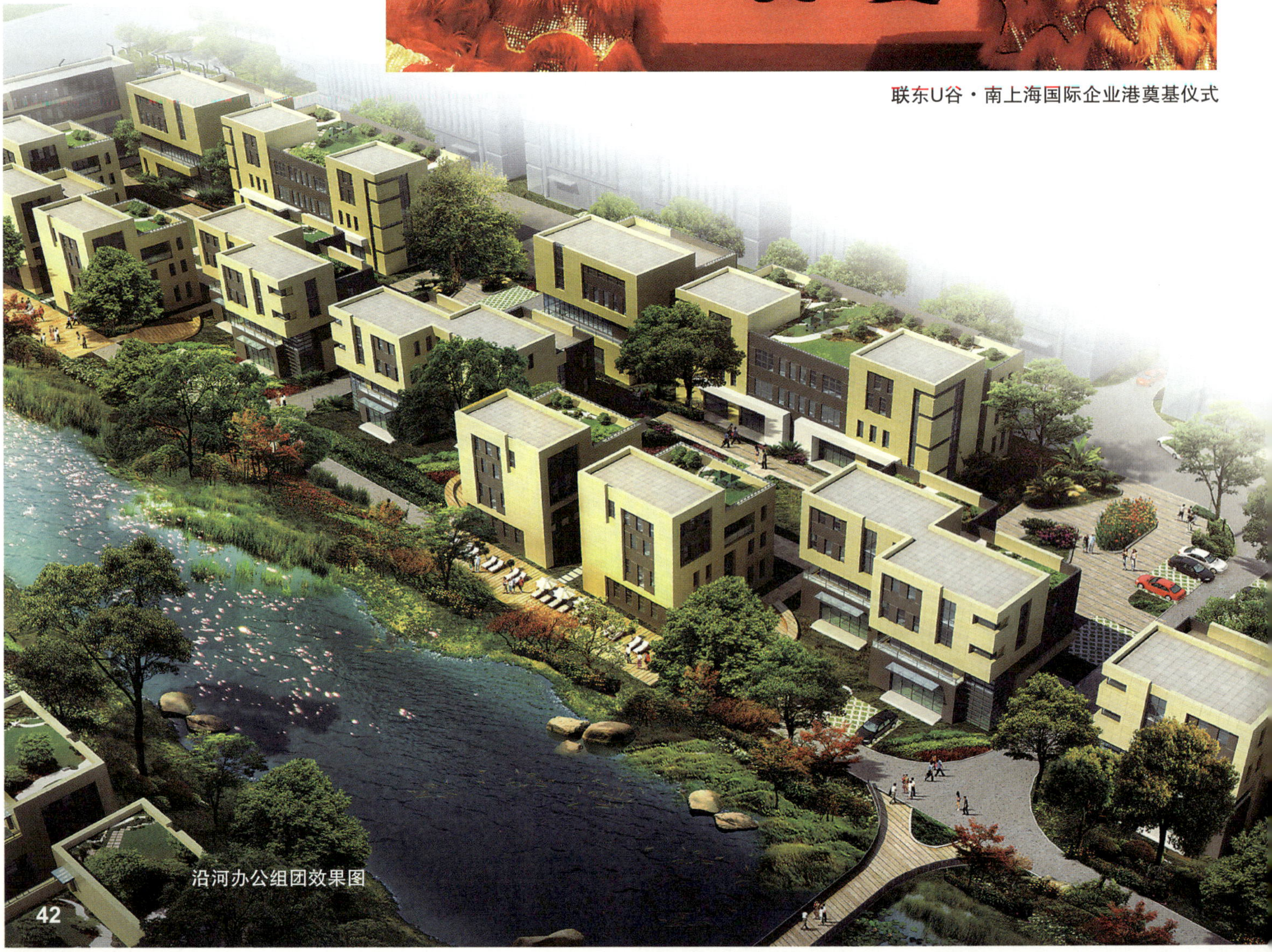
沿河办公组团效果图

http://www.liandosh.com

联东U谷金山项目鸟瞰效果图

水景效果图

园区入口效果图

超大规模 项目总规划用地约1700亩，总投资42亿元，二次拉动投资约60亿，建成后将实现年产值超140亿，税收规模超10亿，就业人数超4万的国内一流综合性产业园。

产业定位 以生物医药、新能源新材料、绿色印刷、食品加工、先进装备制造为核心产业，以高效高速的物流通道，有效节省物流成本，构建行业发展一体化平台。

服务体系 构筑五大专业服务体系，打造研发孵化服务、专业咨询服务、信息平台服务、园区窗口服务、物业保障服务，为企业提供手续代办、政策扶持、人力资源、统采统购四个增值平台。

四大产品 以可持续性发展战略眼光设计规划总部办公、中试研发、标准厂房、定制厂房四大产品线，配置500～5000平方米丰富产品段，强调产品的通用性，尤其是规划71000平方米的企业定制区，全方位满足企业所需，助力企业腾飞。

投资商：北京联东集团
公司名称：上海联东金熠投资有限公司
金山营销中心地址：上海市金山工业区开乐大街158号3号楼1楼
项目地址：金山工业园区朱吕公路、夏宁路路口

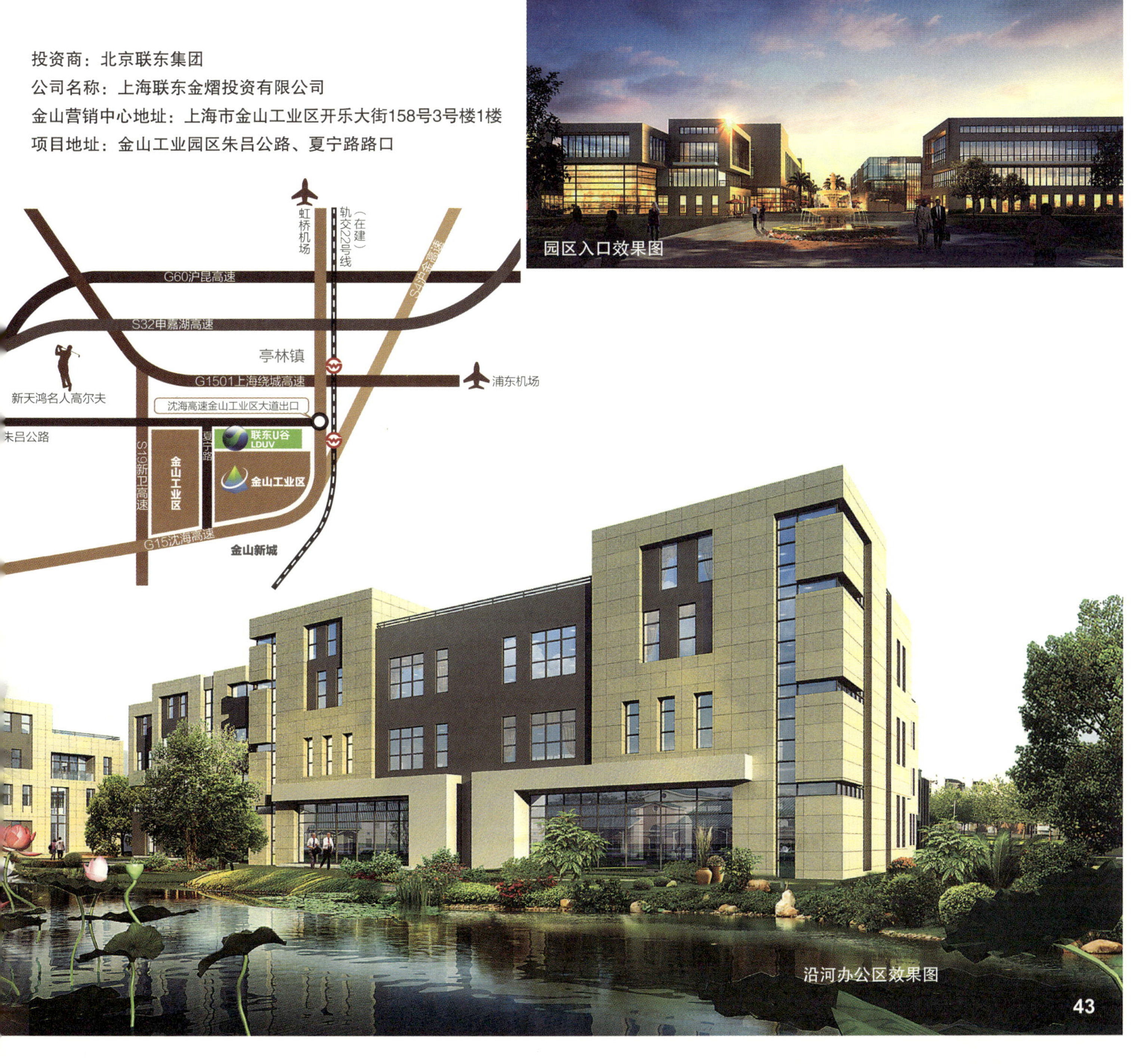

沿河办公区效果图

公司门头

廊下基地

上海金山市场有限公司

SHANGHAIJINSHANSHICHANGYOUXIANGONGSI

上海金山市场有限公司成立于 1999 年 5 月，是一家专业从事市场开发建设和经营管理的国有控股有限责任公司。公司现有 6 家下属公司、31 家专业市场、一条商业街，市场经营面积 19.8 万平方米，门店（摊位）8000 余个，市场从业人员 12000 余人。公司坚持规范化、科学化、人性化管理理念，倡导“敢于创新，勇担责任，坚守诚信，争创效益”的企业精神，使企业在短短几年时间里，成为上海市农业产业化经营重点农产品批发市场，金山区五十强企业。2005 年被国家农业部命名为全国大型农产品加工流通企业，2006 年顺利通过了 ISO9001 国际质量管理体系认证。逐步实现金山菜市场购物环境商场化、商品价格大众化、主要商品品牌化、计量器具统一化、菜场设施人性化的标准化市场建设，并为打响“金山市场”品牌不断努力。

地址：金山区学府路 739 号　　电话：021-57265197　　邮编：201512

龙腾广告：学雷锋公益广告
（石化新城路东侧）

钱圩市场效果图

城南市场鸟瞰

金山市场网外景图

金山市场网内景图

岑仙苑西南垂钓中心

公司产品

上海黎事实业有限公司

地址：上海枫泾工业园区建贡路88号
电话：021-67360000
传真：021-67360333
邮编：201502

上海黎事实业有限公司坐落枫泾工业区，占地25300平方米，建筑面积11830平方米，注册资金1000万元，专业生产外贸针织服装，年生产外贸针织服装280万件（套）。公司多次获市先进企业，区文明单位和枫泾镇“纳税十强企业”等先进荣誉称号。公司法人代表、总经理李春云曾荣获首届上海市金山区优秀中国特色社会主义事业建设者等先进荣誉。

制衣车间

公司产品

上海嘉乐股份有限公司

地址：金山区张堰镇金张公路288号
电话：021-57218888
邮编：201514

嘉乐公司第二届职工运动会

嘉乐公司第二届职工代表大会

嘉乐股份二十周年庆

厂区一角

上海嘉乐股份有限公司成立于 1993 年 2 月，目前拥有总资产 8 亿元人民币，注册资金 9315 万人民币，占地面积 21 万平方米，厂房面积 16 万平方米，员工 10000 名。位于张堰镇金张公路 288 号。

公司具有从面料研发、织造、染整、印（绣）花到制衣的全套生产能力，公司生产设备居于世界领先水平。年产成衣 3900 万件，各类针织面料 3900 万米。主要生产和销售各类时装服饰品，针织柸布及高档织物面料的印染及后整理加工。产品主要销往欧美和日本市场。公司 2012 年度实现销售收入 12 亿元人民币。预计 2013 年销售收入 13 亿元人民币。近年来，每年为国家创造税收 1 亿元，解决就业近万人。

公司先后获得上海市文明单位、上海市优秀企业、上海市高新技术企业、上海市科技小巨人企业、、中国纺织行业和谐企业等荣誉称号。公司目前拥有 30 多项专利。公司已通过了 ISO9001：2000 国际质量管理体系认证和 ISO14001 国际环境管理体系认证。

公司主要贴牌生产的客户有：优衣库、迪卡侬、tommy 等。

公司坚持创新驱动、转型发展，在安徽宣城和印度尼西亚分别建立了生产基地，目前员工人数分别达到了 2800 多名和 1000 多名。

公司争取在五年内把公司建设成为“国内领先、国际一流”企业。并提出了“十二五”规划实现销售收入达到 20 个亿的宏伟目标。

安徽厂门

AOTO® 奥图

地址：上海市金山区张堰开发区振帆路180号
电话：021-56428884
传真：021-66690583
全国免费服务热线：400-820-1018

上海奥图环卫设备有限公司工厂坐落于中国最大的沿海城市上海张堰国家新材料开深加工产业基地。它不但是中国目前垃圾桶行业内规模最大、设备最先进的生产制造企业，也是中国现代固废容器的发源地。

2012年，公司荣获“中国优秀工业设计奖”，“AOTO”商标获“上海市著名商标”“上海市名牌”。公司被评为：“上海市设计创新师范企业”“上海市守合同重信用企业”“合同信用等级AAA级”“金山区科技小巨人企业”，并获得了中国环保联合会的“环保爱心企业”称号，并被评为“上海市专利工作试点企业”“上海市专利工作培育企业”，品牌价值已处于国内行业之首。

2008年中华人民共和国住房和城乡建设部正式颁布由奥图公司负责起草的行业标准《塑料垃圾桶通用技术条件》（CJ/T280-2008）和《废物箱通用技术条件》（CJ/T377-2011），这两部标准的发布预示着国内有了更符合中国国情的行业标准。

公司大门

公司一角

车间一角

产品展示厅

玩具进出口公司

WANJUJINCHUKOUGONGSI

公司地址：上海市浦东新区灵山路1号
公司总机：021-58201100
邮政编码：200135

上海玩具进出口有限公司办公楼（浦东新区灵山路1号“天鑫大楼”）

上海玩具进出口有限公司前身是1965年1月1日成立的上海市儿童玩具工业公司。1980年1月，经国务院批准成立全国首批工贸合一的进出口企业——上海玩具进出口公司。1997年7月，为推进现代企业制度建设，改制为上海玩具进出口有限公司。

公司主要经营：各类传统的玩具和婴童系列产品、文教体育用品、工艺礼品及箱包等。近年来，公司又发展了“好玩聚”连锁专卖店，开拓国内市场。

公司拥有自主知识产权的品牌5个，其中“上海玩具”商标获得“上海市著名商标”和“上海市出口品牌”。还获得上海出入境检验检疫局授予“一类管理企业”。2012年连续获得ISO9001:2008质量管理体系认证证书、“中国质量诚信企业”“四星级诚信创建企业”。2012年公司完成进出口总额9300万美元，同比增长16%。

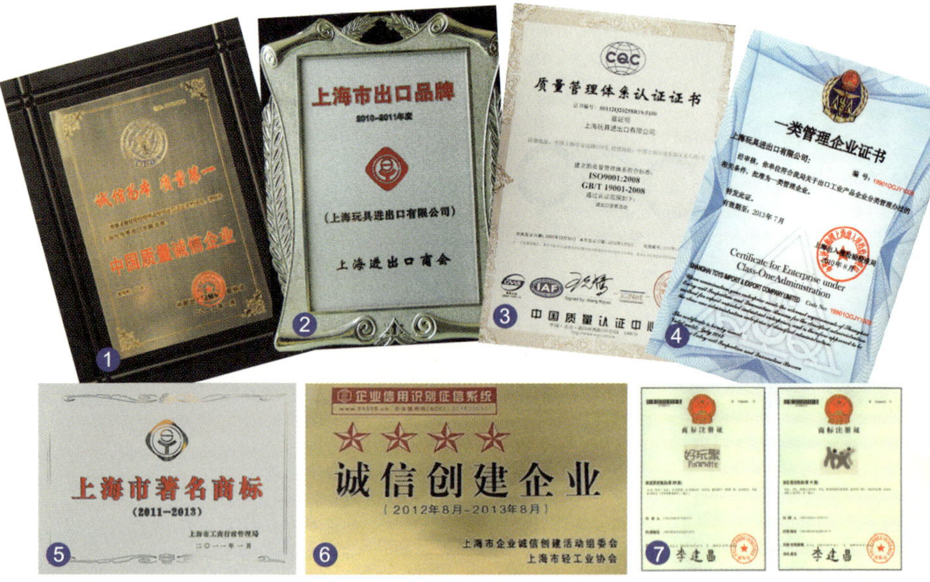

1. 2012年1月获得中国出入境检验检疫协会授予“中国质量诚信企业”
2. 2012年“上海玩具”商标获得“上海市出口品牌”称号
3. 2012年获得“ISO9001：2008质量管理体系认证证书”
4. 2010年获得上海市出入境检验检疫局“一类管理企业证书”
5. “上海玩具”商标获得“上海市著名商标”
6. 2012年公司获得“四星级诚信创业企业”
7. “好玩聚”商标包含图形、中文和英文

上海试四化学品有限公司

SHANGHAISHISI HUAXUEPIN YOUXIANGONGSI

地址：金山区华通路200号
电话：021-51392924
邮编：201512

公司办公楼

综合利用（废气发电装置）

装置夜景

生产装置

废水处理脱盐装置

公司成品库

DCS控制室

上海试四化学品有限公司位于金山第二工业区华通路200号。公司成立于2007年6月，注册资本2000万元，系上海华谊集团旗下试四赫维化工有限公司的全资子公司，产品以农药中间体为主，100%外销。2012年实现销售3.92亿元，利润7084万元，四年累计上缴税收9500万元。

五年来，化学品公司注重企业的S.H.E管理，认真履行社会责任，于2012年投资3600万元建成一套日处理能力为1200吨的废水处理装置。2013年再投资800万元新建一套日处理高盐废水150吨的脱盐装置，确保公司的废水处理能力长期稳定运行。公司拥有优秀的制造团队和先进的操作系统，产品质量和产能在同行业处于领先水平。公司2011年通过高新技术企业认证。2013年通过安全标准化三级认证。2013年环境保护装置竣工并通过验收！

企业宗旨：让客户满意，对社会负责。

企业愿景：建成不断超越自我，生生不息的先进制造业企业！

上海金山房产经营有限公司

地址：金山新城区龙轩路688弄/1000弄
电话：021-37909222　021-37909555
邮编：200540

农房·万盛金邸位于金山新城核心地段，紧邻金山区行政中心，北至龙皓路，南至龙轩路，西临蒙山北路，东面为天然河道，总建筑面积约30万平方米，由11至18层ART DECO公寓及商业配套组成，7.6万平方米南北商业街将住宅小区划分成东、西两个地块。通过绿化主轴、沿河景观、中心绿化、组团绿化等形成层次丰富、景致融合的多重景观体系。

项目周边生活配套完善，百联、乐购、欧尚等大型购物中心环伺左右；教育、医疗资源成熟，金山国际幼稚园、金山小学、复旦大学附属金山医院近在咫尺；金山铁路一线接驳上海南站，只需30分钟快速畅行徐汇繁华区域。

依托金山新城高起点的整体规划和项目自身所拥有新城核心区域优势，农房·万盛金邸将是农工商房产继朱泾农房·万安金邸之后，深耕金山发展的又一扛鼎之作。

鸟瞰图（效果）

立面图（效果）

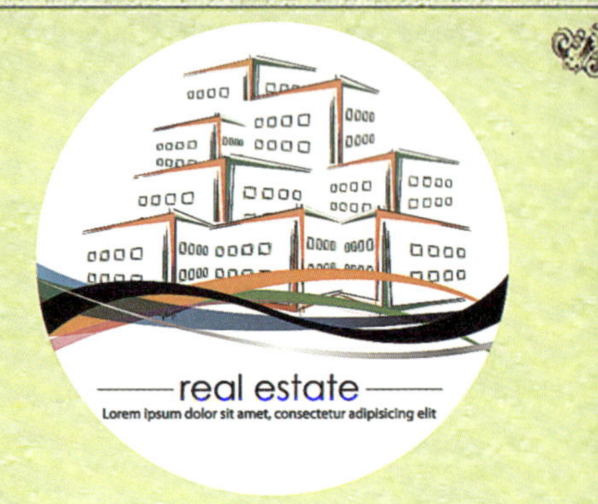

景观大道（效果）

地址：金山区浩源路289号城投大厦2号楼405室
电话：021-37281111　021-37281999
邮编：200540

上海龙湾一号

中锐·龙湾一号位于金山新城核心位置，海芙路228弄。是由中锐地产集团倾力打造的金山大型别墅级社区，随着实景一一完美呈现，其高品质得到了广泛赞美。周边高速S4、G15环绕，而金山铁路的正式通车运行，直达市区，更加便捷。在自驾车方面，从市区驱车走G15或沪杭高速约65公里即可抵达项目现场。项目总占地面积75758.2平方米，总建筑面积117225平方米（包含地上地下），地上总建筑面积90910平方米，地下总建筑面积26315平方米，总户数872户，容积率1.2；绿化率高达35%，集中绿地率10%；分两期开发，一期产品为小高层公寓、联排及双拼别墅比较成熟，现房实景，均已交房。二期总占地面积：41293.85平方米，容积率：1.2，住宅总建筑面积：53764平方米；总栋数：20栋；总套数：380套（二期）；其中别墅98套，小高层84套，多层/叠加22套，以双拼联排别墅为主，辅以少量小高层的高档居住区。建筑风格以西班牙建筑风情为主，景观设计以东南亚风格为特色，散布在河流两岸的小桥、堤岸、小径洋溢着浪漫的西班牙气息。

金瀚园

金瀚园位于金山新城核心地段，东至杭州湾大道，南至板桥路、西抵前京大道、北临龙泉港大型城市生态公园。金瀚园毗邻金山区政府行政中心，坐享百联购物中心生活配套，以无可复制的核心地段优势傲视同侪。

金瀚园沿袭新古典主义建筑风格，由19栋景观高层恢弘呈现。小区规划建筑面积约33.9万平方米，其中住宅约25万平方米，房型以110平方米经典二房、140平方米舒适三房和175平方米品质四房为主。金瀚园采用全干挂石材外立面、断桥铝木复合门窗及德国进口内开内倒开窗系统，每户赠送户式中央空调……以无以伦比的高品质演绎精致生活！

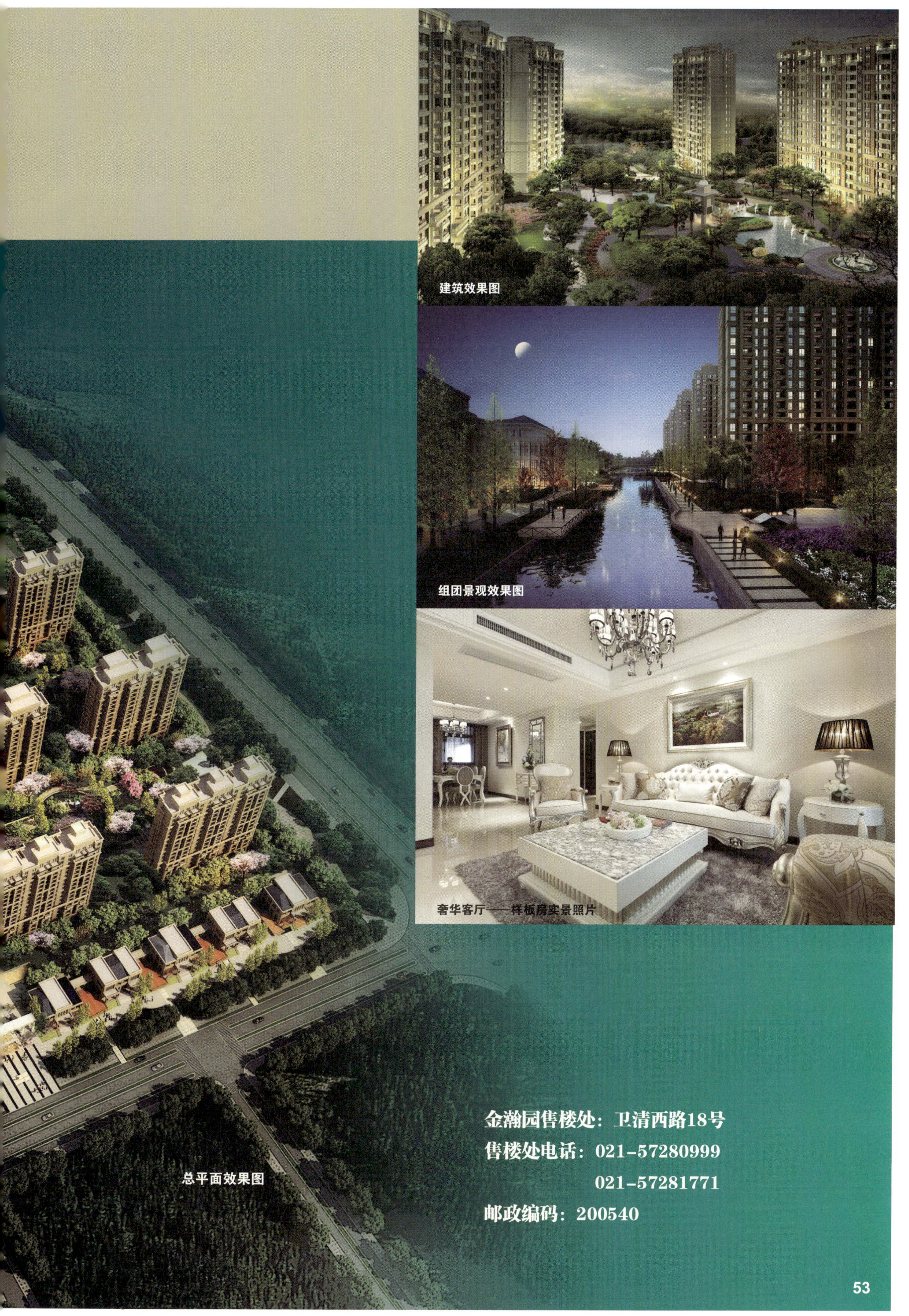
建筑效果图
组团景观效果图
奢华客厅——样板房实景照片
总平面效果图

金瀚园售楼处：卫清西路18号
售楼处电话：021-57280999
021-57281771
邮政编码：200540

金域蔚蓝小区位于金山新城区东临海芙路，南到龙翔路，西临松卫南路，北到龙翔路。本项目是由金农置业倾力打造，投资商上海祁连房地产开发总公司，自 1997 年成立以来已成功开发“上大聚丰园”“祁连欣苑”“聚丰景都”等大型住宅项目，打造高品质的居住环境是公司秉承的经营理念，过硬的建筑质量是公司可持续发展的核心理念。

目前在建的金域蔚蓝项目总建筑面积约为 10 万平方米，建筑为高层和小高层。绿化设计由一条主轴景观，8 个特色景区组成，以“绿意”为主题的设计线索，运用“点环轴”的“写意”手法，将建筑、绿荫、草坪、清溪、景桥、步道等景致融合在一起，营造出都市繁华中难能可贵的一方“怡然水岸”，在蕴涵着“灵动温和”的自然意境中，展开季节更迭、自然韵味和文化馨香的景观联想，构筑起一个既可直观又可回还品味的文化景观系列。

小区靠近金山区政府，紧邻金山小学近金山国际幼稚园及华东理工大学金山校区，可以让我们快乐学习，附近有建国医院、复旦大学金山医院。百联购物广场、市政休闲广场、国美电器、永乐家电、瑞鑫百货等。全方位生活配套品尝 DIY 带来自由自在的滋味，感受现代温馨生活。

垂询电话：021-60510088　021-60510099

地址：金山区学府路1169号
电话：021-67268728
邮编：201512

上海滨海电力工程

上海滨海电力工程有限公司是一家拥有电力总承包三级资质的公司，2006 年取得国家电力监管委员会华东监管局颁发的承装（修、试）类电力设施许可证。通过 ISO9001—2000 质量体系、职业健康安全体系、环境管理体系和中石化 HSE 体系认证。公司注册资金 2000 万元，实有资本 1545 万元，2012 年底固定资产原值达 2850 万元，设备原值1600万元，近年的销售额均在2000万元以上。公司主要承接电缆敷设、接头、电力排管、电力线路、城市及道路照明和变电站安装、检维修、电试及委托运行管理等工程。

公司始终遵循电力系统“努力超越，追求卓越”的服务宗旨，坚持“诚信、用心、创新；树企业形象，创工程品牌；安全指标争第一，质量管理创一流”的企业方针，以客户需要作为我们的追求，热忱服务，同时希望得到社会各界朋友的帮助与支持。

线路施工
（东平站35KV出线线路）

路灯施工现场（亭卫南路）

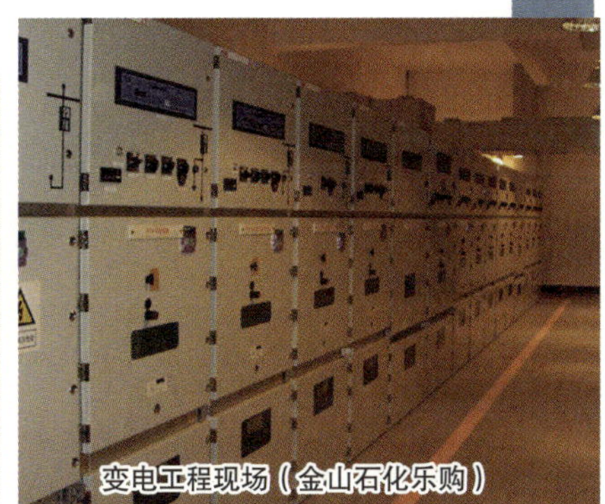
变电工程现场（金山石化乐购）

电缆敷设现场
（世博会浦西园区）

召开班前会

现场站班会

安信农业保险股份有限公司自成立以来，始终秉持“安为上　信为本”的经营理念，“服务三农、保障民生”，体现农业保险在参与社会管理、减轻政府公共管理负担、保障农民生产生活、服务社会主义新农村建设等方面的积极作用。

2012年因“海葵”台风受理报案253起，赔款达5018.57万元，其中：农业方面赔付4583.6万元，其他项目赔付1522.48万元。台风过后，为帮助受灾农户尽快恢复生产，减少损失，支公司在总公司的统一指挥下，第一时间开通绿色理赔通道，启动农业保险预付赔款机制，两天后就将460万元预付赔款交到受灾农户手中，得到广大农户称赞。

公司地址：金山石化东平南路567号
电话：021-67960403　021-67962722
邮编：200540
全国服务热线：4008060606

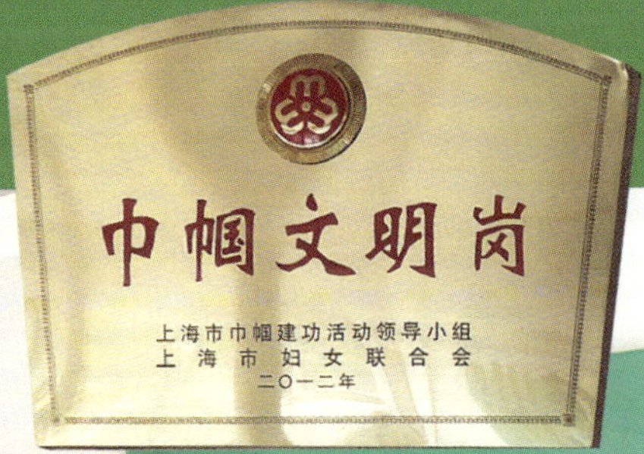

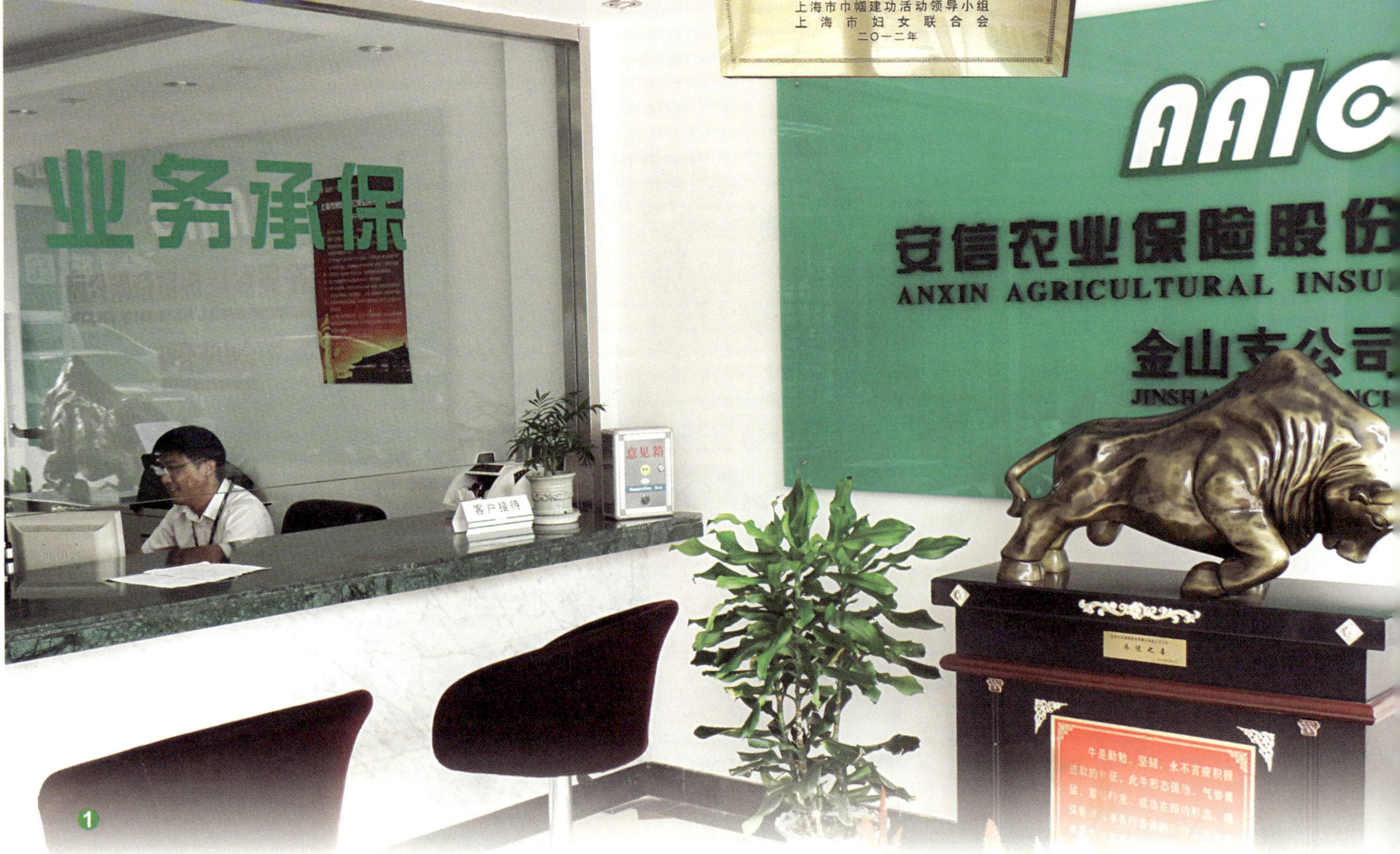

❶ 公司窗口

❷ 察看灾情

❸❹❺ 保险测产现场

上海市金山区众仁老年护理医院

院长卢国秀

上海市金山区众仁老年护理医院，是上海市慈善基金会接受香港李嘉诚先生定向捐赠及金山区人民政府共同出资组建的一所集医疗、护理、康复、临终关怀为一体的医保定点、非营利性公立老年护理医院。2003年10月落成运行。

医院坐落在风景秀丽、富有历史文化底蕴的枫泾古镇。北美风格的建筑，优美舒适的环境，阳光大厅、无障碍通道等人性化布局，为病人营造了一个温馨、舒适、便捷的就医环境。

现有核定床位550张，实际开放床位690张。主要收治大病、重病、手术后需治疗护理的病人；老年痴呆症、糖尿病等慢性疾病以及肢体功能障碍需康复治疗的病人。拥有美国GELOGJQP6彩色多谱勒超声诊断仪、意大利GMM　72000型X光机、日本东芝TBA—120FR型全自动生化分析仪、日本希斯美康XT—1800i型血球分析仪等先进医疗仪器设备。2003年，通过ISO9001国际质量体系认证。建院十年来，先后获得上海市文明单位、上海市花园单位、上海市平安示范单位、上海市爱心助老特色基地、上海市职工最满意单位、上海市厂务（院务）公开民主管理先进单位等市级荣誉称号。中央电视台、《解放日报》《劳动报》《新民晚报》《新闻晨报》《东方城乡报》等新闻媒体先后作了专题报道。

医院下设东林分部及东林养老院，核定床位分别为150张及100张。

邮编：201501

温馨陪护

住院大楼

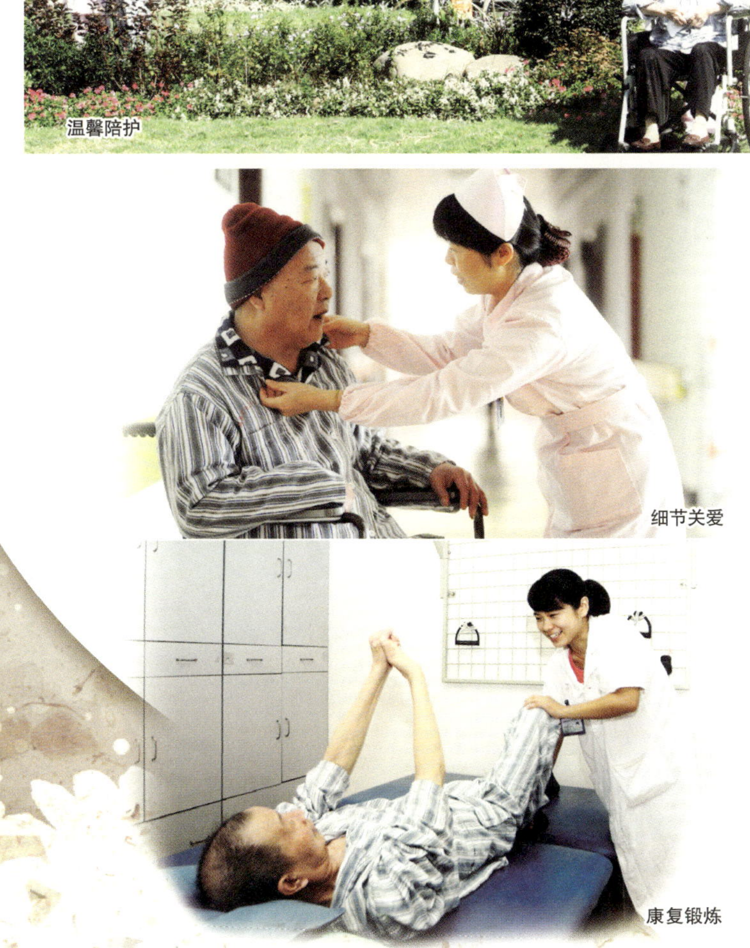
细节关爱

康复锻炼

病例讨论

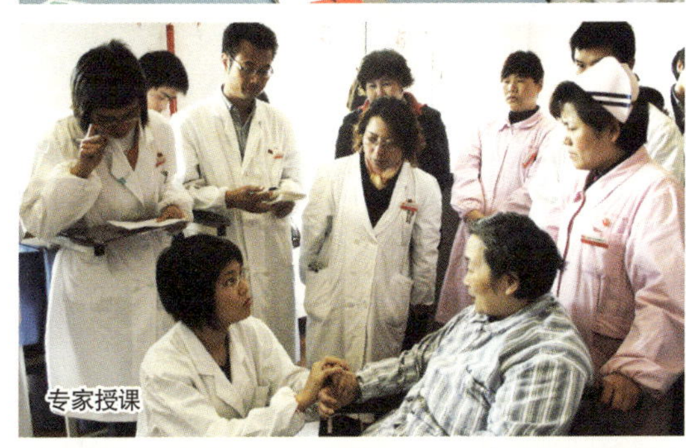
专家授课

吃年夜饭

地址：上海市金山区石化街道柳城路 280 号
电话：021-57971111
邮编：200540

金山区教师进修学院

华师大国际硕士班来我院学习交流

云南省普洱市宁洱县教育代表团来我院考察交流

金山区教师进修学院自 1956 年成立以来已有 57 年历史。作为全区教师专业发展中心、教育教学指导中心、教育科研推进中心和信息技术服务中心，学院积极履行职责，秉承服务课改、服务基层、服务教师的宗旨，不断深化教育教学研究，着力促进金山教育质量的稳步提升。学院现有教职工 107 名，专任教师 86 名，具有中学高级职称教师 52 名，上海市特级教师 2 名。学院在发展过程中，形成了“进德修业，和谐发展”的办院理念，大力倡导“公正、平等、关爱、文明”的学院价值，努力践行“艰苦奋斗、严谨治学、团结协作、追求卓越”的学院精神。自 2002 年以来，学院已连续六届荣获上海市文明单位称号。2012 年 11 月学院新校舍在金山教育园区奠基动工，我们将借新校舍迁建契机，不断深化学院内涵发展，继续创造新辉煌。

荣誉证书

上海石化工业学校

SHANGHAISHIHUA GONGYEXUEXIAO

学校地址:上海市金山区石化龙胜路1097号
学校网址: http://spa.jsedu.sh.cn
招办邮箱: sh_zbb@126.com
学校总机: 021-31153560
招生热线: 021-31153529　021-31153570
021-31153569　021-31153596

与德国专家联合开发国际水平专业标准

中德高技能人才培养合作研讨

2013年，上海石化工业学校在上级部门的正确领导下，以示范校建设为引领，推进精细化管理，全面提高内涵建设水平，各项工作取得显著成绩。学校在全国职业技能大赛中荣获“化工生产技术”中职组团体一等奖，“化工仪表自动化”中职组第一名、团体一等奖；学校培训中心连续10年第五次被评为“上海市民办职业培训机构办学质量和诚信等级A级单位”；化工实训大楼主体工程完工；国际化办学取得一系列重要成果。学校对长三角以及中西部地区职业教育的辐射和引领作用日渐显现，对区域社会经济发展起到越来越重要促进和推动作用。

“拜耳杯”技能大赛

化工生产技术赛项团体一等奖

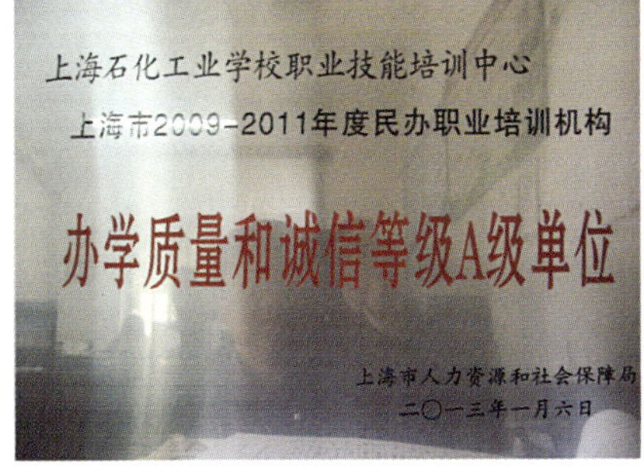

化工综合实训中心大楼竣工

SHIPINKEJIXUEXIAO
SHANGHAI SHIPINKEJIXUEXIAO

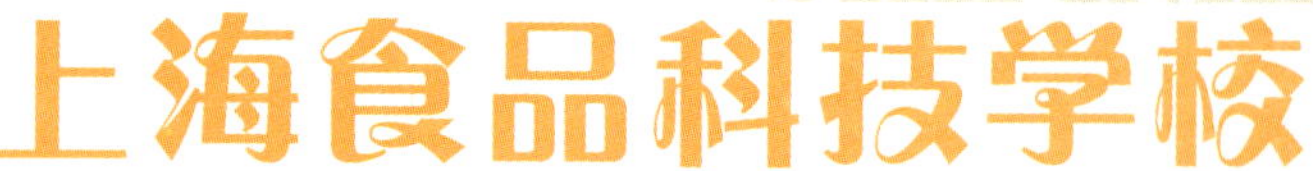

上海食品科技学校

地址：金山区朱泾镇万安街395号
电话：021—57330995
邮编：201500
网址：http://spgyxx.jsedu.sh.cn

1. 西点制作实训
2. 中餐烹饪培训
3. 果蔬汁饮料生产实训
4. 机械加工实训
5. 运动场

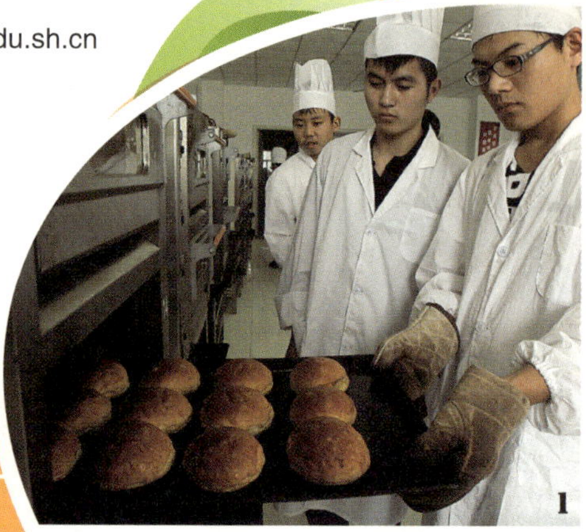
1

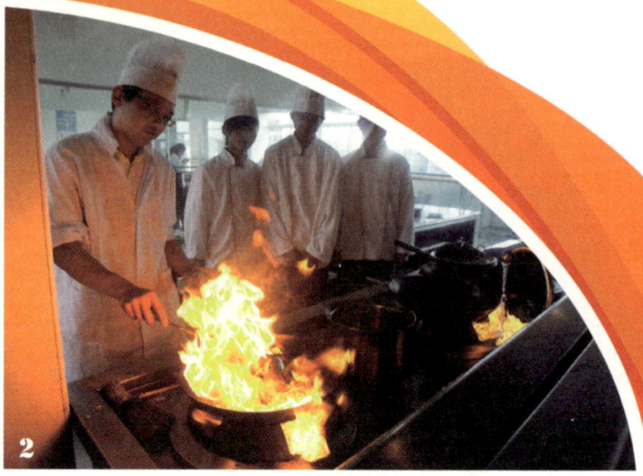
2

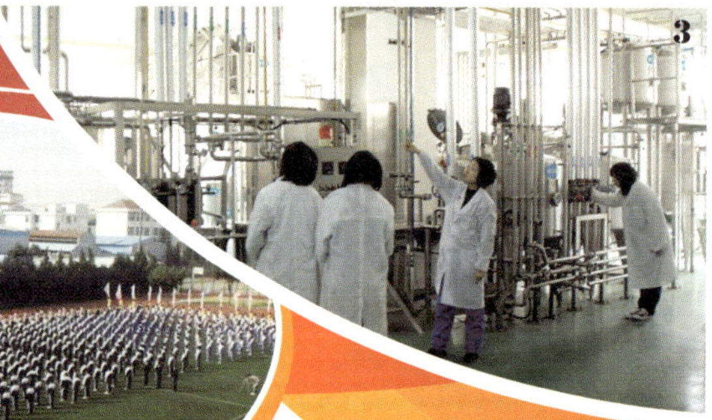
3

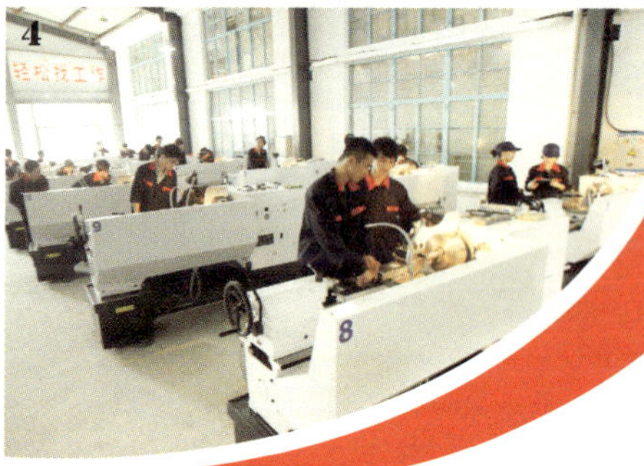
4

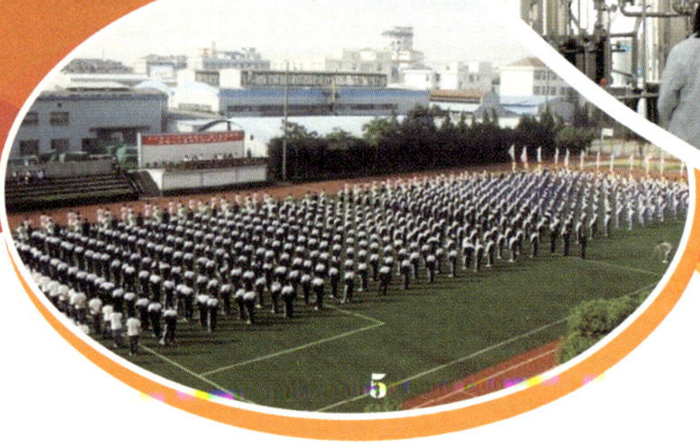
5

上海食品科技学校坐落于历史悠久、文化底蕴深厚的金山区朱泾镇。学校占地面积88亩，校园环境优美，是市级花园单位。学校师资力量雄厚，现有教职工160多人，是一所全日制A级中等专业学校。

学校遵循以“就业为导向，以服务为宗旨，以技能为本位”的办学宗旨，注重过程管理，重视学生文化素质、专业技能、职业道德的培养，不断提高学生的综合素质，为社会输送了大批实用技能型人才。学校也在发展的过程中，逐步形成了以食品类专业为特色，以汽车、机械专业为骨干，融经济管理、计算机信息为一体的专业体系。

近年来，学校立足区域经济需求，逐步扩大办学规模，深化教育教学改革，提升学校综合实力，学校发展形势喜人。学校先后获得上海市文明单位、上海市安全文明校园、上海市花园单位、上海市社会力量办学先进单位、全国网络教育优秀学习中心、上海市中职系统行为规范示范校等荣誉。2003年学校通过了上海市百所重点中职校建设工程评估验收，2005年学校食品工艺专业被评为市重点专业，2009年学校建成了“农产品加工与检测”市开放性实训中心、汽车维修实训基地，毕业生就业率节节攀升，食品专业毕业生受到光明乳业、上好佳、好丽友、太太乐等大型企业的青睐。

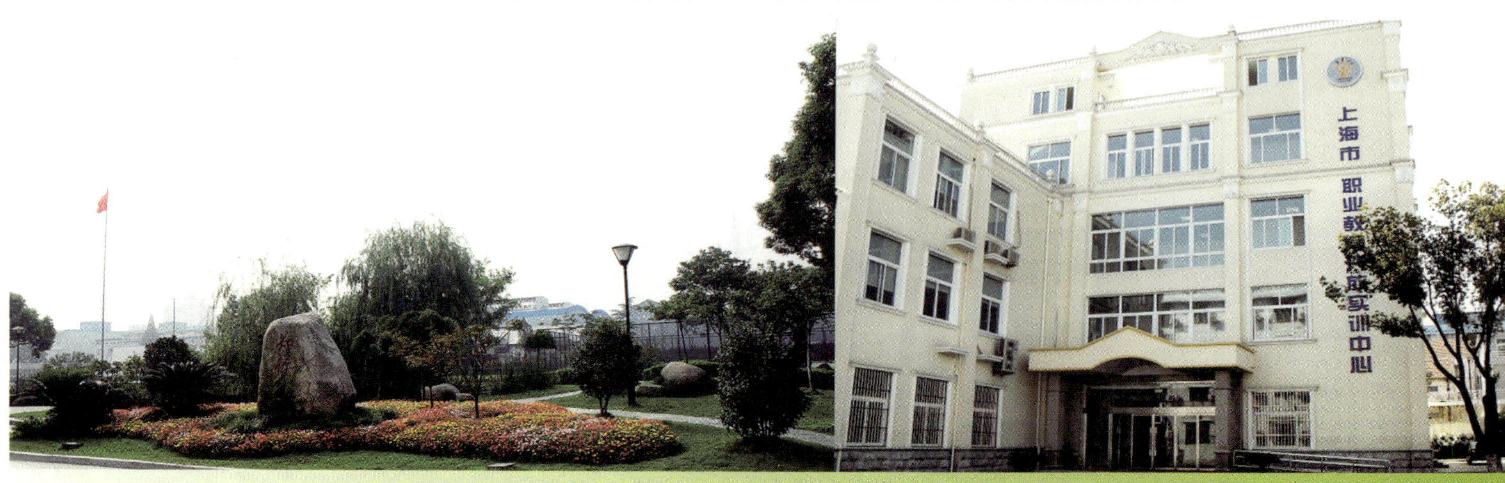

知行园

农产品加工与检测实训中心

金山卫校

JINSHANWEIXIAO

电话：021-57320796 021-57320795
传真：021-57320796
邮编：201500
网址：hppt://www.shjswx.com

上海市金山区卫生学校坐落在金山区朱泾镇东风南路225号，占地1.6公顷，建筑面积1万余平方米。为上海交通大学医学院附属卫生学校（国家级重点中专）的紧密联合办学实体，又名上海交通大学医学院附属卫生学校金山分校。办学宗旨为“一流管理，一流服务，一流质量”，培养护理和社区医学中等卫技人员，负责卫生系统职工学历教育及继续教育。上海复旦大学附属金山医院、第六人民医院金山分院、亭林医院、枫泾医院、奉贤中心医院、松江中心医院等为该校实习基地。

军训

护理集训

上机操作

多媒体教学

运动场

学校大门

校训

校址：金山区亭林镇大慈路398号
电话：021-57232459
邮编：201505
E-mail tlxxxzs@163.com

金山区 亭林小学

金山区亭林小学致力实践“人人都能成才”的教育理念，在“规范加特色”的管理水平与“合格加特长”的培养目标上不断开创新局面，赢得了社会各界的赞誉。经过实践研究，在管理、德育、教学等方面形成自己的体系。学校传承百年优秀文化，积极实践“爱国尚文，主动发展”校训，致力于校园文化建设，打造书香校园，提升师生品位。

学校荣获2012年金山区教育科研三十年先进集体、金山区“农村中小学教育信息化应用推进项目”先进集体、2011-2012年上海市金山区体教结合工作先进集体、金山区第三批语言文字规范化示范校等多项荣誉。

1. 德育为先，培养学生优良品质。学校少先队活动丰富多彩，实践、体验成常态。图为队员们在重阳节之际慰问敬老院老人，给他们带去温暖和关爱。
2. 一校一品，腰鼓是亭小的传统项目，学校致力于传承优秀文化，人人会打腰鼓。图为孩子们舞动快乐腰鼓，列队欢迎嘉宾的到来。
3. 学校开办乡村少年宫，图为乡村少年宫授牌仪式。
4. 立足课程改革，加强教学研究，构建温馨课堂，引领教师专业成长。教学节活动现场。
5. 学校致力于校园文化建设，积极打造书香校园，阅读已成为校园一道亮丽的风景线。品味书香，传承经典，孩子们正在第八届读书节用最美的舞姿、最美的声音展示着“书之魅”。
6. 校园建筑：典雅，别致，独具欧式风格，给人赏心悦目之感。
7. “开启未来”雕塑鲜红醒目，“书本、金钥匙”的图像喻意亭小学生学习勤勉，用知识的钥匙去开启未来之大门。

1

金山区
海棠小学

校址：金山区山阳镇卫阳南路800号
电话：021-33695060
邮编：200540

2

3

金山区海棠小学位于美丽的杭州湾畔，创办于1990年，原名为上海石油化工总厂第九小学，1992年9月更名为海棠小学。2008年9月学校整体搬迁至新校区，校区占地面积30539平方米，建筑面积12009平方米。校园里绿树成荫，鲜花盛开，小径交错，别有情趣，充满现代气息的多功能活动厅、体育馆、图书楼、电视台以及校园智能化语音广播系统等，融书香、数码、生态、活动乐园于一体。校园文化建设正在向着具有浓郁人文气息和鲜明时代特色的方向发展。

学校先后被授予全国雏鹰大队、全国雏鹰网络教育实验基地、上海市艺术教育特色示范校、上海市中小学行为规范示范校、上海市教师专业发展校暨见习教师规范化培训基地、上海市科技教育特色示范校、上海市生命教育试点校（全区唯一）、上海市少先队推进电脑化网络化先进学校、上海市文明单位、上海市学校心理健康教育先进集体、上海市学校体育场所开放先进集体、区素质教育实验校、区小学整体改革试点校（全区三所）。

学校坚持以德立校、育人为本的办学思想，秉承“为了孩子的未来着想”的办学理念，依法治校，规范管理。在学校教育教学实践中努力发挥校长课程领导力，加强学校课程建设，强化教师的课程执行力。同时以“崇文通理，成就人生”的金山教育核心思想为引领，围绕学校“课程提升学校品质，文化引领师生成长”的总体思路，通过管理、培训、实践、研究、评价等途径培养“三好”学生、完善课程集成、打造“五型”教师，提高学校品位，追求办学品质，打造教育品牌，形成海棠文化。

4

5

6

1. 全体教职员工在学校首届健康节上的留影
2. 钱欢欣校长和学校京剧小演员合影
3. 金山区区委书记杨建荣，区副书记祝学军，区委常委、宣传部长张权权，副区长贾炜以及区文明办、团区委、教育局等领导共同参与“海棠小达人，六一大梦想”的主题活动
4. 学校武术操展示
5. 学校舞蹈队参加区少年舞蹈比赛
6. 学校鸟瞰图

上海东方会计师事务所是经国家批准，依法独立承办国有企业、外商投资企业、集体企业、民营企业、行政机关、事业单位、社会团体等各类审计查账、注册资本验证、资产评估、工程造价审计、项目可行性研究、绩效评价、经济案件鉴证、会计培训、会计咨询、会计顾问、税务代理、代理记账等业务的社会中介机构。2000年脱钩改制后成为有限责任公司，以独立、客观、公正的原则开展注册会计师业务，是金山区历史最悠久、业务规模最大的会计师事务所。

事务所
地址：金山区石化龙胜路540号6楼
邮编：200540
E-mail:socpa@126.com
电话：021-57963939（总机）
传真：021-67960827

驻金山区行政服务中心办事处
地址：金山区石化龙山路555号
邮编：201500
电话：021-57922266
传真：021-57922266

朱泾分部
地址：金山区朱泾镇罗星路199号3楼
邮编：200540
电话：021-57334967
传真：021-57317415

兴塔小学

地址：金山区枫泾镇润兴路 28 号
电话：021-57361020
邮编：201502

兴塔小学在“坚持以人为本，培育学校精神，促进师生发展”的办学理念引领下，确立了“努力把学校建设成为环境优美的花园、书香飘溢的乐园、师生成长的家园，争创一流的农村小学”的学校发展目标，形成了以“以人为本，追求优质”为核心的绿色教育办学特色，引导教职工用“团结协作、永不服输”学校精神塑造自我，用学校精神影响、熏陶学生，从而有力促进了学校办学水平的不断提升：做亮了科技教育特色、做强了女子足球特色、做活了课外阅读特色、做实了书法艺术教育特色，农村民间民俗美术特色已见雏形，学校被评为上海市教育系统先进集体、上海市教育系统依法治校示范学校， 2011年4月成功承办市教委教研室举办的“快乐学习 健康成长”大型全市展示活动，《文汇报》于2011年6月13-15日对兴塔小学追求优质的办学经验进行了连续报道，上海电视台、金山电视台也对该校办学成果作了相关报道。

① 2011年4月20日上海市新课程展开活动
② 2012年10月11日《阳光下，我们快乐成长》集会
③ 孩子们的自主班会活动
④ 荣获区阳光体育大联赛阳光伙伴第一名

上海市金山区档案局

地址：上海市金山新城区浩源路299号

卫生许可证：沪卫消证字[2008]0041号　生产许可证：沪XK16-205-00016　400T

卫生许可证：沪卫消证字[2008]0041号　生产许可证：沪XK16-205-00016　400T

卫生许可证：沪卫消证字[2008]0041号　生产许可证：沪XK16-205-00016　400T

卫生许可证：沪卫消证字[2008]0041号　生产许可证：沪XK16-205-00016　400T